我的编辑生涯四十五年

张秀平 / 著

开明出版社

终生的坚守 青春尽付书稿中

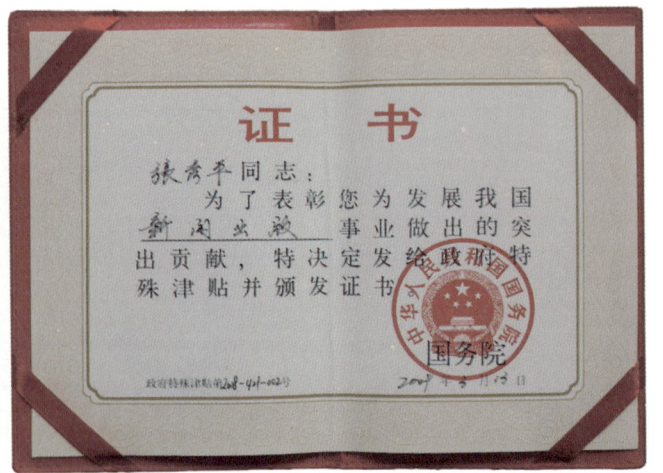

坚守编辑岗位 45 年，1992 年荣获北京市妇联"三八"劳动能手荣誉称号；2008 年荣获国务院颁发政府特殊津贴；2010 年荣获北京市"三八"红旗奖章荣誉称号；荣获第三届国家图书奖、第八届中国图书奖、解放文艺奖、吴玉章人文社会科学奖、国家图书馆文津奖及省部级奖三十多项

终生的坚守 青春尽付书稿中

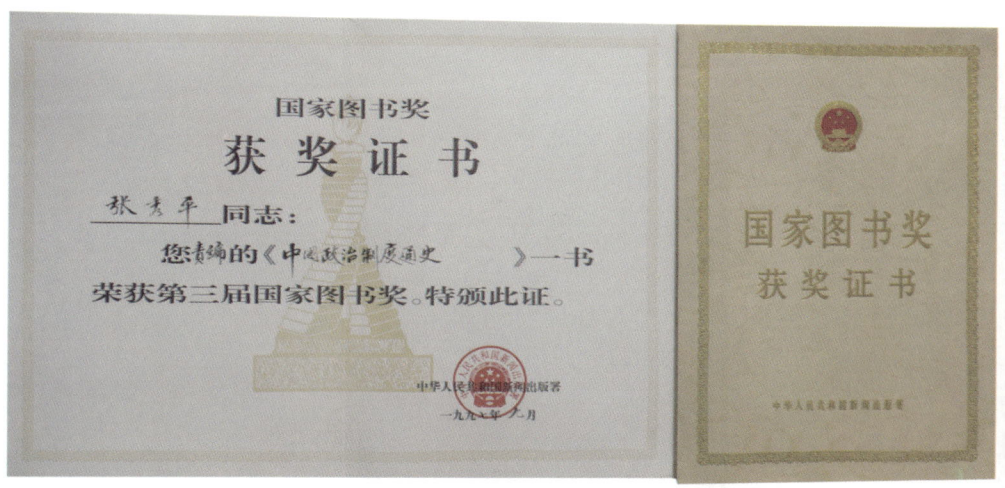

1997年出版《中国政治制度通史》(1—10),荣获第三届国家图书奖

终生的坚守 青春尽付书稿中

2000 年出版《张爱萍传》，2007 年再版时改为《上将张爱萍》，荣获"解放军文艺奖"、优秀传记文学奖；2005 年出版《西夏通史》，荣获首届中华优秀出版物奖、第五届吴玉章人文社会科学一等奖、宁夏社会科学优秀成果一等奖

终生的坚守 青春尽付书稿中

1993年主编出版《中国100系列》丛书（5种），1994年荣获第八届中国图书奖；2004年修订本第5次印刷；1994年出版《中国100系列》丛书绘画本、日文版绘画本、中国台湾繁体字本

终生的坚守 青春尽付书稿中

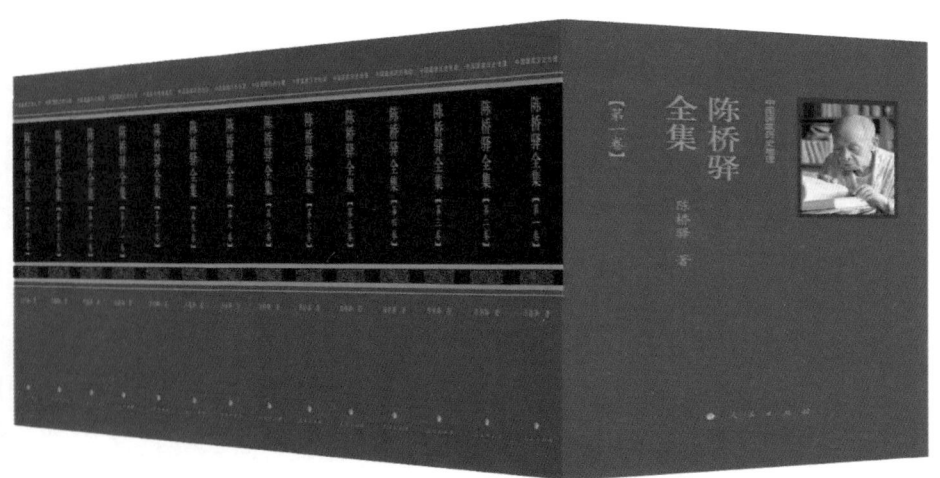

2013年出版《中国国家历史地理·史念海全集》(7卷); 2016年出版《中国国家历史地理·谭其骧全集》(2卷); 2018年出版《中国国家历史地理·陈桥驿全集》(14卷), 被称为"代表中国国家历史地理研究最高水平的著作"

终生的坚守 青春尽付书稿中

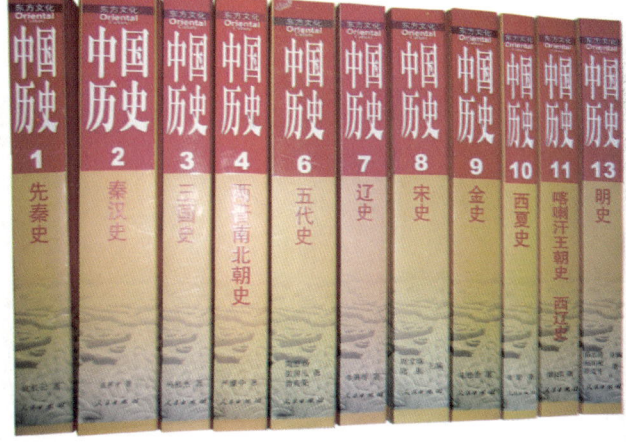

2003年开始出版多卷本《中国历史》（已出11卷），全新的"左图右文 右文左图"版式，令人耳目一新；每面的文物图片，穿越时空，再现当年的历史片断

终生的坚守 青春尽付书稿中

2001年开始出版《北京专史集成》第一辑（12种）；2016年开始出版《北京专史集成》第二辑（已出6种），其中多种荣获北京市哲学社会科学优秀成果奖

终生的坚守　青春尽付书稿中

2011年开始出版《云南大学·中国边疆研究丛书》（已出20种32册），其中多种荣获云南省哲学社会科学优秀成果奖

终生的坚守 青春尽付书稿中

2004年出版《现代稀见史料书系》（黑皮书），2007年出版《战后国际关系稀见史料》（蓝皮书），增加了人们对历史复杂性的认识

终生的坚守 青春尽付书稿中

2003年开始出版《宋氏三姐妹》《宋氏三兄弟》《毛氏三兄弟》《贺氏三姐妹》《蒋氏父子》《蒋氏五兄弟》《陈氏两兄弟》《周氏三兄弟》《荣氏父子》《贺龙姐弟》《周恩来与邓颖超》，开创了20世纪著名人物群体研究的先河。其中《宋氏三姐妹》荣获优秀畅销书奖，《周氏三兄弟》荣获优秀选题奖

终生的坚守 青春尽付书稿中

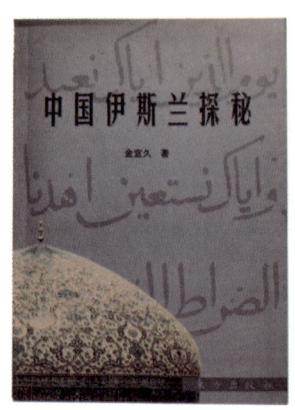

1999 年策划出版金宜久《中国伊斯兰探秘》，2005 年出版陈广元主编《新时期阿訇实用手册》，2006 年出版王静斋《古兰经译解》，2015 年出版海澈·郭《回族史诗》，为伊斯兰教经典民族化、宗教与社会主义相适应、促进民族团结作出了努力；2012 年策划出版《西藏知识干部读本》《西藏知识问题解答》，首印都是 30000 册

终生的坚守 青春尽付书稿中

2006年策划出版《世界宗教与文化书系》：《佛教文化150问》《伊斯兰教文化150问》《基督教文化160问》《道教文化100问》，迄今已第2版，常印长销不衰

终生的坚守 青春尽付书稿中

2010年开始出版《南宋史研究丛书》（23种），是习近平总书记作《总序》的《浙江文化研究成果文库》之一；2020年启动的《南宋通史》（6卷），将于2023年出版

终生的坚守 青春尽付书稿中

2010年开始出版《城市论》（上中下）《城市学总论》（上中下）《城市怎么办》（8卷）《城市怎么办》（修订本12卷）《与城市领导谈城市》《待遇论》，是中共浙江省委常委、中共杭州市委原书记、市人大常委会主任王国平主政杭州时的亲闻亲历亲为，是共产党人要"学会管理城市"的典范

终生的坚守 青春尽付书稿中

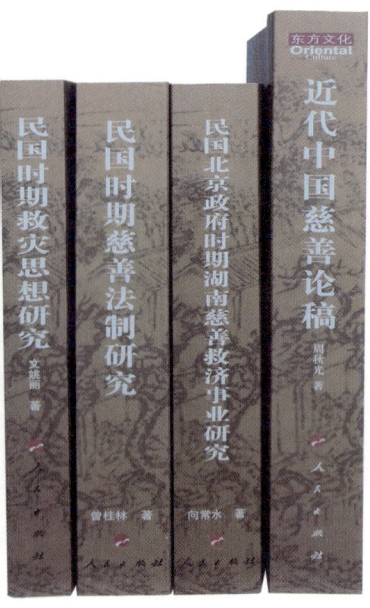

2002年以后出版的单本学术著作有了统一的封面装帧

终生的坚守 青春尽付书稿中

2005年出版《杜润生自述：中国农村体制变革重大决策纪实》，迄今已第2版；2005年开始出版《中国人口通史》（已出5卷），其中多种荣获河南省哲学社会科学奖；2007年出版《叶圣陶叶至善干校家书》（1969—1972），留住了那个"特殊年代"的史料，荣获国家图书馆文津奖

终生的坚守 青春尽付书稿中

历任北京市政协第九、十、十一届委员，共提出五十多件提案，其中 4 件评为优秀提案

目录 Contents

序一 / 柳斌杰　1
序二 / 张作耀　5

我的大学 / 1

见到老乡校长林迪生（1）　第一个报到的新生（3）　第一次上了大学的讲台（6）　享受名师的授课（9）　第一次参加宣讲（13）　在西安延安毕业实践（14）　领了"派遣证"（18）

终生的职业　进入人民出版社当编辑 / 20

报到第一天（20）　认识新朋友（22）　实习校对科（25）　走进资料室（26）　分到历史编辑室（28）　我的编辑老师吕异芳（30）　第一份审读意见（32）　参加《中国历史学年鉴》的创刊与编辑（35）　独立责编王思治《两汉社会性质问题及其他》（38）　田昌五先生与他的《古代社会断代新论》（41）　邓广铭先生与他的《岳飞传》（增订本）、四写《王安石》（44）　邓广铭先生亲自介绍我加入中国宋史研究会（48）　周宝珠、陈振主编的《简明宋史》的出版（51）　陶懋炳和《五代史略》的出版（54）《唐太宗传》的出版与《帝王传系列丛书》的策划（61）　参加多卷本《中国农民战争史》编写组（63）　主持"祖国丛书·年鉴"编辑室工作（68）　主编《中国文化概览》（71）　主编出版《1976年大事内幕》《中华人民共和国大事典》（1949—1989）（75）　主编出版《华夏名人称号掌故手册》（81）　在老编辑的怀抱里（一）（85）　在老编辑的怀抱里（二）（89）　在老编辑的怀抱里（三）（92）　在老编辑的怀抱里（四）102）　在老编辑的怀抱里（五）（108）　在民进市委和民进中央的关怀下（一）（113）　在民进市委和民进中央的关怀下（二）（122）

在人民政协大学校里（127）《世界美术邮票鉴赏大图典·雕塑》的出版与遗憾（139） 王观澜和《王观澜文集》的出版（143） 马植杰先生和《三国史》的出版（146） 李蔚先生和《简明西夏史》的出版（149） 李清凌先生和《西北经济史》《中国西北政治史》（155）《马长寿论文选集》《西北少数民族与西部大开发》的出版（157）《毛泽东交往录》《毛泽东这样学习历史 这样评点历史》的编辑出版（160） 编辑出版《中国政治制度通史》（1—10）（165） 获得了第三届国家图书奖（168） 主编《中国100系列》《世界100系列》《中国自然与文化100系列》和《世界自然与文化100系列》（173） 贺茂之与《张爱萍传》《上将张爱萍》的出版（185） 策划出版《走进崇高丛书》（190） 策划出版《影响世界的100个经典汉字 中国第一榜书合集》（193） 策划出版《中国政党学研究丛书》（195） 编辑出版李光羲的《舞台是我的天堂》（198） 策划出版《中国特色政治发展道路研究丛书》（205）《天下第一家丛书》《中国显学文化丛书》等的策划与遗憾（210）

经历出版改革 / 216

筹建"东方文化编辑部"（216） 策划出版《20世纪著名人物群体传记书系》（226）《杜润生自述——中国农村体制变革重大决策纪实》的编辑出版（232）《现代稀见史料书系》（黑皮书）的出版与史料价值（237）《战后国际关系稀见史料》（蓝皮书）的出版与史料价值（245） 非典时期出版的《古今中外大疫启示录》（250） 丁启阵与《葳蕤丛书》的出版（253） 留住那个"特殊年代"的真实史料——《叶圣陶叶至善干校家书》编辑与出版（256） 策划出版多卷本《中国历史》（264） 李范文和《西夏通史》的出版（266）《南宋史研究丛书》的出版（269） 策划出版《中国慈善事业研究丛书》（272） 策划出版《北京专史集成》（274） 策划出版《中国人口通史》（1—11）（277） 策划出版《西藏知识干部读本》《西藏知识问题解答》（280） 策划出版《东方文化·世界宗教与文化书系》（283）《新时期阿訇实用手册》《古兰经译解》《回族史诗》的编辑与出版（287） 编辑出版《城市论》《城市学总论》《城市怎么办》……（290） 策划出版《中国边疆研究丛书》（296） 策划出版《中国国家历史地理》书系（一）（298） 策划出版《中

国国家历史地理》书系（二）（302） 策划出版《中国国家历史地理》书系（三）（308） 策划出版《中国国家历史地理》书系（四）（312） 策划出版《中国国家历史地理》书系（五）（318） 策划出版《中国国家历史地理》书系（五）（327） 终生职业的尾声……（336）

附录一　70 回忆 / 339

我的一家 / 339

我的父亲母亲（339）　父母创业（344）　入住三台坊（345）　公私合营以后（346）　经历"大跃进"（347）

我的小学 / 350

艰难求学的开端（350）　劳动路179号和185号（352）　我的小学老师（355）

我的中学 / 359

考入临海一中（359）　我的中学老师（363）　接受少体校训练（365）　迷上"历史小丛书"（366）　重担压肩（369）　初中生的"发明"（372）　少年壮志又言愁（372）　毕业风云（376）　最后一次下乡劳动（378）　第一次来到杭州（380）　走出家乡（381）　第一次到了温州（383）　学习谋生（384）　再次来到杭州（386）

我的兵团 / 390

"内蒙兵团"来招兵了（390）　登上兵团的专列（393）　第一次点名（394）　兵团春秋（395）　白手起家（397）　"第八个是铜像"（399）　我的四班（400）　受命写材料（402）　探望战友（403）　超假挨批（405）　重新分班（407）　战备背包（408）　深挖排干渠（409）　战备仓库趣事（410）　收到加急电报（412）　第一次探家（414）　难忘的托运（415）　奉命调到团部（417）　繁重的脱坯（419）　野营拉练遇险（420）　实验班的成果（422）　沙漠里种

水稻（423） 军人服务社里的缝纫员（425） 急人所急（427） 计划股统计员（428） 团部八大员（429） 参加大学招生文化考试（432） 两次落选（434） 终于上了大学（435） 具有人才思想的王干事（436） 走出沙漠（438）

附录二　主要论文、综述、书评 / 443

关于石勒的再评价问题 / 443

石勒军事战略述评 / 455

试论十六国时期汉族士族的历史作用 / 466

宋代榷盐制度述论 / 477

略论宋代的榷盐与边防 / 491

岳家军群体人物研究 / 502

主要论文、综述、书评目录辑览 / 518

后记 / 523

序一

柳斌杰

自古以来，为人民为历史写好书、出好书、教好书的人，都是功在千秋、善莫大焉。《诗经》留住了先民的情怀，《尚书》记录了上古的传说，《礼记》细述了古代礼法规制，《周易》阐述了时人哲学思维。到了汉代太史公著《史记》，把汉武帝之前的3000年历史作了梗概，使中国成文的历史有所依据。我常想，如果没有这些典籍，我们今人如何去认识中华民族的上下五千年？如何叙述中华文化的源流？如何证明伟大的中华民族融合统一和社会发展？如此之故，我对出版社、出版人，从小就有敬畏之心。因为我是靠读书长大的，也是书籍给了我智慧和力量。摆在我案头的书稿《我的编辑生涯辑四十五年》，正是讲述了改革开放时代的人民出版社和著名编辑张秀平同志的生动故事。一口气读下来，油然而心生敬意，所以就有言可序了。

人民出版社是我国有着特殊地位的重要政治书籍出版社，自成立之日起即始终肩负着崇高的历史使命。以出版马克思主义经典著作，党和国家重要文献，党的路线、方针、政策的普及性读物，党史和党建论著，政治、哲学、经济、历史、法律、文化、国际问题等方面的一流学术著作和重要人物传记、哲学社会科学工具书及统编重要教材等为己任。人民出版社拥有强大的编辑和校对力量，能胜任党和国家交办的各项重大出版任务。1986年创建东方出版社副牌后，拓宽了出版范围，也出版了许多有影响的文史哲方面的学术著作和中外文艺作品，满足读者多方面需要。

张秀平同志是我认识的有担当有作为的优秀编辑。她从青年时代进入这家出版社后，一直兢兢业业、忠于职守，前后历四十余年在这里担任编辑工作。她人生的美好岁月大部分都在这里度过，参与并编辑出版了一大批精品力作，见证了我国出版事业由小变大、由大变强的发展与进步。从这一点上说，张秀平同志是幸运的，也是幸福的。但从另一个方面讲，正是因为有了张秀平同志这样有热情有才干的优秀编辑的加入，努力与奉献，涓滴成河，众志成城，我们的出版社和国家出版事业才得以不断发展，不断壮大，硕果累累，成就卓著。

如果说，书籍是人类文明进步的阶梯，那么，编辑就是铺设这个阶梯的建设者。书籍出版后，在世上流传，受到人们的喜爱与追捧，享受鲜花与掌声，而编辑却往往置身静处，默默无闻，不为人知。功成拂衣去，深藏身与名。编辑工作无异于为他人做嫁衣，需要奉献精神，需要淡泊名利。张秀平同志从20世纪80年代初期就在《民族研究》上发表了《关于石勒的再评价问题》这样有影响的史学论文，还有十余篇的论文、综述、书评被《新华文摘》转载。不难想象，张秀平同志如果不是献身于编辑工作，她完全有能力从事史学研究，写出有影响的论著，可以成为一位有成就、受人尊敬的历史学者。

张秀平同志退休前后，在出色完成国家出版基金重点项目《中国国家历史地理·史念海全集·谭其骧全集·陈桥驿全集》和其他学术著作的同时，利用零碎的空余时间，铢积寸累，集腋成裘，历经数年，写下这部洋洋数十万言的《我的编辑生涯四十五年》。这部著作不只是她个人命运历程的记录，不只是人民出版社、东方出版社成长的见证，更是我国出版事业发展的一个缩影，读者可以借此管窥新中国改革开放时期图书出版事业发展的大致轨迹。

一部部图书的出版，有如一个个生命的降生。十月怀胎，一朝分娩。四十多年的"字斟句酌犹为妥，案头稿件又成垛"（叶至善赠张秀平）的编辑生涯，其中的辛苦，辗转，担忧，快乐，若非作者、编辑，外人难以体会。现在张秀平同志凭借她出色的记忆力，以其非常人可及的坚守，将她与众多知名学者、著者的合作交往，将许多优秀作品的出版过程娓娓道来。毫无疑问，这将是一部生动、鲜活、价值不菲的历史文献；以编辑叙事学的体裁回忆亲历的每一部有价值的图书的策划和出版，为后人留下一份中国当代出版史的翔实材料，为将来的出版史研究提供宝贵的第一手图文资料，这是一桩有意义的事情！

　　由于工作职责的原因，我与人民出版社、与张秀平同志有过不少工作接触，听过她有关出版和学术思想的多次发言，为她的出版理想、执着追求和学术担当所感动，对她数十年的工作成绩和为人品格，有一定的了解。读了她写的这部内容翔实、感情真挚的编辑纪事体自传后，更加为她数十年取得的成绩而高兴！早在1996年，张秀平同志主编的《中国100系列》丛书就获得了第八届中国图书奖；1997年，她责编的《中国政治制度通史》（1—10卷）获得第三届国家图书奖；2001年，《张爱萍传》获得解放军文艺奖；2006年，《西夏通史》获首届中华优秀出版物提名奖……还有吴玉章人文社会科学奖、国家图书馆文津图书奖等各种省部级奖三十多项。特别是她退休前后策划编辑出版的《中国国家历史地理·史念海全集·谭其骧全集·陈桥驿全集》共23卷、洋洋三千多万字，是代表中国国家历史地理最高学术水平的论著。全集从立项到出版，历时15年，更是创造了当代图书出版内容之多、时间之长的历史记录，是难得的学术精品。中国文化要自信自强，首先是学术思想要创新、学术著作要繁荣、学术地位要提升，没有学术上的发言权和相应地位，在认识世界、改造世界方面就缺乏国际影响力。所以，我一贯支持出版界优先出版高水平的学术著作，把它看作出版业成就的标志，因为学术著作是具有永恒生命力的人类记忆、科学结晶。中国历史、中国思想、中国科学、中国艺术、中国经典是我关注的重点，力主设立出版基金、策划国家出版重大项目、支持学术研究项目，都是这样一个思想情结和主观指向在起作用。通过出版把中国经典传承下去，把中国思想创造记录下来，把中国科学文化成就传到全世界，这是我对出版的追求和职业奋斗的目标，我以为张秀平同志也有这样的担当和作为。

　　数十年的坚守，数十年的辛劳，张秀平同志始终工作在编辑业务的第一线。她策划的选题，大多具有独特的宏观格局和宽阔的历史视野，如多卷本《中国历史》《中国政治制度通史》《中国人口通史》《南宋史研究丛书》《中国边疆研究丛书》《北京专史集成》《中国政党学研究丛书》《中国特色政治发展道路研究丛书》《中国慈善事业研究丛书》《现代稀见史料书系》《战后国际关系稀见史料》《20世纪著名人物群体传记》《东方文化·世界宗教与文化书系》及《杜润生自述——中国农村体制变革重大决策纪实》《西藏知识干部读本》《西藏知识问题解答》……都与国家的政治变革、社会生活和哲学社会科学的基本研究紧密联系，都与努力出版高水平学术著作、创造中国思想、中国学术高峰、用学术语言讲述中国智慧和中国文化的精华息息相关。编辑是内容创造的核心岗位，在编辑岗位上工作的同志，只要坚持党的出版工作方针、政策，有奋斗、有理想、有追求、有担当，也能像张秀平同志一样交出出色的答卷，让作品留住你的精神生命。

我相信，这部编辑纪事体回忆录问世，一定能够受到广大读者朋友的欢迎。特别是出版界年轻的编辑们，一个真情倾述的老编辑的心音必然能穿透你的出版情怀，立志把勤奋学习作为人生进步的重要阶梯，把深入编辑实践作为成长成才的必由之路，把奉献社会作为不懈追求的优良品德，不断为人民提供高质量的精神食粮。只要我们开拓创新、继续奋斗，新时代党和人民期待的新闻出版事业新局面、新目标必将实现。是为序！

2021 年 7 月 22 日

于北京

（作者为中华人民共和国新闻出版总署原署长，现任全国人大常委会委员、教育科学文化卫生委员会主任委员，清华大学新闻与传播学院院长）

序二

张作耀

读了张秀平的巨作《我的编辑生涯四十五年》,兴奋不已,一夜无眠。晨起即在电脑上打下了下面一些文字。

我原在中央政策研究部门工作,20世纪70年代中在"五七干校"劳动锻炼后,被调到了人民出版社。秀平大学毕业后,1977年分配到了人民出版社。我们当时都是出版社的"新兵",并且先后又都到了刚刚调整过的历史编辑室。

当时历史编辑室是个大编辑室,近20人,有资深老编辑,也有近半数的被称为"工农兵大学生"的新生力量。

事实证明,这些大学生都是从群体中选拔出的尖子,都很优秀。我曾担任过历史编辑室主任。在我接任历史编辑室主任前后,他们中的不少人被调到党中央和国家部门,也有的去了新的出版单位,后来大都成了不同级别或出版社的领导。但秀平始终在人民出版社工作,秀平1985年开始主持普及读物《祖国丛书》等的工作,较早就独当一面并以优异的编辑成绩和科研成果在数批来社的大学生中最早地获得正编审职称。

秀平的《我的编辑生涯四十五年》一书,全面地反映了她的为人和为国家出版事业作出的贡献。

她为人坦荡,善于并勇于表达自己的意见。她组约、编辑的诸多好书,多种获得国家图书奖项。她的名字,必将同这些名作一起彪炳在中国的出版史上。

秀平所以能获得如此成就,固然因素很多,但以下数点是最为突出的:

第一,本具聪慧之质。我们一起工作过,因此很早就发现,她很聪明,并得知她小学、中学、大学都是好学生，成绩优异，甚得老师赏识。所以，在工作中，我也注意观察她，并让她承担些具有开拓性的工作。1985年，当出版社准备出版普及读物《祖国丛书》需要推举主其事者时，我同主管社领导研究，从数个候选人中推举了她。她在《祖国丛书》编辑室副主任工作岗位上，得到了很好的锻炼，进一步奠定了她成为一位优秀编辑的基础。

第二，勤于学习。一是表现在读书上。从秀平的自述中，我们明显地看到，她是一个非常勤奋好学的人。她在出版社图书资料库里看到丰富的图书资料，"犹如在沙漠里渴望甘露绿洲"一样。她为做一个历史编辑所需的基本功刻苦读书，阅读了许多历史典籍。她甚至还想通过点校古籍提高自己的古文阅读能力。此事，至今让我记忆在心。她在中华书局争取到点校《乐全集》（宋人张方平的文集）的任务。回来后，让我带她一起整理。我们点校了样篇，得到认可。中华书局正式列入选题，并发来了原书复印件（作底本）。但不久我被安排做《新华文摘》主编，继而做了出版社副总编辑，还有自己的写作计划，无暇顾及，此事便不了了之了。二是表现在向先于自己入职的老编辑和众多专家学者学习。这方面，书中用了较多的篇幅，有叙事，有感想，写得具体、生动。这些内容，对于初入职者，特别是青年人，尤有帮助。

第三，热爱专业。秀平从入职出版社到退休，历时45载，一直工作在历史编辑的岗位上。小起历史名人小传，大到多卷本的系列丛书。古云"大海不拒细流，故能成其大；泰山不却微尘，故能成其高"。秀平孜孜耕耘，不嫌小，不惧大，样样都做出成绩，因此获得广大作者与读者、历史学界和出版编辑界的好评。

第四，广交朋友。思维敏捷，心直口快，赤诚待人，尊重学者和长者，而且对于帮助过自己的人，久念在心，是秀平的突出优点之一。她因此得到了众多学者的信任、支持和学识上的帮助，成就了自己。最终，她不仅成为一位优秀的资深编辑，而且在学术研究上，也卓有成效，成为中国宋史研究会、中国魏晋南北朝史研究会、岳飞研究会受人尊敬的老会员。

余，年事已高，视力衰退，难为长文，草草书此。勉为序。

2021年7月28日

（作者为人民出版社原副总编辑，《新华文摘》主编）

我的大学

见到老乡校长林迪生

1975年8月底,在内蒙古生产建设兵团一师六团历练了6年的我,被推荐上兰州大学历史系,走出沙漠去上学,犹如"少年时代做新郎",喜悦、稀奇之情溢于言表。拿到入学通知书后,我连探家这样的"好事"都放弃了,迫不及待地从内蒙古巴彦高勒(磴口)南下报到。

兰州大学是教育部直属的全国重点综合性大学,创建于1909年,始为甘肃法政学堂,1928年扩建为兰州中山大学,1945年定名为国立兰州大学。1959年原北大副校长、党委书记江隆基奉调入主兰州大学,成为校长。江隆基校长对兰州大学的发展,起了深远的作用,兰大开始成为重点大学的名校,但"文革"后期的兰州大学,却又成了"两校"(梁效)鼓吹的"教育革命"重灾区,学习沦为了革命的"附庸"。学校以"劳动"代替"改造",以"革命"代替教学。从盘旋路的兰大校门进入,迎面便是文科楼,右转向南再向东,学校的礼堂前,竖立着苇席搭成的"大字报"栏;校园里,处处是穿着深蓝色劳动布工作服的教师,树荫下的校内小道上,匆匆行走的是肩扛或手持铁锹的学生(统称工农兵学员)。其时的兰大,容不下一张平静的书桌了。

当时兰大的负责人是辛安亭、林迪生等,教务长是聂大江。辛和林是兰

位于兰州市盘旋路的兰大（图片署名宋明琨摄）

大的老校长。"文革"时他们备受冲击，辛只担任兰州大学革委会副主任、党委副书记、副校长（1976年起主持工作）。林迪生（1903—1997）原名林攸锦，三门县泗淋乡泗淋村人，浙江省第六中学（即台州中学）毕业后，于1921年考入上海大同大学，专修英文，两年后，又考取上海大夏大学专攻教育学。在校期间于1926年加入中国共产党。大革命失败后，受组织委派，到宁海、临海、仙居等地开展农民运动，建立党组织，是浙江台州地区最老的党员之一。1929年春到上海搞工人识字运动，同年秋到日本留学。1931年秋，回家乡创办泗淋小学。1936年至延安，先后任延安师范教师、中央苏维埃教育部社会教育科科长、鲁迅师范校长、延安大学中学部主任等职。1950年3月任西北军政委员会教育部副部长。1953年3月调任兰州大学校长，直至1979年。"反右"和"文化大革命"期间，受到迫害，1978年得以平反昭雪。1979年调到北京，任中国教育学会常务副会长兼秘书长……从林的简历看，他是我的台州老乡，而且还是我的台州中学的老学长。他当时就是说的一口三门话、也就是最接近临海话的乡音。

经系里的台州籍老师齐陈骏（天台人，当时教授魏晋南北朝史）、杨剑虹（黄岩人，当时教授隋唐史）介绍，林校长还到我们的宿舍接见了我，鼓励我要好好学习。林迪生一辈子节俭，生活清苦。他和他的夫人成楚平都是来自延安的老革命。成还担任过邓颖超的秘书。新中国成立后任北京市妇联秘书长、全国妇联书记处办公室和研究室副主任。1957年后调任甘肃兰州医学院党委副书记、甘肃省妇联主任、党组书记，并当选为中共甘肃省委委员。"文化大革命"中被监督劳动6年，致患高血压、心脏病。1978年调回北京，参加中国社会科学院近代史研究所编写《周恩来年谱》。1979年任中共中央文献研究室室务委员会委员、周恩来著作研究组组长，把全部心血倾注在编辑《周恩来选集》上。邓颖超在成楚平逝世后以一束洁白鲜菊花送葬，表示对其崇高品格的评价。1977年9月毕业分配时，林校长和成楚平得知我将到北京工作，再次到学生宿舍看我，成楚平还托我给她在北京工作的妹妹成也竞带了一小筐鸡蛋。林迪生校长也在1979年调到北京，任中国教育学会常务副会长兼秘书长。我在20世纪的70年代末、80年代初，多次到他的住处看望并在他住邮电医院（现在的二龙路协和医院西区）时探望。他住在国家教委宿舍东楼一套普通的两居室，穿的是老粗布内衣，铺的是单幅白布床单，用的是一台黑白电视机。墙上挂的条幅是唐杜牧的《阿房赋》："亡六国者非秦也。"寓意深刻。我爱人见到这一切，深有感触地说：这才是真正的共产党人！每次去他家时，他都留我吃饭。我只有一次遵命留下，吃的是米饭、炒豆芽、清蒸胖头鱼。

20世纪70年代入学时的兰大，大门里边就是文科楼（图片署名宋明琨摄）

林老爱吃鱼，他从不讲究鱼的贵贱，但讲究吃活的鱼。胖头鱼是北京市场最便宜的鱼种，清蒸这种鱼，吃不惯的人迄今都觉得腥不下咽，可是林老却吃得津津有味。晚年时，他致力于调查研究，经常深入基层，足迹遍及大江南北，写了几十万字的调查报告。碰到冤假错案，他也经常奔走呼号。碰到浙江乡亲们到京打工的、办事的，常在他家落脚，他管吃管住，还自己掏钱给他们买火车票。他还告诉我，他到各地调研，都是直接住到医院，既省了宾馆费，又谢绝了地方领导的招待。林老曾长期抚养创刊于新中国成立前的原《东方杂志》的国际问题特约撰稿人卢文迪的子女，卢文迪也是浙江临海杜下桥人，林和卢都是浙江台州同乡。据卢的女儿卢瑛告诉我，她的几个哥哥都是林老供养到大学毕业。直到病重住院，党组织才知道他自己根本没有什么积蓄。1985年左右，林老曾经断断续续给我口述了他的生平，但并没有完成就去世了，我手头只有片段的录音，至今也没有整理，但这些录音磁带，应该是他留给我们的最珍贵的遗产。

第一个报到的新生

刚入学时，我是历史系第一个报到的新生，学校里、系里都还没有开始迎接新同学的工作。历史系73级此时正面临毕业，正在榆中毕业实践。系里只好将我临时安排到73级的女生宿舍里。该宿舍里有一位没有参加毕业实践的学员叫周晓渝，重庆人。她告诉我，她正在准备"评水浒"的批判稿；"评水浒"是20世纪70年代的政治运动之一。由当时的中共中央主席毛泽东发动，名为"评水浒"，实为批"周公"（周恩来）。毛说："《水浒》这部书，好就好在投降。做反面教材，使人民都知道投降派。"毛又指出："《水浒》只反贪官，不反皇帝。屏晁盖于一百零八人之外。宋江投降，搞修正主义，把晁的聚义厅改为忠义堂，让人招安了。宋江同高俅的斗争，是地主阶级内部这一派反对那一派的斗争。宋江投降了，就去打方腊。"

《水浒传》是我国古代四大名著之一，水浒中的人物故事，家喻户晓。我从小记忆力好，喜欢历史。水浒中的108将，我可以背出绝大多数。理解力、记忆力、想象力是哲学、历史、文学三大学科入门的基础。加上我又是浙江临海人，与周晓渝同属江南，只是她居长江之首，我则居之江（即钱塘江）之南。"江南自古多才女"，按辈分，周晓渝是我的"学姐"；按年龄，我们是同年。与她谈聊《水浒传》，正是有话要说的"血气方刚"时。我们有时切磋、有时争论，以至于等到我离开她的宿舍时，她说了一句我迄今都铭记在心的话：你干脆和我们一起毕业吧。她的幽默、诙谐，令我久久难忘。周晓渝毕业以后分配到了山东大学历史系，此后不断进修进取，她已成长为教授、博士生导师。从她毕业至今，我们分别已四十多年。我们有时会打打电话互致问候、时时在想念中，但一直未见过面。天下之大，茫茫人海，有缘者总能相见。

1975级的历史系新生共有100人。90%以上是党团员。其中有部队学员二十多人、工人或者是来自机关事业单位的学员三十人左右、"社来社去"的学员五十多名，他（她）们多数来自西北5省。学员的年龄最大者是来自宁夏一个农场的叫白光的男同学，1948年出生的，当时已经27岁了。最小的是来自新疆农村的买买提明，1958年出生，他们整整相差10岁。甘肃的学员最多，其次是陕西学员，第三是青海学员。宁夏的学员5名，他们是梁学民、安梅莲……新疆的同学共7名，他（她）们是：李国平、木哈代斯、买买提明、雷清秀、马芬良、杨万成、徐桂芬。为了便于管理，系里将我们分成3个区队。

2018年重回兰大，文科楼已经不复存在了，兰大已经在榆中新建了校园，盘旋路校园成了研究生院

成立了党支部和团支部，党支部书记和支委大部分都是在部队提了干的党员，少数是来自地方的党员。我被选为团支部的组织委员，团支部书记是来自天津某部的叫谢荣祥，他来自天津郊区的宝坻县，那是清宫许多太监的故乡。谢荣祥为人热情、乐于助人。求学期间，他一直和我们关系密切。

当年兰大的女生宿舍都在壹字楼和拐角楼，历史系的宿舍在一字楼的二层。我们班22个女生共有三间宿舍，每间都有4张上下床8个铺位。记得我和郭素霞都分在了二楼13号房间。我住在靠窗的下铺，她住在我的上铺；对面靠窗的下铺是陕西陇县的陈莉，上铺是来自青海日报社的张小玉；进门的门背后下铺是甘肃临夏的杨秀英，上铺是兰州市安宁区的韩秀英，临开门的一侧下铺是甘肃金昌县的郑秀琴，她是最后一个来我们宿舍的。上铺轮空，正好放7个人的行李箱子。郭素霞来自甘肃天水海林轴承厂，在厂里是车工，刚刚学徒出师一年左右就被推荐上大学了。

郭素霞的父亲是随着洛阳轴承厂在"深挖洞、广积粮"的年代搬迁到天水的娘娘坝区梨园镇的，工厂属于深山老林里的三线企业。当时的天水地区从陇海线的北道车站到天水市的北郊的七里墩往东一带坐落着许多的三线工厂，离天水市不远的甘谷县更是遍布三线工厂。比较有名的如："长控""长开""风动""毛纺厂"等等，都是新中国成立后建立的国营大企业。这些国营大企业的工人都是真正的产业工人。20世纪60年代—90年代的工人，都是严格地经过师父"传帮带"，3年学徒出师便是正式工人，以后就是一级工、二级工，实行八级工资待遇。虽然他（她）也大都来自农村，但只要被招工、被录用，就成了工人阶级，就成了非农业人口，就有了医疗和福利的保障。工资虽然不会超过四五十元，但养家糊口还是勉强可以的，因此，他们的社会地位和经济地位在当时那个年代是令人羡慕的。绝不会像现在来自农村的进城打工者，不管干了5年、10年，有的甚至数十年了，仍不能享受有户籍的城市人的生活和待遇，仍被称为离土不离乡的"农民工"。这都是政治经济学的理论和词典中不能解释的。改革开放以后产生的"农民工"与当年的"知识青年"，都是中国的最有特色的一段历史称谓。产生这种现象的历史背景和社会根源，都是值得研究的重大课题。还是那句话说得对："实践检验真理，时间解决问题。"一切历史都是当代史！

我在大学的同班同组同床"上下铺"同学郭素霞的父亲当时在海林轴承

厂是个中层干部，担任该厂的"721工人大学"的校长，为人热情、正直。他来兰大看望郭素霞时，对我也很是热情，使我远离家乡以后有了亲人探望的特别的感觉。以后我们班发生的一些事，我们都在一起商量、一起面对。我们的友谊很快发展成患难之交，而且毕业以后数十年，我们一直交往联系，相互挂念。只是她毕业后回到了海林厂，此后她在该厂与一个工人出身的厂部会计结婚，成家生女。她的女儿现在美国留学。她的丈夫虽然没有上过大学，但好学勤学，最后成为海林厂的总会计师，投资融资样样精通。郭素霞也乐得坐享其成。

第一次上了大学的讲台

进入兰大的第一课就是所谓"入学教育"，学校竟让我们打"围墙"。这段围墙就在家属楼的东南角，紧挨着当时兰州火车站前的"战斗饭店"（现已改为"和平饭店"）。从"内蒙兵团"来到大学，没有上课就又开始了劳动，令我感到当时的兰大不是著名大学而是一个劳动大学。进校时，兰大文科楼的后面的礼堂前还有大字报棚，工人纠察队号称"棒棒队"，经常在学校里制造一些围堵事件。从兰大礼堂往南便是兰大的家属区。礼堂前面的一字楼就是我们的宿舍，往南靠近家属区的就是拐角楼，拐角楼西面是跃进楼，单身的教师，或者是家属在外地的教师，大部分都住在这里，因此，此地是学生们来得最多的地方。历史系的杨剑虹老师、朱允兴老师、李建老师、欧阳真老师都住在这里，我因为有问题请教，也经常光顾这里。

我入学时，历史系的主任是薛之时，副主任是李国杰，汤季芳，薛没有给我们上过课。李国杰教哲学，他是哲学教研室主任，当时的兰大文科只有中文、历史、经济、外语4个系，哲学专业只是历史系的一个教研室。

当时的兰大，却是"两校"所谓教育革命的重灾区，有些甚至比"两校"走得更远、更加荒唐。首先是学制上，大学学制缩短至两年，比北大3年少一年、比清华3年半少了一年半。其次是学时安排上，要一个月的入学教育、一个月的学军、一个月的毕业教育加上两个寒假共50天，实际学习也就不到20个月。我们班的部队学员有二十多个，他们都是刚刚提干或者正要提干的连排干部,知道自己回部队以后,党史知识对于他们是最有用的;而他们在工农兵学员中,因为在"全国学习解放军"的大背景下,又是最有话语权的特殊一族,我们班的班长以及建立的党支部副书记(书记是系里的党员老师担任)和支委也大部分是部队的学员,他们实际上是当时学校里的"学霸"。他们要求打破原先的按朝代顺序安排课程以及党史课要按照所谓"党的十次路线斗争"为纲的建议都得到了系主任和系总支的支持,而且以所谓的"厚今薄古",将党史课作为重中之重得到安排,而且安排在其他断代史之前由老师首先讲课。

修缮一新的兰大礼堂(图片署名宋明琨摄)

开学以后,我们有多半个学期都在学习中共党史。教党史的是马钊和朱允兴两位老师。马老师毕业于陕西师范大学历史系,陕西西安人,中共党员,专门从事中共党史和中共关于中国资产阶级的理论研究。他是系里指定担任我们班的党支部书记,给我们上了马克思主义的传播和中国共产党成立的第一课,一年以后他就因为解决夫妻分居而调往陕西机械学院任教了。其他所有的党史课便由朱允兴老师承担。朱老师是上海人,1957年毕业于复旦大学历史系,与系里教南北朝隋唐五代史的齐陈骏老师、杨剑虹老师都是同班同学,而齐老师是浙江天台人、杨老师是浙江黄岩人,都是我的浙江台州同乡,因为这些关系,我们的师生之间便有了比较亲切的联系。我经常带着问题请教朱老师,朱老师也因为齐、杨两位老师的关系,对我也是格外热情,推荐了不少课堂之外可值得阅读的参考书。朱老师不是中共党员,他总觉得自己以非党员身份教中共党史是个误会。在当时的形势下,我也认为朱老师的想法是客观的,正因为在这些问题上观点的一致,我们师生之间便多了些谈话的机会。因此,我们也成了思想上很接近的师生。

朱老师的讲课简明、平稳,但部队的学员听着不过瘾。学校里"左"的思想占据了整个学校,此时他们又提出既然要按照党的"十次路线斗争"的专题学习党史,那么,来自工农兵生产第一线的学员对路线斗争应该有极高的觉悟,教学要相长,学员也应该上讲台,于是又提出学习要自我教育为主,要由学员自己教育自己、自己讲授党史。"'文革'时期，造反有理"，什么敢想敢做的事情都可能发生，这么荒唐的事，系里居然都同意了。我们班 100 个学员，共分为 10 个组，每个组就分到了一个专题，我们组是第三组，就分到了讲授第三次路线斗争"关于李立三'左'倾冒险主义"的专题，我们组除了我和郭素霞以外，其他的 8 个人分别是组长陈莉，来自陕西陇县，父母是干部；副组长曹宪宏，是一个来自中国水电四局的工人学员，他们领导我们小组，配合很好。还有两个部队学员，有一个叫徐良学，已经提干，是甘肃平凉军分区的干事；另一个叫戴纪煌，是广州军区某机场的地勤部队战士。其他几位是刘小兰、张志德、何千金、唐骏、高登贤。徐良学与我都是 1950 年生人，他也喜欢郭素霞的年轻、热情、好学、平和，而我则是郭素霞在大学里形影不离的最要好的同学，所以他和我们俩之间都很接近。由于我在老师讲课时，经常提出问题、带着问题去学习，经过小组讨论，由徐良学提名就确定了由我作为专题的主讲人。生平第一次上讲台、而且是著名大学学府的讲台，我是既兴奋又紧张。我按照当时所能找到的材料写了一个提纲，又找朱允兴老师汇报，他对我的提纲很是欣赏，认为是 10 个讲课人中最有知识含量。从他的话中也可以听出他对这样的学习方法是有不同意见的。这样的颠覆，从根本上是浪费宝贵的学习机遇。

我的这一课，在当时颇获好评，但毕竟只是说了一些皮毛，现在想想都觉得汗颜，但朱老师还是记住了我，很愿意和我在一些问题上进行探讨。1976 年，正值姚雪垠的《李自成》第二卷出版，经过十年内乱的文化的荒漠期后的中国大地，文艺作品遭到前所未有的浩劫，可看、可读、可以出版的几部文艺作品寥寥可数，《李自成》第二卷是其中获得特许出版的作品之一，因此"洛阳纸贵"，在兰大只有图书馆里有一套、只放在阅览室里供师生轮流看。每天的课后，我总是抢着到图书馆阅读，抢不到就读其他的当时出版的可数的几本书。比如戴厚英的《人啊人》，就是这个时候阅读的。为了有时间有机会读这套书，我就主动承担了为班里团支部写总结的任务，揽下了这个差事，我就有理由不参加班里的其他活动而可以躲到图书馆看书写材料了。关于姚著第二卷中的李自成，我和朱老师也进行了讨论，认为此卷中的李自成，有点"高大上"了，像他这样的农民起义领袖，怎么可能失败呢？

享受名师的授课

兰大的历史系是文科四大系之一，教授名师济济。教我们秦汉史的刘光华老师、魏晋南北朝史的杨剑虹老师、隋唐五代史的齐陈骏老师以及辽宋金西夏史的李蔚老师、明清史的杨定明老师、近代史的何玉筹老师、杜经国老师、杨建新老师等，还有李天祜、汤季芳、阮大荣、侯尚智、欧阳真、李建诸老师教我们世界史和战后国际关系史。恢复学位制及职称评定以后，他们都成为博导、著名教授。当时他们为本科生讲课、上大课，都习以为常。我在兰大的学习虽然短暂，但却得到了这些名师们的授课真谛，从这一点说来，我们这一代人又是幸运的。历史系的本科生，哲学和政治经济学是公共课，必须按课时完成基本理论的学习。教我们哲学的老师叫韩学本，他很会讲课，在课堂上口若悬河，富有逻辑。特别是对哲学的本质的讲述令人印象深刻：世界是物质的，物质是运动的，运动是有规律的，这个规律是可以认识的。他当时还给我们讲《反杜林论》《哥达纲领批判》，对《哥达纲领批判》中的"铁的工资规律"也印象深刻，知道了社会工资是"六个扣除以后"的劳动价值。

名师授课的特色，五彩缤纷，迄今难忘！讲授中国古代史两汉史前历史的是刘光华老师。刘老师长期从事中国古代史教学与研究，对先秦两汉西北的屯田和民族历史的研究颇有造诣，曾经主编《西北通史》和《甘肃通史》，他的讲课比较平稳，开列的参考书着重在《史记》《汉书》中的名篇。

讲授三国两晋南北朝的是杨剑虹老师。杨老师是浙江台州黄岩人，他与齐陈俊老师、朱允兴老师都是复旦大学历史系的1957级的同班同科毕业生，与我都是台州同乡。他的讲课知识点很丰富，对三国人物的品评有自己独到的观点，开列的参考书也很广泛，增加了诞生于魏晋时期的许多笔记野史。兰大另一位治三国史的大家是马植杰老师，他在20世纪的50年代就写了《诸葛亮传》，在学术界有很大的影响，是系里老师公认的学问家，但他有点口吃，上课、交流有点令人着急。他没有给我们上过课，但到我们班做过辅导。魏晋南北朝的历史，是中国历史的第一次的大动荡、大分裂、大分化，中国北方众多游牧民族豪酋趁西晋八王之乱衰弱之际率领部众入主中原陆续建立

文科楼正后面的兰大图书馆（图片署名宋明琨摄）

数十个强弱不等、大小各异的国家，其中存在时间较长和具有重大影响力的有五胡十六国。"五胡"即指入主中原的五个主要部族匈奴、鲜卑、羯、羌、氐的游牧部落联盟。百余年间，前赵（匈奴）、后赵（羯）、前凉（汉）、前燕（鲜卑）、前秦（氐）、后秦（羌）、后燕（鲜卑）、西秦（鲜卑）、后凉（氐）、北凉（匈奴）、南凉（鲜卑）、南燕（鲜卑）、西凉（汉）、夏（匈奴）、北燕（汉）。此外，还有冉魏（汉）、西燕，但没有包括在内。汉和前赵算一国，史称十六国时期。而匈奴、羯、鲜卑、氐、羌，史称五胡。习称五胡十六国。一般被历史书和史家又称此为"五胡乱华"，是中国历史上最黑暗时期之一。我听后就有不同的看法，实际上，北方各族豪酋在广阔的中原地区建立的政权和经济制度，虽然打破了正统的王朝体系，但一方面使北方游牧民族与中原汉族产生文化经济交往。另一方面，原来居住在华北地区的汉族由于避难从黄河流域大规模进入长江和珠江流域，史称衣冠南渡，从而又进一步增进了南方的百越、三苗族裔与中原汉族的文化和经济联系，是有利有弊的。

我听了杨老师的讲课以后，又结合哲学课上学习的《不列颠在英国统治的未来》中的观点：相继侵入印度的阿拉伯人、土耳其人、鞑靼人和莫卧儿人，不久就被印度化了——野蛮的征服者，按照一条永恒的历史规律，本身被他们所征服者的较高文明所征服。对鲜卑、匈奴、羯、氐、羌五个少数民族豪酋建立的前赵、刘汉、后赵、前凉、前燕、前秦、后秦及十六国政权兴亡产生了浓厚的兴趣，并认为按照经典作家的论断中的"永恒的历史规律"去解释，一切问题都可以迎刃而解。而且这段历史，虽然混乱，但乱中有理。中国各个民族从此走上了在融合中发展壮大的历史。要有正确的历史观看待这一时期少数民族豪酋联合汉族知识分子建立的政权。我和杨老师谈了自己的看法，杨老师特别赞同，建议我进一步研究。我当时就边学习边收集关于前秦苻坚重用王猛统一北方和东晋对峙，后赵石勒利用汉族知识分子张宾禁酒兴学最后也统一了北方；后秦姚苌与天水尹氏世家大族联合也称霸关中的资料……毕业时,我已经写了《关于石勒的再评价问题》的初稿了。分到人民出版社以后,趁着在校对科的实习,每天2万字校对任务还是有比较轻松的业余时间,我便在人民出版社的资料室里反复核对资料,终于写成了《关于石勒的再评价问题》一文。

讲授隋唐史的是齐陈骏老师,他是浙江天台人。前面说过,我们都是台州同乡。20世纪80年代以后,他专攻敦煌文化和河西五凉的研究,有多部专著出版。他讲授的隋唐史,与杨剑虹老师没有大的本质的不同,也是讲完隋唐时期的政治史以后,就开列了参考书。他也很关心我的《关于石勒的再评价问题》一文的写作。

图书馆右前方的物理楼。每天早操时,我们跑步的路线是从礼堂北面向东至体育场,再向北经图书馆门前,折向西经化学楼、物理楼、地理楼,向南经文科楼回到礼堂前的一字楼,这条路线是美丽的兰大盘旋路校园的核心景区(图片署名宋明琨摄)

讲授宋辽金元西夏史的是李蔚老师,他是安徽宿松人。讲课时喜欢左手托右肘、右手指夹粉笔在教室里边踱步边讲授,有点像站立的名雕塑"思想者"。他的西夏史研究成果《简明西夏史》,后来在我的努力下被人民出版社列入了出版计划并于1995年出版,2000年我又策划了《中国历史书系》,准备以全新的左图右文的版式出版不同于中国通史的断代历史系列,又请李老师对《简明西夏史》做了修订补充,出版了《中国历史·西夏史》作为该书系的第6卷。又按他的要求撰写了书评,在《中国史研究》发表后,收入该书的《编辑后记》,简要回忆了我在兰大的老师和当年的大学生活。

讲授明清史和近代史的是杨定明老师、何玉筹老师、杜经国老师。学习近代史时,已是1975年的寒假以后,又碰遇所谓"反击右倾翻案风",又强调要"开门办学",学校和甘肃的省建一局合办哲学社会科学专业,成立"政治历史学院"和"国际关系学院"。让我们到该局位于兰州西固区的机修厂和附属加工厂边学工边上课,老师也要到工厂上课,课堂设在工厂腾出的会议室或者澡堂。我们班100个人,此时按照个人报名分为两个学院,一是政治历史学院,二是国际关系学院,分两处分别上课。我们国际关系学院是由世界史专业的李天祐、阮大荣、李建、欧阳真等老师带队的,住在西固区的省建一局的附属加工厂,该厂也就 100 人左右,南邻兰青铁路,只有一个机修车间,也没有会议室,只得腾出浴池在不开放的时候让我们作为教室上课。在冬春之交的澡堂上课,闷热无比,昏昏欲睡。就在这样的环境里,杨定明老师、何玉筹老师、杜经国老师给我们讲授了明清史和近代史的"八个专题":第一次鸦片战争、第二次鸦片战争、洋务运动、太平天国、中法战争、戊戌变法、义和团运动、辛亥革命。这段历史课的学习,以杜经国老师的概括最为精辟:此时的中国统治者,"一手洋枪洋炮,一手孔孟之道"也已经不能控制了,中国正在大变革的前夜。

因为我们是国际关系学院的,又由何生华老师、欧阳真老师、侯尚志老师、阮大荣老师给我们讲授了世界古代史、世界中世纪史、世界近代史、俄国十月革命史。又特别安排了著名世界悲喜剧研究大家李天祐老师给我们讲授希腊悲喜剧,安排国际关系史研究专家、历史系副主任汤季芳给我们讲授战后国际关系。我至今都记得李老师在西固区加工厂的临时课堂里讲课的情形,李老师笔直地站立在黑板前背诵埃斯库罗斯的《被缚的普罗米修斯》:"啊,我那无比神圣的母亲啊……雷电啊,来得更猛烈些吧……"他的朗诵,他的执着的声音,吸引并感染了我们。汤季芳老师讲授的战后国际关系,最有特点和观点。他是中共党员,湖北沔阳人,1945 年毕业于中央大学历史系、留学美国明尼苏达大学,1955 年回国后一直在兰州大学任教,是当时学校里为数不多的"红色专家"。他讲课时声音洪亮,观点鲜明。特别是对战后和世界的冷战起源以及美苏、中美、苏德关系的研究更具前瞻。如他概括的美国战后的对苏战略观点:要想遏制苏联,必须要有强大的欧洲,强大的欧洲必须要有强大的德国。美国在第二次世界大战后马上实施的"马歇尔计划"就是以振兴德国为轴心。美国对苏的专家,从哈里曼、凯南到沃伦,一代一代长兴不衰……冷战以后的世界历史的发展都说明他的这些观点迄今都闪烁着理论的光芒。我听得很认真,对他开列的参考书也细细阅读,深受熏陶,二十多年后,我在人民出版社《祖国丛书》编辑室、综合编辑室、文化编辑室、历史编辑室任副主任及数十年的历练后,在担任东方编辑室主任时,依据战后历史发展脉络,凭着他为我们授课的知识功底及为我们开列的参考书单,我策划出版了《战后国际关系稀见史料书系》共 8 种:《哈里曼回忆录》、《杜鲁门回忆录》(上下)、《蒙哥马利回忆录》、《艾森豪威尔回忆录》(1—4)等，获得读书界的广泛好评。"十年道路行不尽，江山万里看无穷"，往事如烟，师恩难忘。

第一次参加宣讲

1976年9月9日，毛泽东主席逝世，举世悲痛！此时我们正在西固区开门办学，学校和省建一局又要求成立"毛泽东丰功伟绩宣讲团"，我又被选为宣讲团成员之一，先是在兰州的七里河局机关集训，分专题写出提纲，再下到该局的各个工程队对工人宣讲。当时的专题是按照中国共产党成立和中国革命的分期共分10讲。我选择了"毛泽东对国际共产主义运动的贡献"，写了近3000字、30分钟左右的讲稿，从1848年《共产党宣言》的发表到俄国十月革命到马克思主义传入中国，中国共产党诞生领导中国革命成功、新中国的成立到莫斯科宣言、匈牙利事件、铁托集团、中苏论战、"九评"发表、布拉格之春……以历史和中国革命和国际共产主义运动的实践去说明、去宣讲，工人爱听，辅导我写提纲的俄国史研究专家侯尚志老师（当时还是讲师）也夸我写得好，讲得好。记得我们到天水市七里墩的一局下属公司宣讲时，工人们实行准军事化管理，他们穿着劳动布工作服，坐在小马扎上，整整齐齐，令我第一次亲身感受了中国产业工人队伍的组织严密和力量。因为战备需要，中国许多的三线工厂都集中在天水，光是七里墩的渭河岸边就有"长开""长控"，梨园镇娘娘坝有洛阳轴承厂搬迁的"海林轴承厂"等。在天水风动厂的演讲是在晚上，与风动厂毗邻的还有甘肃大企业"甘肃毛纺厂"，当我们坐着吉普车在晚上拐入该厂所在的山沟时，眼前突然灯火辉煌，高大的、波浪式的大厂房一排又一排，又使我感受了现代化工业的震撼。在天水宣讲时，我们还要求参观了当时还没有开放的麦积山石窟。麦积山石窟窟龛凿于高20米—80米、宽200米的垂直崖面上。存有窟龛194个，其中东崖54窟，西崖140窟，泥塑、石胎泥塑、石雕造像七千八百余尊，最大的造像东崖大佛高15.8米，壁画一千余平方米。麦积山石窟是中国四大石窟之一，被誉为"东方雕塑馆"。这是我第一次领略国家级的国宝，初步明白了人民创造历史

1976 年 10 月在天水宣讲时参观未开放的麦积山石窟

的真实含义。也在心底里增添了对古人智慧和勤奋的敬仰之情，这些对我以后的人生都有多多少少的影响。

在西安延安毕业实践

1976 年的 10 月，"四人帮"覆灭以后，中国迎来了学术的春天，兰州大学也不例外。我们班原先因为入学教育一个月、学军一个月（学军是在甘肃的高台驻军 19 军驻地、当时的战备值班部队陆军第 55 师）、学工（名为勤工俭学）一个月、外出合办专业耽误的课程，现在开始日夜加课。当时的文科楼的南北两个大教室，每天晚上都是灯火通明。到 1977 年 10 月毕业的这段时间里，除了一个月的寒假之外，我们都在全力以赴地学习，再也没有折腾了！中国历史的各个朝代的断代史及中共党史、古代文选课，世界历史的古代史、中世纪史、近代及现代史，公共课的哲学、政治经济学，我们总算马马虎虎、疙疙瘩瘩地学完了。现在想想，大学本科的学习，可以在 20 个月的时间里学完也是可行的，不知为什么现在的大学本科，要四年、五年的学制？现在出来的本科生、研究生甚至博士生，来到我们编辑室实习时，基本的、系统的知识，与我们这么短的学时培养出来的，差别也没有这么大。我不是教育界的，不敢妄议，但文科本科的学制和学时，我认为还是值得商量的。人生短暂，一个博士生要 22 年在校学习的学制，我是不会主张并实践的。大学的训练在于系统学习和了解学科的知识结构及名师的治学方法、也就是拿到打开"知识宝库"大门的"钥匙"，毕业以后在工作和实践中学习，在工作和实践中提高，难道不是一条成功的道路吗？至于研究历史和历史研究，那就要看你掌握的史料及发现历史上出现的重大事件和人物的生平、学术思想并对此进行研究并作出接近当年真实的解释了，发现的事件和人物、学术思想越多，解释的事件和人物、学术思想越接近真实，你也就越伟大！

按照系里的安排，毕业实践大约在1977年的6月左右。又是受部队学员的影响，我们75级的毕业实践是到西安、延安，要在西安、延安完成毕业教育，由历史系党史教研室的肖志富老师带队，他是陕西富平人，精瘦精瘦的、说一口陕西话。

我们自带铺盖行李，先是到西安，在西北大学的留学生宿舍打地铺，由西北大学历史系的考古专业的贾老师带领，先是让我们参观了位于乾县梁山的唐高宗、武则天的合葬墓乾陵及章怀太子墓、永泰公主墓、唐太宗的昭陵以及咸阳的汉武帝茂陵、霍去病墓，算是补上了考古的课时了。去乾县路过礼县的一个集镇，此时正是"杏儿熟麦儿黄"时节，我买了一斤成熟的大杏，2毛钱，一两一个、甜甜的，这也是我生平见过的最大的杏了。因为有西北大学的专家老师带领，章怀太子墓、永泰公主墓的地宫也向我们开放了。第一次进入古墓的地宫，潮湿的霉味，神秘的紧张至今难忘。接着又到临潼的始皇陵，此时的始皇陵，只是一个小山丘。从栽满了石榴树的小路而上，三五分钟就到顶了，始皇陵梯田上矮小的石榴树，结的石榴已经有李子般大小。山脚下秦始皇兵马俑的俑坑，此时刚刚发掘，在一片一片的考古坑里，躺着一个又一个的兵马俑，一堆一堆的，那架著名的铜车马已经出土了，放在一个简易的工棚里。四周不远处就是现在的兵马俑博物馆的工地，工人们正在打地基，贾老师告诉我们，我们站立的地方，就是以后博物馆的坑底，每个坑的兵马俑，复原后就是一个方阵……从1977年6月左右见到最先发掘的躺在俑坑里的兵马俑到以后历次来西安参观的兵马俑博物馆里的兵马俑方阵，历史的穿越和变化，既亲切又遥远。以实地参观的形式代替课堂讲学，实际上也是一种学习的方法，而且深得我们的欢迎。

接着我们又坐车到了陕西的铜川，在铜川煤矿矿务局的会议室住了一个晚上。从铜川到延安，我们要路过宜君、黄陵，从黄陵往东可以到宜川，天下闻名的壶口瀑布离此不远，但不知怎么没有安排，只是路过黄陵时，还是让我们参观并拜谒了黄帝陵。过了洛川、甘泉，就到了延安了，当时正是麦

这是现在博物馆里看到的没有修复的兵马俑；1977 年见到的兵马俑还都是一堆一堆在一个一个的考古坑里

收时候，我们的驻地延安大学照例放农忙假，校园里空空荡荡的，我们就打地铺住在延安大学的教室里。延安大学毗邻杨家岭，离当年杨家岭中央办公地仅一墙之隔，而且它的东北角的围墙正好有一个缺口，翻过去就是党的"七大"会场中央大礼堂。"中央大礼堂"是康生的题字，正宗楷书，字字金色，端正庄严。从中央大礼堂往上就是毛泽东在延安的窑洞故居，朱德故居、任弼时故居都离此不远，朴素的窑洞里简单无比，如果没有门口的红色牌匾，谁也不会想到这里曾经是中共中央首脑的办公和居住地。我们每天翻越缺口，时常在各个窑洞之间穿来穿去，也可以在中央大礼堂里坐坐，感受七大会议的氛围。延安是中国革命的圣地，中共中央率领的几路大军经过艰难的长征以后到达陕北时仅剩 3 万人，又经过 10 年的浴血奋战，毛泽东率领的中共中央离开延安时，已经有了雄兵百万、进而统一中国的实力了。人间正道是沧桑，这是超越中国历朝历代任何帝王将相的丰功伟绩。延安时期的毛泽东和中共党史，真的太值得我们研究了！我们在延安首先参观了毛泽东在延安城里凤凰山的旧居，接着就在王家坪延安革命纪念馆参观并和该馆的工作人员座谈，该纪念馆应该是规模比较大的地方纪念馆，纪念馆呈倒 U 型，进大厅后从左到右顺序移步，中国革命和中国共产党数十年浴血奋战的硝烟和刀光剑影一幕幕历历在目。我们几乎每天都去纪念馆，各自参观、各自和纪念馆的工作人员问询。因为该馆 1973 年重建后刚刚开馆，当年的参观人员并不多，除了我们班以外，几乎没有其他人。我在该馆足足看了一周左右，根据毛选四卷合订本和有关注释，搞清楚了毛泽东在延安的窑洞里读什么书，做什么事，写了什么文稿，将收入毛选四卷本的、毛泽东在延安写作的文稿在何时何地完成搞清楚了，并在毛选的四卷合订本的目录上做了注明。中国历史，上下五千年，英雄万万千，我们的学习和研究，必定也要一步一步来，从收集某一方面史料做起，也不失为一种好方法。后来我们又到了枣园，这里也有毛泽东的故居，而且是他发表著名的《为人民服务》的演讲地，此处也是可以随便进出的。在杨家岭的一处简陋的会议室里，我们还请了当年大生产时给毛泽东代耕的陕甘宁边区劳动模范杨步浩给我们讲了大生产时陕北的热火朝天的生活。1977年的延安，物质生活极其贫困，我们在延安大学的伙食也是苦不堪言，土豆片馅酪是家常便饭，炒菜中看不到油水和荤腥。杨步浩老模范告诉我们，当年毛泽东和中共中央在陕北时，也比现在的生活好，是他一生中最好的时光。这位给我们讲真话、说话声音洪亮，并把最后一个字特别拖长音的老模范，没有等到改革开放的好日子。据说第二年安塞水库垮坝延安被淹，他没有来得及撤离而遇难了，令人悲痛。

1977年5月和郭素霞同学在延安王家坪纪念馆

延安的桥儿沟，是中共中央党校和延安鲁迅艺术文学院旧址。1938年9月29日至11月6日中国共产党扩大的六届六中全会在这里召开。党的六届六中全会是中国共产党历史上具有重要意义的一次会议，会议批准了以毛泽东为首的中央政治局正确路线，克服了党内右倾投降主义错误，确立了党在统一战线中的独立自主原则以及毛泽东在全党的领袖地位，为党领导抗战胜利，奠定了坚实的基础。全会还首次鲜明地提出了"马克思主义中国化"的命题和任务。毛泽东在回忆民主革命时期党的历史时曾说："我党在历史上有两个重要会议。一次是1935年遵义会议，一次是1938年的六中全会。""六中全会是决定中国之命运的"。他亲自选编的《六大以来》是党的最主要的文献之一。鲁迅艺术文学院（简称鲁艺），是中国共产党在延安成立的第一所培养革命文艺专业人才的学府，由毛泽东、周恩来、林伯渠、徐特立、成仿吾、艾思奇、周扬七人联合发起，于1938年4月10日正式成立。延安时期鲁艺造就了大批抗战所需的艺术人才。同时，一大批新中国卓有成就的作家与艺术家，在这里创作了《黄河大合唱》《兄妹开荒》《白毛女》等大量极具时代特征和民族特色的优秀艺术作品，成为民族文化的珍贵宝藏。从而使鲁艺成为发展党的文艺事业的坚强堡垒和核心，成为新中国文艺事业的发祥地。该地还有天主教堂一座，始建于1930年，1934年竣工，高25米，

兰州大学75级第三小组部分学员和开门办学时国际关系学院党支部书记阮大荣老师在延安杨家岭毛主席旧居前。后排从左到右：徐良学、曹宪宏、阮大荣、张秀平、郭素霞；前排从左到右：唐骏、高登贤、张志德、卜国荣、何千金

1977年5月在杨家岭毛主席旧居前

宽 16 米，是一座典型的哥特式建筑。

延安宝塔山，古称丰林山，位于延安城东南方，海拔 1135.5 米，为周围群山之冠。宝塔山上视野开阔，是延安城的制高点。宝塔建于唐代，高 44 米，共九层，登上塔顶，全城风貌可尽收眼底。它是历史名城延安的标志，是革命圣地的象征。在塔旁边有一口明代铸造的铁钟，中共中央在延安时，据说曾用它来报时和报警。此外山上还有长达 260 米的摩崖石刻群和碑林，石刻岸面整齐，岸石完整，是难得的石刻艺术。当年的延河，虽然开阔，但河滩荒凉。整个延安城，看不到特别大型的商店，有一家省交际处的"友谊商店"特别醒目，上面用英文标注：我们的朋友遍天下。

1977 年 5 月和郭素霞同学在延安宝塔山上

领了"派遣证"

在延安的考察结束后，我们就到了南泥湾。从延安到南泥湾，当年没有高速路，走的 303 省道，出城过了柳林镇就要翻山，但这些山明显与延安周边的"穷山"不同，山上林木葱茏、植被茂盛，到了南泥湾，真的如歌词是"陕北的好江南"。我们在南泥湾吃到了炒鸡蛋、炒肉片、大米饭。终于告别了在延安大学的"半月不知肉滋味"。从南泥湾沟口的纪念碑亭往西，我们到了著名的"红楼"。"红楼"其实是建在南泥湾镇陶宝峪村的中央管理局干部休养所。因为外表用红色涂料涂染，三五九旅官兵和当地百姓习惯把它称为"红楼"。它建于 1943 年，我吃惊的是"红楼"经历这么多年，室内的木质地板和楼梯竟保存得完好如初！

从西安延安毕业实践回到兰大后，因为当年既没有恢复学位制，也没有严格的考试制度，学校让我们每人交了一篇"感想"式的文字就算论文了。我提交的是《延安窑洞里的毛主席和他的中国革命》，资料室里的一位肖老师，看了以后，认为我的视野独特，文字也生动，特别是对延安杨家岭的窑洞的描写，生动得很！

毕业分配时，此时已经有恢复高考和恢复研究生招生的正式文件了，如果能留校，应该有更多的深造机会。但我得知按照当年招生时的计划，我的名额是属于文化部委托"内蒙兵团"选送的，毕业后要到文化部的下属单位工作，心里不知有多么兴奋，比之当年在荒漠中历练了6年拿到大学入学通知书的感受还要惊喜。我的好朋友、好同学郭素霞也为我高兴，系里的老师也很吃惊，因为历史系的本科生毕业后直接分到北京进入文化部，是第一次，我是仅有的第一个。他们在吃惊以后，也为我高兴，特别是教过我们班的老师，纷纷向我祝贺。

1977年5月在延河大桥

我是在9月底几乎是我们班最后一批离开兰大的。从第一个入学的新生到此时的最后离校，感想联翩。人生路漫漫，我的大学学习，虽然饱受折腾，但却是有得有失。兰大历史系的著名教授都给我们上过课，聆听名师们的授课和学到他们的治学方法，这是最大的收获。

1977年5月在南泥湾陶宝峪红楼前

学校的毕业生分配办公室在兰大的礼堂里设了临时办公室，我们在此转一圈按规定交回了学生证、图书借阅证等，便领了"派遣证"，这是"计划经济"时代的普通高校的普遍做法，统一招生，统一分配，这个"派遣证"就是通行证，没有学校的"派遣证"，到哪儿都寸步难行、都不合法！"派遣证"写的报到地点是：北京市朝阳门内大街166号人民出版社！

终生的职业
进入人民出版社当编辑

报到第一天

离校后,已经临近1977年的国庆节,我没有回浙江临海探家,而是和郭素霞一起到了她的家——天水海林轴承厂,在她家过了国庆节,参观了该厂所在地、甘肃天水地区娘娘坝的梨园镇。该镇原是个贫穷的小山村,因为海林厂的到来,建了学校、邮局、浴室、新华书店、电影院,才初具城镇的规模。海林厂的车间沿山而建,车间整齐明亮,车床、铣床、刨床应有尽有。与一年前我作为宣讲团成员来天水宣讲"毛泽东丰功伟绩"对天水的产业工人的印象一样,他们都显得个个自豪,人人幸福,因为在这样的山沟沟里,他们是工人阶级,收入水平远远地高于当地的农民,工厂办的社会福利,让他们得到了实惠,忘记了忧患!

1977年的10月6日,节后的北京站车辆云集,人流不息,一派繁忙。在天水过了国庆节后,我揣着兰州大学毕业分配"派遣证",终于来到了北京。此次来北京,与以往的探家路过不同了,这里将是我人生的新的梦想起点!

这一天,北京的天空浓云密布,雷声滚滚,大雨随时都会倾泻。从北京站下车出站后,我来不及去取托运的行李就赶紧打听,乘上24路公交车到了朝内大街的小街站,下车后大雨就下来了。我只得站在小街口的交通岗亭东面"民生小吃部"的门口搭出来的防雨棚里躲雨。一边躲雨一边打听166号人民出版社。边上的北京人告诉我，朝阳门内有几家出版社，靠东有一家、右前方有几家……10月北京的雷阵雨，既难得又短暂。雨下了一会就停了，天空马上像洗过了一样。我决定先到右前方的出版社问询。到了门口，未及看门牌，我就看到了熟悉的毛体"人民出版社"，顿觉兴奋不已！拿出"派遣证"，传达室的师傅马上打电话到人事处，人事处的王弘兆在电话那头说：让她上来吧。

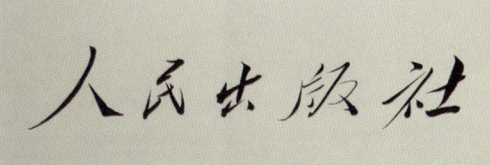

毛泽东1951年为人民出版社题写的社名

当我进入人民社的一楼时，王弘兆派来的接我的关键和王登凯已经下来了，他们是先我来报到的。关键毕业于北京大学世界经济系，王登凯毕业于南开大学历史系。这一年，分到人民出版社的有11个大学生，除了关键和王登凯外，他们是毕业于辽宁大学英语系的陈来胜，四川大学日语系的李月玲，北京大学德语系的邓仁娥、哲学系的曹力红、历史系的杨慧玫，复旦大学经济系的杨素梅，南京大学中文系的李椒元及北京第二外国语学院法语系的张连仲。我是他们之中倒数第二个来报到的，杨慧玫较我还晚半个月报到。11个人中，10个是原籍北京的知青，他们中的9人来自黑龙江兵团，只有李椒元是在东北插队的知青，而我是外地的浙江人，而且还是唯一来自内蒙古生产建设兵团。新来的大学生，当时都集中在三楼的腾空的会议室，由校对科的中年校对栗宛如负责培训。

1977年报到时朝内大街166号的人民出版社大门

人事处的王弘兆是浙江温州人，瘦小精干，穿着朴素，但双目炯炯。她简要地询问了我的简历和家庭情况，她告诉我，集体宿舍在四楼20号，你和人民出版社专门从部队挑选来的、部队复员的从事地图编绘的党力文住在一起。关于集体宿舍和办公室在一个楼要

1990年的166号大门

2000年以后166号的大门

1977年10月，分到北京后第一个月就去了长城和昌平的明十三陵

注意哪些事，集体户口怎么办，粮油关系交到哪里？食堂在哪里，礼拜天怎么开伙……她都交代得清清楚楚，她还派关键和王登凯随车到北京站取了我托运的行李。一个单位人事部门的作风，应该是本单位的缩影。王弘兆的安排，有序而又富有经验，令我体验了人民出版社严谨而简朴的社风。

与一切向往北京的中外朋友一样，来到北京的第一个月，我就要求参观故宫、长城、昌平的明代十三陵。站在故宫太和殿的丹陛之上，可以看到端门、午门、天安门、正阳门巍峨的城楼及远处的天坛，大殿的庄严、帝王的权威，令人震撼；长城的巍延曲折，地宫的神秘莫测，更让我领略了中国文化的深远和伟大！我将在这个城市里开始新的人生。

认识新朋友

1977年的北京，一切都在计划经济的控制之中，在"保障生活，保障供给"的口号下，粮本、粮票、油票、布票、棉花票及各种各样定量的票，应有尽有。朝内大街166号位于朝内大街和朝内南小街东南把口，坐南朝北，主体楼是一座苏式风格的5层"冂"形楼，但西侧的拐楼比东侧短，有一缺口，车辆由西侧的胡同进来后从缺口进出楼后的院里。新中国最大的两家出版社人民出版社和人民文学出版社各居该楼的两边，人民出版社在东边，人民文学出版社在西边。中间大门进去以后穿过门厅便是宽阔的楼梯，楼梯平台中间向左右盘旋便是两家一分为二的二楼，此楼梯到此为止，三层以上，两家都要从东西两侧楼梯上下，一、二、三、四层都是两家各半，五层和东侧拐角楼全归人民社。

从出版社往西100米左右，便是北京当年著名的"四大菜市场"之一"朝内菜市场"。菜市场负责供应北京东城区朝内大街南北两侧的大部分居民的日常副食品，每逢节假日特别是春节前一个月，这里每天都是人山人海，采买者的自行车停放有数百米一直到出版社门口，甚至拐到朝内南小街。保证节前供应菜市场内的鸡鸭鱼肉堆成了山，在寒风里排队购买的市民里一圈外一圈……朝内菜市场的前半部分卖糕点豆制品，中间卖水果蔬菜，后半部卖猪牛羊肉、水产活鱼。记得当时新来的胖头鱼、鲢鱼，活蹦乱跳，0.5元一斤，两三天以后，没有卖出去的鱼已经翻起了白肚，只能卖0.25元一斤。此时要买的话，就要排队了。流通、价格、数量、质量，是政治经济学的永恒的命题。

朝内菜市场对面是文化部的老办公楼，当时已经归属了外交部，它的旁边是外交部的白楼，著名的"三三六"信箱也就是外交部的机要室就在这里，承担与驻外各国使领馆的联络任务，终日灯火通明。我们兵团先我们被部委选拔走的计划股统计员张静娅就在这里。当年的北京各部委机关，实行的都是朝8晚5工作制，中午一小时，上午10点、下午3点有半小时的休息。我们在休息时，有时便去逛逛朝内菜市场，在这里，我碰遇了久未联系的张静娅，聊谈之后也兴奋不已。她身居外交部，当年经常有与海外交流的原声电影胶片，如果不购买就退回，称为"过路片"，有些部委便近水楼台，安排一些非商业性的内部放映，只有现场的直翻口译解说，凭"内部电影票"观看。张静娅也送我当时非常流行的内部电影票，至今还很怀念。人民出版社原属于文化部，我进社后，也会获得此类免费的电影票。放映这些电影的都是位于三里河的国家计委红塔礼堂，西四的地质部礼堂，外交部招待所礼堂（现在的华风宾馆），东风市场吉祥戏院等，大部分都是原声宽银幕大片，如《罗马之战》《奥斯特里茨战役》《傲慢与偏见》《彼得大帝》《走出非洲》《父与子》等。刚来人民出版社的头两年，我看了这些所谓大片以后，深感场面宏大、音响震撼，了解了中外文化在电影艺术上的差异。

166号对面是朝内大街137号，此地是全国重点文物保护单位孚王府，是清代规模较大的一座王府，原为康熙帝胤祥的儿子、第二任怡亲王弘晓的王府。1864年，慈禧将此王府改赐孚郡王奕譓，称孚王府，因奕譓是道光帝第九子，故俗称"九爷府"。孚王府历经了清王朝由鼎盛而至衰亡的历史进程，承载了极其丰富的历史文化信息，王府布局结构严谨规范，保存较为完好，但此时有中科院自然科学史研究所、科学出版社、中国图书进出口总公司数家单位在此办公。我的浙江老乡、兵团战友伍力澧也在中国图书进出口总公司,她赴兵团时年仅15岁,是"内蒙兵团"五团一连的。因为年纪小,到内蒙古后颇受照顾,不久就调到了团部的兽医所,又在1971年便得到推荐上了北京外国语学院(现在的北京外国语大学)学习西班牙语,毕业后分到中国图书进出口总公司的美大司,负责美国和拉丁美洲的图书和报刊的进出口工作。她和我在兵团的好朋友、好战友隋桂英是同学,在六团时经常听他们说起同学之间的事,耳熟而有印象。她的父亲是湖北石门人,是20世纪20年代贺龙两把菜刀闹革命的地方。她父亲全家的男丁都跟着贺龙队伍走了,经过长征和以后的战争,只剩下她父亲一人,新中国成立后一直在浙江工作,是我们台州地区唯一的硕果仅存的老红军。我们也是在朝内菜市场碰遇,说着说着就成了经常走动的好邻居、好朋友。作为生活在北京城里的外地人,多了认识的老乡和战友,我们都十分珍惜彼此的情谊,有事时便都有求必应。

曾经的兵团战士、上大学毕业后分配在北京的3个临海人和家人。2010年中秋节重回内蒙古磴口,在六团团部旧址上新建的宁夏阿左旗巴音毛道农场场部合影,从左到右:华天惠(清华大学自动化系、五机部五院)、伍力澧(北京外国语大学、外交部)、张秀平(兰州大学历史系、人民出版社)、李若贵(中国矿业大学、中国有色金属设计研究总院)、白云起(北京外国语大学、外交部)、陈素月(东北大学、北京钢铁设计研究总院)

她的爱人白云起是哈尔滨人，是从东北兵团推荐上的北京外国语大学，与伍力澧是大学同班同学，毕业后进入外交部信使队，后来成为驻拉美国家古巴、乌拉圭等国的二秘、一秘，外交部交远公司的副总经理，驻俄罗斯大使馆政务参赞。伍力澧后来也随调外交部，回国后便长期在巴西驻中国使馆的签证处工作。白云起在信使队工作时经常要出国出差。我和伍力澧有时便在朝内菜市场买点活鱼、墨斗鱼、排骨，在她的大院的平房宿舍里改善生活。此后，又认识了她在五团一连的战友陈素月，她也是我们的临海同乡，也是由兵团推荐上了东北大学，毕业后分到北京钢铁设计研究总院从事新材料的研究。她的爱人李若贵、浙江温州苍南人，父亲是温州最大的钒矿的矿工，他是矿工的儿子，也是1969年参加的"内蒙兵团"一师四团、从"内蒙兵团"上的大学，毕业于湖南长沙的中南矿冶学院（现在的中国矿业大学）。岁月流梭，艰难业成，在中国有色金属设计研究总院工作四十多年后，成为该院的设计总师，是锌冶炼方面的专家，全国"五一劳动奖章"的获得者。我的爱人华天惠是清华大学的1975届自动化系毕业生，他和习近平、陈希等是同届，与林大建（原浙江省委书记、天津市委书记林乎加之女）、史恒跃（空一军政委之子）是同班同学，毕业后分配到第五机械工业部第五设计研究院。五机部五院后来改为中国兵器工业五院，华天惠历任该院的计算所所长、档图室主任。从此以后，我们3个临海人便都在北京安家、结婚、生子，迄今保持了近半个世纪的交往，而且我们三对夫妻，大学毕业后终生都是服务在一个单位，一辈子坚守不移，难能可贵。如今大家都退休了，更加希望经常聚会，更加渴望抱团养老！

实习校对科

我们新分来的11个大学生在三楼东头的大屋里由校对科的栗宛如带领实习。栗宛如是上海人，是1956年人民出版社在上海招收的知识青年。他们这一批和以前招的几批中的佼佼者是沈昌文、董秀玉，前者后来成了著名的出版家、《读书》杂志主编；后者是三联书店的总经理。

栗宛如给我们每人一本《编辑校对手册》，通读一遍，认识了校对的重要性，熟悉了校对符号，知道了校对的方法有折校、读校、点校，便由她每天给我们分配校样一沓，大约有2万—3万字左右，我们就认真地工作了。

校对是一门古老的行当，古人描述校对：一人读书，校其上下，得谬误，谓校；一人持本，一人读书，若冤家相对，为雠。这当然指的是古籍的校勘。现代书刊的校对，校对的原则是对原稿负责。从小学到大学，我们习惯是学习书本的知识，将书本的知识学会、记住、会用是第一要务，而校对则要对校样中的错误进行识别，首先要面临思维上的转变。

初做校对，难免出错。刚开始时，我读着读着清样就走神了，进入了校样中的内容……其次是对原稿的判断，当年的原稿，都是手写稿，有些清楚，有些潦草难认，有些还有固定的异体字用法。我们初校后，都互相交换，算是一个校次。每次交换以后，看到有各色字的校样，就知道错误的多少了，各色的字越多，遗漏的错误也越多。我们开始校对时都很自信，做了几天校对以后，总是漏校了一些，就又变得不自信了。栗宛如就会讲一些校对的经验，比如常识性的错误，规范的语言文字，标点符号的运用，国际标准等等，在校对中，这些东西都很有用。

走进资料室

我们所在的三楼东头临时大办公室的隔壁就是资料室，当年的资料室是开架阅览，室内的藏书，按现代图书馆目录ABCD……排列，可以任意取出借阅浏览；每月购进的新书，做好编目、上架之前，都置于最前面阅览桌边的书架上，方便大家取阅。从1966年初中毕业以后，我们经历了10年没有书读、无可读之书的时代，对专业图书的渴望、对文学图书的需求，犹如在沙漠里渴望甘露绿洲。我虽然进了兰大学习历史，我们都有借书证，但兰大图书馆当年也是劫后余生，有些书不是被人借走就是还在整理之中……记得我为了阅读《李自成传》第二卷，竟在图书馆的阅览室里以帮团支部写总结为名整整待了10天……现在见到这么多的我想看的图书，真像是饿汉见了面包，不知道先吃哪个了。我每天的校对任务完成后，其他时间都泡在资料室里。资料室的藏书还算丰富，特别是历史图书和古籍，《四部丛刊》《二十四史》《资治通鉴》……可以任意取阅分类架上的各种图书。《二十四史演义》、《纲鉴易知录》、《资治通鉴》、邓之诚的《中华二千年史》、钱穆的《历代中国政治制度之得失》……都是此时读过或细读的。

资料室的负责人是郑曼，她是著名作家、诗人臧克家的夫人。郑曼做事很认真，她负责的当年人民出版社资料室很庞大，总人数有近10人左右，据说这些编制和人员安排，都是资料室的直接主管社领导、著名出版家范用刻意安排的，他认为一个有历史、有创新的出版社，必须要有一流的编辑队伍和强大的资料室。资料室除了日常的采编与阅览以外，还要兼做论文和图书的分类剪报工作，比如20世纪50年代被称为"5朵金花"的关于"中国古史分期的讨论""中国资本主义萌芽的讨论""汉民族形成问题的讨论""中国封建土地所有制形式问题""中国封建社会农民战争问题"及近代史八大专题——鸦片战争（第一、第二次鸦片战争）、太平天国、洋务运动、中法战争、中日甲午战争、戊戌变法、义和团、辛亥革命等都有资料室自己收录的剪报，一本又一本，用牛皮纸做封面、手工穿钉装订、排列在书架上。虽然此工作是纯粹的剪刀加糨糊，但对编辑了解学术前沿、学术动态十分有用。一册在手，编辑们可以事半功倍，甚至十倍。学术界信任不已的《新华月报》就诞生于20世纪50年代初期的资料室，郑曼也参与了1949年11月创刊的《新华月报》初创期的工作。1979年又再次诞生了《新华文摘》，资料室的主要负责人于干、庄浦明担任了《新华文摘》正副主编。这些都是范用作为有远见的出版家对资料室作用深耕细作的结果。郑曼是浙江黄岩路桥人，1938年毕业于浙江省立台州中学。是我的临海一中、以后又复名台州中学的老学长。她也是1950年12月人民出版社成立之时的元老，由出版总署调到人民出版社，在资料室（组），历任资料组科长、副组长、组长。长期从事《新华月报》编辑和管理工作，并历任《新华月报》编辑组代理组长、组长等职。郑曼除工作认真外，原则性也很强。资料室里有一个书柜，专门存放港台版和进口的外文版图书，为了开阔眼界和学术视野，我几次申请借阅，郑曼都没有同意。直到我在校对科实习结束分到历史编辑室以后，因工作需要查阅引文，她才同意我查阅该书柜里的图书。对她的这些做派，我在心底里还是敬重的。资料室里的张慎趋，是中国人民大学新闻系的老大学生，自我来人民出版社以后，一直在资料室负责借阅工作，任劳任怨，默默奉献。他的同届同学有徐光春、朱述新、韩舞凤、司马小萌等，都是新闻出版界的领导或是著名的大记者……在大学里听老师讲课，是我们学习治学方法的启蒙；在资料室里的徜徉，则是拿到了打开知识宝库和做学问的钥匙，令我欣喜不已。

分到历史编辑室

在校对科实习10个月后，转眼到了1978年的年中。该年的3月18日，中共中央在北京人民大会堂召开全国科学大会，在有6000人参加的开幕会上，中共中央副主席、国务院副总理邓小平发表重要讲话。邓小平指出"四个现代化"的关键是科学技术的现代化，并着重阐述了"科学技术是生产力"这个马克思主义观点。此后全中国兴起了爱科学、尊重科学、崇尚科学的科学风气。此次大会被以后的历史誉为"科学的春天"到来的标志，"出版的春天"也在蕴育之中。不待一年的实习结束，我们11个大学生便都按所学的专业分到了编辑室。我们学历史的3个人，除王登凯分到哲学编辑室、后来又跟随关键调到国家计委的经济研究室外，我和杨慧玫都分到了历史编辑室。

当年的历史编辑室包括中国史和世界史，刘元彦是主任，陈汉孝和陆世澄室是副主任。刘元彦是川军起义将领刘文辉的大公子，从小受过良好的家庭教育，会开车、喜京剧，毕业于成都华西协合大学，1956年进入人民出版社哲学编辑室工作。负责中国思想史、哲学史方面稿件的出版工作，责编了侯外庐、杜国庠、冯友兰、任继愈、杨荣国、赵纪彬等中国思想史、哲学史的著作。刘元彦说话带有川音，慢而儒雅。陈汉孝是江苏金坛人，1961年毕业于华东师范大学历史系，后来又攻读华东师范大学历史系近代史专家陈旭麓的研究生，对太平天国的历史颇有研究。陆世澄是上海人，1951还在复旦大学中文系中国语言文学二年级学习时就被选调到人民出版社工作，历经校对、编辑、编审、室主任，20世纪80年代后专治德国历史文化和德文图书的翻译，有论著和译著多种出版。

历史编辑室按照专业分组，中国古代史组有张作耀、吕异芳、江平、苏文芳、张维训、萧远强、陈友和；中国近代史组有林言椒、吕涛、王能雄、邓卫忠、徐公义、乔还田；世界史组有邓蜀生、张郁兰、沙曾熙、孙祥秀、刘志金、安长春、祝立明、萧建国。我和杨慧玫到历史编辑室后，杨慧玫就到了世界史组，我则到了中国古代史组。古代史组的张作耀、吕异芳、江平、苏文芳、张维训、萧远强都是毕业于山大、北大、南开、厦大的老大学生或研究生；近代史组的林言椒、吕涛、王能雄、邓卫忠也是毕业于复旦、武大、川大；世界史组的邓蜀生1944年毕业于重庆复旦大学新闻系，曾经应征为陈纳德的"飞虎队"翻译，1946年就在新创刊的上海《新民晚报》负责政治新闻采访工作，是著名的战地记者。夫人秦文，著名的电影表演艺术家秦怡的妹妹。她本人也主演了《铁道游击队》中的芳林嫂、《母亲》中的地下党员颜佳，家喻户晓。张郁兰是国际共运史专家，她的丈夫是哲学史专家宋家修。沙曾熙是翻译出身，文质彬彬，是末代皇帝溥仪和李淑贤的婚姻介绍人。除了张郁兰、吕异芳、江平、苏文芳、沙曾熙年近60以外，其他如张作耀、张维训、萧远强、林言椒、安长春、吕涛、王能雄、邓卫忠、孙祥秀、刘志金则都是四五十岁的中年；主任刘元彦当年也就50出头，副主任陈汉孝、陆世澄也正是刚近不惑之盛年。徐公义、陈有和、祝立明、萧建国、乔还田、杨慧玫和我则都是年轻的工农兵大学生。刘元彦主任指定吕异芳

1978年历史编辑室部分人员在166号5楼东侧阳台，从左到右：杨慧玫、乔还田、张秀平、陈有和、姚洛、萧建国、邓卫忠、祝立明、徐公义、邓蜀生

1983年历史编辑室部分人员在五楼东侧阳台，前排从左到右：林言椒、吕涛、张作耀、邓卫忠、张郁兰、吕异芳；后排从左到右：萧远强、年鉴1、潘正平、张维训、王能雄、张秀平、张琳娜、年鉴2（年鉴1、年鉴2是临时工，名字不记得了）

为我的编辑老师，另外还让我们所有的年轻人要承担一项编辑室的编务，如领文具、发电影票、换饭票、管样书等，我主动承担了整理样书……

历史编辑室的办公室位于朝内大街166号办公楼的五楼，从大楼东侧的

楼梯盘旋而上到顶层，东头的两间大办公室501、502及五楼最中间的临街北向一间都是历史编辑室的。501室朝北、靠近五楼的东面阳台，站在阳台上，可以俯瞰朝阳门内大街和朝内北小街、南小街，北望九爷府、南眺北京站的钟楼。501室被纸板隔为了三间，三位主任在最东面仍为501室，另三分之二为503，是个套间。502室对着503，是朝南的大房间。我在503室的外间，20平方米的办公室有4个人。先我到历史编辑室的陈有和已经在靠窗前了，张维训也在窗前与他直角顺隔断墙而坐，苏文芳大姐居中。我的办公桌只能在苏大姐的后面了，临门、无靠，我只得把办公桌顺过来靠墙面壁，但又无自然光源……怎么放都不合适。在这里我待了7年，直到1985年11月我被任命为"祖国丛书·年鉴"编辑室的副主任。我怎么也想不到，我的编辑生涯，一世坚守的职业，就是这样起步的。

我的编辑老师吕异芳

人民出版社历史编辑室的样书和"文革"前出版的图书，在五楼503室里间的三个书柜里，我开始边看边整理。按照我曾经在"内蒙兵团"当过统计员的经验和代理出纳需要记现金流水账的功夫，我先将样书分类，再在每本样书的书脊上贴上"口取纸"编号，还设立了一个小本，凡有取用者，要登记留条。另外又将作者、单位、联系方式等信息一一登记。我的编辑指导老师吕异芳和老编辑江平等都认识联系了不少学者、作者，她们对我的工作都给予无私的帮助与支持。特别是吕异芳，许多作者的信息都是她提供的。吕异芳是山东黄县人，1948年毕业于南开大学历史系。她与著名史学家蔡美彪先生是同学。她的爱人王吾我，是著名的啤酒专家。当年她住在人民出版社东堂子胡同28号院宿舍最南边院子的两间北屋，吕异芳曾请我和江平、苏文芳、孙祥秀等到她家聚餐。当我第一次进入28号大院时，便被

2012年，出席老编审邓蜀生（左）《从战地到史林》文集出版座谈会。我们曾一起主编《世界100系列》丛书（共5种），广西人民出版社1995年版

北京的这种大院套小院的深宅迷住了！老北京素有"东城贵，西城富"之说，东堂子东口对面隔着朝内南小街便是赵堂子胡同，胡同口左侧就是郑曼和臧克家的院子，再往前右拐便是保存得比较完好的民国建筑学家、中国营造学社的创始人朱启钤的故居四合院，再往东就是著名的五四运动的发源地"赵家楼"了，人民美术出版社就在此地。东堂子南北隔壁的遂安伯胡同、西石槽胡同、史家胡同和外交部街，都是名人故居云集的地方。

左：吕异芳；中：苏文芳；右：张秀平

吕异芳外出组稿时，会经常带我一起拜望认识作者。如她责编白寿彝先生的《学步集》时，我跟随她一起到了白先生位于厂桥附近的小院，受到了这位中国史学界史学史研究大家的热情招待，以后又到北师大的电教课堂聆听了他的讲座《中国史学的童年》《班、马异同》，得益匪浅。1978年，吕异芳编辑出版戴逸先生主编的《简明清史》时，为了提高书稿的质量，既出书又出人才，中国人民大学成立了清史研究所，该所经常在位于张自忠路一号院的灰楼、当年段祺瑞的执政府举办小型的学术研讨会或邀请专家做一些有关清史研究的学术讲座。吕异芳带我去听过一次，认识了学术讲座的主持人、承担《简明清史》研究和编写任务的李华老师，他是清史研究所最早的骨干研究人员之一。他对我的听课要求，十分支持。"明末农民起义军的联明抗清讨论""清代的职官与国家机关""清代的科举制度""八旗土地制度""清代的地方官职""准噶尔问题"等都是当时的课题。当年的听课笔记，我迄今保留，可见这些专题对我的编辑生涯的影响。讲课者的水平、学术研讨的深度和知识积累的广度，令人难忘。侯仁之、单士奎、王洪均、郑昌淦、王思治、王戎笙、王汝丰、王道成等都在此地讲过专题，20世纪70年代末80年代初期，上面胪列的专家还都是年富力强的中青年！他们虽然出生于20世纪二三十年代，大多毕业于新中国成立的大学，但专业基础扎实、学

2012年和吕异芳（左一）、吴承婉（左二）在邓蜀生《从战地到史林》文集出版座谈会上

术思想敏锐，从此都开始迎来了各自的学术的春天。我对他们是向往、崇拜不已，只要有空，我就会骑车到清史所聆听这些名家的讲座。现在想想，这应该就是深造！而且是有的放矢的深造！吕异芳是我在人民出版社当编辑时的第一位老师。她退休以后，只要到社里参加活动，我都要请她到办公室里坐坐、喝杯家乡的新茶。2003 年，我在陕西师范大学组约了《史念海全集》，因为史先生 20 世纪 60 年代出版的《河山集》1—4 集就是吕异芳组约并责编、以三联书店的名义出版的。史先生的家人听说我的编辑老师是吕异芳，更是欣喜不已、信任有加。2012 年，我组织出版戴文葆逝世 5 周年纪念文集，请吕异芳撰写了一篇回忆——《不软弱、不自卑、不消沉、不埋怨》，深情地回忆了她的老同事、老朋友戴文葆艰难而又曲折的人生。2016 年，人民出版社历史编辑室又一位老编审邓蜀生的《从战地到史林》出版，我们又相约见面。2017 年年初她到美国的女儿家之前，还特意到我的办公室，拿来了一些珍贵书札交给我……

2018 年 2 月 23 日，竟传来了她因脑溢血在美国马里兰州克拉克斯伯格市病逝的噩耗，享年 92 岁。我顿时泪如雨下，吕大姐，我忘不了你！永远怀念你！

第一份审读意见

编辑室的样书经我登记和整理以后，开始变得井井有条。与此同时，我一边整理一边阅读，对历史编辑室"文革"前出版的图书和选题也就大致了解了；而关于编辑室联系的作者单位、作者的研究方向的信息登记和整理，更成了我今后编辑组稿工作的汩汩源泉。刘元彦主任对我的整理样书的工作十分肯定，编辑室的同仁也比较满意。

当年的历史编辑室有这么多的老中青三代人，阵容是庞大的。近代史组的林言椒，此时正值年富力强。他是浙江温州人，毕业于复旦大学的法律系，虽不是学历史的科班出身，但毕生从事近代历史图书的编辑与出版，后来成长为著名的历史学家、"中国知识分子精神家园"的三联书店总编辑。他为人直接豪爽，谈话喜欢单刀直入。他对我这个学历史的小同乡，很是关注，经常问我读过什么书？兰大的老师中搞近代史的有哪几个？兰大的赵俪生给你们讲过课吗……我都实事求是地回答，他是问者听者有意的。1978年的年底，他策划的《中国历史学年鉴》启动了，他马上就要我参加《年鉴》的古代史断代和专题史研究述评的组稿和编辑工作……

刘元彦主任交给我的第一部书稿是一个中学历史老师的投稿，内容是关于郑成功收复台湾的经过和历史意义，大约有10万字。我花了一周通读，写出了我生平的第一份审读意见。此意见从书稿的内容、叙述的方式、史料的征引、与现有的《中国历史常识》中的有关内容的比较等方面做了分析，最后建议退稿处理。刘元彦主任和其他两位副主任都传阅一过。刘元彦主任还在我的《审读意见》上批了"室内传阅"给予了肯定。

刘元彦主任交给我的第一部重印的书稿是邓拓的《论中国历史的几个问题》。作者邓拓原是人民日报社社长兼总编辑、中共北京市委书记处书记、中共中央华北局书记处候补书记并主编理论刊物《前线》。1961年3月，开始以"马南邨"为笔名在《北京晚报》副刊《五色土》开设《燕山夜话》专栏。他与吴晗、廖沫沙合写杂文《三家村札记》并著有《燕山夜话》等。他们的杂文爱憎分明、切中时弊而又短小精悍、妙趣横生、富有寓意，受到读者喜欢。1966年4月16日，《北京日报》刊登关于《燕山夜话》和《三家村札记》的批判材料，"三家村"被打成"反党集团"。1966年5月18日，邓拓含冤自尽，成为"文化大革命"的最早牺牲品。1979年2月邓拓平反以后，刘元彦主任在制定中外史的选题组稿规划时，为了从根本上消除"左"的影响，及时重印出版吴晗、邓拓、翦伯赞等人的著作，借以恢复他们的学术名誉，消除"四人帮"文化专制主义的流毒，探讨编辑出版工作的改革问题。

《论中国历史的几个问题》初版于1959年，是以三联书店的名义出版的。三联书店的前身是20世纪三四十年代活跃于中国出版界的三家著名出版发行机构——生活书店、读书出版社、新知书店。生活书店成立于1932年7月，创办人是邹韬奋、胡愈之、徐伯昕等，前身是创办于1925年的《生活周刊》。读书出版社成立于1936年，创办人是李公朴、艾思奇、黄洛峰等，前身是1934年创刊的《读书生活》半月刊，1937年更名为读书生活出版社。新知书店成立于1935年，创办人是钱俊瑞、徐雪寒、华应申等，前身是《中国农村》月刊。1948年10月三家书店全面合并，在香港成立生活·读书·新知三联书店总管理处。1949年3月,总管理处迁至北京。1951年8月,三联书店并入人民出版社,保留"三联"名义出书,按需要出版"非马列"或"力图运用马列但还不纯熟"的著作。1954年4月,"三联"获中央批准有了自己的编辑室,下辖中国历史、外国历史、地理等6个编辑组。在1986年1月1日三联书店恢复独立建制前,"人民"和"三联"是一套人马两块牌子,人民出版社可以以"人民""三联"两家名义出版图书。

我通读了书稿,又调看了当年编辑审读此书稿的档案。书稿档案也是人民出版社的宝贵的出版财富,新手或后来者可以在此学到许多编辑的基本功。从档案中得知当年的编辑是应德田先生,应德田先生也非同小可,他是东北军少帅张学良的政治幕僚,曾经是东北军的政治处少将处长。档案中还有邓拓和应德田关于书稿的通信以及邓拓预支稿费购买琉璃厂古书画的凭条……

图书的重印或再版、特别是时隔多年的重印或再版,首先要对原书的学术价值做出判断;其次要提出原书存在的问题并提出处理意见。《论中国历史的几个问题》是邓拓生前自己选编的关于中国历史的论文选集,收录了作者新中国成立前后发表在各种杂志上的历史论文。作者对中国历史的几个重要问题,如中国古代奴隶制问题、中国封建社会"长期停滞"问题,以及近代中国资本主义的萌芽和发展问题,提出了个人见解。我建议增收《毛泽东思想开辟了中国历史科学发展的道路》。因为重印,需要征求作者本人的意见,邓拓已经过世了,我们就要联系作者家属或者继承人。邓拓的爱人丁一岚此时在北京人民广播电台工作,她是新中国第一代著名播音员,

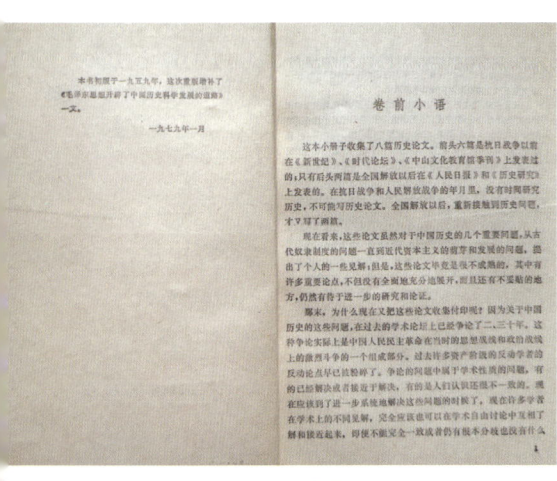

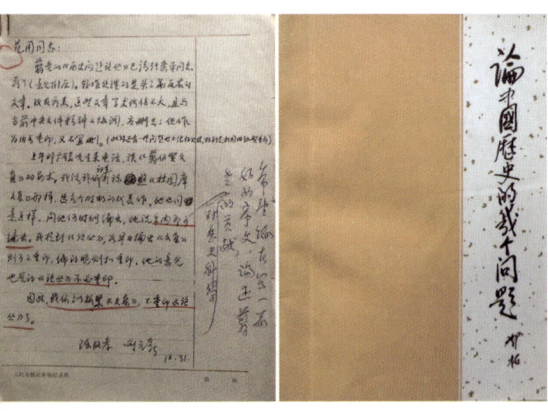

《论中国历史的几个问题》,三联书店1959年初版;1979年重印,增收了《毛泽东思想开辟了中国历史科学发展的道路》一文

1949年10月1日,她与齐越一起在天安门城楼上现场转播了开国大典盛况。她得知我们要重印《论中国历史的几个问题》,十分欣慰!连声道谢! 1997年以后,我成为北京市政协第九、十、十一届委员,与他们的女儿邓小虹在北京市政协的全会上相遇相识,说起此事,她说她的母亲一直都感念人民出版社。邓小虹是1952年2月生,曾是北京妇产医院的主任医师、教授,历任北京市卫生局副局长、北京市政协第九、十、十一届委员,曾从事妇产科临床工作30年,熟悉医疗卫生和医政管理工作。2012年6月当满三届市政协委员后又被聘任为国务院参事。我和她都是北京市的民主党派和无党派的政协委员,惺惺相惜,一年一次的全会见面,共话北京大事难事不已。有时在餐桌上,也是谈话不断。

接下来,我又完成了主任交办的翦伯赞的《历史问题论丛》审读,写出了近4000字审读意见,对《论丛》中涉及的"反右论文""社会主义阵营""厚今薄古口号""让步政策论""史料引用""民族融合"等问题提出了意见和处理办法。刘元彦主任很重视我的意见,他和陈汉孝副主任联名给当时的主管副社长范用写了报告。《论丛》因此没有安排重印。

《论中国历史的几个问题》《历史问题论丛》都是重印书,编发重印书稿,应该注意的哪些人和事,从此可见一斑。

参加《中国历史学年鉴》的创刊与编辑

《中国历史学年鉴》是历史编辑室近代史组的林言椒联合近代史研究所的王庆成、文物出版社的叶青谷一起策划并主编的。《年鉴》是新中国成立后我国历史学界的第一部资料性的工具书,宗旨是反映本年度中国历史研究的基本状况和成果。中国史的研究,在我国的史学界具有比较深厚的基础。粉碎"四人帮"后,文化专制的桎梏被打破,学术研究日益繁荣,把一年中的中国史研究丰硕成果和若干研究概况,分门别类予以报道,集中地反映了本年度研究中国历史的基本状况,这在20世纪70年代文化出版青黄不接的时候,实在很有必要。1979年的《年鉴》的主要栏目分为两大类:一类是一年史学研究概况,包括史学研究述评、重要史学研究著作介绍、著作论文索引及史学研究动态如史学活动简讯、重要学术会议、会议综述、史家活动。另一类是常识性的栏目如史学机构、史学刊物、本年度的史学研究机构的科研计划、现代已故著名史学家以及全国重点文物保护单位等。1979 年《中国历史学年鉴》反映的是 1979 年当年的中国历史研究的概况，1980 年 6 月以三联书店的名义出版、限国内发行。

林言椒等的策划得到出版社领导的支持后，近代史研究的各个专题的述评，他很快就绪了，但古代史的各个断代的研究概况，他实在顾不上。为了尽快组织中国古代断代历史的研究和若干古代史专题研究的述评，他找到我，甚至到了我的家——我与华天惠结婚后住在阜成门内北顺城街 50 号，正好是在鲁迅博物馆宫门口二条的后面。他这么认真、热情地请我参加《年鉴》的编辑组、负责古代断代史和古代专题史研究述评的组稿和编辑，我很意外也很乐意，获得刘元彦主任的同意便进入了《年鉴》的编辑组。此时我整理样书时登记的作者的信息和吕异芳带我认识的作者、名家都起了作用。我马上在吕异芳的帮助下组约了黎澍撰写的《一九七九年的中国历史学》；人民大学清史所的王思治撰写的《中国古史分期讨论述评》；社会科学院考古所王世民撰写的《中国考古研究》；历史所李学勤撰

《一九八五年宋史研究概况》，《中国史研究动态》1986 年第 10 期

1981 年春节在三联书店原总编辑林言椒家中，从左到右：林言椒、张琳娜、张秀平

写的《先秦史研究》；白钢撰写的《中国古代农民战争史研究述评》；北京师范大学历史系的朱仲玉撰写的《魏晋南北朝史研究》及漆侠撰写的《宋辽金史研究概况》……1979年的历史学年鉴，虽然编辑的时间很短很紧张，但撰写研究述评的作者都是堪称一流的史学名家，他们撰写的各个历史研究的专题和断代史研究的述评，有分析有观点，对以后的历史研究，都起了承上启下的作用。《年鉴》中的《全国史学会简表》《全国史学研究会简表》《全国史学研究机构简表》及《全国高等院校历史系简表》《全国高等院校史学研究机构简表》中关于单位、地址、负责人姓名等图表项目是我设计并制作的。这些知识性栏目，在当年的信息交流中，作用非同小可。

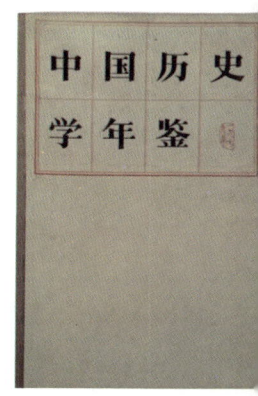

《中国历史学年鉴》（1979）（创刊），三联书店1980年版（只限国内发行），556面

1980年以后的《中国历史学年鉴》，改由人民出版社出版，由中国史学会编辑，成立了编委会，历史学会副会长李侃任主编，林言椒任副主编，内容也扩大了，增加了国别史的研究情况介绍，及中外学术交流，每册八十至一百万字，分精装和平装两种版本。本年度反映上一年，1980年的年鉴便成为1981年了，以后就以此类推了。经此改版以后，《中国历史学年鉴》以学术性、资料性、知识性兼备，出版后颇受海内外史学界人士重视。

1979年创刊时的宋辽金史研究述评是数个断代合在了一起，《宋辽金史研究》是漆侠先生撰写的，此后漆侠、乔幼梅、朱瑞熙、吴泰又都各撰写了一年。到了1986年，《历史学年鉴》又进行了改革，一是将史学研究的一年综述改为主题条目式，二是增加了综合性的专题讨论文章，三是新书介绍改为有选择的重点图书书评。《宋辽金史研究》也析为《宋史研究》和《辽金西夏史研究》。我在1985年便接手了《年鉴》《宋史研究概况》的撰稿直到1988年。从1985年到1988年的3年，除了为《年鉴》撰写条目式的一年宋史研究外，我还为《中国史研究动态》撰写了1985年、1986年、1987年连续3年的《宋史研究概况》。

编辑写学术专题研究的综述文章，实在是参与

1982年—1988年的《中国历史学年鉴》

学术研究的捷径！要写出一年学术专题研究的综述，一是需要对此专题一年所有学术文章的浏览；二是要清楚以往该专题研究的水平；三是要了解当代学术讨论的前沿重点、难点、热点。我的综述文章，在学术界有了比较好的反响，外出开会时，碰遇有些作者，自报家门后，他们都会很吃惊地说：你摘过我的文章！我们都以为评述者是一位老先生！没有想到是一位年轻的女编辑！

参加《中国历史学年鉴》初创时期的组稿和编辑工作及学术专题研究综述的撰写，从宗旨的贯彻、栏目的设置、综述文章的基本要求、读者对象的需求考量等方面，为我以后编辑大型的学术性丛书积累了经验。林言椒应该是发现我是做编辑、又能做个好编辑的伯乐。

独立责编王思治《两汉社会性质问题及其他》

1979年以后的中国，改革的春风吹拂大地，各行各业都开始进入了发展、播种的"春天"，我们出版界也不例外。除了《年鉴》组稿和编辑以外，我的主要精力仍在中国古代史方面。按照刘元彦主任和编辑室制订的选题计划，为了从根本上消除"左"的影响，人民出版社及时重印出版吴晗、邓拓、翦伯赞、李平心等人的著作，借以恢复他们的名誉。另外，为了解决学术图书的出版难、买书难，又决定计划出版一部分当时的中青年学者的论文集以解决史学论著的书荒。首先出版的是由江平责编的、山东社科院孙祚民先生的《中国农民战争史论丛》。孙祚民先生曾任中国史学会理事、山东历史学会会长、中国农民战争史研究会副理事长、山东省中国农民战争史研究会理事长。他一生主要致力于中国农民战争史和中国民族关系史的研究，出版他的论文集，应该是水到渠成，但此事在学术界引起了很大反响，许多同时代的中青年学者纷纷致信人民出版社要求出版论文集，出版社和编辑室顿觉数量太大实在不能安排，只好内部决定此事暂缓，但已经组约并已经来稿的王思治先生的论文集，还是要安排编辑出版。刘元彦主任将他的书稿交给了我。

王思治先生1956年毕业于中国人民大学研究生班并留校任教，是著名的人大50年代调干生中的"三王"之一（王思治、王汝丰、王戎笙）。他在20

世纪五六十年代，主要从事中国古代史的教学与先秦两汉史的研究工作，两汉社会性质问题是其研究重点。当时，在历史学界被称为"五朵金花"之一的"古代史分期问题"上，主要有三种观点相互争鸣，即西周封建说、战国封建说、魏晋封建说。两汉封建说是少数派，还是在校研究生的王思治先生就积极参与讨论，与前辈学者展开学术争鸣，其论文在当时引起史学界的高度重视，王思治先生在古史分期问题上主张"汉代封建说"，虽然是少数派，可见他具有独立的思想。此外，他还参与了"农民战争""历史人物评价"和"清官"等诸多问题的讨论，其观点曾备受学界关注，产生了重要影响。我通读了王思治先生交来的全部论文，深为他的史料征引、逻辑思维论证严密和顺畅的文字所吸引，但他交来的论文，除了关于古代史分期、清官

《两汉社会性质问题及其他》，三联书店版1980年版

讨论等内容以外，还有代表他当时已经转到清史研究方面的《关于清代社会发展论纲》等，因此，关于论文集的书名，就不能以某个比较集中的专题命名了，经过发复商量，最后以《两汉社会性质问题及其他》出版。为了编辑出版这本论文集，我经常骑车往返于王先生在张自忠路一号院的红楼住所送清样、取修改稿、送样书，王先生成了我忘年的师友。红楼内还住着人大历史系的郑昌淦先生、党史系的胡华先生、国际关系学院的高放先生、人口史研究所的研究专家邬沧萍先生，我在王思治先生的介绍下都登门请教过。学者门前求问、亲聆教诲，令我获益匪浅。

《两汉社会性质问题及其他》虽然只有18万字，但这是王思治先生的第一部论文集，他很重视也很珍惜，自此书出版以后，他对我关怀备至，凡事有求必应。1980年，我将在大学里酝酿并写了初稿的《关于石勒的再评价问题》论文修改完成后，请王先生审阅，王先生看后欣然同意推荐给《民族研究》编辑部主任马大正。

《民族研究》是中国社会科学院主管、中国社会科学院民族研究所主办的，编辑部位于中央民族大学（当年称北京民族学院）院内的6号楼的民族研究所。记得当年我将稿件送到民研所时，马大正和刘凤翥等都在一个很简陋的一个既有床又有办公桌的大屋内办公。马大正后来是中国社会科学院边疆史地研究中心的主任、中国清史编撰中心的副主任；刘凤翥则毕生从事契丹

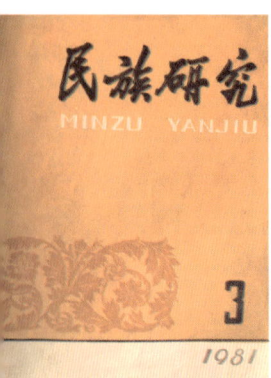

文字研究,是辽金史研究的专家。马先生审读了我的论文、认为我对石勒的评价,是颠覆性的,论述也很合理,史料征引也规范,很快列入了发稿计划。1981年第3期的《民族研究》,就刊出了马大正亲自编发的我的平生第一篇论文《关于石勒的再评价问题》。此文刊出后,7月21日的《光明日报》还作了论文摘编。第一篇发表的论文就被大报摘编,内心欣喜不已。值得记忆的是,我的儿子华溥在1980年11月18日出生,我是在休产假时完成了论文清样的校阅。人生有许多的大事和好事,儿子的出生和第一篇论文的发表,令我的人生更加丰富多彩了。

《两汉社会性质问题及其他》是我进入人民出版社、从事编辑生涯45年、独立编发完成的第一部新书稿,此书稿虽然是主任交办的,但接到书稿以后,从审读、编选到书名的最后确定,我都付出了心血,也得到作者的充分肯定。编辑的最高境界就是默默付出、为他人做好嫁衣裳,为历史留下资料。见到亲手责编的新书出版,与作者一起分享顺利出版的喜悦,初次尝试了一个编辑的责任与担当。我平生的职业也开始了崭新的一页。

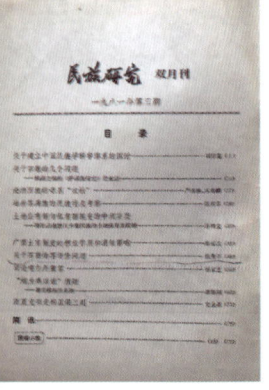

第一篇论文发表在《民族研究》1981年第3期

1981年7月21日《光明日报》摘登《如何评价石勒》

田昌五先生与他的《古代社会断代新论》

田昌五先生是中国科学院历史研究所1978年就任的研究员。他曾经参加抗日远征军赴印、缅抗击日军。抗战胜利后于1946年再入开封高中。1947年考入北京大学历史系，同年10月加入中国共产党，并担任第四党支部书记。1951年毕业后留校任教，任北京大学团委副书记等职，是一位老革命，也是一位有个性的先秦、秦汉史研究专家。他精通马恩经典著作，视野开阔，博闻强记，在半个世纪的史学研究中，先后出版了《王充及其论衡》、《中国农民革命史》（第1卷）、《古代社会形态研究》、《古代社会形态析论》等学术专著十余部，发表一系列学术论文，达400多万字，并主编出版了《秦汉史》（与安作璋教授合编）、《中国封建社会经济史》（四卷本，与漆侠教授合编）《华夏文明》系列专集和《中国原始文化论丛》（与石兴邦教授合编）等大型学术著作与文集，主持了《马克思恩格斯论前资本主义社会诸形态》的编辑和出版，是郭沫若主编的《中国史稿》第一、第二卷的主要撰稿人和组织者。

1981年，他将代表他古代史分期观点的新作交给人民出版社出版。此时的历史编辑室主任刘元彦因身体原因正在休息，编辑室主任由张作耀先生代理。作耀主任便将此书稿交给了我，并交代我要尽快审读并提出意见。

作耀主任1977年从中央政治研究室调来人民出版社，他是山东平度人，1959年毕业于山东大学历史系。因为有中央政治研究室的历练，作耀主任的理论和学问都有很高的造诣。从此以后，我在他的直接带领和熏陶下当编辑，编辑的业务能力很快得到了提高，并在同来的大学生中渐渐显露出头角。

田先生的论文交到人民出版社时，还没有命名。但此前他已经有多部学术著作出版。老编辑们都知道田昌五先生在历史所曾经是尹达所长的秘书，对马列经典著作十分熟悉，写文章经常大段引用马、恩、列、斯的论述。20世纪60年代他写的关于亚细亚生产方式的论文，大气磅礴，认为马克思等经典作家对中国古代国家、文明起源等问题的论述不够全面，他要加以补充，口气很大，这在当时实在是"胆大包天"，因此他获得了雅号"田克思"。他还是个性情中人，"好酒好斗"，机智雄辩。要对他的书稿提意见，轻易不会

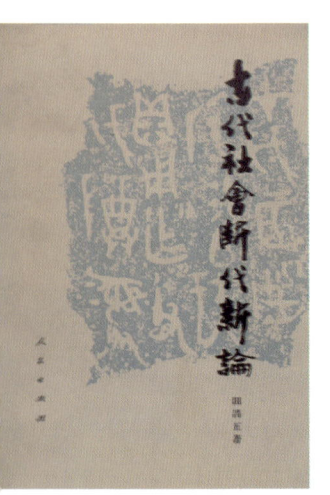

《古代社会断代新论》，人民出版社 1983 年版

被接受。我通读了他交来的新著书稿之后，总的感觉是他的文章的确才气横溢，特别是对经典著作的熟悉，非一般作者能及，但他对恩格斯的《家庭、私有制和国家的起源》的议论，也是其他作者和著作前所未有的，我也不知怎么办。我对书稿提了两点建议：一是建议书名为《古代社会断代新论》，以区别其他的关于古代国家起源和古史分期的观点，二是核对了他征引的《左传》的数十条史料，竟发现有多处的随口错、抄写错等硬伤。作耀主任和老编辑吕异芳、江平等都支持我将此意见整理一份交田先生。

当时田昌五先生在北京的寓所是科学院自动化所在海淀中关村大街黄庄的 813 楼，是他爱人单位中国科学院自动化研究所的宿舍。进入楼内，从他住的楼层电梯出来，不用看门牌、不用问询，门口摆放着一溜酒瓶的，肯定就是田先生的家。我再核房号，果然不误。田先生对我的关于书名的建议，欣然接受，认为体现了他的意志！关于核对征引史料的意见，他竟告诉我，他征引的《左传》的史料，都是他"背出来的"。啊！背出来难免会有口误……

《古代社会断代新论》出版以后，我写了《评〈古代社会断代新论〉》一文，发表在 1983 年 5 月 13 日《人民日报·理论版》。摘录如下：

评《古代社会断代新论》

张秀平

……

本书是一部对古史分期问题和分期标准问题提出了许多新观点的专著。

作者首先从探讨古代社会的理论问题入手，对马克思恩格斯关于亚洲古代社会的理论从逻辑和历史上作了考察，并根据近百年来的考古学和人类学发现的古代社会的材料作了阐述。《新论》认为中国古代奴隶制和世界上所有的古文明国家一样，都是从父系大家族奴隶制开始的。从家族奴隶制发展到宗族奴隶制，即家族奴隶制的联合体，就是中国的发达奴隶制。

《新论》认为，中国奴隶制是在氏族部落的联合和兼并战争中发展而成的。始于夏朝以前，开始出现的是部落奴隶制王国，夏朝形成我国历史上第一个统一的奴隶制王朝。它的发展过程，大体上分为四个时期：从黄帝到夏朝建立为父系家族奴隶制的形成期；夏代和商朝前期是发展期；商后期至西周是发达期，是宗族奴隶制；春秋到战国初年是瓦解期。中国奴隶社会的总时间约为2700年左右。

关于奴隶制向封建制的转变问题，《新论》基本上遵循了郭老的观点，但在一些具体问题的论述和研究上有所发展。作者认为中国奴隶制向封建制的转变，是以宗族奴隶制的瓦解为前提的，其基本原因，在于以井田制为基础的奴隶主贵族土地国有制让位于以小农经济为基础的封建土地所有制。兼并和再分配（等级授田）是封建土地所有制确立的形式，战国时期的"七国变法"运动，正是这种经济关系确立的主要标志。因此，"七国变法"是划分奴隶制与封建制的界限，绝对年代应是公元前350年的"商鞅变法"。

作者的论证，是从社会经济变动、政治变动和思想变动的结合，即从经济基础到上层建筑、包括意识形态领域的变化阐述奴隶制的

1983年5月31日《人民日报·理论版》

衰亡和封建制的产生问题的，这种方法本身，体现了历史唯物主义的观点。

……

田先生关于古史分期的观点，虽是一家之言，但他的理论根据和论证的方法，的确是令人耳目一新。他认为古史分期的各家观点，只要言之成理、持之有故，便可成立。比如看戏，你唱我唱，谁的观众多，谁就是主流。书评登出后，我们历史编辑室的老编辑、也是毕业于北大历史系的萧远强告诉我：田先生看了你的书评，很高兴，夸奖你读懂了他的书！

1987年，田先生主动调入山东大学，任历史系教授、博士生导师、山东大学历史研究所所长，兼任中国社会科学院研究生院博士生导师、中国社会科学院古代文明研究中心学术顾问、中国文化书院导师、西北大学兼职教授。同时任中国殷商文化学会会长、中国农民战争史研究会会长、中国秦汉史研究会顾问等职，从此后，田先生专心教学、精心培养博士研究生。

2001年，由于田先生长期忘我工作，积劳成疾，竟于76岁时就去世了。获此噩耗，回忆与他的交往，他深厚的理论修养、坦荡的学术品格，令我高山仰止、钦佩不已。

邓广铭先生与他的《岳飞传》(增订本)、四写《王安石》

邓广铭先生是中国著名历史学家、宋史学家，是20世纪中国宋史研究的主要开创者和奠基人。邓先生20世纪30年代毕业于北大历史系，师从胡适并得其赏识。在胡适给他的毕业论文《陈龙川传》所写的评语中，曾提出这样一个问题："陈同甫与辛稼轩交情甚笃，过从亦多，文中很少说及，应予补述。"胡适的指点，是邓广铭研究辛弃疾的最初契机，也确定了他毕生的学术方向。另外，"当时日寇步步进逼，国难日亟，而陈亮正是一位爱国之士；后来我写辛弃疾，也有这方面的原因"。这正是那一代学者身上所承载的国家和民族责任感。1937年，邓广铭的《〈辛稼轩年谱〉及〈稼轩词疏证〉总辨正》

刊出，获得胡适、陈寅恪、夏承焘等大家之好评。1945 年 8 月 15 日，抗战胜利之日，邓广铭的《岳飞》印出发行。此两事的巧合，令邓先生毕生难忘。1952 年，邓先生的《王安石》在三联书店出版，这是他一写王安石。1955 年，邓先生又将《岳飞》大加修改，易名为《岳飞传》，由三联书店出版。

1972 年，受到当时"评法批儒"与"批林批孔"的干扰、一改再改的《王安石》，以《王安石——中国十一世纪时的改革家》由人民出版社出版。这是他二写王安石。

1979 年，《王安石——中国十一世纪时的改革家》一书，经删削有关"儒法斗争"与"批林批孔"的内容后再版发行。这是他三写王安石。

1978 年，邓广铭出任北京大学历史系主任，在教学科研工作中拨乱反正，开始将 1954 年改写过的《岳飞传》重新大幅度修订。修订工作亘时五载，改写部分占全书百分之九十以上，交人民出版社。此时的邓先生向出版社提了两点要求：一是他年事已高，希望早日印出；二是派一位年轻的编辑与他联系、以便往来。吕异芳和江平两位老编辑都推荐了我，作耀主任也同意并嘱咐我要尽全力做好为作者服务工作。

增订版《岳飞传》有 40 万字，与原书相较，一是增加了 20 多万字，规模已非原书可比；二是体例上采用叙述加史料征引加出处，提高了学术性；三是增加了关于《秦桧是杀害岳飞的凶手》《有关宋金战争的性质和岳飞评价的几个问题》的附录，增加了岳飞研究的深度；四是对若干史实有考证，如"拐子马"研究、"还我河山"是托伪之作等。我通读书稿后，马上写出了数十页的加工整理报告和退修意见。作耀主任对我的加工整理报告给予了充分的肯定并批示："加工工作很好，改动多亦甚当。"退修意见中最主要的一条是建议邓先生增加孝宗时代对岳飞冤案的平反昭雪，从而使这部岳飞的传记更加完整。编辑通过审读加工，能使作者的研究更加完善、质量有了提高，这是编辑的使命之一。作耀主任特别欣赏这一点。他指示我："希望

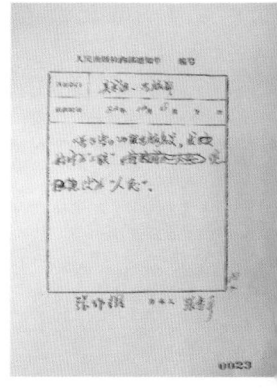

人民出版社内部通知单

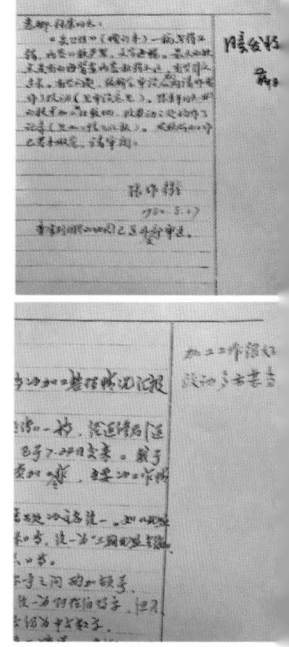

作耀主任的批示

邓广铭致信陈乔馆长

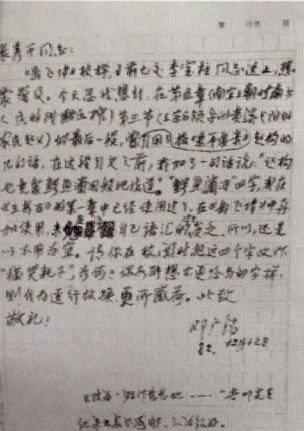 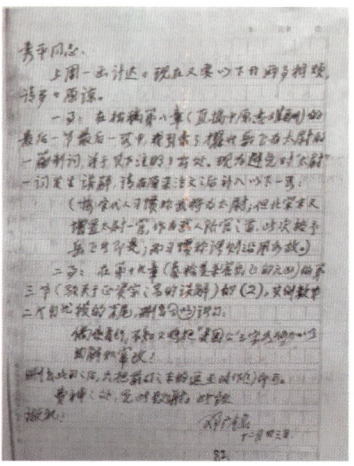

邓广铭先生1982年12月17日、12月23日来信（《岳飞传》书稿档案第22、24页）

作者至少在适当的地方提及后来昭雪事。当然也可以立一小节（数万字也可）。"邓先生听从了我们的意见，很快就补写了《孝宗对岳飞冤案的平反》。因为当年出版社的生产力十分低下，排版是铅字检字，校对、付型、制版、印刷、装订的程序有些还是手工，整套流程下来的周期是一年左右甚至更长。为了更好地宣传岳飞的尽忠报国，邓先生又要求将本书改为人民出版社出版（当时三联书店仍是人民出版社的副牌），还来电要求尽快出书。我向作耀主任汇报后，作耀主任又向社领导做了专门的报告。

接下来的校样修改和插图的选录，邓先生也都是精益求精。卷首的《南宋中兴四将图卷——岳鄂王飞》，是邓先生亲自给历史博物馆的陈乔副馆长写信才获得拍摄并第一次与读者见面的。当年我和人民出版社美术组的苏彦斌

 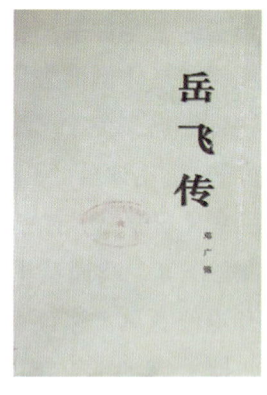 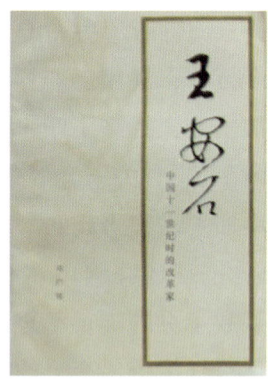

《岳飞传》（增订本）卷首的《中兴四将图卷》的岳飞像

增订版《岳飞传》，人民出版社1983年第1版第1次印刷；1985年第2次印刷

《王安石》，1952年三联书店出版，1972年修订后人民出版社出版，1979年、1983年再次修订出版

一起进入历史博物馆地库取出该画的原件时，既庄严又神圣，生怕损坏……邓先生对增订版《岳飞传》的出版倾注了全部心血。我迄今还保留了他给我的关于书稿的来信，从中可见这位 20 世纪宋史研究集大成者的治学风范。

1983 年 6 月，倾注了邓先生毕生心血的增订版《岳飞传》终于出版了，邓先生很欣慰，对我更加信任了，凡是要赠送本书的学者和朋友，他都委托我寄出并特别附上："受作者委托，寄上增订版《岳飞传》一册"便条。与此同时，邓先生的《王安石——中国十一世纪时的改革家》（修订本）也再次出版了，这是他四写王安石。

从 1981 年年初接受书稿到 1983 年 6 月出版增订版《岳飞传》及《王安石——中国十一世纪时的改革家》（修订本）的近 3 年时间里，我经常骑车从阜成门内北顺城街的家中到邓先生位于北大朗润园 10 公寓 206 室的住所，当年的中关村南大街，还只是上下两条车道的马路，只有 331 路到中关园和 332 路到颐和园的两条公交线路。两旁高高的白杨树后面还是黄土裸露的排水渠，白石桥以北的路西中央舞蹈学院周边还有成片的白菜地，路东 20 世纪 70 年代新修建的中国农业科学院和北京口腔医院的大门显得特别高大巍峨……我

《读书》1983 年第 12 期（共 2 页）　　　《中州学刊》1984 年第 1 期（共 2 页）

骑车到北大，从南门进入校园，一进去就是研究生楼32楼、34楼，该楼住着后来成为《北大往事》作者的孔庆东等，从南门到底左边就是北大图书馆，右拐经过体育馆，就是未名湖畔，再过一小石桥，就到了左勺园北大招待所、右朗润园的北大公寓。著名的"燕园四老"季羡林、金克木、邓广铭、张中行都住在此地，邓先生住10公寓，季羡林住13公寓。

增订版《岳飞传》出版以后，在学术界引起了很大的反响，认为是作者的"考索之功"与"独断之学"，是"以非凡之史才，写一流之史书"。从1983年到2008年的近20多年间，本书一直是关于岳飞研究的最权威、最全面的传记而鲜有超越者；直到2008年，我编发出版了岳飞研究会会长龚延明先生的《岳飞研究》以后，才有了观点和史料比较翔实的第二本关于岳飞研究的专著。

作为本书的责任编辑，我在1993年第12期的《读书》发表了《读增订本〈岳飞传〉》书评；又撰写了《历史研究与爱国主义精神的结晶——〈岳飞传〉（增订本）读后》，发表在《中州学刊》1984年第1期上。

邓广铭先生亲自介绍我加入中国宋史研究会

1982年中国宋史研究会第二届年会在郑州召开，与部分专家在郑州邙山。从左到右：席康元、张秀平、郑世刚、方如金、倪士毅、金圆、高美玲

编辑出版了增订版《岳飞传》、重印出版《王安石——中国十一世纪时的改革家》以后，我对宋史研究有了比较多的兴趣。编辑工作之余，我又收集大量史料，写了《宋代的榷盐制度述论》《略论宋代的榷盐和边防》，对宋代的盐的专卖，从生产、运输、销售及制度的设计和变迁及与宋代的边防形势的关系等方面都作了概述。两文都经邓先生审阅。邓先生很关心我的学术成长，他对他的学生说，编辑写学术文章不容易，秀平很刻苦！他还建议我可以以同等学力报

考他的博士研究生，能招到有志于宋史研究和具有研究能力的学生也是一件不容易的事！我很激动，也很感激，但并没有行动，毕竟在人民

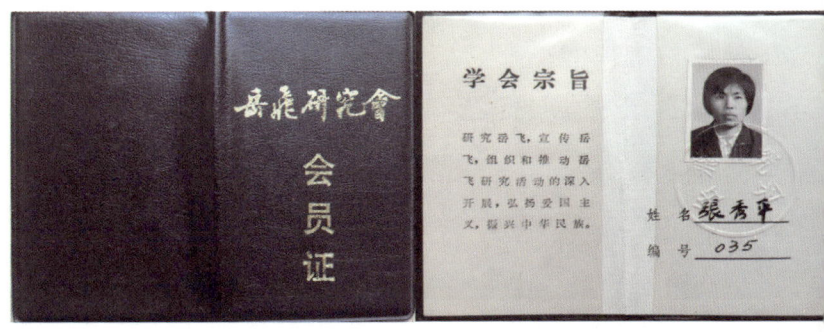

出版社的编辑岗位上，我觉得一部书稿紧接一部书稿，边干边学，这也是历练！这也是深造！这也可以通往学术研究的殿堂！

1980年，中国宋史研究会在上海师范大学正式成立，这是新中国成立以来的第一个断代史研究会，邓先生当选为会长。1982年，我参加了在郑州召开的宋史研究会的第二届年会，此届年会以后，每两年一次的年会，无论多忙，我都次次参加，直到退休以后，我还是尽量争取参加。我是邓先生亲自介绍入会的老会员，又是人民出版社的编辑，邓先生对我也寄予希望。我每次参加年会以后，都会撰写一篇关于年会的综述，而且都在《人民日报·学术动态》刊出，《新华文摘》也大多转载，从而宣传了宋史研究会，宣传了中国的宋史研究，邓先生也很欣慰。

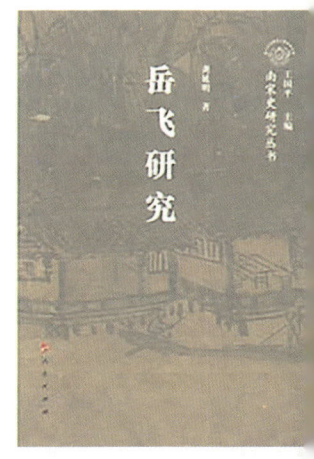

《岳飞研究》，龚延明著，人民出版社2008年10月版

1984年10月，中国岳飞研究会在杭州成立，我是首批会员之一。

2008年，我又编辑出版了岳飞研究会会长龚延明先生的《岳飞研究》。龚延明历任杭州大学历史系中国古代史教研室主任、古籍研究所所长。现为浙江大学人文学院历史学教授、中国古典文献学博士生导师、博士后学术负责人、浙江大学宋学研究中心主任。并聘为教育部全国高校古籍整理委员会委员、浙江省哲学社会科学规划办语言文献图情

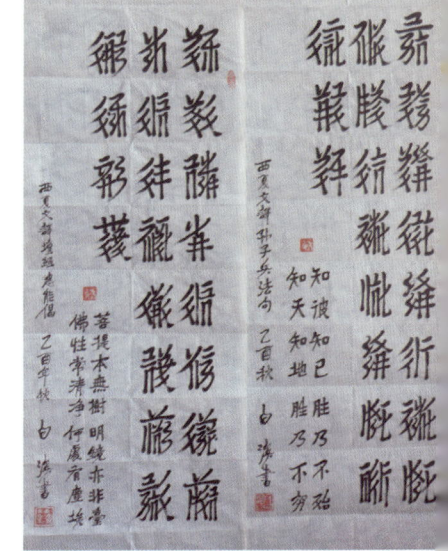

西夏史专家白滨赠笔者的西夏文书法

1989年与《历史研究》主编宋德金在广东五邑大学

学科组组长、中国宋史研究会理事、杭州岳飞研究会会长。主要著作有《宋史职官志补正》《宋代官制辞典》《中国历代职官别名大辞典》等。发表的论文有《宋代官吏的管理制度》《中国历代职官别名研究》《评岳飞军事思想》等。我与罗炳良撰写的《岳家军群体人物研究》一文,发表于《中国史研究》1997年第1期。全文有15000字,从岳飞和岳家军抗金将领群体人物的研究入手,对岳家军的组成作了分类。岳家军中的原从将领、招降将领、拨隶将领和军中幕僚是岳家军的主要力量源流。原从将领和军中幕僚是岳家军的核心力量,他们忠于朝廷,听命岳飞。招降将领、拨隶将领则不是铁板一块!同时对岳家军兵力、将领的数量和南宋初年的其他将领统制的力量作了对比后认为"一军独大"、南宋初年文人集团和武将专权集团的矛盾是统治集团上层权力斗争的核心。随着抗金形势的变化,岳家军将领虽为赵构在江南的建国立下汗马功劳,仍不免成为宋朝抑武政策的牺牲品,拨隶将领中的王俊则成了锻炼岳飞冤案的主要帮凶,从而揭示了南宋统治者瓦解岳

1987年11月9日《人民日报·理论版》

1985年7月5日《人民日报·理论版》

家军的本质。当年的《新华文摘》第5期转载了论文。2003年8月,杭州市文物部门与浙江大学联合举办了纪念岳飞诞辰900周年暨宋学国际学术研讨会,我们以此文在会上作了交流,获得了龚延明会长和海内外学者肯定并收入了岳飞研究的文献论集。

1984年5月宋史国际学术讨论会在"柳浪闻莺"谢庄召开。与湖北大学教授葛金芳(右)、四川师范大学教授张邦炜(中)

我因参加每两年一次的年会,也团结联系了当年老中青三代宋史研究专家,每次年会我都会见到宋史界的许多老前辈及当年还是年富力强的中青年、现在都已是名家的学者。老一辈的宋史专家如徐规、程应镠、漆侠等,中年者如朱瑞熙、王曾瑜、梁太济、倪士毅、周宝珠、陈振、胡昭曦、许怀林、宋德金、张邦炜、李裕民、李蔚、杨渭生、龚延明、何忠礼、方如金等,青年者如葛金芳、张其凡、汤开建、王瑞来、叶坦、汪圣铎、邓小南、李华瑞、贾玉英、程民生……迄今已40年过去了,我们都保持了交往,直到前述的老一辈宋史专家的一一过世,中青年学者都成了专家、名家……迄

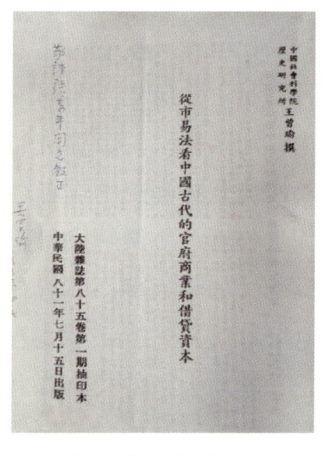

中国社会科学院学部委员王曾瑜赠文留言

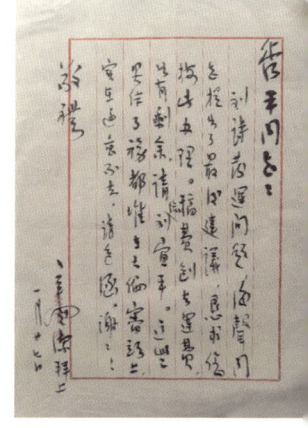

中国社会科学院学部荣誉委员辛冠洁来信致谢

今为止,每年我都会收到他们的赠书赠刊赠文。古人以"往来有鸿儒"自诩,我以和作者像朋友一样的交往而快乐!

周宝珠、陈振主编的《简明宋史》的出版

20世纪80年代初,人民出版社制订的简明系列的断代史出版规划中,韩国磐先生的《魏晋南北朝史纲》《隋唐五代史纲》是张维训先生负责联系的,

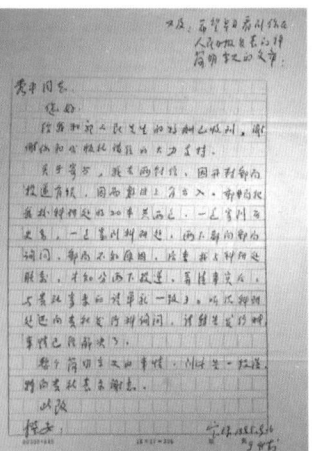 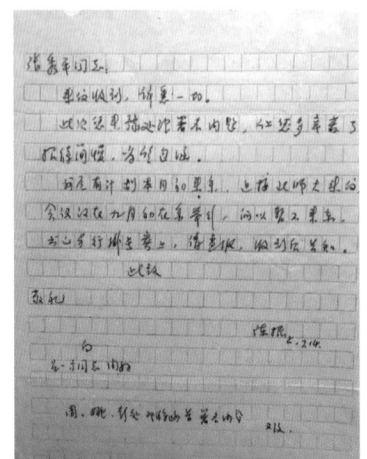

《简明宋史》主编周宝珠、陈振来信

傅衣凌先生的《明史》和《简明宋史》是由吕异芳联系的，其他断代史都还在计划之中。吕异芳是我的编辑指导老师，她手头的稿件很多，也为了让我得到更多的锻炼，她将《简明宋史》的书稿交给了我，并将书稿的成稿过程对我作了交代。

《简明宋史》是在"文革"时期人民出版社组织开封师范学院（现在的河南大学）和河南省社会科学院历史所共同编写的。开封师院的牵头人及主要撰稿人是周宝珠先生，河南社科院历史所的牵头人和主要撰稿人是陈振先生。我编好书稿要发稿时，开封师院的作者之间因为署名问题产生了意见。社里就派我到开封去面见作者、协调解决。这是我第一次独立外出、代表出版社与作者商谈书稿问题，如临大事，心情有点紧张。我先到了郑州，见了陈振先生，接着又和他一起到了开封。当时开封师院的历史系的主任是朱绍侯先生。朱先生身材魁梧，学问大，待人处事也富有经验。他指点我先分别和主要撰稿人周宝珠和另一方有意见的姚瀛艇先生见面，看看他们，听听诉求。我按照他的办法和宝珠先生及姚先生见过面后，了解到他们并没有原则上的不同意见，只是沟通不够、有些误会，只要认识到顺利出版是第一要务后，他们很快就达成了谅解并商量了署名办法。事后，朱绍侯先生又招待我和陈振先生及周宝珠、姚瀛艇等诸位先生在一起吃了一顿饭。我第一次在开封吃到了当地的名菜"鲤鱼焙面"，印象深刻。

1985年《简明宋史》顺利出版了，接着他们又委托我分发了稿费和样书……这些工作虽然麻烦，但周宝珠先生、陈振先生、姚瀛艇先生等都很满意。作者的满意，也是我们编者的心愿，应该尽力做好！

《简明宋史》以丰富的史料，严谨的论证，从政治、经济、学术文化和科学技术及对外关系的各个方面，勾画了宋代历史的轮廓，是自宋代以来第一部关于两宋历史的断代史研究的专著。我又应作者的要求，在《光明日报·史学》发表了《〈简明宋史〉评介》的书评，在《人民日报·理论版》发表了《读〈简明宋史〉》，引起了海内外学者的广泛关注。日本的宋史研究专家柳田节子、梅原郁，年轻学者近藤一成都要来中国交流；中国台湾与香港的学者也很兴奋，也表示要来内地与作者会面。1985 年 5 月，首届中国宋史国际学术讨论会在杭州召开，上述日本专家和日本女子大学的近藤一成都来了；中国台湾和香港的宋史研究专家王德毅、张春树也来了。中国的宋史研究从此走向了世界，从而也推动了宋史研究向更加宽阔的深度推进。主编之一的周宝珠先生还破格晋升为教授，更令我感到出好书、"为作者做嫁衣裳"，是编辑的责任和使命。

2007 年，以《简明宋史》为底本，全面修订并增加了《宋代的社会生活》一章和《索引》及近 500 张图片的《中国历史·宋史》再次出版，该书的主要编者之一周宝珠先生已经罹患脑溢血，说话表述都已经很困难了……2016 年，周宝珠先生病逝于河南开封，终年 82 岁。闻讯后，回想我们为了宋史研究及《简明宋史》的出版而做的努力、付出的心血，令人悲痛不已！

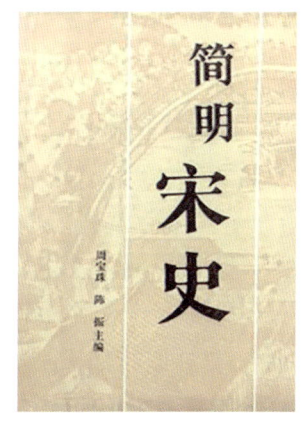

《简明宋史》，人民出版社 1985 年版

《中国历史·宋史》，人民出版社 2007 年版

1985 年 8 月 21 日《光明日报·史学版》

陶懋炳和《五代史略》的出版

《五代史略》不是出版社组稿而是一部投稿，作者陶懋炳先生是湖南师范学院的老教师。我看了他的《编写计划》和部分章节后，觉得作者对五代十国历史的述写，轮廓十分清晰。而五代十国，与魏晋南北朝的大分裂一样，是中国的又一次分裂割据时期，头绪多而局势混乱，治史者往往不愿问津，因而向无专书，多附属与隋唐史之后，称之为"隋唐五代史"。现在陶先生的这部《五代史略》，正好可以补缺。我立即建议列入编辑室规划——简明断代史系列之一。我的审读意见对书稿的肯定的评价获得了编辑室主任作耀先生和室内老编辑的高度赞同，选题马上补报成功了。

我第一次见到陶懋炳先生，是在我结婚以后、位于北京阜成门内北顺城街 50 号的家中。他和郑州大学历史系主任史苏苑先生来北京开会，会后适逢周末，单位无人上班，我只好约他们一起来家中坐坐、见面，谈谈书稿的修改意见。史先生早年毕业于河南大学文史系，1961 年随郑州师范学院并入郑州大学。历任历史系主任、河南省历史学会理事、省领导科学研究会理事、省统战理论研究会常务理事、省古籍整理规划领导小组顾问。主要从事中国古代史、史学概论等课程的教学科研工作。著有《历史人物评价论稿》《中国历史人物简论》《古代礼制风俗漫谈》等著作，因为在宋史研究会郑州年会上相识，他也想谈谈他的写作计划，愿意一同前来。

20 世纪 80 年代初，史、陶两位先生均已年近 60，陶先生看上去比实际年龄显得更大一些。陶先生的外貌实在与众不同，他的背驼得不能再驼，走起路来，手里拄根拐棍，脑袋离地面不到 1 米，身体几乎成直角的倒 L。尽管这样，陶先生的嗓门仍很洪亮，他还大声告诉我，他是"外干中强"。我和史先生都被他的乐观、爽朗逗笑了。

陶先生并不是生来就是"罗锅"，据说，当年他在国立师范学院学习时，风流倜傥，风度翩翩，相当潇洒。开文艺晚会时，他还经常上台清唱京剧。只是到了 20 世纪 50 年代以后，他的背才开始驼了起来，而且越驼越厉害。他在国立师范学院历史系学习时，没毕业就被聘为该校附中教员。他很有口

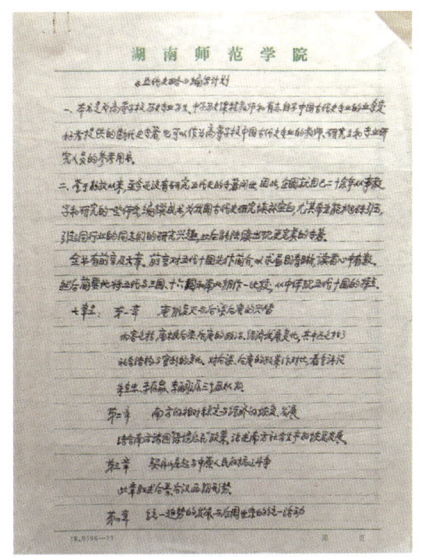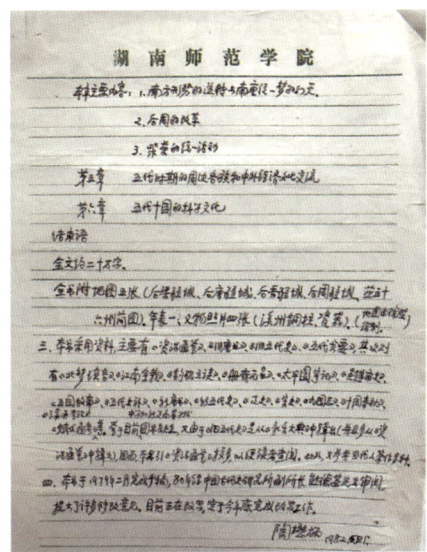

陶懋炳先生的《五代史略》编写计划

才,讲起课来,生动风趣,颇受学生欢迎。湖南解放前夕,他又积极投身中共地下党领导的学生运动,成了红极一时的风云人物。中共地下党很欣赏他,国民党的特务将他列入要抓捕的黑名单,而且把他列为第一号对象。他不得不东躲西藏。在地下党的精心掩护之下,才没被特务们抓走。由于他有了这么一段光荣的革命经历,1949年以后,他受到人民政府的信任,先后被任命为地区一级的督学、中学教导主任、校长。他到处作报告,宣讲共产党的政策。1956年他作为优秀中学教师,被湖南师院调来出任历史系讲师,而且马上被送去北京师范大学进修深造。1957年"大鸣大放"的时候,他正在北京进修,没有参加单位的鸣放,所以躲过了一劫。他回到湖南师院,历史系的领导就发觉他立场不稳,为系里的右派鸣不平,于是急忙将他的材料上报,要划他为右派。历史系本来右派就划了不少,再多他一个,也没有什么不妥。但他又是一员"福将",碰上了学院新来的一位好领导,说历史系右派划得太多了,古代史教研组原有9个老师,划了8个右派,不能再划了。所以系里报上去的材料,院里压住不批,于是陶先生得以置身右派之外,而"左"派积极分子们则说他是"漏网右派"。此后的历次运动,陶先生就再也没能"漏网",每次运动都有他挨批挨斗的份。此后,他挨斗挨批挨打,都是因为他的"嘴"处处不饶人……

陶先生的《五代史略》出版以后，我马上在《人民日报·理论版》发了书评《拾遗补阙　贵在第一》。

书评指出了《五代史略》是填补历史研究的空白之作，在湖南师大引起了轰动，学校的有线广播连播3天。陶先生的学术研究也走向了新的辉煌。

2000年时，我策划了新的多卷本《中国历史》书系，准备将《五代史略》大幅修订列入《中国历史》之中，此时陶先生已经去世近10年了，我约请暨南大学古籍研究所所长张其凡领衔修订。当我和陶先生的家属联系授权时，陶先生的夫人还记得我为《五代史略》的出版所做的努力，欣然同意由我组织安排（详见《授权书》），作者和家人的信任真的比金子还要宝贵……

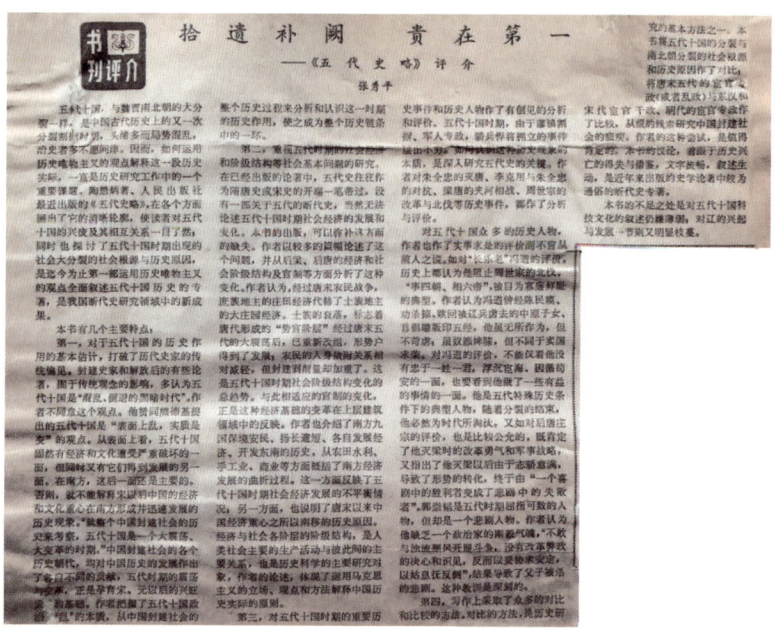

1985年4月15日《人民日报·理论版》

我和《五代史略》的修订者张其凡教授，相识于20世纪80年代。他年长我1岁，又都与西北有点"渊源"。他是四川蓬溪人，父母援疆，长在新疆。我则是1969年参加内蒙古生产建设兵团，后入兰州大学，1977年毕业于兰大历史系。关于此次修订，我写了《编辑后记》附于《中国历史·五代史》书后，回顾了《五代史略》和《中国历史·五代史》的修订出版经过。移录如下。

……1985年起，我开始承担《中国历史学年鉴》"宋史研究述评"的撰写工作。《年鉴》"宋史研究述评"的写作，既需要对一年的宋史研究论文和专题史著作详尽地浏览，还需要对此前的宋史研究概况做到心中有数，绝不是简单的"述"与"评"，《年鉴》还特别强调要有作者的眼光与观点。也正因为我是《年鉴》"宋史研究述评"的特约撰稿者，我也由此逐渐团结联系了一大批宋史研究中的佼佼者，张其凡教授就是其中之一。

张其凡教授是一个谦逊的人。他比我年长，是中国宋史界前辈陈乐素的弟子，也是陈先生于"文革"后、当时中国社会科学院恢

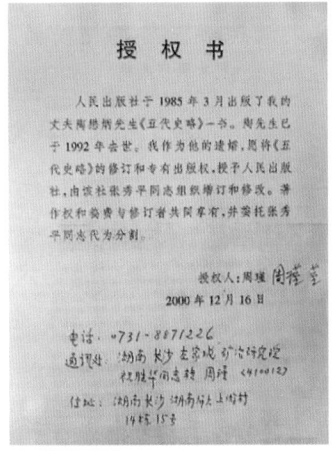

《五代史略》，人民出版社1985年版

复招生后的唯一一位被录取攻读硕士学位的研究生。他的学识和学历都在我之上，但他不以此自傲，却经常和葛金芳（兰州大学赵俪生先生的研究生、湖北大学教授、宋史研究会副会长）、张邦炜（西北大学金宝祥先生的研究生、四川师范大学教授、宋史研究会前副会长）称我为"大师兄"。我在兰大时曾听过李蔚老师的课，而李老师是赵俪生先生的研究生，这样就乱了辈分，当然就让我无所措了。因为经历和年龄相仿，我们是研究会中相互走动比较近的会员。

张其凡教授是一位勤奋的学者。每有大著出版，都承他惠赠。如《赵普传》《五代禁军初探》《宋初政治探析》《宋太宗》《两宋历

1987年宋史第4届年会在石家庄召开。与暨南大学教授张其凡（左一）、《历史研究》主编宋德金（左二）在河北正定赵州桥

史文化概论》《张乖崖集》与《宋代典籍研究》等；我也有幸担任了他参与的大著《中国政治制度通史》（1—10）《宋代卷·军事制度》《宋代历史文化研究》及《续编》的责任编辑，也经常收到他寄赠的论文。1988年以后，因为连续3年担任《年鉴》"宋史研究述评"特约撰稿，一年一篇《中国史研究动态》的"宋史研究概况"和《中国历史学年鉴》条目式的述评，年年相同的工作与流程，使我觉得自己写不出新东西了，迫切想推掉此项工作。《年鉴》编辑部的特约主持陈高华先生（全国政协常委、中国社会科学院历史研究所前所长），让我推荐一位合适的人选，我毫不犹豫地推荐了张其凡教授。此时的他已是一位副教授，但他欣然同意，令我感佩。1989年，他又撰写《1978—1988宋史研究10年回顾》，此后的1998、2008，他都撰写了最近10年的宋史研究专文。此时，他早已是教授、暨南大学古籍所的所长、博士生导师、宋史研究会的副会长，门生故友遍天下了。"道路十年行不尽，江山万里看无穷"。撰写综述文章，虽然是编辑工作的另一项基本功，也是编辑进入学术界的捷径，但往往被学界称为"敲门砖"，他以"大家"屈任，足见他永远地具有学术研究的广阔视野。

张其凡教授是一个重交情的人。我担任责任编辑、白钢先生主编的《中国政治制度通史》（1—10）卷，荣获了第三届国家图书奖。张其凡和白钢先生交往很早很深，也参与了该书《宋代卷·军事制度》的写作。近年来，白钢先生几次心脏病发作，他都来京专程探望。有一年，他的儿子和夫人来北京，夫人又转道去了新疆，儿子张睿留在我家。我只是帮他照看了两天，尽尽地主之谊而已。但他却时时感念，每逢年会聚会时，他都会和周边的会员提起此事，搞得我很难为情。他在主编大通史《宋代卷》时，我以工作之便，帮助他在中国自然科学研究所组织物色了宋代科技史的作者，此书顺利出版后，他也不忘"言谢"，令人感动。

再说此次《五代史略》的增订修订工作，是由张其凡教授审定提纲后，将初稿的写作任务交由其学生曾育荣博士承担的。成稿后，他又多次修改，最后由曾博士改正并打印成稿。为与全套书的体例相一致，曾博士又一力选择图片、精心制作征引文献目录与索引，为此付出了大量艰苦、辛勤的劳动。他们的修订和增补历时数年，主要工作如下：

《中国历史·五代史》，人民出版社2009年版

首先是订正原著中的错讹部分。尽管原著这方面的问题不是太多，但偶尔还是有所存在。新著的此项工作，主要是针对原著中涉及史实舛误的内容，在考订诸书的基础上，选择其中最为可信的记述，予以修改，尽量做到切合客观记载；原著中校对、文字衍漏等方面的问题，也力求尽可能减小失误与差错。

其次是反复校对原书中的引文，以现行学术规范出注。原著引文与注释众多，但没有注明作者、版本的要求和页次，为与时下学术潮流接轨，核对引文与注释当然是必需的。在这项类似于校勘的工作中，作者选择当前学术界最为常见、通行的各种史籍与今人著述，逐条核对引文与注释，将其中的错误之处一一加以厘正，并在注释中依次标明著者、书籍、卷数、卷名、版本、页次等内容，以便读者查考与翻检。

最后是增补了关于典章制度等的若干新内容。新著中特别增加了诸如职官制度、法律制度，选举制度、军事制度和经济制度的专章，力图从制度渊源流变的层面，说明五代十国史的历史地位。另外，书中还新增了"道教""五代十国时期的社会风尚与社会思潮"等部分，主旨则在于从更多侧面反映五代十国的历史面貌。

书稿写作的具体实施以及清样的校订，基本上是通过我和曾育容博士的联系而进行的，这一过程前后持续了一年多。不久之前，我才知道曾博士受业于张其凡教授之前，曾在葛金芳教授指导下攻读硕士研究生，这样与我又多了一层关系。可喜的是，曾博士能在书稿写作以及处理校样期间，始终能不厌其烦，一丝不苟，这大概都与两位老师的教导有关吧。"江山依旧，人才辈出"，从本书的增订与修订的内容和过程看，曾博士应该具有光辉而又灿烂的学术未来。

还是回到五代十国史上来。自公元907年朱全忠废唐建梁（史称后梁），至公元960年赵匡胤陈桥兵变，篡周（史称后周）建宋，这段时间，共计54年，史称"五代"；在此期间，南北各地又先后出现了一批割据政权，史称"十国"。五代十国是唐代藩镇割据的发展，又是由长期僵持之局转向统一局面的过渡时期。就整个中国古代社会的历史来考察，五代十国是一个大震荡、大变革的时期，确如熊德基先生所言：这段历史"表面上乱，实质是变"。五代十国，又是中国社会经济重心进一步南移的重要时期，是中国古代文化重心南移的开始。赵匡胤建立的"北宋"终于没有成为"五代"以后的第六代，中国历史又开始显现出走向统一的曙光。

《中国历史·五代史》前后三位作者，相隔二十余年，分两次合力撰写而成。经过此次增订修改，内容已经有了极大的扩充，篇幅上较之原书增加了一倍以上，著者在撰述本书时，尽可能参考了近二十多年学术界的众多成果予以吸收融合，并尽可能随文注出征引来源。而且，原书约29万字，经删节保留约25万字，新增字数约26万字。全书共12章37节，另有原序、前言、增订后记编辑后记等，又有文物图片近500幅。正文内容颇为丰赡翔实，涉及五代十国的政治兴亡、经济发展、社会文化、典章制度等若干层面。其中不乏两代作者的别裁心得，是迄今为止关于五代史的精心之作。本书的学术品位已非昔日可比。我又征得原著者陶先生家属同意，署名方式为：陶懋炳　张其凡　曾育荣著，这也名副其实。

遗憾的是，主要修订者张其凡教授，也在2015年年底不幸病逝了，年仅66岁，让人唏嘘不已。

《唐太宗传》的出版与《帝王传系列丛书》的策划

《唐太宗传》也是一部投稿。作者是复旦大学历史系的赵克尧和许道勋,他们当时还都是中青年教师。我通读过稿件后,觉得书稿有基础,特别是对唐高祖的"晋阳起兵"和唐太宗的少年时代、"玄武门之变"及唐太宗的宫闱生活,兴趣爱好等写得既有史料,又有情节,活灵活现;其他如关于唐太宗的统一战略、民族政策、书法艺术成就等则有独立专章予以缕述。这种写法,眉清目秀,令读者在阅读时可以各取所需。我马上写出了肯定的审读意见并申报选题,又建议重印1965年吴晗最后修改的以三联书店名义出版的《朱元璋传》,以便形成《帝王传系列丛书》。丛书计划在作耀主任的主持下马上获得了批准。中国封建社会历经夏商周到元明清诸朝代,上下近2000年,共有330多位皇帝,他们大致可分为四个系列:开国创业、变法革新、守成守业、卖国亡国,每个系列的皇帝,也不是铁板一块,皇帝与他的大臣们怎样把家国天下一步步引向兴旺、一步步引向灭亡……都是值得研究的。但在实际的出版工作中,此丛书的计划在刚刚

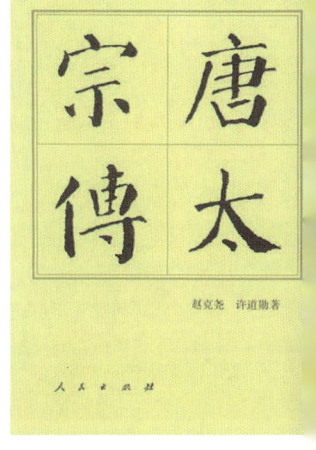

《唐太宗传》,人民出版社1984年10月第1版

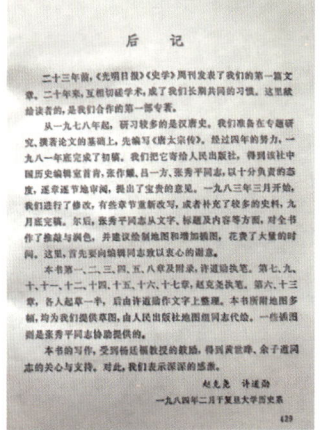

《唐太宗传·后记》,人民出版社1984年10月第1版

1985年2月1日《人民日报·理论版》

拨乱反正之际和以后很长一段时间内，进展十分缓慢，在当时的历史条件下，谁也不敢大张旗鼓地组约帝王传。

《唐太宗传》经过编辑加工和与作者之间的反复联系修改之后，我又建议作者增加关于唐初统一战争的地图，增加唐太宗昭陵六骏及唐太宗飞白书法等图片，建议美术编辑尹凤阁先生选定帝王独有的明黄色作为封面的底色。他又从魏碑辑出"唐太宗传""朱元璋传"各字。接着又有南开大学冯尔康的《雍正传》出版。三本装帧统一的帝王传前后推出，反响强烈。明黄底、魏碑体的《帝王传系列丛书》的封面此时就定型了，一直沿用到今天三十多年不变。作者赵克尧、许道勋两位先生也清楚地回顾了上述《唐太宗传》的出版过程而写入了《后记》、载入了史册保存至今。

值得记录的是 1984 年《唐太宗传》出版时，出版界还推出了中华书局版胡如雷的《唐太宗》；天津人民出版社版袁英光、王界云的《唐太宗传》。一年之内，3 部唐太宗的传记同时出版，一时众说不一。为了廓清影响，我在 1985 年 2 月 1 日《人民日报·理论版》发表了《唐太宗传评价》、在 1985 年第 4 期《中

《中国社会科学》1985 年第 5 期（共 2 页）

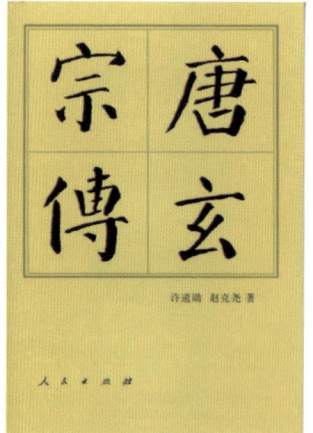

《唐明皇与杨贵妃》，人民出版社 1990 年版；《唐玄宗传》，人民出版社 1993 年版

国社会科学》发表了《一部新水平的著作——〈唐太宗传〉》。指出了三部关于唐太宗传记的异同。胡著重在论述唐太宗的功过是非；袁、王著则侧重可读性；赵、许著既可读又可查考。再次从历史人物的评价、唐初的政治制度变迁及研究成果的借鉴等方面肯定了这部人物传记的空前的成功。

1985年11月我被社里任命为"祖国丛书·年鉴"编辑室的副主任（主任缺）。主持工作以后，赵克尧、许道勋又交来了《唐玄宗传》，该书稿由老编辑张维训先生接手了，但此时的学术著作面临出版难、卖书难、买书难，为了多一些卖点，《唐玄宗传》改为《唐明皇与杨贵妃》，一直到1993年以后才又恢复为《唐玄宗传》。这是后话。

参加多卷本《中国农民战争史》编写组

在20世纪80年代的中国，还没有摆脱"以阶级斗争为纲"的"左"的思想的影响，"农民起义"和"农民战争"是推动历史前进唯一动力的历史观是主流的意识形态。而日本的平凡社在1979年出版了列入《东洋文库》、谷川道雄和森正夫的4卷本《中国民众叛乱史》，对中国的农民和农民起义、农民战争竭尽了不正确的观点和评论："中国是人类历史上最少革命而最多叛乱的民族。……"因此出版多卷本的《中国农民战争史》、廓清国外学者的消极影响，是历史学界的共同愿望。《中国农民战争史》（7卷本）是中国社会科学院历史所在20世纪80年代初期的重大项目之一。编写组经过多年的酝酿和研究，终于要推出第一部多卷本的《中国农民战争史》了，还是值得期待的。编写组成员有社科院历史所的陈高华（当时是副所长）、白钢、王宇信、朱大匀、朱大渭、李斌城、沈定平、郭松义等。他们之中陈高华、白钢是宋辽金元史研究室的，王宇信是先秦史研究室的，朱大匀是秦汉史研究室的，朱大渭是魏晋南北朝史研究室的，李斌城是隋唐五代史研究室的，沈定平是明史研究室的，郭松义是清史研究室的……计划出版秦汉卷、魏晋南北朝卷、隋唐五代十国卷、宋辽金元卷、明代卷、清代卷、近代卷，是迄今为止第一部也是唯一的一部系统地研究中国农民起义和农民战争的专著。项目原来是吕异芳联系的，从1983年开始，吕异芳就带我参加《中国农民战争史》课题组的编撰讨论会。

第一次编撰会议是在中国人民大学在北戴河的招待所召开，是个小院子，据说是该校校长吴玉章的寓所。小院不大，条件一般，编写组入住后，最多还能安排十几个人。这是我生平第一次到北戴河、秦皇岛、山海关。编写组的主要主持者白钢是个学术研究和组织活动能力都很强的中青年学者。他是1940年生人，当年43岁，正是年富力强之年。在会议期间，他还联系了一艘远洋考察船，拉着我们到秦皇岛外的大海上转了一个小时，领略了北方的渤海湾和黄海的浩大。

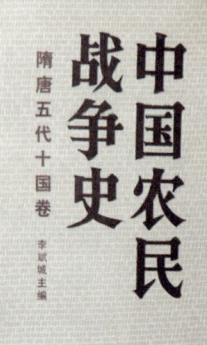

《中国农民战争史·魏晋南北朝卷》，人民出版社1985年版

第二次的编撰会议是1985年在青岛的北海舰队基地招待所召开的。这一次很不幸运，我们到的第二天，就碰上了当年的第10号台风在青岛登陆，滔天大浪将海底的泥沙卷到几十米高的浪头，黑乎乎的，带着腥气味。但后来到了崂山还是印象不错，三清宫道家文化、崂山瀑布清凉优美，都令人流连。《中国农民战争史》我只编了朱大渭主编的《魏晋南北朝卷》和李斌城主编的《隋唐五代十国卷》两本，以后的几卷，不知何故，课题组也一直未交稿……

《中国农民战争史·隋唐五代十国卷》，人民出版社1988年版

值得提起的是大渭先生和白钢先生都住在中国社会科学院在劲松9区的宿舍901楼，我在1989年也搬到了我爱人单位五机部五院在劲松9区的宿舍903楼，我们又成了邻居。住在901楼的还有清史研究专家何龄修、明史研究专家王毓荃及宋史研究专家郭正忠和近代史研究专家闻少华等。西夏史研究专家白滨也住得离此不远，我和他们有时也会在楼下碰到。朱大渭、何龄修、白滨有时还会来我家坐坐聊聊，谈谈社科院和学术界的新闻、新进展，令我获益匪浅。

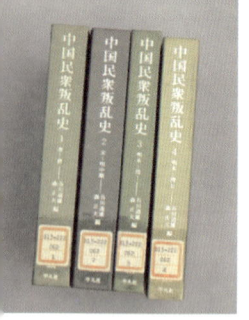

《中国民众叛乱史》，日本平凡社1979年版

朱大渭是四川西充人，1957年四川大学历史系毕业后分配到中国社会科学院历史研究所，历任隋唐魏晋南北朝史研究室主任、所学术委员、中国魏晋南北朝史学会会长等职务，毕生主要从事魏晋南北朝史研究；1992年获国务院政府特殊津贴；2006年被中国社会科学院授予荣誉学部委员称号。主要科研成果有独著《六朝

史论》《六朝史论续编》《朱大渭学术经典文集》；合著《武侯春秋》（上下册）、《诸葛亮大传》、《中国军事通史·两晋南北朝军事史》（获奖）、《魏晋南北朝社会生活史》；主编并撰写《中国农民战争史·魏晋南北朝卷》（获奖）、《中国封建社会经济史·魏晋南北朝编》；主编插图本《中国古代思想史》六卷本（获奖）、主编《中国全史》（百卷本）魏晋南北朝史部分的10卷、《历代开国皇帝传》（上下册）、《中国通史图说》等；合编《魏晋南北朝农民战争史料汇编》（上下册）；发表学术论文《魏晋南北朝文化的基本特征》《儒家民族观与十六国北朝民族融合及其历史影响》（获奖）、《中古汉人由跪坐到垂直高坐》（本文被复旦大学中文系、历史系选入《二十世纪中国文史优秀考据论文选》）、《北朝历代建置长城及其军事战略地位》（获奖）等数十篇。

编写组在山海关。后排从右至左：吕昇芳、历史所魏晋隋唐室主任李斌城、历史所所长陈高华、政治学所所长白钢、张秀平，前排中为历史所明清史研室研究员沈定平

朱大渭早年在川大求学时就在徐中舒、蒙文通、缪钺三位名师的指导下养成了优良学风。他认为"学风是各类学术研究领域健康发展的根本性的问题。它是指有关学术领域研究的基本风格和态度。总体说来，其核心要求为刻苦勤奋、诚实严谨、求真创新，严格遵守学术规范，尊重他人学术成果。显然，学风包含着怎样做人及怎样为文两方面的丰富内涵，这又延伸到学术道德问题。我们提倡坚持优良学风，追求史学真理，而不追求个人名利。做人治学必须力求真诚、求实、创新三者相统一，这应是学风和学术道德要求的最高境界。据此，治史者一定要具有淡泊、宁静、诚实、寂寞的纯真品格以及执着、严谨、求真、创新的奋进精神。前者属于一种思想境界，后者乃是一种实干精神"。他主编的《中国农民战争史·魏晋南北朝卷》就是这种"实干精神"的新成果。本卷体例确定之后，他亲自撰写的内容在一半以上。特别是卷首的《绪论》，首先从纵向上概括了魏晋南北朝时期的时代特征和农民起义的特点，又从横向上叙述了这个时期各阶段农民起义的社会原

因和各次起义的详细经过。纵横结合，脉络清楚。最后一章《农民起义的历史作用》，从阶级关系的变化、民族融合的历史进程、社会生产力发展等方面论述农民起义的历史作用，实实在在，顺理成章，对农民战争的历史作用做了可贵的探索。本卷的特点还在于它不是孤立地谈农民战争，而是将这些起义或战争与当时的民族关系、社会政治形势、阶级结构以及思想文化的变化等方面联系起来进行研究；在论述魏晋南北朝时期农民起义的历史特点及少数民族农民起义和部族起义的历史作用时，由于是结合每一次具体的起义情况而展开的，因而没有公式化、概念化的痕迹，令读者感到作者理论的深度和征引史料的广度。魏晋南北朝是一个局势混乱、头绪纷繁的时代，阶级斗争和民族斗争交织在一起，民族间的仇杀和各族人民的反压迫反剥削斗争互相纠缠。这种复杂的局面，向来被治史者视为难点。从历史的纵向角度看，魏晋南北朝又是我国历史上民族斗争和民族融合的重要时期，既斗争又融合的历史潮流不能不给农民战争以深刻的影响、从而又使这一时期的农民战争打上民族斗争和民族融合的烙印，起义的性质也就具有了复杂的特点。如西晋末年的李特、李雄起义，开始只是统治者内部以及统治者与流民上层之间的争斗，反封建压迫剥削的口号并不鲜明。但随着流民武装斗争的深入，社会阶级矛盾进一步激化，起义随即突破了上层分子权力斗争的界限、发展为向整个西晋政权宣战的武装起义。这次流民起义性质的转变，正是魏晋南北朝时期民族关系和阶级关系变化的时代特征的反映。本卷的另一特点是这一时期的农民起义和农民战争都与地域的政治形势息息相关。由于魏晋南北朝时期的政治长期分裂割据，中央和地方的联系缺乏统一的政治基础和经济基础，各地区的经济生活和政治生活也很不平衡，阶级斗争的发展趋势和激化程度也不一致，因而又形成了这个时期农民起义爆发具有地域性的特点。如三国鼎立时期的蜀国，因为诸葛亮"治蜀"的影响，蜀国的农民起义爆发的次数最少、规模最小。本卷还认为魏晋南北朝门阀士族制度形成以后，整个社会的阶级关系发生了重大的变化。"高门士族的扩大和特权的形成，就意味着农民阶级地位的下降和生活的变化。"这一时期阶级关系和阶级结构的新变化，决定了农民战争的矛头，自然地指向封建统治的上层——士族豪强地主集团，从而使这一时期的农民战争的历史任务又具有了鲜明的时代特点。此外，本卷在魏晋南北朝各次农民起义的横向研究上，也有独到的研究观点。如十六国时期的汲桑、石勒起义，作者肯定了石勒从雇农到皇帝的全过程及反抗西晋封建政权的正义行动，赞扬了这位出身少数民族的农民起义领袖，全面地奠定了各少数民族人民起义在这一历史时期农民战争史上的历史地位，令人耳目一新。又如对东晋末年的孙恩、卢循、徐道覆起义，学术界尚有不同意见。作者在分析这三位领袖人物在起义中的地位和作用后认为，孙恩的功劳在于率众登陆点燃了农民大起义的烈火；卢循是作为地主阶级内部斗争的失意者而被卷入农民起义队伍的，他既不是此次大起义烈火的点燃者，又转而在起义的第二阶段动摇、削弱了这次起义后期的革命色彩；而徐道覆在起义的第二阶段起了重要的作用。因此，这次起义的名称，应该是"孙恩徐道覆起义"较为合适。

朱大渭对笔者论文的评审意见

  大渭来我家时，我们谈论的都是书稿上要修改之处或者是史料征引的查询事，我爱人华天惠听了以后也熟悉了我们历史研究者的特点（他是清华大学自动化系毕业的）：都很重视史料的征引和核对，写文章也是"试论""一论""再论"甚至"三论"……隔行如隔山，在理工科者看来，这也是一种"八股"？

  1997年，我到了评聘正高的年限，需要有正高职称的研究人员在学术上对参评人员撰写的论文进行评价。我撰写的《关于石勒的再评价》（《民族研究》1981年第3期），当年的7月21日《光明日报》做了摘登；大渭主编的《中国农民战争史·魏晋南北朝卷》的注文也曾经做了摘引。另两篇《石勒军事战略述评》（《民族研究》1987年第6期）、《试论十六国时期汉族士族的历史作用》（《浙江师范大学学报》1984年第1期）都被《人大书报资料》转载，具有一定的影响。我请大渭就以上的论文写个评语，大渭欣然同意。他特别指出：

> ……上述见解表明，作者有较高的史学识断，富有开拓性，从新的角度得出新的结论。论据准确充分，论证较为严密，符合历史真实，有较高的学术价值。张秀平同志所提出的一系列新创见，已为同行认可，并为十六国历史论著所吸取。因此我认为张秀平同志完全具有编审职称的学术水平……

作者的认可和表彰，是编辑追求的最高奖赏之一。

主持"祖国丛书·年鉴"编辑室工作

转眼到了1985年，自从1977年进入人民出版社至今已经第8个年头了，我在人民出版社的编辑岗位上，从校对和整理样书、登记作者信息、处理投稿、给作者回信等编务工作做起，每一步、每一个环节，都有室主任和老编辑的带领和帮助，进步很快。我责编的《两汉社会性质问题及其他》《岳飞传》（增订本）、《简明宋史》《古代社会断代新论》《五代史略》《中国农民战争史·魏晋南北朝卷·隋唐五代卷》等图书，在读书界获得了广泛的好评，特别是我在《人民日报·理论版》《光明日报·史学版》《中国社会科学》发表的关于上述图书的书评，获得了作者和作者单位的普遍认可和赞扬。在《民族研究》及《西北大学学报》等刊物发表的论文及在《中国历史学年鉴》《中国史研究动态》上发表的关于宋史研究的综述及中国宋史研究会的每两年一次的年会和国际学术讨论会的会议综述、魏晋南北朝研究会、中国岳飞研究会的年会综述，都在《光明日报》《人民日报》刊出并由《新华文摘》《人民大学书报资料》转载，影响很大。8年的编辑生活历练，对编辑业务的各个环节也都比较熟悉了。此时中共中央宣传部根据1983年中央有关领导多次提出的关于出版部门要组织编辑、出版一套通俗普及的、向广大群众进行爱国主义教育的大型丛书的精神，准备编辑出版"祖国丛书"，计划出版1000种，目的是宣传爱国主义思想，激发青年热爱祖国文化的激情。此事由中宣部出版局牵头，中宣部出版局副局长许力以（许力以之后袁亮负责）具体负责联系人民出版社、中国青年出版社、上海人民出版社三家共同承担完成，中宣部还要求三家出版社都要成立专门的编辑室。人民出版社将此事交给林言椒先生。此时的《中国历史学年鉴》在林言椒先生的带领下，已经出版5年了，在史学界有了地位和影响；林言椒先生还编辑出版了《辛亥革命史》等有重要影响的图书，他已被任命接替姚洛为人民出版社的副总编辑，分管历史图书的编辑和出版。姚洛先生是江苏南通人，也是来自中央政策研究部门，他是陈伯达的秘书，和毛泽东的政治秘书田家英很熟悉。20世纪70年代以后，他先是到《红旗》杂志社任历史组组长、国际组组长，不久就来到人民出版社，我来人民出版社历史编辑室时，他就是副总编辑，主管历史编辑室的选题和终审发稿。他待人谦和，对我们年轻人很爱护、很关照。记得1979年的调整工资，是"文革"以来的首次调资，名额是40%。许多老同志和老大学生都已经十多年没有涨工资了，他们对此次调资的期望很大，但名额有限，按照40%的比例，我们历史编辑室的6个工农兵大学生也应该有2个名额，但初次公布时，年轻的大学生只有一个名额。姚洛作为主管的社领导，觉得不公平但也很无奈。此时他除了做些解释工作以外，还自掏腰包买了些鸡蛋等到我们年轻人家中走访，看看问问聊聊。我在阜成门内北顺城街50号的陋舍，他也曾经到访。那次的调资，最后是以工农兵大学生的普调了工资而结束，虽然皆大欢喜，但姚洛的平易、善良，足以反映他人性的光辉，令我想到此事就感到温暖。

　　林言椒接替姚洛担任副总编辑以后，他将《年鉴》编辑部和《祖国丛书》合二为一，成立了"祖国丛书·年鉴"编辑室，并向社里建议任命我为编辑室的副主任并主持工作。这一年，我正好35岁，是"文革"后进入人民出版社的大学生中第一批获得晋升的。

　　人民出版社承担《祖国丛书》的选题是综合类、现代（"五四"以后的）著名文学家传记及中国文化典籍介绍，中国青年出版社的选题是历史史话、文物古迹、自然文化风景名胜，上海人民社的选题是历史人物和历史事件。我来之前，林言椒组建的"祖国丛书·年鉴"编辑室共有6个人，他们是王志民、张梁木、王乃庄、刘丽、张继华、张琳娜。王志民先生、张梁木先生是老编审，王乃庄和刘丽都是从别的单位选拔的佼佼者（王乃庄后来为商务印书馆副总编辑）、张琳娜来自校对科，张继华则是本社老编审子弟（后来为《人物》编审）。1983年以后分配来了华东师大的研究生潘振平（后来的三联副总编辑、生活周刊主编），1988年又分配来了社科院历史所研究生黄金山（后来的中国旅游出版社总编辑）。

万事开头难。初当编辑室主任，没有经验，贵在实干。编辑室主任的最主要的责任除了发稿、组稿以外，首先要复审书稿。开始时的复审，我是通读书稿，对书稿中关于政策性、政治性、知识性、史料征引等问题的提出、有时比责任编辑的还要多。发现问题，解决问题，这是复审书稿的基本功。其次是室内外诸事的协调。《祖国丛书》是三家出版社一起承担的，中宣部要求每年开一次协调会，第一次的协调会就由人民社首先承办。为了开好协调会，受林言椒先生的委托，我与三家出版社负责《祖国丛书》的中国青年出版社的总编室的胡守文（后来的中青社社长）、上海人民社的编辑室主任吴慈生、中宣部出版局的处长邬书林（后来的广电总局副局长）经常电话联系。《祖国丛书》第一批43种图书的新闻发布会，就是在第一次协调会后在王府井新华书店召开的。第一批综合类图书主要有《可爱的祖国》（上、下）、《中国的国旗国徽和国歌》、《中国的茶》、《中国的酒》、《中国的针灸》、《中国的刺绣》、《中国的陶瓷》、《中国的服饰》、《中国的花卉》、《中国的金鱼》、《中国的相声》、《中国的邮票》、《中国的邮驿与邮政》、《中国的工艺美术》、《中国古代的农机具》及现代文学家传记《鲁迅

1986年5月2日《人民日报·理论版》

《老舍》《闻一多》等。当时的主要媒体报道都转发新华社的通稿，盛况空前。

大型丛书《祖国丛书》第一批四十三种已出版发行

（新华社每日电讯）根据1983年中央有关负责同志多次提出的关于出版部门要组织编辑、出版一套通俗、普及的、向广大群众进行爱国主义教育的大型丛书的精神。大型丛书《祖国丛书》1985年11月20日在北京王府井书店举行了出版发行仪式：中共中央政治局委员胡乔木、中宣部部长朱厚泽、文化部部长朱穆之以及许力以、边春光、徐惟成等同志出席了出版发行仪式。胡乔木在出版发行仪式上讲了话。他说，对广大青年进行爱国主义教育不是一句空话，要有内容，有合适的工具。这套书的出版意义很大，希望出版部门今后能出更多内容健康、形式活泼的好书。他还要求编辑出版部门继续努力，在选题、内容、形式、风格上有所改进，争取把这套丛书出得更好。

我在1986年5月2日也发了《介绍〈祖国丛书〉》的书评，这应该是《祖国丛书》出版和发行最辉煌的时候。

主编《中国文化概览》

协调会议后，我们又制订了《〈祖国丛书〉（一九八五——一九九〇）选题规划》。

我对人民出版社承担的《祖国丛书》的综合类选题组稿工作也做了许多推动，特别是对文化典籍中的《中国编年体史书》《中国纪传体史书》《中国纪事本末体史书》《中国古代的小说》《中国古代的诗歌》……对语言文化的《中国的相声》《中国的曲艺》《中国的话剧》……都作了系统的分类，增加了《中国文明的起源》《中国的民主党派》《中国官制与政府机构》《中国的人口与耕地》……形成了中国文化的100题。为了尽快反映中国文化整体面貌，在介绍上述的综合类文化的单行本没有出版之前，我在1986年又策划了《中国（文明）文化百题》。《百题》的编辑宗旨、性质、内容、写作体例、稿件要求、交稿时间要与单行本同步进行，以便一面有独立的专题图书出版，另一面又有该专题简明词条系列的工具书供读者查阅。

我开始设想的《中国（文明）文化概况》，定位是"普及中国文明的工具书"。此后，我又将《设想》和本书的性质、内容和编排方式等广泛征求本社的有关领导和编辑经验丰富的老同志的意见。历史编室的老主任刘元彦此时在审读室并兼管《祖国丛书》的选题，他看了《中国（文明）文化概况》的设想以后，提出了十分完善的、可以操作的修改意见：

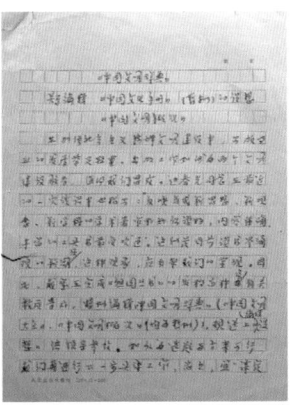

主持制订《祖国丛书》（一九八五年——一九九〇年选题规划）共12面　　编辑《中国（文明）文化概况》（暂拟）的设想

秀平同志：

《设想》看了，你下了功夫，但此选题难度大，涉及面广，恐还有不少问题需要进一步考虑。我初步想到以下几点：

1. 性质。我想应与《祖国丛书》有联系、也有区别。当然，它们都通过所写内容进行爱国主义的教育。但，《手册》恐怕还是工具书性质，要求准确、全面、精炼，主要供查考之用。如果性质是工具书，则著者对象应首先考虑该专业的研究者，才能保证质量。这同《祖国丛书》可以请文字较好的著者进行编写有些不同了。

2. 范围。"中国文明"包括什么，似无定论，这会给我们开展工作带来困难。与《祖国丛书》的选题比较，也必然有同有异。如历史人物和事件、地理等题目不能直接变成《手册》条目，但它的部分内容，又必须化为条目，作为"中国文明"的内容。范围，涉及当代的条目，是否也需要进一步研究决定。有些条目，如刺绣，会写古代又写当代，看问题；另一些古代中国没有而是近代传入的，是否也列为条目呢？政治方面如政党，工业方面如飞机制造，说它们完全没有中国特点吧也不对，但列入"中国文明"又似不妥。这类问题还多，我也想不好，但总应明确才好动手。

3. 分类。你现在分两大类，自无不可。但划小一些，可能更便于将来开展工作。或可按政治（法律）、经济、军事、社会、思想（宗

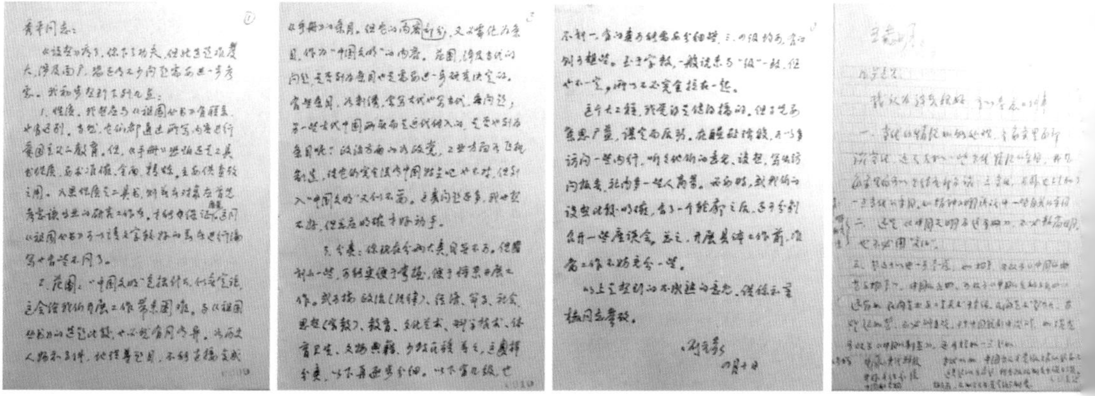

刘元彦先生、王志民先生的修改意见

教）、教育、文化艺术、科学技术、体育卫生、文物典籍、少数民族等等，这样分类，以下再逐步分细。以下有几级，也不划一，有的类可能需要分细些，三、四级均可，有的则可粗些。至于字数，一般说来与"级"一致、但也不一定，所以不必完全拉在一起。

这个大工程，我觉得还是值得搞的。但事先要集思广益，谋定后动。在酝酿阶段，可以多访问一些内行，听听他们的意见、设想，写出访问报告，社内多一些人商量。必要时，或我们的设想比较明确、有了一个轮廓之后，还可分别召开一些座谈会。总之，开展具体工作前，准备工作不妨充分一些。以上是想到的不成熟的意见。供你和言椒同志参考。

……

编辑室的老编审王志民也提出了意见：

……

我认为《设想》很好，可以考虑几件事：

一、当代的情况如何处理，是每条里面都谈当代、还是另拟一些当代情况的条目。我想每条里面可以在结尾部分谈一点当代；另外也要增加一点当代条目。如精神文明决议中一些有关的条目。

《中国文化概览》，东方出版社1988年版，张秀平、王乃庄编

二、还是《中国文明百题手册》，基本上两大类：物质文明是政治制度学术发展。不必标简明。也不必用文化。

三、题（目）还可以进一步考虑。如相声，可改为《中国的曲艺与相声》；中国的兵器，可改为《中国的兵制与兵器》。还有如民间艺术与工艺美术可以合并，民间艺术题太大。有些题如盐，不必列专项，可在中国的税制中谈到；如谈盐，可改为如：中国的制盐。还可以增加一点题如：中国的文物、中国的考古、中国古代的科技、中外文化交流。当代的如中国的各民主党派之类的要不要？这类题似乎离题，但在政治制度中谈不谈？衡器，不如改为度量衡制度。

遵刘元彦主任的意见，我们又访问了《祖国丛书》的部分作者如《中国的刺绣》的作者朱培初、《中国的酒》的作者万国光……他们比较一致的意见是设想很好，写法上要按照百科全书的条目，大的题目如《中国的工艺美术》

和《中国的扇子》，不宜写成字数一样的条目，宜分甲、乙两级……

综合以上意见，我对《百题》的条目作了调整，又经过两年的辛苦的组稿约稿，《中国文化百题》改为《中国文化概览》终于在1988年年初发稿了。主管副总编辑（林言椒已调三联任总编辑）吴道弘提出：

> 1. 全书署名在扉页背面，用"撰稿者""编者"较好。版权页上放编者较好。2. "前言"改为"说明"。文字已改。3. 东方出版社今后要强调文化书籍的特色，这本概览用东方的名义较好（三联在1986年恢复独立后，人民出版社又申请了东方出版社的副牌）。

《中国文化概览》的出版，实际上是对《祖国丛书》综合类文化选题的总结。为了组约《祖国丛书》综合类文化的稿件，我们团结联系许多从事文化专题研究的作者，从而又为我以后主编《中国100系列》丛书做了准备。1989年以后，中国学术图书的出版走入了低谷，出版难、卖书难、买书难现象更加严重。通俗读物的出版也是举步维艰，最后，三家出版社都选择了《祖国丛书》"无病而终"。

主编出版《1976年大事内幕》《中华人民共和国大事典》（1949—1989）

1989年人民出版社的领导班子做了新的调整，原来哲学编辑室的主任薛德震被任命为社长兼总编辑。《祖国丛书》无病而终后，"祖国丛书·年鉴"编辑室也在人民出版社新的机构改革中做了调整。此时的林言椒先生继董秀玉之后被任命为1986年恢复了独立建制的三联书店总编辑，董秀玉是三联的总经理。《中国历史学年鉴》的人马也全部到了三联书店，我则留在人民，又被任命为人民出版社综合编辑室的副主任。

20世纪80年代初期，中国百废待举。各行各业的职称评定也逐步恢复。出版系列的职称在1982年开始了第一批的职称评定。我们作为新入职的大学毕业生都被定为助理编辑。3年后的1985年又定为编辑。

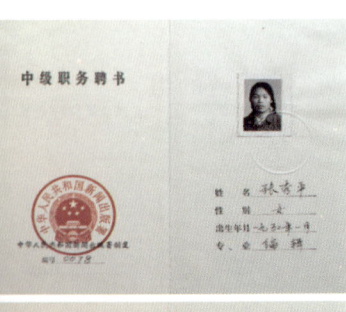
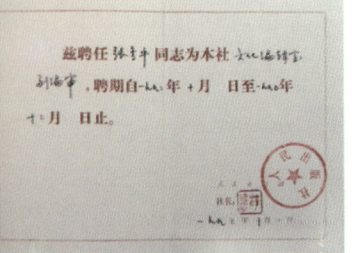

本来 4 年后的 1989 年就可以申请评聘副编审，但从 1987 年开始，出版系列的职称评定又陷入了整顿、直到 1992 年重新解冻后，我被评聘为副编审。

综合编辑室的主任是金作善，是国际共运史的研究专家，此时正年富力强，喜欢工作、工作热情高涨；希望进步、凡事都认真负责。我是副主任，不用像刚刚任命、没有主任的"祖国丛书·年鉴"编辑室主持工作时那样苦干、实干了。我就将主要精力放在选题策划和作者研究课题的调研上。综合编辑室是机构调整后的新的编辑室，出版社希望在"哲、经、史"传统的学术著作以外，用大综合文化来统领其他学术著作的出版，综合文化编辑室成员的专业是学哲、经、史的都有，还有马哲、中文、外语的。

20 世纪 90 年代初期，中国既不是出版大国、更不是出版强国，生产力十分落后。作为新中国第一家，最大的，编号 001 的，出版马列著作、政治思想理论、中央文件、社会科学学术著作的人民出版社，很长一段时间里，每年出新书也就 200 种左右，全社 200 人、编辑人员不到 100 个、每人每年不到两本书。当年的排版是活字铅排、印刷需要纸型铜版锌版、装订大都是手工折页。出书的周期一般要一年，有的甚至更长。我刚进人民出版社时，工农兵学员身份的大学生工资是 43 元、一年后为 49 元、3 年后为 57 元。8 年后，我被任命为"祖国丛书·年鉴"副主任、副处级，工资涨到 105 元，在同类大学生中是最高的，但此时的物价年年在调整，儿子马上就上小学了，微薄的工资收入真的有点捉襟见肘。怎么办呢？此时我除了工作之外，业余时间就是读书写书评、综述和论文，不停地写、不停地发表。发表了就有稿费收入，还可以贴补家用。从 1983 年开始，我几乎每月都有论文、书评或综述在报刊发表，当年的稿费也就二三十元每千字，虽然很低，但当时的全聚德烤鸭是 8 元一只、1996 年以后才调到 14 元一只……每月的工资之外又有了几十元的收入、改善生活是绰绰有余的。古人认为读书有"三味"："读经味如稻粱，读史味如肴馔，读诸子百家，味如醯醢。"这句话反映了古人对经、史以及诸子百家在文化构成中的等级、地位、功能、品位的界定。我的读书写作，主观上是为终生的编辑职业生涯奠定文字和学术基础。特别是写综述，这是编辑的基本功。但客观上却成了龚自珍的"著书本为稻粱谋"的写照。那些年，只要有两篇不同观点的文章，我就可以写出反映此专题"一种观点、另一种观点及普遍认为及新进展"的研究概况的综述。坚持写综述，令我始终站在学术研究信息的制高点上，始终和学术界保持联系；坚持写书评，对书稿的判断和评价能力日益增强，这些都是编辑基本功的训练；坚持写论文，是理论和史料结合的最好运用，说明的历史问题越多就越高明。有了自己的观点，就是有了"学问"，有了与作者谈话的共同语言，是成为学者型编辑的必由之路。那几年我撰写的论文、综述、书评发表的刊物和转载大致缕述如下（部分）：

《关于石勒的再评价问题》，《民族研究》1981年第1期，《光明日报》1981年7月21日摘载

《宋代榷盐制度述论》，《西北大学学报》1983年第1期，中国人民大学书报资料中心当年全文转载

《献身汉藏民族团结的文成公主》，《历史知识》1984年第6期

《石勒的知人之明与自知之明》，《历史知识》1985年第5期

《试论十六国时期汉族士族的历史作用》，《浙江师大学报》1984年第1期，中国人民大学书报资料中心当年全文转载

《略论宋代的榷盐和边防》，《浙江师范大学学报》1986年第2期，中国人民大学书报资料中心当年全文转载

《石勒军事战略述论》，《民族研究》1987年第6期，中国人民大学书报资料中心当年全文转载

《岳家军群体人物研究》，《中国史研究》1997年第1期，《新华文摘》1997年第5期转载

《邵晋涵与宋史研究》，《文史哲》1999年第2期，《新华文摘》1999年第7期转载

《千古一帝唐太宗》，《中国历代名君》，河南人民出版社1987年版

《汉藏两组兄弟情谊的奠基者——松赞干布》，《中国历代名将》，河南人民出版社1987年版

《抗金的民族英雄——岳飞》,《中国历代名将》,河南人民出版社 1987 年版

《岳飞研究的新进展》,《人民日报·理论版》1983 月年 7 月 19 日

《中国宋史研究会 1985 年年会综述》,《人民日报·理论版》1985 年 1 月 4 日

《法律史学的由来和发展》,《史学情报》1987 年第 3 期

《心态史学》,《史学情报》1988 年第 4 期

《1985 年宋史研究概况》,《中国史研究动态》1986 年第 10 期,同年《中国历史学年鉴》转载条目式内容

《1986 年宋史研究概况》,《中国史研究动态》1987 年第 7 期,同年《中国历史学年鉴》转载条目式内容

《1987 年宋史研究概况》,《中国史研究动态》1988 年第 10 期,同年《中国历史学年鉴》转载条目式内容

《宋史研究近两年的学术动态》,《史学情报》1988 年第 12 期

《中国辽金及契丹女真史的研究动态》,《人民日报·理论版》1984 年 1 月 18 日,《新华文摘》1984 年第 4 期转载

《中国宋史国际学术年会综述》,《文化交流》1986 年创刊号

《中国宋史国际学术年会综述》,《人民日报·理论版》1985 年 7 月 5 日

《中国辽金及契丹女真史第二次学术讨论会综述》,《中国历史学年鉴》(1984 年)

《关于唐太宗与贞观之治的讨论》,《史学情报》1983 年第 2 期

《历史上的岳飞和传说中的岳飞》,《青年文摘》1983 年第 12 期

《建文帝的下落》,《人民日报·海外版》1985 年 5 月 16 日

《李岩是否确有其人》,《人民日报·海外版》1985 年 5 月 22 日

《关于〈满江红〉词的真伪》,《人民日报·海外版》1988 年 1 月 15 日

《杀害岳飞的凶手究竟是谁》,《人民日报·海外版》1988 年 5 月 12 日

《关于晋阳起兵的首谋决策者》,《历史知识》1985 年第 1 期

《评〈古代社会断代新论〉》,《人民日报·理论版》1983 年 5 月 13 日

《读增订本〈岳飞传〉》,《读书》1983 年 12 期

《拾遗补阙　贵在第一》——《五代史略》评介,《人民日报·理论版》1985 年 4 月 15 日

《〈唐太宗传〉评介》,《人民日报·理论版》1985 年 2 月 1 日

《一部新水平的著作——唐太宗传》,《中国社会科学》1985 年第 4 期

《〈简明宋史〉评介》,《光明日报》1985 年 8 月 21 日

《简评〈中国农民战争史·魏晋南北朝卷〉》,《史学情报》1986 年第 3 期

《介绍〈祖国丛书〉》,《人民日报·理论版》1986 年 5 月 6 日

《中国的风俗人情画卷——介绍〈中国的民间节日〉》,《博览群书》1987 年第 4 期

《历史研究与爱国主义的结晶——增订本〈岳飞传〉评介》,《中州学刊》1984 年第 1 期,《文汇报》1984 年 1 月 9 日摘登

《民国历史风云的真实记录——介绍〈中华民国国民政府军政职官人物志〉》,《博览群书》1990 年第 1 期

《马植杰〈三国史〉读后》,《历史研究》1995 年第 4 期;《新华文摘》1995 年第 12 期转载

《王观澜与〈王观澜文集〉》,《学习》1995 年第 6 期,《新华文摘》1995 年第 8 期转载

《人品极处只本然——读〈毛泽东交往录〉》,《人物》1996 年第 6 期,《新华文摘》1997 年第 1 期转载

《读〈简明宋史〉》,《人民日报·理论版》1986 年 1 月 24 日

《科学家的光辉足迹——介绍〈李四光传〉》,《文汇报》1986 年 1 月 20 日

《超越自然科学真理的科学家——读〈李四光传〉》,《博览群书》

《中华人民共和国大事典》（1949—1989），东方出版社 1989 年版

1986 年第 7 期

《搅辔澄清 剥古酬今——〈中国政治制度〉（1—10卷）评介》，《求是》1997 年第 12 期，《新华文摘》1997 年第 9 期转载

《评李清凌著〈西北经济史〉》，《中国史研究》1998 年第 4 期

《断代史与民族史研究的双重成果——读〈简明西夏史〉》，《固原师专学报》1999 年第 4 期

……

特别要感谢的是《人民日报·理论部》的李炳清和余新，《光明日报·史学》的李桂海及《博览群书》的编辑们，《中国史研究动态》的主编陈高华，《中国史研究》的主编彭卫，《历史研究》的主编宋德金，《民族研究》的编委马大正、刘世哲，《文史哲》的编审王大建，《浙江师范大学学报》编辑陈顺宣……他们对我的约稿或投稿，都是精心编辑、随时刊用，从未退稿！当年有的时候，稿子见报见刊了，我们还没有见上一面，文人君子相交，真正淡如水！他们的奉献精神也照耀着我，审问慎思，勤于练笔，精心编辑，认真地对待每一部书稿，就是我当年的座右铭。但发表上述的论文、综述、书评只能改善生活，不能从根本上改变我的经济状况。要想"脱贫"还是要有大部头的畅销书出版。

我想起在资料室读过的雨果的反映法国大革命的《九三年》，书中对法国大革命中的人和事的描写，令人震撼不已。我又想起中国的公元 1976 年，这一年中国政治社会生活也发生了一连串震撼世界的重大事件：周恩来逝世、四五运动、朱德逝世、唐山大地震、毛泽东逝世、粉碎"四人帮"等，这些大事，或涉及高层，或惊心动魄，或地动山摇，加上这一年是天干地支的"龙年"，人们难免传闻、猜测。如果将这些大事要事的纪实性报道收在一起，一是消除影响，二是留下这些资料也是有益的。《1976 年大事内幕》就是这样诞生了。

《1976 年大事内幕》的内容，虽然叫《内幕》，实际上就是选编了当时已经发表的记述《周恩来在最后的日子》《四五运动纪实》《朱德的晚年》《唐山大地震》《毛泽东周恩来晚年二三事》《粉碎"四人帮"纪实》6篇文章。我只是按时间顺序加了逻辑考察的5个标题:"一月的哀乐"(周恩来逝世)、"四月的怒涛"(天安门悼念活动)、"七月的痛苦"(朱德逝世、唐山大地震发生)、"九月的沉思"(毛泽东逝世)、"十月的曙光"(粉碎"四人帮")。初印10万册,影响很大。可见畅销书的出版,贵在选题和策划。

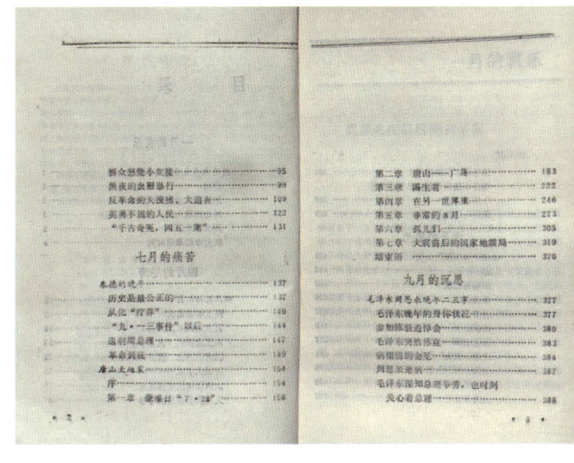

1989年是中华人民共和国诞生40周年,我还在"祖国丛书·年鉴"编辑室时就策划了《中华人民共和国大事典》(1949—1988),拟以纪事本末体的形式提供一部简明的国史手册。全部条目由我负责列出,《新华月报》的张小平(后来的人民出版社副总编辑)参加了条目的撰写。

以上两部书的出版,我获得稿费和编辑费20000元左右,经济上的压力基本解除了。

主编出版《华夏名人称号掌故手册》

1988年,是我入职人民出版社当编辑的第二个10年的开始,从1977年到此时的年年月月日日,都在组稿、审稿、发稿、阅样、联系作者、读书、写作、外出参加学术年会中度过,忙得团团转,苦于时间不够用。"字斟句酌犹未妥,案头积稿又成垛"(叶至善送我的题诗)便是写照。但每天虽然忙碌,在审读、加工时碰到疑难问题查阅资料及工具书时,我还是抽出时间做一些知识的卡片,积累一些史料和资料。对读史和编辑工作之中遇到的诸如"三曹""竹林七贤""大历十才子""唐宋八大家""三苏""苏门四学士""明七子""开元三大士""四大高僧""什门四圣""甲骨四堂""南张北溥""四大名医""吴氏四兄弟""书圣""画圣""棋圣""八大山人""扬州八怪"等等,有关历史人物的和当代人物的誉称、号称或民间公认并流传广泛的称号掌故更是注意留意。这些称号掌故，大多经过历史的沉淀，绝大部分是有口皆碑、众所周知的，所涉及的人和事，亦大多反映了中国历史的一个侧面。他们之中，或以一技之长著称于世；或以某些重要事件写下光辉、难忘的一页；或以学术文化上的一家之言形成流派、开一代先河；也有犯下历史罪行而遭世人唾骂者……开始时，这些资料卡片的知识，在当时没有互联网的时代，对编辑工作的帮助是"拾遗补阙"，可以核对书稿中遇到的关于人物称号掌故的来龙去脉问题，但积累多了，总觉得这些知识对编辑和读者都是开卷有益的。因此我就想不揣浅陋，编写一部反映这些人物称号掌故概貌的著作，于是更加留心收集，专意积累。

首先是选题。在确定此题时，我想起了曾经查阅的《十三经索引》。叶圣陶先生的卷前绪言所说的关于编辑《十三经索引》的经过给了我很大的启发：1931年，叶圣陶先生由商务印书馆转到开明书店，不仅编杂志，还要编语文课本和《学生国学丛书》；既要加工来稿，还要在古文中作注释。《周易》《尚书》《诗经》《周礼》《仪礼》《礼记》《春秋左传》《春秋公羊传》《春秋谷梁传》《论语》《孝经》《尔雅》《孟子》合称"十三经"，是我国古代文人学者的必读书。古人读书讲究背诵，因而在行文中便会自觉或不自觉地使用其中的词汇或语句。为这些词汇或语句作注释又要追本溯源，考察词汇或语句的最早出处。即使从小便熟诵经书的叶先生面对浩如烟海的经籍，要记住每一词汇、每一语句的详细出处也非易事。审读与注释时往往需要检核原书，颇费时费力。而普通读者在读书时一旦遇见涉及十三经的引文，必然会弄不明白又找不到出处。即或有人手头有一部十三经，也不会快速地将所需的经文找出来，大有望经兴叹之感。"第言注释，一语弗悉其源，则摊书寻检，目光驰骛于纸面，如牧人之侦亡畜，久乃得之，甚矣其惫"。为了方便检索十三经经文，"经与同业诸君言之，乃知同感者颇不乏人，乃下定决心，不吝艰辛，以家庭手

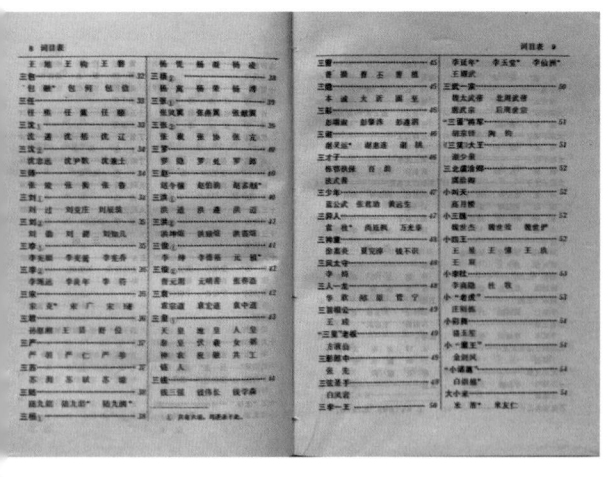

《华夏名人称号掌故手册·目录》

工业方式"编成了这部索引。该书于1923年—1934年间由叶圣陶先生率领家人编订。在编订期间,叶先生在上海闸北寓所,曾遭1932年一·二八事变的战火,但书稿幸免于难,因此此书得以在1934年年初由开明书店于1934年印行。既满足了编辑工作的需要,又惠及了无数的学者。中华书局曾于1957年和1959年用原纸型重印。1983年重新排印出版,在《索引》每条下加注它在《注疏》里的页数和栏次,读者可与中华书局《十三经注疏》配合使用。

《十三经索引》是十三经经文的索引。这部索引以世界书局影印嘉庆阮刻本《十三经注疏》为底本,可以用来查考十三经经文中所有文句的出处。以文句首字作标目,在索引正文中,所有作为标目的单字依笔画顺序排列。每一单字下,列出了十三经中所有以该单字打头的文句,并注明其出处简称及在《十三经注疏》中的页次、栏数。成功地解决了人们检索经文的困难,"今得是编,经语出处可决于反掌之倾,诚切用之工具书也。无论地方的图书馆,学校的图书馆,尤宜置一编,藉便读者。而国故专家、国文教师以及中学生之研究国学者,尤将以此不可缺之良伴"。给后学者带来极大的方便。

我要编辑的《华夏名人称号掌故手册》的初衷,一方面是来自编辑工作的审稿和加工时碰到的需要查阅的知识性问题;另一方面也是受了叶先生编辑《十三经索引》的启发。将诸如"唐宋八大家"到底是哪八家、八大家的姓名、籍贯、生卒年、生平简历及主要存世作品等一一列出,也可以使读者免受"摊书寻检"之苦、实现"开卷有益"。负责分管历史编辑室的副总编辑姚洛先生,一直关心我们年轻编辑的成长,他得知我的编辑出版《华夏名人称号掌故手册》的设想后,认为我能在编辑的实践中发现选题,发现有用的知识做成卡片、形成积累,编辑成手册类的工具书,是成为学者型编辑的尝试,他欣然同意为《手册》的条目设置和内容、凡例审读把关。

《新兴科学百科知识》,华夏出版社1988年版

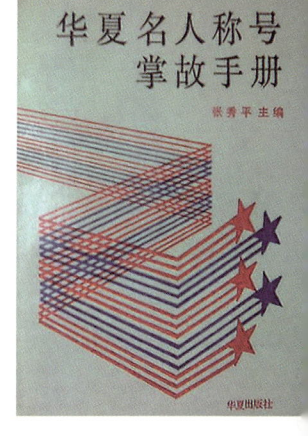

《华夏名人称号掌故手册》,华夏出版社1989年版

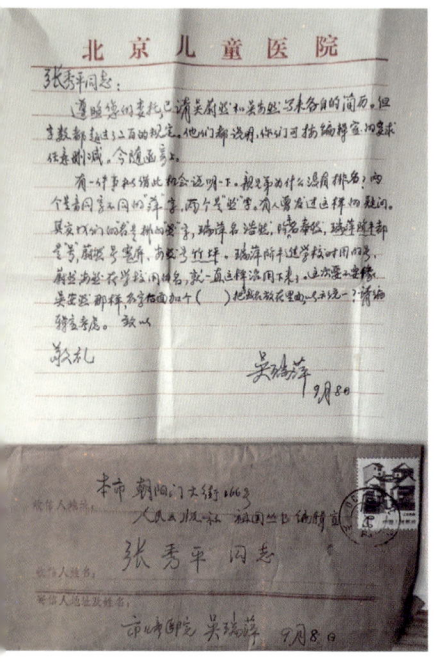

吴瑞萍先生的亲笔信

其次是条目的确定。除了平时读书时的积累外，为了加快收集，开始从《辞海》等工具书中摘录。此事听起来似很简单，实际是要通读这些工具书，大海捞针。经过两年多的收集、整理、撰写，具有近20000词条的《华夏名人称号掌故手册》初具规模了。接着又有近代史所的果鸿孝先生提供了近代中国历史上对近代工业发展作出贡献的经济界人物专条，诸如"钢铁大王""猪鬃大王""制笔大王""纺织大王""面粉大王""航运大王"……王乃庄提供了当代体育界的获得荣誉称号和创造体育记录的群体人物的尊称、合称和号称，诸如"乒乓三丽""羽球女三星""亚洲铁人""体操王子""铁榔头""铁姑娘"……民国和思想文化方面的条目则是由薛京和杨慧玫等提供的。

我按照姚洛先生的建议，设计了编写大要"凡例"。《手册》是工具书，卷首有《词目表》；为了增加使用功能，还需要在书后增加"人物笔画索引"。此索引只能在排出清样后，按照条目内容的页码定位再列出。20世纪80年代，计算机的排版还在探索，这个"索引"，我就是花了一个月时间，天天干到深夜、凌晨，根据清样出现的人名手工抄录后再编排完成的。

第三是条目内容的撰写。《手册》的内容，除了说明这些名人称号掌故的来龙去脉外，还要将人物的姓名、籍贯、生卒年、生平简历及主要存世作品等要素根据史料记载一一列出。有些条目涉及的当代人物，公开的资料不全，需要向"誉称"或"号称"人物的本人征集。如当代"吴氏四兄弟"的吴瑞萍、吴阶平、吴蔚然、吴安然，都是当代名医，四兄弟又同出一门——北京协和医学院，均从事医学研究，皆以其高度的品质修养和精湛的医道为世人称赞。四兄弟中吴瑞萍擅儿科，是北京儿童医院院长；吴阶平擅泌尿外科，是北京第二医学院院长、中国科学院副院长；吴蔚然擅腹部外科，是北京医院副院长；吴安然擅病毒疾病研究，是卫生部免疫学专题委员会主任委员。他们都蜚声医学界，知名度较高，但吴蔚然、吴安然个人公开资料尚不完整。我就直接写信征询当年的北京儿童医院院长吴瑞萍,由他向吴蔚然、吴安然组约了"简历"。他在来信中还说明了他们亲兄弟四人名字:"为什么没有排名、为什么两个是音同字不同的萍(平)、两个是'然'字?"有他亲笔提供的鲜活的第一手资料、从而又完善了书稿内容。

华夏出版社的总编辑张宏儒先生对本手册的出版也倾注了心血。张宏儒和他的爱人贾达黎都是1966年毕业于北京大学历史系,贾达黎则是无产阶级革命家、我党经济战线的卓越领导人贾拓夫的大女儿。张宏儒还是当时很有影响的《20世纪文库》的出版人,受他的委托,我还为该社审读加工了一本高放主编的、当代学科知识极其丰富的《新兴科学百科知识》。1999年年底,《华夏名人称号掌故手册》出版了,首印5000册,不久又加印了5000册。

在老编辑的怀抱里(一)

一个出版社,如果没有一批有经验、有识见的编辑做无名英雄作为支柱,那是很难有成绩的。朝内大街166号的人民出版社就是这样的老编辑、名编辑云集的老社,他们几乎每个人都像一本书,都有难忘的故事和经历,如前面已经提到的历史编辑室的刘元彦、陈汉孝、陆世澄、张作耀、林言椒、吕异芳等,我们可以"近水楼台",学问兼顾,在他们的学术文化修养的滋养下,犹如在大学里跟随着老师的读书学习、飞快地成长。碰到书稿上的难事、大事,在楼道里、阳台上,在工间休息、在食堂吃饭时与老编辑们谈谈聊聊便都解决了。

1977年我刚来人民出版社时,沈昌文还是外文资料室的负责人兼秘书。当时人民出版社的资料室之庞大是现在想象不到的,前面已经说过中文资料室的强大,不仅人多,做的事也多,是《新华月报》《新华文摘》的摇篮。外文资料室当时也有3个人,除了沈昌文外,还有陈国昭、李小坤。陈国昭是江苏昆山人,我来了不久她就退休了;李小坤和我的同寓党力文一样都是复员军人。李小坤聪明漂亮,后来和沈昌文一起到了三联,成为三联的人事处长。沈昌文是上海人,毕业于上海私立民治新闻专科学校,1951年考入人民出版社,历任人民出版社校对员、秘书、编辑、主任、副总编辑。1986年1月至

1995年12月，任生活·读书·新知三联书店总经理兼《读书》杂志主编。其间，出版了西方经典著作《宽容》《情爱论》《第三次浪潮》，出版蔡志忠漫画、金庸著作，在社会上引起极大反响。他主持下的《读书》杂志，被认为是"观念最开放、思想最活跃"的刊物，先后开设了冯亦代的"西书拾锦"、王佐良的"读诗随笔"、樊纲的"现代经济学读书札记"、赵一凡的"哈佛读书札记"等多个兼具文学性、思想性的专栏，使《读书》杂志成为中国知识界的一面旗帜。沈昌文说话有口音，办事精明，学历不高，但经历丰富，善于自学，博闻强记，是人民出版社公认的"学问家"。20世纪80年代之初，我们刚毕业的大学生分配来社后，社里要举行一次考核，就是让他组织出题。他出的考题，涉及哲学经济历史、古今中外的许多基本问题，就是抄，也要抄上整整一天。我们从早上8点答到晚上8点才被迫交卷。还有一道题印象深刻：什么是形象思维？我在大学里的学习因为受"反击右倾翻案风"影响，虽然被耽误了不少，但对公共课的学习安排还是得到了保证，加上我平时对时政的关心学习，对付这些考题还是有些基础，关于什么是形象思维这样的考题，长篇大论或三言两语都说不清楚，我就答了一句话：就是形象地思考和叙述事物发展的经过。考过以后也没有公布成绩，只是作为各个编辑室安排工作的参考，但事后，中央各部委来人民出版社商调人员，许多名来自部队的新来的大学生就都调走了。他们以后虽然远离了文化出版单位，但也在党政机关里作出了贡献，有的还成长为独当一面的领导者。我也不知自己到底考得怎么样，但有一次在院子里给发行的邮购打包劳动时，沈昌文的外文资料室正好和我们历史编辑室安排在一起，他当着我和历史编辑室许多老编辑的面对我们说：那次的考试，你答得最好！

可惜的是，我写完拙稿正要联系他和一些熟悉的老编辑征求意见时，2021年1月10日，竟传来了他病逝的噩耗。看着他最后消瘦的面庞，又想起他背着双肩包奔走在京城的大街小巷，为文化出版的繁荣出谋划策的矫健身影……沈老永远活在我们心中。

在苏大姐家中。左：苏文芳；右：张秀平

江平是我们历史编辑室的老编辑,她是 20 世纪 80 年代初人民出版社恢复职称评定后第一批评为编审的 19 名老编辑之一。江平的爱人陈玉龙先生是北大东语系教授。陈玉龙先生 1944 年毕业于国立东方语文专科学校越南语科,后留校任教。1949 年随该校并入北京大学东语系,50 年代兼任马寅初校长秘书。从事印度支那研究达半个世纪之久,平生以治史为主,兼攻文学与书法,主编了几部颇有影响的论文集。在越南、柬埔寨、老挝三国的历史和文化以及中越、中柬、中老关系史研究方面成绩斐然,也是我国著名的印支史专家。江平与陈先生应该是同乡,说话都带有绵绵的吴音。江平当年住在北大的中关园宿舍,来朝内大街人民出版社上班,要乘 331 路 1 个小时到平安里,再转 111 路到美术馆换 109 路或 112 路到达人民出版社,路上整整要花两个小时左右,十分辛苦。江平患有很严重的肾炎,每半月要到协和医院做一次透析。江平每天的工作,实际都是在和生命赛跑,令人无比心痛,他们的儿子陈其也在当时位于沙滩红楼边上的、《求是》杂志社西门对面人民教育出版社历史编辑室做编辑。我编辑出版赵克尧、许道勋的《唐太宗传》时,关于唐太宗的私生活一节,作者的原标题是《唐太宗的家庭生活》,作者本意是将唐太宗作为"一个人"来撰写,人都有家庭、婚姻、爱好,但这样表述太过现代,我先是改为《唐太宗的宫廷生活》,虽无不妥,但还是觉得不甚满意……我在工间休息时,在五楼的阳台上与江平聊天,我谈到正在编辑的《唐太宗传》的书稿、谈到关于唐太宗的宫廷生活一节的标题,江平建议改为《唐太宗的宫闱生活》,一字之改,我顿觉眼前明亮惬意无比!可惜天不假年,江平不久后就去世了,我很悲痛,在人民出版社的同人油印刊物《小草》上写了《怀念江平》,真情地回忆了她的编辑成就和文字水平修养等二三事。著名书画家袁运浦的夫人、人民出版社美术编辑室的钱月华编审看到后给我来电话:她读过后,流泪了……许多年后,陈玉龙先生还托"祖国丛书·年鉴"编辑室的老编审张梁木先生带话给我:谢谢我的《怀念》,写得真好!

苏文芳也是历史编辑室的老编辑,人称"苏大姐"。

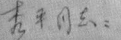

王仿子来信谈要做出版的"内行"

她的办公桌就在我的旁边，苏大姐白白净净，温文儒雅，凡事不争不急，她是和《人物》主编刘冬青、哲学编辑室王东发、政治室编辑张志明一起从工人日报社调来人民出版社的。我来社时她的级别就是行政 18 级 120 元。她的爱人姓秦，是北京大型军工企业向东机械厂的负责人。1981 年恢复职称评聘及以后的几次评聘，她都没有参加。在生活上，苏大姐对我关怀备至。我怀孕时，她有时会从家中给我带些小吃，令我迄今感激不已。苏大姐是山东人，1949 年毕业于重庆师范学院分配到北京的工人日报社，如果她当年一毕业就先来京报到，那她晚年就会享受离休待遇，可惜的是她毕业后按照报到惯例、又有假期就先到山东老家探亲了，待她来京报到时，已经是 10 月 1 日新中国成立以后了。这是苏大姐怎么也想不到的。苏大姐的晚年，一直为此事纠结不已。一辈子遇事不争不急的苏大姐，实际上不是为了待遇，而是为了尊严！2017 年 11 月苏大姐逝世后的第 7 天，她的爱人老秦也走了，夫妻情深，生死相随成就了人世间绝唱！

人民出版社的百岁老人林悦，当年是政治编辑室的编辑，小巧漂亮，人称"林妹妹"，她和林言椒都是温州老乡。她的爱人是中联部的一位老资格局长，曾经在上海做过地下工作，当年与乔石是战友。1980 年五一前一天，我正在办公室门口站在凳子上擦玻璃，此时我已经怀孕 5 个月，她路过看见，马上和林言椒说，我的小老乡可不能干这个活了，你们要好好照顾！她的这种半玩笑半认真的话，我迄今都记在我的脑海里。政治编辑室的徐砚华编审，爱人王仿子是我国当代著名的出版家，历任人民出版社经理室主任、出版总署计划财务司计划科科长、出版事业管理局出版处处长、文化部出版事业管理局副局长、民进中央出版委员会副主任等，曾经数次来信谈及出版界的内行、外行问题，勉励我们要懂得出版规律、成为行家里手。副总编辑、《人物》主编谢云，他是姚洛的同乡，曾经是华东野战军总部政治部的干事，历任对外文委副司长、人民出版社副总编辑、《人物》杂志主编、编审。1944 年开始发表作品。1985 年加入中国作家协会，著有作品集《当代杂文选粹·谢云卷》。他也是我敬仰的领导之一，我们有时会谈一些他写杂文时碰到的历史人物的处事和结局，增加了对人生道路的回忆与思考。

在老编辑的怀抱里（二）

张作耀是继刘元彦以后的历史编辑室主任，他是山东平度人，1955年进入山东大学历史系学习时已经结婚生子，是班里的老大哥。他的爱人姜迺娥是山东老家的农民。作耀毕业后，先后在中央政策研究部门和马列主义研究院工作，爱人随调到京安排工作，是《红旗》杂志的排字工人，一辈子吃苦耐劳，但天不假年，惜在2007年就病逝了。作耀主任在他的论文集的《后记》深情地回忆：

> 迺娥十五岁的时候，没有什么嫁妆，仅仅带着贫困农家少女特有的吃苦耐劳精神和纯真以及柔弱的身体嫁给了我……我四十年代参加工作，是五十年代的大学生。当时抛离农村妻子成风，但我心里很清楚，就当时的情形说，如果那样，无异于将她推上绝路……
>
> 五十年代末，我大学毕业后被分配到中央部门工作。不久将她们母子接到身边，并给她找了份工作，当了工人。自此，她算是过上了平静的生活。她不怕苦，不怕累，任劳任怨地工作，屡屡被评为单位和上级主管部门（系统）的先进生产者或劳动模范。在家里，她以真诚的爱相夫教子，承担起全部家务，照顾全家的起居生活，千方百计创造条件支持我的工作、学习和研究……生活困难的时候，她忍受饥饿，少吃饭，唯恐孩子们和我吃不饱；夜深了，一碗汤面和几小块烤馒头片送到我的面前；一句句安慰体贴的话语，就如昨天……

他们俩的子女都是博士或硕士，令我们编辑室的所有同仁钦佩。作耀是1977年调至人民出版社，历任编审、编辑室主任、副

2010年10月，张作耀在人民大会堂参加人民出版社社庆

关于张秀平的四篇学术论文

张秀平对宋史作过不少专题研究，发表了《岳家军群体人物研究》（《中国史研究》1997 年第 1 期）、《邵晋涵宋史研究及其研究宋史之关系》（宋史年会第八次年会论文，《文史哲》1999 年第 1 期刊出）、《宋代榷盐制度述论》（《西北大学学报》1983 年第 1 期）、《略论宋代榷盐与边防》（《浙江师大学报》1985 年第 5 期）等文，受到学界好评。

《岳家军群体人物研究》一文，从岳家军群体人物研究入手，分析南宋朝廷主人集团与岳家军军人群体的矛盾，揭示南宋统治者分化瓦解岳家军的实质，从社会学、政治学的角度对南宋初年的各种力量的彼此消长作了论述，有较高的学术价值。

《邵晋涵宋史研究与当代研究宋史之关系》一文，首次考述了清代耆孟学者邵晋涵的史学理论及其研究宋史的成果，指出邵氏的宋史研究理论对当前宋史研究工作具有借鉴意义，呼吁学术界吸收前人的经验与成果，编写一部为现代所需要的《宋史》。

《宋代榷盐制度述论》和《略论宋代榷盐与边防》是一组文章，前者对宋盐的专卖从生产、运输、交换（销售）等作了系统的论述，揭示了宋代钞盐制度的实质；后者对榷盐制度又作了更深层次的研究，两文引起了学术界的注意。

张秀平的四篇论文，对岳飞冤案，对宋代经济政策以及当代宋史研究的理论和方向的思考，都有独到的见解，表明他具有较高的研究能力和学术水平。

二十年来，张秀平在编辑工作方面也取得了很好成绩，策划、责编的书稿，不少获奖，并有较高的经济效益。

鉴于以上情况，我推荐他晋升编审职称。

张作耀
1998 年 12 月 1 日

张作耀的评审意见（朱大渭的评审意见在本书第 67 页）

总编辑、《新华文摘》和《新华月报》主编。曾兼任北京历史学会常务理事、郭沫若学会理事、中国期刊协会理事等职。作耀主任半个多世纪以来，将全部精力奉献给了政策理论研究和中国的出版事业。作耀主任几乎是和我们同时进社。我们到历史编辑室不久后，他就接替刘元彦成为历史编辑室主任，并且很快就制订了长期规划和组稿原则，关于简明系列的断代史、帝王传记系列、史学研究者专著的出版计划，对历史编辑室的学术著作的定位和撰写都有重要和长久的影响。他撰写的《曹操传》《刘备传》《孙权传》，是帝王传记系列的经典专著，长销不衰。他对我们年轻编辑的审读意见、编辑加工报告，认真仔细阅读并给予帮助和指导。1982 年我审读邓广铭的《岳飞传》（修订本）时，作者虽然增加了 90% 的修订文字和关于宋金战争性质、岳飞评价等有关问题的附录，但并没有岳飞冤案的平反，作为人物传记，实为遗憾。我审稿后提出建议增加孝宗时代对岳飞冤案的平反，马上就得到作耀主任的支持："希望作者在适当的地方提及后来为其昭雪事，当然，也可以立一小节（数万字也可）。"对我的加工整理工作也给予了充分的肯定：加工工作很好，改动多亦甚当。

作耀主任对年轻编辑的关怀无处不在。1985 年，经作耀主任和林言椒建议、出版社任命我为"祖国丛书·年鉴"编辑室副主任并主持编辑室的工作，虽然是第一次获得提拔，但毕竟是从编辑到编辑室主任，我生怕不能胜任，压力山大，心事重重。作耀主任与我谈话时，他充满希望鼓励我说：去吧！相信你一定能干好。实在不行，你还可以回来当编辑。我顿觉心里温暖无比。我在人民出版社当编辑已经 45 年，自 1985 年起就担任"祖国丛书·年鉴"编辑室副主任并主持工作、以后又历任综合编辑室副主任、文化编辑室副主任、历史编辑室副主任、东方编辑室主任近 30 年，策划责编、复审出版的图书已有数百种，当年刘元彦主任和作耀主任在我们的审读意见上批示的复审意见，都是我们怎样当主任、怎样复审书稿的好教材。

1993年我主编出版了《中国100系列》丛书，《丛书》不同于一般的通史著作，它是以中国历史上的人物、事件、战争、著作、文化为主线，通过叙述100个对中国历史发展进程产生影响的人物；100件在中国历史上的诸多王朝更替之际、学术流派的纷争、宗教史上的

《中国100系列丛书·前言》，《新华文摘》1993年第12期转载

《岳家军群体人物研究》，《新华文摘》1997年第5期转载

教派斗争之时及重大历史转折关头所发生的事件；100次为统一、为正义、为争霸或为夺权进行的战争；100本翔实、系统地记录中国数千年文化历史的典籍和100种光辉灿烂、屹立于世界民族之林的学术文化、语文文化、民俗文化、器物文化来概括中国通史精髓的。共有《影响中国的100个人物》《影响中国的100次事件》《影响中国的100次战争》《影响中国的100本书》《影响中国的100种文化》5种，《丛书》获得了第八届中国图书奖，并连续修订再版、重印6次。作耀主任看到我取得成绩很欣慰，他建议在《新华文摘》上刊登《丛书》的前言。

1998年，我要申报正高职称，需要有正高职称的专家对我撰写的学术论文的评审意见。中国社会科学院魏晋南北朝史室的主任朱大渭对我的《关于石勒的再评价问题》等3篇论文写了评审意见。作耀主任也对我已经发表的《宋代榷盐制度述论》(《西北大学学报》1983年第1期)、《略论宋代的榷盐和边防》(《浙江师范大学学报》1985年第5期)、《岳家军群体人物研究》(与罗炳良合作《中国史研究》1997年第1期)、《邵晋涵与宋史研究》(与罗炳良合作《文史哲》1999年第1期)等4篇论文写了评审意见。《岳家军群体人物研究》《邵晋涵与宋史研究》还被《新华文摘》转载。这些，都是对我的鞭策和激励，使我更加勤奋、更加深入地投入编辑和学术研究之中。

《邵晋涵与宋史研究》，《新华文摘》1999年第7期转载

在老编辑的怀抱里（三）

戴文葆是著名编辑家、出版家、著作家，是我敬爱的父辈般（我的父亲是1923年生人，和戴先生同年，惜在1981年3月26日就去世了）的老编辑之一。

我分配到人民出版社的第二年年底，我在朝内大街166号斜对面的101路车站等车，恰逢戴文葆先生也在那候车。我们以前在社里见过面，但只是点头一笑而过，从未有过交谈。听历史编辑室的老同志说，他是被错划为右派的老主任，学问很大，令我对他肃然起敬。因没有直接的工作关系，我辈只能经常从侧面仰望。戴文葆先生儒雅的面庞、瘦弱的身躯，猛地一看，似瘦弱而不禁风，但他经常手持折扇、提一黑皮包，戴枣红色宽边眼镜，柔弱的外表下，风骨傲然，有"不言自威"之相。此次在101路车站碰到戴先生，我们有了第一次面对面的交谈。戴先生告诉我的第一句话是：我的家是支离破碎的。我每天上儿子处吃一顿饭，每月贴他100元。我当时听了很吃惊。因此也开始了我们近30年的交往。

1981年，我参加了国家出版事业管理总局（国家新闻出版总署的前身）的职称文化考试，我的座位右边上就是他的儿子杨进。我们算是"同科"出身。我们进考场之前没有任何准备，考试的范围是作文和校对的基本功，当年的考试题目是《谈读书》。我迄今都清楚地记得我的作文从北宋的赵普"半部《论语》治天下"谈起，论述读书的重要性，再谈要多读书、行万里路读万卷书；又接谈读好书、读经典书，与开头的"半部《论语》治天下"呼应。洋洋洒洒，十分得意。考试时我看了一眼坐在我右侧的戴公子，他正在搓手。若干年后我和戴先生说起此事，他说杨进是紧张的。但杨进考得也不错。如不是紧张，他应该有更好的发挥。那次考试以后，我们成为出版社的助理编辑。此后，我们在不同的工作岗位上不断地进步与发展，他成为生活·读书·新知三联书店的韬奋书店的总经理，靠的是自己的努力（因戴先生曾对我说过他平反回京后的"三不"：不再结婚、不为子女谋利益、不为自己谋私利）；我也从一个助理编辑，历经编辑、副编审，从而是编审。在编辑室副主任、主任、编审的岗位上至今整整干了45年，策划编辑出版了重要图书三百

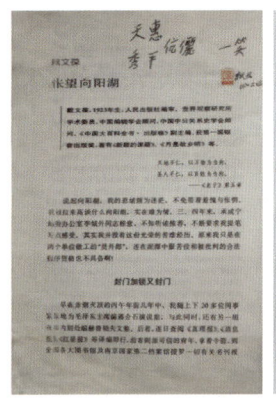
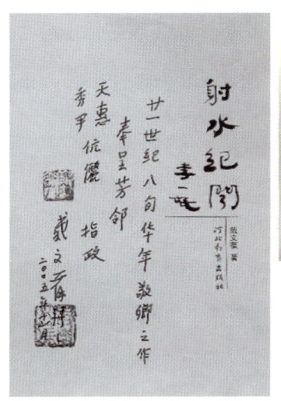
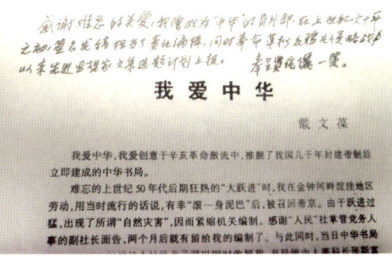

多种，复审出版了图书二百多种，获得了国家图书奖、中国图书奖及各种省部级奖三十余项。

2000 年年中，我从劲松搬到了和平里东街南口北二环河边民旺 19 号院 3 号楼，与戴先生成了一个单元的邻居，戴先生住 3 楼、我住 6 楼。此后直到他去世的近十年里，戴先生经常、有时接连几天晚上来我家聊天。他称我们两口子是"芳邻""贤伉俪"（他常说我们是"一块馒头搭块糕"的和谐结合）；我们则是他的谈话对象和听众。华天惠时任中国兵器工业总公司第五设计研究院的计算所所长、高级工程师，爱好看足球比赛，他经常是为我们沏好茶略坐片刻就去另屋看球赛了，戴先生谈兴浓时会突然询问：老华呢？华只得再回到听众位上坐好开始"一杯清茶话平生"。戴先生文思如泉涌，经常从他为《大公报》写的国际评论谈到他在南方局的工作；从"大隐隐于市、小隐隐于乡"的机智、苦难人生谈到他在 20 世纪 50 年代后期在金钟河畔淀洼地区劳动和"文革"时的死里逃生；有时又谈起他参加的重要书稿的编辑过程中的人和事，令我得益匪浅。和戴先生交往、相处在一起的日子里，有这么几件事，令我毕生难忘。

1997 年，我责编的、由中国社会科学院政治学所所长白钢主编的《中国政治制度通史》（1—10）卷（下称《通史》），参评中国国家图书奖。开始的时候就很不顺利。在初评时，因《总论卷》（白钢著）和《先秦卷》（王宇信、杨升南著）在关于中国文明的起源和部落联盟战争的性质上观点有所不同，因此在初评时就有人提出该书的主编是否"主而不编"？ 10 卷的观点是否一以贯之？当时的社长兼总编辑薛德震先生很紧张，找到我说了这两个问题，

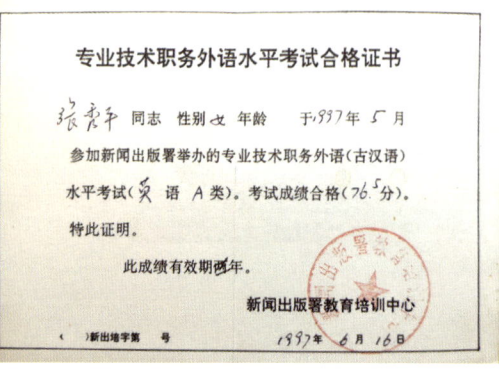

要我做点说明。关于中国文明的起源和10卷本的观点问题,我在编辑出版加工时就和主编白钢先生、先秦卷主编王宇信先生(著名的甲骨学研究专家)探讨过。我们比较一致的意见是:史前期、先秦时,因为文字和考古发掘材料的缺乏,这段历史是"天上的封神榜"(郭沫若语)。只要"言之成理,持之有故",应该允许各卷在整体一致下保持本卷的观点。薛总又说,他是评委、又是社领导,碍于身份不便在评委会上发言、解释,最好由戴先生出面做些工作。于是我就和戴先生商量。戴先生是国家图书奖连续5届的评委,德高望重。戴先生听我说明原因后马上说,这套书我看过了,是本届参评图书中最有学术分量的,我一定会说明我的观点。最后,《通史》以高票获得了国家图书奖的正奖。这是中国图书的最高奖,也是我从事编辑工作以来获得的最高奖。事后,我听别的评委说,戴先生的发言诚恳而有原则,令我们评委信服。现在回想起来,戴先生当评委,不仅是懂书,而且是懂人。

1997年,我到了评聘编审的年限。该年可以上报评聘的编审名额很宽松,而且分到人民出版社的历届"工农兵学员"中,只有我通过了编审的外语职称考试从而具有参评资格。那个时代的职称评定,因为积压的人多、名额数少而十分紧张。每个单位都有拦截一部分人不能参评的招数,外语考试就是利器之一。我凭借20世纪60年代初中3年所学的英语功底竟然获得近80分的成绩(60分及格),为了"脱贫"和"稻粱谋",我又几乎每月都在编辑工作之余在报刊上发表论文、综述、书评等文章,加上我责编的图书刚刚获得了第三届国家图书奖,期望评上编审的愿望特别强烈。

在激动和不安中,我等来的结果很意外,因票数未达到规定没有列入上报新闻出版署高评委要评审的名单中!询问有关人士,得到的答复是"非学术原因",到底是什么原因?谁都讳莫如深避而不答。听到这个消息后,我的情绪波动激烈。人生之苦,莫过于期望的破灭。我顿觉前途漫漫,懊恼、不满在胸中运行,随时都会迸发而出。戴先生知道后,特别找到我说:你太年轻了!人生不患无位患无以为。今年没有评上不见得明年评不上,做好事情是第一位的。不久他因编辑《宋庆龄书信选集》到上海出差,还记挂着我的事,生怕我整出点啥事。他一到上海便又给我写了信,信中除了谈及他即将编辑的《宋庆龄书信选集》的工作安排外还特地嘱我:

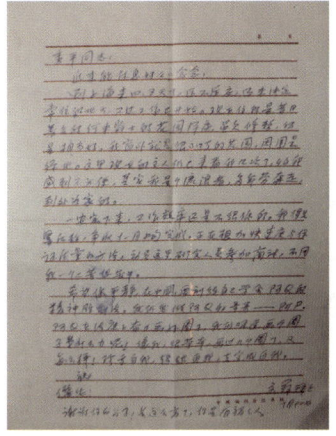
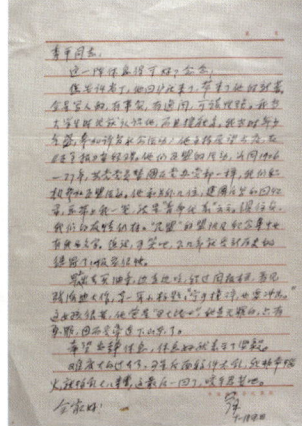

……希望你平静,在中国要训练自己学会阿Q精神胜利法,我们要做阿Q的哥哥——阿P。阿Q在法庭上奋力画好圈子。我们难道画个圈子费什么力气呢?像我,很荣幸画过几个圈了,又怎么样!珍重自我,超越自我,去完成自我。

过了几天,他又来信谈及和民盟的老朋友尚丁先生的见面和感想,还是记挂我的事,再次嘱咐我:

这一阵休息得可好?念念!
……早上出去买油条,边走边吃,经过阅报栏,看见张海迪大作,第一段小标题:"宁可撞碎,也要冲击"。这女孩,她爸是"五七战士",……因此受牵连下山东了。
希望安静休息,休息好就表示了坚毅。……

父亲般的关心和惦念,安静、休息和坚毅的建议,是人世间对待一切功名利禄的法宝!一年以后(1998年),在有关主要社领导薛德震、张惠卿、吴道弘等的支持下。我还是在同年龄同年代的众多副编审中第一个评上了编审。若干年后,如若碰到什么过不去的事,戴先生的"你太年轻了"一语,犹如重锤,时时刻刻都在敲打着我难以

1996年11月和戴文葆到浙江省台州师范专科学校讲学(现台州学院),在我的家乡临海郑广文祠前

平复的心灵重归平静!

2000年年底,中国著名男高音歌唱家李光羲老师找到我,说文化部要给像他这样的老一代歌唱家出传记、他的传记在邱玉璞先生帮助下已经基本定稿了。光羲老师是民进北京市委领导,我1989年入会后,就得到光羲老师的许多指导和帮助。光羲老师平易近人,开会时经常为大家照相服务而且洗印好后亲自一一寄送彩色照片留影,在20世纪80年代末、90年代初,还都是令人值得钦羡的事。光羲老师以"明星"之躯为我们这些新会员做这些事,令我对他的人品肃然起敬。当他告诉我他的传记要出版时,我首先表示要先拜读为快。书稿交来后,我一口气通读一遍,觉得书稿对光羲老师个人生平的述写,是共和国艺术家光辉的艺术道路的缩影,很真实、很有典型意义。我马上给光羲老师打电话说明我对稿件的基本意见,适逢光羲老师不在家,我就和光羲老师的爱人王紫薇老师聊了一个小时。我当即就表示:不管在哪里出版,我都一定会尽全力帮助。此后,我们签合同、与作者交换修改意见、和光羲老师一起选图片,一切都比较顺利,但我怎么也想不到书稿交到终审者手里的时候会出现一些莫名其妙的问题。诸如光羲老师"天生一副好嗓子"的真实性问题?对传主的事迹述写是否拔高?他出身城市贫民为什么还能有点心馅烙糖饼?为什么没有提"毛主席革命文艺路线"?《茶花女》中的"阿弗莱德阿芒"和"乔治阿芒"是不是同一个人?等等。光羲老师开始时还耐住性子尽量修改,努力尊重终审者意见。顺利出版毕竟是第一要务。可悲的是,一部书稿,特别是像光羲老师这样经历的艺术家的生平事迹的述写,对于作者、读者和审稿者都是一种挑战。不懂历史,不懂文化,不懂艺术,不熟悉艺术家的表演,的确很难读懂李光羲!书稿最后做了退稿处理。面对书稿的分歧和不同意见,我是郁闷和彷徨,为光羲老师鸣不平,为好书稿的夭折而悲哀。但我还是履行了承诺,继续做责任编辑,只是换了在朋友主持工

戴文葆(署名郁进)为《舞台是我的天堂》所作序言

作的广西民族出版社出版。令人没有想到的是，戴先生看了书稿和审读意见后，竟然完全赞同我对书稿的审读意见和为书稿所做的一切编辑加工，而且还欣然同意为素不相识的李光羲的这部书稿（《舞台是我的天堂——李光羲艺术生活50年》）撰写序言。戴先生写道：

> 记述男高音歌唱家、歌剧表演艺术家李光羲艺术生活50年的《舞台是我的天堂》，几经流转，跋涉万里，终于印制完成，呈现在对他十分钦慕的广大观众和读者面前了。……这位歌唱家难道就靠天生一副好嗓子，才震动海内外舞台吗？
>
> 其实，我只是一个爱乐者，与这位大歌唱家过去并无往还，而他本人在这本简朴的传略中已经毫不夸张地作出了剖析，说明了自己怎样艰辛走过的艺术道路，并且无意中也向各方有志者提供了一个追求事业成就的榜样。……
>
> 本书的笔墨，相当流畅而切实，如同与读者敞开对谈，不夸大炫耀。其中顺带说明20世纪三四十年代津门一些民间生活，当年的文化演艺环境。……音乐是什么？是陶冶性情的大熔炉，是真情、理性和美的结晶体。音乐能促使人保持温馨甜蜜的心态，用理性、平和的目光看待和分析事物。人们有相当久的时间不得不习惯于粗野狂暴的声音，分裂了人性，现在迫切需要美育来提高人群的素质，并致力于改善人们的生活环境。久历动荡打斗，渴求安定发展的社会，需要优美的歌声调教与安抚。……
>
> 人民需要优秀的歌唱家，让歌唱家抒发时代的最强音！

这是"著名编辑家、出版家、著作家"对有争论书稿的有针对性的评价！是"解放思想，实事求是"精神在编辑工作中的具体体现。寥寥数千字，超越了世俗

1997年，李光羲在新年演唱会上（李光羲提供）

从左到右：作者邱玉璞、张秀平、王紫薇、李光羲、广西民族出版社总编辑欧薇薇、戴义葆

的傲慢与偏见，突破了审读书稿的僵化的模式。2001年的12月底，北京下了历史上可以列入记录的大雪，这场大雪造成了当年交通的大瘫痪，许多北京人迄今都记得当天是在深夜或第二天的凌晨才回到家的历险经过，我们就是在这一天拿到了《舞台是我的天堂》的样书。不久，我们又在西单图书大厦举行了作者签名售书和首发式。著名歌唱家杜声显、李元华……都来了。光羲老师当场再唱《祝酒歌》。"歌剧王子"的歌声感动了在场的每一个等待签字的购书人，其中就有当时来京公干、一年后即奉调来京任人民出版社社长的安徽教育出版社社长黄书元。我们当时并不认识，多年以后，无意中说起了此事。黄社长说：我当时就在现场，看到你们忙忙碌碌，场面既热烈又感人。从此，光羲老师开始了艺术的第二个春天。2009年国庆60周年的晚会上，他和女儿李棠在天安门城楼上代表中国向全世界放歌。戴先生的"让歌唱家抒发时代的最强音"的愿望终于实现了。

2002年年初，黄书元任人民出版社社长之后，我很快就策划出版了《20世纪著名人物群体传记》书系，第一批《宋氏三姐妹》《宋氏三兄弟》《毛氏三兄弟》《贺氏三姐妹》等获得了很好的社会效益和经济效益。短短三个月内，《宋氏三姐妹》连续重印了3次并被不法书商盗版。第二批《周氏三兄弟》《荣氏父子》《蒋氏父子》等都在策划组约之中。戴先生知道后，认为这是个"思想锐利、内容丰富、情况复杂、不易处理的"选题。戴先生得知我拟请朱正先生撰写《周氏三兄弟》时认为他："颇知鲁迅的韧性战斗和工作精神，久仰鲁迅研究的名家朱正先生的思想、文才与卓越成就。"朱正先生是著名鲁迅研究专家、学问家和注释家，他对许广平先生的《〈鲁迅回忆录〉正误》享誉学术界。1985年我主持"祖国丛书·年鉴"编辑室工作时就和朱正先生认识，他是《祖国丛书》中"五四以来著名文学家传记"《鲁迅》的作者。但我和朱

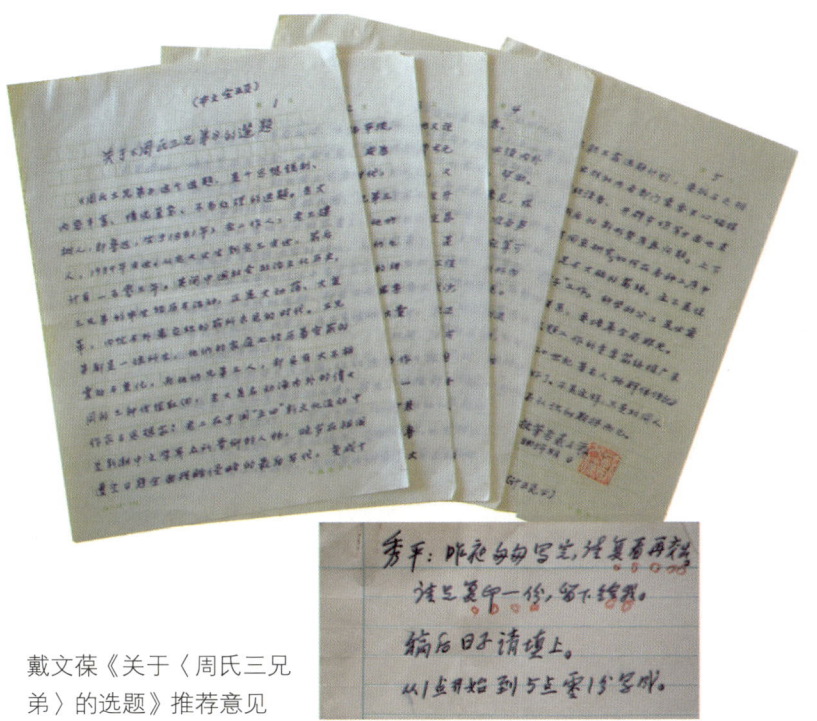

戴文葆《关于〈周氏三兄弟〉的选题》推荐意见

先生联系约稿时,他却首先向我推荐钱理群,其次又推荐王德厚,再次又推荐孙郁。戴先生听说后对我说:任他推荐任何人,你就一路去!果然,我坚定地表示约稿意愿后,朱先生马上同意了。不过,当时正值"非典"时期,他提了两个条件:一是要给他借一套《周作人文集》(朱是湖南人民出版社总编辑,因出版《查泰莱夫人的情人》被免职。他当时住在北京儿子的家。他的图书资料都在湖南长沙);二是要给他领 500 张 500 字的稿纸。一个月以后,朱先生就给我来电话称他越写越顺利,已经写到三兄弟的"兄弟失和"了。两个月后,《周氏三兄弟》就交稿了。三个月该书出版后,果然获得了新闻出版总署"优秀选题奖"。戴先生为此写了《关于〈周氏三兄弟〉的选题》的推荐信。戴先生认为:

> 选题工作是出版社的重要工作,必须内外上下都来经营,吸取有关人士的意见、帮助。从选题拟议之日起,要听多方面同志意见,或得较广泛人士议论、指导,做到必要的准备事项。选题并不是一

从左到右：张秀平、湖南人民出版社原总编辑朱正、《新华文摘》原副总编辑庄浦明、著名俄语文学翻译家蓝英年、人民出版社编审戴文葆、人民出版社社长黄书元

谈、一批示、一呈报就算可以完成了……策划要细密，多听批评意见。责任编辑要时常关心，开本的设计，纸张的选择，装帧与设计，封面的绘制，营销的安排，校对的掌握，装订的商讨，成本与订（定）价的统一合计，适当照顾到读者的利益，联系有关传媒，切实回答外地爱书者来函，不以个别少数忽视，照顾远方读者的求书的迫切心情。……

《周氏三兄弟》出版以后，我们又出版了朱正先生和蓝英年先生、邵燕祥先生合作的《重读鲁迅》以及蓝英年先生（《日瓦戈医生》的译者）独著的《果戈理研究》。我还约请王春瑜先生撰写《天下第一家丛书》之《朱元璋与他的大臣》（因故未成）。每本书出版后都引起了学术界的反响。出版一本好书，犹如树立了一面旗帜，出版人的品格和作者的学术操守一定会引来更多的作者和具有"自由的精神，独立的思想"的书稿。2005年，我策划出版的《现代稀见史料书系》和上述诸位先生的指导和帮助密切相关。人要"知恐惧、知艰难、知不足"才能经得住大浪淘沙，更要"懂得好歹、知恩图报"才能再上一层楼。

2003年的冬天，戴先生得了肺炎住进了协和医院。来社不久的黄书元社长要去看他，我自愿陪同。当我们看到戴先生因病房紧张不得不住在用布屏风隔起来的简易病床以后，心痛如刀割一般。要知道，戴先生刚刚在央视录播了"东方之子"的专访。这么大的年纪、这么重的老年肺炎、随时都有可能导致并发症危及生命，怎么住在这么简陋的病房！经社长交涉后，院方答应马上调换。更令人心痛的是我们离开病房时，戴先生一直伫立在走廊上目送……黄社长只得轻轻提醒着说：快点、快点拐弯，免得戴先生站久了再着凉感冒。大约从这年开始，戴先生的肺部一直有阴影，肺部感染也随时和他相伴。他也曾经数次和我的爱人华天惠商量要否住院和怎么治疗问题。他很信任华先生。戴先生的女儿杨眉依靠自学成为国家文物局的高级工程师，经常在全国各地的文物修复现场指导工作，参与并主持了天津独乐寺、青海塔尔寺等国家重点文物的修复保护，一年之中和家人是聚少

2007年春节，柳斌杰署长看望戴文葆

离多；儿子杨进任三联书店的韬奋书店的总经理，也是百忙中无空闲，经常难得一见。我们成为近邻后，难得戴先生认可我们、信任我们。"十年相处总生情"，他爱小酌，我们认为可下酒的小菜，都先打个电话让他开门，再由华天惠送到3楼。每年春节，我们都要举家回浙江临海探望我的母亲，我们将报箱的钥匙交给戴先生（我因担任市政协的舆论评议小组成员，共有10余份工作报刊），请他代为收取。假期结束回京时，戴先生即会送上捆扎整齐的全部报刊。他家的热水器龙头不出水了、电视机不出声了、天然气的报警故障等，他都让华天惠帮助解决。杨眉称之为"技术支持"。每每有这些事时，戴先生总是先打电话，温文而又客气地说：老华（秀平同志），请你来一下。被人信任，特别是被戴先生信任，我们都感到幸福无比。

晚年的戴先生，受多种疾病的困扰。首先是年老体弱肠蠕动减弱引起的便秘，他要经常服用"麻仁"丸；其次是假牙不合适而引起的咀嚼困难，他在逝世前3年左右曾花了15000元做了一副假牙；再次是肺部的阴影一直折磨着他，直到逝世都不得安宁。

2008年的五六月左右，戴先生最后一次入院前，我在小区的楼前看到他，他几乎用尽力气对我大喊：你要多做事、做好事！单薄的身躯，若不是保姆在后面扶着，他几乎向后仰去，我突然觉得戴先生的日子不会太多了，"书生事业未多许，二寸毛锥老未休"。他是在奋力地嘱托啊，我当时即泪眼婆娑地告诉戴先生：放心吧！我去看您时再聊。此次入院后，戴先生很快就"视物事人也不清楚了"，再也没有走出305医院。这也是他有意识时对我说的最后一

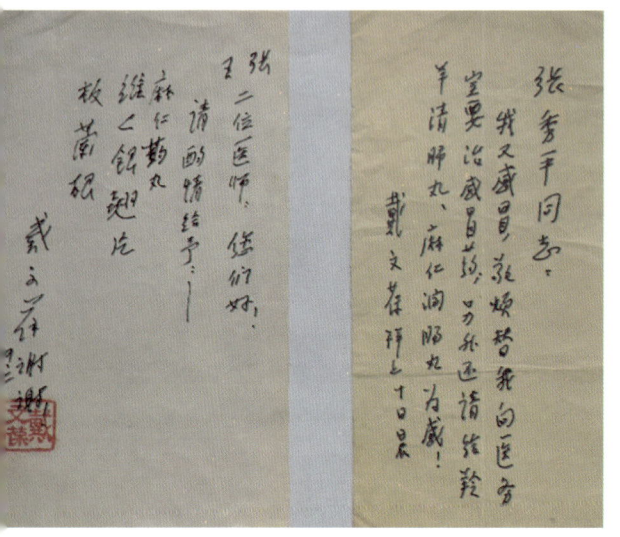

句话……

2008年9月7日，戴文葆先生与世长辞，获此噩耗，我和爱人华天惠都惊呆了，虽然知道他因患小脑萎缩多时，视物事人也不清楚了，但最后的时刻到来时，我们还是觉得意外。此前，我们两人正商量周末要去305医院探视，正在给他准备蜂蜜和炖莲子白木耳……"树欲静而风不止，子欲孝而亲不在"。遗憾、悲痛、怀念、懊悔盘桓在我们心底，脑海中频现了以上和戴文葆先生交往、在一起相处的往事和令人心碎的画面。

如若"天堂再相见，握手又擦泪"。敬爱的戴先生，我们还是"芳邻"，我和华天惠还是您心目中"一个馒头搭块糕"的"贤伉俪"，好吗？

在老编辑的怀抱里（四）

曾彦修是人民出版社的社长兼总编辑，笔名严秀，四川宜宾人，青年时代即奔赴延安参加革命工作，1938年加入中国共产党，后入延安马列学院学习并任延安马列学院教员、中央政治研究室研究员、中央宣传部干事、编审、中央图书馆代主任，新华社评论组组员、编辑委员会委员兼资料研究室主任。新中国成立后赴广州参与创办《南方日报》，任总编辑。1950年起，历任中央华南分局宣传部副部长兼南方日报社社长、华南人民出版社社长、广东省教育厅厅长。1954年5月任人民出版社副社长兼副总编辑。1957年被错划为右派。此后任上海中华书局辞海编辑所编审、中国大百科全书出版社筹备组成员。1979后再任人民出版社总编辑、社长，1983年12月离休。

曾彦修是新中国成立以来最具影响力的报人和出版人之一。戴文葆则是著名编辑出版家，首届"韬奋出版奖"获得者。曾彦修生于1919年，比戴文葆（1923—2008）年长；逝于 2015 年，比戴文葆晚走。曾彦修和戴文葆都是我来人民出版社后遇到的最令人敬仰的老领导、老编辑，他们既是上下级、又是老朋友，到了晚年，更是诤友。他们之间的半生情谊，首先是缘于曾彦修 1954 年来人民出版社任副社长兼副总编辑并结识戴文葆以后。曾彦修回忆说：

> 1954 年进入人民出版社任职不久，发现有一位编辑的审稿意见"长长的，有学术根据，措辞谦逊，文辞简洁扼要，全部基本楷书，如有错字，不是划掉另写，而是另写一字或数字贴在上面，像考进士一样认真"。

这位编辑就是戴文葆。曾彦修觉得戴文葆"做事认真负责到如此地步，实在令人折服"。在进一步了解了他的工作经历后，更加赏识，他特别尊敬有学问的人，"以后实际上是以师事戴的"。（以上引自曾彦修《平生六记》，三联书店 2014 年 6 月版）其次是戴先生虽然是著名编辑出版家、首届"韬奋出版奖"获得者，但一生坎坷，历经苦难，关键时候多个历史节点，都是曾彦修给予有力支持才得以幸免，既挽救了他的政治生命，也激发了他的工作热情，在半个多世纪里，两人结下了特殊的交谊。

1946 年，戴文葆在《大公报》工作时，在自己的人生履历表里，坦白地写下了 1939 年中学毕业后，曾经参加过家乡江苏阜宁县政府开办的为期三个月的"青训班"（相当于现在的"军训"）。该班毕业后分配在当地政府的情报科，并曾代理"主任"。数月后，戴文葆即发现这个部门是个利用职权、敲诈百姓的黑帮机构，处境十分险恶。于是便在某日深夜独自雇了一条小船逃出了阜宁、逃到了重庆……这段经历其实并不复杂也不离奇，正常情况下，只要查一下当年那个"情报科"是个什么性质的部门、是否做过什么不利于中共地下党的情报就可以了，而且戴文葆当时发现这个部门不是他报国之地时马上与之决裂，冒着生命危险乘一叶扁舟逃离奔向了光明，应该值得褒奖，此事早就应该有结论！但是由于种种原因，这段"自述经历"竟是戴文葆一生苦难的渊薮。先是 1955 年开展肃反运动时，虽然当时身为人民出版社肃反"五人领导小组"之一的曾彦修出于对戴文葆的爱护和保护，一再询问戴文葆本人并派了人事科长到戴的家乡江苏阜宁调查，并找到了戴文葆逃离阜宁县政府后留给他堂兄戴沐华的一封长信，信中叙述了他本人在情报科的工作和个人对人生前途的苦闷……至此，曾彦修认为戴的这段历史既然清楚了，"在结论上就不要写上什么'历史问题'之类了，这只是一段经历"。如果写上"一般历史问题"之类的话，总是个"问题"，会给以后留下麻烦。无奈的是，即使所有证据都说明没有任何问题，但当时的文件规定，凡是在国民党和汪伪政权情报部门工作的，不论职位大小、时间长短，一律都是特务，是反革命分子。这就是戴文葆"旧账"的由来。曾彦修虽施以援手，但结果终究与主观愿望相反，戴文葆的历史此时又进入了另一个房间。

1957年的4月，中共中央发布了《关于整风运动的指示》，内容是反对官僚主义、宗派主义和主观主义，鼓励人民提意见帮助整风。各界群众特别是文化知识界，积极响应党的号召，热心开会进言，没有机会在会上发言的或者其他原因，就贴出大字报，大字报从此兴起。正是党的一声号召，"大鸣大放"，有些单位的大字报引起了人们的注意，参观者络绎不绝。这就是后来的历史称之为"阳谋"和"引蛇出洞"。到了该年的6月4日，《人民日报》发表了《这是为什么？》社论，声势浩大的反右派运动就轰轰烈烈地开始了。身为单位的反右领导小组组长的曾彦修，面对压力，只得自报自己列为右派名单。在他所著的《平生六记》中说：

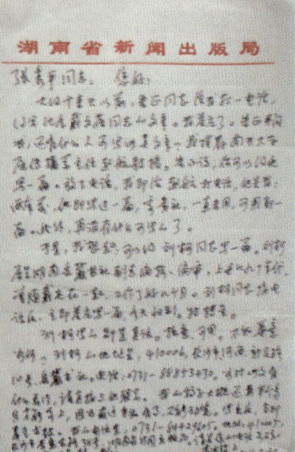

湖南省新闻出版局原局长、党组书记李冰封来信

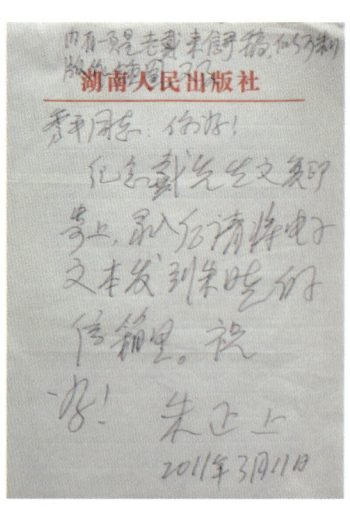

湖南人民出版社原总编辑朱正来信

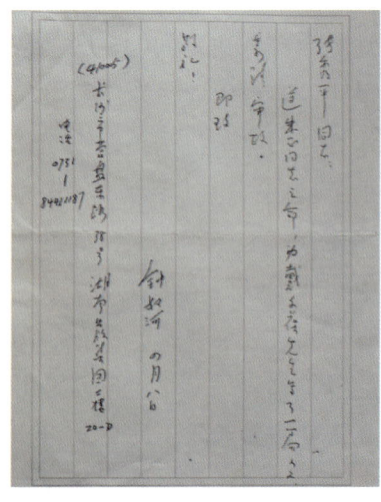

湖南岳麓书社原总编辑钟叔河来信

上面催要右派名单了。五人小组急急议了几次很难拟定。倒不是大家要划我的右派，而是我不能不自报右派，其余四人不大同意。我拟的右派名单大约共三个或四个，其中有我。五人小组讨论更困难了，几次定不下来，无一人对我列入右派表示赞成。但上面催名单很紧。可王子野、陈原、周保昌、谭吐四人（他们是五人小组成员）仍久不表态。因为平时关系好，哪里"反革命"要来就来呢！我说，事情摆在这里，上报得用五人小组全体的名义。久无动静是上面在观察我，越拖事情越大，你们也会被拖进去。这里，除陈原同志外都是老"运动员"，亲身经历很多。全国轰轰烈烈，我们这里冷冷清清，又是重点单位，这预示着什么？暴风雨前的暂时沉寂啊！一旦一个"反党集团"下来，整个单位就成粉末了……经我详说之后，算是说服了五人小组，谭吐说，那就照彦修说的办理罢，不然，未来确是可能更严重。这样，五人小组就算通过了曾起草包括曾某在内的三四个右派名单的报告。就这样成了一名右派分子。（《平生六记》第148—150页）

这样的"五人小组组长"，这样的右派分子，恐怕是绝无仅有的了。但是曾彦修的"自残"并未换来单位其他人的偏安。人民出版社二百多个人，竟划了二十多个右派。戴文葆也因"整风可以去除共产党身上的毒瘤"这句话

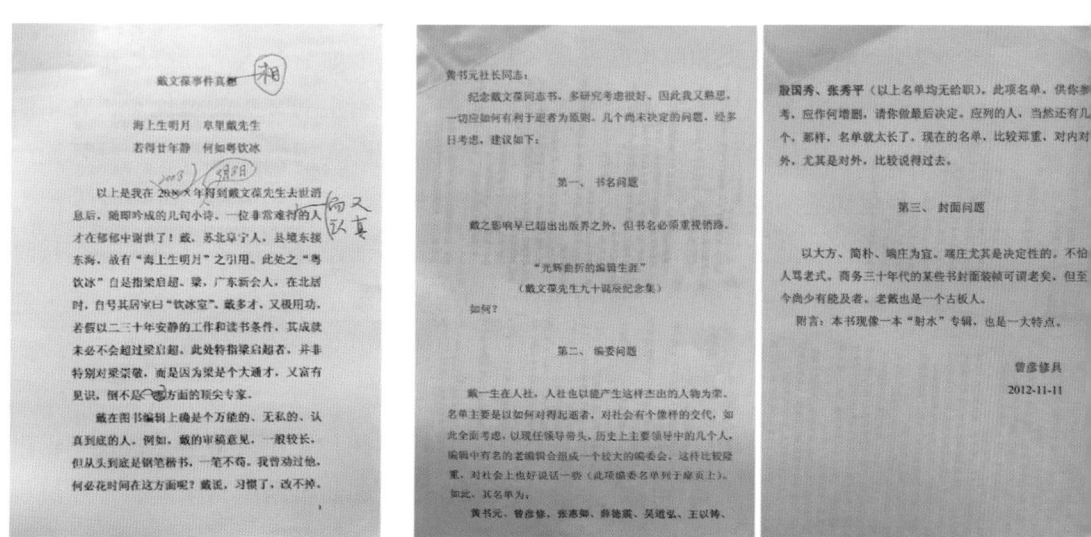

左：曾彦修为《纪念文集》撰写的《戴文葆事件真相》；右：曾彦修来信谈书名编委设置、封面问题

曾彦修来信谈编辑《纪念集》意见

是"污蔑",在 1958 年的 1 月被划为右派。这就是戴文葆的所谓"新账"。1958 年 2 月 4 日,经文化部批准,两者合并处理,定为右派分子和反革命分子。新老账一起算,以反革命论处,开除公职,送劳动教养。

……

1979 年年初,曾彦修的右派得到了纠正并重回人民出版社担任社长、总编辑,紧接着,戴文葆的"新旧账"也都被一一平反昭雪。此后的 20 年,两个人又各自投入紧张的工作,也恢复了频繁的往来接触。我在 1977 年兰大毕业后分配到人民出版社的一年后认识戴文葆;又过了两年,1980 年年底回浙江休产假未参加国家出版局的文化考核需要说明才致信社领导。曾彦修看到我的来信后,十分肯定我的富有文采而又客观的陈述。以后在社里见到我,总是说:我知道你!看了你的信,就知道你有没有水平!"秀才人情半张纸",他可能不知道,他的这句话竟激励了我此后近 50 年的编辑人生!

曾彦修毕生追求真理,敢说敢做敢担当。20 世纪 80 年代初重回人民出版社主持工作至 1983 年申请退休,虽然短暂,但还是带来了令人值得回顾的实事求是的工作作风。记得 1979 年出版社著作组党支部在讨论历史编辑室主任刘元彦入党申请的支部大会上,我们被作为入党培养对象应邀参加。当刘元彦谈到对党的认识和思想转变的过程时,有两个细节令人十分震撼难忘,一是刘元彦作为四川大邑县大地主"收租院"庄园主刘文彩的亲侄子,在"四清运动"中他担任了"收租院"的幻灯篇的讲解人控诉刘文彩!二是刘元彦当年就知道父亲刘文辉在家中就设有和中共组织联系的电台。在这次支部大会上,曾彦修的发言火气特别大,他认为发展刘元彦主任入党拖了这么长时间不是他不够格,而是党对知识分子的落实政策、满足他们在政治上追求进步的工作滞后了。这是我第一次亲见他因为知识分子落实政策问题而大声疾呼以至失态发火!

2008 年 9 月戴文葆因患小脑萎缩逝世后,我马上建议黄书元社长编辑出版戴文葆的纪念文集,以文字追念和缅怀他光辉曲折的编辑生涯。曾彦修也一直惦记纪念文集的组稿和编辑工作。2012年是戴文葆诞辰90年,曾彦修亲笔上书社长黄书元,要求担任纪念文集的主编并要求向他所认识的老编审、老领导征稿。书稿交来后,他日夜审读,逐字逐句通读修改,付出了心血。

有些稿件,他还亲自动笔修改命名。殷国秀是人民出版社的老编辑,也是人民出版社的党委委员,是两次参与查证戴文葆历史的亲历者。她的回忆应该是戴文葆历史问题的权威旁证,曾彦修很重视。殷老的稿件送来后,我遵她意见先送曾彦修审阅。(如右图所示)曾彦修修改后的题目《我最后复查戴文葆历史的经过》更加突出了亲历者的回忆。我和杨进又对作者的身份和本文的内容做了推敲,最后定稿时的标题是《沉冤终于昭雪——记我参加查证戴文葆同志的两段经历》,送他审阅,他也无不同意见。

当他得知戴文葆的档案中还有一封戴文葆给其堂兄戴沐华的长信的抄件全文并仔细阅读后,立即给我发了7纸"急件",要求改正此前的《关于"戴文葆事件"真相》的某些细节。

此后关于书名、编委设置、封面设计,他都亲力亲为做了具体的安排。我特邀了戴文葆的大公子杨进(三联韬奋书店原总经理)一起作为纪念文集的责任编辑,一起选稿、编辑、加工,核实史料和事件的经过,度过了难忘的数月。期间,我们就纪念文集的书名问

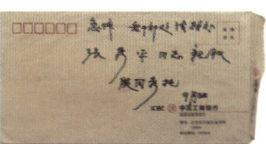
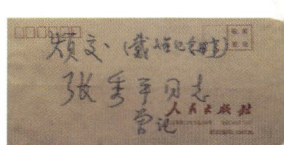
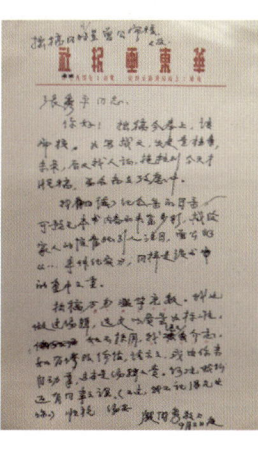

殷国秀来信　　殷国秀来稿。蓝色是曾彦修亲笔,红色是笔者所加。

人民出版社原社长曾彦修与笔者谈纪念文集编辑意见

题,与曾彦修产生了很大的分歧。我们都建议以戴文葆曾经发表的原作《我是一个编辑》作为正题、"戴文葆90诞辰纪念文集"作为副题,最好!但是曾彦修始终不同意!他认为戴文葆是知识分子的楷模,编辑生涯光辉曲折。还在我到他家汇报书稿的《编辑前言》时发了脾气。这是我见到他的第二次发火!我的心里很清楚,他是为他的挚友戴文葆一生的苦难遭遇和才华没有使尽而鸣不平!我和杨进都认为纪念集对戴文葆的评价,真的应该如他所说:

人的一生不是由文字写成,而是由一个人的终身行动写成的。

世界上很多事情,常常都会有例外的,唯独有一件事情,我以为绝对不能有例外,那就是:良心。

曾彦修是一个具有真正的天地良心的共产党员。

在老编辑的怀抱里(五)

秦人路也是一位老编辑,20世纪50年代初期就从出版总署调来人民出版社的总编室,协助总编室主任范用同志编发了许多著名文人的书稿并负责和读者的联系工作。他还编过一本《文人笔下的文人》(1919—1948),收集了文人记述文人的散文103篇,按照53位被忆写的作家的出生年代先后顺序进行编排。这些文章剖析了苦难的时代给予他们的特定性格,展示了他们的真挚友谊。他和那个时代的文人都有联系,比如叶君健、唐弢、冰心、俞平伯、萧乾、柯灵、楼适夷等。1986年,他受范用的委托,编辑出版了《傅雷家书》。他给《编辑之友》的《关于〈傅雷家书〉》,很平静地叙述了当年这本畅销书的出版经过:

《傅雷家书》出版以来，在青年读者中有一定影响，作为一名责任编辑，只是出版这本书整个工作中的一环，有更多的同志做了极辛苦的工作，我自己做的工作并不多……每一本书都有特定的经历。作为一名编辑，宏观上要做好伯乐相马的思想准备；在微观上，要细致、认真地做工作，从头到尾贯彻始终。

他还送我一篇后来发表在 2005 年第 1 期《出版史料》上的《从处理稿件积压想到陈原的信》。回忆了人民出版社当年由于生产能力有限积压了许多书稿，就连出版社的直接老领导、著名出版家陈原的《书林漫步》续编也在责编的发稿、复审、技术设计、插图制版、封面装帧等工序中整整转了一年半才下工厂付排！陈原不得不来信谈及稿子：

　　现在才送工厂付排，实在是憾事！稿子躺在书柜中睡觉，等于活鱼在阳光下晒干——煎得难受……出版社恶习未除，催人时急如星火，稿子一到则石沉大海。我这里如此，你们亦复如此，可悲可悲！

秦人路认识到：

　　在一年半的时间里，没有向他汇报收到书稿后的工作情况，使他忧心如焚，我是本书的责编，没有及时和作者联系，是疏忽失职……一些大的出版社，编辑们似乎多着眼出书质量而不计算时间，也很少考虑作者们废寝忘食刻苦劳动的心愿。不去理解这一点，就容易收到作者来信来稿后不及时复信，或者处理时间拖长也不及时向作者汇报原因，不关心作者心中所想的书稿，就是对作者的不礼貌，这很伤害作者的心灵感情。我们及时复信，就是把一颗温暖的心带还给作者。

我看了以后很受震撼，编辑的责任和担当，必须要时时警钟长鸣！秦人路还是人民出版社中国民主促进会北京市委直属民进支部的负责人，当时人民出版社民进支部会员还有出版部副主任诸宝懋、财务处负责人朱虹、校对科老校对张荣滋、《新华文摘》编辑刘振声，都是20世纪五六十年代入会的老会员。到了80年代，组织队伍已经青黄不接。中国民主促进会（简称民进）是以从事教育、文化、出版工作的高、中级知识分子为主，具有政治联盟性质的政党。中国民主促进会诞生于炮火连天的战争年代，民进创始人是抗日战争时期留居上海的部分文化教育进步知识分子和工商业者，主要有马叙伦、王绍鏊、周建人、许广平、林汉达、徐伯昕、赵朴初、雷洁琼、郑振铎、柯灵等著名爱国民主人士。在敌伪统治时期，他们与中国共产党人一起，坚持抗日救亡斗争。抗战胜利后，他们积极参加反内战、争和平、反独裁、争民主的爱国民主运动，并根据斗争需要，于1945年12月30日在上海正式成立了一个以"发扬民主精神，推进中国民主政治之实践"为宗旨的政治组织，定名为中国民主促进会。新中国成立后，根据《中华人民共和国宪法》的规定，中国民主促进会接受中国共产党领导，成为中华人民共和国八个参政的民主党派之一。成为同中国共产党亲密合作、致力于建设中国特色社会主义事业的参政党。1978年的全国科学大会以后，各行各业都迎来了发展的春天，党派的活动也有了宽松的政治环境，但十年内乱的影响深远，民主党派的成员都已经严重老化了。中国实行中国共产党领导的多党合作和政治协商制度，"肝胆相照，荣辱与共"，是中国共产党和各民主党派在战火纷飞的年代形成的合作关系。社会主义建设时期的新型的政党关系，既要维护既往，更要坚持"长期共存，互相监督"。我在内蒙古生产建设兵团时加入了共青团，后来又被作为入党的积极分子被列入培养对象，但直到来人民出版社时，始终没有入党。1985年，我作为一名非党员群众被任命为"祖国丛书·年鉴"编辑室的副主任主持工作，这在人民出版社这样的党社是凤毛麟角，加上我在《人民日报》《光明日报》发表了多篇书评、综述，在新来的大学生中应当是比较突出的。秦人路就注意我，关照我，经常和我聊聊，他还很认真地说，有需要发表的文字，他可以推荐给北京的文史杂志。我开始时只觉得被人关心很温暖，但当他给我拿来中国民主促进会会员的申请表时，我还是有点意外，毕竟经过十年"文革"，政治生命的重要性高于一切！此表在我的桌上一放就是4年，我没有拒绝也没有加入。秦人路也不着急，只是有会内活动时，让我去听听、看看。

民进北京市委当时在北京东四附近的魏家胡同，市委主委是著名的社会学家、1948年反蒋独裁运动的请愿团的成员雷洁琼大姐。雷大姐很随和，说话声音洪亮；此时的市委会，如沐春风。一进入市委机关，我们便都感到春风扑面，如同久别回家，令我感到亲切无比。特别是民进的出版界的老领导叶圣陶是新中国成立后国家出版总署第一任副署长、教育部副部长，叶至善是中国少年儿童出版社第一任社长。叶圣陶、叶至善父子主张出版业、出版人要"一不亏心二不亏本"，令我钦佩。1989年，我终于填写了《申请表》并很快得到了批准。

1992年，民进北京市委在香山饭店召开了第七次代表大会，我当选为北京市委委员，1997年的第八次代表大会，我又当选为常委，并被协商推荐为第九届北京市政协委员，1997年在民进的全国第十次代表大会上我又当选为中央委员并担任了中央出版委员会副主任。此后又连任了第十届、十一届北京市政协委员，北京市广电总局、北京市新闻出版总局的特约监督员。

2005年6月15日下午，我突然接到市委会组织处李德山的电话，他告诉我，秦人路老师走了。我顿时不知所以，双目发涩，哀思绵绵……第二天从东郊殡仪馆回来后马上写了以下文字发表在市委的《北京民进》上：

缅怀我的入会介绍人——秦人路老师

我是1989年5月加入中国民主促进会的。此前，我的介绍人秦人路同志曾将会员申请表交给我已有4年之久。我供职的人民出版社既是个老社，也是一个人才济济、有多个民主党派基层支部的所在。当时的资料室老编审金敏之就是人民出版社民盟支部负责人、民盟市委委员、后来的民盟市委秘书长；我1977年从兰州大学毕业分配到人民出版社在历史编辑室做助理编辑，历史室主任刘元彦（刘是著名起义将领刘文辉之子）指定老编辑吕异芳为我的传帮带老师，她也是民盟成员；历史编辑室另两位老同志沙增熙、张安奇却是农工民主党成员，沙老还是末代皇帝溥仪的下半生的新婚媒人。他们的人生经历，既丰富又传奇。我在历史编辑室、在这些老同志的帮助与呵护下，很快成长为编辑并在1985年就担任了"祖国丛书·年鉴"

编辑室副主任（主任缺）。

80年代末90年代初，我国百废待兴、各行各业的人才都青黄不接，他们都不约而同地都将发展的眼光投向了新分配到人民社的年轻人，我自然是他们选定的目标。当时，民盟的人数最多、力量最强。农工党的人数虽不多，但很活跃。他们都向我传达了要发展我为他们的成员的信息。而当时民进的支部负责人便是秦人路同志，秦老师温文尔雅，循循善诱。他先是找我的编辑业务主管、副总编辑吴道弘。吴的夫人朱虹是社财务的负责人，她也是民进1950年就入会的为数不多的老会员之一，与市委的老前辈毛之汾相交甚厚（朱虹也已在1998年去世，吴道弘写了《怀念朱虹》，发表在市委的会刊《北京民进》1998年第四期，我以支部主任的名义写了"按语"）。吴当然支持秦老师发展我加入民进。吴道弘找我谈了一次话，转达了秦老师的意见。我虽然是学历史的，但对现代历史上的党的统一战线政策的学习，也仅仅限于历史书上的评价。对新时期民主党派或民进的了解，实在是有限，此事一搁就是4年。

1989年，《关于中国共产党领导的多党合作制度》（14号文件）颁布前后，民主党派的政治地位有了显著的提高，我们也开始在主要的媒体上看到了关于党派、党派头面人物的有关活动报道，也从此领略了中国民主促进会老一代领导人雷洁琼大姐的人格魅力及参政风采、叶圣老叶至老的编书育人的高深造诣。此时，秦老师又找我，他说他在帮助市政协的会刊做编辑工作，让我有空写点文章。秦老师的坦诚、关心，实在令人感动。人非草木，孰能无情？我随即填写了《申请表》并很快得到了市委的批准。入会以后，我在秦老师担任主任的支部里任支部委员。

入会以后，我一直忙忙碌碌。秦老师话不多，但几乎承担了支部的全部工作，他的工作富有成效并以细致著称。如现存于我手头的一张人民出版社三联书店支部会员的联系表，此表系秦老师自制、用其特有的蝇头小楷誊写，眉清目秀。又如我接替秦老师担任支部主任以后，他移交给我的"现金袋"，共有会费结余×元×角×分。令人肃然起敬。

我自 1995 年接手担任支部主任以后至今，按照市委会的意见，在秦老师的协助下，始终将组织发展作为支部工作的第一工作要务。并以创新的眼光，一共发展了 9 名会员。9 名会员都具有成长性、发展性，他们中大都成为出版社的业务骨干。如东方编辑室主任、经济编辑室主任、审计室主任等等。我们有在职会员 10 名、退休会员 10 名，占全社人数的 5%、一跃为人民社的第二大党派。从数量和质量方面，都有了根本的变化。附带说一下，民盟和农工两个兄弟党派，在人民社已无在职人员。我们的会员在社内的各个岗位上，为社会主义两个文明建设作出了特殊的贡献，每年的创利，民进会员不是数一就是数二，这是多么难能可贵啊！

有一位哲人说过：凡知恐惧者、知艰难者、知不足者，必将成人。我们在成功的时候，要永远缅怀人民出版社民进支部的奠基人秦人路老师。民进的老一代平凡而伟大的传统将薪传不息。

张秀平

2005 年 6 月 16 日于秦人路老师遗体告别会后

喝水不忘挖井人！我永远怀念我的入会介绍人秦人路，秦老永远活在我的心中。

在民进市委和民进中央的关怀下（一）

1989 年加入中国民主促进会之后，民进市委组织处的处长吴建如、副处长刘建国便专门派工作人员刘烈和与我联系。刘烈和原是北京某中学的语文教师，个子不高，说话不多，但观察和了解会员很仔细，具有组织干部的良好素质。他经常骑着一辆旧的女式自行车，奔波在市委所在地魏家胡同 9 号及位于东城区的各会员单位之间，给我们传达市委的指示和各种信息，帮助我们了解民进，熟悉党派工作；市委领导还让我参加了市委和民进中央的中心学习组，经常可以见到雷洁琼主席、副主席陈舜礼、楚庄、叶至善、梅向明，秘书长陈益群、组织部长郑芳龙及后来的许嘉璐主席，陈难先、刘新成副主

全国人大原副委员长、民进中央主席雷洁琼为"中国 100 系列"丛书的题词

席，老会员朱蓉先、李光羲、孟雁君等。

雷洁琼是中国民主促进会的创始人之一。早年留学美国，回国后任教燕京大学。1937 年七七事变后，她毅然离开讲台，参加抗日救亡工作和妇女运动。抗日战争胜利后，国民党军队向解放区发动全面军事进攻，全国掀起反对内战、争取和平与民主的浪潮。上海人民团体联合会组成赴京和平请愿团，41 岁的雷洁琼是请愿团最年轻的代表。代表团到达南京下关车站时，遭到法西斯暴徒的残暴殴打，雷洁琼也身负重伤，这就是震惊中外的"六二三"下关惨案。雷洁琼以鲜血唤醒了全国人民。1949 年 1 月应中共中央之邀，雷洁琼赴华北解放区访问，并到西柏坡拜会了毛泽东和中共其他领导人。1949 年 6 月，她在北京出席了新政治协商会议筹备会第一次全体会议，并参与起草了《中央人民政府组织法》。1949 年 10 月 1 日，她登上天安门城楼，参加了开国大典。新中国成立后，她先后担任过政务院文教委员会委员，出任新成立的北京政法学院（已改名中国政法大学）副教务长，北京大学国际政治系教授、社会学系教授，为新中国的教育事业投入了极大的精力和心血。她不仅在长期担任的中国多所大学的教授职位上亲自教书育人，更以战略的思考推动着中国教育的法制化进程。从 1985 年到 1993 年，雷洁琼出任香港特别行政区基本法起草委员会委员和澳门特别行政区基本法起草委员会副主任，为"一国两制"的统一大业作出了贡献。晚年从民进中央领导岗位退下来后，她仍然关心中国民主促进会的新老交替和政治交接，关心广大民进会员特别是青年会员的成长，多次嘱咐年轻一代要发扬优良传统，以党为师、立会为公、参政为民、服务为本。

雷洁琼先生是广东台山人，说话有浓浓的广东口音，但声音洪亮，平易近人。她的人生经历，口传身教，高风亮节，是值得我们永远阅读的一本大书。我能亲聆教诲，得益匪浅。1992 年我主编的《中国 100 系列》丛书要出版了，我想请先生为丛书题词。刘烈和帮我联系了雷先生的秘书水大姐，雷先生马上欣然提笔写了：知我中华　爱我中华　振兴中华。题词凝聚了先生终

生的爱国情怀！当我去雷先生的住处——北京王府井附近的红霞公寓拜会取题词时，先生勉励我要忠于职守，多出好书。1997年，我责编的《中国政治制度通史》(1—10)卷获得了第三届国家图书奖。颁奖大会在人民大会堂的小礼堂进行，雷先生是颁奖嘉宾。当我从另一位颁奖嘉宾布赫副委员长的手中接过证书后，又到雷先生跟前握手……

1997年，获得第三届国家图书奖，笔者上台领奖、雷洁琼颁奖

我在民进北京市委会当选了一届市委委员、三届常委，前后历经20年。经历了梅向明主委、陈难先主委和刘新成主委三任领导。在他们的关怀下，本职工作以外的党派和社会服务工作也飞快地进步。

1992年民进北京市委换届以后，梅向明先生再次当选为民进北京市委主委，朱蓉先、李光羲、孟雁君都当选为市委副主委，我则当选了民进北京市委委员。梅先生是湖北省黄梅县人，他的父亲梅龚彬是大革命时期的老党员，新中国成立前在国民党内以民主人士身份从事秘密工作，是中共隐秘战线的传奇功勋英雄。家传忠厚，英烈长空。梅向明当时是北京师范学院（现在的首都师范大学）副院长兼数学系主任，历任中国民主促进会第十届中央委员会副主席，中国民主促进会北京市第九届、第十届、第十一届委员会主任委员，全国政协常委，北京市政协副主席。他学有专长，业有专攻，编写的《微分几何》《高等几何》被国家教委推荐为高等学校教材，在很多高校中采用。中国民主促进会是"以从事教育、文化、出版工作的高、中级知识分子为主，具有政治联盟性质的政党"，教育和出版，是民进的界别立会的"两翼"阵地。20世纪70年末恢复民主党派的建设和活动以后，民进在教育界特别是在中学和大学中的组织发展很快，在文化出版界中的发展实在不尽如人意，而民进的老一辈如叶圣陶、周建人、徐伯昕……都是出版界的著名代表人物。梅主委十分重视出版界会员的发展工作，经常以"振兴两翼"号召要重视民进对文化出版界代表性会员的发现和培养。我加入民进不久就被选为市委委员并

与民进市委领导在一起。前排是民进北京市委主委和副主委。前排左起：孟雁君、李光羲、雷洁琼、梅向明、金铁宽、朱蓉先；后排左起：郭晓玲、周毓沧、董华、杨开源、魏玲、张秀平、杨锡俊

兼任了支部主任。很快就发展了杨节铿编审、丘崇尼编审、李春生编审、张伟珍编审、何春凤副编审，财务处长蔡琳、会计师广宏宇，校对科科长吴志敏、技术副编审史伟加入了民进。人民出版社民进支部直属市委，当年出版社在职总人数250人左右，我们新老会员有22人，是人民出版社人数最多的民主党派基层组织。基层会员的权利和义务，贵在做好本职工作，在本职岗位上建功立业，"有为才能有位"，以出色的成绩实践党派的政治理想。我们的会员在出版社的工作中发挥了重要的、积极的作用。如李春生在担任经济室主任期间，开拓创新，在中国加入世界贸易组织（WTO）前夕组约了解释规则的多卷本书稿，为中国顺利加入世界贸易组织作出了贡献，也赢得丰厚的经济效益。他现在已经成长为人民出版社副社长、《新华文摘》杂志社社长、民进北京市委副主委、民进中央出版传媒委员会主任。再如张伟珍，是北京大学马哲史研究生，当编辑三十多年，组约了《希腊哲学史》《中共中央文件汇编》等重要书稿，获奖和创收经常名列前茅。再如会计师广宏宇，现在还是民进妇女儿童委员会的委员、秘书长，每年的"三八节""六一儿童节"都可以看到她组织活动的消息……梅主委对我的工作给予肯定和支持，他经常在常委会上表扬我们支部的发展经验并称之为"母机"理论。他认为在一个单位、一个组织里，选对一个代表人物，便会带动并影响一批人。1997年市委再次换届，我当选为市委常委并出任民进北京市委出版委员会主任。梅主委还亲自带领我们到轻工业出版社调研，总结他们的时尚杂志《瑞丽》的改革经验。在改革开放的大浪淘沙中，他关于民主党派的政治态度是第一重要的观点及他稳重的人品，是我们的榜样，是民进北京市委从20世纪70年代到21世纪初数十年走正道、且行且远的保证。

陈难先是 2001 年接任民进北京市委主委的。他是物理学家、中国科学院院士、清华大学教授。他的祖父是陈叔通，是民国时期著名的政治活动家、银行家、爱国民主人士。陈叔通先生一生经历了戊戌政变、辛亥革命、袁氏称帝、军阀混战、日寇入侵、国民党统治等重要历史年代，忧国忧民，苦心探索，终于在晚年找到中国共产党的领导，参加了新民主

前排左起：第三人为杜军、张秀平、麦方代；后排左起：第一人为安仰东

主义革命、社会主义革命和社会主义建设事业，由一位晚清翰林成为一名爱国民主战士。陈叔通先生一生追求真理，赤诚爱国。陈难先主委既有爱国的血脉，也有科学家毕生的追求。他在党派的领导工作中也时时渗透着科学和民主的精神。比如关于党派的信息和提案工作，一直以来都以市委和市政府的批示反馈为衡量标准。陈主委对此就有他独到的见解：

> 党和政府部门领导的批示不一定代表工作做好了，只是表示对这个工作大方向的支持……要衡量一件事情做得好不好，是要在领导批示后继续跟踪、实践、再调研、再实践。只有这样，才能说明我们的参政议政工作做得比较深入，也只有这样才能说取得了哪些效果，哪些是令人满意的，哪些是还需要继续努力的，哪些是违背规律不应该再做下去的。以职业教育课题调研为例，由于不少的职业教育内容实践性很强，需要很多设备，专业设置又要因地制宜、与时俱进，要不断发现新的增长点，淘汰改造落后的内容和方向。课题是完成了，但我们的工作依然很初步。领导部门的批示多有鼓励性质，不必用领导部门批示没批示来判断我们的工作有没有成果。我认为，做任何工作有没有持续发展的观念是十分重要的。……我们的国家还会长期处于社会主义的初级阶段，我们把问题看得远一

人民出版社民进女会员：左起蔡琳、广宏宇、张秀平、吴志敏、何春凤

些、深一些，我们就可能从历史的角度尽点责任而不是一时的成效。（《民进一段情》，开明出版社2010年版第342页）

我是在1996年当选为民进北京市委常委的，以后又连续三届当选。民主党派成员在单位都有自己的本职工作。民进有些常委在单位、特别是中学老师，实在是不方便请假专门来开党派的会议，因此民进市委的常委会通常都是安排在周六或者周日，我们称之为"业余干革命"。陈难先主持的常委会，规定的程序完成后，套话不多。他一直在探索"解放思想，实事求是"的工作方法。他还托我给他找一本我们出版社早年出版的《马恩列斯论思想方法》，令我感受到他作为科学家的胸怀和追求。我对他的"反向思维"工作方法十分钦佩，经常电话往来请教。他也一直认为：

> 民主党派的特点之一是成员在某些方面知识水平较高，有些问题看得远点。如何发现这些优势，并不是一件容易的事情。再说，优势不会是永恒的，发现也并不等于能够付诸实践。有时，这个问题解决不好，容易做表面文章。在我担任民进北京市委领导职务期间的一次政协大组会议上，市长兼市委副书记王岐山听了各民主党派的发言后很坦诚地说过：没发现、没有听出来有市政府没考虑的思路。希望大家继续努力。我对我们工作缺乏"独特"之处一直感到有压力。当然"独特"并没有"实在"重要。可是光是"实在"，对一个朝着创新社会努力的国家来说是欠缺的。（《民进一段情》，开明出版社2010年版第342页）

"解放思想，实事求是"需要智慧与勇气，我们在陈主委的带领下，还是完成了北京市委市政府交办的许多重要调研课题，也解决、解释了一些"王岐山之问",从而赢得了口碑。

刘新成是 2007 年担任民进北京市委主委的。他是首都师范大学的教授、历史系主任、校长,是学世界历史的科班出身。他以历史学家独特的国际化眼光领导我们创建并实践具有中国特色的社会主义民主政治,多多少少也都带有历史学家的烙印。比如他向中共中央建议:

北京市政协第九届民进委员,前排从左到右:李焕喜、林琳、孟雁君、佟新、陈难先、朱蓉先、张秀平;后排从左到右:尹幼奇、王灿炽、黄念辉、罗强、蒋国华、董大纲、张德祥

> 社会科学在国家发展进程中的切入点其实是很多的,但目前显然对国家的贡献不够。我在研究中发现了一些问题……写了一份关于在我国开设世界历史学专业的高校设立区域研究中心……主要是以此提议加强我们的国家对国际形势的研究。过去,我国属于第三世界,国际交往对象主要是那么几个大国,我国的国际研究机构都以大国为研究对象。通过 30 多年的改革开放,我国的经济实力有了质的提升,对外交往的国家和地区数量也大幅度扩大,可惜我们研究落后于我国对国际事务的参与,同时,研究的落后又制约了我们对国际事务的参与。世界各国类似的机构都设立在高等院校。目前,我国的各大学的世界史专业,每年都可以培养出大批有能力的进行区域研究的学生,再吸收外语、政治等相关人才,全国 100 余所大学,开设 100 余个区域研究中心,十年之后形成气候,必将为我国国际事务之发展发挥重大作用。(《民进一段情》,开明出版社 2010 年版第 169—170 页)

刘主委的建议,应该说是具有宏观、战略、前瞻的意义。近二十多年来,各个高校的区域研究中心如雨后春笋般地发展,产生的社会效益和经济效益实在是难以估量。

中国民主促进会是以教育、文化、出版为主要界别的党派，未来的发展在界别上怎么把握，他也具有独特的观点：

> 界别是一个党派的历史（形成的），我们要尊重历史，传承历史，同时历史是在不断发展的。随着时代的进步，企业界、新阶层不断涌现，界别的概念正在慢慢模糊。应该注意到围绕我们的教育、文化、出版的老阵地也出现了许多企业，他们是否也可以算为我们的主界别。我想，随着企业、事业的界限被打破，未来的民进一定会有很大的变化，面对这种变化，我们不应该自我限制，而是要详细、认真、主动地做好调研，调整我们的统计和其他相关工作，为民进的顺利发展提供动力。（《民进一段情》，开明出版社2010年版第170页）

我在民进北京市委会的20年（市委委员一届5年、市委常委3届15年）中，还有常务副主委朱蓉先，历任北京景山学校的高级语文老师、副校长、

民进委员和人大教授周淑真委员一起列席北京市第十二届人大第三次会议，从左到右：张秀平、李元华（中国京剧院《龙江颂》江水英扮演者）、冉红（北京首都师范大学教授）、周淑真（人民大学国际关系学院教授）、朱蓉先（北京市东城区副区长）

东城区副区长,她干一行爱一行,从校长到区长到市委从事党派的专职副主委后,经常走访我们会员的单位,像大姐姐一样关心我们,爱护我们,让我们感到民进组织的关怀无处不在,迄今都心存感激。还有孟雁君副主委,从1997年我被推荐为北京政协九届委员以后,又连续为第十、十一届委员,每年的政协会议,我们经常住在一起。她出身教育世家、四代从教。本人是特级教师,"五一"劳模。她的勤奋,对教育的执着和追求,令我感到震撼!她和朱蓉先及另一位副主委冉红都是我在民进市委会的大姐姐。还要特别感谢民进市委会林特溟副主委,北京崇文区副区长;吴文彦副主委,北京民政局副局长、北京市残疾人联合会第七届执行理事会理事长;何广铎常委,北京广渠门中学副校长;王铮,北京海淀北大附中副校长;李勃生,民进市委社会服务部长;聂影梅,北京二中物理特级教师;他们在我的儿子上中学时都给予了真诚无私的帮助,让我在工作中无后顾之忧。每次到市委会,市委会的工作人员和部、处的负责人吴建如、刘建国、刘烈和、鲁剑、徐璐、陈平、杨朝红、李德山、许彤……都是热情、细致,让我真正地感受到了"宾至如归"。

参加北京市民进第十一次代表大会在主席台,左起:李焕喜、张秀平、刘培昭、王毅、庞丽娟、刘新成

在民进市委和民进中央的关怀下（二）

加入民进以后，除了参加民进市委的中心学习组外，我还被推荐参加了民进中央的中心学习组，每隔2周学习一次，也叫"双周学习会"，会中央的领导除了外出、开会的，一般都来参加。"双周学习会"学习时事政治，学习时气氛轻松，学习内容信息量大，天下事脚下事事事关心，令人眼界视野大升。"双周学习会"有时又是"双周座谈会"，学习之后的座谈，畅所欲言，令人兴奋。参加中央的"双周学习会"，认识了许多新朋友，如民进中央出版委员会主任江秉祥、组织部部长郑芳龙、议政调研部部长虞音、宣传部部长高保华……

参加中央全会。从左到右：陈慧来（宣武区副区长）、吴育宁（北京中医院妇产科主任）、郑忠秀（清华紫光集团副总裁）、张秀平（人民出版社编审）、吴文彦（北京市民政局局长）

当时民进中央位于鼓楼大街东侧的方家胡同21号，我从朝内大街人民出版社骑车到此也就二十多分钟，只要没有特别重要的事，每次的"双周学习会"我都会争取参加，每次的座谈会，我都会争取发言；每次的发言，都以讲真话讲实话而引起共鸣，从而也引起民进中央领导的更多的关心和爱护。

许嘉璐是中国著名语言学家、教育家、社会活动家。他毕业于北京师范大学中文系，师从古文字训诂专家陆宗达。陆宗达是浙江慈溪人，1928年自北京大学毕业后受黄侃推荐，任上海暨南大学讲师，后曾历任北京大学预科讲师、辅仁大学讲师、中国大学讲师、东北大学讲师、民国大学教授、北京师范大学教授、中国社会科学院语言研究所学术委员会委员、《中国语文》编委会委员等。陆宗达的恩师是中国近代民主革命家、辛亥革命先驱、著名语言文字学家黄侃。黄侃与章太炎、刘师培为中国20世纪初年并称的"国学大师",他与章太炎又为后人誉为"乾嘉以来小学的集大成者""传统语言文字学的承前启后人"。许嘉璐得上述名师真谛,1959年北师大中文系毕业后,一直在北师大中文系从事教学和研究。从中文系助教、讲师、副教授、教授,从教研室副主任、主任,中文系主任,他整整走了近30年。此后他历任北京师范大学副校长、国家语言文字工作委员会主任、民进中央常委、民进北京市委副主委、北京市政协副主席、全国人大常委会委员、教科文卫委员会委员,民进中央副主席,1997年民进第十次代表大会换届选举时当选为民进中央主席。

在这一届代表大会召开时,我虽然不是民进第十次代表大会的代表,但被推荐为民进中央第十届中央委员的候选人,我也在

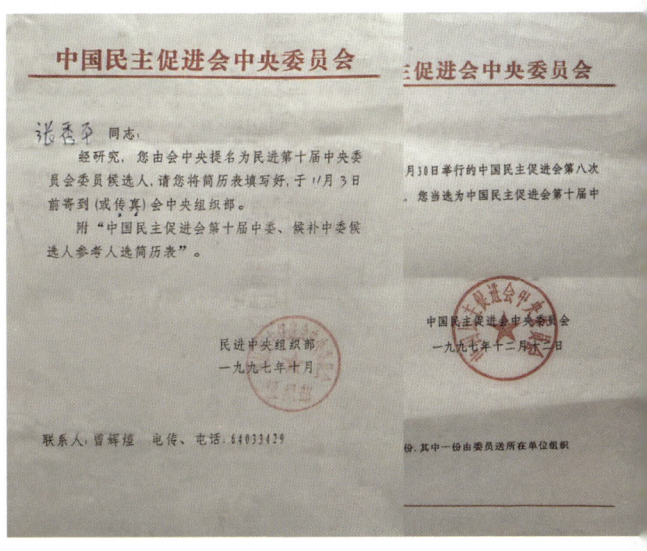

参加"中央社院第四期民主党派干部进修班"合影。前排左起第八右数为何鲁丽、王兆国、刘延东;第三排右三为张秀平;第四排右一为民进中央议政调研部部长虞音

楚庄副主席（后排中）和组织部部长徐德骁（后排左一）接见民进参加进修班和培训班成员。前排左一为民进中央议政部部长虞音、左二为云南省民进主任李玛琳、右二为张秀平、后排右二为湖南长沙市政协副主席周秋光

此次代表大会上当选为民进中央第十届委员会委员。大会召开之前，民进中央组织部部长郑芳龙让我填写候选人登记表时告诉我，如果顺利当选，则会在选举后通知参加民进中央第十届委员会的第一次全体会议。我倍感幸运，激动、感恩、期盼不已！大会选举结束后，我当选为民进十届中央委员。组织部电话通知我参加随后的民进中央第十届委员会第一次全体会议，选举了许嘉璐为民进十届委员会主席，我们都肩负了更加庄严神圣的使命。

许嘉璐对教育的重视和关怀、倾注的心血令我十分钦佩。我的家乡是浙江省临海市，临海有个台州师范专科学校，前身是1907年三台中学堂简易师范科，是个百年老校。1978年经国务院批准建立了台州师专，培养了大批的台州市中学和小学老师，誉满台州。又经过近40年的发展，先后汇聚了台州教师进修学院、临海师范、台州卫校、温岭师范等多所学校，学校已经初具了本科的规模，但仍需要有关部门的认可。他们当时的校长蒋承勇到北京找

进修班结业后，全体学员到河北平山县西柏坡考察

到我，希望得到民进的教育专家的支持。适逢我们在北京华润饭店开民进十届五次会议，我和一些教育界委员找到许嘉璐，嘉璐主席当时就表示支持。2002年3月，经教育部批准，台州师范专科学校升格更名为台州学院……校长蒋承勇迄今都对民进和许嘉璐感谢不已。我也感到为家乡的教育事业发展尽了一份力。

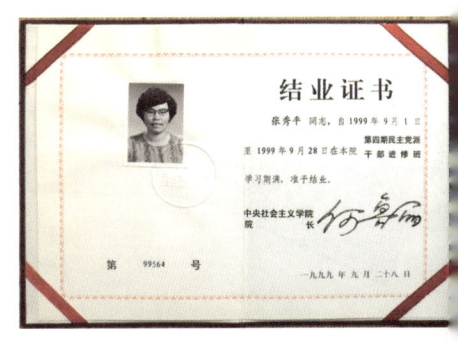

当选为民进中央委员以后，中央统战部在中央社会主义学院举办了"民主党派干部进修班"和"培训班"，进修班的学习时间是一个月，培训班是三个月。我和民进中央议政调研部主任虞音都参加了为期一个月的第四期进修班。进入社院学习之前，楚庄副主席和民进的组织部部长徐德骁接见了参加进修班和培训班的民进成员。

社会主义学院的进修班和培训班，历来被称为民主党派的"党校""黄埔军校"。进修和培训以后，许多民主党派成员和党外干部获得了更重要的参政议政岗位，特别是参加了政权建设、成了政府和团体部门的领导人。

民进中央副主席楚庄，是教师出身的老会员，历任民进中央第七届、八届、九届、十届中央委员会副主席，第十一届中央委员会名誉副主席。是第六届全国人大代表，第七届、八届全国人大常委会委员，全国人大教育科学文化卫生委员会委员；第九届全国政协常委、教科文卫体委员会副主任。他原籍云南文山，但出生在北方的哈尔滨，又长期在河北省石家庄市工作，经历丰富，为人谦和，是我们尊敬的民进中央领导。我成为民进中央委员以后不

1999年参加中央统战部民主党派干部培训班时与民进中央副主席楚庄合影

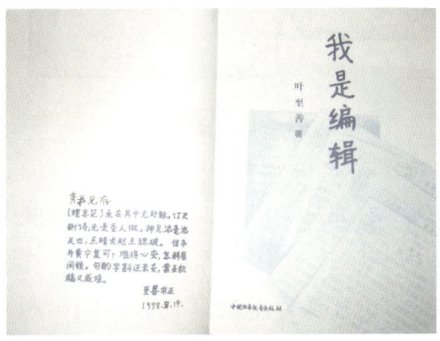

民进中央副主席叶至善赠书赠言

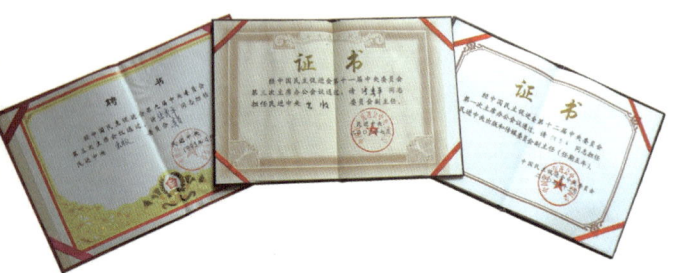

民进中央出版委员会副主任聘书

会内获奖证书

久,又担任了民进中央出版委员会的副主任。民进的专委会一是团结联系会内专家会员的桥梁;二是参政议政的专门机构。参政议政的重中之重是写提案,但要写出有分量又具有可操作性的提案就要调研、出调研报告。楚庄主管出版委员会时,对我们的"走出去请进来"的调研工作给予了很多的支持。如中国第一家出版股份制企业——辽宁出版传媒股份有限公司上市时,公司对他们的员工实行了工龄买断,影响很大。我们去调研后,写出了报告,对分流员工的安排起了积极的作用。关于《中华人民共和国著作权法》的修订、中央电视台实行制播分离改革、"首都经济"的内涵调整……我们都深入调研,提出了建议。这些都和楚庄的支持分不开。

叶圣陶先生是民进的创始人之一,也是中国现代作家、教育家、文学出版家和社会活动家。他从20世纪20年代进入商务印书馆从事编辑工作,此后又参与创办开明书店,主编《中学生》杂志,发表长篇小说《稻草人》等。新中国成立后,先后出任教育部副部长、新闻出版总署副署长、人民教育出版社社长和总编辑、中华全国文学艺术界联合委员会委员、中国作家协会顾问、中央文史研究馆馆长、中华人民共和国全国政协副主席，第一、二、三、四、五届全国人民代表大会常务委员会委员，民进中央主席等职。

叶至善也是民进中央副主席，他是著名的科普作家、编辑、出版家。历任中国少年儿童出版社社长、总编辑兼《中学生》主编，中国青年出版社、中国少年儿童出版社编审委员会副主任，中国出版工作者协会第一届理事、第二届副主席，中国科普创作协会第二届副理事长，民进第七、八届中央副主席。他和他的父亲叶圣陶先生的长长的一生（1894—1988）都在写书、编书，是我们编辑的楷模。叶圣陶、叶至善父子对我们的影响，最主要在于他们对编辑的本质的理解和身体力行。他们倡导的出版要"一不亏心，二不亏本"的"两不亏"经营方针，虽然是叶圣陶率先在开明书店时提出、后又经叶至善在担任开明出版社首任社务委员会主任时重新提出，但现如今已经得到了出版界的广泛认同。他们对我的影响和关怀就是他们对编辑工作的执着和追求，以及他们将各自的"长长的一生"都献给了中国的出版事业的敬业精神！

在人民政协大学校里

从 1969 年离开浙江省临海县参加内蒙古生产建设兵团，1975 年上了兰州大学历史系，毕业后分配到人民出版社，到 1997 年已经近 30 年了，我做梦也没有想到这一年的年终岁末，收到了我成为北京市第九届政协委员的通知。

张秀平同志：

  经中国共产党北京市委员会、北京市各民主党派、无党派民主人士和各人民团体联合提名，中国人民政治协商会议北京市第八届委员会常务委员会第 42 次会议协商决定：您为北京市第九届委员会委员。

  专此通知

中国人民政治协商会议
北京委员会办公厅
1997 年 12 月 30 日

1999年国庆50周年时应邀在观礼台观看阅兵和游行

收到通知时的激动和兴奋之情实在难以言表，责任和使命充溢胸中。政治协商是我国现行的一项基本政治制度。老一辈的政协委员们为了国家的繁荣昌盛，为我国的民主化进程建言献策，奔走呼号，写下了光辉的篇章；他们与党和国家肝胆相照，荣辱与共，说真话做诤友，尽职而不越位；抒社情扬民意帮忙而不添乱；下基层尚调研，切实而不表面。他们是一座座丰碑，是我们参政议政的楷模。往届连任的老委员们，和我们济济一堂，绘画社会主义民主政治的蓝图。他们的执着、奉献，鼓舞着我们。但要超越往昔的辉煌，却要我们这一代委员自身的修炼。有人说：茂树底下无芳草，其实不然。只要我们有百倍的付出，便会有十倍的收获。九届以后我又连任了北京市政协第十、十一届委员，又是第十、十一届政协文史委员会委员、学习委员会委员并经市政协推荐，兼任北京市广电局、北京市新闻出版局特约监督员、市政协理论研究会理事。

3届15年的政协委员经历，我实现了从一个普通的民主党派成员到北京市政协委员的跨越，也参与了北京市近20年的"精神和物质齐飞，社会和经济同步"发展的全过程，我可以自信地认为，回首往事，我不因业余时间参与政协和党派工作、终日"忙忙碌碌"而懊悔，也不因个别提案解决得不尽如人意而埋怨。个中甘苦，令人回味无限……在人民政协这个大学校里，我在调研中写提案，以提案履行委员职责，又在履职中得到了提高。

政协的职责有三：政治协商、参政议政、民主监督。作为委员个人，最主要的职责是参政议政，而参政议政最主要的形式便是写提案，提案是委员参政议政最快捷、最直接的直通车。我当委员3届15年，参政和议政水平都受到了考量。在担任三届委员履职期间,我共提出五十余件提案,另有附议提案近百件。其中《关于在"两广路"规划和建设中建立戊戌变法六君子群雕像》《关于"建立北京出版科技园区,将文化产业发展为首都经济新支柱"的建议》《关于北京乡村规划的几个问题》获政协九届四次会议、十届二次会议、十一届四次会议优秀提案奖。这些提案的提出,都来自社情民意和带有典型意义的建议与思考,凝结了作为一名党派委员的使命担当和社会责任。还有许多件提案,也都具有广泛影响力,如《关于即时结算就医患者医保费用的建议》《关于在本市中小餐馆点实行消毒餐具统一配送的建议》……这些提案,涉及北京政治、经济、文化、城市规划、城市管理等方面。撰写这些提案的过程,是反映社情民意、履行职责,行使协商、监督权利全过程的缩影;而各级政府职能部门办复提案、解决提案中或关系国计民生、或事涉城市规划和建设以及社会文化生活诸方面的意见,则又体现了现阶段我国民主政治生活的一个侧面。

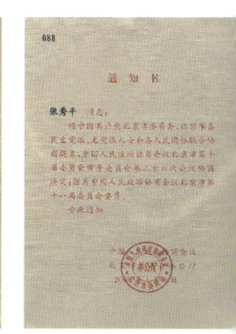
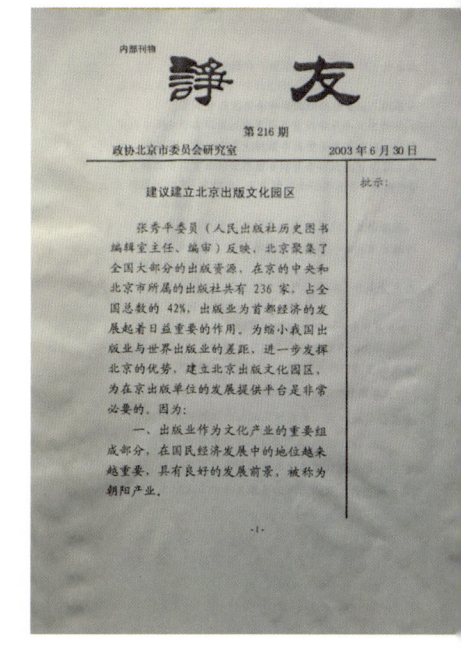

如《关于"建立北京出版科技园区,将文化产业发展为首都经济新支柱"的建议》:

……

建议:

1. 适当调整首都经济内涵,增加优先发展文化产业的创新内容。

使"首都经济"成为具有鲜明特色的首都经济。目前北京的经济规

九届政协文史委视察未修复的天坛神乐署。前排左一贾凯琳委员（李大钊外孙女）、前排左三王灿炽委员（北京史专家）、前排左四张秀平委员（人民出版社编审）、前排左五张守义委员（人民文学出版社编审）、前排左六李滨声委员（北京民俗专家）、前排右一张素我委员（抗日名将张自忠之女）、前排右二甘英委员（北京市政协副主席、原市委书记刘仁夫人）

划和产业政策基本上是以高新技术产业为龙头，对首都经济的发展产生了重要的推动作用。但文化产业的发展和政策环境还相对薄弱，需要逐步重视和完善。

2.通过市政府的统一规划，建立北京出版文化园区。此举不仅可以促进北京的出版业发展，还可以带动其他产业和整个经济，对首都经济的发展产生示范效应。

3.市政府和有关部门制定相关政策、划定区域，提供一个发展的平台，使在京的中央和市属出版单位以及全国各省的出版单位可以利用所提供的优良环境和各项功能开展业务，从而带动整个文化产业的发展。成为首都经济的组成部分。出版文化园区的建立，具有良好的出版业发展的前景。它既可以缩小北京出版业和与国际出版业的差距，又可以为中国跃居世界出版强国作出贡献。

此建议在十届二次会议上一经提出，便广受媒体广泛关注，被北京市政协的《诤友》转载并受到市政协满运来副主席的重视和批示。被北京顺义区区委书记誉为"百万元也买不来的金点子"。会后该区李桥镇政府的办公室主任特意到出版社与我商讨落实该提案的具体操作方案……该提案的内容写进了北京市的"十一五"发展规划并获十届政协二次会议优秀提案奖。

又如《关于北京乡村规划的几个问题的建议》。2008年，中央提出了中国要全面实现小康社会、重点和难点都在农村、建设社会主义新农村的要求。提出了围绕新农村建设"生产发展、生活宽裕、乡风文明、村容整洁、管理民主"的二十字方针。大批的村庄规划相继编制完成，北京市也不例外。但是，农村规划问题看似简单，实际上却相当复杂。北京的特点又是城市大、农村小，在城市化进程日益加快、在众多的村庄规划编制任务面前，村庄规划应该怎么编？北京市有关部门、学术机构都在新农村如何建设的问题上展开了大量的调研。我的建议是从乡村分类、人口用地、产业就业、村庄风貌、基础设施、公共设施等方面，从历史和现实的结合上提出村庄编制规划不能"为规划而规划"，不能编制的"规划"刚刚完成，村庄便因为城市化推进而消失了，更不要搞得城市像农村，农村像城市，这是最大的失败。农村应该是田园化、现代化！

十一届政协文史委再次视察已经修复的天坛神乐署。从左到右：张秀平委员（人民出版社编审）、孙向东委员（北京广电局长）、史红梅委员（北京昆剧院一级演员）、王云委员（政协文史委主任）、刘亦菲委员（北京青年政治学院教授）

北京建城 2400 年，是历史上自金元以来的京都之地，以紫禁城为中心的皇家文化金碧辉煌，皇城、内城内文物古迹众多、商贾会馆云集。近年来，政府为保护文物古迹投入很多，文物古迹保护的个案投入举世瞩目。如永定门的复建、天坛周边的腾退、崇文门明城墙的修缮等，动辄上亿、数十亿，投入的资金令人震撼。但效果并不明显。2007 年，我参加了市政协文史委关于"视察文物保护单位周边环境"活动。数天的视察，历史与现实的碰撞，建设和保护的矛盾。情况令人担忧，要修缮、要投入保护的文物单位太多太多了。作为一名长期从事历史研究和历史著作编辑与出版的文化工作者，使命与忧患俱增。我首先查阅北京的城市发展史，又研究了历朝历代中央政府治理北京的得与失，发现了明清北京是 800 年古都规划一脉相承的硕果。我大胆地疾呼：与其这样一段一段、不如搞一个北京古都风貌的整体保护。我与张龙合作撰写的论文《历代中央政府治理北京的得失》，大胆地提出了以 70 年的时间，在北京的二环内不再修建新的建筑、逐步恢复明清北京城的历史文化整体风貌。现在已建的高楼，70 年内过渡使用，使用期一俟到期，即在原地拆除并恢复明清时的建筑。江山胜迹，代有人才。我们应该有这样的胆略和气魄。这个观点，虽然大胆、宏观，但短时间内操作难度大、赞成者少。

但我始终认为这是一个趋势：每一个中华民族的子孙，应从心底里树立起保护自然与文化的丰碑；每一个中华民族的子孙，都应该把前人创造的财富留给后人。10年以后，北京启动了市政府外迁到通州区，国家启动了雄安新区的千年规划……当年论文中的观点应该是有前瞻和战略意义的。再如我在十届五次会议提出的《关于即时结算就医患者医保费用的建议》，即是北京市民普遍关注的社会热点之一，涉及老百姓看病难、看病贵、负担重的问题。北京市在基本医疗社会保障体系实施的过程中，在大病住院治疗方面，医院直接与患者的医保机构进行结算，给住院患者带来了方便与实惠。但绝大多数到医院门诊就医患者均需自己垫付一年的医药费用，年终时才能与医保机构进行结算报销，这不仅占用了中低收入者本来并不富裕的资金，给他们的生活乃至就医造成新的困难，而且给参加医保的单位也额外增加了工作负担，造成人力、物力和财力的浪费，群众意见很大，认为政府"好事没办好"。我在调研的基础上建议北京市基本医疗社会保障机构应建立所有参加医保机构的单位和参保人员的数据库，统一开发北京市各医保定点医院与北京市各基本医疗社会保障管理机构医保费用即时结算系统。实现就医者只需持卡进行医疗费用结算、支付个人应支付的部分。这也是北京推进信息化建设的一个重要组成部分。

这个提案事关国计民生、社会和谐，提案提出后，马上引起了市委、市政府有关部门的重视、列为重点办理提案；北京市政协和北京市政府还召开了"督办提案座谈会"；因为涉及看病难、看病贵、医疗费用负担重的问题，也

引起了新闻媒体的高度关注，北京电视台、北京人民广播电台都连续跟踪报道、《人民政协报》还作了专访；但要搞这么大的信息化工程，毕竟需要一定的人力和资金的投入。我是在 2007 年政协十届五次会议、2008 年政协十一届一次会议连续两年都就此写了提案。2009 年，北京的门诊、急诊医保费用即时结算系统终于投入使用了！千万市民从此告别了医疗费用需要个人垫付的时代，实现了"持卡就医，即时结算"。委员的提案，促进了这一进程加快实现，令人欣喜。

我在十届四次会议、五次会议连续两年提出的《关于在本市中小餐饮点实行消毒餐具配送的建议》，也引起了"中国医学基金会全民健康饮食推广工程工作委员会"的关注，认为这个提案，是本市唯一的关于全民健康饮食的建议，与基金会即将施行的全民健康饮食推广工程息息相关，他们看到提案后马上与我联系，要将提案的设想付诸实施……2007 年 6 月 27 日，《人民政协报》第一版登载了这个提案的全文并配发了点评，认为这个提案，对于"平安奥运"的影响深远。

三届政协会议期间，我共有8次关于北京经济、文化、教育、城市管理等方面的专题发言、一次大会发言。九届二次会议关于《加强宣传"未成年人保护法"》的发言，列举当年流星雨事件遇害少女的典型案例，说明学习宣传"未成年人保护法"的重要性和紧迫性，引起了媒体的极大关注，当时的林文漪副市长立即嘱秘书联系如何普及的具体办法。九届三次会议关于《加强慈善立法、规范慈善事业机制、积极发展我市慈善事业》的发言，从历史和现实的结合上阐述了社会主义也需要慈善事业作为政府救济补充的必要性，当时的副市长、后来的市政协阳安江主席听取发言后，马上给予了充分的肯定，并写进了第二年刘淇市长的市政府工作报告："要大力发展慈善事业"。从而推动了北京市慈善事业的发展，现如今的慈善事业和环境已经比当年进步多了。十届四次会议上关于《发展北京文化产业，市政府首先要在法律法规的制定上有所突破》的发言，引起了刘淇书记的兴趣，当时就插话讨论具体的操作方法。此后新闻媒体也做了大幅、专版的报道。十一届五次会议的大会发言，是代表北京市民进市委的大会发言，责任和涉及的问题更大，题目是《抓紧申报国家数字出版基地，促进北京新闻出版产业繁荣发展》。

在担任政协文史委员会和学习两个专委会委员期间，我也是恪尽职守，出勤率高。我参加的市政协学委会"新闻舆论导向监督与评议小组"，需要阅读《北京青年报》《北京晨报》《北京晚报》《北京日报》《信报》《北京商报》《竞报》等报刊媒体，工作量大、涉及面广、政策性强，担任此评议员的有北京日报社理论部主任李乔、北京市委《前线》杂志社社长董颖、作家出版社副总编辑艾克拜尔等。我对此项工作很下功夫，在新闻媒体的同行面前履行监督职责，一定要结合自己的专业和本职工作，有针对性，拾遗补阙，因此每次的发言，都受到媒体朋友的高度重视，也令人心服口服。比如关于"五个北京""北京奥运遗产"的提

担任北京市新闻出版局和广电局两局的特约监督员时在《北京青年报》调研

法、日本"侵略中国的证据"等，我都提出了商榷的意见。《前线》杂志社社长董颖、《北京日报·理论周刊》主编李乔认为这些都是真知灼见，我们也成了委员朋友，经常交换意见。

人民政协还是个大舞台，委员在这里还可以演出威武雄壮的活剧。2004年2月，我在北京市政协十届第一次会议上撰写了《关于整顿出版发行业秩序、依法惩处盗版侵权行为的建议》，列为0545号。提案列举了北京图书市场出现了大量销售盗版盗印人民出版社以其副牌东方出版社名义出版的《东方文化·20世纪著名人物群体书系》及内部限量发行图书，尤以5元店、10元店和街头游商最为猖獗的现象。提案呼吁整顿图书出版发行业的秩序，依法惩处盗版者。其中提出的加强执法队伍建设；增强处罚力度；设立反盗版基金；营造"盗版者可耻、买盗版者可悲"的良好社会公德氛围的四条建议也引起了北京市新闻出版局"扫黄打非"办公室以及北京市公安局治安管理总队的极大关注。时任北京市委副书记强卫同志亲自批示指示北京市公安局与新闻出版局协同配合、全力打击盗版盗印人民出版社内部限量发行图书案件。

北京市新闻出版局聘书

北京市新闻出版局、北京市公安局领导高度重视，分别成立专案组。北京市公安局经过半个月的突击侦查，摸清了犯罪事实。两局专案组根据犯罪线索，缜密部署、精心组织，以北京市公安局为主，市新闻出版局稽查大队及人民出版社有关负责同志千里奔袭盗版盗印人民出版社内部限量发行图书的主犯所在地，通过夜以继日30个小时的蹲守，终将主要犯

笔者接受北京市广电局聘书

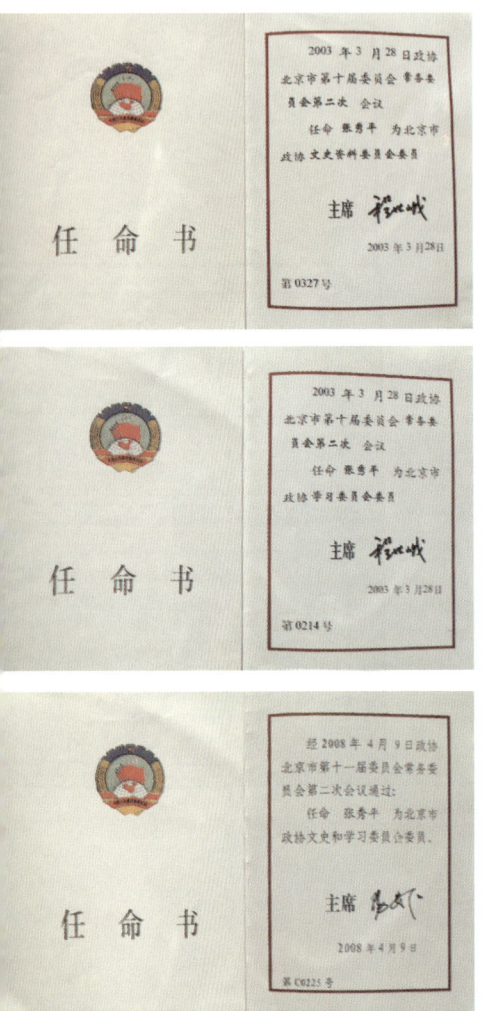

罪分子一举抓获，收缴盗版内部限量发行图书五万余册，取得了打击盗版的阶段性重大胜利。

时任北京市新闻出版局"扫黄打非"工作领导小组办公室蔡素梅处长还亲自来到委员所在单位征求意见，表示要依法加强市场监管，从多个环节清理盗版市场，重点取缔供货窝点以及集中力量封堵北京市盗版书的源头。北京市新闻出版局稽查执法大队多次明察暗访，在北京市各街头、地下通道收缴盗版人民出版社内部限量发行图书数千册。

政协提案关注民生、关注新闻出版业盗版大案要案，是政协履行民主监督职能的具体体现。盗版是出版业做大做强的反动，重拳出击、遏制盗版盗印猖獗势头，营造良好的出版氛围，是作者、出版者、执法者的共同愿望。时任人民出版社社长黄书元对北京市政协委员及北京市公安局、北京市新闻出版局、北京市扫黄打非办公室快速反应、联合执法出重拳破获非法盗印该社内部图书大案，深表感谢。特制锦旗："出版卫士　盗版克星"和委员一起赠予北京市公安局、治安管理总队，北京市新闻出版局"扫黄打非"工作领导小组办公室、北京市新闻出版局稽查执法大队。当天的北京各大媒体，都以《一份委员提案：新闻出版、公安稽查出重拳，一举破获盗版盗印人民出版社内部限量发行图书大案》做了连续报道。

作为北京广电总局的特约监督员，我们走访了北京歌华集团和所有区县的广播电视中心。在延庆的调研中了解到北京的广播信号在延庆不能覆盖、农民在田间劳动时听不到北京的广播。我们将此情况汇报后，北京市的宣传部门十分重视，马上为远郊区县建立了接收转播塔增加了人员编制，反响强烈。

我的委员履职日记，记录了我的履职工作常态。

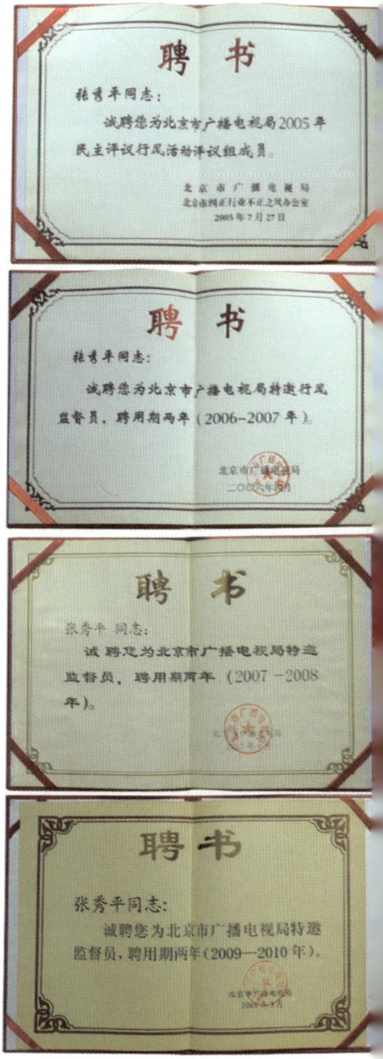

2009-1-11——2009-11-15

1月11日开始参加本届政协二次会议，会期5天：开幕式、闭幕式、列席人大会议、出席小组讨论与发言、在专题讨论会上发言谈北京出版业的走出去问题。（见书面发言材料《出版要有国际化的眼光》）接受北京人民广播电台、北京电视台等媒体采访。

又：政协一次会议的《关于北京农村规划的几个问题》，获优秀提案。

2009-1-21

参加文史和学习委员会新春联欢会。（广电局10层会议室）

2009-1-22

参加特邀监督员会议并列席广电局年终总结会。

2009-1-15

参加民进中央与新闻出版总署的新春互拜会。新闻出版总署柳署长率署全套领导班子成员走访民进中央。作为民进出版工作专家列席座谈会。发言一次：谈出版改革的宏观标准、书稿质量、资源开发等问题、引起关注。

2009-2-6

参加民进市委十三届常委会、十三届第四次全委会，讨论市委第四次全会的工作报告、审议后备干部名单、听取推荐遴选局处干部结果的工作汇报。

2009-2-17

参加民进市委筹办60周年活动及《北京民进60年》的撰写工作。

北京市广播电视局聘书

2009-2-19

参加市新闻出版局特约监督员会议及"学习实践科学发展观总结、评议活动"。

2009-3-2

参加政协文史委员会年初工作安排讨论会：发言一次，谈工作安排和重点调研的意见。建议加"纪念五四的内容"、调研地下文物分两步走：既普查又重点查。

2009-3-4 上午

参加广电局新一届特邀监督员聘任会暨广电局党风廉政会。

2009-3-4 下午

参加市政协学委会提案分析会。发言谈优秀提案的遴选。

2009-3-5

组织民进妇委会过"三八"节。在市委多功能厅练瑜伽。蝉舟瑜伽专业人员指导。

2009-5-20

参加广电局特邀监督员会议并参观北京电视台新台。发言谈对北京电视台学习科学发展观的整改意见。

2009-5-21

参加市政协文史委的活动。考察歌华有线与北京电视台。

2009-5-25-28

随民进中央出版工作委员会赴上海、南京调研。

2009-5-30

组织民进妇委会与北京东城黑芝麻小学开展"文物保护从小做起"主题活动并向该校赠送文史图书约 1000 元。

2009-9-21-22

参加广电局特邀监督员会议并赴顺义广电中心、怀柔广电中心考察

2009-11-6

为北京电视台《议事厅》录制"医保即时结算卡10问"。为民进北京市委会录制60年回顾。

2009-11-11

主持召开民进北京妇女儿童委员会工作会。通报工作、讨论调研报告、安排年终总结及信息报送。

其他经常性的会议：
1. 参加本年度的民进北京市委全委会常委会；
2. 参加民进中央出版工作委员会工作会（担任副主任）；
3. 参加政协文史委员会的调研和考察。
……

担任三届委员期间，我在《北京观察》《北京提案》上发表了《医疗卫生和疾病防治资源须合理配置》《职责已付提案中》等文。我提出的"君子思患而预防""良医者，常治无病之病""规划与预防，是我国医疗战线对付疾病的两大法宝，医生的最高境界是使人不得病，以营利为目的的资源配置浪费更是不可取"的观点被广泛摘登（《北京观察》2005年第7期）。

回顾3届15年的委员岁月，在市政协这个大学校、大舞台、大家庭里，我自认为"堂堂日月未虚度，职责已付提案中"。

《世界美术邮票鉴赏大图典·雕塑》的出版与遗憾

《世界美术邮票鉴赏大图典·雕塑》卷也是一部投稿，编著者薛大德先生当时是上海建工设计研究院高级工程师、上海集邮协会会长，毕生爱好美术与集邮，在业内享有威信。他的邮友——浙江新华书店台州市店的总经理张国良先生找到我，希望我们出版专题集邮方面的图书，他本人也是一位集邮爱好者，他的专题是小型张和世界名犬的邮票，但他首先推荐的却是薛大德先生的世界雕塑邮票、世界建筑邮票、世界绘画邮票。初次打开薛大德先生的上述三大系列的邮册，我被邮册里设计精美的世界雕塑、建筑、绘画邮票惊呆了，邮册让人获得了无与伦比的美感！张国良先生还告诉我，出于共同的爱好，他们书店愿意承担印制邮集的费用。经过论证，出版社同意列入选题计划，合作出版，由对方负责一切印装费用。

薛先生的原书名是《邮票中的世界雕塑》《邮票中的世界建筑》《邮票中的世界名画》，虽然名实相符，但缺少气势和卖点。我建议改为《世界美术邮票鉴赏大图典·雕塑》《世界美术邮票鉴赏大图典·建筑》《世界美术邮票鉴赏大图典·绘画》。相比原书名，兼具了工具书和鉴赏的特色。薛先生和台州市新华书店的经销经理也很赞同，认为我的建议，让他们有了做好本书销售的信心。

关于《图典》的封面和色彩，也是本书能否成功的关键。世界雕塑中的著名作品如米隆的"掷铁饼者"、罗丹的"思想者"、米开朗基罗的"大卫"等，都是世界首屈一指的雕塑作品。我们社的美编室主任尹凤阁设计的封面是黑底白字，书脊放了米开朗基罗的"大卫"，庄重、高雅。我还邀请著名雕塑家、美术评论家王朝闻先生撰写了序言，他看了书稿后还特别致信我们给予了充分的肯定。

20世纪90年代初期，北京的图文制作还是比较落后的，精美的图册必须到深圳印刷。我在内容、版式、封面设想、图文配套等工作完成之后，就和作者一起到了深圳的工厂，从每一张图片的电分扫描到图文合成的校对，整整干了一周左右，几乎没有休息。记得在深圳的那几天，我们没有逛过一次街、去过一个景点。整天在车间边上的临时租屋里，只要一有修改样，我们就轮番校读。《图典》收录的所有邮票都是在黑底上按1∶1原大电分扫描，具有逼真效果；编著者又按

《世界美术邮票鉴赏大图典·雕塑》，东方出版社1995年版

年代、洲别、国别、地区人物作品分类，做了若干鉴赏文字的说明。这些文字涉及各国的政治、历史、风俗、文化等方面，作者的笔误、史实错误都需要一一订正和核改。直到最后开机印刷前夕，我接到了民进中央要我参加当年的"精神文明建设经验交流会"，我未及看到样书就深夜回到北京、又从机场直接到会议的所在地——位于北五环附近的劳动大厦报到。现在回想起这本书的出版经过，还是令人惊叹不已，精美的、有分量的、值得收藏的图书，都是要付出心血的。

《世界美术邮票鉴赏大图典·雕塑》卷出版以后，我国首次举办了亚洲国际邮展。开展前夕，我为本书撰写的《邮票鉴赏与专题邮票鉴赏——介绍〈世界美术邮票鉴赏大图典·雕塑〉》也在《集邮百科知识》发表了。

集邮是许多人的爱好，它既是一种艺术熏陶，也是一种高品位的文化收藏。精美的邮票，小小的方寸之中，往往收有世界多地的名川大川、著名人物、著名的艺术精品、重要的历史事件、宗教神话故事等等，怪不得人们称邮票是国家的名片。但是，邮海无边，邮票中涉及的各种文化知识又是百科全书式的、并非一般的人们所能穷尽。因此，集邮者之中，又有品味的高低、邮品邮藏多少之分。那么，怎样才能使自己的集邮的品位具有藏家的水平呢？这就需要根据自己的文化水平及鉴赏眼光去发现、去积累。

东方出版社近日出版的上海建筑设计院高级工程师薛大德先生编著的《世界美术邮票鉴赏大图典·雕塑》就是作者在邮海中拾贝，再经过编排、考证、整理以后的文档式专题邮集。此次出版的《雕塑》卷收有世界100多个国家和地区的数千枚雕塑艺术邮票，按照人文

薛大德来信影印件

历史、宗教文化、风俗习俗及洲别、流派代表秩序排列并辅以优美流畅的鉴赏文字，是迄今为止国内仅见的专题邮票鉴赏图册。

被推上世界各国邮票的著名雕塑，几乎都被奉为国宝。但在邮票的方寸天地中，再现雕塑艺术大师的作品，这就需要邮票设计家精心构思、巧妙地安排画面，选择雕塑作品最佳视角加光线透视；而每一尊雕塑作品要表现的艺术形象，都具有一定的经历、个性加思想情感，除了雕塑家已付诸形体美学思想精心刻画以外，邮票设计家还要在画面上忠实于原作，所用雕塑周边的空间，用艺术浮夸的色彩加图案点缀，以增加邮票欣赏者的想象力和艺术魅力，可以更确切地说雕塑邮票是包含着装饰艺术在内的综合性艺术，倍受观赏者的爱好！

《大图典》中既有被称为法国卢浮宫"三宝"之一的《胜利女神》，也有着著名雕塑艺术大师米开朗基罗的名雕《大卫》《哀悼基督》，罗丹的《思想者》《青铜时代》，马约尔的《大气》《地中海》及布萨的《路易十五在马背上》等等。《图典》既可作为简明的雕塑艺术史来借鉴，也可作为集邮图册来收藏，令人赏玩不厌。作者之所以选择美术邮票作为专题邮品的方向，一方面是他从事的职业使然。美术包含的雕塑、绘画、工艺美术、建筑、摄影等五大内容，都与他的建筑设计专业有关。另一方面，应该是作者的艺术修养在集邮中的体现。他能从业余中踯躅邮市，从海外邮友捎来的鸿雁中，发现那么多丰富多彩的世界各国雕塑艺术珍品，这是多么难能可贵。

顺便说一下，《世界美术邮票鉴赏大图典》，除了雕塑卷，尚有绘画卷、建筑卷、工业美术卷。全部出齐以后，可谓煌煌大观，反映了我国集邮者独特而又丰富的邮藏，填补了我国美术邮品邮集的空白，标志着我国的集邮品位及水平正在向国际文化交流方向发展。

最后，《世界美术邮票鉴赏大图典·雕塑》

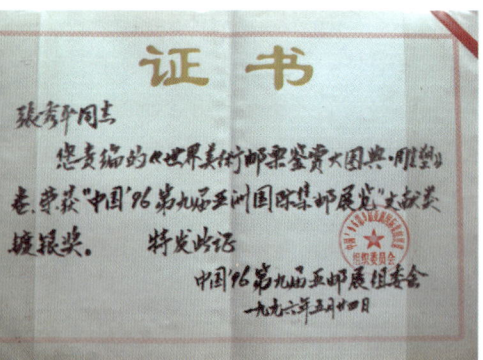

1996年亚洲邮展银奖证书

以"专题集中,邮识丰富,编辑出版装帧精美"获得了"文献类镀银奖"。编著者薛大德的来信也叙述了此次评奖的经过。

按照原计划,《雕塑》卷顺利出版之后,应该出版《建筑》卷、《绘画》卷、《工艺美术》卷,但因台州市新华书店的经费没有到位又停止了。在多出书、出好书的文化积累的路途上,总会留下许多深深的遗憾。

王观澜和《王观澜文集》的出版

王观澜是我国老一辈无产阶级革命家,新中国成立初期任农业部党组书记,辞世时任全国人大常委会委员兼农业部顾问。他是1925年入党的老党员,经历了党内许多重大的历史事件,在斗争中积累了丰富的经验,尤其是农民运动的经验,毛泽东同志曾评价他是党内最懂农民运动者之一。他生前留下的大量的文章、报告、回忆录等,是党史研究的珍贵资料。在党内,王观澜同志也一直以能和毛泽东同志讲真话而著称。他和夫人徐明清都是浙江临海人,是我们临海人的骄傲。浙江临海市委联系我以后,徐老带我拜见了《王观澜文集》的编辑组长王首道,喜获王老题词:为中华崛起多出书。

《王观澜文集》由编辑小组编选,精选了王观澜同志一生中留下的"有历史价值、能给人启示"的文稿55篇,在文献和史实的结合上,反映了王观澜同志一生革命的侧面,也反映了中国革命波澜曲折的艰难历程及中国共产党人为追求真理而斗争不懈的精神。我通读《文集》,觉得有以下几个特点:

第一,编选工作比较细致、认真,真实地反映了王观澜同志不唯上、不唯心、不唯书、只唯实的工作作风和革命精神。王观澜同志是中国共产党内阅历丰富的老同志。中国共产党在她的幼年时期、少年时期以至于青壮年时期,一方面是取得了伟大的成就;另一方面也经历了种种的失误和困难,每一名党员、每一名干部,都在其生命的历程中承受着巨大的考验。如1933年在江西苏区,当时任中央土地部副部长的王观澜同志发现临时中央苏维埃政府所在地的叶坪乡,农民的生产

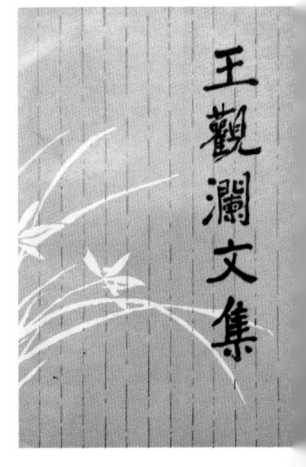

《王观澜文集》,1994年人民出版社第1版

情绪十分低下。是群众负担太重、还是对工农政府有意见？王观澜同志百思不得其解，后来经过调查，发现是群众对分田不公平有意见，该分田的未分、该分好田的却分了坏田。而当时的叶坪乡，是红色首脑机关的所在地，如果重新查田、分田，意味否定过去……王观澜将叶坪乡的调查情况向毛泽东同志作了汇报。毛泽东同志很赞成他的调研，支持他在叶坪乡开展"查田"试点。此后，查田运动又在整个苏区开展，从而真正动员了千百万群众投身于以后的革命斗争之中（《胜利县继续开展查田运动的经验》）。这是王观澜同志唯实作风的最早体现。又如1957年的夏季形势，今天的老年人和中年人都记忆犹新。当时担任中共中央农村工作部副部长兼机关党委书记的王观澜同志，分工负责抓反右派运动。他不得不思考本单位是否有"反党反社会主义的右派分子"等等问题，他凭着党性的直觉，认为农村工作部的大多数干部，都经历过战火的严峻考验，虽然在"大鸣大放"中，一些党员对党的路线、方针、政策也发表了一些意见，虽不是绝对正确，但并非敌对分子。不料此后，对他的议论和风言风语竞起，"这么大的机关，没有一个右派，就你们特殊？"当时的左邻右舍的机关中，都揪出了百分比的右派，王观澜同志硬着头皮，始终从实际出发，不以风为准，中央农村工作部只定了一个右派（这名同志以后也予纠正）。这在难忘的1957年，是绝无仅有的，如果没有实事求是的勇气，是难以做到的。（《做好农村系统的干部工作》）再如60年代初期，由于党内又掀起了所谓"反右倾"的运动，加上连续3年的自然灾害的袭击，中国的神州大地弥漫着令人窒息的政治气氛。王观澜同志在河南调查以后，看到群众吃不饱饭、浮肿病蔓延，这个和农民有深厚感情的老党员，难以安睡。他提笔上书毛泽东同志，坦率直言"××死了二三千，震动那么大，如果二三万、二三十万、二三百万，或者数更大，面积更广又将怎样呢？"（《1961年1月25日给毛泽东的信》）他意味深长地提了"左和右、好和坏、真和假、是和非、快和慢、敌和我、公和私、大和小、上和下、黑和白等12个对立面的概念，希望澄清"。他沉重地警告："浮夸是万恶之源，欺骗是害人之本。"是啊，这是多么难忘的历史教训啊！

　　第二，注意反映中国革命的宏伟历史背景，将个人经历的荣辱得失置于革命事业的洪流变迁中来考察。王观澜同志入党之初，正值中国革命的高潮之际，但不久以后，中国革命即转入了低潮。王观澜同志也辗转苏联入东方大学学习。学习期间,他与王明的教条主义和宗派主义进行了坚决的斗争,这使得他以后历经磨难和冤屈。1930年回国后,他投身井冈山的斗争;红军长征时,他曾被留在越西的小凉山组织地方武装、开辟游击区,后来,接毛泽东派人送来的手令,他才又率部赶上了中央红军。此后,他过草地、战胜疾病,从事宣传、统战工作。新中国成立后,转入农村工作部、农业部,历任副部长、顾问等职,忠于党、忠于人民。这一切,又无一不和党的事业、革命事业的风云变幻联系在一起。王明"左"倾机会主义把持中央领导权时,王观澜同志曾被开除党籍;1955年的6月下旬,党内关于农业合作化问题发生了原则性的争论时,一部分同志认为要加快农业合作化速度,越快越好!邓子恢同志不同意加快,认为仍按中央原来设想的发展为好。但这一正确意见受到了批评和责难,邓子恢同志被扣上了"小脚女人"、犯了"右倾机会主义错误"等等帽子。王观澜同志不顾压力,深入浙江农村调查,他用算账的办法,指出浙江农民负担甚重,比上一年减少了收入。他据实写出的报告直接送毛泽东同志和党中央。他认为"实际生活,要比书本上写的要复杂得多、丰富得多",更加深切懂得"搞农业合作化,如同社会发展、人的思想发展一样,有不以人的主观意志为转移的客观规律"。毛泽东同志很重视这个报告并批转全国,他指出:"王观澜同志报告中所述的临海县的情况,是农民不能增加收入的情况。如果这种县多了,则事情未可乐观,值得严重注意。"可惜的是以后事态的发展,使得这一防"左"的警钟并未真正敲响。

第三,《文集》的内容,贵"在精不在多,意深不在长"。《王观澜文集》虽然只有25万字,但却反映了王老从事农村工作、党的宣传和统战工作的经验的精髓,使人们领略到学生时代的王观澜同志,就是怀有强烈爱国思想的进步青年;土地革命时期,他积极协助当时的中华苏维埃共和国中央临时政府主席毛泽东同志,发动群众、深入土地革命。他在划分农村阶级、严格区分地主和富农及富农与中农的界限等方面提供了重要经验。又曾与谢觉哉等一起起草了《关于土地斗争中的一些问题的决定》,成为我党解决土地问题的成功范例。红军长征到达陕北后,王观澜同志又参与了中共中央《关于改变对富农政策的决定》的文件的制定,并在实践中提出了纠正革命根据地斗争中"左"的错误的方法。西安事变后,王观澜同志以中央工作团主任的身份去接收延安,为党的统战事业做了大量开创性的工作。1939年后,王观澜同志

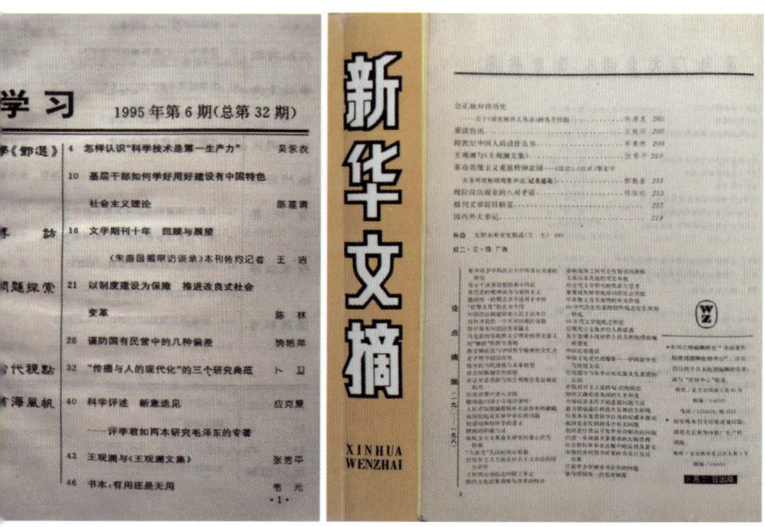

《王观澜与〈王观澜文集〉》，《学习》1995年第6期；《新华文摘》1995年第8期转载

肠胃病发作，不得不卧床。毛泽东不止一次地翻山越岭去看他，并为他写下了著名的战胜疾病方法的题词："既来之，则安之，让体内慢慢生长抵抗力……"。王观澜同志以顽强毅力战胜病魔、终于康复，又成为革命家以乐观之态战胜疾病的典范，在党内外传为美谈。新中国成立后，王观澜同志一直担负我国农业方面的领导工作，他在合作化问题上，支持邓子恢的"稳步前进"的主张；在反右斗争中，竭力制止反右扩大化。他南下浙江，深入基层；他视察河南，为民请命……这些，都是王观澜同志一生革命的一个侧面，一位"不唯上，不唯书，不唯心，只唯实"追求真理的老共产党人的形象已跃然纸上。《文集》是党和人民的宝贵精神财富。

马植杰先生和《三国史》的出版

马植杰先生是兰州大学历史系的老教授，授课的先生们都说他比较有"学问"，历史系老师们都公认，马先生写的文章胜于他的讲课，他的人品胜于他的文章，但他没有给我们班讲过课。只是到我们班和我们见过面。早在1957年，他就写了《诸葛亮传》，是当时研究诸葛亮比较早的专著之一。此书虽然只有5万余字，但闻名于兰大、闻名于史学界。老一辈的史学家如翦伯赞、邓广铭等都给予了高度的评价。《诸葛亮传》中的观点，至今仍被学术界广泛引用，迄今仍闪烁着耀眼的光芒。"君子敏于行而讷于言"，马先生有点口吃；生性又有洁癖。我大学毕业分配到人民出版社以后，他每次来京，总要来我家中坐坐、聊聊。"先生看学生",我实在不敢当,更是于心不安。因为他的洁癖,已有师兄早早关照:不要留先生吃饭、喝茶,以免尴尬。因此,我最怕先生来寒舍,除了上述的"罪过"原因之外,不能以"人之常情"待之,应是最主要的原因,但"尺有所短、寸有所长",1983年,先生以晚年之躯,扬长避短,申请调到河北省社会科学院专门从事研究工作,应该是"与时俱进"之举。在兰大,我虽未听过他的课,但沐浴在拥有众多像先生一样人品和成果都出类拔萃的学术海洋里,钦佩和景仰之情油然而生。

1989年11月我和张作耀先生到桂林参加魏晋南北朝史研究会第二届年会,先生谈起他要写的《三国政治史》。

马先生从小生长在河北农村,儿时祖父授以古文旧史,他从小喜欢爱国英雄,尤其嗜读《三国演义》和《三国志》,"人少好学而思专",从而了解了三国人物的真实情节。年轻时,他最佩服诸葛亮,老而不改弥笃。先生要写《三国政治史》,我认为是水到渠成。此时,我已在人民出版社供职13年、当了4年的编辑室副主任,正是"争强好胜"之时。我当即建议先生将《三国政治史》扩写为《三国史》,并直言不讳地对先生说,断代史的框架体例虽数倍于政治史,但只要坚持,总能开花结果。这是其一。其次,《三国政治史》是专题史,根据我社的出版计划,断代史的安排要优于专题史。第三,三国断代史的研究,迄今仍是空缺,您能尽快写出,将是补缺之作。先生没有计较我当年的直率和"狂妄",相反,他立即修改了计划,4年以后,《三国史》于1993年12月由人民出版社出版。先生在该书的"后记"中写道:"张秀平先生首先提出建设性意见,尤令我永谯不忘"。指的就是这件事。

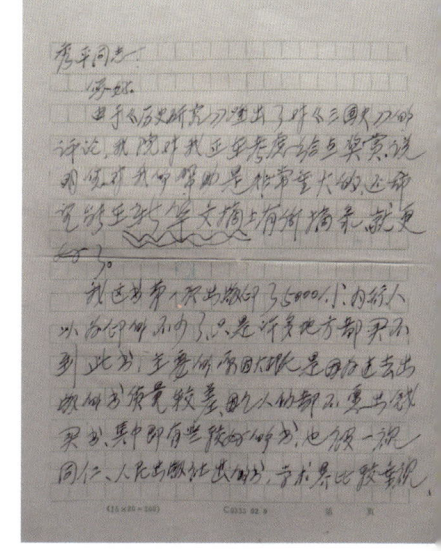

《三国史》作者马植杰来信

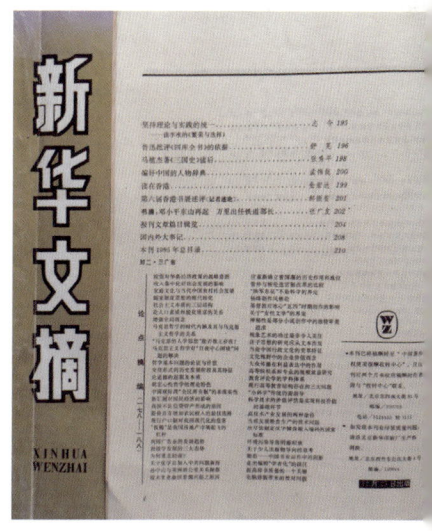

《新华文摘》1995年第12期

马著《三国史》出版后，受到学术界的重视和好评。一时间，发表了多篇书评，给予肯定和称赞，更有誉之为传世之作的。我在编辑之余，也在《历史研究》1995年第5期发表了书评《马植杰著〈三国史〉读后》，除了全面评价马先生的《三国史》是以"体系完备、新论迭出、资料翔实"在"众书中别具特色"外，而且还在观点和见解上介绍了马著《三国史》的独创之处。如马先生认为"汉灵帝中平六年（189年）董卓率军进入洛阳开始，东汉皇帝便陷于军阀的挟制之中，全国的统一的局面也随着瓦解"。因此，三国历史的开端应定在汉灵帝中平元年（189年）。这是比较符合历史实际的，从而也结束了众说不一的争论。又如关于三国时期民族关系问题的研究，他认为三国时"以匈奴为代表性的北方和西北少数民族上层贵族，在三国时期表面上似无作为，不过是各军阀的附庸，实际上这一时期是他们养精伺隙、生息壮大的关键时代，是以后他们在中原建立少数民族王朝的准备阶段"。三国以后的历史发展证明了这一点。再如史籍流传的《悲愤诗》和《胡笳十八拍》，先生考证后认为不是蔡文姬所作，是当时的"好事者伪造"。……这些都是独具创见的一家之言。1995年第12期《新华文摘》全文转载了这篇书评。1998年，马著《三国史》获河北省哲学社会科学最高奖荣誉奖。对于学者与后人的赞许，先生从未陶醉。数十年过去了，本书不但经受了检验，而且其学术的价值也并未降低。

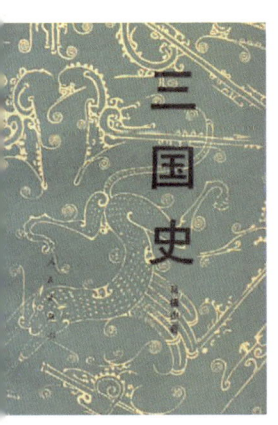

《三国史》，人民出版社1994年第1版；获河北省1994年最高荣誉奖

马先生毕生从事秦汉魏晋南北朝史的教学和研究工作，积累了丰富的学术成果，《三国史》和《诸葛亮传》是他一生心血的结晶。马先生对诸葛亮的崇敬，一生不渝，老而弥笃。可以说，诸葛亮是他心中的道德楷模，也是他心中的偶像。这是一种至老不渝的精神的坚守，也是对当前喧嚣浮夸学风的反对。一个人一生，自小至老几十年，能坚守一种理念和情感，确实不容易。2003年我策划《中国历史·三国史》，当然首选马著《三国史》。先生不仅全力支持，而且还委托他的硕士生、华中师大历史系丁毅华教授搜集图片、校改原文、编写索引条目，丁毅华教授的坦诚、无私的帮助，也令我辈钦敬。

《中国历史·三国史》，人民出版社2006年版

"月有阴晴圆缺，人有旦夕祸福"，正当我日夜加班排版审校

《中国历史·三国史》时，2006年5月29日晚，我竟接到了马先生突然病逝的噩耗……我不能自已，往事历历，逝者已矣，来者可追？我又想起了田昌五先生、陶懋炳先生、韩国磐先生诸位，他们都是《中国历史》的作者，但都是在签订了约稿合同后相继逝去了。"树欲静而风不息，人欲留而天不愿"，我面对自然界的规律，实在有点束手无策。唯有加倍努力工作，出版好《中国历史》的其他各卷，以精湛的编辑工作回报九泉之下的各位先生的支持和关爱。

根据马先生的生前遗愿，《中国历史·三国史》的出版，将其"后记"改为了"前言"，丁毅华先生又补写了"后记"。

李蔚先生和《简明西夏史》的出版

我从兰大毕业分配到人民出版社以后，与兰大历史系教党史的朱允兴先生，教国际关系史的汤季芳先生，教隋唐史的齐陈骏先生，教魏晋南北朝史的杨剑虹先生和教世界史的李建先生……都有比较多的联系，他们有时开列书单托我买书；有时来京公干，我们或见面或小聚。李蔚先生也是我在兰大读书时的老师，他教我们宋辽金元史。

李蔚先生是安徽宿松人，1957年山东大学历史系毕业。毕生在兰州大学历史系从事中国古代教学和研究工作。历任历史系副主任，中国古代考古室主任。他讲课的特点是经常在课堂上左手托右手肘、右手指夹粉笔向上至下巴、边踱步边讲，很像个站立的雕塑"思想者"。20世纪八九十年代，许多断代史的研究特别是断代史著作的出版，还都是空白。西夏史因史料与已修正史的朝代相比少得可怜，所以西夏史的研究更是落后，当时仅有四川大学历史系吴天墀先生的《西夏史稿》。李蔚先生是较早地关注西夏史

1984年与李蔚先生（中）、葛金芳先生（左）在河北正定赵州桥

料和西夏史研究的学者之一。他和我联系《简明西夏史》的出版是在1994年。我看了他的目录，觉得他以西夏的立国帝王为中心叙述断代历史的政治制度、经济文化与周边的关系，脉络清楚，也是一部断代史的新的写法和尝试。经过论证，选题很快批准并列入出版计划。1997年，《简明西夏史》顺利出版。2000年，我策划出版《中国历史》，又请李蔚先生全面修订并以《中国历史·西夏史》重新出版。并按先生的要求写了《编辑后记》，作为本书出版的学术档案。

我与新版《中国历史·西夏史》

张秀平

......

李蔚先生在宋史、西夏史、金元史及中国古代经济史的研究上颇多建树。他也是我兰大毕业后分配到人民出版社历史编辑室以后从事宋史研究和编辑出版宋史研究著作的引路人之一。多年来，我一直在编辑岗位上忙忙碌碌，为他人作嫁衣裳，虽然编辑出版了200多部书，获得了国家图书奖、中国图书奖、政府优秀出版物奖等大奖及国务院颁发的政府特殊津贴，也撰写了数十篇关于宋史研究的论文、综述和书评，如《宋代榷盐制度述论》《略论宋代的榷盐与边防》以及《中国史研究动态》及《中国历史学年鉴》的1985、1986、1987年《宋史研究概况》等等，但一直没有从事专门的宋史研究，也没有写出大部头的专史。编辑搞研究，苦于时间不够用，只是钻钻空子、打打擦边球而已。"青出于蓝应胜于蓝"，李先生的学术研究是高山，高山仰止。我们实在是惭愧。1997年，我有幸担任了李先生的《简明西夏史》的责任编辑，此次又再次担任修订版《中国历史·西夏史》的责任编辑，再次阅读修订稿，感慨万千，深感先生的学术水平与西夏史研究水平跃上了新的境界。

首先，李蔚先生将西夏史放到中国历史发展的长河中考察，对西夏王朝的历史地位给予了充分的肯定。这是富有创见的历史观。众所周知，在西夏立国的12世纪前后，中国境内同时存在着几个民族政权：东部和南部地区先后有北宋与南宋王朝，西南部地区有吐蕃和大理政权，西部地区是高昌诸小国，北部地区有蒙古政权，东北部地区先后有辽、金王朝，而西夏地处西北一隅。西夏是今天中国版图内以党项羌族为主的各族人民共同创建的封建王朝，是中国历史不可分割的一部分。西夏王朝从公元1038年元昊正式称帝建国，到公元1227年被蒙古政权所灭，首尾190年。如果上溯至公元881年拓跋思恭建立夏州地方政权，则长达347年，比同时存在的北宋长27年、比辽朝长137年、比金朝长227年。但是，历代封建史家囿于封建正统观念及民族偏见，大多否定西夏王朝的历史地位、不承认西夏政权的合法性。如宋末元初的著名史家马端临就完全否定了包括西夏王朝在内的河西地区历代少数民族政权的历史地位；又如元代史家并列修撰《宋史》《辽史》《金史》时，唯独不给西夏单独修史而仅仅将西夏的史事附于三史末尾。个中原因，除了西夏史料的湮没等原因外，显然与不承认西夏的正统地位有关。李先生用唯物史观对上述观点做了分析，他在《前言》中明确指出：中国是一个统一的多民族国家，中国的历史是中华民族各族人民共同创造的历史。正如毛泽东在《论十大关系》中指出：各个少数民族对中国的历史都作过贡献。在10至13世纪，先后与宋、辽、金鼎立，西夏王朝曾经组织领导其境内以党项族为主体的各族人民，发扬爱国主义精神，在极其艰苦的条件下，从事生产斗争和军事斗争，开展同周边邻国的经济文化交流，发展了社会经济和文化，为开发祖国的大西北，作出了不可磨灭的贡献。它的兴起、发展和衰亡的历史，是我国历史有机组成的一部分。李先生还认为，此前的马克思主义的历史学家在评价西夏历史地位时，虽有超越前人的观点，不同程度地肯定了西夏的历史地位，但论述并不充分。李先生从四方面得出了明确的结论：一是西夏对河西地区局部统一，是唐末五代藩镇割据向元朝政治大一统转变的中间环节，它顺应了历史大趋势，具有深远的历史意义。二是西夏的立国对我国西北的经济开发作出了一定的贡献，这对改变西北地区落后的经济

《简明西夏史》，人民出版社1997年版，获甘肃省政府一等奖

《中国历史·西夏史》，2009年人民出版社版

面貌起到了积极作用。三是西夏统一河西地区，加强了西北边疆同内地政治、经济、文化各方面的交流，这对缩小边疆地区与内地的差距意义重大。四是西夏立国之后大力发展文教，不仅为自己培养了大批文臣武将，而且为元代统治者储备了大量人才。对于提高西夏境内各族以及整个中华民族的文化水平作出了贡献。这些不仅是一家之言，而且对于人们认识西夏正确的历史地位具有指导意义。说明李先生在西夏史研究上已经达到的理论层次和学术水平。

其次，本书在已经出版的同类著作中，以框架新颖、结构完善而独具特色。由于元人修前代史时没有编撰一部西夏纪传体正史，致使西夏公私史料在元以后湮没殆尽。西夏王朝便成了古丝绸之路上的消失了的神秘王国。西夏学也成了"绝学"。清乾隆、嘉庆以后，学界崇尚考据，修史之风大盛，不少学者开始认识到西夏在中国历史上的地位，他们在史料极其缺乏的条件下纂修了一批关于西夏历史的书籍如《西夏纪事本末》《西夏书事》《西夏事略》……清乾嘉时期的考据学派虽做了大量辑佚，但多出于宋代文人的笔记文集，史料价值不大。史料的缺失，是西夏史的研究长期处于薄弱、落后的原因。20世纪以来，随着西夏文物的大量出土，西夏学逐渐成为世界范围内的显学。20世纪80年代以后，一大批西夏的断代史、专史、论文集出版，西夏史的研究出现了兴旺的势头，这些著作对深入研究西夏史作用巨大，但有的偏于史料的陈述与分析，有的内容有遗漏，有的编排体例不尽合理等等。李蔚先生就是在此时深思熟虑、另起炉灶开始撰写一部历史与逻辑相统一的西夏史专著。本书第一章《总论》是全书的纲，对西夏历史做了鸟瞰式的论述，其中关于西夏立国长久的原因、西夏历史的发展阶段、西夏历史的特点、西夏历史的地位等等，都是人们忽略而论述不清的问题。李先生对上述问题的考察和论述，颇具宏观和理论的高度。李先生总结的西夏在政治上采用蕃汉联合统治、经济发展的不平衡及对外存在的依赖性、民族矛盾激烈处于主导地位与对外战争频繁、文化上的多元与儒学佛教的兴盛等西夏历史的四大特点，都是发前人所未发的重大理论问题。第二章叙述西夏立国以前的历史及夏州地方政权的建立，揭示了西夏所奠定的立国基础。李先生在三、四、五、六章中还摒弃了以政治、经济、军事、学术文化和民族关系等板块结构叙述断代历史的传统，而是以西夏立国以后历史发展的脉络，以建国、巩固、繁荣、衰亡四个发展阶段分章立目，将西夏300余年的历史置于运动的轨迹之中，从而勾勒了西夏历史从立国到衰亡的全过程。这种创新的体例，给人以眉清目秀之感。第七章叙述西夏社会经济，材料丰富，内容翔实，写得丰满。第八章专论西夏的文化和社会生活，在史料极其分散和贫乏的情况下，拾遗补阙，全面概述了西夏文化和社会生活的各个方面，难能可贵。

第三，李蔚先生具有多年的教学实践和教学经验，对西夏专题史的研究也颇深入，此次另起炉灶撰写的西夏史，论述与分析精当，观点和体例也多有创新，是一部功力与学问俱佳的力作。历史研究贵在占有史料、弄清和接近史实；而钩沉索引，考镜源流，又是史学研究的基本功。但功力不等于学问，史学工作者还必须在具备深厚功底的情况下对史实加以分析，从而得出规律性的理性认识。治学能成一家之言，这才是学问。本书引用的材料，既有考古、文献材料，又有前人著述的成果、当代学者的论断，尤其是李蔚先生利用近年来整理出版的黑水城出土的西夏文献《贞观玉镜统》研究和考证西夏的军事，得出了西夏乾顺时期"尚文重法"并非不要武备，二是要求武备要更加精益求精的结论。在占有丰富史料的基础上，李蔚先生对前人的许多错误也作了辨证。李蔚先生治学一贯强调理论分析，把握历史问题的实质。本书中观点鲜明的文字随处可见。如李继迁对宋战争性质的评介，李蔚先生不同意把它视为反对北宋民族压迫的正义战争观点，也不赞成视此为地主阶级内部分裂割据、也有农民起义和农牧民起义的性质。而是认为李继迁对宋战争纯粹是一场封建王朝内部具有地主阶级割据性质的战争，毫无正义可言。又如在西夏官制研究上，李蔚先生认为西夏有汉官和蕃官两套官制的传统看法不可靠，主张西夏官制是一套官制、一个系统，所谓蕃官则是汉人和党项人都可以担任的职官的西夏语译音。再如关于西夏文化的渊源，李蔚先生也不同意苏联学者的西夏文化来源于中亚细亚而独立自成体系的观点，强调了汉文化以及吐蕃、回纥文化对西夏文化的影响，西夏文化是一种植根于晋唐以来河陇文化之上的文化，而河西陇右地区的河陇文化属于中原学术文化体系，西夏文化是中华民族传统文化的有机组成。这不仅具有理论意义，而且还具有现实意义。

本书原名《简明西夏史》，初版于1997年（1998年获甘肃省政府一等奖）。此次列入《中国历史》第10卷为《中国历史·西夏史》。从2000年开始，请原作者李蔚先生修订、增补，增加了"社会生活"，与原书的《西夏的文化》合为《西夏的文化和社会生活》。还增加了西夏遗民的迁徙与流向、蒙元时期党项人从政的主要事迹及其历史作用及300多幅历史文物图片等等；对历史事件的叙述、分析则更加全面、辩证；原书史料的脱漏、错讹、误植，也都作了一一订正。又按照学术著作的惯例，增加了"主要征引文献与参考书目"和"索引"。

李蔚先生最钟爱的学生罗炳良先生，和我既是学友又是会友，我们是宋史研究会在京相互联系、走动比较多的会员之一。他为本书的出版了做了大量的史料校订和图片的遴选、文字说明等工作。他在1987年李蔚先生的硕士生毕业后，又考取了北京师范大学著名史学史专家瞿林东先生的博士生，现在是教育部人文社会科学重点研究基地北京师范大学史学理论与史学史研究中心副主任、学术委员会委员，国家林业局北京林业大学生态文明研究中心学术委员会委员、兼职教授、博士生导师，已出版了《南宋史学史》《中华野史·辽夏金元卷》等多部著作。他的人品和学术研究成果，我辈都钦佩不已，他应该具有光辉的学术未来。

"君子相交淡如水，秀才人情半张纸"。我与西夏史研究的著名学者李范文先生（宁夏社会科学院前院长）、史金波先生、白滨先

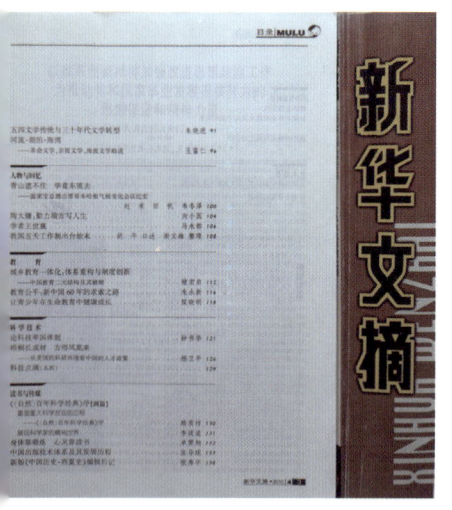

《新华文摘》2010年第4期

生、聂鸿音先生（均为中国社会科学院民族所研究员）、陈炳应先生（甘肃省博物馆研究员）都在西夏史的国际国内学术会议上相熟相交，有事时都有求必应。李范文先生主编的《西夏通史》（人民出版社、宁夏人民出版社联合出版），我也是责编之一（署名修平）。为了该书的出版，2004年—2005年我曾3次飞银川。该书出版后，获首届中华优秀出版物提名奖、吴玉章学术奖。李范文先生也特别尊重我为《西夏通史》的顺利出版所付出的劳动，每次来北京，他都要来我处聚聚、坐坐，让人感到温暖无比。"茂树底下有芳草"，我是李蔚先生的学生，李先生在看到我为马植杰先生著《中国历史·三国史》写的《编辑后记》后，嘱我也写点什么，我拉拉杂杂写下以上与本书有关的人事与交往。以此聊为"编辑后记"。

"鸳鸯绣取从人看，要把金针度与人"，妥当否？诚惶诚恐！

张秀平

2009年5月20日下午4时至凌晨4时

于北京朝内大街166号510室

（《新华文摘》2010年第4期转载）

李清凌先生和《西北经济史》《中国西北政治史》

李清凌先生是西北师范大学历史系教授、博士生导师，历任西北史研究所所长，中国宋史研究会理事、副会长，甘肃省历史学会名誉会长。我和李清凌先生都是中国宋史研究会的老会员，他所在的西北师范大学历史系是中国宋史研究会的理事单位之一，记得在宋史研究会的宁夏会议上，他谈了《西北通史》的选题计划，此选题计划庞大，作者队伍人数众多，计划时间长远。我建议他如果《西北通史》一时间完成不了，可以考虑一步一步、一本一本出。此后，他联系我，准备先出《西北经济史》、再出《西北政治史》《西北文化史》……1997年，我编辑出版了他的《西北经济史》；2009年又编辑出版了《中国西北政治史》。

今陕西、甘肃、宁夏、青海、新疆在内的中国西北地区，占有国土面积

《西北经济史》，人民出版社2008年版，获甘肃省高校社科成果一等奖

的三分之一，中华民族成分的大多数。它是中华先民和文化的发祥地之一，在中国考古学上，已经展现了从蓝田猿人到大地湾前仰韶文化、仰韶文化、陕西龙山文化、齐家文化，再到周秦文化的严整序列。进入文明时代后，周人开发，秦人继武，氐羌等西戎民族驰骋于边疆地区，观天相地，因地制宜，发展生产，创造文明，使这里形成了农牧文化、中外文化互相接触、交流、融会的重要场所，对中国经济、政治、文化的发展起过和起着非常重要的作用。周、秦、汉、唐以来，中国不少古代政权的创建者都是从这里兴起，然后挥戈东向，扫平群雄而统一天下的。宋人云："天下者，常山蛇势也，秦蜀为首，东南为尾，中原为脊……将图恢复，必在川陕。"这句话虽然是就一时情况而言，但纵观中国古代政权兴替史、农民起义史和其他规模性武装活动，我们就会感到此言符合许多时期的实际情况，有一定道理。故此，历史上任何一个有作为的政治家、思想家，没有不重视西北问题的。

《经济史》《政治史》将中国西北即今陕西、甘肃、宁夏、青海、新疆五省区作为一个相对独立的行政区域。介绍了先秦至清西北发生的主要的经济和政治事件及其演变的过程；西北与中央政府的政治互动及历代中央政府处置西北政治、经济问题的思想、政策和措施；同时也介绍了西北历史上的各个民族在创建中华政治文明中作出的特殊贡献。从而粗略地勾勒出西北区域史、经济史、政治史的轮廓，并从中总结出有益的历史经验。

我国西北地区是中华文化包括政治文化的发祥地之一，且在历史上曾长期居于全国政治、文化中心的位置。就经济发展和政治思想而言，可以研究的内容相当广泛，《经济史》《政治史》紧抓中央和地方关系这条主线，在国家统一时期着重探讨中央治理西北的各种设想、政策和方案；在分裂割据的历史条件下则观察各地方政权富国强兵，争取建立统一政权的谋略和措施，同时关注各时期政治家、思想家的个案研究。作者力图通过较为全面、细致的探索，构建经济史西北政治史的逻辑框架和思路，尽可能地找到其规律性。从史学的经世传统出发，在横向研究上，各时段的研究相对集中于全国性政治背景的交代以及行政管理、经济开发、民族、宗教、教育、救灾等方面的思想、政策、措施及实践效果；在纵向布局上，则按时间顺序和思想史本身的发展轨迹，将整个西北政治史的发展历程，划分为以下 7 个阶段：远古至西周——中国西北政治思想的萌发和积淀时期。春秋战国——西北区域性政治思想的形成时期。秦汉——封建专制制度创建后，西北政治思想领域的扩展时期。魏晋十六国北朝——分裂割据背景下西北政治思想的综合时期。隋唐五代——西北政治思想成熟时期。宋夏金——民族政权对峙、政治中心东移后西北政治思想的重构时期。元明清——民族问题继续主导西北政治思想的时期。作者的研究，旨在探索历代中央政府抵御外部侵略，镇压内部叛乱分裂集团，在维护国家统一、区域稳定的前提下和基础上，管理西北，开发西北，使西北在国家整体战略格局中发挥应有的积极作用，并带动其不断进步的思想、策略和实践；了解历代政治家、思想家有关西北的谋略、措施及实践效果，从中总结出有益的经验，以期收到提供史鉴，古为今用。《西北经济史》《中国西北政治史》出版以后，反响强烈。其中《西北经济史》获得了甘肃省高校社科成果一等奖。

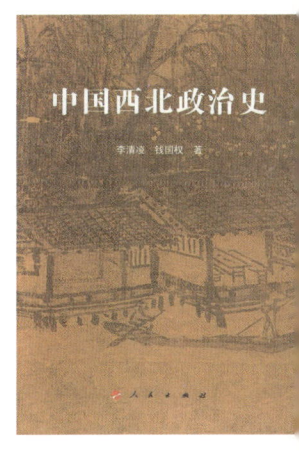

《中国西北政治史》，人民出版社 2010 年版

《马长寿论文选集》《西北少数民族与西部大开发》的出版

马长寿是中国著名的民族学家、社会学家和历史学家。早年他引进西方近现代社会学、人类学、语言学、考古学等先进科学方法，深入西南少数民族地区进行民族调查，发表一批关于民族学、人类学的奠基之作。20 世纪 50 年代后，他在中国民族史领域内，融中国史学优良传统和近现代西方社会科学精华为一体，发展成独具一体、自成体系的学派。在匈奴学、鲜卑学、突厥学、藏学等如今已成为世界"显学"领域内，做了开创性的研究，取得了当时所能获得的最高成就，凡是从事这方面研究的学者，都要参考他出版的一系列论著。他的学生周伟洲先生 1962 年毕业于西北大学历史系考古专业，同年考取该校民族史专业、著名民族学家马长寿先生的研究生。毕业后，先

《马长寿民族学论集》，人民出版社2003年版

《西北少数民族多元文化与西部大开发》，人民出版社2009年版

后在陕西省博物馆及西北大学西北历史研究室从事中国民族史的教学与科研工作。1986年由讲师破格提升为教授。历任陕西师范大学西北民族研究中心主任、教授、博士生导师，兼任中国魏晋南北朝史学会会长、顾问，中国民族文学会会长、顾问，中国中亚文化研究协会副理事长，中国中外关系史学会副会长，中亚史学会副会长、中国民族史学会理事、中国中俄关系史学会常务理事等职。2003年，周先生将其先生的关于上述研究的《康藏民族之分类体质种属及社会组织》《凉山罗夷的族谱》《嘉戎民族社会史》《钵教源流》《中国西南民族分类》《论匈奴部落国家的奴隶制》《突厥人和突厥奴隶制度》等论著编为《马长寿民族学论集》交给我，获得社领导的支持后，《马长寿民族学论集》马上就出版了。这是进入21世纪以后出版的学术著作中关于个人论文集的比较早的一种，为了彰显这些论著的学术性和系统性，我特地外请美术编辑设计了这个具有特色的封面：打开的虎符居于书脊上部和封面的左上，封面图片是与本书的内容有关的，或是绘画或是文物。书名是白体美术字，整体装帧庄重、简洁、明快，此后凡是我责编的学术著作，只要不是丛书、套书的，我基本上都是以此为基础形式，不断地变换色彩和书名、作者和符合本专题研究的一张图片。如张邦炜的《宋代婚姻家族史论》《宋代政治文化史论》、沈松勤的《北宋文人与党争》《南宋文人与党争》、张正明的《中国经商研究》、程民生的《北宋开封气象编年史》、贾玉英的《中国古代监察制度发展史》《唐宋时期中央政治制度变迁史》《唐宋时期地方政治制度变迁史》、吴建国的《汉唐经济社会研究》、林文勋的《唐宋社会变革论纲》《中国古代农商·富民社会研究》、杨浣的《辽夏关系史》、何彤慧等的《毛乌素沙地历史时期环境变化研究》、陈国灿的《中国古代江南城市化研究》、陶水木的《江浙财团研究》、郑永华的《姚广孝史事研究》……尝试整合资源，探索专题学术著作出版形式的规范化。

周伟洲的《西北少数民族多元文化与西部大开发》，是国家社会科学基金项目，本书以西北少数民族多元文化为研究对象，重点探索在现今西部大开

统一封面以后专题学术著作的出版有了规范的形式

发新形势下，西北少数民族多元文化的发展与变迁及西北少数民族多元文化向现代化的转型和重新构建的问题。

西北少数民族多元文化与西部大开发的关系问题，是我国当前如何发展和解决西北少数民族多元文化向现代化的转型的理论和实践的深层次问题，与西部大开发的成功与否息息相关。作者以马克思主义民族观为指导、以我国现行的民族政策为依据，通过大量的历史文献及民族学实地调查资料，应用民族学、历史学、社会学、教育学、宗教学等多学科的理论和方法对西北少数民族多元文化向现代化的转型即如何构建现代西北少数民族多元文化等问题作了探索。

其次，民族学实地调查资料，是历史研究的科学方法之一。书稿附有《新疆民族多元文化与西部大开发的调查报告》《西部大开发进程中西北少数民族村落经济文化的变迁——甘肃青海两省农村杂居区民族村落现状调查》《宁夏同心县回族风俗习惯现状调查》，都是在当地政府各级干部和村民的大力支持和帮助下完成的，具有很高的史料价值。

此外，《西部大开发与西北少数民族多元文化若干理论问题探索》一章，则从前瞻、宏观、战略上为西北少数民族地区的文化建设的理论和实践问题、对西部大开发中有关民族关系的战略决策提出了参考和借鉴。这些，都是值得肯定的。

《毛泽东交往录》
《毛泽东这样学习历史　这样评点历史》的编辑出版

《毛泽东交往录》初版于 1991 年，是由于俊道和李捷选编的，于俊道原是人民出版社政治编辑室的编辑，1980 年左右调到中央文献研究室毛著组。李捷 1987 年硕士研究生毕业于中央党校理论部，当时也是毛著组的成员。

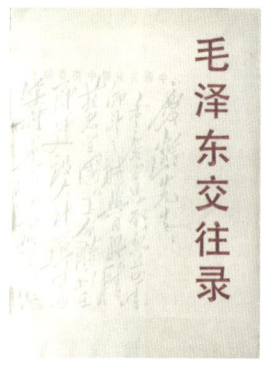 

《毛泽东交往录》，人民出版社 1991 年版，获 1992 年全国图书金钥匙二等奖

《毛泽东交往录》共收录回忆和记述毛泽东与各界人士交往的文章 31 篇。在这些人士中，有著名的民主人士、科学家、艺术家、文学家、史学家、理论工作者、国民党进步人士及国际友人等，还有毛泽东早年的同学和师长。在编选过程中，他们尽可能地保留了原文的风格，只是根据全书的整体需要，对部分文章做了必要的删节，对个别文字史实错误做了修订并拟定、调整了大部分标题。他们的编选，虽然作为最重要方面的毛泽东与党政军高层负责人的交往没有收入，但就编选的作者和篇目看来，仍是高屋建瓴，体现了他们本身的研究水平和史德史识。本书最大的特点是从见证人或研究者的角度，记述毛泽东同著名人士的交往及其所产生的影响，思绪深沉，给人智慧与启迪。阅读《目录》便可看出大概。

目　录

建设大计　亟待商筹——毛泽东和宋庆龄	岚叟　李丁
为新中国的诞生而努力——毛泽东和李济深	岚叟　李丁
老成谋国　乘虚御风——毛泽东和张澜	吕光光
挚友和诗友——毛泽东和郭沫若	齐得平
火腿情深　许德珩	
两位政治家的促膝长谈——毛泽东和黄炎培	尚丁
华侨旗帜　民族光辉——毛泽东和陈嘉庚	庄明理
精兵简政　共渡难关——毛泽东和李鼎铭	惠金义
"他是我真正的好老师"——毛泽东和李大钊	桂诗新
"'五四'运动的总司令"——毛泽东和陈独秀	唐春元
"守寡"的日子终于结束了——毛泽东和李达	王元慎
要有五不怕的革命精神	吴冷西
浙江农村调查和人民公社六十条——毛泽东和田家英	逄先知
从延安到北平	师哲
"我就要你研究范围里的资料"——毛泽东和李四光	李林
难忘的一课	钱三强
要大胆把遗传学搞上去	谈家祯
海为龙世界　云是鹤家乡——毛泽东和齐白石	晓轮
在红岩村画像——毛泽东和尹瘦石	华音
我为毛泽东摄影	吴印咸
毛泽东听相声	侯宝林
"今天不谈别的，就谈鲁迅"——毛泽东和冯雪峰	冼悄
"总有一天会把真相弄清楚的"——毛泽东和丁玲	甘露
为《不怕鬼的故事》改序	何其芳
"要注意调理人我关系"——毛泽东和萧军	王德芬
"现在需要战斗的作品"	萧三
《朱元璋传》及其他——毛泽东和吴晗	苏双碧　王宏志
毛泽东的殷切教诲	赵超构
"你是个俄国文学家"	戈宝权

"学界泰斗，人世楷模"——毛泽东和蔡元培	高平叔
"风物长宜放眼量"——毛泽东和柳亚子	纪实
"投我以木桃，报之以琼瑶"——毛泽东和章士钊	章含之
延安窑洞里的坦诚交谈	梁漱溟
《新青年》引出的一段旧事——毛泽东和胡适	黄艾仁
回归社会主义祖国——毛泽东和李宗仁	程思远
永久的纪念——毛泽东和冯玉祥	陈晓清
和平将军——毛泽东和张治中	余湛邦
人民永远也不会忘掉你——毛泽东和傅作义	岚叟 李丁
为新中国的未来而努力奋斗——毛泽东和程潜	岚叟 李丁
落叶归根 籍图良晤——毛泽东和卫立煌	赵荣声
"我们都曾经是他的臣民"——毛泽东和溥仪	王庆祥
"知我者毛泽东也"——毛泽东和载涛	王乃文 辛劳
毛泽东对我的深情厚爱永远不会忘记	周谷城
同窗挚友 情深谊长——毛泽东和周世钊	周彦瑜 吴美潮
师生之情 感且不尽——毛泽东和符定一	赵志超
毛泽东指引我走上了革命道路	张国基
瓜葛五十年——毛泽东和张干	何其烈 张祖璜
一段曲折的经历——毛泽东和萧子升	路海江
伟人的历史性会晤——毛泽东和斯大林	[苏]费德林
斯大林特使来到西柏坡——毛泽东和米高扬	岚叟 李丁
"我想去当大学教授"——毛泽东和伏罗希洛夫	李越然
"涉及主权问题是不能谈的"——毛泽东和赫鲁晓夫	李越然
同志加朋友式的友谊——毛泽东和威廉·泽布朗·福斯特	张高
我们的区别只是在于，你们长胡子，我们不长胡子	[南]爱德华·卡德尔
革命兄弟间的友谊	[印]巴苏
重逢在北京	[美]埃德加·斯诺
难忘的三次长谈	[美]安娜·路易斯·斯特朗

"日本和美国总有一天要打起来"——毛泽东和卡尔逊　　［美］布赖克福特

关于接班人问题的一次谈话——毛泽东和蒙哥马利　　熊向晖

"历史把我们带到一起来了"——毛泽东和尼克松　　陈敦德

"中国人爱好和平"——毛泽东和戴维·艾森豪威尔　　刘亚洲

编后

我为本书撰写的书评《人品极处只本然——读〈毛泽东交往录〉》发表在《人物》1996年第6期,《新华文摘》1997年第1期转载。

《交往录》出版以后,我与李捷有了近30年的交往,每有重大选题和大事、难事,都会向他请教。李捷勤奋、廉洁、忠于职守,进步很快。以后历任中央文献研究室副主任、社会科学院副院长、《求是》社长。2018年卸任后,现在是中国历史学会会长、马克思主义中国化研究院院长,是中共党内著名的历史学家和理论家。2005年我策划出版《毛泽东这样学习历史　这样评点历史》和《现代稀见史料书系》,都得到了他的真诚的指导帮助。他总主编的7卷本《红船精神研究丛书》,是人民出版社2018年启动的迎接党的百年诞辰的大型多卷本党史军史专著,《丛书》以红船精神统领党史军史研究,是一部汇集中国革命精神源流谱系的崭新的、鲜活的新时代精神载入史册的党史军史!

毛泽东是文史大家,一生博览群书,纵横捭阖。他从小爱读传统经典如《论语》《孟子》《庄子》《左氏春秋》等,凡先秦诸子著作,包括多家注释《周易》本,无所不读;直到日理万机时,仍要忙里寻闲,好学不倦地在书海里遨游,留下诸多读史读文、点评中国历史人物和历史事件的佳话。《毛泽东这样学习历史　这样评点历史》由盛巽昌、欧薇薇、盛仰红编著,全书采取编年体例,按年月日顺序,收集汇编有关毛泽东读历史书并评点中国历史人物、历史事件和中国文化主题的资料,系统地展示了中华一代伟人毛泽东对自己祖国历史的学习、认识和评估,特别是对历史事件和人物所执持的独到见解和言论,令人耳目一新。本书按年月顺序的体例,较好地展现了时代的发展对人的历史观的变化所起的作用。从书中的资料可以发现毛泽东对历史实践和历史人物的评介的变化与他所处的时期不同是有密切联系的。如孔夫子,是毛泽东论述最多的一位思想家;秦始皇是毛泽东论述最多的一位帝王。他认

为"孔子的思想比较符合统治阶级的胃口，历代统治阶级给孔子戴了很多高帽子……孔子年年有进步，代代都加封啊"。毛泽东认为"秦始皇是厚今薄古的专家"。毫不掩饰地贬孔扬秦。晚年以后，毛泽东的评价重心更是发生了变化。他说：秦始皇比孔子伟大得多。孔子是讲空话的。秦始皇是第一个把中国统一起来的人物，不但政治上统一中国，而且统一了中国的文字、中国的各种制度如度量衡，有些制度后来一直沿用下来。中国过去的封建君主还没有第二个人超过他的。可是被骂了几千年，骂他有两条：杀了460个知识分子；烧了一些书。"文革"以后，毛泽东多次在谈话中把郭沫若的《十批判书》当作尊孔反法的学术代表作并鲜明地表示不同意该书的观点。他说："我这个人比较有点倾向，就不那么高兴孔夫子。看了说孔夫子是代表奴隶主、旧贵族，我偏向这一方面，而不赞成孔子是代表那个时候的新兴地主阶级……你那个《十批判书》崇儒反法"。

毛泽东读书读史，完全在于适当地运用。他一生走遍大江南北。新中国成立以后，他每外出必自备中国历史地图，找好路线和方位，每在一处开会就要向所在地的图书馆查阅大量图书；每到一地，还要调阅地方志和有关本地的历史文化书籍，和当地人员畅谈、作情感交流。这是他读史的最特别之处，也是他自己深化研究历史的一个方法。毛泽东对历史的评说，虽然很多只是只言片语，甚至是日常生活中的闲说，但也能折射出这位历史巨人如何运用历史而恰到好处。

毛泽东评说历史的观点和方法也是一门学问。他很注意历史人物的出身和生平遭遇。他直率地说"老粗出人物"。"能干的皇帝大多老粗出身"。他认为"刘邦能够打败项羽，是因为刘邦和贵族出身的项羽不同，比较熟悉社会生活，了解人民心理"。毛泽东多次夸奖一字不识的朱元璋。认为"自古能军无出李世民之右者，其次则朱元璋耳"。1955 年，毛泽东对明史专家吴晗新修改的《朱元璋传》新的研究成果表示肯定时，又指出：朱元璋是农民起义领袖，是应该肯定的，应该写得好点，不要写得那么坏（指朱元璋的晚年）。毛泽东品评臧否历史人物，主要是看他的大面，即"观人观大节"，看他在历史实践中的作为，这是他的一个重要观点。

《毛泽东这样学习历史　这样评点历史》，人民出版社 2005 年 7 月第 1 版第 1 次印刷，2013 年 9 月第 2 次印刷

本书所收集的资料来自国内公开出版的图书及报刊，所收入的内容均标明出处，既可阅读，亦可作为资料参考。可见著者很聪明、读书甚多，令人佩服。此外，根据资料所叙述的事加上小标题，画龙点睛，文字生动。在每段资料后加注，对资料中的典故、人物等进行注解，也增加了信息量，更有助于读者阅读。

青山不老，绿水长流。毛泽东这样学习历史、这样评点历史所记录的文字永远是我们的一份精神财富，一份传诸世代的文化遗产。

编辑出版《中国政治制度通史》（1—10）

中国社会科学院历史所的白钢，是我在数年前参加《中国农民战争史》课题组时就认识的作者。当时他除主持农战史的课题外还正在主持 10 卷本的中国政治制度史。我得知此事后，马上联系他并报批了选题列入了出版计划。中国政治制度史是中国社会科学基金的重点项目，共 10 卷、500 万字，一次推出。这套书突破了传统的研究观念和模式，以铺陈"各项制度"为形式，概括了中国源远流长的历史，是当时乃至迄今内容最丰富、最全面、最令人满意的一套中国制度通史。总论卷，白钢撰写；先秦卷，王宇信、杨升南撰写；秦汉卷，孟祥才撰写；魏晋南北朝卷，黄惠贤撰写；隋唐五代卷，俞鹿年撰写；宋代卷，朱瑞熙等撰写；辽金西夏卷，李锡厚、白滨撰写；元代卷，陈高华、

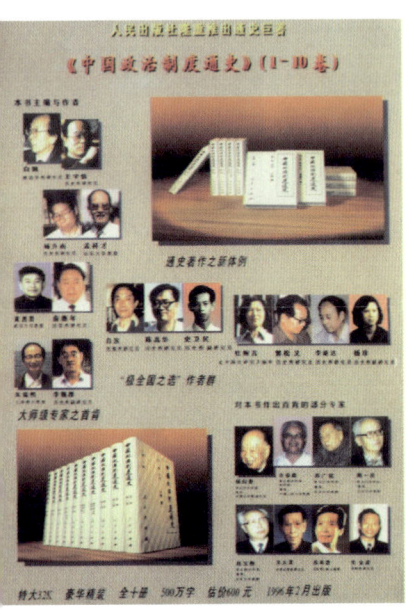

1995年用计算机 CAD 辅助设计制作的宣传单页和订单

史卫民撰写;明代卷,杜婉言、方志远撰写;清代卷,郭松义、李新达、杨珍撰写。从作者队伍看来,就集中了全国最著名的学者。从 1990 年到 1996 年的 5 年多的时间里,我除了联系主编白钢先生,为他解决力所能及的问题以外,还和各卷的作者保持了密切的联系。书稿交到出版社以后,我从书名、内容到封面、开本、纸张及宣传的单页都做了大量的工作。

首先是书名。项目原来统称为 10 卷本《中国政治制度史》,内容是上起三代,下迄清末。清代以后的制度史显然要另起炉灶。我和主编白钢先生商量,如果将本书改为《中国政治制度通史》(1—10),清以后的民国和当代就可以包含其中。一字之改,本书从封闭走向了开放,从 10 卷本的断代制度史走向了历朝历代的制度通史。主编白钢和各卷的作者既兴奋也赞同。赞同之余,难题又来了。原书名已经有启功先生的富有特色的瘦金体题字,改为通史,怎么和启功先生说呢?白钢先生有点为难。我只好另觅办法。我想到了《中国文化概览》中《中国印章》的作者孟宪钧,他是文物出版社的编辑,是我多年的朋友,也是启功先生的忘年朋友。请他出面找启功先生说明,应该不难,孟宪钧果然不负众望,启先生当场就在原来的题字旁加了"通"字。(见左图)。

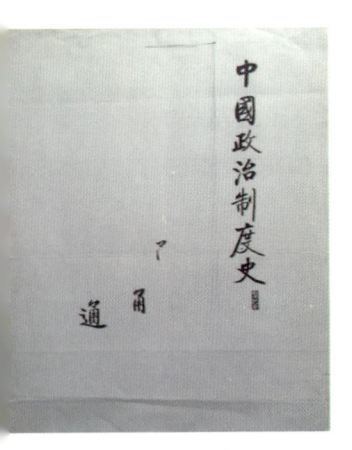

启功先生在原题签的书名上加了"通"字

其次是内容。《中国政治制度通史》各卷的内容丰富,作者队伍十分庞大,加之书稿又成于众手,书稿内容难免详略不一。我阅稿后,除了非改不可的硬伤以外,一般都是列出重复和需要删削之处,请作者自己删改。《通史》的作者出于信任,又大都授予我"任意删改"之权。作者和编者之间的信任、友谊、支持,真的是比什么都重要!

再次是关于封面及征订宣传页。传统的美术编辑的封面设计,当年是一个一个彩色绘制样稿、再让责任编辑和作者选择,既费时费工又费力。20 世纪 90 年代初期,计算机辅助设计 CAD 已经在国内的设计院引进使用,我为了取得本书的设计效果，征得主管社领导副社长兼副总编辑张树相的支持，还动用了我爱人单位五机部五院计算所的资源，请他们用计算所的设备为我设计了《通史》的封面、宣传页。用工程绘图仪彩喷打出的单张宣传页，像现在新闻发布会上的"易拉宝"，此技术我在30多年前就用上了。《通史》的宣传页一到征订会场，就有了令人震撼的效果！当年我在五院的机房里和该院的CAD工程师姚峰先生一起设计封面、宣传页，做了改、改了做，仅凭一饭盒酱牛肉，整整忙了一个周末一天一夜。现在回想起来，迄今都特别心存感激。姚峰先生不久以后去了美国，不知他现在过得好吗？真的要谢谢他！也要谢谢我的爱人华天惠，没有他的支持，我的一生可能好多事情都无法完成，或者无法做得那么令人满意！

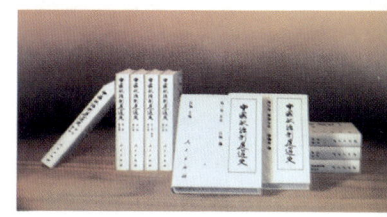

《中国政治制度通史》(1—10)，人民出版社1997年版

1997年，《中国政治制度通史》(1—10)终于出版了！主编白钢和作者都十分满意，《宋代》卷的作者朱瑞熙认为我们为作者做了"举世无双的嫁衣裳"。主编白钢还给社领导来信表扬我的工作。

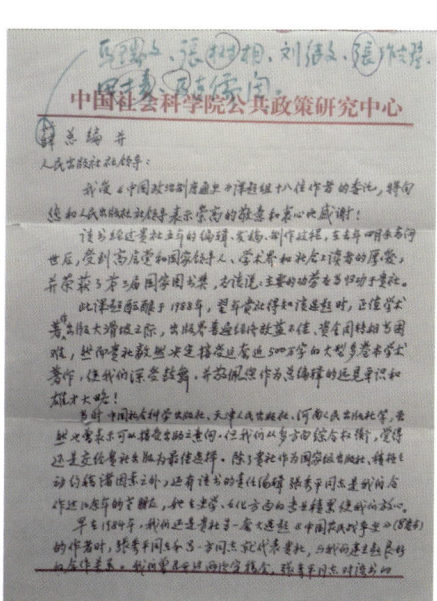

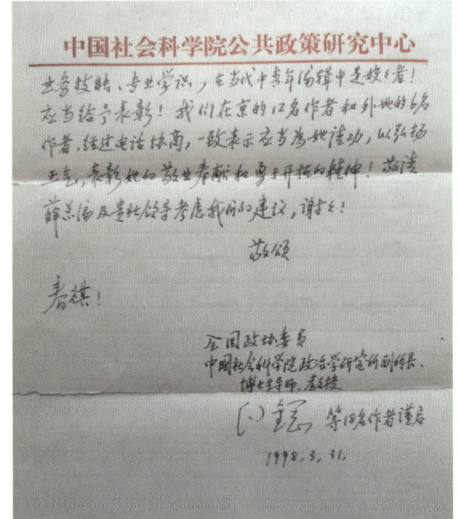

白钢为张秀平写的请功信

作者、读者的认可和表扬，是对编辑及其编辑工作的最高奖赏。

获得了第三届国家图书奖

1997年，《中国政治制度通史》（1—10）出版以后，我在《求是》发了书评：

> 最近，人民出版社出版的《中国政治制度通史》（1—10），是中国社会科学院政治学研究所承担的国家社会科学基金重点项目，由著名政治学家、历史学家白钢教授主编、邀请数十名各断代史专家通力合作完成的。该书综合运用了政治学、历史学、法学、民族学等学科的理论与方法，跳出了传统的以官制史代替政治制度史的窠臼，开创了着力于元首制度、中央决策体制和政体运行机制的探索的新体系，令人耳目一新。该书主要是论述从公元前21世纪中国最早的国家政权——夏王朝的建立，到1911年辛亥革命推翻清王朝，悠悠4000多年间，中国政治制度的发生、发展和变化的过程及其规

律。因其跨度大、内容多，采取了纵、横相结合的分卷方法，将全书分为10卷。第一卷总论，纵的（竖切）论述方法，简要阐述各项政治制度的来龙去脉，力图反映各项政治制度演化的系统性，相当于全书的纲；其余9卷，采取横切，即以断代分卷，详细论述各断代政治制度的演变及特点，向内容的广度与深度开掘。该书体大思精，洋洋430万言，在理论与内容上都有许多重要的突破，是一部颇具开创性的学术巨著。

政治制度是人类文明的有机组成部分，制度文明是社会发展水平和人类文明的标志之一、研究昨天和前天的政治制度，是为了建设好今天的政治制度。《中国政治制度通史》的特点之一，是剥古酬今，古为今用。该书坚持"述往事，思来者"的原则，系统总结了中国历代在制度安排方面所凝聚的政治智慧和治国经验，揭示了发达的政治分工和悠久的权力制衡观念、行政立法传统和科学的人事管理经验。传统政治制度是一个历史范畴，是不断变化的上层建筑。它是由经济基础决定的。它有巨大的惯力作用，历史又不断地对它作着修正。中国作为一个有5000年文明史的统一多民族国家，从国家诞生起，其政治制度发展变化的线索之绵长、体系之完备、经验之丰富、影响之深远，是世界上许多国家或民族所难与相比的。因此，传统的政治制度行之有效的历史经验，对于我们今天的为政仍然具有若干参考价值和启迪作用，那种以为搞现代化就要摒弃一切传统的观点是有失偏颇的。我们在回顾历史上的政治制度的利弊得失时，应当遵循历史主义的原则，采取科学的态度，不能简单地用"专制主义"一语骂倒。既要看到它有弊端的一面，又要看到它对促进统一多民族国家的形成与巩固、为治理国家所积累的经验与教训、对周边国家所产生的积极影响的另一面。毛泽东同志很强调学习历史，他多次要求领导干部努力读书学习，掌握历史知识，认为这是搞好工作的必要条件。江泽民同志也号召各级领导要重视学习历史，以认识国情，提高自己的政治和业务素质。《中国政治制度通史》（1—10）的出版，以其"五千年典章制度尽究其妙，数十朝治国经验悉在卷中"的丰富内容，不仅为高校和科研机构提供了一部高

《求是》1997 年第 12 期书评　　　　《新华文摘》1997 年第 9 期转载
（共 2 面）

品位的著作，无疑也是各级党政军干部和国家公务员学习历史、治事理政的比较好的读本。

　　学术研究贵在不囿陈说，在前人或同代人研究的基础上再进一步，有所创见，成一家之言。《中国政治制度通史》的特点之二，是对中国政治制度史的各种理论问题进行了深入的、多角度的、系统的探索；在内容和体系的构建上，又多有独创。这在中国政治制度史的著作之林中，是绝无仅有的。作者所提出的"政治制度是对'和人民大众分离的公共权力'的配置关系、运作方式的具体规范"，"政治制度具有阶级统治和管理公众事务的双重功能"，"并不因为阶级的消灭而消亡"等观点，是颇具新意的，既坚持了马克思主义关于国体、政体的基本观点，又避免了片面性，对传统的观念有所突破。书中从理论上对中国政治制度史的研究范围内容的界定、关于中国国家的产生与国体的演进的论述、关于中国政治制度史分期问题的主张、关于传统政治制度与中国政治体制改革的关系的论述，绝大部分是新鲜、精确的，是一种创见。比如，作者认为夏商周与春秋时期的国家形态，是以宗族国家的形式出现，实行等级君主制，其政体运行机制，以神权、宗法权和王权的紧密结合为转移；战国至清代的国家形态，是以中央集权和官僚政治的形式出现，实行专制君主制，其政体运行机制，以皇帝"独制于天下而无所制"为转移。又如，全书以深入研究历代政体结构为基础，着力于决策体制和政体机制的探索，准确地阐述了历代帝王如何处理皇权与官僚机构的关系，中央与地方的关系，农耕文化与游牧文化的关系，国家与统治阶级的关系，国家与农民的

参加颁奖，手捧第三届国家图书奖奖牌

关系，国家与宗教的关系等等。从这些错综复杂的关系中，总结政体结构形式的发展变化及其运行方式，从而抓住了政治制度研究的关键。

　　学术研究又是一种渐进的积累，每个研究者都是在前人研究的基础上，不断地添加自己的研究成果，集腋成裘，从而不断地把学术研究推向新的高度。《中国政治制度通史》的特点之三，在于它的集大成性。作者一方面概括了历代关于中国政治制度史的著录与考索，一改过去政治制度史研究仅仅取材于正史百官志和"十通"的习惯做法，除广泛涉猎了各类有价值的资料外，还充分运用了像甲骨文、金文、秦简、汉简、帛书、吐鲁番文书、石刻碑文、考古资料等等，穷原竟委，词必有征，爬梳钩索，探赜洞微，做到揽辔澄清，择善而从。资料是立论的基础，最大限度地占有相关第一手资料，确保了本书论述的科学性。另一方面，作者在卷首检阅了本世纪以来海内外的中国政治制度史研究的所有成果，或综其精义，或订其谬误，在吸收前人优秀研究成果的基础上，选择了政治学与历史学等学科的结合点作突破口，进行开拓性研究，高屋建瓴，令读者大有开阔视野之感。

　　《中国政治制度通史》（1—10）是集体智慧的结晶。课题组数名成员同心同德，是本书学术质量得以保证的前提。而主编学兼政治学与历史学，无论是全书的理论体系、整体框架的设计，还是各分

卷的结构安排，都为各卷执笔人充分发挥自己的学术专长，提供了条件。整部书论述得全面系统，实现了宏观与微观、主编总其成与分撰纂其业、政治学与历史学、法学、民族学等三个完好的结合。因此，可以说本书的问世，为学术研究的"精品工程"，为众多学者协同攻关，提供了一个成功的范例。

"学术者，天下之公器"。当我们以喜悦的心情阅读这部本世纪以来大气磅礴的新的政治制度通史时，也呼唤中国通史、各断代史、其他专史的研究和出版工作，以开拓新局面，攀登新高峰，共同促进现代化，豪情满怀地走向21世纪！

《求是》书评发表后，《新华文摘》马上做了转载。接着，《中国政治制度通史》（1—10）参评第三届国家图书奖。最后，《中国政治制度通史》（1—10）以高票获得了国家图书奖的正奖，白钢主编还代表获奖作者在颁奖大会上发言。荣誉属于辛勤耕耘者。

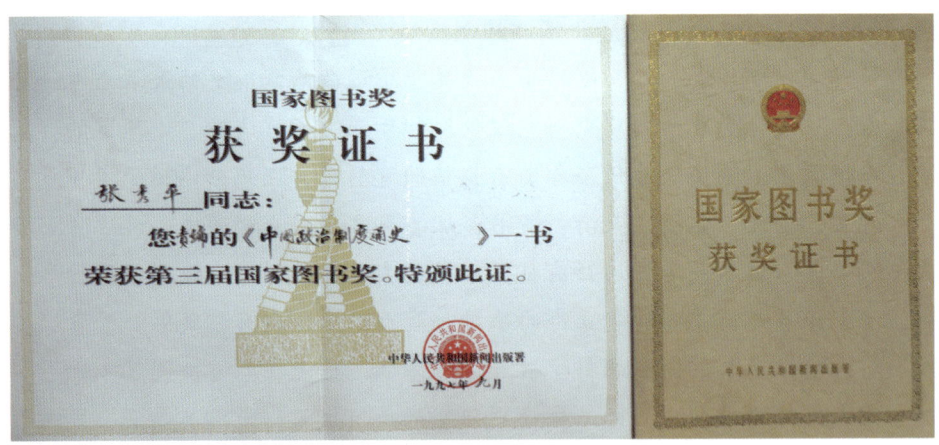

第三届国家图书奖证书

获得了中国图书的最高奖，标志着社会对编辑的工作和责编图书的认可和赞扬。

主编《中国 100 系列》《世界 100 系列》《中国自然与文化 100 系列》和《世界自然与文化 100 系列》

1989 年 11 月,我和作耀先生一起到桂林参加中国魏晋南北朝研究会的第三届年会,在会上我组约了兰州大学历史系马植杰老师的简明系列的断代史《三国史》,又经魏晋南北朝史研究会副会长高敏先生介绍,认识了广西人民出版社的文史编辑室编辑欧薇薇。记得那时她刚刚从广西师大硕士研究生毕业不久,是广西人民出版社文史编辑室编辑。我们相互交换了名片,当时并没有深谈。1990 年年初,她的同事需要一套教材,她写信给我请求帮助。我当时虽然没有帮她办成,但却马上回信并尽可能地将有关情况做了介绍。此后,她又回信说需要在北京组稿,要来京面谈。

我从 1985 年起,就在人民出版社主持"祖国丛书·年鉴"编辑室的工作(任副主任、主任缺)。《祖国丛书》是由当时的主管中央宣传工作的胡乔木倡议的,中共中央宣传部牵头,由人民出版社、中国青年出版社和上海人民出版社三家承担,要出版 1000 种。人民出版社承担的是综合类、"五四"以后的当代人物类;中国青年出版社承担的是地理类;上海人民出版社承担的是历史和历史人物类。综合类的图书,我们出版了数十种,诸如:《中国的国旗国徽和国歌》《中国的工艺美术》《中国的陶瓷》《中国的酒》《中国的茶》《中国的刺绣》《中国的花卉》《中国的风筝》《中国的金鱼》《中国的针灸》等等,每种都是名家亲笔,5 万—10 万字,图文并茂。出版以后,好评如潮,叫好一片。在综合类图书的基础上,我又主编出版了《中国文化概览》(1988 年东方版),我也因此团结联系了一大批从事文化史研究的作者。20 世纪 80 年代末,学术著作出版萧条,"出书难、

从左到右:张秀平、叶坦(中国社科院经济研究所、长江学者研究员)、区向明(广西人民出版社社长)、欧薇薇(广西人民出版社副总编辑)

《中国100系列》丛书，广西人民出版社1993年第1版

买书难、卖书难"笼罩整个出版界。《祖国丛书》也因为上述的"三难"而被调整了。我又改任了人民出版社"综合编辑室"的副主任。丛书留下的一些稿件和作者的联系需要妥善处理。我与欧薇薇都是学历史的、又都是从事历史文化的图书的编辑工作，对丛书的综合类选题，充满了特殊的感情。此次欧薇薇和区向明主任（后任社长）到北京组稿，我们讨论商量，决心以新的形式编辑一套综合类历史读物。不久，我策划并组织了《中国100系列》丛书交给了欧薇薇。令我没有想到的是，书稿交到广西人民出版社后，马上就进入商谈出版合同、封面和版式等等程序，广西人民出版社对丛书的重视及速度之快，使我这个同行编辑钦佩不已。

1993年年底，《中国100系列》丛书5种就顺利出版了，首印11000套，很快销售一空。丛书以"中国历史上的人物、事件、战争、著作、文化为主线，通过叙述100个对中国历史进程产生影响，为发明创造、学术文化和中外关系的发展与开拓而作出贡献的人物；100件在中国历史上的诸多王朝更替之际、学术流派的纷争、宗教史上的教派斗争之时及重大历史转折关头所发生的事件；100次为统一、为正义、为争霸或为夺权进行的战争；100本翔实、系统地记录中国数千年文化历史的典籍和100种光辉灿烂、屹立于世界民族之林的学术文化、语文文化、民俗文化、器物文化来概括中国通史的精髓"。《丛书》分则独立成卷，合则成为整体、具有"通史"的内容和品质。更令我没有想到的是《丛书》能在短短的5年内6次重印、发行量达到了5万多套；1998年又出了修订本。《中国100系列》和《世界100系列》还出了绘画本并译成日文版、中国台湾也出了繁体字本。这在当年的出版面临"三难"的情况下，实属不易。创办于1996年的中国中央电视台文化频道的《读书时间》还邀请我和《世界100系列》的主编邓蜀生一起做了一期30分钟的专题采访，这是我生平第一次在央视录像。《读书时间》的主持人李潘和特邀主持人刘为睿智的提问和我们智慧的回答,给当年的读书界和全国的观众读者留下了深刻的印象。

时任广西人民出版社领导夏永翔社长、区向明总编辑、欧薇薇副总编辑到编辑韦向克(后来的副总编辑)、李筱茜等对选题的敏锐把握、对图书市场的精准分析及对作者的真诚与支持,都使我感佩不已。记得《中国 100 系列》丛书出版以后,她们专程来京做宣传推广。先是欧薇薇来京联系,我们商量请当时的国务院副总理、国防部长、上将张爱萍题词。我们首先请我的朋友、在第一历史档案馆工作的吕坚先生联系。吕坚先生是著名史学家吕振羽先生之子,吕老还是共和国主席刘少奇的学术秘书。解放战争时期,张老在大连休养时他们就很熟悉。吕老的夫人江明和张老的夫人李又兰更是好朋友。我大学毕业分配到人民出版社历史编辑室工作时,老编辑吕异芳是我的指导老师,她经常带我外出组稿、与作者见面。她也是吕

《中国 100 系列》丛书获得第八届中国图书奖后在张爱萍家中,从左到右:广西人民出版社副总编辑欧薇薇、张爱萍夫人李又兰、笔者张秀平、广西人民出版社社长区向明

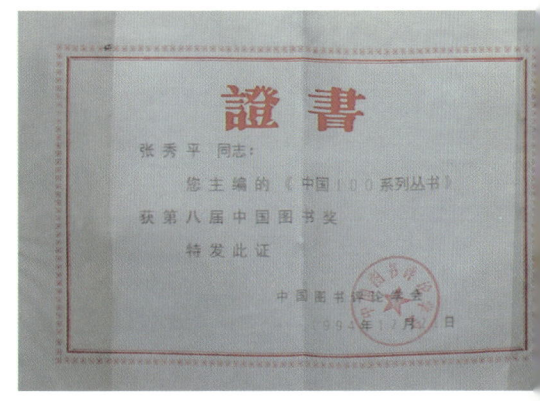

老《简明中国通史》的责任编辑,和吕老、江老都很熟,我也因此很早就认识了江明先生。江老特别关心我的政治进步,见了面经常会询问:小张啊!入党了吗?"文革"后,她将吕老遗留的价值不菲的书画捐给了故宫博物院,将位于北京西城区灵境胡同的近一个单元的房产捐给吉林大学。那个时代的老党员、老学者对党的忠诚和情感是多么的纯真。从 1991 年起,我因为《张爱萍传》的出版事,和张传的作者贺茂之将军经常联系并多次拜访了张爱萍将军和夫人李又兰。正因为这些关系,吕坚向张老、李老说明我们来意后,二老欣然同意给我们题词。

大约是 1994 年年底,我和区向明总编辑、欧薇薇副总编辑来到张老家中,

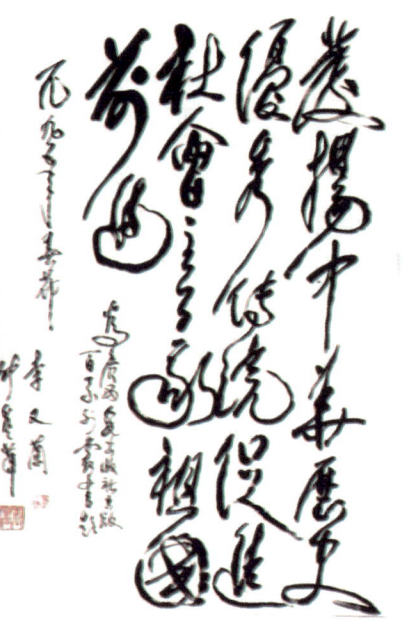

张爱萍携夫人李又兰为《中国100系列》题词

张老因感冒住院,李老接见了我们,我们特别说明《中国100系列》已获得了第八届中国图书奖,《世界100系列》不久也将出版。李老见到《丛书》的作者和编者都是女同志,十分高兴,嘱咐我们新书出版时,一定要告诉张老,张老可是认真读了《中国100系列》各卷哦。她还转达了张老对丛书的意见:100系列丛书编得很好,读一篇有一篇的心得,读一卷有一卷的体会。

不久,李老又通知我们去取题词。这次是欧总来京公干时、由我再次陪同。我们来到张老家中,张老就手执藤杖迎我们到客厅,又吩咐工作人员上茶上水果。这次会见前后历时2个半小时,张老对人物传记的撰写及历史知识的普及,发表了具有指导意义的见解。为此,我写了篇访问记《老将军的希望——张爱萍将军谈〈中国100系列丛书〉和〈世界100系列丛书〉》发表在《出版广角》和《北京民进》上。

老将军的希望
——张爱萍将军谈《中国100系列》丛书和《世界100系列》丛书

张秀平

在张爱萍家中,从左到右:李又兰、张秀平、张爱萍、欧薇薇

二月的北京,春寒料峭。我和广西人民出版社副总编辑欧薇薇、中国第一历史档案馆研究部副研究员吕坚一行3人应约前去拜访张爱萍老将军。张老原是中央军委副秘书长、国务院副总理、国防部部长。身经百战、多才多艺的老将军,离休以后,淡泊名利,远离尘嚣,但终日手不释卷,吟诗题词,笔不停辍。"主雅客来勤,唯德自成邻"。张老的诗书,有口皆碑,求字求赐者络绎不绝。

1994年年底，我主编的《中国100系列》丛书（五种）荣获第八届中国图书奖。颁奖会后，我和当时任广西人民出版社总编辑的区向明（现为广西科技出版社社长）、副总编辑欧薇薇一起去拜访张老，请张老为这套书题词。不巧得很，张老因患感冒住院，夫人李又兰接见了我们。李老系新四军老战士，才华出众，诗、书均佳。将军有诗赞她："战场结伴，相见恨晚。"李老见《中国100系列》丛书装帧、内容甚好，又见我们这些作者和出版者都是40上下的女性，她很动情地说道："你们也不容易啊！"当她得知《中国100系列》丛书出版后，各方面的反映都很好，不但得了奖，而且已重印再版了四次，供不应求时，十分高兴。我们告诉她:《世界100系列》丛书，也

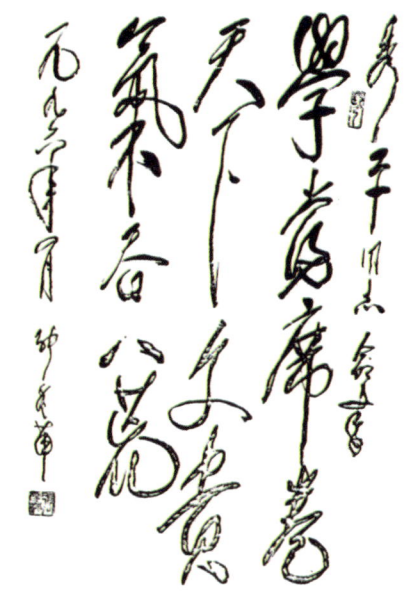

张爱萍为笔者题词

正在策划和编辑、制作之中，她更是兴奋。当即勉励我们要多出书、出好书，并一口答应张老病愈后，即写字祝贺。不久，我们就收到了二老联合署名的题词：发扬中华历史优秀传统促进社会主义祖国前进。张老的字如龙飞凤舞、姿秀神雄、飘逸潇洒。

去年（1995年）年底，《世界100系列》丛书如期出版了，我们立即带上样书送去，请张老品评，意在"高山流水，寻觅知音"。今天就是应约去聆听张老的教诲。进入张老的会客室后，夫人李又兰立即迎出来，吩咐沏茶上水果。刚刚坐下，张老就手拄藤杖进来了。夫人李又兰为我们一一作了介绍。我这是第一次见到张老将军，心里不免有些紧张。他的身材依然笔直，灰白的头发向后自然而整齐地梳着，面庞清癯，一副金丝边眼镜衬着慈眉善目，透出儒将之风，多么和蔼的长者！我的拘谨感便一扫而光，竟"滔滔不绝"地介绍了这两套《丛书》的出版大要和成书过程。张老听后，轻抚着新出版的《世界100系列》丛书说："祝贺你们又出了一套书，很好嘛！你主编的《中国100系列》丛书我都看过了。中国历史上下五千年，

《中国100系列》(修订本),广西人民出版社1998年版

每个中国人都应该学一点。你们这样按事件、人物、战争、著作、文化五大线索来概括中国通史,很适合我们在业余时间阅读,读一篇有一篇的体会,读一本有一本的所得。"寥寥数语,既概括了《丛书》的特点,又指出了读书的方法。这位素有儒将之称的将军,真是一位读书、懂书、爱书的行家里手。

随后,话题又转到当前"人物传记"的写作上。张老认为:传记的写作,首先要有个性,不要千人一面,换个"姓"就是另一个人的传记了;其次是写"人物""传记"或其他纪实性作品,有条件的,"人物,一定要请传主或当事人核实,这样才是对历史和传记的负责精神。又是一语中的,道出了当前出版界存在的一些不正确的文风……"张老经历丰富、文武兼备,我们多么渴望早日看到他的传记呀!

不知不觉中,两个多小时过去了,我几次站起来欲辞,张老均热情挽留,恭敬不如从命,我们又谈起了将军指挥的解放大陈列岛的战役,当我自报家门是浙江临海人时(大陈列岛、一江山岛均辖属临海),张老兴奋不已,马上请夫人取出他在1978年撰写的《对〈一江山岛登陆战〉影片编写组的谈话纪要》送我。老将军牵挂着他当年战斗过的地方的人民,当地人民也怀念这位功勋卓著的将军。1995年1月18日,浙江省台州市举行一江山岛解放40周年的庆典会,将军特派秘书代表他前往祝贺,看望台州人民。笔者有幸参加了大会,

《中国 100 系列》（修订本）第 4 次封面

当我们踏上大陈岛时，当地军民载歌载舞迎接的盛况久久萦回在脑际。"洛阳亲友如相问，一片冰心在玉壶"，敬爱的张老，浙江人民想念您，盼战地黄花再开放！

此次拜访不久，笔者又喜得张老题词："学当席卷天下，文贵气吞八荒"。这不能不说是老将军对我的厚爱和希望，也是我的自豪和荣光，面对姿秀神雄又布局精到的字幅，我心里久久不能平静。

"文章奇处无机巧，人品极处只本然"。张老和李老，以自己平实的言行和高风亮节表达了对我们年青一代的作者和编者的厚爱和希望，这是我们出版工作者的力量源泉。

十多年来，《中国 100 系列》丛书已一版再版、迄今也换了 4 次封面，夏社长、区社长、欧总编辑虽然都相继退休了，但回想当年为出版《丛书》宵旰沥胆的往事，我们时时都在想念之中，只要他们来北京，我们都要聚聚、聊聊，而且有求必应。

《中国 100 系列》丛书和《世界 100 系列》丛书出版以后，我又策划了《中国自然与文化 100 系列》《世界自然与文化 100 系列》。《中国自然与文化 100 系列》有《中国 100 种珍稀动植物》《中国 100 件珍奇国宝》《中国 100 座历史文化名城》《中国 100 处考古发现》《中国 100 处风景名胜》。《世界自然与文化 100 系列》也是 5 种。为什么要编这样两套书，我写了《主编的话》置于每卷的卷首，胪列于下，现在读来，仍然具有超越时空的意义，闪烁着绿色发展的理念。

主编的话

自然遗产与文化遗产，是生活在地球上的人类共同拥有的遗产，是古代各种文明创造的杰出古迹和遗址以及各国人民赖以生存并在其中形成本民族文化特征的自然环境。人类创造的文化成果美化了自然，而自然界奇观美景又是人类创造文化成果时启发灵感和发现真善美的源泉。

征服自然和文化创造是一种对立，人类理应征服对自己不利的自然环境，文化则象征着各种高尚风格的创造价值；自然遗产与文化遗产又互为补充，各民族的文化特征是在他们所处的自然环境中形成的，而人类建造的工程之所以美，就是和周围环境相互融洽的结果。因此，自然和文化相辅相成，两者密不可分。自然遗产，它包括典型的地质地貌遗址、古生物、古植物、自然风景名胜等，这些自然遗产，为我们提供了唯一的、不可再生的记录。我们必须共同继承和研究这些自然遗产。文化遗产，则是一个民族在其所处的自然环境中创造力才能的表现，它可以是一座庞大无比的城市，也可以是一座孤零零的建筑，也可以是荒野中的一处古迹，一种精美绝伦、空前绝后的工艺美术器物作品，或者是一幅绘画作品、一首好诗、一本好书等精神文化产品，它们是历史，属于过去，也属于将来。它们所表现的历史价值、审美价值、旅游价值，都会在今天和未来中显现出来。我们这一代人，都有责任将自然与文化遗产辨明清楚，保护好、养护好，将它们移交给未来世世代代。

但是，随着世界经济的发展、人类本身的繁衍，对自然界的保护和破坏的矛盾日益尖锐。现代工业和采矿的不平衡发展及不合理开采使一些世界著名地质遗址遭受破坏，过度砍伐森林和开垦荒地导致植被被破坏，水资源的缺乏又使土地荒漠化日益严重……在世界各地由于发展不平衡或保护不当，人类的自然与文化遗产正不断地受到威胁。不论是纪念性的建筑物还是建筑群、是山水风景还是自然保护地等都因时间的过去、或因人类不负责任的行为——如侵蚀、污染、潮湿、城市化、旅游人数的增加、废弃物的堆积等等因素，不断面临被破坏的危险，面对世界各地这种日益严重的破坏局面，全世界人民必须重新认识保护自然与文化遗产的重要性，重新燃起保护遗产的热情和在全世界范围内共同合作的良好愿望。

世界性的自然与文化保护工作，开始于1972年11月16日联合国教科文组织大会在巴黎通过的《保护世界文化和自然遗产公约》。该《公约》自1975年12月17日生效以后，各国政府和全世界的民众才开始普遍关注和重视世界性的遗产的登记和保护问题。《公约》的宗旨是"依照现代科学方法，建立一个永久性的有效制度，共同保护具有杰出和普遍价值的文化和自然遗产"。按照《公约》第四条规定：设立世界遗产委员会，各缔约国向该委员会提供该国的国家遗产目录，并由该委员会发布《世界遗产表》和《危险状态世界遗产表》。迄今为止，已有100多个国家加入了世界遗产公约组织，共有400多处自然与文化遗址被世界文化及自然遗产委员会列入了《世界文化与自然遗产名录》。它们中，既有美国科罗拉多河大峡谷、夏威夷火山国家公园，加拿大的魁北克古城区、落基山公园，也有埃及的金字塔、印度的泰姬陵……

中国幅员辽阔，山河壮丽，人口众多，历史悠久，自然资源丰富，历史文化积淀深厚，是闻名世界的文明古国，有很多珍贵的自然与文化遗产。1985年12月12日，中国加入了世界遗产公约组织。1986年开始了世界遗产的申报工作，截至1998年上半年，中国申报经世界遗产委员会正式批准共有19处自然和文化遗产列入了《世界遗产名录》。它们是：故宫博物院、周口店北京人遗址、长城、秦始皇陵、敦煌石窟、承德避暑山庄及周围寺庙、西藏布达拉宫、孔府孔庙和孔林、武当山古建筑群、湖南武陵源、九寨沟风景名胜区、黄龙风景名胜区、泰山风景名胜区、黄山风景名胜区、庐山风景名胜区、峨眉山/乐山大佛风景名胜区、云南丽江古城、山西平遥古城、苏州园林。

以上这些列入世界遗产名录的遗产的申报和登记，是一项振奋人心的工作；这些都是具有突出价值的自然与文化遗产。但是，列入世界遗产名录的遗产并不是唯一值得保护的财产,每个国家都有自己的自然与文化遗产。早在新中国成立之初,我国政府就规定了古迹、图书及稀有生物保护办法并颁发了《古文化遗址及古墓葬之调查发掘暂行办法》(1950年5月24日),20世纪60年代初期,国务院开始公布第一批全国重点文物保护单位名单,至今已公布了3批共500处。1982年我国政府颁布了《中华人民共和国文物保护法》。这些,都标志着我国的自然与文化遗产保护工作步入了法制化的轨道。随着科学的发展,历史的进步,人们开始认识到,每一代人都有神圣的使命,应该把前人创造的财富留给后人。基于这样的目的,我在组织编写了《中国100系列》丛书和《世界100系列》丛书之后,

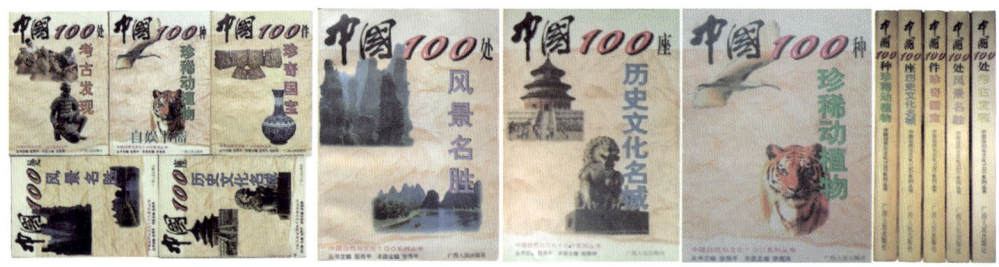

《中国自然与文化100系列》丛书5种,广西人民出版社1998年第1版

即组织编写了《中国自然与文化100系列》丛书和《世界自然与文化100系列》丛书。前者是不同于一般通史著作的读物,它是以人物、事件、著作、战争、文化等五大专题来概括中国历史和世界历史的精髓,分则独立成卷,合则成为整体,使读者读一篇有一篇的心得,读一卷有一卷的体会。后者则将全面系统地反映世界和中国的自然和人文遗产,以百题形式概括上述两大类文化的精粹,旨在了解全人类的共同遗产。

历史属于过去,也属于未来。对历史的认识,都是为了现实和未来。自然和文化遗产属于历史,但对它们的清理和保护,则是人们感受传统文化和大自然真善美熏陶的基础。当你在这些遗址遗迹中徘徊流连时,它们便会以实物形态向渴望了解历史的人们作出解释和说明,使得久远的历史仿佛神奇而又鲜活地再现了,你甚至可

以感受昔日的历史人物的个性和精神，领略天体、地球、生物甚至人类本身的起源和演化。这些遗址遗迹，是历史生命的载体，是全人类的科学档案。

"人与天地相应，人与草木同归"。自然、文化、人类的运动，是 21 世纪人类社会的综合效应的运动，它们之间的和谐发展，是我们的家园更加美好的保证。我们要更多地发现我国的自然和文化遗产，使它们走向世界，超越往昔的辉煌，受到全人类的珍惜和保护。

我不揣谫陋，冒昧主编《中国自然与文化 100 系列》丛书和《世界自然与文化 100 系列》丛书，虽旨在概括中国自然遗产和文化遗产的精粹，反映世界自然遗产和文化遗产的概貌，但呼唤起人们的

《世界自然与文化 100 系列·世界之门丛书》3 种，广西民族出版社 2002 年第 1 版

日文版《中国 100 系列》（绘画本）

《世界100系列》（绘画本），广西人民出版社1998年版

永久保护意识和热情，则也是我的初衷之一。"防民之口甚于防川"，保护应该多于破坏。让阅读本书的人们，让中华民族的子孙，从心底里树立起保护自然的丰碑，则也是我言在书中意在书外的企图。

张秀平1998年2月18日于北京

1998年9月，《中国自然与文化100系列》丛书5种由广西人民出版社出版；2000年9月，《世界自然与文化100系列》丛书3种由广西民族出版社出版。

《中国100系列》丛书、《世界100系列》丛书、《中国自然与文化100系列》、《世界自然与文化100系列》出版以后，在海内外都有影响，日本购买了《中国100系列》（绘画本）的日文版10000套。中国台湾购买了《中国100系列》《世界100系列》的繁体字版权。主持此书编辑出版的区向明先是先任副总编辑、总编辑，后任社长。欧薇薇、韦向克等都先后成长为副总编辑；选题、编辑，作者、读者，是永恒的出版龙头和一个战壕里的战友。

中国台湾繁体字本《世界100系列》丛书

贺茂之与《张爱萍传》《上将张爱萍》的出版

贺茂之将军是我的老朋友、老作者。贺茂之笔名东方鹤，1947年出生，山东省枣庄市台儿庄人，1968年4月入伍，1969年3月入党，先后在解放军班、营、团、师及军区、总部等基层和机关工作过，曾任文书，政治处书记，师宣传科干事，济南军区政治部文化部编研室干事，《前卫文艺》编辑、中央军委办公厅政治部干事、军委办公厅原国防部部长张爱萍办公室秘书、总参炮兵部师职干事、解放军装备指挥技术学院原副院长，空军装备技术研究院副院长，少将军衔。两次荣立三等功，2000年被评为军委办公厅优秀共产党员，贺茂之在完成正常军务工作的同时，多年来坚持业余写作。主要作品有：报告文学散文集《武将文官》，诗集《我站在岁末年首》，报告文学集《纯金的金婚》，长篇传记《张爱萍传》(上、下)，散文集《慈母圣歌》《感激》，中篇小说《县长罢官记》，电视文献片文学本《神剑》；主编人物特写集《华夏一枝梅》,《张爱萍传》评论专集《儒将史诗》。已有400多万字作品问世。退休后，贺茂之将军致力于传承创新崇高文化，锻铸彰显崇高形象，创办崇高文化研究机构北京"走进崇高研究院"并担任院长。研究院总顾问为迟浩田，顾问为贺敬之、周克玉、李肇星、崔毅、汪纪戎、王学仲、何景贤。我与他相识迄今已经30多年了，当时他是国务院副总理、国防部长、军委副秘书长张爱萍老将军的秘书。因为他的一部报告文学书稿认识了他。平心而论，那部书稿，我也是喜欢的，完全可以在本社出，但终究失之交臂。书虽未出，但作者给我留下了很深的印象。"君子相交淡如水"，我们一直保持着联系，鉴于他的工作特点及写作水平，我曾向他约稿。

时过年余，他便交给了我《张爱萍传》上卷稿，洋洋50万字。语言生动、形象鲜明、文史交融、引人入胜，以至爱难释手，一口气读下来，"不觉东方既白"。遂马上打电话，祝贺作者成功，并请其抓紧完成下卷，同时报请社里批准，列入出版计划。

此后，我经常同作者联系，也因为作者的关系多次拜访了张爱萍老将军及其夫人新四军老同志李又兰。张老将军对撰写人物传记及历史知识的普及，有着独到的见解，很有指导意义。对此我写了篇访问记《老将军的希望》，先后发表在《出版广角》和《北京民进》刊物上。从而为《张爱萍传》的出版奠定了良好的基础。

1999年8月底，《张爱萍传》全部完稿。恰逢我在中央社会主义学院进修班学习。为了此书的尽快出版，我在课余时间加班加点阅读，又一次为书稿的内容所震撼。编辑遇到好书稿，犹如淘宝者发现了金矿。我当然地给予了充分肯定。但在与张老将军的接触中，我也朦朦胧胧地感到，他对出版自己的传记不太积极，似有"写好、放下、以后再说"的迹象。而作者和我及不少同志，都有在张老90华诞出版此书以作献礼的强烈愿望。于是，我便给张老及其夫人写了封信，谈了出版的三点理由。一是认为"张老的生平、事迹、著作，是我党我军宝贵财富，他在中国民主革命时期和社会主义建设时期，对我党我军的贡献和建树及有特色的治军经验，是当代我军各级指挥员取之不尽、用之不竭的源泉之一；张老的思想方法和工作方法是值得当代乃至今后任何一个军政指挥员学习和借鉴的"。二是指出出版此书的意义"将超出传记本身，其必要性和重要性不能低估"，"现在安排出版，是历史的必然，千万不能留下历史的遗憾"。三是实事求是地汇报了我对这部传记书稿的看法："系统、全面、生动、真实地展示了传主的成长道路、心灵轨迹、情操风范及宏伟建树。其写作特点是史传形式，真实再现张老曲折的人生历程；其内容可以弥补党史军史之不足；其语言平实、纯朴且富有哲理色彩和诗情画意。这些，都符合传主的个性特点。该传应是目前述写张老的文字中最全面、最深刻、最令人难忘的一种。"我还特别指出："我社和新闻出版总署也已将此书列为重点图书，力争在近期尽快出版。"最后，为了传记的顺利出版，我提出了要求："因为众所周知的一些原因，我们在出版重要人物传记时，需要有传主的意见，请张老在百忙中签署。"

9月20日，我又带着这封信专程到张老家里，当面陈述了上述内容，之后把信留给了张老。张老将军于9月26日签署了"同意"二字，这对于我这个责编来说，不异于首次出国拿到了签证，真是喜出望外。（见信件影印件）

接下来的是送审。先后报经新闻出版总署、总政宣传部、总装保密委员会、军事科学院军史部、军委办公厅、军委首长审阅，在有的单位还来回几次。历时三个月，我才看到"经军委批准，同意出版"的意见。此时离张老

90华诞只有11天了。

"文章天下事，甘苦自心知"。送审和报批工作，作者贺茂之将军也付出了艰难、辛勤的劳动。《张爱萍传》从交稿到报批、编辑加工到排校出版，历经3个月。在这期间，我和贺茂之将军为了《张爱萍传》的顺利出版，日夜兼程，不停地商量书稿中需核实的史实和数据等等。我们不停地传递着校样，又不停地求同存异。"一

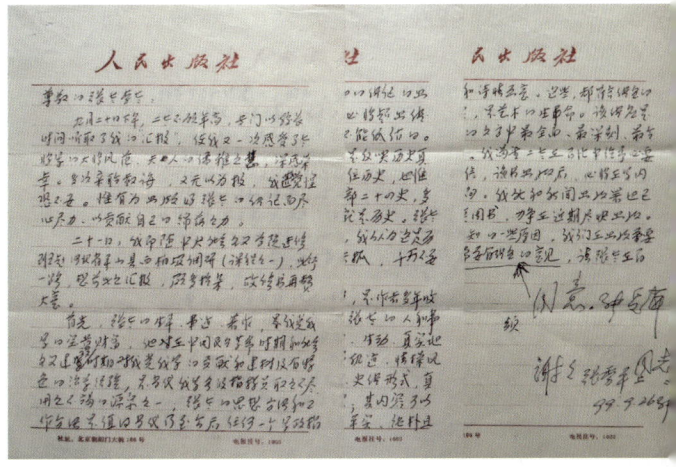

责编致张爱萍上将及夫人书信影印件，上有张老的签署意见

起打仗，一起放枪"的共同经历，令我们永远铭记。2000年12月，在多方面的共同努力下，弥漫着墨香的《张爱萍传》上、下卷，作为张爱萍老将军90华诞暨参加革命75周年的献礼，还是提前一天问世了！

《张爱萍传》出版以后，新华社随即发了通稿，中央电视台《新闻联播》2000年元月9日播出了《张爱萍传》出版消息、书影及反映张爱萍将军革命经历的图片资料。据一年内的不完全统计，全国共有69家新闻媒体刊登了本书的出版消息，或选载，或连载，共有42篇评论文章见诸报刊。创造了"好评如潮，连载不断"的社会效益，这是我社"历年乃至全国出版之最，也是我社建社史上社会反响最为强烈的一部人物传记"。

总后勤部原政委、全国人大法律委员会副主任周克玉上将，向总政领导写信推荐给全军领导干部：

> 这部书对部队指战员来说，不仅是学习党史、军史，学习老一辈无产阶级革命家、军事家品格、才华和传统、作风的生动教材，而且对领导干部进行"三讲""三个代表"教育，尤其是学习贯彻江总书记"关于改进党的作风"重要指示具有很好的作用和现实意义。

全国妇联原副主席、书记处第一书记黄启璪生前在医院抱病读完《张爱

1999 年张爱萍为赠笔者《张爱萍军事文选》签字

1999 年赠书签字后与张爱萍夫妇一起合影

萍传》,"时而热血沸腾,时而泪珠涟涟"。她先后给当时任中宣部副部长刘鹏和八一电影制片厂原厂长王晓棠写信,建议八一厂改编拍摄成史诗性电影巨片,她说:

> 这是一部极其珍贵的对党员、干部和广大青年进行讲学习、讲政治、讲正气及理想、信念、人格、情操教育的好教材。

刘鹏在给黄启璪的答复中说:"建议将《张爱萍传》作为团中央开展的青少年新世纪读书计划书目。"

党史专家王辅一将军说:

> 该传内容很全面、很丰富。对传主的特点反映深刻。可读性强,文字朴实,用事实说话,还穿插介绍了传主那么多诗词。它充分表明张老不仅是功勋卓著的战将,而且是多才多艺、硕果累累的诗词、书法、摄影大师。可以毫不夸张地说,该传记是对党史、军史、革命史的很好补充,是进行革命传统教育的好教材,为党史、军史、革命史的研究提供了宝贵材料。

史学家奚原称赞该书:

> 既是一部真实的革命历史,也是一部生动的传记文学,体现着光辉历程与绚丽文采的统一,富有时代特色和感染力。

著名美学专家郭因教授读传后感慨万千:

> 这部书确实写得很好。作者没有按时间顺序平铺直叙,而是立体地写传主的人生经历。突出了传主及相关人物的言行举止和鲜明

性格，行文生动活泼，形象栩栩如生，凸现了张爱萍、周总理、彭德怀、陈毅等一些大写的人。这部书不仅是一部值得党内、军内、国内珍视的好史书，而且也是整个人类应该十分珍视的生活教科书。

著名诗人、文艺评论家贾漫撰文说："传记如林，而林中拔秀而起，'黛色参天二千尺'者，《张爱萍传》也。"《求是》杂志原副总编、文艺评论家马蓥伯在《真正的人，感人的书》中说："作为生活的教科书，《张爱萍传》是当之无愧的。"

《解放军报》原副总编、安徽省军区副政委、著名杂文作家杨洪立将军撰文称《张爱萍传》：

> 是一部大书，一部革命的大书，奋斗的大书，人生的大书。是作者用心血奉献给社会的一首大气磅礴的大风歌，一部大义凛然的正气篇，一阕大步迈进的奋斗曲，它不愧为传记中的一部上乘之作……

2001年《张爱萍传》出版后在张爱萍家中过大年初一合影

《张爱萍传》出版以后，张爱萍将军委托中央军委委员总装政委李继耐上将接见责编和有关人员。右为责编张秀平

著名哲学家，北京大学教授、中华孔子学会会长、国学大师张岱年，题词称赞该传："文韬武略，传奇人生，如椽巨笔，黄钟大吕。"著名诗人臧克家题词："神剑将军功绩大，健笔纵横精品多。"中国作家协会名誉主席、中国文联副主席、著名诗人李瑛题词："华夏之脊，民族之光。"军事科学院原顾问石一宸将军题词："传奇人生，辉煌巨著""儒将史诗"。

原总后勤部政委周克玉上将赋诗："……奇谋赫赫铸青史，诗文煌煌聚雷霆，神剑雄风传久远，苍松翠竹何葱茏"。

时任兰州军区副政委李宝祥中将读后赋诗两首，其一："书如学海渊无底，倾心夜读教益深。将军百战铸风范，作者笔端雷千钧"……江西省文联原主席、著名作家杨佩瑾撰文并赋诗："长啸壮怀爱青萍，三尺龙泉写征程。今日

《张爱萍传》，人民出版社2001年1月第1版第1次印刷

《上将张爱萍》2007年7月第2版第3次印刷

识得真豪杰，恨未仗剑从君行。"

评者如高山流水，知音者众，我实在难以一一尽摘。仅一年多的时间，作者贺茂之将军就汇编出版了一本近20万字的评《张爱萍传》文集《儒将史诗》。《张爱萍传》先后获得中国传记文学优秀作品奖，解放军综合文艺最高奖即解放军文艺奖。据说新中国成立以来，这是唯一获此殊荣的传记作品。

"学术者，天下之公器"，我之所以迳述以上，意在说明张爱萍上将和《上将张爱萍》的历史及其历史反响。

《张爱萍传》两次印刷18000套，很快售缺。此后我们不断收到读者要求再版的来信和电话。2007年建军80周年之际，我们决定修订重排重印此书，征得作者和将军夫人李又兰的同意，更名为《上将张爱萍》，也以此作为对已乘鹤西行的张爱萍老将军的深深的怀念。

策划出版《走进崇高丛书》

贺茂之退休以后，创办了"走进崇高研究院"，该研究院是原中共中央政治局委员、中央军委副主席、国防部长迟浩田上将关爱、支持并担任总顾问的崇高文化研究、宣传、公益性机构。走进崇高研究院旨在研究人类关于崇高思想与崇高实践的发展轨迹及其社会意义。主要任务是研究崇高文化理论，对人们所敬仰的"两弹一星"功勋科学家和国学专家等大师、将军及各个领域杰出人物之崇高精神，进行重点研究和宣传。摄制发行《走进崇高》大型人物纪录片，研制、开发崇高精神艺术品，举办走进崇高社会公益活动等。对所研究的对象，在宣传其崇高思想、崇高精神和崇高行为的同时，客观准确地揭示其崇高的渊源和途径，真正给人以做人之道、成才之道、成功之道的教育和启迪，从而激励和教育人们走进崇高、拥有崇高，并在全社会唱响"走进崇高，拥有崇高"，以推动社会文明之进程。我又编辑出版了研究院组织策划的《走进崇高丛书》8 种。其中的《中外崇高论》《崇高的位置》《走进崇高的阶梯》《走进崇高》《怀恋崇高》都是以纯真的情感，伟大的精神，高尚的行为，神圣的使命，无私的奉献，无形的规范，表现了人类共同崇尚的美德；论证了崇高是推动社会前进的动力；崇高既体现在惊天动地的伟业上，也渗透在平凡实际的生活里，更凸显在天塌地陷的灾难中；一个社会，只要崇高文化占有了主导地位，就会释放出撼人心魄的光华，形成催人奋进的排山倒海的威力，锻铸真、善、美之辉煌。《走进崇高丛书》对呼唤崇高、信仰崇高、走进崇高具有教育和推动作用。

此后，我又编辑出版了《走进崇高丛书》另一系列《走近大师》的《风雨凝笔端——杨洪立杂文随笔选集》《倾听人生》《对外汉语教育的拓荒者——何景贤传》。《风雨凝笔端》作者杨洪立，山东省成武县人，1946 年 1 月出生，1965 年 12 月入伍。先任战士、师宣传科干事、军宣传处干事，1972 年 7 月调北京军区政治部先后任宣传部干事、军区党委秘书、秘书科副科长、研究室副主任、宣传部部长、政治部秘书长等职。1992 年调任解放军报社副总编

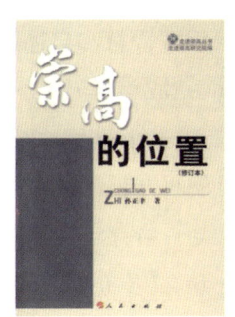

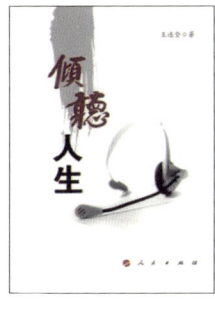

辑，1994 年入国防大学基本系学习，1995 年 8 月调任安徽省军区副政治委员，并授少将军衔。工作之余，笔耕不辍，作品散见于全国各大报刊。已出版杂文、随笔等专集 16 部，是当今文坛较著名的军旅杂文作家，

在读者中具有相当广泛的影响。《风雨凝笔端——杨洪立杂文随笔选集》内容都是针对党内外存在问题和社会上的种种怪相所作针砭、所发议论、所提建言。有对腐败行为的剖析，有对假恶丑现象的贬斥，有对某些谬论乖言的辩驳，更有对真善美、对英模人物、对义举善行的褒扬歌赞。2011年7月第一次印刷出版后，2013年又再次重印出版。

《倾听人生》的作者王连登，是一位富有传奇经历的崇高精神实践者。《倾听人生》集自传、学术、诗歌为一体，取章回（小说）命题、诗歌冠首、论文剖析等特点，形成了独特的自身风格。即以作者本人人生重要履历为载体，展示以理论、感悟和事实论证"倾听"这一学术命题的诞生、发展、成熟的过程，从而确立了"倾听"是一门学问，是一门科学。《倾听人生》还记述了在中国大地上创办的有史以来的第一个"倾听协会"培育出诸多人才的历程，以及众多倾听受益者的成功体会。是成才成功的指导书，是做人做事的教科书，是一部奇特的书。

《对外汉语教育的拓荒者——何景贤传》，见证了一位从事对外汉语教育60年的中国台湾籍国际语言学者何景贤的传奇人生，介绍了何景贤这位汉语教育一代宗师在对外汉语教学和传播中华文化、促进世界和平各方面的巨大贡献与感人事迹，以及他的TLI独特而有效的对外汉语教学经验与方法，读后足以激发青年励志创业、奋进向上，给予后进智慧和启迪。

何景贤原籍台湾嘉义，少年时在北京完成小学及初一教育后返回宝岛台湾，在台完成大学学业后赴美国本土进修，毕生崇敬信仰孔孟儒家，受到中华道统、古典文明及西方哲学三方影响，塑造了汉语文专业学者的人格品质和有教无类、培育洋桃洋李的人生方向。

1956年，何景贤在以一介22岁的青年学子在台湾地区创办了世界第一所专门教导外籍人士学习汉语的（Taipei Language Institute，简称TLI）中华语文研习所。数十年来，何景贤穷其毕生志向朝着"教导外籍人士中国语文，弘扬中华文化于全球"的理念奋进，在崎岖道路上在海外孤军奋斗，筚路蓝缕，不弃不懈，至今八十多岁仍躬亲于对外汉教第一线。

TLI为全球培训了对外汉语教师五万多人，其中任教世界各著

《对外汉语教育的拓荒者——何景贤传》，人民出版社2016年1月版

名大学、具代表性者百余位。在世界三十多个国家和地区的五十多个城市设立了六十多处分校和教学点，培育了三十余万名校友，他们有的是各国政府的政要，有的是世界 500 强和工商界具影响力的中文人才，有的是宗教界的神职人员。汉语，因为他们的传播，正在逐步走向世界。

何景贤数十年如一日，始终秉持"以学生为中心"的 TLI 教学理念，提供最符合学习者需求的课程，他独立编写、出版生活、商业、文化、政经、宗教、科技、新闻、口译、儿童等汉语教材二百余种四百余册，其中包括他本人以 6 年时间主编并与北京语言大学合作出版的《两岸现代汉语常用辞典》。

现在，何景贤和他所创办的 TLI 目前正全力迎接网络时代并延伸至互联网科技等综合事业体。接棒人何景贤之子何再生以扩展华人视角的"国际教育传媒集团"为 TLI 进行全方位转型变革，发展 TLI 互联网教学生态圈（TLIIX），落实 TLI 宣扬中华文化、促进人类和平的创办宗旨。汉语是世界语言之林中最优美动人的文字，是世界 1/6 人的母语。《何景贤传》的出版发行，何景贤"在对外汉语教学和传播中华文化、促进世界和平各方面的巨大贡献与感人事迹，以及他的 TLI 独特而有效的对外汉语教学经验与方法"，必将迎来光辉灿烂的明天。

北京走进崇高研究院对凡有崇高精神和行为者，该院都必推广而彰显。何景贤和《何景贤传》就是他们推出的《走进崇高丛书》的"走近大师"的成果之一。我也为本书的出版而作出的不懈的努力而自豪。

策划出版
《影响世界的 100 个经典汉字　中国第一榜书合集》

《影响世界的 100 个经典汉字　中国第一榜书合集》的编著者张切易，也是山东枣庄人。《铁道游击队》中张家客栈第四代传人。1968 年出生于书画艺术世家，得益于南派、北派诸位书法大家的悉心指教，22 岁时其书法作品入选全国书法展。他精研传统，继承创新，在榜书艺术领域成就卓越，其榜书作品被公推为中国第一榜书。他是枣庄市政协常委、枣庄市有突出贡献的中青年专家、山东省青联委员、山东省青年书协理事、枣庄市慈善总会理事、

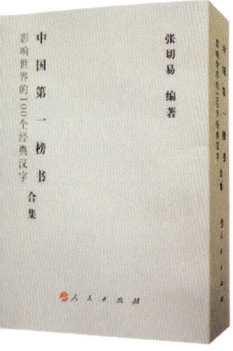

中国书法家协会会员、枣庄市诗书画院院长、韩国"书画春秋"季刊学术委员、韩国书艺作家协会中国支会长、枣庄学院书法客座教授、枣庄市国学教育促进会副主席、枣庄中山书画院副院长、枣庄市书画院副院长。他也是北京走进崇高研究院关注并彰显的大师之一。他对我在20世纪90年代初策划并主编出版的《中国100系列》和《世界100系列》丛书十分欣赏,在贺茂之将军的推荐下找到我,一方面要我帮助并完善他出版的《影响世界的100个经典汉字》的设想;另一方面是要探讨如何将他的榜书和经典汉字合集,中国传统文化中的印章、宣纸、诗词、说文解字在诠释中表现。我们一起研究和琢磨,最后组织诸多国学大师和国内知名学者遴选具有中华文化内核的经典汉字100例,内容几乎涵盖、浓缩了中华文化的所有领域:安爱宝本茶诚崇慈道德地定法丰佛福高公恭广贵好和化吉家嘉精敬静酒礼理灵龙禄美宁诺平朴齐气谦庆仁忍容儒善商上尚冲省圣师实寿恕顷泰天通文武物喜贤洋孝信兴行修玄训养义易益永勇元缘真正治智中忠周壮祖……这100个精选汉字,由张

切易书写在长、宽各两米的宣纸上,历时两年完成。书中单幅书法作品融诗、书、画、印等艺术表现形式于一体,展现了中国宣纸、中国书法、中国篆刻、中国木版印刷技艺等多项世界非物质文化遗产,使中国文化内涵的阐释得到淋漓尽致的发挥。每幅作品雄健各异,大气磅礴,用笔洒脱老辣,用墨燥润相兼,枯笔苍挺,笔画线条在粗细、虚实、枯润的变化中运筹,充分体现了榜书艺术的美感和感染力。作品无论从艺术水准还是创作所用工具、材质来说都达到了一个极致。因此就单幅作品来说也堪称中华文化的名片。该系列作品用纸于2012年年初成功通过上海大世界基尼斯总部认证。由他从多角度、精心遴选的、最能反映中国传统文化精华的100个经典汉字,展现了中华文明丰富的文化蕴涵,并与榜书艺术相结合,组成了汉字文化诠释与中国第一榜书艺术的合集。每个汉字的展示由"六个一"组成:一个榜书字、一组说文浅注、一首诗或词、一种解读、一组印语、一张精制宣纸。编者张切易还为每个经典汉字配选的律诗(含古风),由中华诗词学会的著名诗人创作,置于

榜书之侧。附录中有：《经典汉字和中国第一榜书外溢的社会价值和示范意义》《榜书印汇》《配诗 浅注 解读作者介绍》《后记·榜书心路》。

榜书俗称大字，是中国书法中一个特别重要的品类，与其他书法形式相比，更能体现中国书法的精魂与气魄，给人以震撼力。本书书法作品笔画精到，法度森严，是榜书书法艺术的很好体现，极富艺术感染力和视觉冲击力。本书是对中华文化的全面诠释和展现。充分体现了张切易先生对中华传统文化的深刻理解；充分体现了他对中华传统文化的崇高敬意；充分体现了他作为一名艺术工作者对中华传统文化事业的复兴和走向世界的高度责任感和使命感！

《影响世界的 100 个经典汉字 中国第一榜书合集》出版以后，受到国内书画艺术界的极大关注。2014 年 5 月上海文交会给予原作估值每平尺 2 万元，每幅 100 万元，该作品（100 幅）以一亿元的总市值成为中国当代价值最高的书法艺术品。此后中国第一榜书先后赴克罗地亚、荷兰、日本、韩国等国进行海外巡回展览，配合中国经典汉字优选巡展活动面向世界传播中国艺术，传播中国经典文化，其艺术价值得到更广泛的认可。国家的文化自信得以彰显。

由"大字""诗词""浅注""解读""印语""宣纸"组成的"祖""安"字；每个都是长宽 2 米

策划出版《中国政党学研究丛书》

周淑真是中国人民大学国际关系学院教授、博士研究生导师，中国人民大学当代中国政党研究中心主任、中国人民大学廉政建设研究中心主任、国家哲学社会科学基金政治学学科评审组专家。她也是第九届北京市政协委员、第十届北京市政协常委，我们在北京市的政协会议上相识。

我国的"政党学"研究，起步较晚；"政党学"从新中国成立以来很长一段时间里都是一个令人生疏的概念；在当时的社科研究领域，也只是对无产阶级政党的研究，专门辟为一个学科称之为"党的学说"或"党建理论"。在

《政党和政党制度比较研究》，2001年5月人民出版社第1版第1次印刷

《政党和政党制度比较研究》，2014年5月第2版第5次印刷

《政党和政党制度比较研究》，2019年5月第3版第8次印刷

人类社会进入21世纪之时，无论从理性上、科学性上来说，这种思路与视野的确已过于狭窄。因此，有必要建立我国的"政党学"。"政党学"除了研究无产阶级政党和各民主党派之外，还要研究世界各国各类政党产生、发展和活动的一般规律，研究政党与政党、政党与政权、政党与社会等方面所形成的相互关系，研究各种类型的政党制度的普遍规律和各种制度模式的特点。政党又是现代生活中的重要支柱，是实际政治权力的中心。在现代国家中，进行选举、组织政府直到管理国家、制定政策，都是由政党扮演着重要的角色，政党是政府的组织者和权力中心，是政府中决定性、创造性的角色。有人说，国家犹如一部政治机器，政党就是这部机器的发动机，所谓"民为邦本，国无本不立；党为民魂，民无党不活"，说的就是政党在当代社会政治中的作用。现实生活中，人们也越来越深切感受到政党的存在和政党的影响，越来越迫切地需要了解政党知识，了解政党的总体概念、政党的基本要素、政党结合的因素、政党产生的客观条件、政党的发展过程、类型模式及政党之间的相互关系等等。不同的政党之间，又以一定的方式和制度性规范，构成它们之间的相互关系及各自同政权之间的关系，从而又形成了一个国家政治制度中的政党制度。政党制度是一个国家的各个政党在政治生活中所处的法律地位的体现。因此，全面、系统、深入地比较研究政党和政党制度，研究各类政党制度的普遍规律和各种制度模式的特点，研究它们的利弊得失及成败优劣，是我们坚定地实行具有中国特色社会主义民主政治建设的成功保证。中国的改革，需要政治学研究的进一步深化；改革以后的中国，人们更加呼唤政治学的分支——政党学的诞生。

20世纪的最后10年，苏联解体，东欧剧变，世界国际关系的冷战宣告结束，经济全球化和世界多极化快速发展，世界政党格局和政党制度也发生了很大的变化，一方面是政党数量迅速增加，代表不同利益和不同意识形态的各类政党在各国的政治和国际政治生活中作用越来越重要；另一方面，传统的政党力量下降，政党体制日趋多样化，政党活动环境也更加宽松平稳，世界政党政治进入了一个新的多样化的发展时期。怎样反映这种变化，怎样突出地表现中国政党制度的特点和体现我们的"风景这边独好"？现实的需要，是当代社会科学工作者应当具有的光荣使命，我们一起策划了《政党学研究丛书》，准备出版《政党和政党制度比较研究》《政党和政党制度知识读本》《政党和政党政治学研究》《中国民主党派发展史》等，《政党和政党制度比较研究》是其中之一。

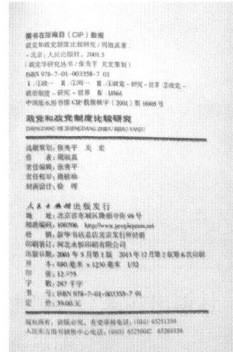

2001 年前后，周淑真的《政党和政党制度比较研究》首先出版了。本书重在政党与政党制度的基本知识和基础理论研究，构建政党学的基本架构，通过比较研究提升对这些问题的思辨性认识。应该说，这是一部填补空白的专著，迄今为止，还没有同类著作出版。2014 年《政党和政党制度比较研究》又经作者增加《修订前言》再次出了第二版。2019 年又重排重印了第三版。

本书对政党和政党制度研究的热点和重点的把握上，比较准确；对世界各种类型和模式的政党和政党制度以及相互之间的关系，做了比较研究，从而构建了中国"政党学"的基本框架；从理论和学术、历史和现实的结合上，探索政党和政党制度产生、发展和活动的一般规律，融学术价值与现实参考价值于一体等都是本书的特点。如本书作者站在时代的高度，以酣畅的笔调，阐释了不同类型的政党和政党制度的历史演变和特点后，又缕述了当代议会制两党制下的英国工党 90 年代的改革及其"第三条道路"的理论要点；美国三权分立两党制下总统选举时"驴象之争"等等。又如对苏联共产党垮台原因的探讨，更是"要言不烦，力透纸背"。这里略举一例，原苏共中央书记、现为俄罗斯共产党中央书记的久加诺夫，曾坦陈苏共："垮台的真实原因是它的三垄断制度。即共产党以为自己想说的都是对的——垄断真理的意识形态制度；以为自己的权力是神圣至上的——垄断权力的政治法律制度；以为自己没有不可以做到的特权——垄断利益的封建特权制度。'三垄断'从社会的经济、政治到意识形态三方面揭示了苏联式一党制的弊端……"（2013 年第 2 版第 6 次印刷 173 页）这些都是发人深思的。这些生动、鲜活的事例，给读者展示了一幅当代世界政党政治多姿多彩的画卷，使读者在具体地感受这些历史与现实的同时，能深刻而又准确地把

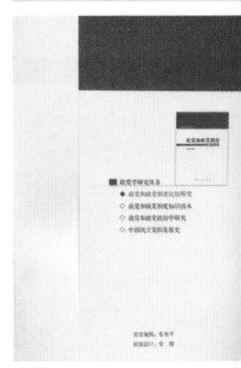

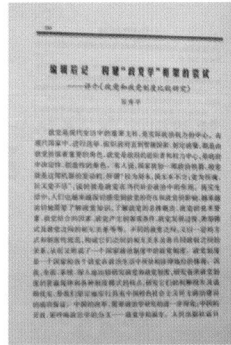

握这些政党现象背后的本质,从而开阔视野并借鉴其中有益的历史经验。

本书出版20年来,已经重版3次重印8次。理论和学术的生命之树常青。许多基层的党委书记或党支部书记告诉我,他们讲党课时,都会运用本书的关于世界各国的政党和政党制度比较的历史和现状的本质分析,党内党外的同志都比较赞同。我为此书撰写的书评,后来作为《编辑后记》置于卷末。

本书出版以后,中国人民大学国际关系学院成立了世界政党和政党制度研究中心,周老师任该中心的主任,团结联系了国内外的学者,成为研究世界政党学的前沿基地。《政党和政党制度比较研究》的出版,促进了一个学科的建设,编辑的使命和担当在这里得到了诠释和深化!

编辑出版李光羲的《舞台是我的天堂》

李光羲老师是著名男高音歌剧演员,享有国务院颁发的"有突出贡献的优秀专家"称号,国家一级演员。他也是我加入中国民主促进会以后会内的老领导、老朋友。

在共和国50年的历史长空中,艺术群星璀璨。而在歌剧表演舞台上,有"乐坛上常青树"之称的李光羲,曾经创造了三个不同的"外国小生"形象,从而赢得了"歌剧王子"的美誉;他演唱的上百首中外名曲,更是余音袅袅,脍炙人口。迄今为止,这位已经古稀之年的"歌剧王子",仍在歌坛上常唱常新,经久不衰。他称得上是中国歌坛上空闪烁着耀眼光芒的"长明星"。德高望重的民进老领导雷洁琼给李光羲题词"艺术贵创新 歌唱时代音"。

愈听愈爱光羲歌,绿野轻云淌大河。
一曲《货郎》抚掌久,几杯《祝酒》醉人多。
声应钟吕四方欢,情化顽冥万众和。
我愿十年春更美,鲜花敬献舞婆娑。

全国人大原副委员长、民进中央主席雷洁琼为李光羲题词全国人大常委会副委员长、民进中央主席许嘉璐的一曲题词祝诗，道出了李光羲卓荦不群的艺术风采，也表达了聆听李光羲绕梁不绝歌声之后的艺术感受。有人说艺术家是以天赋为载体而表演艺术的，但天赋并不等于艺术的造诣。歌唱家虽然也以天生的一副好嗓子去赢得观众与听众，但从艺与做人，也并非仅靠天生一副好嗓子。

我就是读了《舞台是我的天堂——李光羲艺术生活50年》（下称《天堂》）书稿并担任本书的特约编辑后，才使我近距离走进了李光羲老师的艺术与生活，读懂了李光羲"艺术之树"常青的奥秘。我在拿到全部书稿后、几乎是一口气读完的，完全被书稿中光羲老师的坎坷经历和行云流水般文字叙述的精彩往事所吸引，激动之情不能自已，马上打电话给光羲老师。适逢光羲老师不在家，我与光羲老师夫人、王紫薇老师痛快淋漓地谈了一个多小时，倾诉了我对书稿的全部评价与感想。

本书的出版，虽有曲折，但我和光羲老师在紧张的编辑工作中，与执笔者邱玉璞先生的切磋标题，与光羲老师、紫薇老师一起精选图片，和出版者一起安排印制，又约请著名出版家、中国第一届韬奋奖获得者郁进（戴文葆）先生撰写了《关于歌唱家成就的思考》作为代序，文虽短，但思绪无限……个中有甘苦，令人感慨万千。最后呈献在读者面前的是一部印刷精美、封面简朴、标题鲜明、文字跌宕但又充满文采与哲理的《天堂》。我为此感到些许欣慰。

《天堂》出版以后，北京图书大厦，天津、上海、南京的新华书店都举办了盛大的李光羲签名售书活动，第一版5000册很快售缺。每一次的签名售书活动，都伴随着李光羲与他的观众与听众的情感交流，洋溢着读者对艺术家的敬仰之情。应读者盛请，古稀之年的"歌剧王子"再唱《祝酒歌》，昔日的年轻"货郎"风采依旧。前中央歌剧院交响乐团团长金纪广读了本书200页后，就给李光羲老师打电话说：我已经泪流满面，不能卒读。著名作家张贤亮生前拿到赠书后，动情地说：我不但要拜读，还要写评论。

1957年12月，李光羲和王紫薇的结婚照（李光羲提供）

著名作家、民进中央副主席冯骥才向人介绍：这是一本有历史价值的书。

"文以载道"，《传》演人生。《天堂》是文化部离退休中心计划撰写的十个有影响的老艺术家的传略之一，全部资料由李光羲本人提供，由邱玉璞、胡献廷执笔创作完成。全书共23万字，图片题词近200幅，本书作者邱玉璞曾写道：

> 说实在的，《天堂》一书的第一作者应该是光羲本人，或再加上其夫人紫薇……开始我只试着进入，但当我逐渐深入至光羲内心世界时，我的心被震撼了。使我感到在光羲一幕幕平铺直叙的往事里，蕴藏着一种矢志不移的追求。为名人写传或为名演员写传，虽然是既传统又很世俗，但从李光羲的人生经历中，反映文化界名人的成长轨迹，却又使这一题材具有了典型的创新意义。这使本书首先具有了开卷有益之处。

本书的特点还有以下几个方面。

一、将人物命运沉浮置于国家兴衰、社会进步与发展的大环境中去考察。李光羲是一位久负盛名的老一辈著名歌唱家，他出生在国难深重的年代，成长在家境没落、贫穷与饥饿持续困扰的岁月。父亲早逝、母亲多病、兄长的厄运、青年时代的辍学以及新中国成立后社会变革的风风雨雨，都使他在成长的道路上，每走一步，都要付出代价；他得到的每一点收获，都要用汗水凝成。在布满荆棘的人生旅途中，李光羲终于走向了光辉的顶点，他的人生历程，应该是共和国历史轨迹的缩影。自古人生多磨难。李光羲毕生推崇：知恐惧成人，知羞耻成人，知艰难成人。从他的艺术生活50年所走过的道路回首往事，使人们感受国家命运的昌盛与否，与艺术家的荣辱及艺术的兴衰息息相关，从而激发更强烈的爱国情感。

二、注意对传主人生重大事件历史过程的述写，注意与传主有关的人物群体的反映。李光羲用其毕生心血倾注于中国歌剧和歌唱事业，在舞台上为人们塑造了一系列动人的歌剧人物形象；在每一历史阶段，他都以优美的歌声给人们留下了一批脍炙人口的歌曲。从20世纪50年代的《相逢在匈牙利》到60年代的《松花江上》，以及70年代的《远航》《北京颂歌》与70年代末的《周总理,您在哪里》《祝酒歌》《鼓浪屿之波》等等。本书不断地揭示了这些名曲推出的历史背景和幕后的名人轶事。新中国最有成就的第一代歌唱家、声乐家张权、郭兰英、楼乾贵、李维渤、沈湘、蒋英等等,在本书中都鲜活而具有个性,讴歌了共和国一代知识分子的拳拳报国之心和丰富多彩的人生历程,给人智慧与启迪,催人奋进与向上。

三、表现传主对艺术的执着与追求,个性鲜明,一丝不苟。李光羲的人生,是幸运的人生,坎坷的人生,更是忙碌的、奋斗的人生。本书对此的叙述,着墨甚多,生动而又富有哲理。如李光羲初入中央歌剧院时,除了一副好嗓子外,他既不是科班出身,也没有进行过系统的声乐和形体训练,对歌剧表演,更不得其门而入。但歌剧又是一门综合的舞台艺术,除了形象、气质、嗓音、乐感和演唱技巧外,还要通过表演来完成对人物角色的塑造。李光羲初次在《茶花女》中饰演男主角阿芒,碰遇的困难是可想而知的。李光羲首先摒弃了新中国成立初期盲目照搬外国经验的理论误区——即一切表演要从感情出发,感情对了,一切就全对了,这是偏重体验而不敢触及表演形式问题。其次,他除了听苏联莫斯科音乐剧院专家的声乐课外,又向著名歌剧艺术家郭兰英学习表演。他认为"郭兰英的艺术表演手法,使我找到了一种方法,即表演的技巧形式。既表达和抒发了人物的具体感情,又做到了艺术上的协调和考究……一个完整的表演是手、眼、步、声、情、字、味、形无一不雕琢"。李光羲终于找到了新歌剧的一种崭新的独创的表演方法。从此,只要他"往那里一站,就好像使你看到了那风流倜傥的男主角的影子,令排练场上所有的人为之侧目"。天赋、勤奋和机遇,终于使李光羲登堂入室,步入了歌剧艺术的天堂。

再如经过十年内乱以后,新中国歌剧的第一代演员有的去世、有的老了,歌剧创作又陷入了从未有过的低谷。随着社会状况的变化,有的人又主张"演50年外国歌剧,中国歌剧就自然产生"的极端观点。于是,声乐课自流了,

著名出版家、第一届韬奋奖获得者戴文葆(署名郁进)为《舞台是我的天堂》撰写的《关于歌唱家成就的思考》

表演和形体课绝迹了。李光羲心急如焚。他认为这种观点，否定了中国歌剧的优良传统，也否定了半个多世纪的中国歌剧的创作……他又大声疾呼："中国歌剧院的任务之一是引进介绍国外歌剧，而主要目的是借鉴西洋大歌剧的模式来创作中国自己的、民族的、高水平的大歌剧。中国人无须用50年时间去专门演国外歌剧而后才能有中国歌剧。中国已经有70余年的歌剧历史，已经产生了一大批优秀的歌剧工作者……放弃中国歌剧的创作，或只要躺在国外歌剧上……只演国外歌剧，而且一演就是50年，是没有出息的；以这种观点搞中国歌剧，是没有前途的。"是啊！创新是一个民族的灵魂，艺术也不应例外。

又再如在20世纪60年代初期，李光羲已在中央歌剧院的舞台上，连续成功地塑造了《茶花女》中的阿芒、《货郎与小姐》中的阿斯克尔和《奥涅金》中的连斯基等三个外国小生的形象，由于他的精彩表演，在当时的中国掀起了一股新的歌剧高潮，李光羲也跃居了歌剧院男演员中的"塔尖"地位。当时的歌剧观众，都把李光羲与阿芒、阿斯克尔、连斯基三个艺术形象连在一起，他们都是年轻、漂亮、潇洒而有风度，但是李光羲并未使观众产生雷同，而是令人感到一个形象比一个形象更加成熟和鲜明。为此，他付出了艰苦的

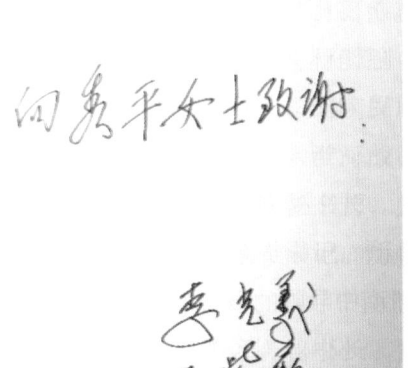

劳动。李光羲是从人物的性格的塑造上，在演唱和表演技巧上塑造了性格、气质截然不同的鲜明的艺术形象。李光羲在仔细揣摩剧中人物后认为：《奥涅金》中的连斯基，本身就是一位贵族少爷，他看人的眼神是直勾勾的；《茶花女》中的阿芒一心想挤入上流社会，必须小心谨慎，他懂得社会，他的眼神总是在审时度势之中；《货郎与小姐》中的阿斯克尔是一个年轻而富有的商人，属于新兴资产阶级，为人正直，所以他对社会上所存在的落后保守现象总是报以嘲弄的眼神。李光羲认为：所谓假戏真做，真就真在对人物性格的准确而深刻的理解上。否则，无论你自觉与否，都将陷入"假情假意之中，那是表演艺术的大忌"。艺术家就是这样从表演的实践中，刻苦追求，终于悟出了表演艺术的真谛，同时

也悟出了人生的真谛,这是多么难能可贵啊!

四、对传主家庭生活和情感的描写,虽然简单,但却道出了个中真情及李光羲的人生追求。李光羲是演艺界的名人,在舞台上塑造了那么多的光彩照人的英俊小生形象,生活中当然也不乏女性的爱慕和追求者,李光羲却洁身自好,并未因此而浮沉。因为他与夫人王紫薇,是可遇而不可求的人生知己。他在与青少年朋友交往时,经常将冰心老人的关于爱情的精辟见解告诉他们:爱情是感情范畴的事,但必须用理性去指导才符合人类社会生活的规范,才会有幸福。李光羲当上全国政协委员以后,在政协开会期间,他总是忙着替人摄像、留影,忙着分发以前替人服务照的相片,显得既年轻又充满活力。著名画家黄胄十分羡慕他的"年青"(其实李光羲当年已经73岁)和精力充沛,曾向李光羲请教养生之道。李光曦说:就是三条:多锻炼,少生气,不交女朋友。黄胄举棍要打,俩人随后即哈哈大笑。

李光羲不是科班出身,也没有音乐学院的学历。有人说,李光羲的艺术生活,曲折而又颇多幸运;也有人认为,李光羲的成功,是一个特殊的"例外",但"特殊"又往往蕴涵在一般之中。今天的一切都证明,李光羲是凭着智慧、胆略和执着从而在人才济济的大歌剧院脱颖而出,获得了观众和人心的。这首先是他具有艺术上的天赋和敏感;其次是能从同行的言行中获取知识,弥补自己的不足;而最重要的是他自幼就在切身的感受中弄懂了要在观众面前去接受检验,是生活的实践培养和增长了他的舞台效益的观点。多年来,李光羲一直是歌剧院的"台柱子",在密集频繁的演出任务面前,无论是否合乎表演理论要求,也不管别人如何评论,只要观众喜欢.李光羲总是全身心投入。如有一次在青岛演出,李光羲被告知只唱《祝酒歌》一首歌。李光羲提出意见说,自己以前在青岛观众前曾演唱过许多歌,如果这次只唱一首,是对不起观众。他又问限唱的原因,回答说是没有带歌谱。李光羲立即拿出自己抄写的总谱,后又说乐队没有合乐,李光羲说他可以不要乐队,只要钢琴伴奏,钢琴谱他也带来了,可是演出队没有带钢琴伴奏。李光羲只得跑到青岛歌舞团,临时请来一位伴奏。可是临到演出当天,他发现剧场舞台上并没有钢琴,只好又到附近的人家借来一架钢琴。试弹后,发现这

《舞台是我的天堂》,广西民族出版社2002年1月第1版

架钢琴上的许多键按下去弹不起来，音也不准，临时又找不到调琴师。情急之下，李光羲只好自己动手，借来扳子，又到文具店买了两块橡皮，自己坐下来把一根一根琴弦调准。只差两个小时就开演了，李光羲累得满头大汗，终于使钢琴的音不再那么"花"了……此后，他面对欢迎他出场的数千观众，一口气唱了8支歌，音乐会由此达到了高潮……

李光羲一直认为，艺术所要传达给人们的有最基本的两条，即美和明白。不美，就不是艺术；不明白，连美也不存在。一个演员，谁不想追求完美？谁不想永远处于巅峰状态？然而，演员在舞台上不是搞学术研究，是用声音和表演去吸引观众。意大利声乐大师吉诺·贝基说：一条好嗓子，如果不去刻画人物性格，光是唱，5分钟后观众就会看手表，10分钟后就会捂嘴打哈欠了。而一个普通声音，只要去唱内容，体现细腻的感情，在塑造一个人物，观众就会被吸引而坐上3个小时。这就是所谓"嗓子好的不如会唱的"，这是舞台"最本质的东西"。李光羲毕生追求的，正是这种舞台艺术的本质。

左起张秀平、邱玉璞、李光羲、戴文葆、欧薇薇

此外，本书在表述历次政治运动及极左路线对文艺界的影响上，一般也采取回避的办法，仅仅在叙述传主的经历时一笔带过。如"1957年的狂风巨浪""参加了半截子'四清'""浩劫中的沉浮"等等。这种处理，符合传主的性格，也比较平稳。经历过"十年劫难"浮沉以后的艺术家们，大浪淘沙，艰难玉成，能够继续站在舞台上几十年的演员，哪一位不是适应逆境而后生的啊！

李光羲认为：真正的舞台应该是艺术的殿堂，因为在那里集中了人间最多的美和真情，这才值得我把它奉为天堂。舞台是我心灵所系，是我的理想所在，我的天堂。

艺术与天堂同在，天堂在他的心中。我为这本传记付出的劳动，得到了光羲老师和紫薇老师由衷的感谢，作者邱玉璞老师也来信表达了他创作的感想。传主、作者和编者之间的互动和互相支持，在文化和出版史上都是一段流传的佳话！

策划出版《中国特色政治发展道路研究丛书》

王佐书是北京知青,1967年从北京下乡到黑龙江省绥滨农场工作,1983年1月毕业于哈尔滨师范大学化学系。历任哈尔滨师范大学讲师、教授、副系主任、校长助理、副校长、校长,民进黑龙江省委副主委、主委,黑龙江省人民政府副省长,民进中央副主席,第八、九届全国政协委员,第十届全国人大常委会委员,财经委员会委员,第十一届全国人大常委会委员,教科文卫委员会副主任委员。他在2002年奉调北京后担任中国民主促进会中央委员会专职副主席,处在党派领导的高层,在参政议政方面,站得高,看得远,想得深,做得好。《论中国民主党派的政治交接》《参政议政研究》《中国文化战略与安全研究》《构建社会主义和谐社会的软实力》都是他的代表作。

2007年,适逢中国各民主党派的选举年、换届年,支持各民主党派在新老交替基础上搞好政治交接,对于坚持和完善中国共产党领导的多党合作和政治协商制度具有重大战略意义,也直接关系到各民主党派自身光荣传统的继承、发扬。我建议他将上述的这些选题,作为《中国特色政治发展道路研究丛书》一起推出,他同意了。

王佐书,历任民进中央副主席,第八、九届全国政协委员,第十届全国人大常委会委员,财经委员会委员;第十一届全国人大常委会委员,教科文卫委员会副主任委员

《论中国民主党派的政治交接》是第一部系统深入研究民主党派政治交接问题的专著。作者着眼于民主党派政治交接的理论基础、政治交接的内涵及民主党派建设发展的诸多层面进行研究和思考,视野开阔,体现了作者深厚的理论修养和丰富的实践经验,对于相关问题的研究具有宏观、战略、前瞻意义。

《构建社会主义和谐社会的软实力》共43章,作者就什么是软实力、我国构建社会主义和谐社会应当从哪些方面提高软实力以及在此过程中应当注

2008年王佐书率民进中央议政调研部来人民出版社民进支部调研，上从右起：民进中央秘书长高友东、民进中央副主席王佐书、民进中央议政调研处长宁永丽……

意的问题等内容展开论述。对当前我国构建社会主义和谐社会的工作具有方法论上的指导意义，有利于管理观念的改变，确定工作的着力点和工作方法，研究并制定全球化背景下经济社会发展评价理论和评价体系。本书是关于研究"构建社会主义和谐社会"方面的专著，具体包括了：如何构建社会主义和谐社会的软实力、树立社会主义核心价值观、养成良好的非权力因素、引导社会的形势或趋势、完善并落实社会"细胞"责任、清除构建社会主义和谐社会的障碍等方面的内容。构建社会主义和谐社会既要有强大的硬实力，也要有雄厚的软实力，"软硬失衡"必然会造成社会的不和谐。构建社会主义和谐社会，不断推进生产力更好、更快地发展，需要从硬实力和软实力两方面加强我国的综合国力。相对于军事和经济的硬实力而言，国家的影响力、国民素质、社会风气、民族精神、价值观念以及社会制度等隐性的软实力则是比较难以度量的，同时也是容易被政府的管理人员所忽视的。本书的出版，正好弥补了这方面缺失。

《中国文化战略与安全研究》是研究中国文化战略与安全的专著。全书共15章，作者从文化的基本特征和基本研究方法入手，着重中国文化实力的表现形式和不断发展、壮大文化实力战略措施的思考，强调弘扬中华民族精神、充分发挥民族凝聚力、培育民族自信心、增强全民族的文化"免疫力"在我国经济转型期确保国家文化利益和国家文化安全中的作用。本书既可以作为专门从事文化管理和研究者的常备读本，也可以作为教学培训人员的参考用书。

文化虽然是一个内涵极其广泛的概念，但它绝不是虚无缥缈的精神，而是能渗透到社会经济和社会结构的凝固剂，既可以是调动和组织国家和民族的向心力，也可以是涣散国家和民族的离心力。美国学者约瑟夫·奈等都将文化、意识形态、社会制度等称为"软权力"，认为它是与军事和经济实力等"硬权力"同等重要。国家文化利益，具体是指文化心理、民族精神、价值观念、意识形态、政治制度等等，说到底是国家的文化主权问题。国家文化利益是国家、民族存在的前提。国家文化利益受到侵犯、民族文化受到挑战或质疑，则国家和民族的认同基础便出现动摇，民族的凝聚力的涣散则又意味着民族和国家的危机。在经济全球化、文化多元化、科学技术日新月异的 21 世纪，国与国之间的竞争，已远远超出了传统的军事力量的对抗而代之以国家综合国力的较量，而在国家综合国力构成的诸要素中，文化具有至高无上的战略地位，因为一切经济与军事的竞争都是人的竞争、一切技术和创造都需要人去掌握与发明，

从上至右：广宏宇、何春凤、张小平、黄书元、柯尊全、张秀平

一切社会资源的开发和利用都取决于人的作用，而人是受政治和文化熏陶的，文化的功能，恰恰在于对人的塑造。全球化背景凸显了国家文化利益的战略地位。由国家文化利益矛盾冲突而引起的国家文化安全已成为当今世界任何一个国家的重要战略问题。

在全球化背景下，我国的文化安全正面临前所未有的全面挑战。首先是以美国为首的西方意识形态的扩张。根据美国最大、也是对政府决策最有影响的智囊库兰德公司于 1998 年 6 月份向美国政府提出的建议：美国的对华战略应该分三步走，第一步是西化、分化中国，使中国的意识形态西方化，从而失去与美国对抗的可能性；第二步是在第一步失效或成效不大时，对中国形成全面的遏制，并形成对中国战略上的合围，包括地缘战略层次和国际组织体制层次，以削弱中国的国际生存空间和战略选择余地；第三步就是前两招都不能得逞时，不惜与中国一战，当然作战的最好形式不是美国直接参战，而是支持中国内部谋求独立的地区或与中国有重大利益冲突的周边国家。"三步走"的战略并不仅仅停留在美国政府决策参考的层面上，在美国的外交实践中已经得到了体现。美国前总统克林顿认为：一个经济发展、国力强盛但全盘接受美国价值观、认同美国文化的中国比一个经济落后、国力衰落的中国更符合美国的战略需要。其次是随着入世和全球化的加快及国内经济的转型，信息传播和信息来源也纷繁复杂，人们的思想观念呈现空前的多元化。三是中国文化创新能力不足。与国家对外贸易的强大出超相比，中国对外文化和

从左到右：张小平、黄书元、柯尊全、张秀平

传播则是严重的"入超"。英国的前首相撒切尔夫人说：中国不会成为超级大国"因为中国没有那种可以推进自己的权力而削弱我们西方国家的具有国际传染性的学说，今天中国出口的是电视机而不是思想观念"，有鉴于此，《中共中央关于加强党的执政能力建设的决定》指出："坚决防范和打击各种敌对势力的渗透、颠覆和分裂活动，有效防范和应对来自国际领域的各种风险，确保国家的政治安全、经济安全、文化安全和信息安全"，文化安全是国家的四大安全之一。

那么，怎样才能保证国家的文化安全？作者认为，首先要增强国家的文化力。"发展是硬道理"，"文化安全只能用文化来保卫，只能用文化使国人可持续地产生自信心，可持续地产生免疫力，可持续地产生创新力。自信心、免疫力和创新力的获得，只能靠我国的优秀文化，靠我国的优秀文化产品"。（该书第199页）其次是要加强国家文化安全战略的谋划。

树欲静而风不止。美国中央情报局对中国的种种秘密情报活动，过去没有停止过，现在也没有停止，将来还会继续下去。只要中国按照自己的道路走下去，变得越来越强大，就将是美国挥之不去的一个"心病"，就仍将是中央情报局秘密情报活动的重点对象之一。

美国中央情报局在其极其机密的《行事手册》中，关于对付中国的部分最初撰写于中美极度对抗的1951年，以后随着中美关系的变化不断修改，至今共成十项，内部代号为《十大戒令》。全文转述如下：

1. 尽量用物质来引诱和败坏他们的青年，鼓励他们藐视、鄙视、进一步公开反对他们原来所受的思想教育，特别是共产主义教条。替他们制造对色情奔放的兴趣和机会，进而鼓励他们进行性的滥交。让他们不以肤浅、虚荣为羞耻。一定要毁掉他们强调过的刻苦耐劳精神。

2. 一定要尽一切可能，做好宣传工作，包括电影、书籍、电视、无线电波……和新式的宗教传布。只要他们向往我们的衣、食、住、行、娱乐和教育的方式，就是成功的一半。

3.一定要把他们青年的注意力,从他们以政府为中心的传统引开来。让他们的头脑集中于:体育表演、色情书籍、享乐、游戏、犯罪性的电影,以及宗教迷信。

4.时常制造一些无风三尺浪的无事之事,让他们的人民公开讨论。这样就在他们的潜意识中种下了分裂的种子。特别要在他们少数民族里找好机会,分裂他们的地区,分裂他们的民族,分裂他们的感情,在他们之间制造新仇旧恨,这是完全不能忽视的策略。

5.要不断制造"新闻",丑化他们的领导。我们的记者应该找机会采访他们,然后组织他们自己的言辞来攻击他们自己。

6.在任何情况下都要传扬"民主"。一有机会,不管是大型小型,有形无形,就要抓紧发动"民主运动"。无论在什么场合,什么情况下,我们都要不断对他们(政府)要求民主和人权。只要我们每一个人都不断地说同样的话,他们的人民就一定会相信我们说的是真理。我们抓住一个人是一个人,我们占住一个地盘是一个地盘,一定要不择手段。

7.要尽量鼓励他们(政府)花费,鼓励他们向我们借贷。这样我们就有十足的把握来摧毁他们的信用,使他们的货币贬值,通货膨胀。只要他们对物价失去了控制,他们在人民心目中就会完全垮台。

8.要以我们的经济和技术优势,有形无形地打击他们的工业。只要他们的工业在不知不觉瘫痪下去,我们就可以鼓励社会动乱。不过我们必须表面上非常慈善地去帮助和援助他们,这样他们(政府)就显得疲软。一个疲软的政府,就会带来更大的动乱。

9.要利用所有的资源,甚至举手投足,一言一笑,都足以破坏他们的传

《中国特色政治发展道路研究丛书》,人民出版社 2007 年第 1 版第 1 次印刷

统价值。我们要利用一切来毁灭他们的道德人心。摧毁他们的自尊自信的钥匙：就是尽量打击他们刻苦耐劳的精神。

10.暗地运送各种武器、装备他们一切的敌人和可能成为他们敌人的人们。

《中国特色政治发展道路研究丛书》出版以后，反响强烈，好评不断。作者又推出《教育问题怎么办》《企业问题怎么办》……他的每一本书的推出，都体现了一个参政党领导干部对中国特色政治发展道路的探索和思考！令我们钦佩！

《天下第一家丛书》
《中国显学文化丛书》等的策划与遗憾

从1983年责编第一本帝王传记《唐太宗传》开始，到东方编辑室策划出版《20世纪群体人物丛书》，我对人物传记的出版一直倾注了大量的精力，付出了心血，总想让人物传记的出版成为出版的常青树、永远灿烂的奇葩，提供"大浪淘沙，艰难玉成"的做人、资治典范。

1996年，我就提出了关于编辑出版《天下第一家丛书》的设想并获得了老主任作耀副总编辑的支持，此时我是文化编辑室的副主任、副编审，作耀副总编辑此时主管《新华文摘》和历史编辑室，我的选题获得他的支持纯属例外，但不管怎样，出版社还是正式通过了选题并立项。

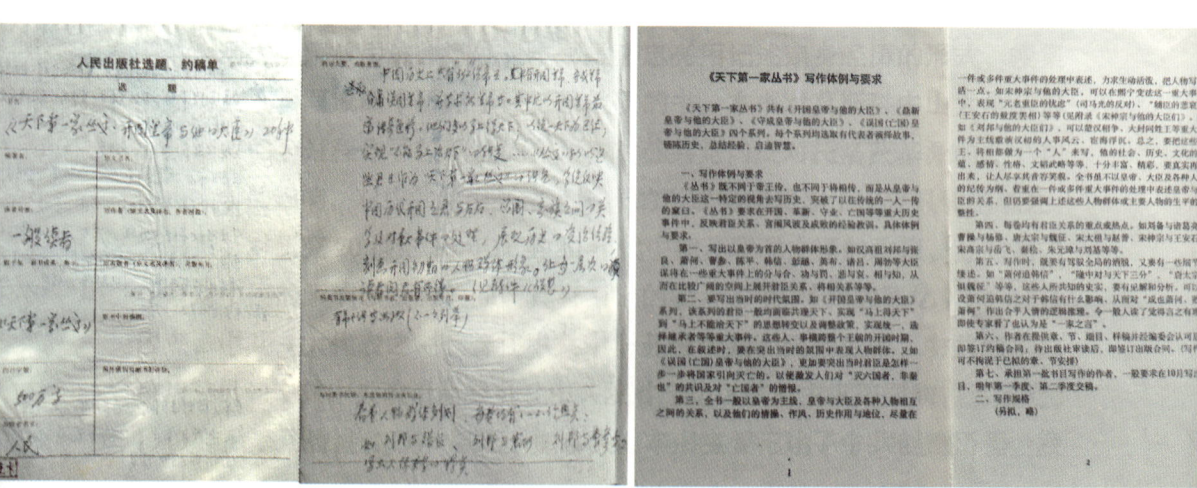

关于《天下第一家丛书》的选题单与写作体例要求

我对《丛书》的初步设想是"不同于帝王传、也不同于将相传，而是从皇帝与他的大臣这一特定的视角去写历史，突破以往传统的一人一传的窠臼。《丛书》要求在开国、革新、守业、亡国等等重大历史事件中，反映君臣关系、宫闱风波及成败的教训、治国理政的经验……"为了让作者能够比较全面、深刻地理解《丛书》的编撰宗旨，我又撰写了《〈天下第一家丛书〉的写作体例和要求》，甚至提供了《宋神宗与他的大臣》的参考章目。第一批《开国皇帝与他的大臣》的书目有《秦始皇与他的大臣们》《汉高祖与他的大臣们》《唐高祖与他的大臣们》等16种；《鼎新（中兴）皇帝与他的大臣们》有《汉武帝与他的大臣们》《明成祖与他的大臣们》《唐玄宗帝与他的大臣们》等6种；《守成皇帝与他的大臣们》有《唐高宗与他的大臣们》《乾隆与他的大臣们》等2种；《误国（亡国）皇帝与他的大臣们》有《崇祯与他的大臣们》《宋徽宗与他的大臣们》《隋炀帝与他的大臣们》等3种。

接着，我组约了俞鹏飞《君臣仁义——刘备与他的大臣们》、黄朴民《汉光武帝与他的大臣们》、杨振红《桓、灵帝与他的大臣们》、王晓毅《晋武帝与他的大臣们》、张其凡《宋太祖与他的大臣们》、葛金芳《宋神宗与他的大臣们》、张邦炜《宋徽宗与他的大臣们》……

从以上罗列的作者看，这几位都是"学有专业，业有专攻"的比较合适的人选。比如四川师范大学的张邦炜先生，当年是宋史界的特别有造诣的中青年学者，著有《宋代政治史论》《宋代婚姻家族研究》等，他不但答应撰稿，而且还很快提供了写作提纲。

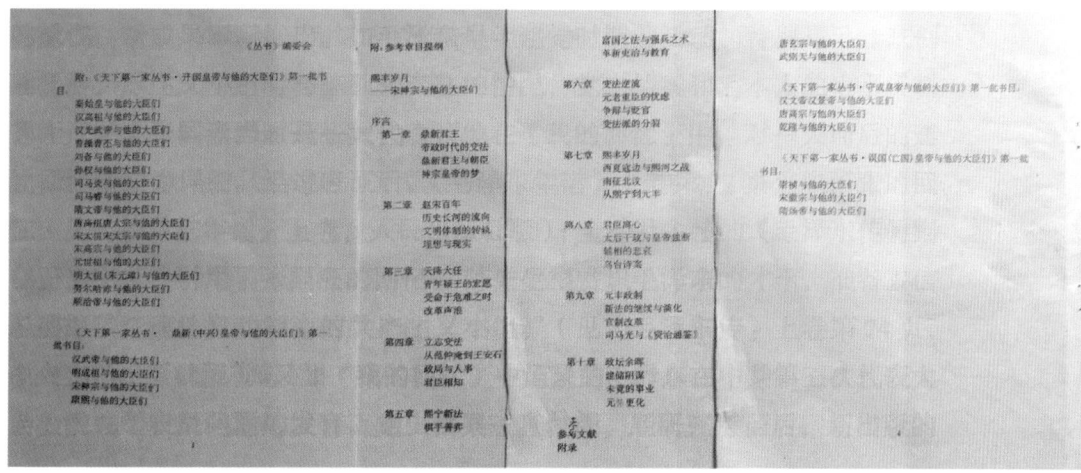

《天下第一家丛书》第一批书目和参考提纲

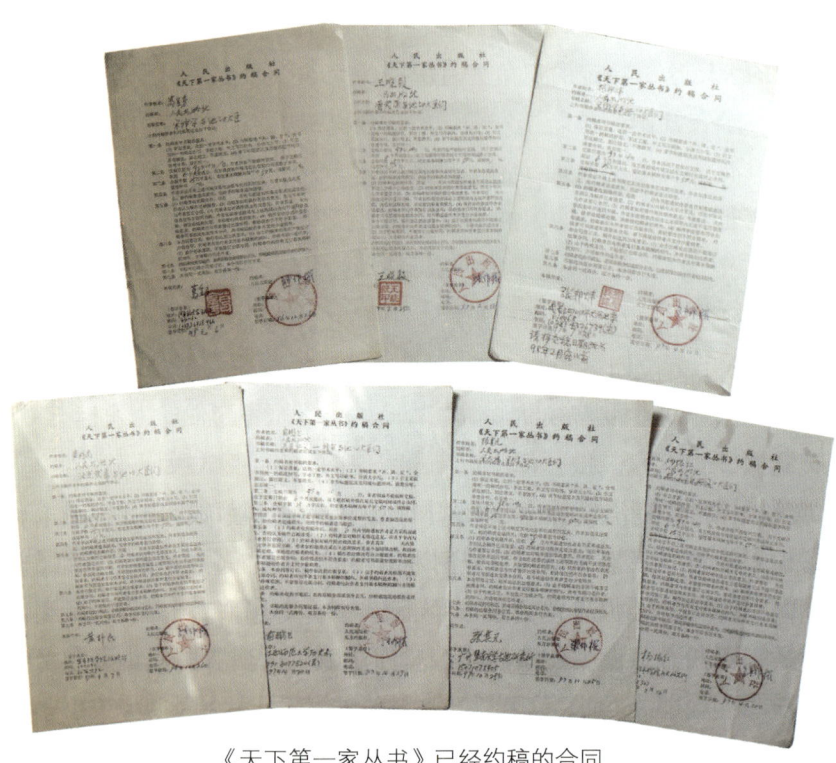

《天下第一家丛书》已经约稿的合同

又比如黄朴民先生，1988年获历史学博士。曾任军事科学院战略研究部三室副主任，研究员。2002年以大校军衔退役，并进入中国人民大学历史系，担任教授、博士生导师。2008年调入中国人民大学国学院，担任常务副院长。主要从事先秦两汉政治思想与华夏古代军事文化的研究，是国内极有影响的军事史专家、《孙子兵法》研究专家。他的《辉煌的中兴——汉光武帝和他的大臣》，也交来了提纲。

从提纲和样稿看来，虽然他们的体例和文字都有了改变，但都没有摆脱传统的单人传记撰写的模式，

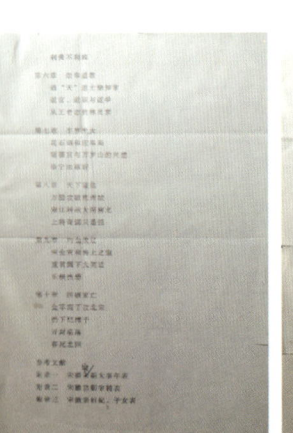
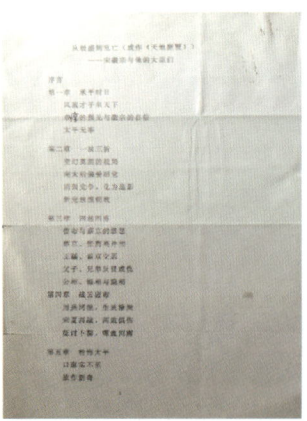

四川师范大学张邦炜先生的《宋徽宗与他的大臣们》提纲

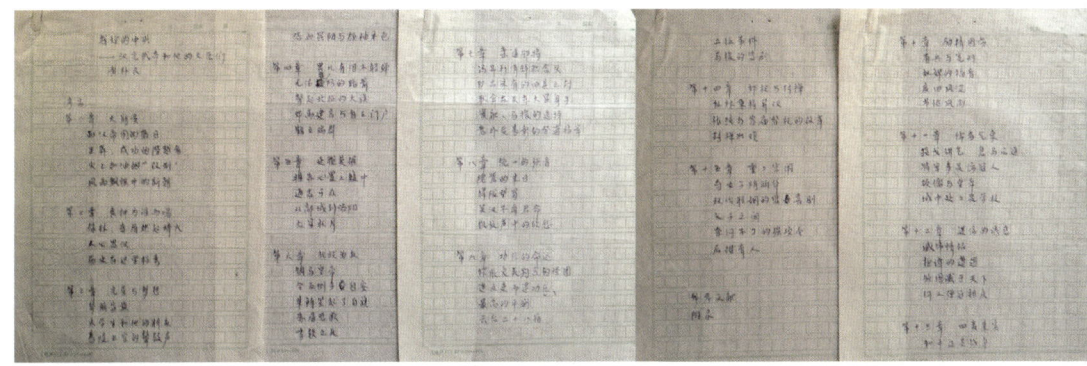

中国人民大学国学院黄朴民先生的《辉煌的中兴——汉光武帝和他的大臣》提纲

这套书到底怎么写？我和各卷的作者都在探索之中。2001年，中国中央电视台的"百家讲坛"开播，栏目宗旨为建构时代常识，享受智慧人生。选择观众最感兴趣、最前沿、最吸引人的选题。追求学术创新，鼓励思想个性，强调雅俗共赏，重视传播互动。栏目选材广泛，曾涉及文化、生物、医学、经济等各个方面，现多以文化题材为主，并较多涉及中国历史、中国文化。很快地在"学者和百姓之间架起了知识和联系的桥梁"。央视的平台和作者的影响力让我钦佩不已。我也深深地感到，宣传媒体不同的表现模式，作用也大不相同，特别是历史类的人物传记，要做到优雅又具有情节、还要忠于史实，实在太不容易了！《天下第一家丛书》的策划和出版都留下了深深的遗憾……

《中国显学文化丛书》的策划也是在1995年。当时我在文化编辑室担任副主任、副编审，在其位总得谋其政，开始思考关于编辑室的近期和远期的总体出书规划。积多年在历史和文化领域图书出版的经验，我提出了编辑出版《中国显学文化丛书》的设想。

关于《中国显学文化丛书》的设想

一、目的

中国是传统文化源远流长的国度，各种学术文化载体博大精深，各种学术流派异彩纷呈。这些文化载体或学术流派均显示了自己深厚的实力，从而成为"显学"，影响了一代又一代的学人。为了展示这些显学文化的产生、发展和变化的历史，再现中国传统文化的精髓和发展轨迹，特拟编辑《中国显学文化丛书》。

二、性质

《中国显学文化丛书》是一套普及高品位文化知识的大型丛书，拟为系统、全面展示中国显学文化的全方位图画、提供高雅文化和普通民众之间联系的桥梁而努力。

三、内容

《丛书》拟以文化载体内容分若干系列。如以名著类内容为载体的，有《〈史记〉与史记学》《〈红楼梦〉与红学》《〈聊斋〉与聊斋学》等；以历史文化名城景点和名山大川类为载体者，有《敦煌与敦煌学》《安阳甲骨与甲骨学》《黄河与黄河学》《故宫档案与明清学》等；以著名人物为载体的，有《胡适与胡适学》《老子与道学》《朱子与理学》等。（详见附件）

四、体例

每题的写作，必须要写清某一显学载体的简要内容、形成"显学"的渊源、各派的观点及来龙去脉、各阶段的代表人物及该代表人物及该文化的现状与发展趋势等。必要时，设《中国显学文化概论》，作为《丛书》的开卷。

五、组织实施

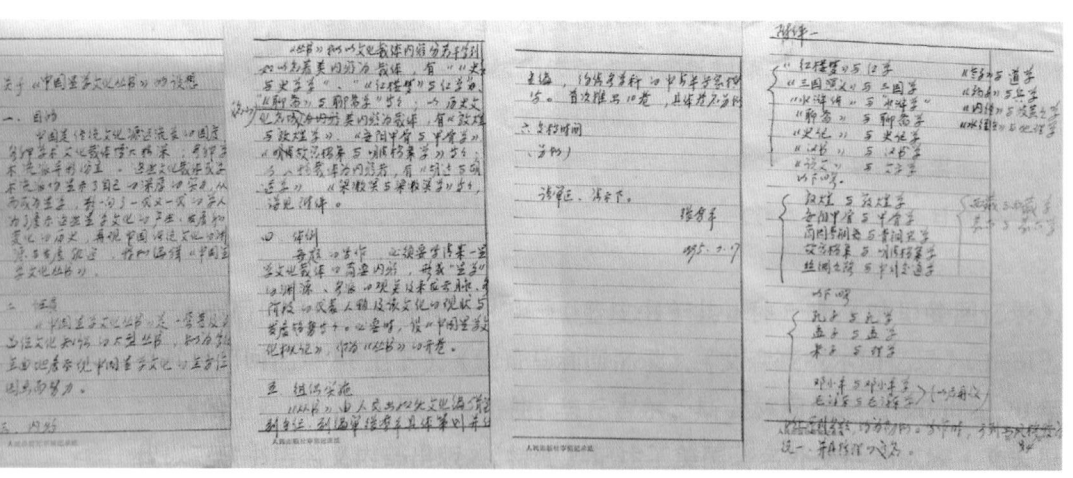

1995年关于《中国显学文化丛书》的策划设想

……

请审正。请示下。

张秀平

1995.3.17

附件一

《红楼梦与红学》《老子与道学》《孙子与兵学》《内经与岐黄治学》《水经注与郦学》《说文与文字学》《三国演义与三国学》

《水浒传与水浒学》《聊斋与聊斋学》……

《敦煌与敦煌学》《安阳甲骨与甲骨学》《商周青铜器与青铜文化学》《故宫档案与明清档案学》《丝绸之路与中外交通学》《西藏与藏学》《长江与长江学》《黄河与黄河学》……

《孔子与儒学》《孟子与儒学》《朱子与理学》……

……

这个设想,现在看来也还有一定的现实和实践意义。25年前的1995年,更应该具有前瞻、战略的价值,但没有列入选题计划,更不要说付诸实施了。但是我迄今都觉得上列选题都应该是中国文化的基础工程之一,配套出版以后会有存在的一席之地。

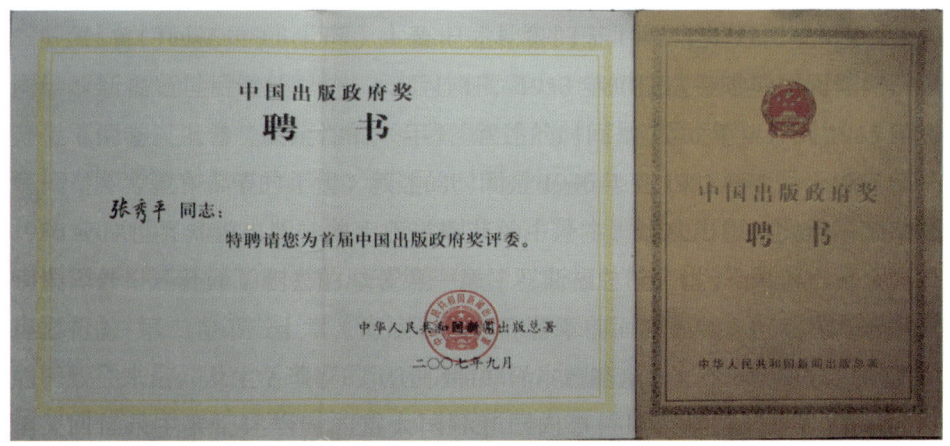

担任首届政府出版奖评委的聘书

经历出版改革

筹建"东方文化编辑部"

20世纪70年代,中国出版的最高行政管理机构是国家出版事业管理局,先归文化部后为国务院直属机构;1985年,又重新组建了国家新闻出版局仍为国务院直属机构;1987年1月13日,国务院发出《关于成立中华人民共和国新闻出版署的通知》,新闻出版署为国务院直属机构,负责全国新闻出版事业的管理工作;2001年,新闻出版署升格为正部级单位,名称为"中华人民共和国新闻出版总署"。这次机构改革,目的是加强新闻出版工作的领导和管理,增强工作的权威性,为新闻出版事业更大发展从组织上提供条件和保证。机构规格高了,地位变了,我们的责任更大了,任务更重了。

我从1977年大学毕业分配、刚到人民出版社时,出版社的社长兼总编辑是陈茂仪先生。1978年,著名出版家曾彦修先生右派平反后回到人民出版社担任总编辑,他是人民出版社的老社长;1983年,曾彦修任人民出版社社长,张惠卿任人民出版社总编辑。1988年,薛德震任人民出版社社长兼总编辑。以上诸位社领导对党的出版事业忠心耿耿,鞠躬尽瘁,一生的事业,一辈子坚守。如曾彦修,虽一生坎坷,50年代在人民社当社长时被错划为右派、平反后仍回来重新开始,需要勇气和胸怀,更是出于对党的出版事业忠诚。他对人才的渴望和爱护，也令我辈钦佩不已。2008年，他的老朋友、著名出版家、著作家、学问家戴文葆先他逝世，他悲痛不已，不停地催问戴文葆的纪念集的编辑情况。戴先生是我的父辈般的老编审，又是我们夫妇的老朋友，我在先生逝世当日就提出了纪念集的设想和组稿。按照"谁主张谁办事"的惯例，社里将编辑出版纪念集交给了我。2012年，我几次携稿到他家汇报纪念集的编辑情况，他表现出的对戴文葆先生在编辑学、文化学、历史学、国际关系学方面的成就的欣赏和关爱是空前的：亲自组稿、亲自主编、亲自撰写前言、亲自确定书名。又如张惠卿，我是在曾彦修当社长、他当总编辑时经林言椒提名为"祖国丛书·年鉴"编辑室副主任

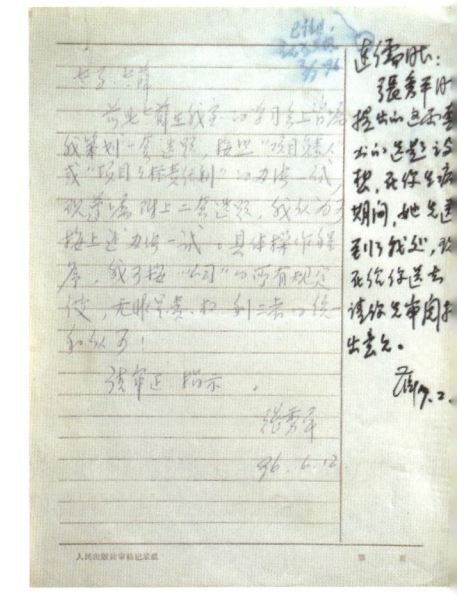

并主持工作（主任缺）的。初当室主任，情绪难免波动起伏，有时都想撂挑不干，到他那里说说聊聊，总是得到鼓励，迄今我都心存感激。薛德震是从1988年到1999年的人民出版社的主要领导，他理论水平高、哲学上的思考迄今都处在前沿，在他的领导下，我做成、做好了许多事，《中国政治制度通史》（1—10）就是在他的任期内完成的，本书获得了第三届国家图书奖。他也很希望我策划一些选题，并能以"项目管理"的办法做一些尝试，许多设想也得到了他的支持，但限于出版社的体制和机制，有些遗憾。他退休以后第一次入院后出院，我和何春凤（地图编辑室老编审）一起第一个到他家探望，他和夫人杨瑾都很意外。现在想想，这些老领导对我们最大的影响，是他们对党的出版事业的忠诚与热爱，一生一世的坚守。我在人民出版社45年，一生的职业，一辈子的坚守。他们的精神传承是一种基因。

自从1985年担任人民出版社"祖国丛书·年鉴"编辑室副主任起（主任缺），我历经综合编辑室副主任，文化编辑室副主任，历史编辑室副主任，担任副主任多年后，在1998年获得了"正处级"待遇。

1998年，在编辑岗位干了21年之后，我被评聘为编审，虽然我还是"文革"以后分配到人民出版社的历届大学生中第一个评上编审的，但这一年我已经48岁了。

在这二十多年里，我编辑出版了《中国政治制度通史》(1—10)、《中国农民战争史》2卷、《王观澜文集》、《孙中山与北京》、《陈亮与浙东学派研究》、《宋代行会制度史》、《西北经济史》、《北宋文人与党争》等学术著作数十种；复审出版了《祖国丛书》五十多种。策划、编辑出版了《教你鉴赏·美术系列》，共有《中国画技法与鉴赏》《油画技法与鉴赏》《版画技法与鉴赏》《水彩水粉技法与鉴赏》《中国书法技法与鉴赏》5种，1996年东方版；《高中高考作文教与学丛书》，共有《看漫画写作文》《读古文写作文》2种；《图说法律丛书》，已出《图说〈中华人民共和国未成年人保护法〉》《图说〈中华人民共和国环境保护法〉》2种。另外，我还提出要编辑出版《中国历史百题设想》，旨在为青年读者"提供一套了解中国历史的瞭望镜、世界人民了解中国历史的窗口"；《天下第一家丛书的设想》，目的是为了普及历史人物知识，弘扬中国历史上出类拔萃人物的爱国主义思想……开辟中国历史人物群体研究的新蹊径；关于编辑《中华人民共和国人物系列丛书的设想》，是为了展示共和国几代领导群体的风采风貌；此设想还得到了时任中共中央组织部部长李锐的支持。《关于编辑〈中国文化手册〉(暂拟)的设想》，目的是展示中国文化遗产的过去、现状、未来……

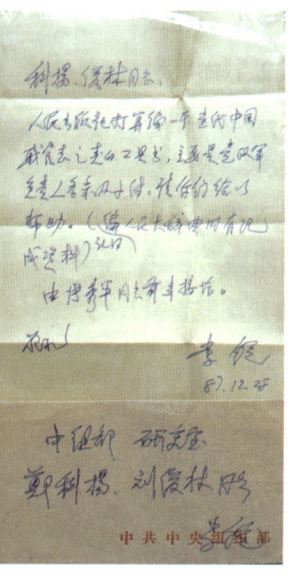

中组部原部长李锐的支持信

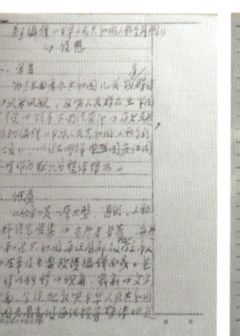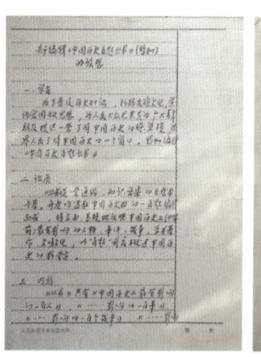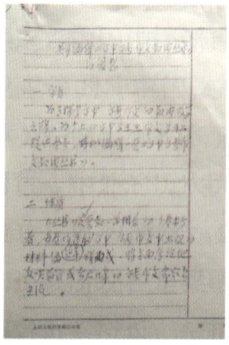

编辑《中华人民共和国人物系列》丛书设想；编辑《中国历史百题》丛书设想；编辑《高中高考作文教与学》丛书设想

机构改革和行业发展也给出版社的内部管理带来了新的机遇与挑战，与全国的改革发展一样，出版社也跳动着改革的脉搏，奔流着改革的血液，人民出版社也在1996年出台了在编辑部门实行《目标管理责任制》的改革方案，将编辑的业绩考核集中在社会效益——获奖图书，经济效益——盈利指标，出书数量——发稿字数三个方面。方案虽然仅仅在分配制度上加强了对编辑的工作要求，但编辑工作与"三个效益"挂钩以后，解决了干多干少一个样的"大锅饭"而激发的编辑的工作热情却是难以估量的。此前曾经说过，作为新中国第一家承担马恩列斯政治理论、中央文件和社会科学著作出版的党社，每年的出版新书的总量也就200种左右，与当时国家和社会的各项发展都不太适应，总量的突破实在迫在眉睫。

《教你鉴赏·美术系列》，东方出版社1996年8月版

2002年，黄书元被任命为人民出版社社长，上述这种情况终于有了根本的改变。

黄书元社长原是安徽教育出版社社长，安徽省新闻出版局副局长，1982年大学毕业后进入出版界，是当年为数不多的年轻的出版社社长之一。他富有朝气，具有创新和开拓精神。他获得人民出版社社长任命时，年仅46岁，是人民出版社历史上最年轻的社长。从2002年到2019年5月他卸任社长，他一共在位17年，更是创造了在社长岗位上任职最长的历史。他主政的近20年，人民出版社的年平均出书品种都在1000多种，生产和效益都翻了近5倍。吃水不忘挖井人，人民出版社的历史发展不应该忘记他在出版社的改革、制度创新上所做的努力和贡献。

黄社长虽然年轻，但是他却有着近20年地方出版社工作和管理经验，富有行政能力。他心地善良，进京后为人做事很低调厚道，经常听他说自己何德何能？但却很快就打开了局面。他深知像人民社这样的老社、大社，资源雄厚、人才济济，只要充分调动人的积极性，蕴藏的力量一定会爆发！他首先加强了马列和政治编辑室的人员配置力量，积极要求承担中央交办的政治理论书籍的出版；二是将资料室、总编室及发行部门编余、有志于编辑的同志充实到编辑部的期刊编辑室和各个图书编辑室，进一步加强了编辑队伍的力量；三是团结联系社内外的专家、学者，主动策划组织稿件，努力填补学术著作的空白，出版"能够传世的、后代都要必读"的图书。四是调整、充实发行队伍，打开了图书发行的新的市场。选题（编辑）、出版（生产）、发行（销售）是出版社的龙头，而选题策划又是龙头上的中枢，此中枢的关键是编辑，

朝内大街 166 号五层编辑部

是具有策划和组稿能力的编辑。

我此时已在人民出版社当编辑 25 年了，1/4 世纪的学术和文化的积累、正是厚积薄发之际。我马上递交了《关于筹建东方文化编辑部（或图书策划编辑部）的设想》。在黄社长的支持下，经过社委会同意，最后成立了东方编辑室并任命我为主任。

在新进入人民出版社的年轻的编辑中，我发现了关宏，她是东北大兴安岭最北边缘的牙克石人，1.76 米的个头出众，人也出众，白净而又亭亭玉立。我当年给

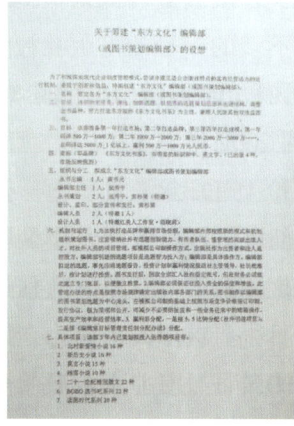
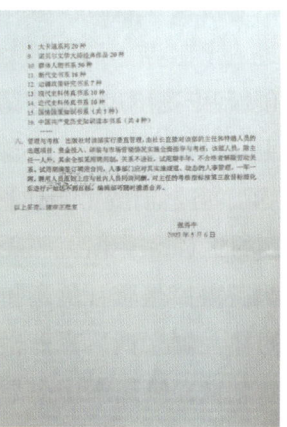

她们这一批年轻的编辑入职培训时承担的讲课题目是"怎样做个好编辑优秀编辑？"我台上讲得认真，她坐在台下，听得仔细。课后还找我交流。经济编辑室当年新进了 5 名年轻人，个个都优秀，但我对关宏的印象最好。她是蒙古族，本科学的是财政专业，研究生时学的是民商法，又考取了律师执照，知识储备全面，特别具有协调和管理能力。经过协商，征得她本人的同意，我选中她做我的助手，东方编辑室便开始运作了。一年以后，又经社长推荐批准，分来了邵永忠，他是北师大古典文献整理专业的博士研究生，专业知识宽厚。首次见面、三言两语问过后，我对主持面试的人力资源部主任说：只要勤奋，他的专业知识做编辑绰绰有余……现在的关宏和邵永忠，都已经成

长为独当一面的人民出版社部门负责人，具有光辉的前程。

有了一定的体制和机制，我很快就在短短的几年里以"东方文化"的名义策划出版了《20世纪著名人物群体传记书系》（已出11种）、《现代稀见史料书系》（已出8种10册）、《战后国际关系稀见史料书系》（已出4种8册）、《世界宗教与文化书系》（已出6种10册）、《中国慈善研究丛书》（已出5卷）、《北京专史集成》（已出18卷）、《南宋史研究丛书》（已出25卷）、《中国历史》（已出11卷）、《中国边疆研究丛书》（已出27卷）、《中国国家历史地理》（23卷）……

朝内大街166号五层编辑部510东方编辑室

2004年年终，成立仅仅一年零四个月的东方编辑室就出书50余种，创利300余万元。《东方文化·20世纪著名人物群体传记书系》《东方文化·新历史小说系列》《东方文化·北村系列》《东方文化·史学家文库》等，都以贴近市场、贴近读者、贴近作者获得了成功。

我一直都认为有创意的图书封面和版式设计，应该是具有著作权的创作。可惜的是出版界对此迄今都没有取得一致意见，只是将封面和版式当作一种辅助生产叫"装帧设计"！我为了突破这种观念，东方编辑室专门聘请了"红美人"工作室陈华枚等共同设计了"东方文化"的英文logo标志，印在书脊的最上面，很是醒目。他们设计的《宋氏三姐妹》等群体人物传记和《新历史小说·无可大师》等都实行了按版税付酬。工作室设计的封面，整体构思、色彩运用的确别具创造，令人跳动眼亮。东方编辑室也实现了一年打造品牌，二年打造规模，三年打造市场的目标。2004年在桂林的全国图书订货会上，我们东方编辑室的图书获得了市场的热烈支持。将近20年了，这些封面设计和图书选题，现在看起来仍具有阅读的价值！

人民出版社东方编辑室2004年图书订货会书目

东方文化·20世纪著名女性传记
《宋氏三姐妹》　　　陈廷一著　　　　　48.00元
《贺氏三姐妹》　　　陈廷一著　　　　　46.00元

《蒲氏三姐妹》　　　窦应泰著　　　　　　　48.00元（估）

东方文化·20世纪著名人物群体传记
《毛氏三兄弟》　　　陈廷一著　　　　　　　48.00元
《贺龙姐弟》　　　　刘秉荣著　　　　　　　48.00元
《周氏三兄弟》　　　朱　正著　　　　　　　48.00元
《蒋氏父子》　　　　窦应泰著　　　　　　　48.00元
《宋氏三兄弟》　　　陈廷一著　　　　　　　48.00元
《蒋氏五兄弟》　　　窦应泰著　　　　　　　48.00元
《贺氏三姐妹》　　　陈廷一著　　　　　　　48.00元
《陈氏两兄弟》　　　陈廷一著　　　　　　　48.00元
《周恩来与邓颖超》　张　颖著　　　　　　　48.00元
《荣氏父子》　　　　陈冠任著　　　　　　　48.00元

《林氏三兄弟》　　　陈冠任著　　　　　　　48.00元（估）
《张氏父子》　　　　陈廷一著　　　　　　　48.00元（估）
《刘少奇与王光美》　陈　晋著　　　　　　　48.00元（估）

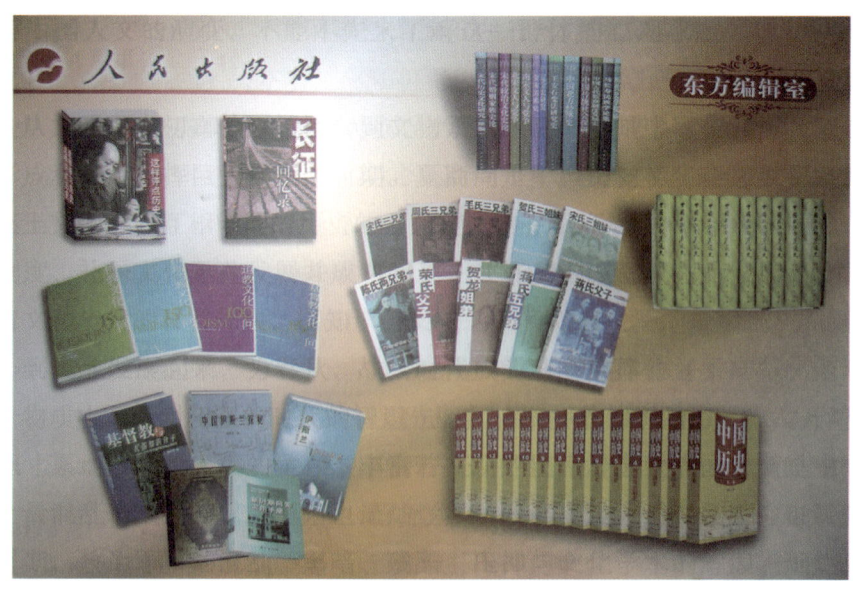

东方编辑室样书展板

| 《陈毅与张茜》 | 陈　晋著 | 48.00元（估） |

东方文化·新爱情小说

鸟	北　村著	22.00元
望着你	北　村著	24.00元
干鱼片	北　村著	24.00元（估）

东方文化·新历史小说

武则天	北　村著	42.00元
无可大师	姚尚友著	48.00元
戈乱——皇帝不在的秋天	程　维著	48.00元
辽金春秋	李　劼著	35.00元（估）
元代春秋	李　劼著	35.00元（估）
秦汉春秋	李　劼著	35.00元（估）
魏晋春秋	李　劼著	35.00元（估）
隋唐春秋	李　劼著	35.00元（估）
五代春秋	李　劼著	35.00元（估）
宋代春秋	李　劼著	35.00元（估）
明代春秋	李　劼著	35.00元（估）
清代春秋	李　劼著	35.00元（估）

《东方文化·新历史小说·无可大师》，东方出版社2004年1月版

《东方文化·新历史小说·戈乱》，东方出版社2004年11月版

现代稀见史料书系

D 中共 50 年	王　明著	30.00 元
D 双山回忆录	王凡西著	35.00 元
D 延安日记	（苏）彼得·弗拉基米洛夫著	40.00 元
D 我的回忆（上下）	张国焘著	100.00 元
D 中国纪事	（德）奥托·布劳恩（即李德、华夫）著	35.00 元
D 郑超麟回忆录（上下）	郑超麟著	100.00 元
D 苦笑录	陈公博著	30.00 元
D 莫斯科中山大学和中国革命	（美）岳盛著	30.00 元

中国农村改革发展书系

杜润生自述	杜润生著	35.00 元
从合作化到人民公社——中国农村"左"风探源	陈大斌著	35.00 元（估）

毛泽东这样学习历史　这样评点历史（毛泽东书系）	盛巽昌等编著	39.80 元
中国古代监察制度发展史	贾玉英著	35.00 元
中国经济发展第四极	余昌森主编	28.00 元（估）
新世纪阿訇实用手册	中国伊斯兰教协会编 / 陈广元大阿訇主编	50.00 元
马长寿民族学论集	马长寿著 / 周伟洲编	35.00 元
古今中外大疫启示录	梁　峻　孟庆云　张志斌主编	25.00 元
宋代婚姻家族史论	张邦炜著	35.00 元
宋代历史文化研究（续编）	张其凡　范立舟主编	35.00 元
明清晋商及民风	张正明著	25.00 元
D 恍如昨日（图 60 幅）	丁启正著	25.00 元

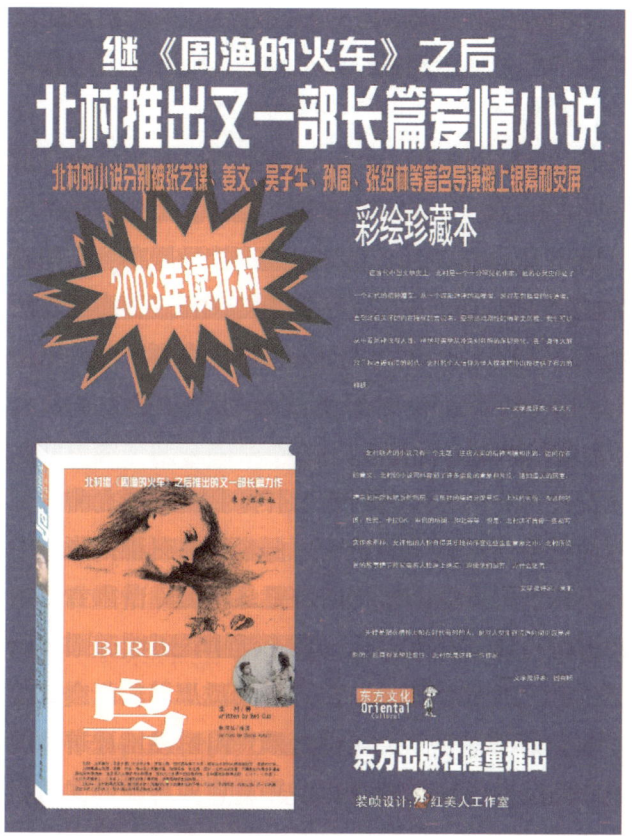

编辑室设计的宣传招贴之一;《东方文化·新爱情小说·鸟·望着你·武则天》,东方出版社 2003 年 11 月版

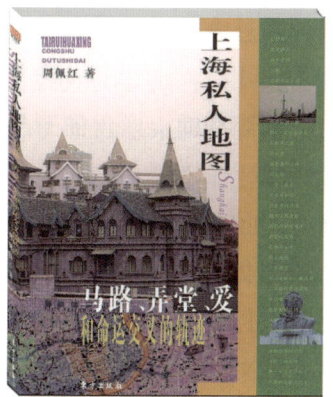

《东方文化·上海私人地图》《东方文化·我的上海,我的天堂》,东方出版社 2004 年 8 月版

王安石变法与南宋以后中国社会变迁　　李华瑞著　　　　35.00 元
推动力——台州民营经济崛起的观察与思考　　陈大斌著　　38.00 元
信息化与电子政务（干部读本）
　　　　全国干部培训教材编审指导委员会组织编写 / 曾培炎 / 主编
企业人力资本投资与管理　　　　安应民主编　　　　　28.00 元
我的社会观　　　　　　　　　　邓伟志著　　　　　　35.00 元
第一现场——法治在线 2003 大案侦破记录
　　　　中央电视台新闻频道法治在线栏目组编　　15.00 元（估）
国际环境法　　　　　　　　　　林灿铃著　　　　35.00 元（估）
崇拜时代——那个时代的精神追求与宣传美学
　　　　　　　　　　　　　　　陈华枚编著　　　100.00 元（估）

策划出版《20 世纪著名人物群体传记书系》

我是学历史的科班出身，对于历史是人民创造的，时势又造就了英雄等基本观点的认识是深刻的。20 世纪 80 年代初期曾经策划并责编的《唐太宗传》《唐玄宗传》都列入了帝王传记系列，多次重印再版，经济效益显著。在过去的 20 世纪，人物传记图书的出版也呈现了五彩缤纷的时代，不同的阶级、阶层甚至不同的利益集团，都以各自不同的价值取向，众星拱月般地遴选各自代表人物树碑立传。对人物传记的述写，当时大都以时代家庭为背景，以传主的生平事迹、著作编年为主线，演绎与评价他们的贡献和作用。如正面人物，传主大都在英雄辈出的时代，大浪淘沙、艰难玉成，给人智慧与启迪；如反面人物，传主则在历史的潮流中沉浮，顺之者昌，逆之者亡，反映着历史的普遍规律；如科学、技术、文化、艺术上的代表人物的传记，传主则在政治与学术上徘徊，春秋笔法，见诸字里行间，令人回忆与思考，催人奋进与向上。读史可以使人聪明，读人物传记则可以使人明智，可以使人在逆境中奋起；在艰难中砺志；在安乐中忧患；在变革中图强；在贫困中思进；在富贵中安贫……林林总总个体人物传记图书产生的社会作用是巨大的。人物传记图书是出版园地中的奇葩。

但是，当个体人物传记图书日益繁荣并产生巨大的社会作用的时候，人类历史进入了21世纪。新的世纪，万物更新，人的世界观、价值观、人生观也与时俱进。随着经济的全球化与科学技术的日新月异，国家与国家之间，国家与世界的关系加强了。中国社会的各阶级、各阶层也发生了变化，新的阶级、阶层、新的人物群体关系，或以"圈"称；或以"群"分，这是不争的社会事实，这些经济基础的变化，势必影响到读书界，人们的读书趣向也在发生潜意识的变化，他们不再满足于个体人物传记图书所提供的个人奋斗、成长的信息与经验，而是希望从更广阔的社会背景上去寻求人物群体之间、群体人物之间、人与人之间的深层关系。社会是人物生存的环境，家庭是社会的细胞，学校是人类知识的渊薮，但社会、家庭、学校对人物成长的影响并非铁板一块、千篇一律。同样文化背景、同样家庭出身的兄弟姐妹，父子夫妻，或因价值取向不同，人生道路千差万别。就是价值取向相同、但由于机遇不同，人生结局也不尽相同。群体人物的幕后、深层的人际关系，吸引着读者，也呼唤着群体人物传记图书的出版。

我在分析、了解传记图书的上述出版现状之后，立即着手组织群体人物传记图书的出版。2003年3月，著名传记作家陈廷一的《宋氏三姐妹》《贺氏

《贺龙姐弟》出版后，贺龙女儿、解放军军事科学院军事百科研究部部长贺捷生和解放军武警部队副司令员朱曙光接见作者、出版社社长和责编（从左到右）：刘秉荣（作者）、陈钧（民间文学研究会会长）、黄书元（社长）、朱曙光、贺捷生、任超（副社长）、张秀平、关宏（时任人民出版社财务部主任）……

《贺龙姐弟》出版时，贺龙女儿、解放军军事科学院军事百科研究部部长贺捷生（右）与笔者

《贺龙姐弟》作者刘秉荣（右）与笔者

《毛氏三兄弟》，东方出版社 2004年1月版

三姐妹》首先出版。陈廷一出身军旅，毕业于吉林大学中文系，历任装甲兵学院文化处创作员、宣传处副团职干事；转业后任河北美术出版社青少年读物编辑室主任、总编助理，中国大地出版社副总编辑，中国民间团结友好学会顾问，中国作家协会会员，周口市作协名誉主席，中华陈氏文化研究会会长，中国通俗文艺研究会常务理事。作品达1000多万字，多次获国家大奖。曾被评为"当代十大优秀传记作家"之一。

《宋氏三姐妹》《贺氏三姐妹》两书投放市场后，人们普遍认同，社会反响强烈。一年之内，《宋氏三姐妹》重印了3次；《贺氏三姐妹》重印了2次，不法书商对上述两书猖狂盗版（竟有两种版本）等。面对市场的反映，我们并未浅尝辄止。又迅速组织了出版了《周氏三兄弟》《宋氏三兄弟》《毛氏三兄弟》《陈氏三兄弟》《蒋氏父子》《蒋氏五兄弟》《荣氏父子》《贺龙姐弟》《周恩来与邓颖超》及《张氏父子》《林氏三兄弟》《蒲氏三姐妹》等等，该书系以创新的体例、高雅的内容、精美的装帧、独特的开本、标新立异的风格，开始在图书市场上独树一帜。

首先是体例的创新。群体人物，虽然都具有大致相同的社会、家庭、教育等人文背景，各自都在某一领域、或者在某一时期以某一方面的开先河之举而著称于世，他们的生平事迹，是个体人物传记所着力表现的。而群体人物传记则不同于一般的个体人物传记，着重表现的是群体人物之间的关系，比如兄弟、姐妹、父子、夫妻之间的关系等等。它突破了以往一人一传的窠臼，从而可以在更加广阔的空间上展现人物群体之间的关系，写出群体人物的整体形象。如《毛氏三兄弟》，以艰苦卓绝的革命战争为背景，以三兄弟的感人故事为主线，突出三兄弟的婚姻、家庭、情感历程。以小见大、以小见真，大到国家、小到家事，以家比国、以国论家。从而使鲜为人知的毛泽东的另一生活侧面跃然纸上。回首20世纪中国文化史，能以兄弟一家闪烁绵延其间而始终不衰的，唯有绍兴周氏三兄弟。大先生周树人即鲁迅，二先生周作人，三先生周建人。他们的人生都不同凡响。鲁迅是时势英雄的代表；周作人则堕落为难以自辩的汉奸；周建人在党的怀抱中成长，硕果独存于20世纪80年代。对读者说来，更多知道的是三兄弟各自的事业、成就、著作、思想等等，很少有人认真梳理过三兄弟之间的关系。著名作家、学者朱正先生《周氏三兄弟》便从三兄弟的三种价值取向这一独特的角度，以时间为序，以三兄弟的生平大事与兄弟之间的关系为主线，演绎了三兄弟与20世纪中国百年历史的悲欢离合。三个兄弟，一个大作家，一个大汉奸，一个大干部，他们都已走进历史，却留给后人深深的思索……

其次是内容。真实，是艺术的生命，也是传记图书的真正价值之所在。书系虽非正传，但对人物群体塑造的把握，却是以史实为依据，以材料为旁证。既有历史人物时代背景的宏观缕述，也有人物之间关系演变的细枝末节，注意揭示群体人物传记的重点和热点。如《宋氏三姐妹》与《宋氏三兄弟》，对民国"岳父"宋耀如和倪桂珍所生的三男三女的历史评价，不同于史传、也不同于一般的评传，作者将他（她）置于历史的大背景中去考察，从而使人物的一切活动都具有了鲜活的意义。宋霭龄、宋庆龄、宋美龄三姐妹，她们在20世纪的中国政治舞台上，缔造了光辉的历史；宋子文、宋子良、宋子安三兄弟，三个经济学洋博士，与民国经济息息相关。宋子文一生有两个位居"第二"，一是中共通缉的国民党战犯名单，蒋介石第一，宋子文第二；二是国民党"整肃案"

《贺氏三姐妹》，东方出版社 2004年4月版

《宋氏三姐妹》，东方出版社 2003年3月第1版第1次印刷，11月第4次印刷

《蒋氏父子》，东方出版社 2004年3月版

《周氏三兄弟》，东方出版社 2003 年 9 月版；《宋氏三兄弟》，东方出版社 2004 年 1 月版；《陈氏两兄弟》，东方出版社 2004 年 3 月版

被开除国民党党籍名单，宋子文又位居第二，仅仅排在孔祥熙后面。宋子文显然是在夹缝中任人评说。纵观宋氏三兄弟的一生，他们是金融经济的一生，一生的金融经济。《宋氏三姐妹》出版以后，一再重印，有时竟脱销。2013 年的 10 月 23 日，三姐妹的最后的小妹宋美龄以 106 岁的高龄在美国纽约去世后，《宋氏三姐妹》再次脱销，一时洛阳纸贵。市场的机遇永远属于有前瞻观点的人。20 世纪的鲁迅与周作人的研究，数度成为文化界的热点，在 2001 年鲁迅诞辰 120 周年之际，学术界曾引发了大规模的论争，论争的焦点集中在如下五个方面：鲁迅与许广平定情之谜；鲁迅与周作人失和之谜；鲁迅死因之谜；鲁迅丧葬费用之谜；"鲁迅活着会如何"之谜等等。《周氏三兄弟》对鲁迅离开北平南下厦门的主要原因是什么，以往的说法往往联系到政治，联系到鲁迅被教育总长章士钊呈请段祺瑞免职和"三一八"惨案之后报纸上流传着被当时的北洋政府通缉的名单上有他的名字。鲁迅日记也是那么说的。然而朱正却认为："这虽是他本人说的，却并不确切。"公然否认鲁迅的自述，可以说是相当大胆。他为什么这么认为呢？因为他有材料旁证，但也并非什么新奇的材料，全是大家所常见的。只要把时间一排，就可以看出：1926 年年初，北平政务院已经撤销了"免职"令，恢复了鲁迅的教育部职

笔者与《周氏三兄弟》作者朱正谈书稿

务;段祺瑞执政府这一年三月制造了"三一八"惨案,四月间便倒台了;而鲁迅的南下则在八月下旬,隔得很久了。况且,鲁迅南下之前,已经在从容布置动身的事,多次出席友人的饯别宴会,出席女师大的送别会,在女师大毁校周年纪念会上发表演说。走的那天,到车站送行的友人有十多人,完全不是仓皇逃难的样子。那么,鲁迅究竟为什么离开北平呢?朱正指出,主要是为了许广平,为了建立与许广平的共同生活而实施的"两年计划"。是鲁迅和许广平的婚外恋发展的必然结果。这也是过去没有这么明确指出过的。对于鲁迅和许广平关系开始坦白地用"婚外恋"字样(见 1926 年 9 月 14 日鲁迅致许广平信的原件:"建人与我有同一景况,在北京所闻的流言,大抵是真的。其人在绍兴……"),这是迄今为止,鲁迅研究范围内的第一次。对于毛泽东与贺子珍的失败婚姻与贺子珍的出走苏联,当年驻兰州办事处主任谢觉哉同志在回忆这件事时,还不时地责备自己,当初劝说贺子珍不力。他说:"要是知道后来'文革'江青篡党夺权,我那时说什么也不能让贺子珍走。起码我还可以动武嘛!"毛泽东回忆他的婚姻时也说:贺子珍只知奉献不知索取;江青只知索取不知奉献。历史竟是这样的不以人的意志为转移。阅读上述各书,20 世纪汹涌澎湃的历史潮流扑面而来,令人震撼不已。

再次是装帧。该书系具有统一的"东方文化"的中英文标志、图文并茂的版式的设计、特制的轻型纸印刷及独特的开本,都给人以新鲜之感。著名作家、评论家、鲁迅研究专家舒芜先生在获赠《周氏三兄弟》以后,马上撰文说:"该书装帧之美,先使我耳目一新。更使我注目的是大约 150 幅插图,

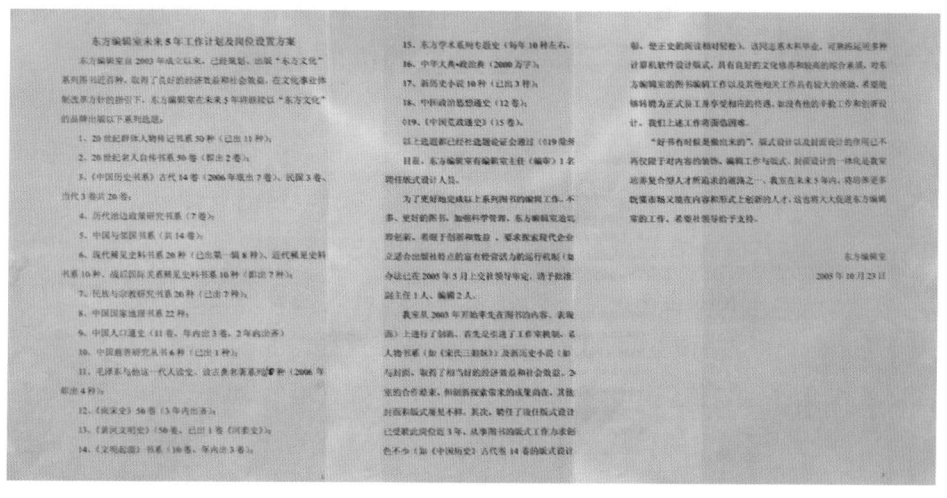

东方编辑室未来 5 年工作计划及岗位设置方案

其中颇有向来鲜见的。如陶成章、蒋抑卮、孙伏园、沈尹默、马裕藻、司徒乔、章川岛、李葆华、姚克、年轻时的茅盾等等，还有三兄弟的祖父周福清与其前后两夫人的画像，鲁迅1928年3月16日在景云里家中的摄影，面带微笑，与习见的横眉冷对之像不同，以及鲁迅在日本仙台医专学习时的解剖学笔记，上面有藤野先生认真修改的笔迹，这些全是爱读二周之书的人会大感兴趣的。"他还认为朱正写周氏三兄弟是适得其人。历史是人民的历史，是群体人物的历史，那种孤零零地突出个人、没有婚姻、没有家庭、没有生活的"高大全"人物传记图书，应该一去而不复返。

《20世纪著名人物群体传记》共有《宋氏三姐妹》《贺氏三姐妹》《宋氏三兄弟》《毛氏三兄弟》《周氏三兄弟》《蒋氏父子》《陈氏两兄弟》《贺龙姐弟》《蒋氏五兄弟》《周恩来与邓颖超》《荣氏父子》11种，每一种都取得了很好的社会效益和经济效益，《宋氏三姐妹》重印了7次……

书系虽然只出版11种，但规模已经初具。尚具有良好的社会效益与经济效益同步，精神与物质齐飞的收获，实在令人欣喜。

2005年10月，我又提出了《东方编辑室未来5年工作计划及岗位设置方案》，特别提出了"编辑工作与版式、封面设计的一体化是我室培养复合型人才所追求的道路之一。我室在未来5年内，将培养更多既懂市场又能在内容和形式上创新的人才"。

《推动力》，人民出版社2004年3月版

《杜润生自述——中国农村体制变革重大决策纪实》的编辑出版

《读书》杂志的贾宝兰，是《读书》创刊时的4名女编辑之一、也是1986年三联书店重新独立后的老编审，人民、三联没有分家的时候我们就是比较要好的同事。她也是人民出版社老编辑秦人路介绍加入民进的会员，我是民进市委直属的民进三联联合支部的主任，这样，我们的联系就更多了。我的《读增订本〈岳飞传〉》等都是由她编辑、在《读书》上刊出的。从1979年参与《读书》的创刊到2009年，她成长为《读书》的执行主编。她一直关注的经济领域，重点包括三农问题、全球化、亚洲问题等，她联系的著名经济学家吴敬琏、厉以宁、于光远、杜润生都是《读书》的专栏作者，经常有学术性、思想性兼具的文章发表。

2004年，我编辑出版的《推动力——台州民营经济快速崛起的观察与思考》，是新华社《瞭望》主编陈大斌在浙江省台州市长期蹲点调查的大作。台州经济和台州制造近年来高速发展，除了特别勤劳的人民以外，应该是被当地人民称为"草根经济"民营经济起了特别重要的作用。为什么民营经济在台州能"野火烧不尽，春风吹又生"？台州经济模式的内涵、它的典型意义在哪里？搞清楚这些问题，应该具有超出该地区的意义。书稿即将付印时，台州市委的宣传部部长吕新景找到我，希望我联系经济学家于光远，请他题词或者写个序。台州市是我的家乡，我又是《推动力》的责编，做好本书的推动，也是我的使命和责任。我就联系了贾宝兰，请她帮我联系于光远。于老也愿意为台州的民营经济呼喊，他认为：

> 我主张在中国实行"一制多式"，即在全国都实行同一的社会主义制度，而各地方可以根据本身的实际情况采用不同的模式。温州—台州模式，加上特别勤劳的人民，使浙江的这两个地区奇迹似的高速发展。温州模式中特别重视"草根经济"（即民营经济），超出了地区意义。但是人们对台州了解较少，因而特别希望看到一本介绍台州经验的书问世。资深新闻记者、《瞭望》的前总编辑陈大斌同志，在深入调查的基础上，写了这本有价值的书。在此书即将付梓之际，特书数行，以为贺。
>
> 于光远 2003 年 11 月

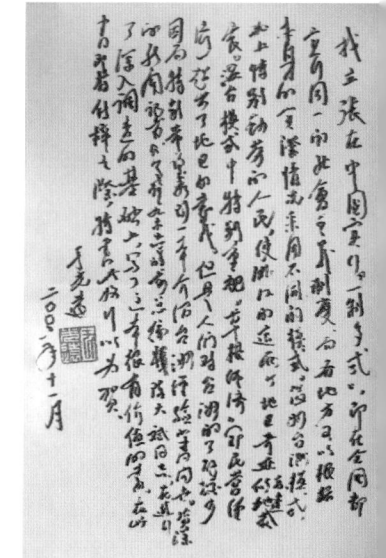

《推动力》出版以后获得了经济界的广泛好评。2019年改革开放40周年时作者陈大斌回忆：

> "台州模式"与"苏南模式""珠三角模式"等改革、发展模式竞相出现的那个火红年代，是我们

这一代人永远不会淡忘的群众的意愿和创造精神的典范，具有更为普遍的认识价值和借鉴价值。时过 40 年我们仍念念不忘"台州模式"的原因，也就在这里。

此后不久，我和贾宝兰、杜润生的秘书张太英又一起策划了《杜润生自述》的出版。杜润生是党内最资深的农村问题专家之一，农村体制改革重大决策的参与者和亲历者，被誉为"中国农村改革之父"。他一直认为"中国最大的问题是农民问题，农民最大的问题是土地问题"。他多次向中央谏言，主张农村实行家庭承包责任制；从 1982 年到 1986 年连续 5 年参与主持起草了著名的五个"中央一号文件"，对于家庭承包责任制在中国农村的推广和巩固发挥了重要作用。2018 年 12 月 18 日，党中央、国务院授了杜润生同志改革先锋称号，颁授改革先锋奖章，并获评为"农村改革的重要推动者"。

杜润生生于 1913 年，1929 年考入太原国民师范学校。1933 年到北京。1934 年考入北平师范大学文史系，一面学习，一面从事学生运动。抗日战争时期，进入太行山根据地参加抗日游击战争，投身根据地政权建设，历任晋冀豫抗日义勇军三支队队长，中共太行山党委宣传科科长，太行太岳冀南联合办事处教育处处长，晋冀鲁豫边区政府委员，教育厅秘书主任，太行山六分区专员、二分区专员，太原军调小组军事代表，太行区党委城市部太原城委书记，太行行署副主任等职。解放战争时期，1947 年随刘（伯承）邓（小平）大军（中国人民解放军第二野战军）南下。亲身参加了挺进大别山的战斗，后来投入淮海战役，参与领导所在地区的土地改革运动，先后担任中共中央中原局秘书长，中共中央华中局秘书长，淮西区工委书记，中共豫皖苏地区四地委书记。历任中共中央中南局秘书长、中南局军政委员会土改委员会副主任，领导中南地区土地改革。1953 年年初调任中共中央农村工作部（部长邓子恢）秘书长、国务院农村办公室副主任，参与组织农业合作化。1956 年后，历任国务院科学规划委员会办公厅副主任，中国科学院秘书长、中共中科院党组副书记，1961 年主持起草《关于自然科学研究的 14 条意见》。改革开放以来，历任中华人民共和国国家农业委员会副主任，中共中央农村政策研究室主任，国务院农村发展问题研究中心主任，中共中央顾问委员会委员，中央财经领导小组成员，兼任中国农学会名誉会长、中国农业经济学会理事长、中国合作经济学会会长、中国国土经济学研究会理事长、中国民生研究院高级顾问。主持起草农村政策文件，特别是五个中央"一号文件"，提倡小城镇发展战略。

杜老丰富的人生，跌宕的经历，亲历了众多的重大历史事件，但最多的还是与中国的农村、农业、农民紧密相连。他的《自述》也就从改善农民经济政治地位写起。他在卷首的《写在前面的话》里说：

> 一生经历了众多的历史事件。参加革命后，所做的工作许多是与关系到改善经济政治地位的事情，有一些值得重视的情节，如果不记录下来，也可能失传。但是从何说起呢？我打算从五十多年前开始，也就是从新中国成立前夕写起，而且是从农村社会制度的变革的角度来写。

《自述》分上下两篇。上篇着重于历史事实的记述，下篇收入近期部分文稿作为附录。上篇共有五部分，主要记述了新中国成立初期的土地改革到十一届三中全会以后农村变革的有关情况，如我们党关于农村政策的决策过程及一些重要思想理论形成、党的领导集体智慧等，特别是"晋见毛泽东""纠正'和平土改'""问题发生于山西""像小脚女人走路""分歧的实质""讨论刘少奇报告""大跃进评述""与胡耀邦谈农村责任制问题""小平讲话了""为邓子恢平反""向领导进言""五个'一号文件'""不同意见的争论"等，都是作者亲历的历史事实的记述，"往事历历，涉及不同层面"的回忆与思考，可以说这些都是我们了解中国农业改革的非常有价值的文献，极具史料价值。比如在农业合作化运动的初期关于办合作社速度快慢的分歧，按中央决议推进农民的互助合作，邓子恢部长和杜润生提出的一些意见，毛泽东开始也是接受和支持的。但后来农村建立合作社的发展势头非常迅猛，他们跟不上毛主席决策的变化，彼此出现分歧。主要表现在：第一，毛泽东主张发展农业生产合作社的速度要快，他们则主张慢一点，在不同的发展阶段要控制建社的一定数量；第二，在中南局土改结束以后，他们提过给农民经济活动的自由，就是商品交换的自由、借贷自由、雇工自由和租佃关系的自由，叫作"四大自由"，毛泽东认为这是资产阶级民主革命派的主张，缺乏清算；第三，关于

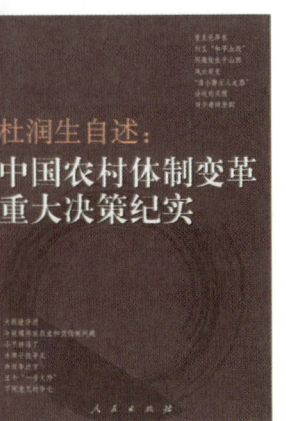

《杜润生自述——中国农村体制变革重大决策纪实》，人民出版社2005年8月第1版第1次印刷

合作社的形式，他们主张搞多样化，不要限于一个形式。所有这些，毛泽东都不接受，认为是右倾错误。1955年10月中共中央召开了扩大的七届六中全会。会上，毛泽东及中央主要领导人点名批评了邓子恢和杜润生，说他们"在社会主义高潮到来之前，像小足女人（在后来的会议和文章中则称'小脚女人'）走路"。当时，大规模合作化运动，还处在发动阶段，受实践经验的限制，还不可能取得进一步的理性认识，他俩都作了检讨。50年后杜老在《自述》中回忆这场争论：

> 表面上看当时争论的焦点好像是：速度快慢问题。比较流行的观点认为，如果合作化运动慢一点就好了。我想这不是问题症结的所在……当时不管是毛泽东，还是邓子恢和中央农村工作部的规划都带有某种任意性，都是农村社会主义最终格局就是全面集体化，集体农庄模式覆盖一切来考虑问题的。实践证明集体农庄这种模式是缺乏生命力的。将它强加于全国，是很难避免脱离实际错误的。更何况引入阶级斗争，对于群众的不同意见，干部的不同反映，都提到两条不同道路斗争的高度予以批判，不给别人留下选择和发挥创造的余地。
>
> 分歧所在，实质上是生产力决定论和生产关系决定论的认识分歧。一方以邓子恢为代表，多少是照顾生产力发展水平的，坚持经过新民主主义社会，多种社会经济并存、并利用有益于生产力发展的私有经济的思路。另一方是毛泽东1951年所提倡仿效资本主义手工工场阶段的主张，在夺取政权之后，先尽快改变所有制，在公有制基础上发展生产力，这意味着要跳过十年建设新民主主义社会的原定战略部署，历史证明是跳不过去的，即便跳过去，还会退回来的，一个社会制度，当它还能容纳生产力的发展，就不会退出历史舞台。
> ……
> 考察合作化过程可以看出，历史是人创造的，但历史又是难以设计的。具有高度威信的党，有政权手段，在落后的农村经济条件下，人们穷则思变，此时设想一种社会制度或变革的模式，可以发

动群众起来响应执行，但运动的过程和后果，确实难以准确预测。如果这种设计不符合实际就会引起经济关系扭曲，积累政治矛盾。

……

跳开生产力发展条件，以追求高度组织化为目标，通过政治运动方式，达到1955年下半年的合作化高潮。6亿农民进入合作社，不像苏联那样犹如一场国内战争，出现农民暴动，也没有出现紧随其后的大减产。从这个意义上，可以说是取得了伟大的胜利，说服了各级干部。但也为下一步的大跃进、人民公社、"文革"的误区提供了思想条件。(《杜润生自述》第65—66页)

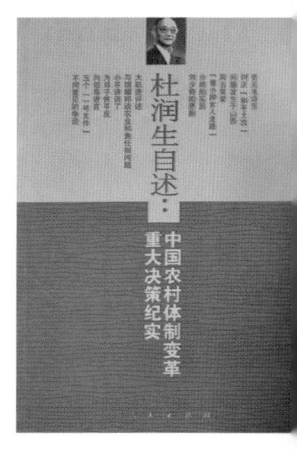

《杜润生自述》，2015年10月第2版第3次印刷

一个百岁老人的自述和回忆，处处闪烁着毕生对真理的追求和中国特色发展道路的探索，意义重大!

《现代稀见史料书系》(黑皮书)的出版与史料价值

策划出版《20世纪著名人物群体传记》以后，我马上又策划出版了《现代稀见史料书系》。

20世纪70年代末80年代初，党的十一届三中全会以后，中国政治开启了改革开放，科学迎来了春天，但学术著作的出版仍青黄不接，百废待兴。以历史图书为例，当时的中国，竟没有一部完整的中国通史和世界通史，其他断代史、专题史、人物传记、个人文集的出版更是凤毛麟角。记得当年我作为责编为已故清史专家王思治先生编辑的《两汉社会性质问题及其他》，仅仅18万字，就是他的学术代表作，既反映了当时他从两汉社会性质的研究到清史研究的学术道路研究的转型的历程，又因为将他的关于《清代社会性质的论纲》和《清代旗地制度研究》收入，从而奠定了他在清史研究上的学术地位，令当时的学术界同仁钦羡不已。学术研究并非一蹴而就，因此，鉴于上述中国出版界实际情况，我社老一代出版家如范用等出于历史的使命感和责任感就首先开始有计划地翻译和翻印了一些少量的、有一定史料价值的有关研究党史和现代史的著述及资料。主要有王明的《中共50年》、张国焘的《我的回忆》、王凡西的《双山回忆录》、(苏)彼得·弗拉基米洛夫的《延安日记》、(德)奥托·布劳恩即(李德、华夫)的《中国纪事》、盛岳的《莫斯科中山大学和中国革命》、陈公博的《苦笑录》及《郑超麟回忆录》等。由于这些作者的政治立场、思想观点等原因,这些书籍不同程度地都有一些歪曲、污蔑、攻击当时党的有关领导的内容,因此,这些图书都是在海外,或在港台地区出版。在内地(大陆)则以"现代史料编刊社"的名义出版,内部有控制范围地供有关领导和党史工作者参考,对现代史和党史的研究起了很好的作用。又因为封面灰色,统称为"灰皮书"。

我是在大学里学习中共党史时,在兰州大学历史系党史研究专家朱允兴老师开立的参考书目里知道了"灰皮书",但借阅无门不得见真实的内容。1977年大学毕业分配到人民出版社、到历史编辑室从事编辑工作后,在资料室老师郑曼(她是臧克家先生夫人,黄岩路桥人,我的浙江台州同乡)支持下马上在资料室借阅了这些被锁在柜子里的、与港台图书放在一起的所谓"禁书"。此后,我又深入调研,拜见范用,并与著名党史研究者(如石仲泉、李捷、朱正等)广泛接触联系,征求意见。据当时主持此项工作的范用同志回忆,陆定一、胡乔木等中央领导同志高度称赞了这套书的出版;又据当时翻译李德《中国纪事》、王明《中共50年》及《延安日记》的中央党校等部门的李逵六、徐小英、吕文镜回忆,上述3书的翻译和出版得到了当时主持中共中央党校工作的胡耀邦同志的批示支持。李逵六先生亲口对我说,翻译出书的报告由他亲自起草,现在尚存中央档案馆。

为了顺利出版这套有价值的党史资料书,我请著名党史专家、当时的中共党史研究室主任石仲泉为《书系》撰写了《前言》:

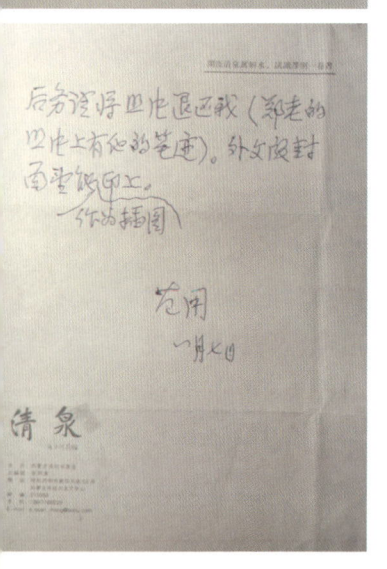

范用送来的郑超麟的照片

东方出版社为适应广大领导干部与中国现代史、中国革命史和中共党史教学研究人员的需要,将出版《现代稀见史料书系》,第一批包括《我的回忆》(张国焘)、《双山回忆录》(王凡西)、《延安日记》(苏·彼得·弗拉基米洛夫)、《中国纪事》(德·奥托·布劳恩,即李德、华夫)、《莫斯科中山大学和中国革命》(美·盛岳)、《苦笑录》(陈公博)、《郑超麟回忆录》(郑超麟)、《中共50年》(王明)。这是一件很有益的事。

我们党历来重视现代史、革命史和党史的学习、研究与教育。这不仅要通过正面的、写得比较好的、符合历史实际的出版物来获得,也需要通过那些即使写得不好、甚至对历史有所歪曲,但毕竟具有一定史料价值的那些有影响的出版物来了解。有比较才有鉴别。要认识历史的真实和科学的真理,需要多渠道。毛泽东同志经常强调反面教员的作用,就在这里。也正因为如此,在20世纪80年代初,党的十一届三中全会以后,现代史料编刊社曾有计划地翻译或翻印了少量有一定价值的有关研究党史和现代史的著述及资料,其中就有上述著作。人们俗称为"灰皮书"。

上述著作,由于作者的政治立场、思想观点和当时的历史原因,以及其他一些因素,有不少吹嘘自己、诋毁他人、曲解史实的内容,但毕竟是亲历、亲闻、亲见,只要通过多方面的分析研究,就能够去伪存真、剔芜存菁,有助于研究者进一步认识历史的复杂性和曲折性,更加深入地考察现代史、革命史和党史上的一些重要人物和重大事件,纠正或补充若干历史细节。这些年来,现代史、革命史、党史的文献与人物的研究者,很重视这些"灰皮书"提及的若干重要史实。在经过分析研究和考证辨析后,有的甚至成为一些重要著作涉及的某个事

在范用家中汇报《现代稀见史料书系》(黑皮书)出版情况。从左到右:关宏、范用、张秀平

情的论据,因而加以采用。就我所知,这些"灰皮书"出版20多年来,还未听说有不赞成在有控制的范围内出版它的,也未见到它有什么不良反映。

历史又过去20多年了,一代新人已成长起来。许多年轻的领导干部走上重要领导岗位、一批青年学子也在从事现代史、革命史和党史的研究。何况我们面临的21世纪,对历史文化信息的需求显著增加,学术界对现代史、革命史、和党史的研究已大大深入。许多方面都迫切需要这一类书作为参考资料。面对图书市场这种需求,东方出版社推出《现代稀见史料书系》实为应时之举。我祝愿新的"灰皮书"的出版获得成功,并希望进一步解放思想,组织有关力量,出版更多的"稀见"书系。

由于上述图书当时印量很少,市场上已经绝版,我也不断接到师友和读者电话来信索要、购买和复印上述图书。2003年5月,我提出了关于出版《现代稀见史料书系》的设想时,黄书元社长刚刚从安徽省新闻出版局奉调履任人民出版社社长,他年轻有为(人民出版社社长历任最年轻者)、思想解放、充满活力,经他批准并组织论证,很快就同意了我的选题设想并作为重大选题报请集团及新闻出版总署商请有关部门审读。人民出版社的老领导、著名出版家范用先生对此十分支持,专门托人送来了《郑超麟回忆录》有关的珍贵图片。

我还联系了郑超麟的孙女郑晓芳、王凡西的女儿王燕祺、王明的儿子王丹金,《中国纪事》的德文译者李逵六、《延安日记》的俄文译者吕文镜、吴名祺、唐秀兰、石菊英、余瑞先,《莫斯科中山大学和中国革命》的译者徐小英等联系取得了上述著作和译作的专有出版权。此后的送审报批也是历经波折。

接着,我又为《书系》的每一卷撰写了《出版说明》,详细地介绍了《书系》的来龙去脉和本卷的作

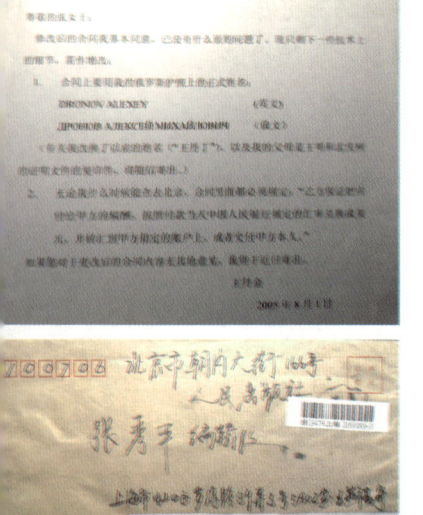

与王明之子王丹金、王凡西之女王燕祺的通信

者及内容提要。如《双山回忆录》：

> 作者王凡西，早年参加中共，留学莫斯科东方大学、中山大学。1930年被开除出党。作者在20年代中期留学苏联时，即参加了托洛茨基反对派；1929年被遣送回国后，又从事党内反对派组织活动。作者毕生认为，苏共早期斯大林与托洛茨基的斗争，真理在托洛茨基一边；斯大林的大清洗和残酷斗争，与科学社会主义是格格不入的。20世纪90年代苏联模式的破产，并非是社会主义的失败，应该将斯大林主义和真正的社会主义区别开来。……此次内部出版，以1980年"现代史料编刊社"内部出版的中文本为底本，参考1994年香港士林图书公司的中文本予以重排。原书中的若干译名，大部分仍其旧；但个别作了改动。如托洛次基，改为托洛茨基；考次基，改为考茨基等等。文中的错字，尽可能作了改正。

再如《中共50年》：

> 作者王明，又名陈绍禹，中共早期领导人。1925年去莫斯科中山大学学习。1929年回国，任江苏省委书记、中共中央政治局委员、书记处书记，一度取得领导权。后任中共中央统战部部长、中央法律委员会主任，建国后，任政务院法律委员会主任。1956年去苏联。本书是王明去苏联以后坚持其反动立场，对我党历史上的一些重大事件加以歪曲和篡改而撰写的。……此次内部限量出版，以苏联国家政治书籍出版社1975年出版的俄文版译出、"现代史料编刊社"内部出版的该书为底本予以重排，原书中的若干译名，大部分仍其旧；但个别作了改动。文中的错字，尽可能作了改正。……

为了与"灰皮书"有区别，重新排校后各卷，在封面、卷首的《出版说明》和版权页按照批件的规定注明"内部出版　仅供研究""内部出版　限量发行"；又重新命名为《现代稀见史料书系》以"黑皮书"系列发行，全套共8册10种，每套共计400元。我还为《书系》特别设计了定向征订单。

《现代稀见史料书系》征订单

2004年《书系》出版以后,学术界反响空前强烈。有的学者还撰写了专文介绍。不少专家反映,这些人的回忆录,虽然囿于其政治立场、思想观点及当时的历史原因都有一些吹嘘自己、攻击他人的内容,但毕竟是亲历亲闻亲见,可以使我们在研究工作中,把握和认识历史的复杂性,使研究者更加深入细致地去考察历史上的一些重要人物和重大事件。如"托派老人"王凡西的《双山回忆录》,主要叙述中国所谓"托派"的产生及其分合的历史。又如《延安日记》,作者彼得·弗拉基米洛夫,苏联人,1942年至1945年,以共产国际驻延安联络员兼塔斯社记者身份在延安工作。作者以日记形式,根据他的观点,记述了解放区政治、经济和文化等各方面的问题。全书以抗日战争时期我党同苏共的关系为背景,记述了我党的整风运动、第七次全国代表大会,对我党同当时驻延安的美国军事观察组的接触以及我党和国民党的关系等问题,均有评述。《莫斯科中山大学与中国革命》,作者盛岳,原名盛忠亮,又名伐樵,1923年至1926年任中共北京地方委员会宣传部秘书。1926年被派往莫斯科中山大学学习。1928年成为"二十八个半布尔什维克"成员之一。1934年回国,任中共中央上海局书记。1934年被捕后叛变,进入中统当了特务。全国大陆解放后逃往海外。本书是盛忠亮用记述亲身经历的形式,搜集大量有关资料写成的半研究半回忆录性质的书。本书对莫斯科中山大学从筹办到结束的全过程作了较系统的介绍,对苏共党内反对托洛茨基派的斗争在中山大学的影响,对中共党内托洛茨基派的形成等问题作了比较具体的叙述。《书系》对研究20世纪20年代至30年代中期苏联对中国的政策、苏共党内斗争对中国的影响以及有关问题具有一定的参考价值。《我的回忆》,作者张国焘,中共一大代表之一。曾任中共中华苏维埃共和国副主席、中共红军总政治委员、中共中央政治局委员、中共陕甘宁边区政府主席等要职,后脱党,1949年后隐居香港,1979年死于加拿大。本书主要记述了中共创建历程、发展经过及作者和中共诸政要的交往，对他叛党以前的政治经历，尤其详细。书中对毛泽东、刘少奇、周恩来、贺龙、彭德怀等及中共和苏共之间的斗争冲突过程，第一、第二次国内革命战争时期及抗日战争前夕的重大事件也都有详尽生动的第一手史料予以一一说明来龙去脉，也有首次公开透露的"历史史实"。

《郑超麟回忆录》，作者郑超麟，早年参加中共，1923 年赴莫斯科中山大学学习，1924 年回国，任中央

《现代稀见史料书系》，共 8 种 10 册，定价：400.00 元，东方出版社 2004 年版

宣传部秘书兼上海地委委员、湖北省委宣传部长，1929 年因参加党内反对派活动被开除出党。他是中国托派组织的领导人之一。新中国成立前被蒋介石政权两次逮捕，新中国成立后被人民政府监禁。1979 年出狱，任上海市政协委员。本书回忆录部分写于 1945 年；《陈独秀与托派》写于 1980 年。本书对中共早期领导人及许多重大事件提供了亲历资料。

《中共 50 年》在"黑皮书"书系中，本书史料价值最差，但通过本书，人们可以认识真正的王明：中国革命，如由王明之辈领导，一切历史都必将会改写。

《书系》出版以后，党史研究者根据史料，纠正或补充了过去的一些传统的成说，新成果不断推出。如毛泽东早年建党时期的活动、特别是毛泽东创建长沙共产主义小组时与陈独秀交往的情况，党史档案和毛本人的生平资料都无记录。张国焘当时是一大代表，他在《我的回忆》中，对一大前后的建党回忆却颇为详细。经过考证后，《毛泽东年谱》上卷第 77 页采取了张的回忆（见《毛泽东年谱》上卷，人民出版社版）；金冲及主编的《毛泽东传》则在正文中直接引用了张国焘的回忆："陈先生很赏识毛泽东的才干，准备去信说明原委，请他发动湖南的共产主义小组。"（见《毛泽东传》上卷第 74 页，中央文献出版社版）。又如《我的回忆》中记录的毛泽东在中共第三次代表大会上的关于农民问题的发言，党史档案一直付阙，经研究考证后，新出版的

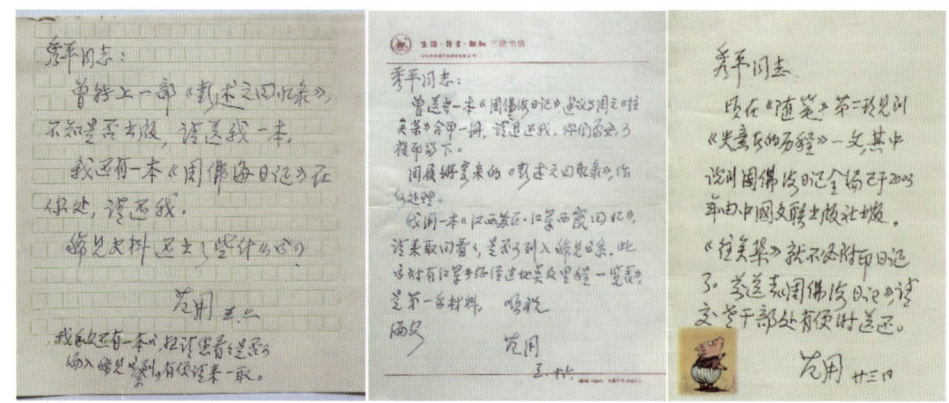

范用连续3信都谈及续编

党史著作都已采用,详见上述两书第 114 页(《毛泽东年谱》)、第 108 页(《毛泽东传》)。《毛泽东传》正文中还引用张国焘对毛泽东评语:"这个农家子弟对于中共极大的贡献"等等。又如 1991 年关于延安的"王实味与野百合花冤案"的平反,就是根据王凡西的《双山回忆录》的亲历者的资料,从而在复查中"没有查出王实味同志参加托派组织的材料。因此,1946 年定为'反革命托派奸细分子'的结论予以纠正"。

此后,范用先生一直关心并鼓励我出版第二辑《现代稀见史料书系》,并送来了参考书单,其中的《彭述之回忆录——共产主义的起飞》《周佛海日记》

《科学时报》,2004 年 11 月 18 日

都颇具史料价值。但学术研究和出版研究终究不能自斟自饮,内部发行的体制和机制都难以建立的情况下,《现代稀见史料书系》的出版也只得戛然而止。

从"灰皮书"到"黑皮书",真实地反映了人民出版社两代出版人对文化积累、出版使命及实事求是、勇于社会担当的思想追求。

《战后国际关系稀见史料》(蓝皮书)的出版与史料价值

《现代稀见史料书系》(黑皮书)出版以后,市场的需求和反应十分强烈,我又想起在兰大读书时、我的老师汤季芳先生及他的关于战后国际关系的研究。汤先生和近代著名爱国文学家闻一多是老乡,都是湖北浠阳人,1945年毕业于中央大学历史系,后留学于美国明尼苏达大学,获硕士学位。1955年后在兰州大学任教,1956年加入中国共产党,是当时兰大可数的红色专家之一,历任历史系主任,历史研究所所长。他的《冷战的起源与战后欧洲》,以历史发展为线索,通过专题形式,利用了丰富翔实之资料,对第二次世界大战以来的各国政治关系为主的国际关系的变化和发展、特别是战后美国对外政策的变化、美苏对抗等进行了研究。他对战后苏美、中美、日美及美国和整个欧洲关系的研究,既深入又富有创见。如从美国对苏问题专家哈里曼(美国第一任驻苏大使)及其以后的波伦、凯南影响国会并制定对苏外交政策及他对"马歇尔计划"核心:欲建立强大的欧洲,必定要建立强大的德国的认识,都是战后国际关系研究的真知灼见,迄今都仍闪烁着战略思想的光辉。受他熏陶,凭借他授课的知识功底及为我们开列的参考书单,以2005年第二次世界大战结束50周年为契机,提出了:

关于编辑出版《二战和战后国际关系亲历史料书系》的设想

2005年是第二次世界大战和世界反法西斯战争胜利60周年,为了回顾与反思,人类永远不再战,特拟编辑出版《战争和战后国际关系亲历史料书系》(下称《书系》)。

《书系》是一套大型史料书。以选拔当年亲历、亲闻、亲见的第一流的政治家、军事家的回忆与思考的图书重新翻译为主。主要有：《杜鲁门回忆录》《蒙哥马利回忆录》《朱可夫回忆录（回忆与思考）》《戴高乐回忆录》《丘吉尔回忆录》《哈里曼回忆录》《凯南回忆录》《沃伦回忆录》《马歇尔回忆录》《罗斯福回忆录》《斯大林回忆录》《赫鲁晓夫回忆录》等等。

上述图书均系20世纪70年代或80年代曾经由多家出版社翻译出版，时间已过去30多年，这些图书有些囿于当时的环境，或者是为了防止国人接触国外的不同的思想或思潮，定为内部出版。既不成系列，也没有统一的规格，读者已很难寻觅。从事二战史和战后国际关系研究的学者和研究者也纷纷反映，系统地出版一些当年政治家和军事家的代表作品和回忆史料，是当务之急，也是军事文化学学科建设的需要。这是其一。

其次，上述图书，因为当时我国没有加入国际版权公约，其版权都未解决。为了使这些人类的文化遗产能在我国流传，重新联系版权、重新组织翻译、重新出版也是很有必要。

第三，二战和战后国际关系研究一直是世界史研究的重点，也是军事战略学和文化学的重点，出版上述图书应该具有一定的社会效应和经济效益。

需要论证解决的问题有：

第一，联系版权问题。尽快由社有关部门和编辑室协商解决。

第二，审读原译文。组织修订或者重新翻译。

第三，组织安排市场策划和调研。

张秀平　关宏
2004年4月28日

《战后国际关系稀见史料书系》（蓝皮书）共4种8册：《哈里曼回忆录》、《杜鲁门回忆录》（上下）、《蒙哥马利回忆录》、《艾森豪威尔回忆录》（1—4）。

《哈里曼回忆录》原名《特使：与丘吉尔、斯大林周旋记》，20世纪70年代以三联书店名义内部出版。《特使》记述了美国著名外交活动威廉·艾夫里尔·哈里曼在第二次世界大战期间（1941—1946）出使英、苏的经历。哈里曼是美国布朗兄弟—哈里曼财团的主要成员，20世纪20年代即跻身官场，此后便亦官亦商。在罗斯福执政时期，历任商务部企业顾问委员会主席，美国总统派驻英国的特别代表，驻苏大使；在杜鲁门执政时期，历任驻英大使、商务部长和马歇尔计划欧洲署署长，1951年担任出席北大西洋公约组织会议的美国代表团团长，专门研究西方的防务计划。1955年—1958年任纽约州州长。此后在肯尼迪和约翰逊执政时期，又担任过巡回大使、负责远东事务的助理国务卿和负责政治事务的副国务卿，参加过1963年的核禁试条约谈判和1968年—1969年在巴黎举行的关于越南问题的谈判。1975年和1976年还先后奉福特和当时民主党总统候选人卡特之命访苏，与勃列日涅夫会晤。

《哈里曼回忆录》酝酿了30年，直至1975年才出版也不是偶然的。众所周知的原因便是20世纪60年代以来的美国统治集团就外交政策问题特别是对苏政策问题一直进行着激烈的辩论。各派政治力量和各种思潮代表，纷纷抒发己见，哈里曼表示"不作为一个袖手旁观的后座乘客"而参与，以"战斗的雄心壮志"整理出版了这本回忆录，企图通过自己当年外交折冲的亲身经历和经验，现身说法，进一步阐明自己的对苏政策观，针对时弊，开出药方，以期当政者采纳。本书就是哈里曼亲身经历的记录，因而尽管所述及的历史事件都已有当事人回忆录和历史文献可供检索，但书中仍不乏有价值的第一手资料可供参考。当年的国际环境和今天的世界有着千丝万缕的联系，哈里曼的外交主张经过20世纪50多年的检验仍然有"亲历、亲闻、亲见"历史价值。

《杜鲁门回忆录》（上下）主要记述杜鲁门于1945年1月任美国副总统，同年罗斯福逝世后继任总统，此后连任，1953年卸任这一时期的回忆。全书分上下两卷。上卷《决定性的一年》，叙述的时间是1946年4月到1945年年底；下卷《考验和希望的年代》叙述的时间是1946年到1953年1月。1955年—1956年原世界知识出版社曾出版过删节的中译本，这次出版，我们除改动个别误译外，还补译了删去的原著第一章《罗斯福总统去世》、第十六章《波茨坦之行》，第二卷第三十章《海底石油》和各章前面的提要。但对作者与家人的一般往来信件及生活琐事的记述仍照原译本删略未译。

回忆录主要记述当时的重大国际和国内事件以及美国政府所采取的有关政策、措施和行动，并以极大篇幅叙述了作者本人在分裂德国，占领日本，干涉中国内政；扶持蒋介石集团发动反人民内战，制订并施行"杜鲁门主义""马歇尔计划""第四点计划"，发动侵朝战争等方面的作用。作者的叙述虽然是个人的回忆，但也在一定程度上反映了这一时期美国对外政策及其重要措施的本质。《杜鲁门回忆录》中的政策和主张，经过20世纪历史的检验，迄今仍具有往事历历、后事之师的历史价值。

《蒙哥马利回忆录》是英国著名的军事家和政治家蒙哥马利元帅亲笔撰写的回忆录。在第二次世界大战中，蒙哥马利任英军第八集团军司令，因指挥北非战役击溃隆美尔的德军精锐而闻名于世；北非战役结束后，他进军意大利，以后又率领第二十一集团军群参加诺曼底登陆，转战西北欧，直抵德境。1944年升为元帅，1945年—1946年任英驻德占领军总司令和盟国对德管制委员会英国代表。1946年— 1948年任英军总参谋长。1948年—1951年任西欧联盟军统帅。1951年起任北大西洋公约组织最高司令部副司令。1958年退休。《蒙哥马利回忆录》从他的童年生活、军校生活、早期的军旅生活、婚姻和家庭生活，一直到任北大西洋公约组织最高司令部副司令为止，以阿拉曼战役及其以后的军事、政治活动占主要篇幅。

蒙哥马利是第二次世界大战中北非战役的指挥者，在欧洲战场上又是以艾森豪威尔为首的盟军领导成员之一，战后又出任英国和西欧联盟军队的要职，因而他在书中对战局、对英美在战略方针上的分歧和大战末期与苏联的矛盾，以及对战后的国际形势和英联邦各国的关系等的记叙，有一定的权威性和代表性。对于第二次世界大战史以及战后冷战史的研究，都是第一手的资料。《蒙哥马利回忆录》中所引的丘吉尔和艾森豪威尔的信件，不少是他们两人的回忆中所未载的。

本书原版于1958年，由于书中记叙了欧战中作者与艾森豪威尔的战略之争并对英国军、政某些人物和意大利将领作了一些议论和评价，因而出版后曾在美、英、意等国引起很大反响。1960年—1961年，蒙哥马利元帅曾两次访问中国，对我国有较深的了解。他提出的缓和国际形势紧张的三原则及"承认一个中国"的观点，是他对战后国际问题判断的新发展，是对新中国看法的一大转变。

《艾森豪威尔回忆录》（1—4），本书第一册初版于1948年；第二、三、四册是1963年出版的《白宫岁月》（上下）。艾森豪威尔1915年毕业于美国西点军校，1926 年再毕业于参谋本部学院。1929 年—1933 年任美国陆军部副部长办公室助理。第二次世界大战期间，历任北非盟军总司令，西欧盟国远征军最高统帅、美国驻德占领军司令、美国陆军参谋长、北大西洋公约组织武装部队最高司令。1952 年起连选连任美国总统至 1961 年。

《战后国际关系稀见史料》，东方出版社 2007 年 1 月第 1 版

《艾森豪威尔回忆录》详细地叙述了第二次世界大战前美国的军备情况以及美英军队在北非、地中海地区和欧洲大陆进行的几次重要战役，特别是美英军队强渡英吉利海峡并在法国北部实行大规模两栖登陆的军事行动。作者在第二次世界大战期间，作为北非盟军总司令和西欧盟军最高统帅，同华盛顿盟军联合参谋长会议有着密切的关系，并且直接参加了重要战略计划的拟订、战斗部队的组织准备和各次战役的指挥工作，因此书中提供的材料，对于了解第二次世界大战中美、英方面同希特勒德国作战的经过情况以及盟军最高统帅部的战略和战术思想，有一定的参考价值。

《艾森豪威尔回忆录》还表明，美国参加第二次世界大战，其目的是为了消除德、意、日的竞争，重新瓜分世界，攫取国外市场和原料产地，争夺世界霸权。书中在叙述一些重大战役时，也暴露出作者与英国首相丘吉尔为着各自国家统治集团的利益，多次在战略计划上发生的分歧；还透露了美国意欲压取法国殖民地的野心、并用停止援助相威胁企图逼使法国就范。作者在书中许多地方，都有炫耀自己的战略思想并吹捧其幕僚军事才干、贬低他人、鼓吹资产阶级民主、自由等倾向。

《战后国际关系稀见史料书系》本拟再出版《朱可夫回忆录（回忆与思考）》《戴高乐回忆录》《丘吉尔回忆录》《凯南回忆录》《沃伦回忆录》《马歇尔回忆录》《罗斯福回忆录》《斯大林回忆录》《赫鲁晓夫回忆录》等，但都来不及安排而留下遗憾。

非典时期出版的《古今中外大疫启示录》

2003年年初，非典病毒突如其来、袭击了平安祥和的北京，该病毒以其传染性、暴发性、令人措手不及。已经告别了"四大传染病"缠绕、威胁的北京民众毫无防备，每天听着死亡人数的播报，人们陷入了恐慌、自危以及无奈之中。那个时候的北京人，还都被作为"传染源"避之犹恐不及。大灾面前，从中央到地方，从医院到社会，全世界都在思考SARS病毒的来龙去脉和治疗手段。大灾面前，更要有大智慧。智慧来自哪里？作为出版工作者，既不能悬壶济世，更无挽人生命于死亡的岐黄之术，但强烈的历史感和使命感促使我急速地思考，在这场没有硝烟的战争中，我能做点什么？我是学历史的，首先想到的是：历史上的大灾大疫，历朝历代的统治者和人民是如何应对的？祖国医学对瘟疫的辨证论述，迄今是否仍具有时代的光芒？振兴中医是否适逢其时？

我将上述想法向人民出版社社长黄书元做了汇报，黄社长当即表示支持，并督促尽快组织书稿并落实作者，还建议书名为《古今中外大疫启示录》。设想确定后，非典时期的作者何处寻找？又是一个不是难题的难题。非常时期，图书馆与档案馆等等，为了防疫、防止疫情传播都已关门或者控制开放；如果平时无积累、无研究，临时"急就章"，书稿质量难以保证。我仔细梳爬了作者队伍，猛地想起，中国中医研究院中国医史文献研究所，曾为我主编的《中国文化概览》提供《中国古代的医学》一文。他们长期从事医史古籍的研究和整理，对古今中外的历次大灾大难，想必学有专长、术有专攻，厚积薄发，必能很快成稿……电话联系后，知道该所现在是梁峻先生主持工作。我将选题和设想告诉梁所长，一拍即合。梁所长积极支持、并兴

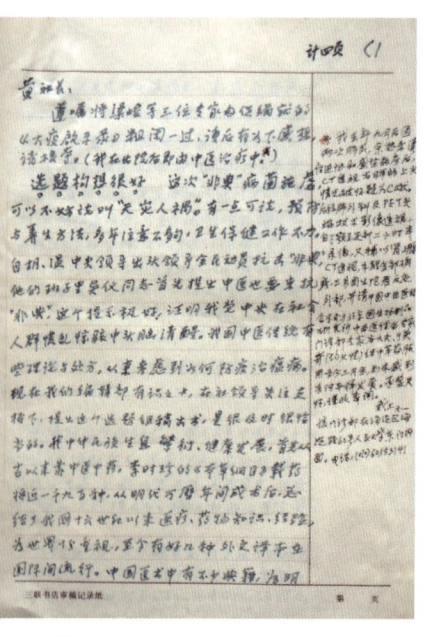

戴文葆先生受社长委托审读了书稿

奋地告诉我，他们所目前每天都要承担院里和管理部门关于医史材料的整理和提供。工作繁忙、任务很重，但有责任、有义务将历史上的《大疫启示录》整理出来付诸出版，以便鉴往知来，愿人类告别瘟疫。

本书的内容框架，是我和梁所长共同商量决定。全书共分四部分。上篇《大疫启示》，选取古今中外流行的数十次大疫，如席卷全球、改变人类历史进程的——鼠疫（俗称黑死病），美丽的白色瘟疫——肺结核，魔鬼的代名词——麻风病及已被人类征服的天花等，作者从介绍当时疾病发生的社会背景、流传经过与对策入手，写得惊心动魄、有情有节，令人震撼。

中篇《大疫·非典·社会》，则通过对远古的回忆，承认疫病与人类共存的历史现实，从历朝历代统治者如何面对大疫及西方历史的悲剧中引发深层次思考。人类要彻底战胜非典或任何一种传染病，必须要从社会稳定、社会正义、和平合作、人口环境、城市化进程、信息与流通及现代化的进程、防灾防疫上作艰苦的努力。"路漫漫其修远兮"，我们都要上下求索。

下篇《中医与非典》，根据广州中医药大学附属医院、广东中医医院一线专家运用中医方法治疗非典的经验，中国中医研究院科技合作中心和科技部中医药战略地位课题组于当年的4月26日召开了中医治疗非典学术交流会，在此基础上，作者将有关成果，提取精华，浓缩于典范的治疗方法，具有实践性、可操作性。《著名老中医关于预防非典的建议》，则是当年已经83岁的薛崇成老先生，以耄耋之年在家中试服"白虎汤"，仔细体味该汤的主药生石膏在预防非典的作用的全过程。"白虎汤"是汉代名医张仲景的"辛凉重剂"，主药是生石膏，生石膏性凉寒，又是金石药，后世用它常有顾虑。薛老先生是著名中医蒲辅周先生嫡传弟子，他还承担国家中医药重点项目《辨证论治纲要》的修订，他虽然不

《古今中外大疫启示录》，人民出版社 2003 年 6 月版

在抗击非典的第一线抢救病人，但夜不能寐，乃在家中冒险试服，写下服法、剂量、个人的身体反应等；受其感染，又有其夫人、学生数人加入试服之列，他又一一记录……令人可歌可泣。由此可知，非典绝不会肆虐，我们一定能战胜SARS！

《附录》收《文献中的春瘟验方》《文献中的春瘟医案》《19世纪微生物学成就》《20世纪微生物学成就》4篇。作者整理的《春瘟验方》《春瘟医案》，是中国医药宝库中关于治疗春瘟的精粹。春月春瘟带给人类的是无限的希望和不尽的麻烦，任何事物都有两面性，关键是人们如何去应对。《19世纪微生物学成就》《20世纪微生物学成就》两篇，信息量很大。19世纪、20世纪，显微镜、细胞学、细菌学和病毒学的发明和发现，使人类叩响了科学技术的神圣殿堂的大门，人类战胜瘟疫的日子已经为期不远了。本书收录这些令人振奋的科学发明和发现，旨在倡导中医和西医的互补性，体现"中西医"结合精神。

《启示录》从组稿、编辑加工到发稿，共历二十多个日日夜夜。这期间，中国中医研究院中国医史文献研究所的梁峻所长和他的研究生及北京大学医学史研究中心、中华医学会医史学分会的研究人员，不分昼夜赶稿、修改，付出了辛勤而又艰苦的劳动。因为防疫需要，研究院的大楼被封了，我数次进入中国中医研究院取稿、交流对书稿的意见，都是在该院办公大楼前的绿地中间。我们流水作业般地传递书稿、修改稿，商量解决书稿中需要核实的史料、数字等。身边的堂堂日月依旧，绿地中的树影婆娑起舞，自然界的万物虽无别样，但特殊时期的非典型交谈方式，让我永远铭记。

此后，黄书元社长又将此书稿作为急件，调集人力、物力进一步安排生产；著名出版家、第一届韬奋奖获得者戴文葆先生审读了书稿，从选题到内容都给予充分肯定；红美人工作室的同事奋战两天两夜设计出了版式和封面；校对科的同志也放弃休息，加班加点工作……一周之内，一本装帧典雅、印制精美、散发墨香的《启示录》就送到读者手中。这是团结合作的硕果，是医学界和出版界挑战瘟疫的宣言。

"一切历史都是当代史"，《大疫启示录》是非典时期的真实的历史记录。我们也在创造历史，抗击SARS——这场没有硝烟的战争让我们聚在了一起，书写了辉煌并一起祈祷祖国的岁月河山永远阳光灿烂。

丁启阵与《葳蕤丛书》的出版

丁启阵是浙江临海岭根人，是我的浙江临海小同乡。1980年以前，在浙江临海念小学、中学。1980年考入山东大学中文系，1984年7月获文学学士学位，1987年7月获文学硕士学位。毕业后，旋至北京外国语大学中文系担任教师至今。1995年被聘为副教授。其间，先后于澳门理工学院、韩国汉城（首尔）诚信女子大学、日本东京大东文化大学担任客座教授。他思维敏捷，才华横溢，出口成文。近年在新浪的博客，专门针砭教育和学界文风，纵笔驰骋；又在杜诗和历代诗歌和文人的研究上，讲人生、开风气，别出心裁。获得了数十万粉丝的追随。他的专业是古代汉语，在北京外国语大学专门从事对外汉教。古文字训诂师从山大教授殷焕先（1913—1994），殷先生是江苏六合县人，我国现代著名语言学家、教育家、山东大学著名教授。历任中国语言学会理事，中国音韵学会理事、学术委员、顾问，山东省语言学会理事长，山东省方言研究会理事长，古文字研究会理事长。丁启阵到北外从事外教后，还颇得北师大训诂大家王宁先生的赏识。王宁是当代文字学和训诂学的集大成专家，她首先是创建了"汉字字体学"与"书写汉字学"，运用现代的汉字学基础理论，把汉字的整理与研究和计算机技术结合，启动了数字化《说文》学、碑刻典藏与楷书实用文字整理、中华大字符集创建工程（试点）等大型数据库的项目，实现了传统语言文字学研究的手段更新和学科的文理交叉。其次是她和训诂学大师陆宗达合著的《训诂方法论》和提供训诂方法综合运用实例的《古汉语词义答问》，率先提出"训诂方法科学化"的主张，使缺乏理论原理、艰深难学的训诂学变得易于理解和便于应用，为训诂学走向现代起到了导引作用。丁启阵的结婚典礼，就是王宁先生出席证婚。有一段时间，传闻他要调到北师大从事汉字与中文信息处理研究，但好事多磨，不知什么原因没有成行？但如果传说成真，他的才华未必纵横绽放。

他先是出版了《秦汉方言》（东方出版社1991年版），这应该是他的第一本专业专著，以秦汉时期留下了作品的人的出生成长地、长期居住地为坐标，分析同一地区的人所写出来的作品的用韵方式，结合扬雄的《方言》研究秦

《东方文化·恍如昨日》，
东方出版社 2004 年版

汉方言，从声部韵部分析，详细精到。出版若干年后，不断有读者甚至还有韩国的留学生来求购……

2003 年，丁启阵从日本外教回来，一下子就交来了三部书稿，我顿时便被他书稿中隽永的文字、流畅的行文吸引。此时我策划的《东方文化》书系正在陆续出版，因此马上就编排了《恍如昨日——汉代以前的士大夫群体人文状况》一稿。

《恍如昨日》是一部研究中国汉以前知识分子生存状态的书。作者搜寻、发掘、揭示、陈列了汉以前士大夫群体曾经存在过的一些生活实景，展现出这一时期中国知识分子的苦乐悲欢，以及他们在这个泱泱大国中的定位。作者并以今日的中国社会作为参照系，提出一些诘问，以供社会学家、经济学家、学术史和文学史家以及那些谋划、制定、执行知识分子政策和分配制度的"为人谋"者进行比较研究之用。同时，作者也希望中国的知识分子能把本书当作一面镜子，时常照照自己，从中得到某些启迪和教益。

本书绝非是子虚乌有的小说家言，而是有事实可证的信史。读者从这些真实的人生故事描述中，能够更多地了解汉以前知识分子有血有肉的人生。

文人士大夫群体是中国古代社会与国家的精英，是政治制度的缔造者和主要维护者，是文明演进的创造者和积极推动者。要想了解我们的民族精神，了解中国人文的演变，不能不先来了解这一群体的心理状态和他们的生存状况。

从文明曙光初露的原始社会到文物繁盛的汉代，是中国文人士大夫群体的形成和开始发挥巨大作用的时期。夏商周是中国历史初步有文献记载和地下出土文物可以互相印证的历史的开始阶段。在夏商周 1000 余年时间里，政治制度、礼乐文化迅速发展并成熟起来，在许多方面都成为后代的典范。伴随着文明步伐的日益加快，以知识、文艺为安身立命之资的阶层也从无到有、从小到大地发展起来，为春秋、战国时代成为独立群体作好了准备。生活在那个物质生活相对粗陋的时代的智识先驱们，发挥着知识的力量，凿开鸿蒙，铢积寸累地改善着人类的生存，丰富着文明的宝库。春秋战国时期是中国历史上最混乱也最辉煌、最黑暗也最灿烂、最残酷也最人道、最压抑也最张扬的时期，政治军事的混乱、黑暗、残酷、压抑与文化学术的辉煌、灿烂、人道、张扬相反相成，相得益彰。危机四伏，也出路多多；自由驰骋，也充满挑战；有人文关怀，也有人性扭曲。这是一个危险与生机并存、困境与出路同在的时代。

春秋战国时期被称为中国文明史的轴心时代，所有的哲学流派都产生在这个时期，人文科学、社会科学还有自然科学的一部分也都在这个时期初具规模，许多人日后成为各自学说、学科的鼻祖。

秦帝国以其强大的武力结束了战争如同家常便饭的战国时代，成为一个伟大的帝国。但是因为在对待文人士大夫群体、对待文化学术上犯下了一个致命的错误，帝国的大厦很快就烟消云散了。短短的十四年时间，傲慢的秦帝国以其态度的决绝和手段的残暴，焚书坑儒，扼杀了它与知识分子之间原本应该有的合作关系，扼杀了它与文化学术之间的自然纽带，也扼杀了它自身的生机。生活在那个时期的文人儒士的牺牲，直接导致了汉代的"独尊儒术"，为日后儒家学说成为中国近两千年历史的主流思想奠定了基础。

空前强大的秦帝国在短期内如摩天大厦轰然倒塌，惊人的教训成为紧接着它而崛起的王朝极其宝贵的前车之鉴。加上楚文化中的积极成分和帝王跟底层民间的特殊关系，刘邦奠基的汉王朝事实上是一个比较具有开放思想和民主作风的王朝，它能够在实践中逐步认识到文化艺术的价值，对文人儒士的态度也日益亲近。这使得汉代的在学术文化上都取得了空前的成就。

不了解孔子所创立的学说就等于不了解中国文化，不了解中国。形成并活动在春秋后期的孔子集团既是一个重视文化传统和礼仪制度的文化教育团体，又是一个有着崇高政治理想的职业团体。它的生存状况是整个中国知识分子群体及其命运的一个缩影。本书对其进行了全面、立体的分析。

本书既有按照历史进程的叙述，也有个案的深入分析。著者在撰述过程中最想努力做到的是两件事：一是思想的新颖和深刻，二是语言的清新和流畅。希望它能成为一本新颖有深度并且流畅可读的书，希望能够真正引起读者关注中国人文史的兴趣。

这是一部试图写得流畅可读并且新颖有深度的关于古代知识分子心态和生存状况的书。我又建议丁启阵给这3本书定个丛书名，熟读《诗经》的他马上顺口命名《葳蕤丛书》，取"绿萝纷葳蕤，缭绕松柏枝"之枝叶繁茂，事业兴旺。

《东方文化·葳蕤丛书·诗歌与人生》，东方出版社 2005 年 11 月版；《东方文化·葳蕤丛书·北京东京随笔》，东方出版社 2005 年 12 月版

近年，这位同乡又专研古诗词鉴赏，在一首诗、一段考证、一篇解释、一份书法上形成洋洋洒洒的新论、再辟诗歌与人生的新的研究方向，期待这位"江南才子"的新著再次"标新"。

留住那个"特殊年代"的真实史料
——《叶圣陶叶至善干校家书》编辑与出版

叶小沫是著名教育家、出版家、著作家叶圣陶的孙女，父亲叶至善也是民进第七、八届中央副主席，第二至五届全国政协委员，第六、七届全国政协常委、副秘书长。小沫和我一起都担任中国民主促进会中央出版委员会的副主任，她在整理爷爷爸爸留下来的东西时，在杂乱的文稿中发现了一个塑料口袋，里面装着爷爷和爸爸"文革"时期1969、1970、1971、1972年的通信。翻看阅读这些家信，她好像又回到了"文革"那个特殊的年代：爷爷留守京城，爸爸去了潢川干校，她和弟弟下乡插队的岁月；大到全球、全国、北京、东四八条，小到兄弟姐妹、亲朋好友、同事同学中发生的事情，信中写到的人和事，又一幕幕重现在眼前。面对善良和天真的爷爷、爸爸，看着他们对现时的豁达乐观和对未来的憧憬希望，她有着愉快的回忆，更多的是说不出的沉重。是好是坏，是是非非，是悲是喜，复杂的心情没法用文字来表达清楚。但是有一点是可以肯定的，这就是那个时代的爷爷，那个时代的爸爸，那个时代的我们，那个时代的人和事，真实得没法再真实，确切得没法再确切，而这一切都没法改变，也用不着改变。她和朱正先生商量出版这本通信集。我得知此事后，马上和小沫联系，她同意了。

家书，特别是名人家书，一方面是写作者个人隐私的真情流露，因为他（她）们都富有情感和智慧，承载着人世间的亲情和友情；另一方面则又是家事、国事、天下事，事事关心，因为那也是大多数中国知识分子居于庙堂之上心忧天下的品格使然。《叶圣陶叶至善干校家书》（一九六九——一九七二）中的叶氏父子叶圣陶是新中国成立后国家出版总署第一任副署长、教育部副部长；叶至善是中国少年儿童出版社第一任社长。1969年，叶至善随团中央下河南潢川干校，父子俩天各一方、人各一地，信来信往，便有了近70万字的书信。书信真实记录了他们父子在那个特殊时代对"大事要事"的应对和处理；书信中涉及他们父子在那个特殊时代对周围人物悲欢、世态炎凉及其当时的社会动向、思想变化的心态和情感，是反映20世纪中国知识分子心路历程的不可复制的文化遗产，具有历史和文化的双重价值。因此，《家书》在一定意义上又可视为当时历史的民间口述史。《家书》的内容极其丰富，叙事状物细致入微、生动有趣。《家书》给我们留下了那个特殊时代极其珍贵的史料。

这又是一部纯粹意义的《家书》。《家书》第一封信起自1969年5月2日，是父亲叶圣陶写给儿子叶至善的；最后一封信是1972年12月21日叶至善写回家的，不久他就结束干校的生活回家了。在3年又8个月的时间里，父子俩共有近五百封通信，当时全无意于发表或让别人阅读，也正因为如此，《家书》就更加具有了亲历亲闻亲见的历史见证的价值。如叶至善谈他在干校的放牛生活：

> 每天五时一刻起床，顾不得洗脸，第一件事就是把牛牵出牛棚，免得它们在棚里多拉粪。晚上九点钟给牛把了屎尿，一条条牵进棚去，然后洗脸洗手洗脚上床，大概已经十点半了。……（《家书》第42页）

现在是早晨五点开始用牛，七点半歇工，九点半又上工，十一点半休息。下午二点半又上工,到六点半歇工。这样一来养牛的工作跟着紧张起来,早晨三点就得开始喂牛。我自愿负责喂牛的工作。现在是两点三刻起床,三点喂牛,给牛吃铡好的草和泡好的豆饼。五点牛上工,可以再睡会儿,其实也睡不着了。早饭以后,清理牛场上的尿粪,切豆饼,挑水,泡好晚上喂的和第二天早上喂的豆饼,在槽里放好草,为第二天早晨做好准备……(《家书》第 105 页)

这样艰苦单调的劳动,叶至善干了 3 年多。何况他此时已是一位年近半百的中老年人!即使如此,叶至善也不觉得艰苦。他在一封信里这样说:

能走上毛主席指示的"五七"大道,心里应该高兴愉快,不应该老想什么苦不苦。(《家书》第 47 页)

父亲叶圣陶先生在回信中也这样认为:

唯有我国的在"文化大革命"之初,立即传播毛主席致林副主席的信,此信为各行各业的人规定了一条"五七"道路,指出有这样一种大学校,不是与清华、北大同类的大学而是人人都得入学,人人都得一辈子入学的大学校,不管你这个干部多么高级,也得进去再受教育。这个制度之确立,不应写在一般教育史里,而应写在马克思主义发展史里,因为这是超越了一般学校教育的范畴的。(《家书》第 239 页)

应有人出来写一篇《干校无所谓毕业论》。一般学校有毕业,干校是毛泽东思想大学校,学无止境,批判资产阶级无止境,改造世界观无止境,故而无所谓毕业。即使调离干校,恢复原职务,或者调任新职务可还得像在干校时候一样,认认真真走"五七"道路,故而离校也不是毕业。(《家

叶小沫与爷爷叶圣陶(叶小沫提供)

书》第 222 页）

作为一名老教育家，彼时彼刻的心境，正是当时千千万万知识分子当时心态的真实写照。那个时代的叶家父子和千千万万知识分子及干部一样，都是这样单纯地想，纯粹地做，大都走过一段或长或短的迷信和盲从的弯路。

这也是一部与众不同的《家书》。1966 年 5 月 7 日，中共中央毛泽东主席看了解放军总后勤部《关于进一步搞好部队农副业生产的报告》后，给林彪写了一封信，简称"五七指示"。信中说：

> 全国各行各业都要办成一个大学校"学政治、学军事、学文化，又能从事农副业生产，又能办一些中小工厂，生产自己需要的若干产品和与国家等价交换的产品"，"也要批判资产阶级"。"学制要缩短，教育要革命，资产阶级知识分子统治我们学校的现象再也不能继续下去了"。

"五七指示"反映了毛泽东要在全国每一个基层单位"批判资产阶级"的"左"倾思想并表现了他对知识分子不信任的错误态度。（《中国共产党历史大事记》，中共党史研究室编、人民出版社 1991 年版）"五七指示"曾广为推行。"五七干校"就是那个特殊年代推行"五七指示"的产物。据《家书》中叶至善先生的记述，"中央直属机关和国务院系统的干校共 136 个"、河南信阳地区的"五七干校"（中央级的）就有"37 个，约 5 万人"。加上各省市县都有各自的"五七干校"，当时的干校总人数，可以以此而推算大致个数目。中国的广大的知识分子和机关干部都在"五七干校"里进行脱胎换骨的改造。

1969 年—1972 年，在至善先生下干校的 3 年多时间里，当时的国内国外发生了许许多多的大事。国际上美国的阿波罗在月球登陆、柬埔寨政变、尼克松总统访华、中日邦交关系变化……国内则经历了"清理阶级队伍""深挖洞""林彪事件""一打三反""清除五一六"……《家

《干校家书》，人民出版社 2007 年 12 月版

书》中的父与子，都是高级知识分子，文化名人，他们的视野开阔，知识面广，书信中讨论的问题既有深度，又有广度。上述大事要事，难免涉及。如1969年6月16日圣陶先生的信中说：

> 昨天元善来，他说中央有个通知，共七条，大意是少做一些形式的事，包括"请示""汇报"，开会时过多地读语录，报刊上过多地印毛主席像，以及各单位竞铸毛主席像章等项。昨天至美也在，我就问她，她说也听见传达了。但是上星期四我们还做过"请示""汇报"，不知道何以部里传达得迟。对于这些事，我一直想，总不会老这样下去的，总得有个改变的机缘。到了现在，大概中央认为机缘到了。……我真是极其拥护。（《家书》第9页）

既记载了当时盛行的"早请示""晚汇报"的史实，又说明了该运动停止的时间、为什么停止。既平和又客观，反映了像叶圣陶先生这样的老一代知识分子对"文革"中那些"形左实右"东西的基本政治态度。又如1969年11月18日圣陶先生写信告诉在干校的至善：

> 我们院子里的壕沟不合格，一般要三米光景深，而我们这里两米不到，再挖下去就要出水了。八条里有好些都在挖，调云每天去参加挖掘两小时有余。将来如有警报，我们的人就得往他家去躲。至于我们院里的沟，何时再把土填下去，把砖头铺上，恢复旧观，那就不得而知了。（《家书》第44页）

12月20日圣陶先生又写信说：

> 我练习过两次躲警报了。一次是在本胡同里。预先关照时间，三点钟吹叫鞭为号，各自进防空壕……走下院子里不合格的防空壕，为时两分钟。又一次是前天，我正在林老家里。事前并未知晓，忽听警报响了，大概是手摇警报机，声音全部从有线广播网传出。于是赶往大楼的地下室。部中（教育部）留下的人员和家属都到那里。

那地下室，我还是第一次进去，大概比较安全。要把上面的五层楼炸穿，才轮到地下室……或许核弹也不受影响。……事后总结，说全部人员到齐八分钟，慢了。有些房间没锁上，还有桌上摊着文件的，这些都是缺点。我想，全城用警报发声，让全城的人演习，大概还不至于。如果来一次，各国记者都要认为重要新闻了……（《家书》第 54 页）

那个时代政治和社会生活就是如此，这些都是真实得不能再真实的记述。再如关于当时北京文化出版界之萧条，圣陶先生写信说：

今天去看杨东莼，他告诉我郭沫若新出了一本《李白与杜甫》，是扬李抑杜的。大概也是文化大革命以前写成的稿子。（《家书》第 390 页）

我看浩然的书看了十六天，昨天下午看完，稍感疲累。今天上午，浩然与一个责任编辑同来，九点谈到十一点半。我把想到的细小问题都跟他说了……他要花一个月的时间改，因为要删要增，人物还要调整，情节还要变动，很局促了……他还说起今年五月间各地要出的文艺书，说上海有三四种，北京除他的这一部还有一两种，听听都平常。文艺界够寂寞的了。（《家书》第 431 页）

报上发了出新书的消息。昨天叫永和去买，买到六七种。像百货店和菜市场一样，也排老长老长的队。久不出书了，一见出书，不管要看不要看，也是抢着买。（《家书》第 421 页）

再告诉你书店卖书的事，是前天钟季华来说的。在尼克松来京期间，书店里陈列出《红楼》《水浒》之类的书。买客看见很高兴，抢着买了，到收银柜上去付钱。谁知收银柜上说这些书是不卖的，你就交在这儿吧。大概也引起些口舌。消息也真灵通，外国记者对此事报道了，苏修也广播了，就在以后的一两天内。于是周总理知道了，叫吴德去处理此事，书店就吃了吴德的一顿"排头"。钟季华说得好，书店里订出这个"卖而不卖"的办法的时候，她就提出异议，认为这不是"老实人干老实事"。

> 昨夜浩然来,谈了一小时许。《金光大道》中旬可出,印数惊人。"人文"和"北京人民"两家共印一百万册。有十三个省、市、区订了纸型,每地以十万计,即为一百三十万册。(《家书》第 508 页)

此外,《家书》中关于出版界的人物悲欢的内容就更丰富了,此不一一。叶氏父子的干校通信,对历史的认识和记忆都有直接性、相对性和时代性,《家书》处处闪烁着史料的光芒。

与父辈们一样,叶至善先生的子女叶小沫和叶永和也上山下乡,姐姐小沫在黑龙江兵团,弟弟永和在延安插队。《家书》中也充满了父子对晚辈的关爱和绵绵无尽的思念。与千千万万的知识青年一样,他们姐弟俩下乡以后也经历了从热情、彷徨、苦闷到失望的人生历程。叶至善先生在一封信里说:

> 小沫和永和初去的时候,的确有一股劲,后来却逐渐消沉了。要不是他们有病,我一定会教训他们一顿的,可现在,我也没有什么话好说。——他们开初以为,边疆、农村,都像报纸上报道的典型材料那样,处处欢欣鼓舞。而不知道就是那些典型也是经过许多人的劳动和斗争才创造出来的,并不是一开头就那么好。碰到了现实,就不免这也不称心,那也不如意,意气就消沉了。(《家书》第 436 页)

小沫因不适应东北的寒冷,病了好几次。要办病退回城,需要兵团师一级的证明。圣陶先生、至善先生在 1972 年的 2 月 11、13、15、17、20、22、25 日及 3 月 1、4、7、10、13、16、19、25 日……的家信中,几乎每封信都谈到小沫病退的事。圣陶先生在信中告诉至善:

> 他们要我写一陈请的信给北京市,由他们签附意见送去。我也只好答应。(《家书》第 419 页)
>
> 小沫的事,正不出我所料,得拖,得磨。(《家书》第 456 页)。
> "小沫的事,我也不去想它了。"安办"总难免有官僚主义之讥。成不成,行不行,一言可决,何至于拖这么久不给人家一个了断呢?

我在出版总署的时候说过，我们大家没进过衙门，没当过官僚，而现在已经颇为衙门化了，颇有点官僚主义了，可见这是最容易滑上去的道路，是人人"不学而能"的。思之怅然。（《家书》第472页）

关于小沫的事，后来老尹对满子说，留守处的意思，他们要我再写陈恳的信，他们拿了信再去碰。我也只好写。为什么以前写过一封再要写，弄不清楚。（《家书》第420页）

至善先生在信中也无奈地告诉圣陶先生：

我一直不想让孩子的事，再叫爹爹操心。现在弄到不得不要爹爹操心，我心里也是不舒服的。请爹爹不要着急，更不要动肝火。只能这样想，能做的，我们就做，成不成，只好等着瞧。总希望能成吧。……（《家书》第422页）

正如他们姐弟俩在卷首所述：

爷爷爸爸对我们的思念和关心，鼓励和指导，也都留在了一封封信中——现在再看看这些信，平添了好多那个时候、那个年龄不曾有的感受，复杂的心情一言难尽。（见卷首《我们为什么要整理出版这本《家书》》）

历史是人民创造的，历史又是由后人来评价的。《家书》中的父子俩，以独特的眼光和善良的心态，毫无雕琢，秉笔直书了"特殊年代"里北京政治、社会和文化及他们周围的人物悲欢、世态炎凉。《家书》既可以让我们更具体、更深刻地了解这一段历史，也可以作为这一段国史的旁证。

我从事编辑工作已四十多年，担任了诸如《中国政治制度通史》（1—10）卷、《唐太宗传》、《岳飞传》、《张爱萍传》、《许世友外传》、多卷本《中国历史》等重要图书的责任编辑，策划了《东方文化》近20个书系，衣带渐宽，历经出版的改革与辉煌，也曾经看过许多激动人心的画卷，但《家书》带给我的震撼，是前所未有的。作为也曾经在内蒙古生产建设兵团历练了6年的"知青"，我除了心灵深处的共鸣之外，更是感佩叶氏父子的人格魅力，为我们留住那个"特殊年代"的真实史料。

策划出版多卷本《中国历史》

我在1977年大学毕业分配到人民出版社历史编辑室后，历经刘元彦主任、张作耀主任，两任主任都将"简明系列断代史"列入编辑室的出版计划之中，经过两代编辑数十年的努力，终于出版了《三国史》《魏晋南北朝史纲》《隋唐五代史纲》《五代史略》《简明宋史》《简明西夏史》《西辽史纲》《元朝史》《明史新编》《简明清史》等10种。这些断代史专著的作者，大多为当时国内的名家，如戴逸、傅衣凌、韩国磐等，其他也都是某一断代历史的专家，他们的研究水平和成果，在当时的国内和海外都鲜有超越者。人民出版社的断代史专著，虽然不系统，但在大学师生和研究者的心目中还是具有比较广泛的影响，相当多的大学将上述专著作为本科生和研究生的必修课与选修课的教材。

但是，这些在过去30年里出版的断代史专著，也确实存在着不足。我是上述专著中的《三国史》《简明宋史》《简明西夏史》《西辽史纲》的责任编辑，深知其中的问题。一是内容方面，当时成书时，对文化和社会风俗等注意不够，也因为这两方面研究的落后，成果稀缺、内容薄弱，有的甚至付阙。二是体例方面，对各个断代的农民起义和农民战争，付诸相当篇幅、不适当地拔高其历史作用等。三是卷后不附索引，与国际同类书不接轨。四是书名和内容重复交叉，合在一起不系统也不统一，就上述书目依断代顺序，尚缺先秦史、辽史、金史……

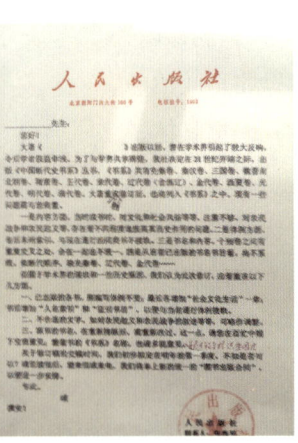 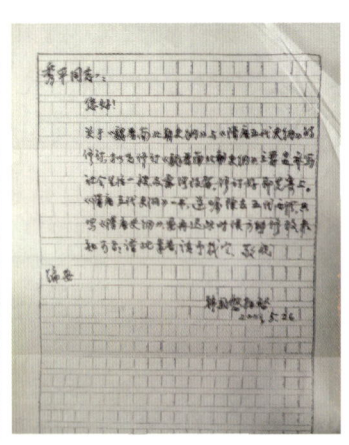

我当时提出的《关于编辑

〈中国断代史系列丛书〉（暂拟）的设想》，既不是简单的修订重印，也不是全部推倒重新组织，而是首先确定修订方案、联系作者，尽快签订出版合同；其次是尽快补齐暂缺的几种。第三是《丛书》的下限，可以暂定为清末也可以顺延至当代，改造成一部真正的关于中国历史的通史。第四是改变传统的出版方式，以统一的书名、崭新的版式，使之分则独立成卷、合则成为整体。此事得到了绝大部分断代史原著作者的同意与响应。但未得到社当时主管社领导的支持，事情只得暂时放下。

2002年黄书元社长主持人民出版社工作后，他很支持这套书并要我很快将上述《设想》付诸实施。2006年，首先出版的是重新组约的《中国历史·先秦史》，河北师范大学沈先云著；《中国历史·秦汉史》，山东大学孟祥才著；《中国历史·两晋南北朝史》，上海师范大学严耀中著。接着出版了原来的存稿《中国历史·金史》，《历史研究》原主编宋德金著；《中国历史·辽史》，中国社会科学院历史所研究院李锡厚著；此后就是修订出版的《中国历史·三国史》《中国历史·五代史》《中国历史·宋史》《中国历史·西夏史》《中国历史·喀喇汗王朝史·西辽史》《中国历史·明史》，共11卷，历时10年、皇皇14卷本的《中国历史》虽然尚缺《隋唐》《元史》《清史》，但规模初具。该书系以内容的完备、版式体例的创新闻名于学术界。单就内容说来，特别是《辽史》《金史》《西夏史》《喀喇汗王朝史·西辽史》的并立、是迄今为止关于中国历史通史类专著中内容最为完备的"另类表述"。南京大学魏良弢教授特地来信告诉我："把喀喇汗王朝史写进中国通史"，终于实现了我"三十多年的一个学术理念"。该书系每面都有一幅或多幅文物、遗址、器物、碑刻图片，给人以亲历历史之感；又以"左图右文、右图左文"的崭新面貌，一改传统的版式旧规。这些，都深得学界的好评并影响21世纪史学著作的撰写。我在修订后出版的《中国历史·三国

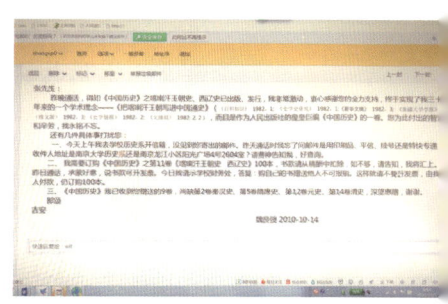

魏良弢先生2010年10月14日给笔者的电子邮件

《中国历史》各卷正文的"左图右文""右文左图"版式

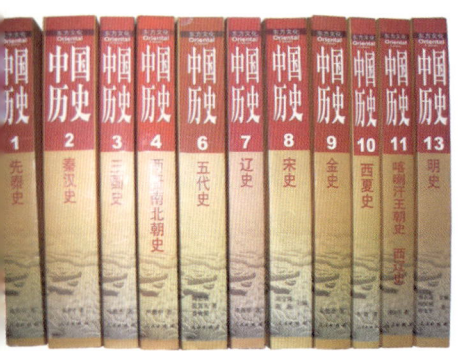

已经出版的多卷本《中国历史》书影

史》《中国历史·五代史》《中国历史·西夏史》后都撰写了《编辑后记》，此举也获得了作者和学术界的普遍赞扬。

回想该书的编辑成书过程，作为《丛书》的策划者和编辑者，感慨良多：从简明系列的断代史到多卷本的《中国历史》，前后历经了二十多年，而遗憾的是迄今还有3卷付阙！出版一部观点正确、体例完备、内容系统、学术研究具有崭新面貌的中国通史是一件多么艰难的大事啊！

李范文和《西夏通史》的出版

李范文先生是著名西夏史研究专家，历任宁夏社科院历史所所长、中国民族史学会理事、宁夏社科院名誉院长等职。李先生1952年考入中央民族学院少数民族语文系藏语专业，担任班长、院学生会主席、北京市青联委员等职务。曾被错划为右派。1959年9月中央民族学院历史系民族学研究生毕业后被分配到中国社会科学院民族研究所工作。

1960年6月，为了研究西夏，毅然志愿来到使他人望而生畏的大西北——

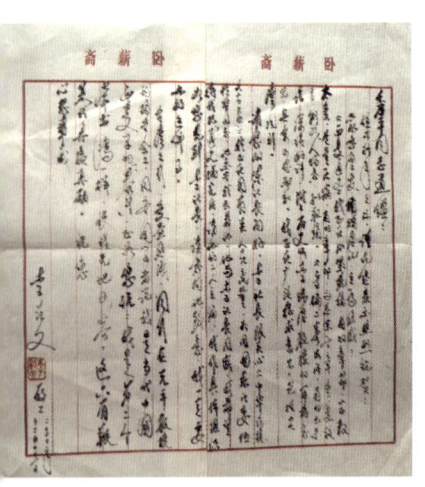

李范文先生亲笔信

西夏故地——宁夏银川。来宁后的境况与他心里所向往的存在着很大的差距，这里根本没有西夏研究单位，连资料都十分缺乏。他先被分配到宁夏师范学院（现宁夏大学）政史系工作，曾在《宁夏日报》上发表《郭守敬与宁夏水利》一文，又编辑了《中国历史问题研究论文集》，以政史系的名义出版，这也是宁夏大学出版的第一本书。后来又被调去研究回族史，后再次被当作"典型"批斗、下放。直到1970年，才从固原山区被调回银川到宁夏博物馆工作。从此，才真正开始了先生梦寐以求的西夏文研究工作。此后他再历坎坷，但研究从未停止。先后出版了《西夏陵墓出土残碑萃编》《夏汉字典》《宋代西北方言——〈番汉合时掌中珠〉对音研究》《李范文西夏学论文集》等，2013年，李范文先生荣获国际汉学最高荣誉——法国法兰西学院东方学"儒莲奖"。法兰西学院成立于1795年，是法国重要的学术机构。"儒莲奖"是为纪念法国著名汉学家儒莲先生而特设的国际学术大奖，在国际汉学界具有重要影响。"儒莲奖"始于1875年，由法兰西学院每年在世界汉学范围内评选一至两位成就突出的学术大师，隆重授奖。这是国际公认的汉学界最高荣誉与奖项，有国际汉学界的"诺贝尔奖"之称。迄今为止，共有137位学者获此国际学术大奖，在李范文先生虽获奖之前只有语言学家王静如、哲学家冯友兰、国学大师饶宗颐、敦煌学家潘重规、史学家廖伯源、北大史学教授杨保筠等少数几位中国人获此殊荣。对于西夏研究领域来说，只有西夏学开拓者王静如曾于1936年获此殊荣。

2005年在宁夏西夏研究成果发布会上发言

我和李范文先生很早就在西夏史研究会的会议上认识，著名的西夏史学者史金波先生、白滨先生、聂鸿音先生（均为中国社会科学院民族所研究员）、陈炳应先生（甘肃省博物馆研究员）都在西夏史的国际国内学术会议上相熟相交，有事时都有求必应。白滨先生还是《中国政治制度通史·辽金西夏》卷的作者之一，我住在劲松9区903楼时，离他当时在华威桥附近的社科院宿舍比较近，他有时会来家中坐坐，他有新著出版，都会签名送我。中国社会科学院历史所和近代史所住在劲松9区宿舍和华威桥宿舍的白钢、朱大渭、白滨、何龄修、闻少华、郭正忠等，我们都会经常见面聊天，他们朴实言谈中流露的真知灼见，令我得益匪浅。何龄修关于中华书局的编辑和人民出版社编辑审稿的异同的评论，我迄今难忘时时鞭策自己！李范文先生主编的《西夏通史》，从立项到出版历时十余年，个中艰辛，难以缕述。

2000年李范文先生来信，谈到了他和俄罗斯远东研究所的柯平教授去中国台湾交流西夏研究的感想，同行者介绍

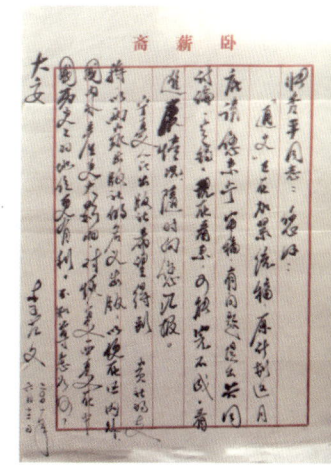

李范文先生亲笔信

 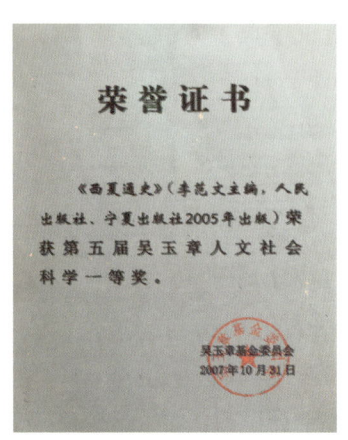 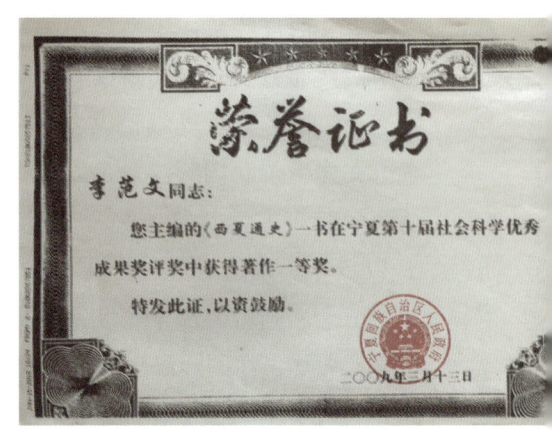

《西夏通史》，人民出版社、宁夏人民出版社2005年版，获首届中华优秀出版物提名奖

荣获吴玉章人文社会科学一等奖

荣获宁夏社会科学优秀成果一等奖

他是"当代中国西夏学的泰斗"；我则认为李先生是"第二个常书鸿"。2001年书稿交来后，李范文先生又因宁夏人民出版社的来信要求《西夏通史》以两家的名义出版："以便在区内外、国内外产生更大影响，对恢复西夏在中国历史上的地位更有利。"

前排左起第五人聂鸿音、第六人李范文、第九人史金波、第十人张秀平、第十一人李蔚、第十三人白滨、第十四人刘建丽

考虑到评奖的一些规则，我报请社领导同意后，《西夏通史》最后是以人民出版社、宁夏人民出版社两家的名义出版的。

我在 2004 年—2005 年一年之内，曾 3 次飞赴银川，参加讨论书稿、解决审稿中碰到的问题，为该书的顺利出版付出了心血。《西夏通史》出版后，获首届中华优秀出版物提名奖、吴玉章人文社会科学一等奖、宁夏社会科学优秀成果一等奖。

李范文先生也特别尊重我为《西夏通史》的顺利出版所付出的劳动和谦让，每次来北京，他都要来我处聚聚、坐坐，让人感到温暖无比。

国家图书馆文津奖、中华优秀出版物奖证书

《南宋史研究丛书》的出版

2005 年 7 月，中共浙江省委十一届八次全会作出《关于加快建设文化大省的决定》，实施"八项工程"。其中，时任浙江省委书记的习近平亲任"浙江文化研究工程"指导委员会主任，定方向、出题目、提要求、作总序。2006 年，由习近平总书记在浙江工作期间倡导设立的"浙江文化研究工程"正式启动。习近平在该工程的《总序》中说：

> 浙江文化研究工程将重点研究"今、古、人、文"四个方面，即围绕浙江当代发展问题研究、浙江文化专题研究、浙江名人研究、浙江历史文献整理四大板块，开展系统研究，出版系列丛书。在研究内容上，深入挖掘浙江文化底蕴，系统梳理和分析浙江文化的内部结构、变化规律和地域特色，坚持和发展浙江精神；研究浙江文化与其他地域文化的异同、厘清浙江文化在中国文化中的地位和相互影响的关系；围绕浙江生动的当代实践深入解读浙江现象，总结浙江经验，指导浙江发展。在研究力量上，通过课题组织、出版资助、重点研究基地建设、加强省内外大院名校合作、整合各地各部门力

量等途径，形成上下联动、学界互动的整体合力。在成果运用上，注重研究成果的学术价值和应用价值，充分发挥其认识世界、传承文明、创新理论、资政育人服务社会的重要作用。

南宋立国 153 年，历史上曾被认为是"积贫积弱"、偏安一隅，但在经济、文化、科技等方面却取得了辉煌成就，南宋的历史和南宋在中国历史上的地位是值得研究的。宋史研究，是我进入人民出版社当编辑以来一直关注的学术领域之一，当年为宋史研究会的每两年一次的年会所写的综述以及 1986、1987、1988 年为《中国历史学年鉴》和《中国史研究动态》所写的该年的"宋史研究概况"，使我对大部分的宋史研究专家既熟悉又亲切，我和宋史研究会的老中青三代专家都经常有联系。除了前面已经专门提到的邓广铭、周宝珠、陈振等的、我责编的《岳飞传》《王安石》《简明宋史》等的出版经过以外，其他我还责编了张邦炜的《宋代婚姻家族史论》（人民出版社，2003 年）、《宋代政治文化史论》（人民出版社，2005 年），林文勋的《唐宋社会变革论纲》（人民出版社，2011 年）、《中国古代农商·富民社会研究》（人民出版社 2016 年），沈松勤的《北宋文人与党争》（人民出版社，1998 年、2004 年再版）、《南宋文人与党争》（人民出版社，2005 年），李华瑞的《王安石变法研究史》，贾玉英的《唐宋时期中央政治制度变迁史》（人民出版社，2012 年）、《唐宋时期地方政治制度变迁史》（人民出版社，2016 年）、《中国古代监察制度发展史》（人民出版社，2004 年），程民生的《中国北方经济史》（人民出版社 2004 年）、《宋

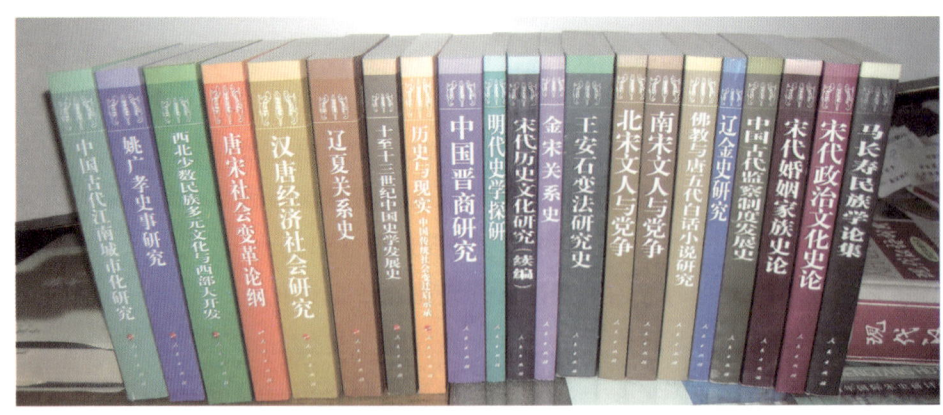

2003 年以后编辑出版的部分学术专著

代物价研究》(人民出版社，2008年)、《北宋开封气象编年史》(人民出版社，2012年)及主编的《古史新探》(人民出版社，2003年)，陈国灿的《中国古代江南城市化研究》(人民出版社，2010年)，范立舟的《南宋"甬上四先生"研究》(人民出版社，2014年)。

《南宋史研究丛书》是"浙江文化研究工程"重点项目之一，由时任杭州市委书记、人大常委会主任王国平任编撰委员会主任，杭州市社会科学院为此成立了南宋史研究中心，集中了全国南宋史研究的专家、经过数年的努力，终于出版了《南宋史研究丛书》49卷（原计划50卷）。我责编了其中的24卷。

南宋政治史	何忠礼著
南宋法制史	戴建国　郭东旭著
南宋科技史	管成学著
南宋农业史	方　健著
南宋科举史	何忠礼著
南宋文学史	王水照著
南宋史学史	罗炳良著
南宋宗教史	杨倩描著
南宋藏书史	方建新著
南宋城镇史	陈国灿著
南宋临安工商业	徐吉军著
南宋史及南宋都城临安研究（上、下）	
何忠礼主编	
南宋史及南宋都城临安研究（续上、下）	
辛薇主编	
宋理宗研究	张金岭著
岳飞研究	龚延明著
秦桧研究	韩酉山著
文天祥研究	俞兆鹏著
陆九渊研究	邢舒绪著
辛弃疾研究	辛更儒著
朱熹研究	束景南著

《宋代历史文化研究》（续），张其凡主编，人民出版社2003年版；《宋代婚姻家庭史论》，张邦炜著，人民出版社2003年版

2016年在杭州拜望宋史研究前辈徐规先生

人民出版社出版的《南宋史研究丛书》书影

叶适研究　　　　周梦江著
马扩研究　　　　姜青青著

《南宋史研究丛书》中的《南宋政治史》《南宋科技史》《南宋农业史》《南宋法制史》《南宋史学史》《南宋宗教史》《南宋藏书史》《南宋城镇史》《南宋临安工商业》等都是第一部关于南宋的专题研究专著、都是填补空白之作。

策划出版《中国慈善事业研究丛书》

周秋光是湖南师范大学历史文化学院教授、博士生导师。长期从事中国近现代史学科的教学与研究。1997年与2005年两次赴美国留学访问。主攻方向为中国近现代社会与文化史。出版著作(含主编)《熊希龄与慈善教育事业》、《熊希龄传》、《湖南教育史》(第2卷)、《湖湘文化宏观研究》等，发表《共进会平议》《论湖湘文化的近代化开端及其标志》《熊希龄与湖南维新运动》《晚清时期的中国红十字会述论》《近代慈善事业与中国东南社会变迁》等。1997年、1999年获湖南省第四、五届社科优秀著作奖，2003年获全国第三届优秀图书奖等。他长期从事中国近现代史的教学与研究，2003年他交给我《中国慈善简史》的书稿时，是他系统地研究慈善事业在中国近代社会的变迁、演变及其产生的影响、作用的开始之时。书稿为2013年度国家出版基金项目，是一部深入、全面、系统、整体研究中国近代慈善事业的重要学术成果，具有重要学术意义、理论意义和实践意义。

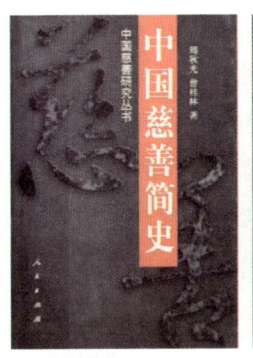
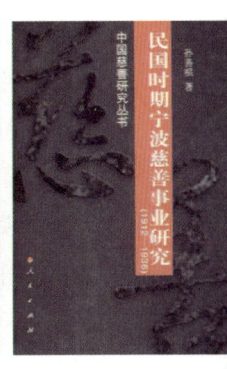

《中国慈善简史》，人民出版社2006年版　　《民国时期宁波慈善事业研究》，人民出版社2007年版

慈善源自人类的仁爱之心，是人类的本性表现，是中华民族世代相承的传统美德。慈善事业在我国源远流长，历朝历代的统治者为了渡过大灾大疫，都对民间的慈善事业和政府的救济行为双管齐下。新中国成立以后，国家基业百废待兴，人民渴望安居乐业，中共中央成立内务部，人民政府以最大限度统筹包揽了全体社会成员的生活就业、基本福利、社会救助与灾害救援等事务。国家力量逐渐取代了旧中国所遗留下来的慈善组织、机构，使之成为配合政府实施社会救助的辅助力量，并逐渐收为国有。20世纪60年代以后，民间慈善救济事业，由于受到思想认识、政治体制、经济状况和国际环境等因素的影响，已逐渐处于停滞。20世纪70年代以后，中国开始改革开放，经济体制从计划经济走向市场经济，政府逐渐放权于社会民间，使慈善组织与慈善事业的成长及运作空间变得愈加广阔明朗，实现了慈善文化的历史性回归。许多官方非营利组织开始从政府手中接过许多社会管理职能，担当起社区建设与社会福利等工作。社会福利、社会保障与民间救助等事务又被纷纷提上议程，全民慈善理念、志愿服务精神以及相关实践渐成趋势，中国慈善迎来了属于自己的春天。

进入21世纪以后，中国经济持续发展，公益慈善从理念到实践更加丰富，大小基金会与公益慈善组织着手建立并付诸行动，向社会各个领域伸出援助之手。随着更多具有实力与效力的爱心企业的加入，中国的慈善资源、慈善渠道更加丰富了。回顾中国慈善事业演进的历史，对于认识今天社会慈善状况的文化源流和社会条件，对于推进现代化进程中的中国慈善事业，无疑是一件有意义的事情。我通读书稿之后，马上建议周秋光组织出版《中国慈善研究丛书》，系统介绍中国源远流长的中国特色的慈善事业的过去、现在和将来并将他的研究计划中的近代红十字会研究、慈善与和谐社会研究、熊希龄慈善思想研究等列入《中国慈善研究丛书》，他欣然同意，十分赞成《丛书》的策划。

《中国慈善简史》共分《绪论篇》《渊源篇》《古代篇》《近代篇》《当代篇》等 5 篇 11 章 40 万字。著者求通、述要、出新，纵横结合，首先在宏观上勾勒了慈善、慈善事业与慈善史研究的基本问题与基本研究方法。其次又从微观、渊源上考察了中国传统文化中的慈善思想观念和社会变迁的关系。第三缕述了先秦以来的慈善、慈善事业的兴起与发展、衰落与再次崛起。是当时仅见的关于中国慈善思想和慈善事业的研究专著。

自 2004 年《中国慈善简史》（人民出版社 2005 年出版）出版以后，《中国慈善事业研究丛书》已经出版了《红十字会在中国》《民国时期宁波慈善事业研究》《近代中国慈善论稿》《近代北京慈善事业研究》《民国时期慈善法制研究》《民国时期救灾思想研究》《民国北京政府时期湖南慈善救济事业研究》等 7 种，规模和影响初具。周秋光和湖南师范大学成为近年来中国慈善事业研究的重要基地，他主编的《中国慈善事业通史》也正在酝酿撰写之中……从一部研究课题的投稿到课题研究的《丛书》的策划、逐渐形成规模，促进该课题的系统研究，最后酝酿出版该课题的《通史》，是一个编辑对学术研究的推动所做的努力！

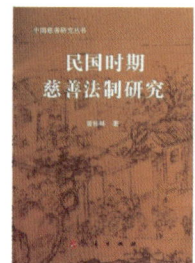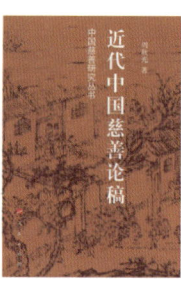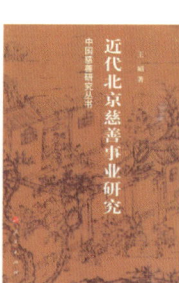

策划出版《北京专史集成》

王岗是北京市社会科学院历史研究所所长，长期从事北京历史文化及元史研究。著有《北京交通史》元大都卷，《北京宗教史》佛教史部分，《中国元代政治史》《中国大运河史》《北京城市生活史》元代部分,《北京城市发展史》元代部分等。

北京历史文化,源远流长,博大精深,是中华民族优秀传统文化的结晶。北京市社会科学院历史研究所自成立以来,就一直从事北京历史文化的研究工作。数十年来,在专题史研究方面取得了很多研究成果,如《北京与周围城市关系史》《北京郊区村落发展史》《北京城市发展史》……这些专题史成果的问世虽然将北京的历史文化的研究逐步引向深入,但比较零散也不系统。《北京专史集成》就是在这种情况下,在2006年王岗主持北京社会科学院历史研究所工作时,在北京市社科院领导的大力支持下,作为院内重大课题立项的项目。《北京专史集成》经过论证,初步确定了第一批《北京政治史》等36个研究项目。

王岗也是我很早认识的中国元史研究会的会员,他也是民进北京市委委员、北京市政协委员。他的课题项目很快得到了出版社的批准并列入了选题计划。至2012年已经出版了12部专史。此后已经出版的12部专史编为"第一辑"、又确定了《北京专史集成》第二辑、新的12部专史书目,并再次得到了北京市哲学社会科学规划办公室领导的大力支持,再次把《北京专史集成》第二辑列为北京市哲学社会科学重点课题。《北京专史集成》的出版,还得到了戴逸、蔡美彪、林甘泉、徐苹方、王钟翰、陈高华、龚书铎等著名史学家的肯定与支持。

《北京专史集成》中:"每部专史的容量,视其内容的多少,大致在30万字左右。有些内容较多的,字数可以多一些,反之,则会少一些。各部专史的时间跨度,一般始于远古,迄于新中国建立。有些部专史在撰写过程中,时间会有所下延。如《北京建置沿革史》,必须延续到新中国建立之后、才能够对今天北京政区的沿革状况有全面的叙述。各部专史的地域范围,也不是严格局限在今天的北京地区,而是根据不同朝代的政区划分的变化而随之变化。如汉唐时期的幽州,辽代的南京析津府,金代的中都大兴府,元代的大都路,明清时期的北京顺天府,等等,政区范围的大小虽然会不断地变化,但是其核心地区仍然是今天的北京。"

这部《专史集成》,对"专"和"史"的关系、对北京和全国的关系即全局和区域的关系的述写,都有独到的处理。以《北京宗教史》为例,作者认

《北京园林史》，人民出版社 2019 年 5 月版

为"专"是指宗教或是宗教学，"史"是指在北京历史上曾经发生或是出现过的、与宗教有关系的事件或人物及典制，"我们所研究的佛教史，主要着眼点不仅仅是在北京地区的禅宗、律宗、净土宗等佛教流派的发展、变化，更重要的是着眼于这些佛教流派所产生的社会影响、其代表人物的社会活动、历代统治者和社会各界对这些宗教派别的态度以及由此而产生的重要宗教事件，等等"，令人耳目一新。关于"全国"和"地方"的关系，作者认为：在北京成为全国的政治和文化中心之前，所有的北京史都是"地方史"，其所产生的历史影响也有明显的"区域"性质。但是当北京成为全国首都之后，在北京发生的许多史事除了具有"地方"和"区域"的性质之外，又具有了"全局"或是"全国"影响的特质。如"戊戌变法""五四运动"等，其影响范围之广、影响力之持久，显然不是局限在北京地区的。此外，由于北京的统治中心地位，有些发生在其他地区（甚至国外）的重大历史事件，也会对北京产生巨大的影响。如近代史上的"鸦片战争""太平天国""辛亥革命"，这些重大事件的始发地都不在北京，但对北京的巨大影响甚至超过在北京地区发生的一些事件……这些都是重要的一家之言。

《北京专史集成》第二辑的《北京农业史》《北京军事史》《北京城市生活史》《北京经济史》《北京园林史》……也在近年出版了。特别值得指出的《北京园林史》，作者从中国园林的起源、北京园林的发展概述以及历代园林的修建、兴衰变迁等方面缕述了北京园林的发展史。北京园林史是中国园林史重要的组成部分。园林的兴建，体现了丰富的文化内涵。北京的园林在不同的历史时期，其蕴涵的文化特点也是不同的。中国的园林文化，始于皇家园林。北京园林的格局，正是以皇家园林为主，其他园林相辅。北京皇家园林始建于金代，金中都的西苑主要模仿宋代的园林而建。到了元代，则增加了游牧民族的文化特色。至明清，北京皇家园林则成为中国园林文化的集大成者。尤其是清代"三山五园"的兴建，更是把中国园林文化推向一个崭新的高度。明清时期，也是北京私家园林重要的发展时期。园林从初期的皇家圣地，逐渐走进私人生活领域，进而促进了公共游览区域的发展。北京园林的发展，涉及社会生活的各个方面，北京园林史，可以说是北京历史非常重要的组成部分。北京的皇城和皇家园林、坛庙、帝皇陵寝、寺庙道观、私家园林都是著名的历史文化遗产，是北京历史文化的缩影，具有象征意义。特别是明清两代对京西"三山五园"的规划与修建，代表了中国园林的极高水平，令人震撼与向往。书中的每座园林，都有历代诗、词人的讴歌，脍炙人口。

令人欣慰的是，这套丛书的大部分中青年作者，如《北京文化史》主编王建伟、《北京学术史》主编程尔奇、《北京水利史》主编吴文涛、《北京城市生活史》主编张艳丽、《北京军事史》主编靳宝、《北京经济史》主编高福美、《北京园林史》主编董焱……现在都已成长为北京史的研究专家，以项目推动研究人才的迅速成长，是出版成功的范例，值得推广。这套《北京专史集成》，推动了北京专史的研究向更加广阔的深度发展。

《北京专史集成》，人民出版社 2006 年开始出版的第一辑书影（12 种）

策划出版《中国人口通史》（1—11）

袁祖亮是郑州大学历史研究所所长、博士生导师。历任秦汉史学会副会长，河南省第九届、第十届人大常委会副主任，第十届河南省政协副主席，民进第九届中央委员，第十届、十一届、十二届中央常委，民进河南省第一届、二届、三届、四届省委主委，第八届、九届、十届、十一届全国政协委员，第十一届全国政协常委等。主持并完成国家社科基金、联合国教科文合作考察等 6 项科研项目，发表论文七十多篇，出版专著 5 部。被评为河南省优秀专家,河南省优秀研究生导师。他也是我在民进中央领导中的老朋友,每年的民进中央全会开会时,我们都会见面,相互问候,聊谈项目的进展,亲切无比。他的主要研究方向为秦汉史、人口史,尤其在中国古代人口史研究领域造诣颇深。他承担的国家社科基金《中国古代人口研究》是国家"十一五"规划项目,计划出版《总论卷/先秦卷》《秦西汉卷》《东汉卷》《三国两晋卷》《南北朝隋代卷》《唐五代卷》《宋代卷》《辽金卷》《元代卷》《明代卷》《清代卷》。

项目立项时的 2005 年,中国的人口已经突破了 13 亿大关,随之而来的就业压力日益增大,老龄化程度攀升,社会保障滞后,城市化加速后的农村劳动力转移又使得人口性别比例失调……这些问题如果处置不当,势必会造成严重的后果。科学的规划中国的人口发展战略,是人口研究者的光荣使命。而当代的人口问题是历史的人口发展的必然结果,不全面了解历史人口就很难真正认识当代人口。每一个历史的发展时期,都有其特殊的、起历史作用的人口规律。搞清楚人类有史以来的人口发展史,借鉴国外相同时期的人口处置政策,为当代的人口规划发展战略提供决策参考,不但具有学术价值,而且更有现实意义。

项目的重点是从多方位、多角度、长时段来观察研究中国古代的人口问题并旁及世界中世纪以来西方主要国家的人口变化。所谓多方位多角度就是除了人们经常关注的人口数量、人口迁移、户籍制度、人口分布这些领域以外,更为重要的是要探讨古今中外的人口数量规模发展变化的规律、古今家庭人口数量发展变化规律、古今人口分布的重心及其移动轨迹、不同历史时期的平均死亡年龄、对待老龄人口的政策、人口素质、民族人口、人口与生态、人口与姓氏、人口与结构、中国古代皇室、百姓、不同家族人口的自然增长率、历史上的制土分民思想、生育思想等。所谓长时段,就是从有阶级

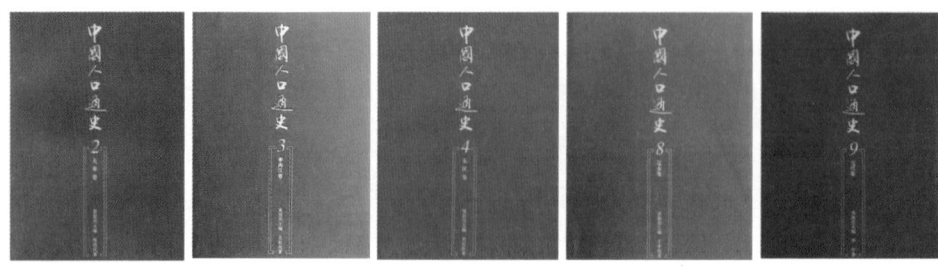

社会以来的历史长河中来考察研究古今的人口现象。

　　项目是以《中国古代人口研究》立项的，第一卷《先秦卷》交来后，鉴于已经出版的人口史著作只有简史没有通史的情况，我建议本项目出版时改为《中国人口通史》(1—11卷)，袁祖亮先生欣然同意。

　　2007年，《中国人口通史·先秦卷》首先出版了。先秦是中国古代文明发展的最早时期，对后世中国和世界文明发展进程都产生了深远影响。关于先秦时期中国人口发展状况的研究，因文献史料和考古材料的匮乏，研究者往往因此却步，从事者寥寥，其成果也显得较为薄弱。本卷作者在大量爬梳传世文献并充分吸收借鉴最新考古发掘成果的基础上，运用历史学、民族学、人类学等相关学科知识，系统深入地对旧石器时代、新石器时代、夏、商、西周和春秋战国时期中国人口发展的历程进行了分析论述。其中除涉及传统人口史研究中所普遍关注的关于分布、迁徙、数量等问题外，还运用现代人口学理论，将人口管理、人口素质、人口结构、人口观念等列专题专章予以系统研究，这是难能可贵的，令人耳目一新。

　　同年出版的《中国人口通史·东汉卷》，作者在大量利用以往人们所忽视的正史、子书、汉碑及最新考古资料的基础上，对东汉人口问题进行了较为系统的研究论述。内容除涉及学者关注较多的人口数量、人口分布、人口迁移等领域外，还以现代人口学理论为指导，将研究视野扩大到以前学者较少关注的领域，如东汉时期不同阶层的户籍问题、人口政策、人口思想、人口寿命、人口姓氏分布、民族人口、生态环境与人口等。作者又考镜源流，辨章学术，认为记载东汉时期户口总数的《续汉书·郡国志》及刘昭注文基本可信，二者之间并无根本矛盾；刘秀"度田"政策并未失败，而是在光武帝和明帝时期一直被贯彻执行；东汉时期各地不同的气候、水利等自然条件，对人口的生态环境也有较大影响，等等。都是具有创见的一家之言。

　　2012年又出版了《中国人口通史·秦西汉卷》《中国人口通史·辽金卷》《中国人口通史·元代卷》。值得指出的是将《辽金》独立成一卷作为中国人口通史的一个组成部分，显示了编者先进的历史观和民族观。全书分绪论；辽金时期的户籍制度；人口数量；人口分布；人口迁徙；人口结构；人口素质等相关章节。作者在吸收和借鉴前人相关成果的基础上，结合多年的研究积累，对这一时期人口问题的全面深入的研究和探讨，取得了超越前人研究的成果。

如在研究体系方面,将历史人口学的内涵与现代人口学的研究框架有机结合,呈现了辽金人口史研究的完整系统,填补了中国人口史和辽金人口研究的空白;在研究方法上,特别注意搜集与整理碑刻、墓志、经幢记及考古发掘材料的运用,学习借鉴、创造性地运用了"邻近区域比较法"等户口数据复原方法。

《中国人口通史》迄今只是出版上述 5 卷,留下的数卷,我们正在期待。

策划出版《西藏知识干部读本》《西藏知识问题解答》

20 世纪 90 年代以后,第二次世界大战以来的国际关系发生了根本的变化。首先是苏联解体、东欧剧变,美苏两大集团对抗的冷战时代结束,人类在面临世纪之交时迎来了和平与发展的新时期;其次是激烈、充满战争、民族独立解放为主体的 20 世纪结束之后,世界冲突的根本原因将不再完全是意识形态和经济因素而变得更加多元和复杂,世界形势将演变为具有不同文明背景的国家和集团之间的全球政治冲突,而人类最大的分歧和冲突的主导因素将是文化方面的差异,民族和宗教方面的冲突与对抗也将成为当代乃至 21 实世纪的热点。人类世界因民族关系、宗教变革引起的经济利益、权力平衡等危机都会成为社会动荡和地区冲突的根源。1989 年至 1996 年爆发的科索沃问题的国际化就是这种世界问题的冰山的一角。因此,实现文化间的平衡尤为重要。历史给予我们的启示是:在世纪之交的变化时期,我们要从文化更新的角度去审视文明的冲突与融合,要实现各类文化、各个民族及各种宗教之间的和谐,必须将东西方的文化置于人类文明发展史的轨迹上去考察。因此,加强对世界民族、宗教文化的了解及自身文明和邻近文明的了解尤为迫切。有鉴于此,我随即提出了《关于编辑出版〈新时期民族宗教知识干部读本〉和〈世界民族宗教研究丛书〉的设想》,以东方出版社的名义设计的 logo 标志作为东方编辑室的《东方文化》系列出版。

《西藏知识干部读本》面向县以上领导干部特别是统战和民族宗教系统的管理人员。《干部读本》的框架体系包括 4 部分:一是经典作家与党和国家领导人有关民族宗教的论述摘编；二是有关民族宗教问题的法律法规和有关文件；三是新中国成立以来的重大民族、宗教问题的处理经过，主要宗教人物的生平简介；四是附录，包括少数民族简介、少数民族宗教简介、世界10大宗教简介等。

中国是一个多民族、多宗教的国家，全国有56个民族，全国总人口中信奉佛教、道教、伊斯兰教、天主教和基督教（新教）的群众有1亿多人，民族和宗教又是一项政治和政策性很强的工作。根据中央对民族、宗教的宣传的要坚持正面教育的方针，也为了使广大从事民族和宗教管理的干部能具备一些新时期的民族宗教知识。在这种大气候下，这部《干部读本》在框架体例和内容上应该说是应运而生，如果操作成功，具有良好的社会效益和经济效益。

《干部读本》的组稿，我首先联系了国务院新闻办公室的七局，他们负责西藏和人权方面的政策和宣传，七局局长董云虎，历任中央外宣办（国务院新闻办）七局局长，中国人权研究会办公室主任，中央对外宣传办公室副主任，国务院新闻办公室副主任，西藏自治区党委常委、宣传部部长，上海市委常委、宣传部部长，上海市政协主席、党组书记。他是国内外著名的人权问题研究专家，主编有《世界人权约法总览》《世界人权约法总览续编》《中国的妇女人权》《人权基本文献要览》《世界各国人权约法》《当代中国人权论》《世界人权丛书》《中国人权年鉴》等。董云虎是浙江仙居人，与我同是台州人。《人权知识干部读本》和《西藏知识干部读本》很快就落实了。

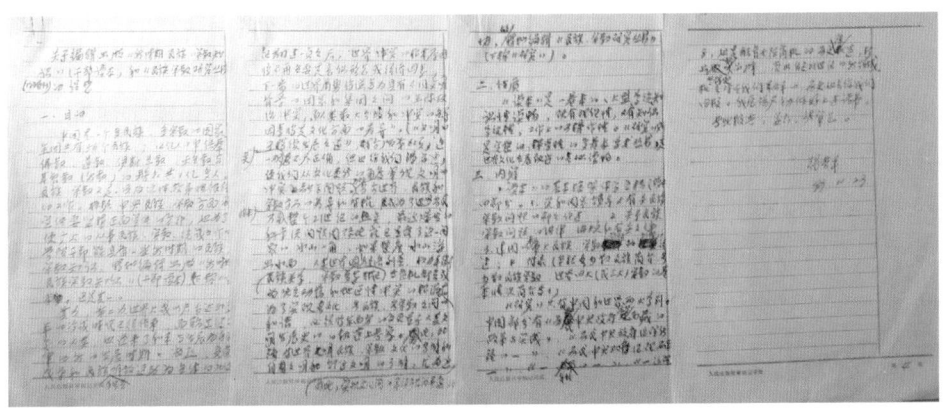

1999年笔者策划"关于编辑出版《新时期民族宗教知识》（干部读本）和《民族宗教研究丛书》（均为暂拟）的设想"

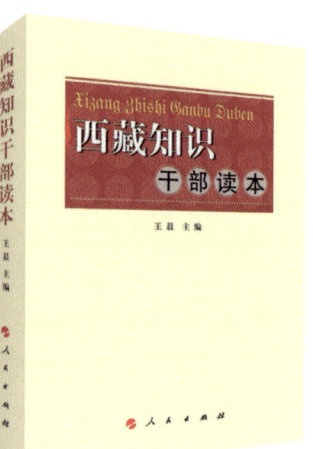

《西藏知识干部读本》,人民出版社 2010 年版

《西藏知识问题解答》,人民出版社 2011 年版

2010 年,《西藏知识干部读本》首先出版。《干部读本》是一本面向各级党政干部的涉藏基础性通俗读物,从西藏的概况、西藏的历史地位和主权归属、"西藏问题"由来、西藏的民主改革、民族区域自治制度在西藏的成功实践、西藏的现代化建设、传统文化的保护与发展、藏传佛教及活佛转世制度、十四世达赖其人等方面,对西藏的基本情况、"西藏问题"及中央的政策作了脉络清晰、准确权威、通俗易懂的论述。比较好地反映了当前我国藏学研究水平,反映了西藏发展和涉藏斗争的最新情况,反映了中央在涉藏问题上的政策主张。

为增进各级领导干部和广大群众对"西藏问题"历史经纬和中央的西藏政策的了解,国务院新闻办公室又同时编辑了《中国政府西藏白皮书汇编》。本书共收入中国政府关于西藏主题的 8 个白皮书,这些白皮书以充分的论证和翔实的数据,系统地阐述了西藏自古就是中国不可分割的一部分的历史事实,阐述了西藏和平解放、民主改革以来波澜壮阔的历史进程,展示了西藏人民在民族区域自治制度下行使当家做主权利的生动实践,详细介绍了西藏现代化建设的伟大成就以及西藏文化保护与发展、西藏生态建设与环境保护等方面的巨大成就,深刻地揭示了我们与达赖集团在涉藏问题上围绕统一与分裂、进步与倒退进行斗争的实质,为人们了解西藏的历史和现实情况、了解达赖集团的分裂本质和所谓"西藏问题"的实质提供了权威的文件。

2011 年,欣逢西藏和平解放 60 周年,我们又编辑出版了《西藏知识问题解答》。《解答》内容涵盖了西藏的行政概况和历史沿革、主权归属、人权状况、民族区域自治、经济社会发展、宗教信仰、文化教育医疗事业、生态环境保护、达赖问题等 9 个方面 147 个问题。以问答形式通俗易懂地阐述了西藏的基本情况、中央的西藏政策、"西藏问题"的历史经纬、达赖集团的本质,权威、准确地解读了涉藏问题的方方面面，有针对性地回答了国内外关注的热点难点问题和中央在涉藏问题上的政策主张，是读者了解西藏基本知识的最便捷实用的读本。

《西藏知识问题解答》与《中国政府西藏白皮书汇编》《西藏知识干部读本》相互交融，解读涉藏问题的知识系统、完整、准确。因为主题鲜明、内容权威、实用性强，取得了政治与经济同进，物质与精神齐飞的效益！

此后，我策划的《信息化与电子政务》（干部读本），列入了全国干部培训教材编审指导委员会组织编写的《全国干部培训教材》之中。

策划出版《东方文化·世界宗教与文化书系》

1999年策划的《关于编辑出版〈新时期民族宗教知识干部读本〉和〈世界民族宗教研究丛书〉的设想》中，《世界民族宗教研究丛书》共有中国和世界两大系列，中国部分准备由国家民委的多杰才让牵头，我和中国藏学研究中心的张云博士一起初步拟定了第一批的书目：《历代中央政府治理西藏的政策和实践》《历代中央政府治理新疆的政策和实践》《历代中央政府治理西南边疆的政策和实践》《历代中央政府治理东北边疆的政策和实践》《历代中央政府治理台湾及海疆的政策和实践》，这些选题，我都已向张云（中国藏学研究中心西藏研究所所长）和厉声（中国社会科学院边疆史地研究中心原主任）等约稿，但迄今都没有交稿。

《东方文化·世界宗教与文化》系列，首先得到了中国社会科学院世界宗教研究所和中国伊斯兰教协会的大力支持。很快就组约了《伊斯兰与国际政治》《刘智与中国伊斯兰研究》《伊斯兰教文化150问》《基督教文化160问》《佛教文化150问》《道教100问》《伊斯兰教文化150问》等。

《伊斯兰与国际政治》由金宜久、吴云贵主编，金宜久先生是中国社会科

《伊斯兰与国际热点》，
东方出版社 2001 年版

学院世界宗教研究所伊斯兰教研究室主任，荣誉学部委员，硕士研究生和博士研究生导师，获政府特殊津贴和国务院颁发的"为发展我国社会科学事业作出的突出贡献"证书。先后赴加拿大多伦多大学宗教研究中心、美国路德神学院和哈德福特神学院访问、进修，多次参加加拿大、美国、澳大利亚、伊朗、意大利等国举办的国际学术会议。他 1961 年毕业于北京大学哲学系，精通阿拉伯语，是国内著名的汉族穆斯林研究学者。吴云贵先生长期致力于伊斯兰教理论、现状和历史研究，尤为重视当代伊斯兰教和伊斯兰教法学研究。历任中国社会科学院世界宗教研究所研究员、博士生导师，研究室副主任、所长、所党委书记，中国社会科学院世界宗教研究所学术委员会主任（1994 年至 1998 年）等。《伊斯兰与国际政治》一稿，我审读后，建议改名为《伊斯兰与国际热点》，获得了他们的一致认可。

《伊斯兰与国际热点》共分为五编。第一编为导言，它概略地讨论伊斯兰教与国际政治的概念、伊斯兰教的发展模式、伊斯兰世界、近现代伊斯兰教的发展与演变以及伊斯兰教与国际政治相关的热点问题。第二编，选择伊斯兰世界具有代表性的 13 个国家，分别论述这些国家的政教关系问题。主要包括伊斯兰教在这些国家传播，20 世纪 60 年代末 70 年代初以来各国的伊斯兰复兴以及 80 年代和 90 年代的政教关系问题。本编的目的在于为其后各有关章节所拟讨论的问题做一铺垫。第三编，论述冷战时期地区冲突和战争。本编所述内容实际上涉及地区政治问题。第四编，论述冷战时期的伊斯兰世界。本编讨论的问题仍属于地区政治问题。它讨论在国际政治的两极格局下，一些伊斯兰国家是如何既分别依附于美苏两个超级大国，又是如何对美苏在伊斯兰世界的激烈争夺做出或强或弱的反应的。第五编，从不同侧面论述冷战后的伊斯兰世界。苏联解体，东欧剧变，两极格局不复存在，国际政治向多极化发展和演变。最后，该书将对当代国际政治中的伊斯兰因素问题作总的讨论以为结束语。本书 2002 年出版以后，反响热烈。迄今虽然已经几近 20 年，但仍然有人不断向出版社求购，理论和学术的创新仍然具有耀眼的光辉！

金宜久先生的《中国伊斯兰探秘》也是《丛书》之一，该书原名《刘智与中国伊斯兰研究》。刘智（约 1660—约 1730）是生活在明清之际的穆斯林著名学者，他"以儒诠经""以儒诠回"，即以儒家思想并用汉文注释伊斯兰教的经籍著作为特色，为伊斯兰教的中国化和民族化作出了重要贡献。刘智在阐述伊斯兰思想时，把儒释道，尤其是宋明理学的思想、概念与伊斯兰思想有机地结合起来，这在很大程度上一方面有别于儒释道思想，另一方面也有别于伊斯兰原有的思想，他的学术活动为中国的传统文化增添了新的内容。他毕生探索和阐述伊斯兰教神秘主义思想，完成了"伊斯兰教中国化和民族化"的第一次理论尝试，作为少数民族学者，他的思想成果应该是中华民族文化宝库中的重要组成部分，研究刘智及其著作中所蕴含的伊斯兰教本土化适应的相关理论与思想，对于探讨当今的"伊斯兰教中国化"课题依然有十分重要的借鉴意义。我通读书稿后，建议将书名改为《中国伊斯兰探秘》并于 1999 年 9 月以东方出版社名义出版，这也是迄今仅见的研究刘智生平和学术思想的专著。

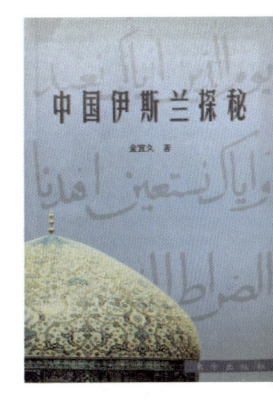

《中国伊斯兰探秘》，东方出版社 1999 年版

此后《伊斯兰教文化 150 问》《基督教文化 160 问》《佛教文化 150 问》《道教 100 问》《伊斯兰教文化 150 问》也在 2006 年出版，这套反映世界四大宗教面面观的普及丛书，迄今已经第三次印刷，得到了社会的广泛好评！值得指出的是，这套书的各卷主编和作者都是中国社会科学院世界宗教研究所所长和伊斯兰教、佛教、道教研究室主任、研究员，真正的专家学者！普及的文字，一定要"大家动手"，方能深入浅出。这也是我多年从事编辑工作的真谛之一。

《伊斯兰教文化 150 问》，金宜久主编。本书包括的内容除伊斯兰教的基本信仰、礼仪、节日、经训外，以较多的篇幅介绍伊斯兰教法、伊斯兰教的神秘主义、伊斯兰教传统的宗教学科和世俗的自然学科；同时，还涉及伊斯兰哲学、伦理、文学、艺术、绘画、经济、建筑、书法等方面的知识。对于伊斯兰教有疑问或是不了解的人来说，本书给了读者一次解疑释惑的好机会！

左：《伊斯兰教文化 150 问》，东方出版社 2006 年 6 月第 1 版；右：2015 年 4 月第 2 版第 3 次印刷

左：《基督教文化160问》，东方出版社2006年6月第1版；右：2015年4月第2版第3次印刷

 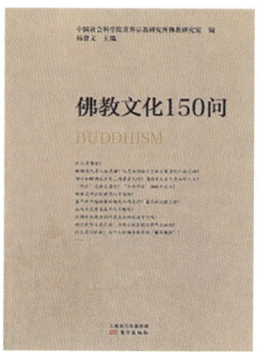

左：《佛教文化150问》，东方出版社2006年6月第1版；右：2015年4月第2版第3次印刷

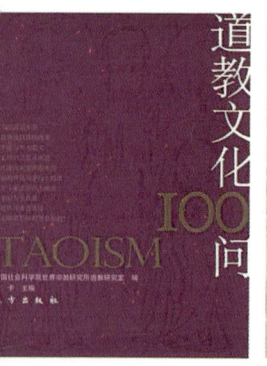 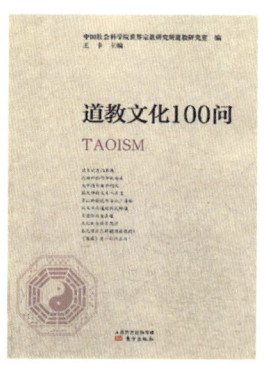

左：《道教文化100问》，东方出版社2006年6月第1版；右：2015年4月第2版第3次印刷

《基督教文化160问》，卓新平主编。基督教是西方文明之源——两希文明（希伯来文明和希腊文明）的结晶。它构成了西方社会两千年来的文化传统和特色，并影响到世界广大地区的历史发展和文化进程。本书内容包括基督教的历史发展、教义体系、派别演变、传播交流、经典文献、著名人物、思想观念、文化艺术、重要节日、民间习俗等方面，本书在条目编写上采用问答式，其篇幅依其内容而灵活把握，有长有短，在文字表述上则尽力做到深入浅出，通俗易懂以满足广大读者的求知需要，解决了人们在目前文化交流中希望尽快了解基督教全貌的燃眉之急。

《佛教文化150问》，杨曾文主编。本书介绍佛教的一般性的知识。尽可能做到全面、系统。内容包括佛教的基本教义、重要的历史人物、佛教在中国的传播概史、以中国为中心的北传佛教的重要派别、佛教基本典籍、佛教艺术等方面。在表述上尽可能通俗。采用问答体，根据问题难易各条目写的佛教术语太多，有些很不好懂，虽在叙述中有意回避，但既然介绍的是佛教，又难免要运用相当多的佛教术语。

《道教文化100问》，王卡主编。本书以通俗易懂的形式，扼要介绍了道教的历史、神话传说、斋醮仪式、修炼方术、名山宫观以及道教与中国民间秘密宗教的关系等等。全书内容广泛，融知识性、趣味性于一体，适合具有中等文化水平，特别是广大青年读者阅读。

《新时期阿訇实用手册》《古兰经译解》《回族史诗》的编辑与出版

《东方文化·世界宗教与文化》系列还得到了中国伊斯兰教协会会长陈广元大阿訇、协会秘书长兼研究部主任张广林的大力支持，他们组织编写的《新时期阿訇实用手册》于2005年以东方出版社的名义出版。《新时期阿訇实用手册》内容包括我国现行的宗教政策、有关宗教事务的法律法规和党的三代领导集体关于民族宗教工作的指示。书中还系统介绍了伊斯兰教历史及在任阿訇、经学院学生、清真寺海里凡需要掌握的伊斯兰教务活动知识及应该恪守的教务教规等。既是各地清真寺在任阿訇的教务工作手册、经学院学生和清真寺海里凡的良好教材，也是从事伊斯兰教管理干部的必备参考书。本书出版后，中国伊斯兰协会会长陈广元大阿訇深情地指出：

"阿訇是对具有伊斯兰专业知识，且在清真寺或穆斯林聚居区的地方从事伊斯兰教务工作者的通称和尊称……为阿訇们编一本书，把与伊斯兰教的主要教义、日常教务活动有关的知识、常识及有关的政策法规文件等汇集在一起，供他们常备参考，是中国伊协多年来的愿望"。"阿訇是各族穆斯林心中的带头人……主持日常教务活动是阿訇的神圣职责，它关系到传播伊斯兰教文化和教务常识，关系到穆斯林群众的团结，关系到党和政府与穆斯林群众的关系，关系到我国穆斯林的对外形象等……每一位阿訇都应该成为党和政府的知心朋友，协助政府贯彻宗教信仰自由政策，做团结穆斯林群众、发动穆斯林经济和教育的带头人"。

"伊斯兰教是和平的宗教，它鼓励穆斯林顺从真主，服从领导者。《古兰经》说：信道的人们啊！你们应当服从使者和你们心中的主事者。穆圣说：你们应当像鸟儿眷恋自己的窝巢一样热爱祖国。……伊斯兰教主张宽容、中道、团结、和平，创建和谐社会也是我们的一种追求，创建安定团结的生活环境是

《新时期阿訇实用手册》，东方出版社2005年版

我们伊斯兰教界人士和各族穆斯林群众的最大愿望"。

中国伊斯兰教协会秘书长兼研究部主任张广林还组织审定了王静斋的《古兰经译解》交我们出版。《古兰经》是伊斯兰教的根本经典，它的全部内容确立了伊斯兰教义、教法、哲学、伦理道德和典章制度的总精神，是研究伊斯兰教及其历史文化的百科全书。它的内容反映了先知穆罕默德时代阿拉伯半岛的社会现实和伊斯兰教传播过程中所遇到的各种民族矛盾和斗争的种种情况。

《古兰经译解》，东方出版社2006年版

王静斋毕生潜心从事伊斯兰学术研究和伊斯兰经典翻译及著述，作品极为丰富多样，被誉为"近现代中国伊斯兰经学大师""学通古今中外、品学兼优的伊玛目"。他的《古兰经译解》，历经20余年，四易其稿，先后以文言文、经堂语、白话文翻译出版甲、乙、丙本3种不同文体。3种译本按其出版先后，被称为甲种本、乙种本和丙种本。甲种本于1932年在北平出版，是中国伊斯兰学者直接译自阿拉伯原文的第一个全译本，用文言体翻译，由北平中国回教俱进会刊行，精装本，署名王文清译。乙种本完成于抗日战争时期，多用经堂语，带注释，1942年在宁夏由私人捐资石印，为线装本，一函10册，字迹工整清晰，自称"非定稿"，仅印制60部，私人迄今尚有全套珍藏者，诚不可多得之珍本。丙种本系在乙种本基础上充实改译、不断完善而成，于1946年由上海永祥印书馆出版。即今流行之版本。丙种译本附有"略解""附说"及1943条注释，深受海内外穆斯林信赖与欢迎，被视为最实用的汉译《古兰经》之一。此次出版的就是此本并经中国伊斯兰教协会审定的最新的《古兰经译解》精装本图书，可供相关研究者阅读，解决了穆斯林读者诵经的需求。

《回族史诗》的作者是海澈·郭，笔名梅子。曾任教师、记者、编辑、电视制作人。创作诗歌、小说、电影剧本、电视连续剧等多部。电视剧本《在那遥远的地方》等获国家奖，并多次在央视展播。她历经多年创作的长篇叙事诗是一部历史与当代结合的民族题材的创新性艺术作品。书稿交到人民出版社时，作者梅子老师告诉我：此前她已经投稿数家出版社，都是因为内容涉及民族和宗教、历史和文学，时间跨度从古到今，审稿的难度大而放弃了……她在伊协看到我编的书，才在张广林秘书长的推荐下冒昧过来的。我为她的真实奉告而感动；审读书稿后，更为她不懈的追求和努力而钦敬！经过报批等手续，庄重、典雅的《回族史诗》（上下）出版了！各地的穆斯林和回族群众欣喜不已，北京牛街的穆斯林还举办了十多场诵诗会，场面空前热烈。

《回族史诗》，人民出版社 2015 年 3 月版

全书以史料为依据，以历史编年为顺序，以浪漫神韵的诗歌表现手法，将中国回族历史置于世界历史、中华民族历史的发展全景中考察、研究。作品追溯了历代不同时期对国家和民族事业作出杰出贡献的回族历史人物及重大历史事件，对提倡爱国主义，弘扬中华传统文化，加强各民族的相互了解，和谐共进，推动人类进步与文明将起到积极的作用。是迄今为止以史诗形式表现民族文化及其历史的杰作，更是填补了中国回族文学没有史诗的空白，影响深远。全书二十九卷一百一十三章，以历史编年顺序编目。作品几乎涉猎了回族形成发展中，在政治、经济、教育、科技、宗教、艺术、民俗等诸多方面可以沿袭相传的系统知识及生活方式。早在隋唐时期，回族的先民开始在中华大地上安家落户，此后虽历经元明清的民族迁徙和民族融合，但各代回族人民都把中国当作自己的祖国，成为中华民族大家庭中的主体少数民族之一。中华民国建国之初北洋政府所采用的五色旗又称五族共和旗，是中华民国北洋政府的国旗，旗面按红、黄、蓝、白、黑五色横条，红、黄、蓝、白、黑分别表示汉、满、蒙、回、藏五族共和，所选用的五色是五个民族喜爱的颜色。回族人民和她的优秀儿女对中华民族贯穿始终的爱国热情并作出了重大贡献。《史诗》在领悟前人史学的基础上，在概括表述历史，在艺术技巧的表达方面，都做了不少新的探索与尝试。如对盛唐时期"诗赋词韵尽华章"的李珣和女诗人李舜弦兄妹；"米点江山"寓江南的宋代回族画家米芾；"晴雨依旧在春山"的元代书画家高克恭；"土木琉璃筑京城"的北京宫城建筑师也黑迭儿丁；"蓝色海洋永远的旗帜"航海家郑和；"对面走来海清天"的明代清官海瑞以及明代思想家李贽；清代著名画家改琦；杰出学者刘智；禁烟先驱伍长华；海军将领萨镇冰；爱国名将左宝贵；外交官杨儒；教育家达甫生；民族英雄马本斋；著名学者王静斋、哈德成；抗日名将白崇禧以及近现代文化艺术界的著名学者、翻译家、表演家、革命家、民族工作的杰出领导者纳训、马坚、王莘、马三立、李默然、白寿彝、杨志玖、刘格平、杨静仁、穆青、马连良、侯喜

瑞、纳忠、李德伦等回族优秀人物生平事迹的述写，或提纲挈领，概括全局；或截取片段，把握精髓；或浓缩情节，突出两点；或灵活微妙，跌宕起伏；或慷慨激昂，奋笔直书；或委婉含蓄，画龙点睛；或字斟句酌，精雕细刻；令广大读者在吟诵赏析、浏览品味中，有爱憎分明、纵横交错、褒贬适宜、分寸得体之感，从而对回族的历史概貌轮廓清晰，有如管窥全豹。

回族历史上的优秀人物，是回族历史优秀群体的代表，是回族优秀文化意识集体意志的表达，他们在历史上写下的自我和整个民族的辉煌篇章，承载着民族的个性、民族的精神，是回族文化和信仰的浓缩，是中华民族优秀文化遗产的一部分，我们需要用理性的思辨去发现他们，更需要用诗歌的语言来讴歌他们。这部史诗就是"回族长期以来的最崇高的期待"！

编辑出版《城市论》《城市学总论》《城市怎么办》……

王国平是原杭州市委书记、人大常委会会主任。历任中共余杭县委书记，中共杭州市委常委、组织部部长，中共杭州市委副书记，中共嘉兴市委书记，浙江省人民政府省长助理，中共浙江省委常委、省委秘书长，中共杭州市委书记、杭州市人大常委会主任。现任浙江省人民政府咨询委员会副主任，杭州城市学研究理事会理事长，杭州城市学研究会会长，杭州国际城市学研究中心顾问，中国棋院杭州分院顾问，中国国际经济交流中心常务理事，浙江大学兼职教授、兼职博士生导师，中央美术学院客座教授、客座博士生导师，中国浦东干部学院兼职教授。先后获得"创建国家环境保护模范城市"领导奖、中国医药卫生界年度十大人物、第七届中国城市十大风云首脑、世界休闲事业"杰出贡献奖"、中国休闲终身成就奖、2011低碳时代年度人物、中国文化遗产保护年度杰出人物等荣誉。先后著有《城市论》（上中下三卷）、《城市怎么办》（1—12卷）、《城市学总论》（上中下三卷）、《待遇论》、《新编城市怎么办》等。编著《杭州全书》《城市学文库》两大系列成果共计400余部。主持国家社会科学基金项目、国家自然科学基金项目近10个。承担全国各大城市发展规划课题数十项。在《红旗文稿》《经济研究参考》《现代城市》《政策瞭望》等刊物上发表论文四十余篇。

王国平主政杭州十余年，作为杭州这样的特大型城市的第一管理者，他夙夜宵旰，呕心沥血，品尝建设、经营所带来的艰难与曲折、成功与喜悦。2008年，我通读了他的《城市论——以杭州为例》。《城市论》共有"城市的挑战""城市的地位""城市的战略""城市的规划""城市的建设""城市的经营"等26个专题，体现了他在城市化进程中的理念、思路、战略和举措，交出了他作为一个党政领导干部，用自己的辛苦和智慧在城市建设和管理中的答卷。给人启迪、令人钦佩。

城市在人类文明的发展历程中占有重要的历史地位。从某种意义上说，人类发展的文明史就是一部城市发展史。21世纪，在经历了几千年的发展后，城市正迎来其前所未有的历史性机遇，城市化已成为人类进步和全球经济增长的强大引擎和核心动力。城市兴则天下兴，城市稳则天下稳，城市安则天下安。

杭州是国务院首批命名的国家级历史文化名城、中国七大古都之一，拥有8000年文明史、5000年建城史，为中国文明史和城市发展史增添了靓丽的一笔。"城"对杭州有特殊的意义。迈入新世纪以来，杭州加快实施城市化战略，以城市化带动工业化、信息化、市场化、国际化，极大地提升了城市功能和形象，增强了城市综合实力和核心竞争力，提高了杭州在国内外城市中的地位。杭州再也不是当年美国总统尼克松来时的"美丽的风景、破烂的城市"了！

《城市论》以城市研究者、城市管理者、城市建设者视野对城市进行了立体式的图解，书中提出的一整套应对城市化挑战的新理念、新思路、新举措，不仅是杭州推进城市化的经验总结，更具有建构中国式城市理论的开创意义。《城市论》是我国第一部综合性的城市理论创新著述；也是一部"城市学"研究的学术专著、一部城市研究学科的专业教材、一部推进城市科学发展的干部手册，值得城市的研究者、规划者、建设者、管理者和经营者一读。《城市论》2009年6月出版时发行

《城市论》，人民出版社2009年版（上、中、下）

人民出版社社长黄书元主持《城市论》出版座谈会

1.5万余套，好评如潮。半年以后，又再次加印并在书后附录了我社组织的《城市论》出版座谈会上部分专家学者对本书的精彩评述以飨读者。王国平在《城市论》的卷首曾深情地回忆：

回杭州担任市委书记，已经十个年头了。作为特大型城市的管理者，天天都在品尝酸甜苦辣，体验喜怒哀乐。每当夜深人静的时候，毛泽东主席于1949年3月5日，在河北平山的一个小山村——西柏坡的一段讲话，就会在耳边响起："必须用极大的努力去学会管理城市和建设城市。"我，一名后来的共产党人，能够用自己的辛苦和智慧，回答好这一历史性的重大课题吗？《城市论》就是我的一份极不成熟的答卷，并想以此来纪念60年前那篇著名的讲话。

值得记忆的是，王国平的父亲王平夷，又名正煊，四川开江人，中共党员，早年在北京读书时，就接受进步思想。1935年投身于抗日救亡的"一二·九学生运动"，并参加中华民族先锋队。抗日战争爆发后，毅然去延安参加革命。1938年响应党的"到抗日前线去""到敌后方去"的号召，来浙江工作，历任新四军浙东游击队金萧支队八大队大队长、教导员。1949年5月又随南下大军来到杭州，历任市劳动局长、市财委副主任、杭州市委副书记兼副市长。1955年任中共杭州市委第二书记。1962年任中共杭州市委书记。由于市委第一书记、市长长期由省委领导兼任，从1953年6月起，他实际上主持着市委、市政府的全面工作。他在主持杭州工作期间，对杭州工业基础的奠定，城市建设和园林绿化的发展等方面，多有建树。1966年8月十年内乱开始时惊心动魄的"灵隐寺保卫战"中，当时处境已经十分艰难的杭州市委市政府及杭州市委书记王平夷一直关注并紧密配合浙大学生的自发的保卫行动，在紧急关头，王平夷机智地提出：灵隐寺既不废掉，也不开放，由市政府出面封闭起来。这个貌似折中的建议，实为支持保护者的巧妙办法，照顾到了两方面的情绪和意见，进一步分化了少数派，为最终解决矛盾提供了方案。与后来周恩来总理指示的"灵隐寺暂加封闭"不谋而合。千年古刹终于完好无损地保留下来！父子两代人，为了杭州的新面貌，为了杭州的新发展倾注了毕生的心血，共产党人的忠诚和奉献世代永存。

《城市怎么办》（增订本，12卷），人民出版社2014年版

《城市论》出版以后，我又编辑出版了他的《城市怎么办》。《城市怎么办》是王国平同志在担任中共浙江省委常委、杭州市委书记期间所撰写部分文稿和讲话稿的选编。全书共8卷（册），分理念篇、战略篇、工程篇、民生篇。全书四百余万字。

《城市怎么办》按照"存史、资政"要求，真实地反映了新世纪头十年杭州市委、市政府一系列重大决策及其实施过程，为推进城市科学发展提供了新理念、新思路和新对策。该书是王国平同志继《城市论》后又一部关于城市学的力作，堪称《城市论》的姊妹篇。书稿名为《城市怎么办》，实为集科学性、实用性、操作性为一炉的怎么办。

2013年—2017年，作者又对城市规划、城市建设、城市管理等方面，从城市学研究者的角度，结合自己几十年来的城市管理、建设、研究经验，对城市学理论和实践进行了新的思考与探讨，形成了一大批新的研究成果，从中遴选文章94篇，约120万字，按照"理念篇""建设篇"专题编排形成《新编城市怎么办》（上、下卷）。

《新编城市怎么办》（上、下卷）真实记录了作者近年来总结探索城市建设与发展规律、进行城市学研究中形成的一系列新理念、新思路、新举措，不仅是应对新型城镇化的经验总结，更是我国一部以问题研究为导向的综合性的城市学研究专著。本书既具有很强的思想性、学术性和指导性，也具有很强的实践性、针对性和操作性，是面向城市研究者的理论专著，面向城市管理者的工作手册，也是面向广大市民的城市学教材。

2014年，王国平又主持编写了《城市学总论》。《总论》是一部以系统科学的方法，科学系统地研究城市的专著，也是一部了解城市、感知城市、与

城市学总论（上、中、下），人民出版社 2014年版

城市对话的入门书。作者以强烈的历史责任感和使命感，以120万字的鸿篇巨制，结合城市学理论探究和城市发展实践经验，鲜活地解读了城市这一复杂巨系统。60分钟，你可以从这部工具书中找到解决城市问题的答案和线索；8小时，你可以从这部科普书中了解城市的结构组织和发展脉络；30天，你可以从这部实践专论中汲取规划、建设、管理、经营、研究"五管齐下"高质量推进城市化的经验；一年，你可以从这部教材中感受城市的生命存在、分辨城市的生命容颜、把握城市的生命脉搏、识别城市的性格差异、倾听城市的情感诉求、捕捉城市的精神意象，进而发现、把握、应用城市的生命信息和"遗传密码"，成为一名优秀的城市管理者。

2015年12月，中央城市工作会议在北京召开，这是继1978年全国城市工作会议后首次召开的最高规格的城市工作会议。习近平总书记在会上发表重要讲话，分析城市发展面临的形势，明确做好城市工作的指导思想、总体思路、重点任务，对我国新型城镇化健康可持续发展具有重大的指导意义。为宣传学习中央城市工作会议精神，为各级城市管理者开展城市工作提供信息集中、富有思想、导向明确又能学习借鉴、启迪工作、指导实践的重要参考，我又受社长黄书元的委托请王国平主编了《与城市领导谈城市》。该书坚持规律导向与问题导向相结合，分为"城市历史和城市学""城市现状和城

原浙江省委常委、杭州市委书记王国平与笔者谈《与城市领导谈城市》编辑设想

病""城市未来和城市怎么办""城市管理与城市领导怎么办"等四篇,共分23章,每章包括"来龙去脉""真知灼见""广引博征""解疑解惑""对策建议""案例样板"等六节,力求以精简的篇幅、通俗的语言、准确的解读、代表性的案例,阐释当代中国城市的历史、发展现状、未来前景,并就城市管理者如何规划、建设、管理城市提出建议。

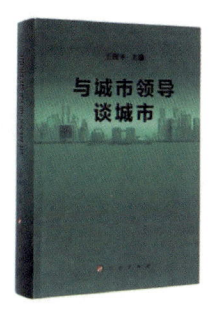

2016年,我又编辑出版了王国平的《待遇论》。《待遇论》以历史唯物主义为指导,坚持马克思主义的立场、观点和方法,以系统科学方法、科学系统地研究待遇问题。作者不是脱离客观社会现实和社会实践来抽象地议论待遇问题,而是立足当代现实和时代特点,紧密结合中国特色社会主义建设实践提出的新经验、新情况、新问题,贯彻包容性增长和共建共享的理念,将待遇问题作为解读"中国模式"和新型城镇化的核心命题,力图对"待遇"这个广泛的哲学社会科学范畴加以深入而全面的研究。

全书共17章、70万字,全面科学地论述了待遇范畴,系统深入地剖析了待遇与效应、效益、机制、竞争、心态、伦理、公平、需要、供给、分化、冲突、协调、制度等社会运行诸要素、诸系统的关系,并创造性地提出"同城同待遇指数"理念,内容博大精深,论述科学系统,具有很强的学术性、创新性和针对性,是迄今为止关于"待遇"的理论与实践结合原创性专著。

以上论著出版以后,社会反响强烈。王国平又倡导成立了"杭州国际城市学研究中心"。"中心"是杭州市委、市政府专门设立的以国内首家"城市学"冠名的从事城市学、杭州学研究的浙江省新型重点专业智库。城研中心以探索城市化的中国模式和破解中国城市病为己任,以打造城市学的杭州学派和一流城市学智库为目标,立足杭州、面向全国,为各级党委政府规划、建设、管理、保护、经营城市提供智力支持。自2010年以来,"中心"已经举办了10届年会,每年的11月,国内外城市管理者、研究者以及关心关注城市发展的各界有识之士都会聚集在美丽的西子湖畔,共谋"高质量发展、高品质生活、高水平治理"的城市发展的明天!

策划出版《中国边疆研究丛书》

传统的边疆研究，包括边疆史地、历代疆域和治边政策等方面。历代"边疆"又是一个含义有待界定但却是广泛使用的词汇。尽管民国时期曾经由"边政学"的提出而引发了学者对"边疆"含义的讨论，但如何界定"边疆"尤其是"中国边疆"依然是当今中国边疆研究的基本问题。中国边疆研究在近代以来就是学界关注的焦点，近年来随着中国边疆问题的凸显，"中国边疆"日益得到社会各界的广泛关注，这从一个侧面显示边疆研究正在得到学界重视。而与此相伴，构建"中国边疆学"的呼声也由此日益高涨。对"中国边疆"内涵及其特征的认定，不仅是构建中国边疆学话语体系需要明确的基本问题，也是关系解决我国边疆稳定和发展乃至"一带一路"倡议所带来的诸多国际关系问题首先要明确的关键性理论问题。

中国边疆尽管以"边陲""荒凉"等出现在古籍之中，且在古人传统意识中与"中国本根"（指中原）对应被视为"枝叶"，但历朝各代都十分注重对边疆地区的经略，且与王朝兴衰关系密切。近代以来，随着殖民势力的东来构建殖民体系，对中国边疆的关注更是得到了社会各界的广泛关注，而面对日本侵略所带来的亡国灭种的威胁，经营边疆、发展边疆的呼声不断高涨，"中国边疆学""中国边政学"等提法也应运而生。中华人民共和国成立初期，百业待兴，研究对象的敏感性制约了中国边疆研究的发展，1983 年中国边疆

《中国边疆研究丛书》2010 年以来已经出版 20 种 32 册

史地研究中心成立后,中国边疆研究迎来了又一次的研究高潮。进入新世纪,伴随着"一带一路"倡议的提出及其实施,以及边疆问题的凸显,边疆地区的稳定和发展等诸多问题得到了社会各界尤其是学界的广泛关注,构建"中国边疆学"的呼声更加日益高涨。但是,随着民族学、政治学、法学、国际关系问题研究、社会学、哲学等诸多学科的学者积极参与中国边疆研究,在促进中国边疆研究不断繁荣的同时,也带来了很多热点和难点问题,诸如中国边疆的内涵包括哪些内容?如何诠释中国疆域的形成与发展?中国是多民族国家还是民族国家等。这些问题都迫切需要学界给予解答。

云南大学地处中国西南边疆,是我国西南边疆地区建立的最早的综合性大学之一。长期以来依托特殊的区位优势和资源优势,大批学者对边疆问题特别是对西南的边疆问题开展了持续不断的研究。2008 年,在几代学人的共同努力下,在林文勋教授的带领下,"西南边疆史与中国边疆学"学科得以建立并计划在中国西南边疆史与中国边疆学、中国与南亚、东南亚关系史的研究方面开展中国边疆学的研究和中国边疆学的学科体系的探索。同时还将有计划地整理有关西南边疆的历史文献和档案资料,翻译和介绍国外学者关于中国西南边疆研究的重要成果。此次编辑出版《中国边疆研究丛书》,就是系统反映和推进边疆问题研究与中国边疆学科体系的研究成果。这些研究成果不仅仅是研究范围的扩大和研究内容的增加,更是标志着学术视野的转变和研究方式的创新,在一定意义上实现了中国的边疆学已经从传统的边疆史地研究到中国边疆学的学科体系建设的理论跨越。

《中国边疆研究丛书》迄今已经出版了《中印边界问题、印巴领土纠纷研究》《印度教派冲突研究》《边疆与中国现代社会研究》《国际化视野下的中国

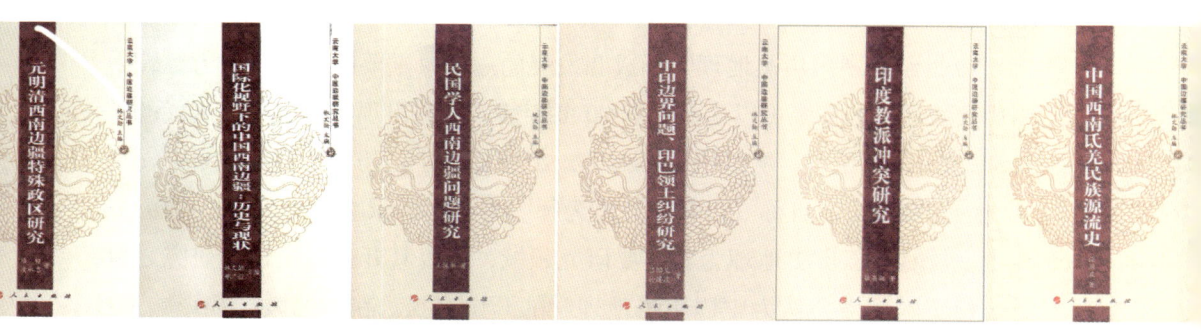

西南边疆:历史与现状》《从"天下"到"中国":多民族国家疆域理论解构》《中国西南边疆的社会经济》《地缘政治视野下西南周边安全与区域合作研究》《明代云南民族发展论纲》《国家资源:清代滇铜黔铅开发研究》等20种32册，内容的鲜明和统一的封面和装帧设计赋予了《丛书》具有的创新品质。

策划出版《中国国家历史地理》书系（一）

历史地理学的研究领域覆盖自然科学、人文和社会科学的很多领域，对于从总体上认识人类社会的发展规律，具有重大的理论意义，同时也有很强的应用性，如对历史边界、中外关系、行政区划、地区差异、经济开发、社会变迁、文化区域、人口与移民、民族分布与迁移、城市规划、生态保护、减灾防灾、国土整治等很多方面都能提供决策咨询。在21世纪的人类普遍关注未来，意识到生态环境的重要性，重视可持续发展的情况下，涉及时间、空间和人类活动并跨越自然和社会科学的历史地理学将能够发挥其他学科所不能替代的作用。例如，历史自然地理方面的研究可以填补历史气候、灾害等方面的空白，成为预测未来的主要依据。中国的历史地理学完全可能发展成为一门世界最先进、具有鲜明中国特色、为人类作出独特贡献的学科。美国的《国家地理》《自然》杂志广为人知。中国的国家地理应该为更多的国人所了解，中国的可持续发展才有希望。有鉴于此，我在2005年提出了编辑《中国国家地理》书系的设想（下称《书系》）。当时规划出版20—30卷，首先编选20世纪最有成就的历史地理和人文自然地理研究大家——谭其骧、史念海、侯仁之、陈桥驿等的全部代表作，集中体现和反映中国的国家历史地理研究之大成。

20世纪是中国历史地理学形成和发展的一个最重要的阶段，因为尽管中国历史地理学的传统可以追溯到2000多年前，但它出现并形成一门现代的学科却是在20世纪里。从这一意义上说，20世纪的中国历史地理学就是它迄今为止的全部历史。自称"只开风气不为师"的历史学家顾颉刚（1893—1980）先生，虽然不以历史地理为其主要研究领域，却以其开创历史地理研究之风的杰出贡献而被公认为中国历史地理学的开山之祖。在他的教导和影响下，他的 3 位学生谭其骧（1911—1992）、侯仁之（1911—2018）和史念海（1912—2001）都成为这门学科的主要奠基人。培养了大批专业人才，形成了上海、北京、西安三个研究中心。谭其骧、侯仁之都在 1980 年当选为中国科学院地学部的学部委员（后改称院士），标志着他们的杰出成就和中国历史地理学这门学科获得了中国自然科学界和社会科学界的公认。

谭其骧的《历史上的中国和中国历代疆域》认为，历史上的中国是多民族共同缔造的国家，因而中国与中原王朝是两个不同概念：凡是中华民族大家庭中任何一员在历史上建立的政权，都是中国历史上的政权；它所管辖和活动的范围，都是历史上中国的疆土；中原王朝只是其中的一部分；历史上除了清朝以外，没有一个政权曾经包括过所有中国的领土。这个观点，现在成了边疆史地研究的基本理论。他主持《中国历史地图集》的编绘，首先遇到了疆域问题上的一连串难题。他深入细致地剖析了各个时期的不同情况，经过反复琢磨，发表并主编了《中国自然地理·历史自然地理》，是 20 世纪 70 年代末中国历史自然地理研究的综合成果。

史念海毕生从事历史地理研究，成果涉及各个领域，他的著作以总结自己的研究成果为主。涉及疆域与政区、黄河与黄土高原、经济地理、历史人口地理、历史民族地理、历史军事地理、历史文化地理及古都学等。

侯仁之是新中国成立后用现代科学方法研究历史城市地理的开创者，他对北京研究所取得的成就至今无出其右者。在他发表的许多论著如《历史地理的理论与实践》《侯仁之燕园问学集》《历史地理学四论》《侯仁之文集》中，论述了北京的地形特点、聚落兴起、园林分布的一些规律、历代建都过程、都城布局的发展演变，以及水源开发、宫廷广场的演变等重要问题，并为今天首都的改造、利用及规划等工作提出了许多建设性意见和建议。

陈桥驿（1923—2015）先生是中国当代杰出的历史地理学家、郦学家，是继谭其骧、侯仁之、史念海三位先生之后，对中国现代历史地理学的建立和发展作出了卓越贡献。他长期担任中国地理学会历史地理专业委员会的主任委员，积极参与了现代阶段历史地理学的学术研究实践和学科理论建构的过程，是改革开放后较早参与国际学术交流的地理学者，为中国的地理学和历史地理学走向世界作出了重要贡献。

上述作者的作品在他们数十年的学术生涯中，虽然大部分都已发表并产生了深刻的学术影响，但印数极少、特别是新中国成立以前出版和发表的图书、学术文章已经难以找到，将这些早年发表的具有学术原创精神的论文加以收集整理，其本身也是一种对学术文化精华的抢救和创新。如谭其骧的《长水集》1987年初版后，印数仅3000；《续编》1994年初版后，印数仅2000。迄今并未重印，市场有需求、也需培育。史先生的《河山集》，1、2、3集分别由三联书店、人民出版社于1963年、1981年、1988年出版；4至8集则又由陕西人民出版社、山西人民出版社等出版，市场上也早已售缺。此次重新规划和选编，意义重大。

这个设想规划初算有5000万字，实在庞大！对于能否顺利出版，我自己当时也没有把握，但从安徽出版局副局长任上到京履职人民出版社社长的黄书元却十分支持，表现了他作为出版家的胆识与担当，令我钦佩不已。他要求我们尽快落实作者的授权并签订图书出版合同。

2005年，我和关宏趁着到西安陕西师范大学参加西北民族史学术讨论会，由会议主办者周伟洲教授介绍见到了史念海先生家人史先义女士和她的爱人王京阳先生。史先义是史念海先生的大女儿，王京阳先生则是陕西省社会科学研究院历史所的研究员，他是我国著名的农业史学家王毓瑚之子。王毓瑚（1907—1980），字连伯，河北省高阳县人，著名农业史学家、经济史学家、农业教育家、农书目录专家。1925年赴欧洲求学进入慕尼黑工业大学主攻经济学；1929年，转入法国巴黎大学经济系；1933年，取得经济学、统计学和新闻学三科毕业证书；回国后，历任河北省立法商学院经济系讲师、国立西北农林专科学校经济系讲师、国立编译馆编审、国立复旦大学经济系教授等职；1946年，被聘为国立北京大学农学院农业经济学系教授；1949年9月，出任北京农业大学农业经济学系教授；1952年至1980年，兼任北京农业大学图书馆馆长。由于他在中国古农书整理和农业史研究方面做了大量工作，因而他曾被选为中国农业经济学会常务理事和中国科学技术史学会名誉理事。早期从事经济思想史和中国经济史的研究、著译，后期致力于整理、校注古农书，推进农业经济史和农业技术史的研究，肇端于比较农业史、农学思想史、世界农业史的研究，并在培养农史研究人才方面作出重要贡献。

我在人民出版社的编辑老师吕异芳就是史念海先生《河山集》1、2、3集的责任编辑。史先义得知我就是吕异芳的学生、并专门来商谈出版《史念海全集》，她和王京阳先生都喜出望外，因为此前，他们已经为出版《史念海全集》在史先生 2001 年逝世后奔走多年了。因为这些关系，《史念海全集》约稿事就十分顺利了。

谭其骧先生哲嗣谭德睿先生是毕业于上海交通大学机械工程系铸造专业的铸造专家。近年又入上海博物馆任研究员，从事中国古代青铜技术及艺术铸造研究。现任中国科技

2013 年，陈桥驿先生（左起第六人）参加其 90 诞辰暨学术研讨会

考古学会常任理事、中国传统工艺研究会副理事长、复旦大学文博学院兼职教授。他很支持出版《谭其骧全集》，具体的选编，要我们联系谭其骧的继任者葛剑雄。

谭其骧先生 1992 年逝世后，他创办的复旦大学中国历史地理研究所由葛剑雄担任所长，葛先生是谭先生培养的中国首批 2 名文科博士生之一。他是民革中央委员，历任复旦大学中国历史地理研究所、历史地理研究中心主任，复旦大学图书馆馆长，教育部社会科学委员会委员，十二届全国政协委员会常务委员；2016 年 8 月，任中央文史研究馆馆员。他的博士毕业论文《西汉人口地理》的责任编辑也是我的编辑老师吕异芳。我在他来京参加"两会"期间拜访了他，很快就落实了编选方案。

确定《中国国家历史地理》的选题时，侯仁之、陈桥驿先生都健在。我有幸多次拜访陈桥驿先生，见面、通信往返，亲聆教诲，得益无限。侯仁之先生的《全集》，开始时由他的夫人张老师告诉我们，此事由他们在美国的女儿侯馥馨老师全权负责。侯老师是从事物理学研究的。于是我们立即与侯老师在美国的家中通了电话、也用电子邮件往返分几次汇报了书系的进展情况。不久以后，先是侯夫人病重住院，接着侯先生也因病入院了……侯馥馨老师只得回国照顾二老，我们又赶紧来到侯先生在北大燕园的家拜访。2013 年，《中国国家历史地理·史念海全集》首先出版时，我们就马上给侯老师奉上……

策划出版《中国国家历史地理》书系（二）

最先编辑出版的《史念海全集》是 2005 年启动的。史念海先生是历史地理学界公认的三位学科创始人和奠基者之一。山西平陆人，生前历任西北大学、西安师范学院、陕西师范大学教授、历史系主任，陕西师范大学历史地理研究所及唐史研究所所长、副校长，陕西省历史学会第一届会长，民进中央委员、陕西省委主任委员。1956 年获全国先进生产者称号。是第五、六届全国政协委员。史先生 1932 年入北平辅仁大学史学系，受业于史学泰斗陈垣先生，陈先生推崇乾嘉史学，故史先生亦深受乃师影响，读书作文皆以钱竹汀先生为榜样，而更以《钱竹汀大昕先生之史学》作为毕业论文题目，最终完成并发表。1937 年顾、史两先生合著《中国疆域沿革史》出版，成为我国沿革地理学中最重要的著作，而史先生当时年仅 25 岁。此后，史先生并没有在沿革地理学中继续前行，在外敌入侵的国势和个人生活状态的不断变化中，史先生开始思考在历史背景下地理环境变迁所带来的民族、边疆、政治、经济、军事等等问题，1944 年，他写成《中国的运河》，正是基于他对以上问题的思考。从那时起，史先生便一刻都没有离开对历史背景下自然和人文环境的关注，他摆脱了传统沿革地理学只重考据的研究思路，利用自身深厚的史学功底，钩沉探幽，将历史上人类与自然环境的互动关系，通过各种具体面向的论述，鲜活地展现在世人面前，更把其中人与自然互动所产生的经验、教训、规律、方法，如实地展现在当代人面前。史先生通过自己的学术实践，使得历史地理学不断向前发展。

中国现代历史地理学的主要奠基人谭其骧、侯仁之、史念海等先生，均是治史起家，均受教于顾颉刚先生，都是禹贡学会的成员，相似的求学经历与共同的志向，使得他们懂得自己研究的学问虽与历史学有着千丝万缕的联系，但却并不相同。从当今学科评价标准来说，历史地理学是一门交叉学科，采用历史学的资料和方法，但同时还要兼顾地理学的视野与理论，因此，现在从事历史地理学的学者既有史学出身亦有地理学出身的。但是，在我国现代历史地理学创建的时期，历史学出身的学者发挥了举足轻重的作用，上述三位先生中，除侯先生曾到英国利物浦大学进行过系统的地理学知识学习外，谭先生与史先生则是在自己的读书与研究中，不断思考并实践着自己对于历史地理学科的理解。三位先生均身体力行，为中国现代历史地理学的建立发挥着各自的作用。

《全集》充分体现了史先生对于历史地理学科所做出的努力。《史念海全集》所收《中国历史地理纲要》是史先生20世纪50年代完成的我国第一部有关历史地理学科的专著。这部书中史先生明确划分了历史地理学与传统沿革地理学的区别和联系，对历史地理学所包含的分支领域做了全面论述，从事实上奠定了历史地理学的总体研究框架。

从《全集》所收的文章看来，史先生的治学领域是在不断开拓的。20世纪五六十年代，他的主要兴趣集中在历史经济地理；70年代，则转入对黄土高原自然生态变迁和历史军事地理的研究；80年代，又开始对历史文化地理、历史民族地理、历史区域地理、历史地理学史、古都学产生兴趣，并撰成专论；90年代以后，史先生在重视论述宏观问题的同时，又重拾考据之学，写一些短小的考证文章。此外，《全集》中还收有史先生关于历史地理学科研究机构、学术刊物以及如何指导学生从事历史地理学研究的相关文字，这些都说明了史先生对于历史地理学科体系建设的殚精竭虑与矢志不渝。

一个学科的建立与发展，需要拥有一个具有坚定信念与奉献精神的团队，在我国历史地理学的学科团队中，史念海先生无疑是一名杰出的领头人。史念海先生经常讲历史地理学的研究，要有用于世。这些都来自从小的家庭熏陶，也来自他对历史地理学科任务的认识。史念海先生主张并实践文献记载与田野考察相结合的研究方法。这种研究方法，有利于避免文献记载讹误对研究造成的负面影响，也有利于从考察中寻找今昔环境生态变迁的主客观原因。史先生在进行陕西军事地理、黄土高原环境变迁和黄河流域水土环境变迁的研究中，就曾多次带领学生进行野外考察，收入《全集》中的多篇文章均是考察后写成的。"有用于世"的最重要意义在于，为人类与自然的现实状态，寻找历史的经验，以求能为人与自然的和谐相处，提供可行性方案。值得一提的是，史先生针对黄土高原及黄河流域的研究，诸如《黄土高原森林与草原的变迁》《黄河流域诸河流的演变与治理》等著作中，很早便提出了退耕还林、退牧还林的应对方法，这些都是基于历史经验教训的总结，充分体现了"有用于世"的理念。

史念海先生常以顾颉刚先生所赠一幅字来自勉:"宁可劳而不获,不可不劳而获。以此存心,乃有事业可言。"史念海先生 70 多年的治学经历,确实在努力实践着老师的期望与教诲,未有丝毫懈怠,耄耋之年仍每日坚持写作、教学,直至生命最后一息。《全集》是史先生坚持"劳"而得到的"获",他所做的一切"有事业可言"。作为后来者,只有继承老一辈学者的风范,板凳宁坐十年冷,立志存心,方可自谓为学术后继者也。

陕西师范大学副校长萧正洪先生,是史念海先生的学生,他同意出任《史念海全集》主编,为《全集》的出版增添了光彩;王社教先生是陕西师范大学的环境科学研究所所长,也是史念海先生的学生,他参与了《全集》选编并提出了建设性的意见。王京阳研究员则全力以赴参加了《全集》的编选、校对等全部工作,为《全集》的出版付出了数年的心血。

开始编辑《全集》时,数百万的稿费和出版经费都没有落实,希望得到的出版赞助也没有到位,我们的编辑工作实在是举步维艰。面对成堆的书稿和清样,每天不停地阅稿、不停地核对,老一辈史学大家近百年的学术研究的成果都近在眼前,他们的家国情怀都已付书稿之中,出版他们的全集是我们出版者梦萦魂牵的责任和使命,我们都竭尽全力、盼望全集的最后的出版。

2007 年,继国家自然科学基金、国家社会科学基金之后,第三个以国家名义设立的专项基金——国家出版基金成立了。该基金旨在重点资助优秀公益性项目的出版。我曾经两次申请国家出版基金的重点资助,但不知什么原因都不得结果……一直到 2012 年,我又撰写了《关于改进国家出版基金重点扶持项目的评审办法、重视中国历史地理学大师、学术泰斗全集的出版并给予资助的建议》,再次希望得到经费的支持。

> 《关于改进国家出版基金重点扶持项目的评审办法、重视中国历史地理学大师、学术泰斗全集的出版并给予资助的建议》:
> 　　国家出版基金自 2007 年设立以来,在"加强规划指导　扶持精品出版"方面做了大量卓有成效的工作。据《基金简报》(2012 年第 2 期):国家出版基金已累计投入 8 亿元,评审资助了 493 个出版项目。导向性、权威性和示范作用日趋明显,正在成为打造出版精品、

发展公益出版的重要平台，引起了社会各界越来越多的关注和重视。如已经获得国家出版基金重点扶持的标志性文化出版工程、商务印书馆的《中华现代学术名著丛书》首批100种、《辞源》修订本（第二版），中华书局的《中华民国史》《顾颉刚全集》等等。这些项目，的确是"学术积淀和传统出版品牌的厚积薄发"。

但据有关单位专家和学术界反映，出版基金在项目的遴选和评审中，在"发掘出真正需要资助、值得资助的精品项目"中，都有一些不尽如人意之处。如人民出版社即将出版的《中国国家历史地理》、中国历史地理学大师、学术泰斗《谭其骧全集》《史念海全集》《陈桥驿全集》《侯仁之全集》出版就没有受到应有的重视并得到国家出版基金重点扶持，致使该项目的出版举步维艰，个中原因值得探讨和商量

国家新闻出版总署柳斌杰署长在2011年12月19日在2012年度国家出版基金项目评审会议上的讲话《一切为了多出精品力作》中指出："国家设立出版基金，是公共财政出书，就要突出体现国家要求，着力打造代表国家水平的传世精品。……要从国家意志、国家水平、国家工程等三个方面提高认识，把握基金资助的基本要求。"说得太好了！据《中国国家历史地理》组稿、策划者、人民出版社编审张秀平女士介绍，早在2003年左右，她就着手联系我国的四大历史地理研究中心北大、陕师大、复旦和浙大，他们之所以成为中心，就是他们拥有举世公认的当代历史地理学奠基者、大师：侯仁之、史念海、谭其骧和陈桥驿先生。承蒙他们或他们的家属的支持和同意，他们签订了编辑以上四位作者全集的图书出版合同。近10年之中，他们一直与硕果仅在的侯仁之先生（今年101岁）、陈桥驿先生（今年90岁）联系，为他们的全集的编辑、体例、排校磋商；已故的史念海先生（今年100岁诞辰）的全集，陕师大和该校环境地理研究所、历史系大力支持，史念海先生的女婿王京阳先生（他是中国当代著名农学家王毓瑚先生之子）全力负责书稿的校对，迄今已经分文不取坚持了8年。已故的谭其骧先生（今年101岁诞辰）的全集，复旦大学的原历史地理研究所所长葛剑雄先生，不但全力支持，还在

百忙中收集了谭其骧先生的未编稿约 20 多万字交到出版社。现任复旦大学历史地理研究所所长吴松弟先生和葛剑雄先生都写了专家推荐意见。以上 4 位大师的作品，是"当代需要的，后人必看的"；是经得起历史考验的原创作品；也是当代研究历史地理的必读书。按照"多中选好，好中选优，优中选精"的原则，应该是"真正需要资助、值得资助的精品项目"。

……

以上四位大师全集是首次精编、精校出版。并非简单重印，更不是"炒冷饭"。著名历史地理学家、中国地理学会历史地理专业委员会主任葛剑雄先生在《推荐意见》中说："他们的论著构成了中国历史地理学的基础和学科框架，但至今仅有部分论文和专著出版，散见于刊物及尚未整理汇编，有的已不易查找，收集、整理并编为全集出版很有必要，将产生重大学术贡献和社会影响。"陕西师范大学历史地理学研究所所长侯甬坚的《推荐意见》说："此次将散见和不易查找及收集、整理为全集，是中国历史地理创建人著作的第一次集中出版，是图书出版界的重要选题集大成之举，相比同类及相关项目的图书，彻底改变了历史地理学经典著作一书难求，个人著作出版时间、出版单位分散的现象。"复旦大学地理学研究所所长吴松弟的《推荐意见》说："谭其骧、侯仁之、史念海、陈桥驿是中国历史地理学界的权威，历史地理几大中心创立者，在各自的领域都代表了最高学术水平，出版他们全集同样具有重要意义。"综上，相比已获出版基金重点扶持的标志性文化出版工程"中华现代学术名著丛书"毫不逊色。

"在文化领域，我们的大师出不来，名家出不来，精品力作出不来，我以为重要的原因是创造力没有被解放出来。"说得对！但还有一个重要的原因就是对已经有定论（或已故）的大师的作品不重视有关。文化需要积累，学术要下工夫。在呼唤大师的时代，更应该尊重大师、欣赏大师。

为此建议：1. 适当调整国家出版基金的专家成员，让学科专业专家进入国家出版基金专家委员会，如中国地理学会历史地理专业委员会就最有权威对以上四部《全集》作出评价。2. 不要以出版社来划分项目的承担与否、数量多少。要匿名对项目进行评审。不宜限制有实力、有能力的出版社获得多个项目的资助，真正做到公平、公正和公开。如人民出版社除了出版马列等经典著作及党的文献外，也完全有能力承担以上《中国国家历史地理全集》的出版。3. 对中国历史地理四位大师、泰斗的全集的出版，给予适当重视并尽快列入国家出版基金资助和"十二五"时期国家重点图书出版规划之中。

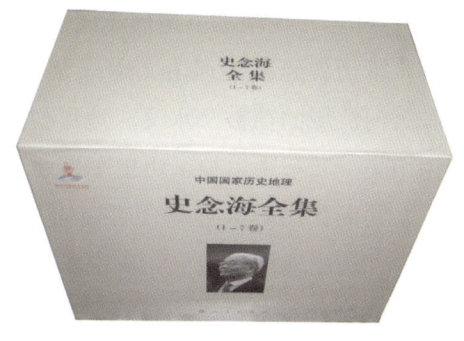

《中国国家历史地理·史念海全集》（1—7），人民出版社 2013 年版

此建议由民进的全国政协委员贾宝兰作为提案报送，得到了办案单位国家出版总署和财政部的高度重视，特别是柳斌杰署长的《一切为了多出精品力作》的讲话，掷地有声，为出版基金的评审做了指导性的定位，当年的国家出版基金从 7 亿元增加到了 9 亿元。2013 年，在有关专家的推荐、论证后，《中国国家历史地理》书系经过 5 年的努力之后终获国家出版基金的重点资助。我像呼叫"芝麻芝麻开门"后得到阿里巴巴的宝藏一样，马上投入了《史念海全集》和《谭其骧全集》的印装之中。

《史念海全集》（7 卷）除了史先生的专著和他本人亲自编选的《河山集》初集至九集外，还将没有收入《河山集》各集的论文约 100 万字，包括在各种刊物、文集发表的文章和已经写完但未发表的文字 10 余万字编入《全集》中，全书 800 万字，编排精良，体例得当，是史念海先生学术成就的完整总结集。

史先生的著作、论文，大部分以《河山集》命名，从 1963 年人民出版社以三联书店的名义出版初集开始，史先生生前编就论集，多以此名书，可见他本人对这个书名的珍惜。因为这个书名是他的老友白寿彝先生"鼓励和代为命名的"。白先生说："中国历史地理，以研究中国的河山疆土以及它们的变化对社会发展的影响为对象，最后又落实到祖国的河山疆土和社会发展上。"一个史学家将祖国的河山变迁作为自己毕生的研究对象，首先是山河命脉，实在是国家兴衰之大事；其次是优秀的史学大家所特有的学术思想渊源和爱国的精神情怀而使然。

《史念海全集》所汇集的作品中，许多作品都具有标志性的意义：《中国的运河》，标志着我国沿革地理学向现代历史地理学的转变；《河山集》初集是我国第一部历史经济地理论文集；《河山集》二至七集中许多文章，关注黄土高原和黄河流域的植被、水文、地形变迁，是区域历史自然地理研究的代表作；《河山集》四集则填补了历史军事地理研究的空白；先生对于唐代历史地理的研究，是断代历史地理综合研究的开山之作；《中国历史地理纲要》是我国最早的一部历史地理学通论，对中国历史地理学的整体框架进行了系统规划；先生与他人合作完成的《方志刍议》，对新方志学的建立具有重要的指导意义；先生有关古都学、地名学的论述，均成为该领域的奠基之作。

历史学是人文学科的基础，史先生正是在具备了扎实的史学功底后，才有机会向新的学科迈进并取得了辉煌的成就。他为创立一门现代学科付出了终生！

策划出版《中国国家历史地理》书系（三）

《谭其骧全集》的编辑，由葛剑雄先生主持。他是谭其骧先生创立的复旦大学历史地理研究所继任所长。《中国国家历史地理·谭其骧全集》共两卷，计 215 万字，包括《长水集》《长水集续编》《长水集补编》及《日记》等四大部分，系统全面地收录了谭其骧先生的学术研究成果，是谭其骧著作的最完整结集。谭其骧先生精益求精的学术追求、实事求是的治学态度、高瞻远瞩的学术视野、心怀天下的爱国热忱在《全集》的字字句句中体现得淋漓尽致。

谭其骧先生（1911—1992）是我国著名历史学家、历史地理学家，中国历史地理学的主要开创者和奠基人。他毕生都在主持编绘8卷本《中国历史地图集》，30年如一日。这是谭先生投入精力最多、历时最久、学术贡献最大的学术成果，备受海内外学术界称道。著名历史学家邓广铭先生曾将职官制度、年代学、目录学、历史地理称作"历史学的四把钥匙"，而历史地图则是历史地理的重要研究载体，研究历史地理离不开一部翔实准确的历史地图集。谭先生自1955接受吴晗推荐，主持杨守敬《历代舆地图》的改绘工作，到1988年公开出版《中国历史地图集》，他主持该项工作三十多年。这三十多年占用了谭先生大量的时间，但他始终把为国家、为社会奉献放在第一位。

这部八巨册的地图集，以历史文献资料为主，吸取了迄今已发表的考古研究成果，收录了石器时代的重要文化遗址，自商周至清代全部可考的县级和县级以上的行政单位，边区不设政区地带的部族分布和其他各种地区名、居民点，还包括主要的河流、湖泊、山脉、山峰、运河、长城、关隘和海岸线、岛屿等。除中原王朝外，还包括了各兄弟民族在边疆地区建立的大小政权。所有的图幅都以最近的地图为底图，分色套印，古今对照，每册都编有地名索引。很明显，这已经不是杨图的改编修订，而是一部新编的前所未有的大型历史地图集。

通过这段描述，可以想见编绘过程的艰辛。此次出版的《谭其骧全集》，其中的《长水集补编》中的《〈中国历史地图集〉释文辑录》20多万字是最新整理出来的，是谭先生编绘《中国历史地图集》时所作札记，大多是具体地名的考证，说明历史地图中这条线怎么定在这里，那条线为什么这么画——以前我们只看到历史地图的成果，这些札记则告诉我们这些成果是怎么来的，也为我们提供了至今仍非常有用的研究范本，十分珍贵；《简明中国历史地图集图说》是谭先生为每幅历史地图所作的解说，从先秦写到民国，应属谭先生生前最后的文字性成果，体现了谭先生一生对中国疆域政区的研究，非常简明扼要，值得学界和社会公众关注；在考察和评价谭先生的贡献时，除了依凭他的全集，还要看他所承担项目的学术影响和社会影响，《中国历史地图集》

是目前最权威的中国历史地图集，是一部权威工具书。谭先生非常重视工具书的编辑出版，他在主持《中国历史地图集》之外，还曾主持《辞海》《中国大百科全书》《中国历史大辞典》的历史地理分册和条目的编写。他认为"工具书的读者面广，使用频率高，发行量大，一般都十倍百倍于其他出版物，工具书的质量高低，其影响当然远过于专著、论文、资料汇编等"。因此，经其手主编的工具书均具有上乘的质量。

谭其骧先生是一位具有极高学术追求的学者，从事教学、科研60年，发表的文字却仅有200万字。主持编绘地图集，是客观原因。但谭先生对文章的高要求才是主要原因，他自言："我写的文章不多，发表的更少，除了由于材力驽钝外，也还由于不想拾人牙慧，或旧酒新装，即使不能前无古人，至少也要于旧说有所补益。"葛剑雄先生也说，谭先生"对形成的研究性文字，非觉有新意新见即不愿成文，对旧稿也反复修订方愿发表"。近来有学者以星级标准来评价学术文章，认为谭先生的多篇文章堪称"五星级"，即最有学术创见和价值的文章。《谭其骧全集》的含金量应该有多大！此外，谭其骧先生的治学讲求专精。他的经历很简单——读书和教书。他曾在多所大学开过课，教过中国通史、魏晋南北朝史、隋唐五代史、中国史学史、中国文化史、中国地理等课，但教得最久的一门课是中国历史地理。谭先生开课虽不少，但他认为："每一个历史学家只能专搞中国史或世界史的某一部分，搞中国史也只能搞一两个断代或一两个方面，这才可能有所成就，决不应该涉猎太广，泛滥无归。"收录于《全集》的文章，最主要的部分就是他的历史地理学研究论文，包括疆域沿革、地名考释、移民、水利、古都学、地理文献、区域历史地理等方面。此外，《全集》中还收录了谭先生有关民族史、中国古代史等方面的论述以及《〈中国历史地图集〉释文辑录》《简明中国历史地图集·前言》《简明中国历史地图集图说》等。其中，《简明中国历史地图集图说》是谭先生为每幅历史地图所作的解说，从先秦写到民国，是谭先生生前最后的文字性成果，体现了谭先生一生对中国疆域政区的研究，非常简明扼要，值得学界和社会公众的关注。

谭其骧先生的研究追求实事求是，用谭先生自己的表述就是"不迷信前人旧说"。前人旧说，既可理解为已有文献的记载和已有研究的成果，更可理解为不迷信权威。《全集》收录的《讨论两汉州制致顾颉刚先生书》就是一个很好的例子。当时,谭先生还是燕京大学的研究生,顾先生已是名教授,但双方完全站在史学研究的角度,从史料出发,认真辨析两汉州制存在的问题。在两次往返交锋后,问题逐渐明朗,顾先生将两人的通信附在讲义之后,发给上课的学生参阅,并在吸收谭其骧意见的基础上写成著名的《两汉州制考》一文。这是学界的一段佳话。但人们服膺顾先生胸襟的同时,也感佩谭先生的胆量。这次讨论使谭先生对历史地理产生了浓厚的兴趣,为日后他参与创办"禹贡学会"、编辑出版《禹贡》半月刊,并以历史地理学作为一生的学术研究领域产生了重大的影响。在《秦郡新考》中,谭先生又对钱大昕、王国维等人的结论提出质疑,又一次挑战权威。再比如,谭先生有一篇"自以为够得上称为历史地理学的研究论文",即《何以黄河在东汉以后会出现长期安流的局面——从历史上论证黄河中游的土地合理利用是消弭下游水害的决定性因素》。

《中国国家历史地理·谭其骧全集》(1—2),人民出版社2015年版

这篇文章是历史地理学研究的典范之作,它的意义在于颠覆以往黄河史学者的共识——东汉王景治河后黄河出现长期安流局面,提出黄河安流的关键在于中游的黄土高原土地利用情况,东汉以后这个区域从农业区恢复为牧区或半农半牧区,天然植被得到恢复,水土流失得到控制,才使黄河长期未有大泛滥。此类文章,《全集》中还收有多篇,都是谭先生在大量掌握史料的基础上,推翻前人多年甚至千年的定论,这就是谭先生实事求是的作风。

作为中国历史地理学的开创者和奠基人,谭其骧先生始终关心中国历史地理学科的规划与发展。在《长水集·自序》中,他指出:"要把旧时代的沿革地理改造为现代的、科学的历史地理。要达到这一目的,需要从两个方面入手:一是把研究广度从疆域、政区、都邑、河渠等几个项目扩展为包括自然地理、人文地理的各个领域;二是把研究深度从满足于考证描述地理现象的变化,推进到探索这些变化的原因和规律。" 20 世纪 80 年代,他更是断言:历史人文地理将是中国历史地理研究领域中最有希望、最繁荣的分支,并且身体力行地开展历史人文地理的研究工作。其实,谭先生的许多研究都具有开风气之先的示范作用。比如，他早年的移民史研究便属于历史人文地理的范畴；再如，他对历史时期黄河水系的研究就是在探究变化的原因与规律。与此同时，他强调历史地理研究还要加强实地考察，翻活的地图，这是一项基本功。此外，谭先生桃李满天下，他将自己对历史地理学科建设的理念用于对学生的培养，其亲自建立的复旦大学中国历史地理研究所已成为历史地理研究的学术重镇，谭先生居功至伟。

在《中国国家历史地理·谭其骧全集》中，我们看到了《对今后历史研究工作的四点意见》这篇发表于1983年的文章，文中提出四点意见：坚持具体问题具体分析；坚持历史的观点；重视对经济基础的研究；坚持大量占有史料，切勿空谈。这四点意见虽然具有一些时代烙印，但却是谭其骧先生多年从事史学研究的经验之谈，字字千金，是今日从事史学研究必须利用的方法与秉承的态度，引人深思。

策划出版《中国国家历史地理》书系（四）

《中国国家历史地理·陈桥驿全集》的编辑方案，是陈桥驿先生生前亲自审定并指定他的学生范今朝协助完成的。

陈桥驿先生是我国当代学术界一位著名大师，是我国继谭其骧、侯仁之、史念海先生之后，又一位著名历史地理学家。他以渊博的学识、广阔的视野、勤奋与睿智，在诸多学术领域作出非凡的贡献，如果说谭其骧、侯仁之和史念海三位学术大师为中国历史地理学作出奠基性和开创性贡献，那么，陈桥驿先生则是在我国历史地理学发展上作出重要开拓性贡献的又一位学术泰斗。他早在20世纪中期，就写出历史时期宁绍地区森林变迁的论文，是我国开展历史时期植被变化研究的第一人。此后，他又开展了历史时期宁绍地区鉴湖兴废的研究。植被和水体的变迁，是历史自然地理研究的重要内容，陈先生这两方面的研究，引起学术界的广泛关注。因此，在20世纪70年代，竺可桢先生在主持编写第一版《中国自然地理》系列丛书时，其中的《历史自然地理》一书最初由谭其骧先生主编，特请陈先生参加。陈先生除对全书的编写提出许多宝贵建议，还承担该书序言的撰写。在该序言中，陈先生为历史自然地理学作为一门学科的性质、任务、研究内容和研究方法等诸多重大问题作出回答，为我国历史自然地理学的发展奠定了基础。这是一篇在我国历史自然地理学科发展史上具有重要地位的文献。此后，因承担该书主编的谭其骧先生患脑溢血，负责该书主编的重担落在陈先生的肩上。陈先生在当时存在诸多困难和干扰的情况下，将此书完稿。该书是我国历史自然地理学发展的一个重要里程碑。在国内外产生了重大影响，陈先生的贡献是巨大的。

陈先生对我国历史地理学的另一项重要贡献是对宁绍地区历史地理的研究。陈先生很早就意识到，历史地理学立足于地，必须建立一块教学和科研的基地，经过仔细的研究和考察，决定把基地建在离杭州不远的宁绍地区。绍兴是陈先生的故乡，也是他长期学术研究的对象，他的研究从绍兴走向宁绍平原，并以宁绍平原为基地走向全国。20世纪50年代，陈先生就对历史时期宁绍地区的自然要素和人文要素进行多方位的研究，包括河道变迁、湖泊变迁、植被变迁、城市历史地理、农业的种植历史，还从全新世海岸线变化、海进和海退对宁绍平原环境的影响以及聚落的空间布局的变化等进行综合研究。他对宁绍地区历史地理的研究，是我国历史区域历史地理研究的典范，而且在国外也有广泛影响，吸引了多位国外学者来到当时的杭州大学进行合作研究。

陈先生重视吴越文化的研究、特别是史前时期吴越文化的研究。绍兴是我国东南文化的主要发源地之一，作为早期越人重要部分的于越部族在这一带的历史已达7000余年。陈先生关于早期越族的研究，通过先后发表的论文，如《古代于越研究》《于越历史概论》《"越为禹后说"溯源》《越族的发展与流散》《吴越文化和中日两国的史前交流》《论句践与夫差》，对越族的历史作了比较全面的探讨。根据他的研究，余姚河姆渡的原始居民很可能是于越部族的祖先，此后在卷转虫海侵时期，在距今7000年—6000年前整个宁绍平原沦为浅海，于越人由平原退到南部山区，春秋末期才再一次从山区迁移到平原上。还有一部分于越人向今浙西和苏南丘陵迁移，以后称为句吴；还有一部分人甚至用简单的独木舟或木筏漂洋过海，到达台湾、琉球等沿海岛屿甚至南部日本。他还通过在日本的许多地名中存在的"越"字，敏感地认识到这是史前期吴越地区与日本文化交流的证据，他的这一认识得到日本学者的认

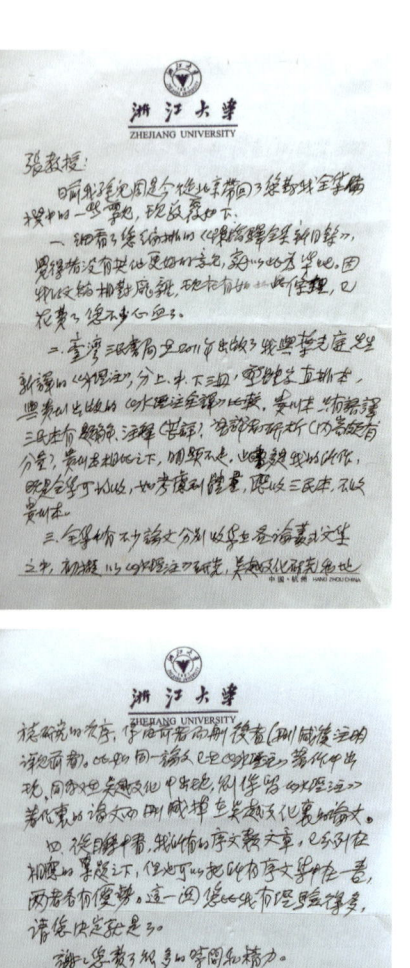

陈桥驿给笔者的亲笔信,同意笔者提出的编选方案

同。陈先生在这一方面的探索,对于加强中日两国人民之间情感联系和友谊具有非常重要的意义。

城市历史地理研究,是陈先生历史地理研究的又一重要领域。陈先生在对杭州城市历史地理研究的基础上,又主持编写《中国六大古都》和《中国七大古都》,把我国古都研究纳入一个整体,为我国古都研究作出重要贡献。他还重视对外国收藏的有关宁绍地区的历史文献、方志等史料的收集和研究,为地方史的研究作出重要贡献。特别值得注意的是20世纪90年代以后,他在深入研究春秋战国时代浙东运河的基础上,科学地否认了当时"京杭大运河"的狭隘定义,据实论证了京杭运河和浙东运河在历史上就是一条以宁波为南端和出海口的完整大运河并首次将此条迄今都在发挥巨大生命力作用的交通大动脉命名为"南北大运河",精准地还原了这条运河承担海上丝绸之路功能的真实历史,从而为2014年的"中国大运河"的申遗成功奠定了理论基础和技术支撑,全面提升了中国运河的地位。

郦学研究是陈先生学术生涯的最重要领域。《水经注》自北魏郦道元撰注以来,由于该书包含的内容非常丰富,而且文笔又非常精彩,历代学者都给予极大关注,研究《水经注》成为一门专门学问,又被称为郦学。特别是明清以来,有不少研究《水经注》的名家,如清代的戴震、赵一清、全祖望,清末及民国时期的杨守敬、熊会贞、王国维,以及后来的胡适等人,中国的港台和日本也有很多研究《水经注》的学者。尽管历史上研究《水经注》的学者如此之多,但他们研究《水经注》,大多只注重校勘和辑佚,即使是著名者如杨守敬,被认为是研究《水经注》的大家,但也只是在注疏和编绘《水经注图》方面成绩卓著而著称于郦学研究史。而且历史上研究《水经注》的学者,其成果都有一定的时代局限。陈桥驿先生在充分吸收前人研究成果的基础上，集古今研究之大成，又开拓了若干新的研究方向。陈先生在郦学研究方面所付出的努力之深，视野之广，成果之多，将"《水经注》置于历史地理的解剖台上"（历史地理专业委员会主任吴松弟语）是他之前所有郦学研究者所不能相比的。如胡适以看过《水经注》版本最多而自居，而陈桥驿先生去过全国及海外许多图书馆见过乃至收藏的《水经注》版本，比胡适还要多。再如他通过对迄今保存下来的各种版本的研究，梳理了各个版本之间的传承关系，阐明了各个版本之间的源流，在此基础上，他阐明了迄今保存下来的诸多版本中最佳版本，从而为他进行的校勘和注释工作选择了最佳底本。又如对《水经注》的校勘、辑佚、考据等方面是历代学者研究《水经注》的最主要着眼点，而且已作了大量深入的研究。陈先生在这一方面又有新的辑佚发现和纠正了前人在校勘、注释方面的不少错

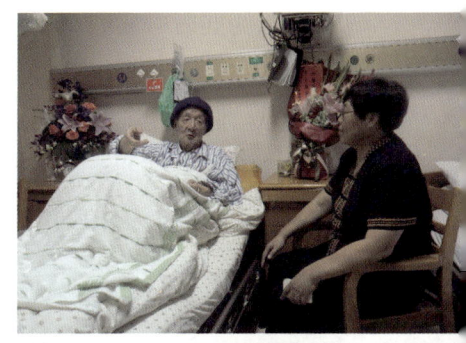

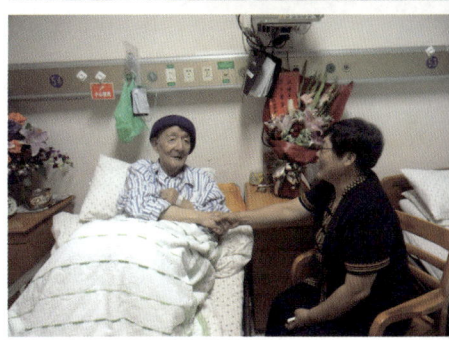

2014年8月27日笔者在杭州浙江医院拜望病中的陈桥驿先生并汇报《陈桥驿全集》的编辑出版情况

误，特别是陈先生还利用民族学研究成果以及他的梵文知识对《水经注》的相关记载进行注释。陈先生的《水经注校证》，集中了陈先生在校勘、辑佚和注释等方面研究的成就，为研究和利用《水经注》这部伟大著作提供了较好的版本。

对郦学史的研究和对历代从事《水经注》研究的学者进行研究，是陈先生郦学研究的重要方面。在郦学史上，长期存在着争论不休的"戴赵相袭"案。所谓"戴赵相袭"案，是因为戴震在入四库馆后校勘的《水经注》与赵一清的《水经注释》"十同九九"，后人有的学者指出戴震有剽窃赵一清校勘成果的行为，而有的研究者则认为是赵一清剽窃了戴震的《水经注》校勘成果。这一争论从清代中期就开始，一直到20世纪中，胡适还在为戴震辩护，在长达10卷的《胡适手稿》中，有关"戴赵相袭案"就占了很大部分，在海内外具有很大影响。反戴派和拥戴派，都意气用事。反戴派在指责戴震的剽

窃行为同时，还完全否定了戴震在校勘《水经注》的贡献，而拥戴派则把精力用在寻找证据以洗刷戴震的剽窃罪名，不去研究戴震在校勘《水经注》的贡献。陈先生不受这两派偏激之见的影响，他在深入研究的基础上指出，戴震剽袭赵一清的成果是不容否认的，但陈先生又没有像反戴派那样，在批判戴震的剽袭行为的同时，把戴震在校勘《水经注》方面的贡献也给予否定，而是予以充分肯定，认为戴震校勘的、后来由武英殿刊印的《水经注》，成为清代诸校勘的版本中最好的版本！陈先生对郦学史上长达200多年的悬而未决的争论，作出的这一了断，得到海内外郦学研究者的认可，可以说为郦学史研究拨开了云雾。杨守敬和熊会贞共同完成的《水经注疏》，他们去世后有多个版本刊印流传，其中最后一个版本的下落，也一直是郦学研究的一个问题。陈先生经过大量的调查和研究，论证了杨、熊合作完成的《水经注疏》的最后版本的下落，那就是台湾影印的《水经注疏》，使郦学研究的这一疑案得到解决。

陈先生还对《水经注》中记载的自然地理要素和人文要素进行整理和研究，开辟了《水经注》研究的地理学方向。特别是对《水经注》中数以万计的地名，按照分类进行研究和阐释而撰写的《水经注地名汇编》，全书收罗极为宏富，代表了迄今为止关于《水经注》的地名学研究方面的最高水平，仅上册目录，便列河川、伏流、水口、河曲、瀑布、湖泽、渊潭、浦、池沼、陂、泉水、温泉、井、海、滩濑、洲、岸、山岳、丘阜、岩崖、石、穴窟、峡、谷、沙、平川原野、田、堤塘堰堨、桥梁、津渡、道路、关塞、矿藏、工业地、仓库、坛台、宫殿、楼阁、塔、屋舍室宅、门阙、园苑、陵墓、祠庙、寺观、国族、州、郡国、县、侯国、故都、城邑、郊郭、镇、乡、亭、里、聚、村、墟、戍、坞、堡、其他地名等65类。这些地名，无疑大大方便后人对中古时期的河流、山川、道路、聚落、政区、地名的研究。陈先生对《水经注》进行的这些分类研究，是《水经注》研究的最基础性工作，为《水经注》的研究和利用提供了一部方便、实用价值很高的检索工具书。

郦道元撰注的《水经注》为文字精练优美的文言文，该书历来又被认为是一部文学著作，是历代游记中的上乘之作，将该书译成现代文，这一工作难度很大，往往是吃力不讨好之事。为了使《水经注》这部今人难以读懂的名著，能为今天广大读者所欣赏，弘扬《水经注》这部经典的文化价值和使用价值，陈先生作了很好的尝试。他曾三次将《水经注》译成现代语言，而且一次比一次精准、接近原著，获得了中外学者的好评、定评。陈先生对《水经注图》的研究，也是另辟蹊径。此外，前人对郦道元的研究，只注重其生平的考证，陈先生对郦道元的生平、时代背景和思想进行了深入研究后而撰《郦道元评传》一书是迄今有关郦道元的最全面的著作。

陈先生在方志学和地名学领域也有重要贡献。他阐明了方志最早出现的时代，重视方志在历史地理研究中的价值，他又广泛收集海外收藏的方志，指导多部新方志的编写，主持和指导多部地名志和地名词典的编纂。陈先生还很早就关注外国地理的研究，早在20世纪50年代，就撰写了多部外国地理的著作，表现出他很早就有开放的意识。

陈桥驿先生的学术成就，是我国历史地理学、郦学等学术领域成就的高水平体现，也是中华文化的重要组成部分。1400多年前，郦道元认为："天下之多者水也，浮天载地，高下无所不至，万物无所不润。"他发现《水经》虽然"布广"，但"大川相间，小川相属，东归于海"，因此必须要"脉其支流之吐纳，诊其沿路之所躔"。古人早已知道要探索人和天下之多者水的关系，故"水德含和，变通在我"，陈先生毕生对《水经注》的探索和研究的成果，必将造福中国甚至全人类。

《中国国家历史地理·陈桥驿全集》（1—14），人民出版社2018年版

策划出版《中国国家历史地理》书系（五）

《中国国家历史地理·侯仁之全集》的出版，本拟在侯先生在世时就应该启动，但侯先生的夫人告诉我，侯先生全集的编辑，要由他们在美国的女儿侯馥兴老师负责。2006年，我马上通过网上电子邮箱联系了侯老师，侯老师表示支持，待她回国时与我联系，如果出全集，一定会交人民出版社出版。

侯仁之先生1940年毕业于燕京大学，1949年获英国利物浦大学博士学位。1952年任教于北大地质地理系，曾兼任地质地理系系主任和北大副教务长等职。1980年当选为中国科学院地学部院士。历任北京大学城市与环境学院教授、博士生导师。1984年被英国利物浦大学授予"荣誉科学博士"称号。1999年获何梁何利基金科学与技术成就奖。同年为表彰侯仁之在历史地理学领域的卓越贡献，美国地理学会授予他"乔治·戴维森勋章"，侯仁之成为全世界获此殊荣的第6位著名科学家。

20世纪30年代，侯仁之从山东来到北京求学时，在前门火车站一下车，也是被北京正阳门的巍峨的城楼所震撼，从此，他和北京城结下了不解之缘。在以后的生命历程里，他始终致力于北京城的起源和演变进行探索和研究。在对北京历史地理的研究中，解决了北京城市起源、城址转移、城市发展的特点及其客观规律等关键性问题，为北京旧城的改造、城市的总体规划及建设作出了重要贡献。他还在西北干旱及半干旱地区的考察中，揭示了历史时期不合理的土地利用是导致沙漠化的重要原因，为沙区的治理，在决策上提出了重要的科学依据。

> 在燕大本科毕业获得文学学士学位以后我应新兼任历史系主任的颉刚师之命，留校为研究生兼做助教。他创设了一门新课："古迹古物调查实习"，指定我事先为学生写好参考资料，作为现场实习之用。我早就对北京这座历史文化名城发生了兴趣，这时参考资料的写作更进一步增加了我自己对北京古城的一些认识。（《侯仁之文集》第443页，北京大学出版社1998年版）

1937年北平沦陷后，顾颉刚离校南下，侯仁之转为洪业的研究生。洪业（1893—1980）学贯中西，福建侯官人（今闽侯），号煨莲（畏怜，Willian），名正继，字鹿岑。1915年赴美留学，毕业于俄亥俄州韦斯良大学，后又入哥伦比亚大学，获文学硕士学位。归国后执教于燕京大学。1928年任燕京大学历史系主任、图书馆馆长。他在中国哲学、文学、史学、语言学等方面均有较深研究，是当代杰出的国际著名的史学家、教育家。洪业对侯仁之的研究方向的启发是：择校不如投师，投师要投名师。推荐他到英国学习现代地理理论。侯仁之在英国利物浦大学学习的地理系主任达比教授，正是当代历史地理学的奠基人之一。

> 他认为人类生活的地理环境处在经常不停的变化中。今天的地理，明天即成为历史地理。研究历史地理的变化，历史资料十分重要，实地考察以及人类活动遗迹遗物的深入研究更加重要。正是在他的理论和方法指导下，使我得以进入北京历史地理研究的新领域，也使我认识到把我国具有悠久历史传统的疆域变迁和政区沿革史的研究，进一步发展为历史地理研究是具有广阔的前途和重要的现实意义的。(《侯仁之文集》第444页）

在达比的理论和方法指导下，侯仁之获得了博士学位，从此才得以开始了崭新的历史地理研究的理论和实践、进入北京历史地理研究的新领域。

但在国内，传统的沿革地理以研究疆域和政区的变迁为主，而他在英国的导师达比教授所讲的历史地理，却是以历史时期地理环境的演变为主。严格地说，疆域政区变迁的研究，仍属于历史学的范畴，而历史时期地理环境变化的研究，才属于历史地理学的范畴。侯仁之1950年发表的《中国沿革地理课程商榷》，第一次在理论上阐明沿革地理与历史地理的区别及历史地理学的性质和任务，率先为中国现代历史地理学的建立奠定了理论基础。

回国以后，侯仁之在多次利用周末沿着圆明园的流水溯源而上，踏勘了颐和园的昆明湖，又一直追溯到玉泉山"天下第一泉"的上游。在那里他看到有一道长墙从玉泉山麓一直伸向西山脚下，爬上墙去一看，原来是引水石槽砌在上面。由此，他追溯水源直到卧佛寺附近的樱桃沟和香山碧云寺。以此为起点，侯仁之在实地考察中终于弄清楚了海淀一带园林水道的开发过程。此后他又把考察范围扩展到北京城的西南郊，踏勘了金朝中都城残存的城墙。从大量的实地考察中，侯仁之的《北京海淀附近的地形、水道与聚落》，终于认识到北京城址的转移与河流水道变迁的关系。

1952年，侯仁之在北京大学正式开设中国第一个"历史地理学"专业。1960年—1964年，连年带领北大历史地理研究组，深入沙区考察中国历史时期沙漠地区自然环境的变化，探索历史地理的新方向。

1984年，侯仁之在美国康奈尔大学讲学时接触到《保护世界文化和自然遗产公约》，认为中国加入《公约》刻不容缓。他在归国后立即以全国政协委员的身份起草了一份中国应加入公约的提案，为国家所采纳。我国于1985年加入《保护世界文化和自然遗产公约》，1986年开始向联合国教科文组织申报世界遗产项目。自1987年至2019年，中国世界遗产已达55项，其中世界文化遗产37项、世界文化与自然双重遗产4项、世界自然遗产14处。这些遗产展现了中国几千年来孕育的灿烂文明，再现了当年辉煌的历史瞬间。有的已经成为城市的名片，有的甚至成为华夏文明的符号。侯仁之被誉为"中国申遗第一人"。

……

侯仁之先生获得"佳甚"评语的《最爱藏书的胡应麟事迹考略》手稿

2013年年底《中国国家历史地理·史念海全集》出版后，我即携样书来到北大的燕园，拜访了已经从美国回来照顾侯仁之和夫人张玮瑛老师的侯馥馨老师，她当时表示两老身体都不好、都在住院，侯先生的著作、文字都还需要整理，可以先予一部分。不久，她交给了我们部分稿件:《侯仁之文集》《续〈天下郡国利病书〉山东之郡》《河北新村访问记》《海外四经海内四经与大荒四经海内经之比较》《明代宣大山西三镇马市考》《古都胜迹辑略》《萨县新农试验场及其新村》《天津聚落之起源》《明史列传稿斟录》《最爱藏书的胡应麟事迹考略》《读黑龙江外记随笔》《燕云十六州考》。其中《最爱藏书的胡应麟事迹考略》是他完成洪业先生"史学方法"课的习作手写稿,考证精详,分析合理,清秀的行书小楷如同库本、获得了"佳甚"的评语。

《天津聚落之起源》是1945年天津工商学院出版,这是侯先生70多年前写的关于天津历史地理的第一部考订专著,该书主要内容分为三部分:直沽地方之开辟、天津肇建之经过、初期聚落之发展。下列直沽未辟以前之状况、直沽名称之演变、直沽开辟之沿革、天津命名之探讨、置卫筑城之原委、最早聚落之导源、明清两朝之替变。书中写道:

> 天津聚落之起源,导始于直沽;直沽之发展,决定于河流。河流者,天津命脉之所系也,此与 Thames River(泰晤士河)之于伦敦,La Seine(塞纳河)之于巴黎,初无二致。所不同者,伦敦、巴黎原

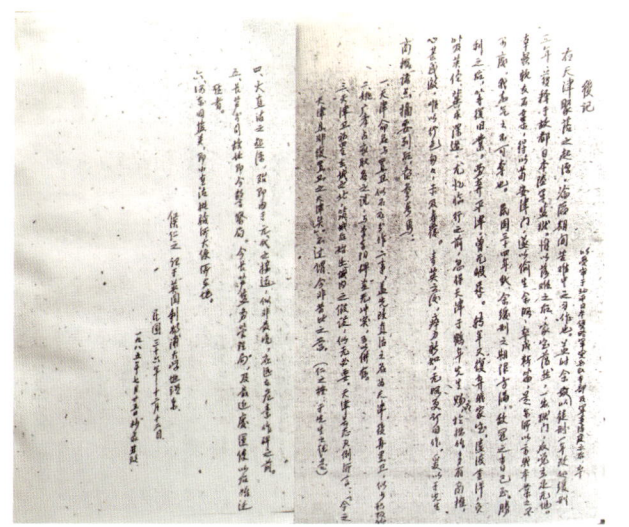

左:侯仁之先生1985抄录的:1937年关于《天津聚落起源》副本上的"后记";右:1997年侯仁之先生偶得《天津聚落起源》副本后的补记

不过一条河流之单独影响，天津则为数条河流之共同影响，而数河之中，尤以卫（南运河）、海二河为最重要。

侯先生在此文中特别强调河流在天津历史形成和发展中所起的决定性作用，是十分精辟并为历史所证明。该书的最后，附有侯先生的 1985 年的后记。1975 年 2 月 18 日，侯先生又亲笔记下关于《天津聚落之起源》以下说明：

初刊问世，适逢日寇战败投降，人心欢腾，我亦得重返燕京大学任教。时过半年，又得机会出国深造。临行之前，忽得天津于鹤年先生来信，就拙作有所商榷者数言，乃抄录于副本中，有待改正。但始终未得如愿。今偶得此副本，所抄录去今已 51 年，与其再作修正，不如就所提意见附于篇末，用此表示个人感念诤友之关怀也。

以上这些都是我通读《中国国家历史地理·侯仁之全集》已录书稿的初步印象，侯先生的治学、学问和道德文章，我们都敬仰不已，对《侯仁之全集》的出版充满期待。

但是不久以后，侯先生夫人张玮瑛老师病危，不幸于 2012 年病逝，接着侯仁之先生也一直病重住院，2013 年 10 月 22 日下午 2 时，侯仁之先生在北京友谊医院去世，享年 102 岁。侯馥馨老师沉于悲痛之中，我们也心痛不已！《侯仁之全集》的编辑工作也在侯馥馨老师的"等等……"的答复之中。

到了 2016 年，《中国国家历史地理》的项目面临年度检查和结项，我受社长委托致信侯馥馨老师：

侯老师：

您好！不知近日身体如何？我因终日忙忙碌碌，疏于问候，心里不安！乞谅。

时近年终岁末，《中国国家历史地理》项目也面临检查结项，电话中有些又怕说不清楚、引起误解，实在迫不得已，只得写信回顾项目的前后过程，希望得到您的理解和支持。

十余年之前，我们确定出版《中国国家历史地理·谭其骧全集·

侯仁之全集·史念海全集·陈桥驿全集》时，侯先生和夫人张先生都在世。张先生告诉我，侯先生《全集》的编辑，要和当时在美国的您联系，由您全权负责。于是我们立即与您在美国的家通了电话、也用电子邮件往返分几次汇报了书系的进展情况。您回国之后，先生一直住院，您也忙于照顾；此时我们也保持联系，您也说过，如果出全集，一定会由我们出。

2013年《中国国家历史地理》获得了国家出版基金的立项后，我们在当年就出版了《史念海全集》。当年年底，我们就去燕园拜访您、送上了出版合同和新出的《史念海全集》，希望侯先生全集的编辑工作尽快启动。当时两位先生都在住院，看到清冷的燕南园和在寒风中单薄身躯的您，奔波在燕南园和医院之间，真是不容易！我们也很心痛！我也曾提出，如果整理工作遇到困难，我们可以派人协助、帮助录入整理等等，这也是我们编辑工作的一部分。后来您也交给了我们部分稿件（《院士文库·侯仁之文集》《续天下郡国利病书·山东之部》《天津聚落之起源》《故乡胜迹辑略》《燕云十六州考》等100万字左右），我们遵嘱已经录入。

此后，您和唐晓峰老师对合同和编委会设置等提出了一些意见，我都在电话中做了解释，想必已经得到您的正确的理解。2015年3月左右，我要求到您家商谈，您说张先生已报病危，不方便。接着张先生几次报病危后去世，我们既不能回天，也不能尽绵薄之力，心痛、遗憾、怀念不已。

此以后我们又有几次电话联系，您都是说发现了先生的一些文稿，但不知是否已经发表过，需要一一甄别核对，编《全集》要"等等，不到时候"。但从来没有表示过不同意出版的意见。

现在此项目的进展已经到了要结项的时候，侯先生的全集的编辑还没有全面启动，社领导及其基金办都很着急，嘱我联系您、要解决问题和困难。昨天联系您以后，您说和一年前的情况一样，谢谢社领导的关心。但您一年前说的"等等，不到时候"，我真不知个中的原因到底是什么？我们确实非常着急，因为这不仅仅是一部全集的事情。这部全集的出版，还关系到出版社的诚信和名誉，我们社和基金办已经签过相关合同。

《中国国家历史地理·谭其骧全集·侯仁之全集·史念海全集·陈桥驿全集》项目的立项在2013年，约定3年完成。2015年，因为《陈桥驿全集》的编辑工作没有完成及侯先生《全集》的编辑现状，我们报请国家出版基金办公室同意，延长了一年。目前《史念海全集》《谭其骧全集》均已出版，《陈桥驿全集》也将在年底出版。如蒙您的同意和支持，现在全面启动侯先生《全集》的编辑工作，我们可以再和基金办商量此项目再延长一年结项。理由如下。

一、20世纪是中国历史地理学形成和发展的一个最重要的阶段，因为尽管中国历史地理学的传统可以追溯到2000多年前，但它出现并形成一门现代的学科却是在20世纪。从这一意义上说，20世纪的中国历史地理学就是它迄今为止的全部历史。自称"只开风气不为师"的历史学家顾颉刚（1893—1980）先生，虽然不以历史地理为其主要研究领域，却以其开创历史地理研究之风的杰出贡献而被公认为中国历史地理学的开山之祖。在他的教导和影响下，他的三位学生谭其骧（1911—1992）、侯仁之（1911—2015）和史念海（1912—2001）都成为这门学科的主要奠基人。培养了大批专业人才，形成了上海、北京、西安三个研究中心。谭其骧、侯仁之都在1980年当选为中国科学院地学部的学部委员（后改称院士），标志着他们的杰出成就和中国历史地理学这门学科获得了中国自然科学界和社会科学界的公认。陈桥驿先生在历史地理学、郦学、历史地图学、地方志和地名学、宁绍地方史、古都研究以及地理学思想史和中外地理学交流等方面造诣精深，成就卓著，成为中国当代历史地理学界继谭其骧、侯仁之、史念海诸先生之后的标志性学者，也是郦学研究的集大成者，堪称该领域的泰斗。他们是历史地理学界公认的学科创始人和奠基者，他们的论著构成了中国历史地理学的基础和学科框架。从这一点说来，上述先生的《全集》和学术思想，应该属于整个地理学界和历史地理学界、属于整个中华民族、属于全社会。我们不能也不应该将侯先生的《全集》付阙。

二、2005年书系在社里获得选题立项后，社领导就十分重视并表示即使赔钱也要为上述大师和学术泰斗出全集，这在当时学术著作"出版难、买书难、卖书难"的时代实在难能可贵。2013年，书系终获国家出版基金资助出版。从选题的立项到书系的开始出版前后历经10年，个中曲折和艰难非常人想象。国家出版基金立项不易；花财政的专项出版经费，更是不易！我们不能荒废来之不易的项目经费！

三、人民出版社是有着光辉历史的老社，同时也是新中国成立后重建的党和国家重要的政治书籍和社会科学著作出版社，先后出版图书2万多种，发行图书期刊30多亿册，在学界赢得了崇高的威望。我们出版《史念海全集》《谭其骧全集》以后，原国家新闻出版总署署长柳斌杰特意发来贺信，称看到《史念海全集》《谭其骧全集》的出版："甚为高兴与感动。高兴的是两位史地学界的学术泰斗，学术成果完存于世，为中国和世界留下了巨大财富。二位老先生毕生奉献于国家历史地理，考证史地，记录山河，教书治学，教育了几代人。全集的出版对当代对后世功德无量。感动的是人民出版社能在浅文化盛行的当下，依然守正出新，集中力量出版人类创造的精华——专业学术著作，大力支持学术文化的传播，提高国人科学文化知识素养，这是国家之幸、民族之福。"我们更应该抓紧编辑出版侯先生的《全集》，使《中国国家历史地理》这一国家项目顺利结项不留遗憾。

四、我本人虽已办了退休手续，但为此项目已经做了13年的工作和努力，因此社里仍安排由我继续完成。我从事编辑工作已经40多年，担任了邓广铭、田昌五、朱瑞熙、白钢、王思治等著名学者书稿的责任编辑，深得他们的信任和赞誉。我会一如既往，配合您做好全集的编辑和出版。

五、如果本项目不能按时完成，国家出版基金办公室还要制裁出版社、还要影响其他基金项目资金的拨付，这是多么难堪的局面！相信您也不愿意这样。

六、《史念海全集》《谭其骧全集》出版以后，不断有学者读者询问侯先生《全集》出版情况，他们都盼望《全集》能早日出版，也希望先生在《中国国家历史地理》的书系中具有令人景仰的学术丰碑。您如定下编辑原则，我们再辛苦一年，编好全集。他日如果"天堂再相见，握手又擦泪"，奉上精心编辑出版的《全集》告慰侯先生、张先生。可好。

以上是我们再次力争侯先生《全集》出版的所作的努力，如有不妥，或者您认为有其他不能按计划出书的原因，也望您能回复，以便我们在结项时说明。

专此。颂冬安。

张秀平上
2016 年 11 月 15 日

不久以后，侯馥馨老师回复我：

张秀平老师：

几年来，我的主要精力和时间用于搜集、鉴定、整理侯先生留存下来的学术资料，包括积累数十年的工作笔记、著作稿、图稿、信札等。2010 年中国科协会同十多个部委启动"老科学家学术成长资料采集工程"，侯仁之先生学术资料的采集被列入带有抢救性质的首批名单（科学家年龄在 90 岁以上）。在搜集整理的过程中，资料数量大、整理用时长，超出原来的预想。侯仁之先生资料已决定全部捐赠北京档案馆，为社会公益性质的捐赠。今后将由北京档案馆负责保管，并提供给对侯仁之先生学术档案的研究使用。目前搜集、整理、捐赠都在持续地进行中，在这种情况下，我没有可能中断脱开，也不可能同时进行《全集》的工作。恳请见谅。

以上情况已向您口头报告过，现在呈上文字报告。

再次感谢您对我的亲切关怀。顺致

撰安

侯馥兴　2016 年 12 月 1 日

我向社长汇报后，只得给国家出版基金办公室如实报告并得到回复。

国家出版基金办公室：

　　我社 2012 年获准立项的《中国国家历史地理·谭其骧全集·史念海全集·侯仁之全集·陈桥驿全集》中的《侯仁之全集》，因著作权继承人要求暂缓出版，该项目变更为《中国国家历史地理·谭其骧全集·史念海全集·陈桥驿全集》；又因为《陈桥驿全集》内容丰富、卷数庞大，需要延长至 2017 年 10 月结项。

　　专此申请报告，请予批复。

人民出版社
2016 年 12 月 20 日

附件 1. 人民出版社致侯馥兴（2016 年 11 月 15 日）
　　 2. 侯馥兴回复人民出版社（2016 年 12 月 1 日）

有了资金保证而没有完成的书稿，生平之中，仅此一例！我对此惋惜与遗憾不已！

策划出版《中国国家历史地理》书系（五）

《中国国家历史地理》书系《史念海全集》《谭其骧全集》《陈桥驿全集》顺利出版以后，我们分两次召开了新书发布学术研讨会。

2016 年 1 月 26 日，由人民出版社主办，中国地理学会、复旦大学、陕西师范大学协办的《中国国家历史地理》之《史念海全集》和《谭其骧全集》

《中国国家历史地理·史念海全集·谭其骧全集》出版座谈会暨中国国家历史地理学术研讨会现场

出版座谈会暨中国国家历史地理学术研讨会在北京召开。原国家新闻出版总署署长柳斌杰发来了贺信。国家新闻出版广电总局出版管理司负责人出席了研讨会。复旦大学中国历史地理研究所原所长葛剑雄，陕西师范大学西北历史环境与经济社会发展研究院副院长王社教，复旦大学中国历史地理研究所原所长、中国地理学会历史地理专业委员会主任吴松弟等历史地理学界的三十余位专家学者及史念海、谭其骧两位先生的子女出席研讨会。人民出版社社长黄书元出席并致辞。研讨会由人民出版社副总编辑于青主持。

《中国国家历史地理》计划出版谭其骧、史念海、侯仁之、陈桥驿的全集，四位先生是历史地理学界公认的学科创始人和奠基者，他们的论著构成了中国历史地理学的基础和学科框架。本次出版《史念海全集》7卷、《谭其骧全集》2卷。史念海先生生前曾任陕西师范大学副校长、历史系主任、历史

时任国家新闻出版总署署长柳斌杰发来的贺信

地理研究所所长，他于 1937 年与顾颉刚合著的《中国疆域沿革史》是我国现代公开问世的第一部沿革地理专著，他于新中国成立后讲授"中国历史地理"，建立了我国现代历史地理学理论体系。他还是我国野外地理考察与历史文献研究相结合的开创者和最大实践者。谭其骧先生生前曾任复旦大学历史系主任、中国历史地理研究所所长、中国科学院院士，他倾注 30 多年心血主持编绘了《中国历史地图集》（1—8 册），被中央领导誉为新中国社会科学最重大的两项成就之一。他还对我国历代疆域、政区、民族迁移和文化区域做了大量研究，对黄河、长江水系、湖泊、海岸变迁均有精辟见解。

人民出版社社长黄书元致辞

早在 2003 年前后的学术著作出版相对萧条之际，人民出版社就经多次讨论，下定决心举全社之力，即使赔上数百万元，也要出版他们的全集。历经十年寒暑，终于在 2013 年出版了《史念海全集》7 卷，在 2015 年出版了《谭其骧全集》2 卷。

人民出版社副总编辑于青主持会议

人民出版社社长黄书元在致辞中说：我们这次出版《中国国家历史地理》，出版史先生和谭先生的全集，并非简单地重印，更不是"炒冷饭"。《史念海全集》和《谭其骧全集》的出版，标志着在国内首次集中出版我国历史地理学创建人著作的全面启动并反映我国历史地理学研究的最高水平，希望以此推动社会各界给予那些默默奉献、终生奉献的学术大家和历史地理学研究更多关注。

与会学者高度评价了史念海先生的学术贡献和《史念海全集》的学术价值及谭其骧先生的学术贡献和《谭其骧全集》的学术价值，一致认为两位先生是我国历史地理学界的权威，在各自的领域代表了我国历史地理学研究的最高水平，两部全集出版之前，他们的论著散见于多种刊物或由多家出版社出版，有的已很难查找，且他们尚有一些论著并未出版面世，因此，非常有必要将他们的作品重新整理汇集出版。人民出版社是有着光辉历史的出版社，

责编张秀平编审谈编辑出版过程

陕西师范大学西北历史环境与经济社会发展研究院副院长王社教谈史念海学贡献和《史念海全集》学术价值

复旦大学中国历史地理研究所原所长葛剑雄谈谭其骧学术贡献和《谭其骧全集》学术价值

复旦大学中国历史地理研究所原所长、中国地理学会历史地理专业委员会主任吴松弟谈《中国国家历史地理》出版的学术意义和当代历史地理学的研究与发展

史念海先生之女史先义发言

谭其骧先生之子谭德睿发言

一贯重视出版高质量的学术著作,并以此促进和繁荣学术研究,推动学术成果的传播。此次两部全集由人民出版社隆重推出,标志着我国历史地理学创建人著作首次集中出版工作的全面启动,具有重要的社会意义。

中国地理学会、复旦大学地理所、浙江大学、陕西师范大学西北历史环境与经济社会发展研究院、北京大学历史地理研究中心及中国社会科学院历史所、中国边疆研究所、北京市社会科学院、北京大学、中国人民大学、北京师范大学、北京联合大学的专家学者四十余人,中国中央电视台、光明日报、北京日报等数十家新闻媒体记者参加了会议。

与会嘉宾合影

2016年1月26日晚间10时,中国中央电视台的《新闻直播间》开始滚动播出《史念海全集》《谭其骧全集》在京出版及关于两位学者《全集》的学术价值和学术研讨会的新闻。

2019年7月21日,《中国国家历史地理·陈桥驿全集》(1—14卷)出版之后,我们再次召开了新书发布学术研讨会。

代表我国历史地理学研究的最高水平的著作来了!

会议现场

7月12日,《中国国家历史地理·陈桥驿全集》(1—14卷)出版座谈会暨中国国家历史地理学术研讨会在京召开。

国家新闻出版总署原署长、第十二届全国人大教科文卫委员会主任委员、中国出版协会理事长、清华大学新闻与传播学院院长柳斌杰讲话

《中国国家历史地理》计划出版谭其骧、史念海、侯仁之、陈桥驿的全集,四位先生是历史地理学界公认的学科创始人和奠基者,他们的论著构成了中国历史地理学的基础和学科框架。

本次出版《陈桥驿全集》14卷。陈桥驿先生(1923—2015)是中国当代杰出的历史地理学家、郦学家,是继谭其骧、侯仁之、史念海三位先生之后,对中国现代历史地理学的建立和发展作出了卓越贡献。他长期担任中国地理学会历史地理专业委员会的主任委员,积极参与了现代阶段历史地理学的学术研究实践和学科理论建构的过程,是改革开放后较早参与国际学术交流的地理学者,为中国的地理学和历史地理学走向世界作出了重要贡献。陈桥驿先生为《水经注》与郦学、宁绍地区与吴越文化、方志学与地名学等多个研究领域倾注了毕生精力。

全国政协委员、国家新闻出版广电总局原副局长、中国期刊协会会长吴尚之讲话

特别是他对诞生于1400多年前的"宇宙未有之奇书"《水经注》及其作者郦道元的研究,集古今中

外之大成，从而使《水经注》这部记载中国1250多条江河的源流、区域、自然地理和人文地理的名著重新闪烁智慧和科学的光芒。

特别值得注意的是20世纪90年代以后，他在深入研究春秋战国时代浙东运河的基础上，科学地否认了当时"京杭大运河"的狭隘定义，据实论证了京杭运河和浙东运河在历史上就是一条以宁波为南端和出海口的完整大运河并首次将此条迄今都在发挥巨大生命力作用的交通大动脉命名为"南北大运河"，精准地还原了这条运河承担海上丝绸之路功能的真实历史，从而为2014年的"中国大运河"的申遗成功奠定了理论基础和技术支撑，全面提升了中国运河的地位。本全集就是他全部学术成果的结集。

早在2003年左右，学术著作的出版相对萧条之际，人民出版社就经多次讨论，下定决心举全社之力，十几年磨一剑，组织出版史念海等四位大师的全集。历经15年寒暑，终于在2013年出版了《史念海全集》7卷，在2015年出版了《谭其骧全集》2卷。2018年出版了《陈桥驿全集》14卷。

与会专家高度评价了陈桥驿先生的学术贡献和《陈桥驿全集》的学术价值及出版意义，一致认为陈桥驿先生是我国历史地理学界的权威，他的研究代表了我国历史地理学研究的最高水平。

陈桥驿先生从事学术研究长达70余年，出版研究著作70余种。他的论著散见于多种刊物或由多家出版社出版，有的已很难查找，且尚有一些论著并未出版面世，因此，非常有必要将他的作品重新整理汇集出版。人民出版社是有着光辉历史的老社，一贯重视出版高质量的学术著作，并以此促进和繁

人民出版社原党委书记、社长黄书元致辞

人民出版社原副总编辑于青主持

浙江大学大学副校长罗卫东谈出版意义

浙江大学地球科学研究院范今朝谈陈桥驿学术贡献及学术价值

中国地理学会历史地理专业委员会副主任兼秘书长、复旦大学教授张伟然谈中国历史地理发展方向

陈桥驿家乡领导绍兴市副市长冯建荣发言

陈桥驿家属代表周复来发言

人民出版社编审张秀平谈编辑出版过程

荣学术研究，推动学术成果的传播。

史念海、谭其骧、陈桥驿先生都是历史地理学研究领域的大家，历史地理学覆盖了自然科学、人文和社会科学的很多领域，对于从总体上认识人类社会的发展规律具有重大的理论意义，同时也有很强的应用性。尤其在21世纪人类普遍意识到生态环境的重要性、重视可持续发展的情况下，历史地理学将能够发挥其他学科不能替代的重要作用。

历史地理学给予当代的启示是：中国的大好河山，只有山清水秀，国家才能兴旺；山河破碎，家国恒亡。《陈桥驿全集》《史念海全集》和《谭其骧全集》的出版，标志着我国首次集中出版历史地理学创建人著作的全面启动并反映我国历史地理学研究的最高水平，是对已故历史地理学家的最好纪念，更是对中国历史地理学的里程碑式的总结，必将进一步推动我国历史地理学的发展。

希望以此弘扬那些默默奉献、终生奉献的学术大师的学术精神、推动社会各界给予历史地理学研究更多关注。

原国家新闻出版总署署长、第十二届全国人大教科文卫委员会主任委员、清华大学新闻与传播学院院长、中国出版协会理事长柳斌杰，全国政协委员、原国家新闻出版广电总局副局长、中国期刊协会会长吴尚之，浙江大学副校长罗卫东以及中国地理学会、复旦大学地理所、陕西师范大学西北历史环境与经济社会发展研究院、北京大学历史地理研究中心及中国社会科学院历史所、中国边疆研究所、北京市社会科学院、北京大学、人民大学、北京联合大学的专家学者40余人参加了会议。

人民出版社原党委书记、社长黄书元出席会议

与会嘉宾合影

并致辞，会议由人民出版社原副总编辑于青主持。2018年7月12日晚间10时开始，中国中央电视台的《新闻直播间》开始滚动播出：史地文献出版，播出的音频包括会议、图片、书影；7月13日早间8:00开始，《新闻直播间》又开始滚动播出：历史地理学权威文献《陈桥驿全集》出版新闻，播出的音频，包括会议、图片、书影，增加了采访画面，历时数分钟。一套图书的出版，《新闻直播间》做了两条新闻，令人兴奋！

……

左：2016年6月21日《光明日报》：《悠悠长水　舆地江山——品读〈中国国家历史地理·谭其骧全集〉》；右：2018年8月15日《光明日报》：《探求天下水德之和》；《新华文摘》2018年第21期转载时改为《探求天下水德之和》

终生坚守的尾声……

2013年1月，我已经63岁了，北京市第十一届政协换届、我不再担任政协委员以后，马上就办理了退休手续，但仍是退而不休。先是日夜兼程完成了近3000万字的国家出版基金重点项目《国家历史地理·史念海全集·谭其骧全集·陈桥驿全集》的出版，接着又编辑出版了《中国边疆研究丛书》的《云南省博物馆藏契约文书资料整理与汇编》（共8册）、《腾冲契约文书资料整理与汇编》（共3册）、《从天下到中国：多民族国家疆域理论解构》、《明清时期洱海周边生态环境变化与社会协调关系研究》、《政权与族群：中国边疆学基础理论研究》；《北京专史研究集成》的《北京文化史》《北京城市生活史》《北京经济史》《北京军事史》《北京园林史》；《中国慈善研究丛书》的《民国时期救灾思想研究》《民国时期慈善法制研究》《近代北京慈善事业研究》《民国北京政府时期湖南慈善救济事业研究》……我永远都忘不了2017年年底天寒地冻时，年近90岁的母亲在浙江临海感染了肺炎住院抢救需要陪护，14卷本近2000万字的《陈桥驿全集》也在此时要付型下厂印制，实在不能分身之下，我只得让爱人华天惠先我到浙江照顾母亲，我独自在北京一遍又一遍地核对修改最后的清样。那一个月，为了节省时间，家中经常冷锅冷灶，有时是清早煮一锅粥、三个鸡蛋，分三顿吃……2018年元旦放假的前一天，当我将最后一卷付型样交到出版部回到家中已经晚上8点了，北京城里万家灯火，家家户户正准备欢度元旦，我却要争取时间尽快赶到母亲身边。元旦当日中午我和儿子、孙子匆匆赶到病房时，医院已下病危通知，母亲呼吸急促、口不能言了，但一见到我们，回光返照、双眼发亮。7天以后，2018年元月8日凌晨，母亲去世了。养育深恩，春晖朝霭，报之何时？遗憾不已！悲痛不已！

2017年以后，我先是受聘于人民出版社大众分社，后又受聘于人民书局有限公司。参与策划了《红船精神研究丛书》（7卷），《南宋通史》（6卷）；参与了"马工程"重点教材《马克思主义政治经学概论》的修订，与修订组的专家们共同经历了艰难的3年风雨历程，特别是亲历天坛宾馆会议、康铭大厦会议（2次）、内蒙古宾馆会议、日照会议、福州会议（2次）、人大会议

2018年5月参加在山东师范大学日照分校召开的第四次《马克思主义政治经济学概论》修订会议与修订组全体专家合影，前排左起第五人为福建师范大学原校长、本卷修订组组长李建平

中心会议的修订讨论，贡献编辑方案，知言不尽，与专家们结下了深厚的情谊，得到了福建师范大学原校长、著名马克思主义政治经济学专家、本卷修订组组长李建平先生和与会专家的高度评价与赞扬。

《红船精神研究丛书》是为了迎接中国共产党的百年诞辰而专门策划的。这套丛书一共7卷，分别名为：《红船精神与中国共产党的诞生》《红船精神与井冈山斗争》《红船精神与中国工农红军长征》《红船精神与中国人民抗日战争》《红船精神与解放战争》《红船精神与新中国建立和建设》《红船精神与改革开放新时代》。从这套丛书的书名可以看出，以上这7卷，各自代表了中国共产党百年历史的一个阶段，同时又以红船精神和中国共产党在各个时期具有标志性的革命精神谱系为纽带，前后相接、一脉贯通。从而揭示了一个重要的规律，一个伟大的马克思主义政党，在其创造的一个个历史丰碑背后，一定有伟大的精神丰碑矗立其间。"山有多高，水有多深"。《丛书》是迄今为止第一部在理论和史实的结合上说明红船精神和中国共产党在各个时期具有标志性的革命精神谱系之间的关系，具有重要的学术意义和理论意义。是红船精神统领的崭新的党史、军史新成果。特别是李捷总主编撰写的《序言》，以数万字的篇幅说明了什么是红船精神？怎样理解红船精神？红船精神同中国共产党革命精神谱系的关系是怎样的？怎样认识红船精神与新时代的关系？……具有理论家的哲学思考："红船精神"犹如一条红线，一头连着党的创建史和这一时期形成的建党精神，一头连着新时期党的建设伟大工程，中间贯穿着党在领导中国革命、建设、改革各个历史时期形成的光荣历史和革命精神谱系，将中国共产党的历史、现实与未来紧密联系起来，对响应习近平总书记向全党发出的"要结合时代特点大力弘扬'红船精神'"的号召，具有特别重要的意义；也是使"红船精神"赋予新时代的内涵，绽放着新时代光芒的必由之路。

编撰一部观点正确、体例完备、内容系统、学术研究具有崭新面貌的《南宋通史》，是进入21世纪以来宋史研究者的光荣使命和几代宋史研究者的梦想。《南宋通史》（6卷）从总论/政治、经济、思想文化科技、社会习俗生活、南宋与夏金元及西南民族关系等方面全面、立体、准确地反映南宋的历史足迹，创造性地提出南宋社会发展及民族关系的历史特点，深刻揭示南宋社会历史发展的内在规律，充分体现学术性、权威性、系统性、规律性。《南宋通史》将在2023年出版，我仍要为此付出艰辛的努力……

2020年11月参加在杭州召开的《南宋通史》（6卷本）编撰会议

附录一　70 回忆

我的一家

我的父亲母亲

我出生在浙江省临海县（现在的浙江省临海市）城关镇，我的父亲叫张德清，母亲叫王雪芳。父亲正好与浙江省西部的德清县同名，取"人有德行，如水至清"之意。

我的家乡20世纪五六十年代灵江上还有帆船乘风顺退潮奔向下游（采自大临海）

临海的县城是浙江台州府的府城,始建于唐初。台州府治临海县,下辖临海县(今台州市临海市及椒江区章安镇、沿海乡)、黄岩县(今台州市黄岩区、路桥区,以及椒江区椒江以南区域)、天台县(今浙江省天台县)、仙居县(今浙江省仙居县)、宁海县(今浙江省宁海县)、三门县、太平县(今浙江省温岭市)共7县。台州府原在灵江下游杜桥镇的章安,章安临近台州湾、靠海,因经常遭受台风和海啸的袭击,遂将府城迁到临海。现在的临海老城,公元716年由唐临海知县所筑,距今已近1300年。府城东西南北不过2000米,实在是一座小小的"袖珍四方城"。城虽小,但城的选址和建筑却很巧妙!这么小的县城里,竟然有一座巾子山,半座北固山。临海的北城墙就是建在北固山上;西、南城墙则沿灵江而筑,既有守备功能又有部分防洪作用;西、南城墙又将巾子山怀抱。城中有山,山中有城。灵江上游是仙居的永安溪和天

20世纪50年代的临海江下街木船铁索浮桥

20世纪60年代以后的临海水泥船铁索浮桥

20世纪60年末临海第一座灵江大桥(以上采自大临海)

台的始丰溪，两溪在崇山峻岭中流出至临海城西的三江村汇合后称灵江。灵江从临海城的西、南两面流过，自临海的城关镇以下，江面开阔，潮涨潮落，两头尖尖的箬篷长船在江面穿梭，有诗道：

赤橙黄绿青蓝紫，谁持彩练当空舞；
山抱城来城怀山，台州府城灵江渡。

20 世纪 70 年代的临海紫阳街（采自大临海）

1994 年"撤地建市"以后，台州市搬到了黄岩的椒江，椒江和黄岩再加上原来黄岩的路桥就是台州市的三个行政区。临海从此成了千年府城的遗址地。它保存得十分完好的近 6000 米古城墙，经过修缮后，列为全国文物保护单位。巾子山下隆兴寺、巾山古塔，都列为省级文物保护单位。巾子山上寺庙林立，松柏翠竹掩映；千米紫阳街，古老店铺和特色民宿院落依坊街而立，现在又成为 5A 级的风景名胜区，每天的游人如织……

我的父亲 1923 年生，1981 年 3 月 26 日清明节前病故，去世时还不到 60 岁。我有兄、弟、妹妹 6 人，父母都是纺织工人，属于工资级别最低的轻工行业。父亲每月工资仅仅 32 元，母亲是 25 元。两人加在一起不足 60 元。在那个多子女、低收入的 20 世纪 50 年代，要维持温饱都捉襟见肘。我上有哥哥、

修复后的紫阳街（采自大临海）

大我 3 岁，1947 年生，下有弟弟小我 2 岁，1952 年生；在我和弟弟中间还有一个大妹，我们 3 个都是只差 1 岁。新中国诞生之初，有识之士就提出了要实行有节制的人口生育政策，可惜没有被采纳。该生育政策的苦果在我们家庭的烙印是深刻的，4 个妹妹有 3 个从小过继给农民抚养、每人每年仅仅支付给过继的农家几元钱。

大妹妹过继给离县城城关镇 5 里路外的龙潭岙山头王村一个叫王起叉的农民，起初他们两口子无儿无女、仅有老母，日子尚可，我们两家有时还像

今日临海紫阳街

亲戚似的往来。大妹10岁左右时，王家已生了一个女孩，王家的老母患了子宫肿瘤，当时也不知道是不是癌症，痛苦不堪，他们也无钱去医院看病治病，每天都要我那个可怜的不成年的大妹伺候，据说她疼痛喊叫时，十分恐怖。大妹实在不堪忍受，就从龙潭岙山头王村直接跑回了自己的亲生父母家。她此时已10岁了、过了读书的年龄（也是家庭困难）就没有上学。二妹过继给离县城10里路的城东五家殿村一个徐姓农民，徐家后来生了一个儿子，待二妹尚可，她就一直在他家直至出嫁，也没有上学读书，现有两儿两孙，丈夫吃苦耐劳，日子过得和浙江农村的大多数农民一样，一代一代地挣钱、盖房、娶妻生子，在希望中繁衍、又在繁衍中延续希望。三妹不是过继，而是找的农村奶妈，送到他们家吃奶并抚养，当时需要每月付3.5元。三妹待的这家姓钱、是离县城25里路的大田镇白石村。钱家后来生了两儿两女，而且都是双胞胎，他们夫妇待三妹如同己出。三妹8岁时，父亲觉得大妹、二妹都没有文化，已十分愧疚，就将三妹接回家中上学。但三妹已习惯在白石村的生活，带她回来时竟哭天抢地，从我家的前后两个院子里乱奔乱突，声嘶力竭、嗓子嘶哑后才停止折腾。三妹是1956年生的、属猴；她下面还有一个最小的小妹，1959年生，属猪。女孩之中只有我和小妹没有被过继或找农村的奶妈扶养，"偏心的爹妈都是疼大的惯小的"，我的父母也不例外。他们重男轻女，指望养儿防老送终。

父亲3岁丧父，爷爷奶奶有10个子女，但前8个都不幸夭折，仅剩行"老九"的张荣华伯父和行"老十"的父亲存活。父亲最小，呼为"小弟"。奶奶又带他兄弟二人改嫁。继爷爷姓徐，是一出摊卖馄饨的小贩。父亲12岁时，继爷爷也去世了。奶奶遂守寡不再嫁，直至1970年88岁去世。父亲读过4年小学，算是有初小文化。继爷爷过世时他12岁，只得辍学。奶奶送他到临海城关南城墙边的江下街一裁缝铺学徒，学手艺是糊口的手段，即所谓"饿不死也发不了财"。出师后他并未从事裁缝而是被我的姥爷看中，教他织布、经布与染纱的手艺，又将他的第二个女儿就是我的母亲许配给他。

附录一　70 回忆 | 343

父亲张德清（1923—1981）　　母亲王雪芳（1928—2018）

这是父母亲 1956 年公私合营后为加入工会而拍摄的唯一的标准像

我的姥爷叫王茂生，家住临海城关天灯巷，是浙江省临海县贫民习艺所教手工纺纱织布的教师。明清至民国时期的上海和江浙一带，是资本主义萌芽和发展的渊薮，手工业十分发达。民国以来，战乱濒仍，灾害连年。有些地方官员为了维持地方的稳定，也为了赈灾救灾，都在县城里办有"贫民习艺所"，吸引无业无艺的贫民进来学习手艺以便养家糊口，即所谓"授人以渔"。

我的姥爷王茂生在"临海贫民习艺所"从教数十年，20 世纪 30 年代以来，他教出了一批又一批手工纺纱织布、染纱的徒弟和学生，人称"王教师"。父亲是他的学生之一，母亲也曾在"习艺所"里学习织布、纺纱。木机织布的手艺延续到 20 世纪 50 年代末、铁机电动机全部普及后才淘汰。但母亲的"手拉脚踩"的织布手艺：双脚交叉、拉绳穿梭，迄今都很熟练（可惜母亲在我完成这部书稿前的 2018 年元月 8 日去世了），我的几个娘姨也都具有这门技艺，尤以我的小娘姨王雪芬的手艺最为精湛，因为她 9 岁时患病聋哑，心无旁骛，专心学艺。母亲有姊妹 5 个、只有一个弟弟叫王炳金。她们姐妹织出来的白布、格子布、条子布虽不比上"洋布"（即机织布），但可以做被里子，盖在身上十分舒服。特别是白布被里子，浆洗后，有一股漂白粉味，用这种白布做被里、被面均可。条子布又称"凤凰条"，用红、黄、蓝三色纬线织成，织布时需用三支梭来回穿来穿去。我少年时最喜欢在织机旁看我母亲织这种条子布时的情景：左手推扣、右手拉梭、双脚上下、左右交叉、双眼左顾右盼，条子布随着梭子的滑进滑出一点一点在机杼上延伸……这种手工织布业，应该是现代纺织业传承的文化遗产之一。

父母创业

父亲还会染"夹里花被",就是现在的"双层被罩"。先将被里子染成硫化蓝色,再将被面用一块镌有龙凤图案的模板盖上、里外糊上白石灰扎上再染(江浙的这种染布工艺、相当于扎染),将被里、被面按被子尺寸缝合就成了一床"夹里花被"。"花"是古老的"龙凤呈祥",实际上就是没有被染色的白底子。这个制作过程,既有裁缝的手艺、也有纺织的染整工艺、更有古老的扎染传统。父亲无师自通,与他自小学过裁缝、又有纺织染整的技术有关。

父母亲大概在1944年左右结婚。第一个孩子是男孩,3岁时夭折。1947年又生了我的哥哥;此后几乎一年或两年一个,直到1959年,已连生了7个,个个健康存活。父母结婚后,自己便独立经营手工作坊,父亲做染整、经布、去集市赶集卖布,母亲在家织布做家务,与传统农业的"男耕女织"一样,只是我的父母是"男商女织"。

临海是1949年5月29日解放的,父亲不到30岁,正是年轻力壮时。从解放初开始,父亲的手工业作坊发展到了最顶峰,家里有三四台织布机、除我母亲织布外,还雇用了几个女工。她们织的布,由父亲逢市赶集去卖。棉纱等原料则是从临海的经营棉纱的老板处赊购的、卖完布再还账、再赊。经营棉纱的老板的资本比父亲这样的小手工业者大,他们在上海都有进货的货栈和耳目。父亲也偶尔从上海直接贩纱、比临海赊纱便宜数成,但风险很大、也往往会成为临海经营棉纱的老板的眼中钉。临海手工业公私合营后,临海染织厂的几位资方代表,都是当地有名的棉纱商,他们对父亲的精明和吃苦耐劳都印象深刻。进了公私合营的临海染织厂后,对父亲还进行了报复,一有风吹草动,便将父亲调离"经布"的本职岗位,让他去副食基地种菜、支援新开办的马料坑造纸厂、马头山的铅锌矿等等,这是后话。

靠着解放初期的政治稳定和旺盛的市场需求,父亲的手工织布作坊发展很快。他渐渐有了积蓄,于是在临海城关的友兰

位于临海两巷口附近小龙须的鲍家大院是我的出生地

巷买了一个院落、大约有 4 间房。他将院落的门楼作了重葺，花费了不少钱。但不久该院落被新成立的台州专员公署征用，公署将没收的、位于临海狮子桥三台坊的地主尹光德的房子换给了他，重葺门楼的钱也打了水漂，此事一直为母亲所诟病，他们每有口角，母亲便以此事数落父亲。

入住三台坊

三台坊是临海城关有名的古院落，以三个院落相连而名。三个院落有方石板铺成的四方"道地"，"道地"是临海人对院子、天井的别称。阶沿都是宽 2 尺长 8 尺石板的构件，有大门、二门，院落之间有过路间连接。据老人说，当年走三台坊阶沿，不出天下地，意思是上有遮挡、不用走露天地。三台坊属于三家有钱人，换给我父亲的院子是"尹家"。我的弟弟妹妹都是在此地出生的，但我哥哥出生在父亲未买房前的临海城关两巷口的"曹家"，我则出生在两巷口附近小龙鬃的另一院落"鲍家"。"狮子桥尹家"虽是有钱人家的院落，但以前的土著地主对房屋的设计都讲究"肥水不流外人田"的所谓风水，一般都重视打井等开源而不设下水道排水。"尹家"的大门和二门之间有一眼水井，在二门外有阴沟井存污水而没有排水沟通往市政的大排水系统。原来"尹家"的人口不多时，阴沟井足以存放他们自家的污水，随着临海的解放和"尹家"人的外出，这里成了居民和农民混居的大杂院。人口的倍增和农民的加入，农民在院子里厕所间养猪、养鸡，还要到处放便桶积攒有机肥，"尹家"于是到处都是蚊蝇。每到夏天，阴沟井里的孑孓成堆，傍晚时的蚊子成群。我记得小时候，我只要用涂了肥皂的脸盆在门口挥舞几下，便可见盆底沾满了黑压压的一层蚊子。房间里

临海染织厂前身、两巷口大生布庄旧址

的床上都支上了蚊帐,半夜因蚊子钻进蚊帐里,需要用带灯罩的煤油灯照蚊子,往往能照死蚊子数百只。如果没有蚊帐,那就必定要点上蚊香,要不然睡觉时蚊子会将你"抬走"。此语虽然夸张,但蚊子之多却是真的。夏日的晚上,我们都要在院子里洒上水,待热气消退后铺上凉席、点上蚊香或蒿把驱蚊、在院子乘凉。

六、七月的临海,骄阳似火,院子里泼一遍水都消不了热气,躺在地上,席子还有点烫。我们兄弟姐妹便都抢着躺凉竹床和竹躺椅,但凉竹床和竹躺椅各只有1副,仍是要有人睡在地上的席子上。乘凉时,夏日浩瀚的晴空下,看着黄昏时闪亮的"太白金星"、夜幕下满天的繁星和密密的银河两边的"扁担星"(牛郎织女星),听着邻居家的家长里短,倒也觉得惬意无比。一般都要等到下半夜大人催促我们时,我们才进屋,有时就干脆在院子里睡过夜直至天明。但父母一般不让我们在外过夜,他们认为凌晨的露水对人的健康、特别对儿童的成长不利,没有强壮的体魄是抵御不了露水对人的伤害的。20世纪的50年代、60年代,临海城关没有什么工业,到处都是原生态的原始状态。1969年我参加了内蒙古生产建设兵团以后,从此至今,一般都在北方过的夏天,不知是北方的高纬度还是北方的工业发达有了污染,我数十年来再也没有见过那样的蓝天晴空和满穹的星星!

公私合营以后

1956年,中国开始了对手工业和私营工商业的资本主义改造,临海城关像父亲这样的小手工业者和略大一点资本的私营工商业者的手工织布作坊都进了公私合营的临海染织厂,染织厂的前身是"大生布庄",老板是沈祥华、江静波等人。公私合营时,父亲合营的资金是98元、还不到100元。可能不够公私合营的起点,也是受解放初期他的作坊得到大幅发展的影响,他认为这次"改朝换代"给他带来了新的发展机遇,是新生活的开始,于是将家里的写字桌(母亲称"公事桌")也作价充为合营资金交给工厂了。当时我已经6岁了,至今都依稀记得将家中的棉纱、纺车、纱锭等生产资料敲锣打鼓送往"大生厂"的情景。进了"大生厂"后,父母亲成了工人、入了工会,与中国的大多数工人一样，经历了3年困难时期带来的原料短缺及工厂大精简。前面说过，父亲进厂以后，因为和资方代表的不和，不断地调动工作和工种。他曾在临海水家洋的马头山的铅锌矿挖过矿；该矿倒闭后，他又被派往城西马料坑造纸厂。造纸厂位于城西张家渡附近，要过临海城关西门外的梨弄、李姚桥、缸窑，工厂前面是通往张家渡、杭州的城西官道，后面就是灵江上游永安溪。父亲在造纸厂时间最长，前后有两年，我在9岁那年的暑假跟随父亲住在工厂的宿舍里，看工人在有硝碱的大池里打浆，在工作面的料池里捞纸，在高温的烘干房里烘纸，对造纸的全过程和感性认识，都是源于此时。造纸厂实行计件工资，父亲每天起早加班，又往往最后下班，他每天捞的纸是最多的。无奈的是，按照中国计划经济时代的工业化布局，纺织和造纸都属于轻工业，排在重工业、采掘业、建筑业……以后，工资最低。可怜的父亲最能干，也拿不到多少钱，他每月32元的基本工资，一直没有涨过一次、一直到他退职离开临海染织厂。现在计算一下，他从计划经济时代的工厂领取的一辈子的工资，加在一起不足2500元，不及我现在的一个月工资的10%。可是父母的这点微薄工资，却能将我们兄妹7人养大，真是值得思考的奇迹。

经历"大跃进"

1958年，中国工农业生产大跃进放卫星时，临海染织厂工人们的生产积极性也空前高涨，上演了木机织布的最后的疯狂。当时为了刺激工人的劳动热情，对织布女工也实行了计件工资。母亲在这个什么都"大跃进"的岁月里，每月竟能拿到50多元钱，是她定额工资的2倍。可惜的是"大跃进"的日子很快就过去了。1960年—1962年，由于连续3年的困难时期，也由于一些地方的极左思想的不正确领导，中国的大部分地区都不同程度地遭受饥饿和原料短缺。此时的临海染织厂的电动织布机车间又全部投产，生产力空前提高，但因为棉花减产，临海染织厂大部分车间都要停工待料，只有少部分机器开工。手工织布的女工们虽然经过培训转看电动织布机，但因此也造成劳动力空前剩余，她们有的就被派到砖瓦厂敲石子作为烧耐火砖的材料，男工们则被调到工厂的生产基地种菜。我的父亲、母亲都在被调之列。好在那个生产基地和砖瓦厂都在城东的水云塘，离城关只有5里路，但相比染织厂离我们三台坊的尹家200米左右，那就很远了。

父母到染织厂上班离家仅仅200米左右，犹如在家门口。母亲在电动织布车间，实行3班4交，一天24小时不停机；每个工人工作6小时，休息12小时，巡查3—4台电动织布机。工厂还有比较严格的质量要求和交班纪律。我的母亲是1928年生人，属龙。20世纪60年代初期，她也就30多岁，正是年富力强之时，但因我们兄弟姐妹多、负担重，下班后她不能正常休息，总要做些家务或者和我们一起开荒种地、上山斫柴等等，有时下半夜12点接班时竟睡过头了，她们厂的工会小组长朱美芳就会到我们的院子大门口大喊：王雪芳（母亲名），上班了！整个院子的人都被喊醒了，我也醒了。第二天母亲肯定会挨批评。据说她们厂有一位年轻女工，竟然在半夜交接班时，迷迷糊糊地起床抱着还在吃奶的孩子上班，孩子是头朝下脚朝上都没有发觉，直到孩子惊醒哭了……此事在女工中传开后，全厂震动。

母亲被派到砖瓦厂后，要到离城5里外的水云塘上班。当时的临海城关镇既没有公交车、我们家更没有自行车。染织厂又是一个女工成堆的单位，工厂的工会提出女工们的要求，要将该厂的托儿所也下放到砖瓦厂附近的宿舍、以解决哺乳女工的喂奶问题。20世纪50年代的单位福利还是配套的，染织厂一直设有托儿所。我的最小的妹妹就在工厂的托儿所长大的。

当年的水云塘是属于乡下，在花街的东面、在一片稻田的包围之中，是灵江边的一个小村。靠近江边有座小山，壁立在江边，此处有一个渡口，过了江就是城南的两水、大小柏叶村，大都是叶姓人家聚集的自然村。20世纪的50年代，临海城关镇人口不到3万，城内仅有中学两座，即一中、二中；小学6座，即城关中心小学、工人子弟小学、巾山小学、临海师范附小、赤

20世纪五六十年代临海灵江上的渡船和船家的生活（采自大临海）

城小学、湖滨小学；当时的水云塘是个落后的小村，村民都住茅草房，临海人统称为"茅厂"，意为茅草盖的"厂房"。"茅厂"不需木料，仅仅用毛竹搭绞架、用稻草帘覆顶。这种"茅厂"可以不用大梁而无限地延长搭盖。中学时代读了唐代诗人杜甫的《茅屋为秋风所破歌》，知道大诗人杜甫落魄时也住茅草房。后来又读了郭沫若的《李白与杜甫》，他认为杜甫的茅草房上覆有"三重茅"，是冬暖夏凉的高级别墅，我怎么也不能认同！

记得染织厂在水云塘的女工宿舍是一座数十米长的茅厂，所有的100多位女工都住在一起，有东、中、西、两端五个门可以出入。托儿所的"茅厂"在女工宿舍的"茅厂"南面，前面还有一块平地供孩子游戏，周围是水稻田、甘蔗田。20世纪的企事业单位，对职工的生老病死和托幼等等福利，还是比较人文关怀的。这种关怀，改革开放时被诟病为"企业办社会"而被改掉了。对此的评价，不是一两句话能说清楚的。时间解决问题，实践检验真理，历史总会有正确结论的。

染织厂的菜地在水云塘的北面，毗邻临海的大田农场。母亲和染织厂女工的工作是敲石子，粉碎后做成砖坯供砖瓦厂烧耐火砖；父亲则是在菜地种菜。工人成了农民，女工成了小工，"大跃进"以后中国经济面临"调整、巩固、充实、提高"的变化，父母亲作为最基层的工人，也尝到了这种错误的苦果。我在暑假或周末也去水云塘。不知为什么，母亲在下去前，竟让我旷课一个多月去帮她带小妹，可当时该厂在水云塘设有托儿所啊！多少年后，我回想起此事，总觉得父母亲是"重男轻女"，不想让我专心读书。

我的小学

艰难求学的开端

我7岁上小学。迄今都记得第一次母亲带我去报名时,在城关中心小学的校门口,碰到了一年级管报名的孙老师,她是黄岩人,那时凡不是临海本地人者,父母都称之为"外路人"。我穿着一件灰白色大襟罩衣,拉着母亲的衣角,听母亲和孙老师说报名的事。7岁的孩子见着生人难免恐惧,我当时也害怕,眼泪也在眼眶里打转。但终究没有挂在脸上。我的哥哥和弟弟第一次上学时都是哇哇大哭的。就是这一点,父母没少在人前夸我。

城关中心小学位于临海城关镇的西墅下、城墙边,是个百年老校。城关中心小学的前身是民国十二年(1923年)秋教会创办的敬爱小学,1926年又与恩德女校合并仍称敬爱小学,1951年与尚文、南城小学合并后称城关中心小学。我入学时的城关中心小学有幼儿园,1至6年级每年级2个班。幼儿园是独立小院,里面有小花园、小操场,有滑梯、秋千和压压板,还有体操房。这些条件,比起今天的重点幼儿园也不落后。幼儿班的小院,也是我们小学生的乐园。

学校对面有个耶稣堂,周六、日做礼拜时大门洞开,我们可以看见坐在长条椅上做礼拜的人们,也可以看到教堂里面十字架下的耶稣像和其后的哥特式的彩色蓝、红米字条状花玻璃窗，神圣庄严，令人肃穆。校园里有一片竹林，春天里春笋争着出土，特别是春雨过后，进校门都要经过竹林边的石板路，竹林边也没有篱笆，我每天都发现有新笋从土里钻出，或者即将钻出，仿佛是从自己的脚下长出来的，令人惊喜。

我记忆开始，父亲就一直做着子女长大后"个个有出息、人人能发财"的梦。他喜欢多子女，不管自己的能力大小；他有手艺、也算是有技术，但收入微薄。我们兄妹3人（两个妹妹年幼）上学时，每年的学杂费都是一笔不小的开支。说实在的，他们工资仅仅够糊口，怎么办呢？只有从每月的生活费中抠，但一个月是抠不出那么多的，又只好先从单位的"互助储金会"借。一般都是先借书本费即杂费，先注册，领了书能上学；学费（也就2元左右）则能拖就拖，能申请减免能不交就不交。50年代的中国，政治清明、物价稳定、经济繁荣，既没有通胀，也没有紧缩，家家户户几乎没有存款，路不拾遗、夜不闭户。我们交了杂费后就可以堂而皇之地上学了。每到期中或期末，老师受学校布置就会找一个时机让我们回家拿学费，父母又要借钱。但"互助储金会"的钱没有还、或者没有钱了，则借不到学费了。有时借的3元—5元钱只够交一个或两个人的。弟弟拿不到学费他就会号啕大哭，父母就先交我弟弟和我哥哥的。我回家不仅取不来学费、还要受到挤对，幼小的心灵受到的震撼，现在回想起来，总是久久地挥之不去。我的弟弟张仁勇从小白白胖胖、头大脸大，很是惹人喜爱，父母更是疼他爱他。记得有一天，我带他在狮子桥老回浦中学门前的小河边玩水，说是小河，实际是条泄水沟，只有下大雨后才有湍急的地下涌流水。小河上覆盖着石板，但有几块石板被人移开了，我们可以扶着回浦中学的围墙伸脚在河水里汰着。弟弟人小，没有扶住就掉到河里了，河水急，人就顺流漂进了被石板盖住的小河，眼看着要被冲进全部封闭的更大的排水沟中。这时，有一个身材高大的人看到我拼命地往下一个敞开的河沟口跑，他就料到必有人落水，于是几步就抢在我的前面，一把就将顺流到此的弟弟拉了上来。那时我6岁、弟弟4岁，姊弟两人都吓坏了。至于他当时为什么没有扶住墙？我又为什么会下意识地往下一个敞口跑才能救他？直到现在想起，我当时的反应都是一种求生的本能？当然还应该感谢那个跑在我前面的那个拉起我弟弟的救命恩人。知恩图报是美德也是本分。这件事和我的邻居项春秀大姐的遇事、遇难事都要出手帮助一样，都在我的心里打下了深深烙印。父亲下班以后，打了我一个"闷头"，我忍着委屈没有出声，也没有辩解，一个6岁的女孩，应该有多大的能耐，怎么承担照顾弟妹的责任？我当时的遭遇和现如今留守儿童的悲剧，都是家庭和社会贫穷的产物，我们有责任对这些需要帮一把者援之以手。我现在看到儿孙辈的幸福童年与灿烂的生活，再也不用为了父母的上班而要付出"大的带小的、小的出事冤大的"的生命代价了，心里难免激动。

劳动路179号和185号

当年我家住在三台坊尹家，南院是劳动路179号，北院是劳动路185号，西院是三台坊路的××号。从南院的正西房后门可通往西院，从西院的长长的甬道似的弄堂出去就是"三台坊路"，三台坊路往西十余步往南左拐就是福初巷，再往前十余步就是元帅殿，福初巷实际上穿过元帅殿。元帅殿相传是供奉道教天师张元帅的庙宇，元帅殿早年可能是个封闭的长方形的四合院，坐东朝西，正殿对面是个戏台，民国以后殿前南北甬道被打开成了福初巷。我们就从殿前右拐向西，从戏楼下的门洞穿过就直达西墅下——我就读的小学。

185号院是"⌐"字形，大门据东墙正中、朝东，正对大门的"堂前"是公共活动区，置有石磨、石臼。堂前两边一家是农民，姓胡，叫胡义士；另一边是临海饭店大厨倪桂生。西北角是城关中心小学音乐老师张逸秋，她家有后门通二门外的弄堂。朝南两间是卖米粉糕熟食的陈良根。他家也是换房。陈家大儿子陈荣华也就读中心校、与我同年级，他在乙班。我家在北院南边是朝北的换给我们的

我生活了18年的浙江临海劳动路179号和185号尹家大院

一溜 4 间。

179 号院近似"冂"字形，大门在东北角，东南屋角的一边住着我的同班同学陈竹书，她的父亲在临海白水洋另有妻室。母亲叫谢雪琴，她之上有两个姐姐叫竹华、竹筠。我从来没有清楚地见过她的父亲，只是有一次下大雨时，我看见一个戴着草帽、背着麻袋的高大的中年男人从她们家出来，临出南院大门时，有一个认识他的老邻居悄悄说：快看、快看，这是竹书的爸爸？可惜我没有看清他的相貌。竹书的母亲谢雪琴虽是单亲抚养女儿，但自立自强，新中国成立后进了台州印刷厂做了排字工人，凭着微薄的工资供养 3 个女儿的生活和上学。令人钦佩。

东南屋角的另一边住着我的另一位同班同学赵美珍。她是临海九曲巷口摆摊卖烧饼的"烧饼囡"的孙女，她的父亲是"烧饼囡"二儿子叫赵饼炉，是临海东塍供销社的采购员，常年不在家。母亲是临海城南紫砂岙狮子山水库上游大岭头宿仙人，是家中的独生女，能说会道，精明能干，很会持家。三年困难时期，她们家既有居民的定量供应，还有娘家农民兄弟接济的土特产品，好像没有什么饥荒的感觉。她的母亲持家的本领很独特。比如，每月每天每餐都要定量烧饭煮粥，怎样将粥煮得又稠又省米，我发现她们家的粥总比我们家的稠，开始我以为她们家下的米比我们家的多？下的米多了粥自然就稠，但月底粮食定量不够吃怎么办？后来我又发现她们家每天水缸的盖板上总摆着三大碗剩粥，我就问赵同学，她告诉我，这是她的母亲的煮粥窍门，每次都煮出多余的三大碗，下次煮粥将熟时将这三大碗粥掺入新粥中、再翻沸几分钟就稠了，下次又留……啊！她的母亲为了度过饥荒、为了子女喝粥时有饱腹感，真是想尽了办法那！可惜的这样一位贤惠的母亲，在若干年后、正当子女成年可以颐养天年之际，竟因做一个胆囊切除需全麻时死在了手术台上，真是天不假其年哪。

东南屋角共住有 3 家，除了我的小学同学陈竹书和赵美珍两家外，还有一家姓项，据说是浙江文化名人项士元的后代。他们家也有子女 5 个，大姐项春秀、大哥项春晖、老三项春芳、老四项春江、小妹项春丽。他们的父亲项家书先生是台州印刷厂的铸字技术工人，有一定的文化水平，他们的母亲虽是家庭妇女，但相夫教子，勤俭持家，秀外慧中。大姐、大哥、老三都比我大，老四和小妹比我小。每逢元宵灯节，项先生都会扎一种荷花灯送给我家小妹，表现了不同一般的工艺水平。他们家和我们家走动最多，关系最密切，经常是互相帮助、互通互借工资共渡难关。大哥项春晖在高二时因为家庭实在困难没有接着读高三参加高考，而是进了印刷厂当了工人，从最基层的装订车间干起，后来成为台州印刷厂厂长。他虽然没有上过大学，但自学成才，攻隶、草、行、楷四体书法，成为台州、浙江闻名的书法家，台州的许多牌匾都是由他题写。他失学时也是和他的正在读高三的项春秀大姐上演了一场谁上谁下的抓阄，现在回想起来都令人心酸。老三项春芳是我的临海一中校友，比我高一级。她虽自小患过小儿麻痹症，有点跛，但自立自强，温良恭俭让，培养了两个儿子成为临海著名的法官和律师，有着幸福的晚年。

179号院的西南屋角也有3户，有一户是农民，户主人叫张文洲，有两儿两女，子女年龄的间隔特别大，老大和最小的相差有20岁。还有一户姓汪叫日祥的也是台州印刷厂的工人，也有6个子女，因为连生4个女儿，一直到第五个才是个儿子。他们家的老大叫美桂，老二叫宝宝，老三叫捱捱，老四叫茅坑，子女的名字的变化也反映了他们重男轻女的思想。老大和我同岁同校，但在乙班。我印象最深的是住在屋角的独居的一个叫"尚青婆"的。她姓啥名甚我都不清楚，她的儿子叫尚青，平日就称她"尚青婆"。3年困难时期，家家户户都按定量下米，按定量分饭，吃不饱是常有的事。有一天夜里大概10点左右，我们正在饿得睡不着觉的时候，"尚青婆"敲开了我们家的门，她竟然从一个木桶的包袱里拿出了两张热气腾腾的葱花肉饼送给我们。我当时都惊呆了，虽然是两张普通的葱花肉饼，但她是一位独居的老人，又是在夜半时分，哪儿来的肉馅？哪儿来的面粉？现在想起来都觉得不可思议，但我们实实在在地分享了这两张葱花肉饼。每每想起至今都觉得齿间还有余香。"尚青婆"后来搬到了解放街的上角住了，她的房子临街，正好可以摆摊小卖维持生计。我在一中走读的二年多也经常从她家的门前经过，经常去给她提水、扫地。如果她现在健在，我一定会给她养老送终，可惜的是"尚青婆"在1969年我参加内蒙古生产建设兵团以后不久就去世了，令我报恩无门、遗憾终身。

179号院的"堂前"坐南朝北正对我家，住着一户姓汤的，是临海二中的炊事员。朝东对着大门的三间西房，南头有一户农民姓邬，叫邬金森，老婆离家出走，他带着有一儿一女，女儿和我同岁，叫美招，没有上学，但被她母亲接走，再也没有见到。北头另一户姓应，是临海染织厂浆染车间的工人。中间一间是他们的公用间，有小门通往西院。西院有我的小学同学马利娃，她是我所在的居民委员会马主任的侄女，她的父母都是小学教师、在天台任教。她有一个堂姐妹叫袁嗣中，和她同龄，也在中心小学读书。我和马利娃在甲班，她堂妹袁嗣中在乙班。西院南大门有长长的甬道通往三台坊路。

我们4人一直同年级同班直到我和马利娃考上了临海一中，陈竹书考上了位于临海张家渡的城西中学，赵美珍则考上了临海二中。我和马利娃还是初中的同班同学，我们都在初一（1）班，是当时的浙江省著名的少年业余体校的所在班。该班招生条件比别的班要高一些，特别是体育方面，要有一些天赋和身体条件。比如马利娃，她在小学毕业时就身高1.74m，是当时临海城关女生中的佼佼者，从小学到初中，总有省里的各个运动队的教练来学校里挑培养的苗子，她总是首选的目标，总是被叫去面试、表演。我在小学毕业时的身高是1.47m，属于中等，但每次学校组织的"远足"搞野战游戏，以拿下对方头上的柳条圈为胜，只要借助地形，从山坡的高处着手，我每每都能"俘虏"比我身高者，有时还不止一次。现在想想，人的身体发肤虽然受之父母，但个人的运用和发挥潜能则是后天的思想的结果。小学同学中考上一中又同在初三（1）班的还有李宝川、李新华、杜信杰、李洪珍、金从来。六乙班有个同学叫王元旦，是该班分在初一（1）的同学之一。他上初中时改名王学苏，与20世纪50年代凡事都学习苏联老大哥的潮流有无联系不得而知，但学苏同学中学毕业以后长期在教育部门工作，最后成长为临海重点小学——哲商小学的校长。在他领导下，哲商小学的教学和育人的成绩斐然，培养了许多直升重点中学——台州中学，又直升清华、北大者，为临海的人才培养作出了贡献。他是我们班唯一的从事教育又成为校长者，令我们钦佩不已。

我的小学老师

在城关中心小学的6年，从一年级算起，我的任课老师共有十余位。她（他）们是：孙老师（名字不记得了）、张逸秋、林落霞、张老师（名字不记得了）、邱扶琴、范赛金、陈立叶、陈宰田、周大正、周跃喜等。其中陈宰田、周跃喜、周大正是小学毕业时的算术、语文和班主任老师。他们中的大部分后来都成为临海的特级教师和名师。如陈宰田老师，从4年级起教我算术。他的教学方法非常独特：进到教室，看到学生喧闹，一般不说也不喊，而是径直走向黑板，写一大大的"静"字，并画上圆圈。犹如影剧院开演前的电铃响起时亮起的带圈的静字灯。他的"一笔圆"是举校闻名的。他背对我们、手持粉笔、运气丹田，从9点钟方向顺时针在黑板上大大的"静"字外一笔画出与圆规画的圆圈几乎相差无几时，我们就会在座位上坐好、马上入神入定开始集中注意力。除了讲课时的深入浅出外，他教学的最大特点是表扬和鼓励。只要你考了100分，他都会给你一张红纸油印的"喜报"并送到家。我得过他的无数"喜报"，但每次都发给我自己带回家，因我的父母是双职工，家中都是"小鬼"当家。

范赛金老师是我四年级时的班主任，教我们语文和自然。语文是主课，自然是辅课。她是天台人，他的爱人陈达华是临海文化馆的工作人员，先是住在老回浦中学的宿舍里，离劳动路狮子桥很近。此时，我的小妹张秀菊3岁左右，活泼可爱。有时上染织厂的托儿所，有时在家；偶尔有一次家中无人，我只得带着妹妹来到学校的教室外。范老师知道我们家的情况，要么让我带着妹妹进教室，要么就让我带着妹妹回家，她竟破例让我们进了教室！20世纪50年代末60年代初，中国正在经历着新中国成立以来的前所未有的饥荒，老师们对教学和课堂的管理都有着时代的特色。那时只要学生能来上课、能完成学业、不流失学生就是教育的目标了。现在回想起来，范老师能让我带着我的小妹妹进入教室和我坐在一起听课，可能就是在这种大背景下的行为？她教的自然课（虽然只是在四年级设了一年），是我最喜欢的课。每次测验我都是考100分。如沸点是摄氏100°、冰点是摄氏0°、"流动的空气就是风"等等就是那时记住的自然知识。范老师还让我带着我的小妹进入她在老回浦中学的宿舍，将班上的自然测验卷交给我代她判卷，临离开时，还请我和我的小妹分享了她家的橘子。范老师对待学生是以严厉著称，但我回忆起她来，总有一种感激和温暖。人是要不了多少情感的享受的，只要有一点点关爱的行动和目光，我们幼小的心里就会铭记！教育，特别是幼儿和小学教育，说到底，就是爱的教育，从爱护中教人成长，应该是颠扑不破的真理。十多年后，我参加内蒙古生产建设兵团7个月后回家探亲时，在东湖中心的文化馆宿舍再次见到她，我向她表达了我当年没有说出的心中的感受，师生两人都是双眼湿漉漉的。

周跃喜是我从五年级开始直至小学毕业时的语文老师，他的讲课注重课文和文字分析、作文训练。我迄今都记得他在黑板上分析"染"字为什么不能写成"染"；"看"后面加"看"就是"看看"，是动词也是名词。每两个礼拜要写一篇作文，每个月都有作文讲评，我的作文经常得到讲评，还被推荐为学校的报道员。我毕业多年以后，他又担任我的大妹和小妹的语文老师，他还记得我这个学生，经常和她们说：你们的姐姐学习好、作文写得好！

我从小记忆力好，一般的小学课文，学完生字和理解课文中心思想后，我只要读上一二遍马上就会背诵。所有作业都在课余或上课时完成。一般的算术应用题，我读完题目、列出式子、口算出答案，又快又准，从来不做家庭作业。课余时间，我们经常在西墅下的城墙上爬上爬下，当年该段城墙正好有一段从内城上墙的斜坡，到了墙顶却无斜坡可下，但外墙上却有一佛龛，城墙的立面从下到上也是稍稍向里缩进的，故城砖之间也有蹬脚之处。城外是校场头，就是以前枪毙死囚的地方，往北就是西门头，往南就是南门头。大潮时，江水会涨到城墙外的城根，校场边的小路也会被淹没。如果碰到连日大雨、山洪暴发，滔滔灵江水夹带山洪，像脱缰野马奔流直下，浑浊的江水一直涨到了对岸的茅山脚下，淹没了农田，一片汪洋。这时候我们在城墙上看到用渡船和木栅栏板及铁索固定的浮桥也被收起顺江固定在岸边，灵江顿时比平时开阔了数倍，此时与对岸的交通便断绝了。临海城的城墙，也阻挡不住洪水，山洪还通过地缝隙从地下嘟嘟地冒出来，我们家的"道地"一会儿就满过了台阶、进了房间，我们就搬到了楼上做饭、睡觉。少年时代不知愁滋味，我很盼望看到这样汹涌澎湃的灵江洪水，觉得犹如奔腾的音乐旋律，气势非凡。而且搬到楼上做饭，全家聚在楼板上，变化的生活空间充满了新的异样。

1960年—1962年的三年困难时期，临海虽然也年年遭遇洪涝灾害，年年发大水，有时竟淹没到离二楼的楼板就差三级楼梯。但临海气候温润，冬小麦后插早稻、早稻收后又马上插晚稻，实行麦稻稻一年三熟，基本上还可以勉强自给自足，但也有人因饥饿、营养不良而得了浮肿病。我们此时的家中一贫如洗，还得支援受灾严重的其他省份。记得有一年的大水过后，临海下桥附近的粮食仓库被淹了，库存的黄豆被水泡后都发芽了，如果此时发给市民度灾，应该是最好的结果，但没有一个人动此念头，也没有一个人动一颗黄豆！

1963年小学毕业时，我们学校还将平时学生在课余时间扯猪草养大的一头猪宰了给我们会餐，每个学生可以领到两个馒头和一碗红烧肉，这是我平生在家庭以外的地方得到的第一顿免费的晚餐，当时是兴奋不已，一口都不舍得吃全部拿回家，觉得这是世界上最好的红烧肉！

左：临海城关中心小学教室；右：20世纪60年代，陈立叶老师在临海城关中心小学校园（陈立叶老师供图）

我的中学

考入临海一中

浙江省台州中学也是个百年老校，当年是台州府唯一官办的新式学堂，始建于 1867 年（清同治六年），初名"广文书院"；1902 年，始称为"三台中学堂"；1912 年，改名浙江省立"第六中学校"；1937 年，增设高中部，并更名为"浙江省立台州中学"；1956 年，改名为"临海第一中学"；1985 年，复名"台州中学"。

从 1962 年起，临海一中就开始成为浙江省的重点中学，在毛泽东的"发展体育运动　增强人民体质"的号召下，它的初中部设有少年业余体校，目的是让具有体育特长和培养前途的学生集中在一个班，给予粮食定量和副食方面的稍稍优越的待遇（实际上就是多 3 斤定量和半斤白糖），每日由专门的体育老师进行田径和乒乓球训练取得经验后再推广。自业余体校开办后，体校男女学生只要参加全县的运动会，几乎没有对手，成绩斐然。

还在小学毕业班时，临海一中的体育老师李云发和黄清元就来我们小学挑选体校的学生。我记得当时也就是那么几项：先是目测，再就是摸摸脚踝和膝盖，没有任何一个家长在场，可见当时的社会风气就是淳朴得不能再淳朴。进入中学都要经过统一考试，考试是全县统一安排考场。我第一次参加的升

我的中学——始创于 1912 年的"浙江第六中学校"

1956 年改为"临海第一中学"

学考试也是小升初的考试，我毫无紧张之感，只觉得像是平常的一次测验。当年的语文和数学两门加起来的总分是 184 分，被临海一中录取。我已不记得当年的第一名、现在称之为所谓"状元"的是谁？总分是多少，但我记得上了初中以后，被分在了少年业余体校所在的初一（1）班，我们班上有一名总分第二名的陈美玲同学，她是 187 分。我还记得中考时，我考场座位边上的邻桌上的一名女生也在初一（1）班，她就是 12 年后恢复高考时，初三（1）班唯一通过高考上了杭州大学英语系，后来又去美国留学又定居在美国的孙淦钊。

进入初中以后，我觉得自己突然都好像长大了许多，首先是身体开始发育，在初一的下半学期来了"例假"，开始成为一个真正成熟的女生；其次是开始关心社会和身边发生的人和事，开始读报和大量地阅读课外书。家里订不起报纸，也没有余钱买书。我起初是读班上订阅的报纸，以后又去阅读设在临海城关镇邮电局门口的阅报栏橱窗里的报纸（就在后来的临海市城关镇大寨路口），班里的报纸我几乎是第一个阅读的，一读就是一堂课或晚自习的两节课。课外书是有书就读，什么书都看。

我考上临海一中时，哥哥张兆勇考上了临海二中的高中，弟弟张仁勇读小学四年级（后来也考取了二中），大妹张秀君在家做家务、二妹张秀华读小学二年级（后来在三中初中毕业）、小妹尚小仍在家（后来也在一中高中毕业）。父母兄弟姐妹共 8 人，还有奶奶（父亲和伯父各供养半年），4 个子女上学，微薄的工资（父母的工资加在一起才 57 元），每月都是入不敷出。从读小学开始，我记得每次开学需要注册时，父母亲为了给我们交上学杂费、让我们上学有书读、几乎都要借钱，不是向单位的互助储金会借就是向我们的邻居或他们的朋友借。有时不惜以"对会"形式借高利贷。所谓"对会",就是民间的一种借贷,组织者需要用钱时,邀上10个左右可信之人,每人每脚5元—10元,全部会钱也就几十元或一百多元,利息是10%;第一脚没有利息全部本金给会头,会头以后的第二脚付利息时间最长,第三脚、第四脚、第五脚……依次递减;反之,则是最后一脚得利息最多。如果第二脚和最后一脚都是同一人,那么

1985年复名"台州中学"(临海市教育局提供)

他的付息和得息则是零和。父母一般都要求落头、尾两脚。每到交会钱的日子,都是父母亲最难过的时候,他们在发工资时就要将本月需要"喂会"(父母和临海人对交会钱称谓)的钱留出来,不留的话,"喂会"钱又要挪借。"对会"在民间的积极作用大概就在以上方面了,20世纪的五六十年代,民间"对会"起步很低、数额很少。到了七八十年代,据说临海的"对会"成了高利贷的代名词,数额也发展到了数以亿计、最终崩盘,有些人家破人亡,许多人为了逃避制裁走上逃亡之路,这是后话。我之所以能在这样的困难的家庭挣扎着读完初中,一方面和父母亲的坚定的"希望子女个个有出息,个个能发财的"梦想是分不开的;另一方面和我的学习成绩总是名列前茅,满足了她们的虚荣心分不开。

我迄今都清楚地记得我上初中时注册的情景:当时注册的杂费是11.8元、在学校寄宿学费是9元;不住宿、走读是6元。这个钱数是小学的两元钱学费的5倍左右。我被录取在少体校,早晚都要锻炼,要求必须寄宿住校,本年级其他班则自愿。我是拿着父母从工厂互助储金会借来的12元钱和他们新发的工资才和哥哥、弟弟注了册,领了新书。一共有语文、代数、平面几何、政治、英语、生理卫生、植物、生物、物理、化学、地理等11本新书。学费当然是申请缓交。新上中学,喜悦和兴奋溢于言表。但是,新的困难和不安又来到了我的面前。

临海一中在城北的北固山下,离我们家约有2里路左右,当时学校规定早

上 6:30 分必须到校早自修 1 小时，晚上从 7:00 到 9:00 晚自修两个小时。7:30 到 8:00 吃早饭，8:00 开始上课，上午 4 堂课，下午 2 堂课。少体校每天加一堂体育课，如果当天有正常安排的体育课，那么该天就有两堂体育课，再加上早自修前的半小时早锻炼，一天的运动量是相当大的。那时我们都是十四五岁的"恰同学少年"，正处在身体的发育时期，吃不饱、时时感到饥饿是经常的事。

初三（1班）花名册（1985年版《台州中学校友录》）

临海一中是个全日制的省重点中学。学生来自台州地区的各个县，有的学生还来自农村，农民子弟的求学更要显得艰难。当时寄宿在学校的学生都在学生食堂吃大灶，每人每天的定量是 3、4、3 或 3、4、4，就是每日 3 餐的定量是 3 两、4 两、3 两或 3 两、4 两、4 两。非农业人口的居民只要将户口迁到学校膳食科换饭票就可以了，农业和农村的学生就不一样了，他们必须将家中的稻谷碾成大米，再将雪白的大米交到学校换成饭票、再每日从食堂的领米处领回每餐的定量大米，而且一般是机米，领了米之后放在蒸饭的"陶钵"里，"陶钵"就是上了釉的圆柱体泥碗，几分钱一个，当时大部分的同学连饭盒都用不起！自己淘洗干净放好水，再放到设在饭厅的笼屉上，由食堂的大师傅们将笼屉抬到地灶上摞起来蒸熟、开饭时又抬回到饭厅，他们的劳动强度也是很大的。蒸饭的"陶钵"虽然只是几分钱一个，但如果不小心掉在地上碎了或者饭钵被人拿错了，是最尴尬的事，有时就会饿上一顿。那时学校就流传：天不怕地不怕，就怕饭钵被错拿。但奇怪的是错拿的事很少发生！

1963 年入学时，临海一中的初中部共有 12 个班。每个年级 4 个班。我所在的初一（1）班有 53 个同学，新生 51 名、留级生 2 名。但在 1966 年毕业时，我们班只有 48 名，除了有一名同学转学上海外，其他 4 名同学都休学、转学或退学了，而且大部分都是农村的同学！我的学号是 11 号，同桌 12 号是一个叫张美云的女同学。她是临海江下街兴善门附近人，家中做竹木行生意，美云同学一进学校就显得比我们成熟。1969 年她也和我们一起参加了内蒙古生产建设兵团，我在六团，她在五团。

我的中学老师

初一（1）是少年业余体校班，所有学生第一年第一学期时全部住校，配备的老师据说是全校最强的。我们的班主任是宣铁山先生，语文老师是常相申先生，英语老师是任增松先生，物理老师是方佛增先生，植物（含农业生产常识）和生物老师是鲁富川、裘兴国先生，化学老师是钱家凤先生……，他们一直从初一到初三不变，尽管有些课程是随年级调整的，比如代数到初二时就学完了初等代数改上平面几何，初一是植物初二初三就上生物了。我们的数学老师一直在换，初一教代数的是叶先法先生，他和任增松先生都是刚刚从大学毕业的新老师，教初二代数的是蔡家琪先生，初三改

临海一中校园、初中部的三排教室。初三（1）班的教室在走廊前面第二排

初中部的教室（以上为台州中学校史办提供）

为平面几何，教平面几何的是江载清先生，她是常相申先生的夫人，夫妻两人同时在一个班执教，这在当年的临海一中，也是一段佳话。常先生来我们班教语文前，他刚刚担任了63届的高三班主任，刚刚送走了一批国家和建设急需的人才。他是一名富有经验的教师，从1950年起就在一中执教，写得一手漂亮的板书。他是河北人，毕业于英士大学，操标准的普通话，会讲课也善于讲课。给初中的学生讲课，对他可能是牛刀小试。他的讲课，经常有教育局的人领着其他县的老师来观摩，有时听课的老师要超过我们学生的人数，用现在的话说就是"粉丝"空前。而让他从高三下到初中部担任语文老师就是学校的刻意安排，据常先生说，他总结的中学语文教学方法"讲、读、练、改、评"五字经验，得到省、地、县有关部门肯定，并准备在地、市中学介绍推广。学校打算让他一直从初中教到高中，是想让他在我们班按照"五字经验"实践，摸索出一些规律。当时的临海一中是省重点的全日制中学，是

2018年，毕业55年后老同学又来到一中校园，
前排左起：汤仙珍、翟映秋、马利娃、郑冬香；
后排左起：陈素芳、郑德燊

当时部颁的新教材的试点学校，教学上提倡少而精，学生的外语课也一改以前的俄语而学习英语，我的英语课本和在二中读高中的哥哥的课本是一模一样。当年教我们英语的任增松老师，是刚刚从杭大毕业的新老师，带宽边眼镜，白白胖胖，风度翩翩，很像归国的华侨。他讲课与常先生截然不同，富有激情、声音洪亮、有绕梁穿透之感。如果有同学注意力不集中，往往会被他洪亮的，特别是布置课文后的练习：把下列疑问句和祈使句变为陈述句（英语）……所震撼而惊醒。当年的学习外语，既没有录音机，也无任何语言环境，任先生只好因陋就简，十分强调背诵单词、短语、课文。初中三年级的课文，第一课是《毛主席和伤员》，第二课是《美帝国主义是纸老虎》，第三课是《煤的形成》……《美国黑人的新觉醒》……我都是基本背出迄今不忘。20 世纪的 1998 年，我在人民出版社工作了十多年以后，终于到了评聘编审（正高）的阶段，那个时候的职称评定，除了任职年限以外，外语是拦截影响一部分人评职的利器，我就是凭着初中三年任老师为我们打下的基础通过了国家新闻出版总署的职称英语考试，又经过高评委的评审而获得编审，是人民出版社同类人员的第一，师恩难忘！但 3 年以后，随着 1966 年"文化革命"的爆发，学校的美好计划和教育改革上的探索就烟消云散了。但无论是高中部还是初中部，66 届的初、高中两届学生的教学质量却由此载入了史册，台州中学的校史这样评价 66 届学生：1966 年毕业的高、初中毕业生应该是近几年中质量比较优秀的一届。（1985 年《台州中学校友录·校史》第 7 页）

我们的班主任宣铁山先生是浙江诸暨人，他是一名地理老师，为人严肃而又认真，他要求我们除了学校规定的早晚的自修以外，星期天也要自修一个上午！而且还要点名！不过，除了对我们的要求十分严厉外，他自己也是身体力行，自修课时总是坐在教室里，我们想离开或者在晚自修时打瞌睡也不行，他看见了就会走到你的座位边，用手指头敲敲桌子，直至你惊醒。他还培养了几个学生做他的耳目，学生中有什么风吹草动、吵吵闹闹，他都了如指掌。班上的大多数同学对他的管理十分反感，我从小就是一个崇尚自由自在、主张独立思考、喜欢野外游玩的学生，当然也不例外，总是想方设法要和他对着干。但紧张的学习，严格的训练，果然有了立竿见影的效果。

接受少体校训练

少体校的训练也是比较正规的。我们50多个同学，依照每个人的身体条件和特长分成了田径和乒乓两个班。每次训练前，体育老师都会将训练计划告诉我们后再分组训练，最后集中讲评。我在小学4年级起就喜欢乒乓球，当年的小学全校只有一张球桌，上面坑坑洼洼还布满"地雷"，球落在桌上有时会改变方向直接出界，令人惊叹。学校里也没有教练，全是我们学生自己组对自己对练，即使这样，我们因为兴趣所至，几乎每天都轮不到上台打几次的机会，就是周日也有学生排队来打上几盘。如要想多打几盘，就要有打败别人的球技站住擂台。那时的我，对打乒乓球到了"痴迷"的境地，只要哪里有球桌，我们就会想方设法进去打上几盘，哪怕是越墙爬树进入；对能让我们进去打上几盘的叔叔阿姨，更是感激不已。现在回想起来，我们当年打过球的单位有：临海酿造厂、临海染织厂、台州疗养院……这些单位现在有的撤销了、有的改名改制了，但他们对我们这些小学生的业余爱好给予的有意无意的关照，我在50多年后回忆起来还是觉得温暖无比。正因为有兴趣，积极性当然是倍增，我还作为学校代表队的一员参加了全县的小学生乒乓球比赛，是否得过名次现在已无印象，但一进一中时，我和来自各个小学的同学交过手，我的水平均在她们大部分人之上，不算数一、也可以数二数三。我很希望分在乒乓班。但偏偏被前此提到的到城关中心小学挑选少体校学生的李云发体育教练选中，让我去了田径班。他说我适合练中长跑，要我练女子800米和1500米。我有兴趣有希望的项目不让练，这是多么悲哀的事！这是我人生的第一次经历的选择的失败。没有兴趣的项目，怎么能出成绩呢？初中三年，我虽然受到比较正规的系统的业余田径的中长跑训练，也参加了无数次的全县的中学生体育运动会，但始终没有取得前六名的成绩，白白地浪费3年的业余光阴。现在回想起来，兴趣与爱好，是一切创造和发明的源泉，一切从事教育和为人父母者，千万不要做违背规律和夺人兴趣爱好、拔苗助长的事。这是其一。其次，那时的田径训练都在一中的西操场，西操场的北侧是学校的图书馆大楼，大楼的一层右面是阅览室，左面是音乐教室，二楼是图书借阅和书库。田径教练黄清元就住在一楼中间二层楼梯下的阁楼。我们的体育课一般都是上午的第四节课或者是下午第二节课，彼时正是我们体力即将耗尽、思想中饭和晚饭之时，虽然田径教练黄清元拿着训练计划要我们按此按质完成，但饥肠辘辘的我们实在已无能量有质量有强度地去完成了，偷工减量是常有的事。比如一堂课 45 分钟，训练计划中要求我们：50m 小步跑、50m 高踢腿、100m 加速跑、举单杠下蹲 20 下、大笑一分钟为一组，一共做 4 组，我们往往在 20 分钟左右便做完了，做完了规定的动作，我便去了阅览室读报看书了。训练有计划没有强度出不了成绩是必然的。再次，当时的西操场的跑道还是煤渣铺成，我们买不起球鞋，布鞋一个星期就破根本不经穿，我们有时只得光脚在煤渣跑道上训练。有一段时期教练还让我改练田赛投掷项目：标枪和手榴弹。西操场的中间除了沙坑外还是乱石滩，还有碎玻璃，一不小心就会被扎，我经常被扎得一瘸一拐的。训练条件恶劣也是出不了成绩的。一切超越了现实的美好愿望都是一种梦想，20 世纪 60 年代我们都曾被"左"的和右的梦想左右着，能活到现在是多么的不易啊。我们班的乒乓班的训练在一个叫顾庚生的教练带领下，终于打出了数届的台州地区少年冠军和浙江省亚军，其中就有入学时和我各有输赢的郑冬香。但她们的成绩也就到此而已，最后和最好的成绩都结束在"文革"爆发的那一年。

迷上"历史小丛书"

1963 年 9 月我刚刚考入临海一中时，全国的饥荒年代刚刚过去，经济正在全面好转。初三（1）班是要求全部寄宿在学校的，而且还要在学校搭伙。全年的学费是 9 元。每月的伙食费是 6 元。其中粮食定量是每月 33 斤（3、4、4），当时每斤大米（机米）是 0.095 元/斤，需要花费 3 元多，剩余的菜钱也就不到 3 元了、合每人每天一毛钱左右。早上一般是咸菜、川豆芽或者是葱花"炊皮"的咸味粥（3 两);中午、晚上是 4 两米的蒸饭，烧冬瓜、南瓜、炒雪里蕻等等都是我们的当家菜，但即使这么微薄的菜金，我们每周还有一两次的猪大肠炖黄豆或者是现在称之为江南名菜的"雪菜烧墨鱼""带鱼烧萝卜丝"等。这主要应该归结于是当时物价的便宜。一副猪大肠也就是几毛钱，带鱼、墨鱼、黄鱼、鲳鱼这些都是浙江舟山渔场的四大水产，鱼汛来临时，都是几分钱一斤。我和哥哥要都在学校寄宿的话，每月就要花去十多元，这对我家来说是一笔额外的支出，父母认为少了两个人，家里还是要起伙做饭，花费的钱是差不多的。他们工资不多，分灶分流以后，家里更加困难。父母在我升入初二时就要求我向学校里提出不在学校寄宿了。这时，学校里也出现了许多农村学生退学的情况。我们班也有两名农民子弟交不了学费和粮食退学了。我的申请提出后，不知怎么学校竟同意了，他们可能也怕更多的学生流失吧？从初二以后，我开始了每天的走读。从狮子桥的家到一中，我可以从回浦路到解放街、道司里、黄泥塘进校门；也可以从回浦路到买卖桥、天灯巷到道司里；或者从回浦路到继光街到道司里这样3条路。早上7:00必须到校，中午11:30下课后回家吃中饭又马上返校，下午回家吃晚饭再返校晚自修，晚上街上的有线广播的8:30分的"新闻和报纸摘要节目"结束时的"国际歌"奏响时，正是我晚自修结束回家路上的踩点音乐。

临海城虽不大，但当年既无公交车也无自行车，要全靠步行。碰到刮风下雨，冬天下雪，突然变天等等，都要我们自己解决。比如夏天经常有雷雨，早上出门时没有带雨具，只得赤脚淋雨回家；七、八、九三个月之交，台风不断，灾害频仍，有时要顶风去学校，雨伞都被台风刮跑了。家中的一日三餐，是两稀一干，白天还好，晚上晚自修回家时已近9点，晚餐的稀饭早已消化，回家的路上，有时从继光街这条路上回家，要路过临海的影剧院，剧院门前当然有专供散场观众的各种小吃，其中的3分钱一个的板油葱花和豆沙小烧饼以及1毛钱一个的葱花肉饼都是隔着一条街都会闻到香味的临海传统面食，引人垂涎，无奈那时的我，根本没有零钱可花。回家以后，往往是实在饥饿难挨时，就烧上一把柴，将晚上的剩粥热热吃了入睡。生活上的清苦，并没有改变我求学求知愿望，初中时，我的各门功课都在90分以上，语文和英语的成绩还要更好些，我从来不想得什么第一，只是想把成绩保留在前十名就可以了。留出的时间，就是多看报、多读一些课外书。教语文课的常相申先生给我们讲了一个为了"读书打赌"的故事，还给我们推荐了两套历史学家、

临海一中饭堂,师生共同建于 1958 年,是当时临海唯一的毛竹椽子的大建筑(台州中学校史办提供)

明史专家吴晗先生主编的关于中国历史的读本。一是中国青年出版社出版的《中国历史常识》(共 6 本),二是中华书局出版的《中国历史小丛书》(当时是 60 种左右)。《中国历史常识》是为向广大青年介绍中国历史,吴晗于 1963 年至 1965 年间组织了一批专家学者,包括著名历史学家汪篯、白寿彝、邓广铭、郑天挺、翁独健、胡厚宣、阴法鲁、何兹全、戴逸等人编写的。这部《中国历史常识》从北京猿人一直写到北伐战争,几乎囊括了中国历史上所有的重要事件和文史常识、典章制度,是学习中国历史和中国传统文化的经典读物。《中国历史小丛书》最初也是由著名历史学家吴晗同志倡议并主编的我国第一套大型普及性历史知识读物,自 1958 年开始出版,20 世纪 60 年代初已出版数十种(迄今已出版了 300 种),这套丛书一直恪守"专家写小册子"的宗旨,高屋建瓴、史实准确地将繁复的内容浓缩精炼于有限的篇幅之中。

我初次接触到这些名家的作品,就表示了浓厚和痴迷的兴趣,课余时间几乎全部用来阅读这两套书。但一中图书馆的藏书有限,每次只能借两本,我就每个礼拜借两次,读过了就还再借,因此也认识了图书馆的业务老师章琴鸾先生,她的爱人叫邵全义,是台州市疗养院的行政干部,我的母亲原是临海染织厂的纺织工人,1962 年该厂因为原料缺乏再加上电动织布车间的开工,大量的手工织布工人被精简下放,没有城市户口的回了农村的老家,有手艺的工人被动员自谋生路,还希望本市的其他工矿企业、事业单位来厂分流调人。我的母亲被调往台州医院,同时调往台州医院的还有她的同时进厂的其他 6 名女工。母亲不愿在台州医院做勤杂工,要求到位于北固山望天台的台州疗养院做炊事员。父亲则被动员申请退职。章琴鸾先生从其爱人处认识了我的母亲,她开始认为我看这么多的历史书是不务正业,曾向我的母亲反映。我的父母虽是工人,也希望我们有出息能发财,但从来不管我们的学习,能考上学校,他们就尽量供养,考不上最好,就可以早点工作,他们对我们最大的教育就是不教育,任其发展,绝不拔苗助长。后来章琴鸾先生看到我的记忆力实在好，学习成绩也并没有因此下降，并且还表现出了一种对于中国历史和时事政治的特殊爱好时，她就从限制变为支持了，开始允许我一次借阅6本。初二至初三我就读遍临海一中图书馆的几乎所有的藏书并且重点阅读了上述这两套书。1966年"文革"爆发后直至1969年我参加内蒙古生产建设兵团之前，实在没有书读的这段时间里，我还再次得到章琴鸾先生的帮助偷偷地进入校图书馆借阅了文史类图书以及诸如《怎样修理自行车》《怎样修理照相机》《怎样装配矿石收音机》等实用类的图书。

临海一中图书馆，位于西操场的北头，一楼右侧是阅览室，左侧是音乐教室；二楼右侧是图书借阅室，左侧是书库；一楼中间楼梯下的阁楼是业余体校田径教练黄清元的宿舍（台州中学校史办提供）

重担压肩

读书可以明智，读史可以使人聪明。此时的我，已开始背诵中国历史的"夏商周，春秋战国秦两汉，三国两晋南北朝……"历史年表了；知道了陈胜吴广、唐宗宋祖，农民起义、改朝换代、变法革新、轻徭薄赋等等历史人物和历史重要事件，凡事变得有主意了。比如我的父亲在1962年从临海染织厂退职时，他就想自谋职业，重操他从小学过裁缝的手艺。家中是反对的人多，支持的人少，我就对我父亲说，做自己的事，凭手艺吃饭，历朝历代都饿不死。但我的母亲也受不了在疗养院做炊事员要起早的苦也要辞职时，我就反对，她没有手艺，如再辞职，我们必定死路一条。此时185号院有一个邻居是临海饭店的炒菜大厨叫倪桂生，菜烧得好，五六十年代的临海人都认识他，德高望重，他也对我的母亲说，你们两个人，怎么都要保留一个有正式的工作，以便风吹草动时，子女平安长大。又比如三年困难时期，父亲领着我们在临海西门外的路港岭、小坑、九步岩开了三块山坡地种番薯、洋芋头。当时的文件就规定开荒种地，房前屋后，自种自取。但待到收获时，当时的城关镇鼓楼大队却派人扼守在必经的城西浮桥头拦截没收我们居民辛辛苦苦得来的果实，我就给父亲做些望风侦察，西门浮桥有人把守，我们就迂回从城南门进；城南门有人把守，我们就回到城西门，总之，番薯和洋芋头都收回来了。又比如60年代初期，粮食、棉花紧缺，城市居民每人每年所发布票不到6尺，而农民则没有一尺一寸定量，浙江农村又不盛产棉花，农民实在有衣不蔽体者。父亲看到此情此景，也为了我们度过饥荒，他就从临海的委托商店买来了半新旧的"白洋布"蚊帐，将它撕成一幅幅白布，再投入染缸染成蓝色，做成一条条短裤，这些短裤虽是旧布染色做成，但穿上几个月是不成问题的。一条裤子卖2元钱或者以物换物给几斤杂粮、几个鸡蛋也行。这样的生意父亲做了两三年，都是走村串户、深入农村做的，既解决了我们的温饱也解决了农民的急需的衣着，用现在的话说就是双赢。他做这些事的时候，我都在尽自己的微薄之力帮助父亲浆洗、染色，直至他挑着担子出门……再比如家中实在困难，每次注册交学费都是一次次过难关，那时也根本没有什么就业的机会，怎么办？我们就只好在劳动路的177号院和185号院组织了寒暑假的劳动自助和自救，上山斫柴，省下买柴的钱交学费！这两个院子的许多户人家都是多子女低工资，境况都差不多。于是每到节假日或放假的时候，我们就结伴上山斫柴。开始时我们都不会斫也不会捆，捆不好、捆不紧。穿担时，扁担穿进去浅了，柴捆就会从两头滑脱；扁担穿进去深了，柴捆就会往你的肩膀上夹。左了右了都不合适、都会引起挑到半路歪歪扭扭，总会碰到临海人所说的"倒担"了。一"倒担"就麻烦了，所有柴火要重新捆扎，从而耗费一部分柴、也耗掉你最后的体力。

上山斫柴，最怕挑着柴在下山时"倒担"，也最怕走在最后。如果走在最后"倒担"了，同伴走远了，没有人帮你，山上人少，山风吹过，林涛阵阵，又冷又饿，恐怖极了。20世纪的五六十年代，临海和全国各地一样，生产力的发展水平满足不了日益增加的人口的生活需要，浙江没有资源，特别是煤炭资源十分缺乏，生活用煤根本没有。临海城关镇的许多居民都上山斫柴以省下买柴钱度日。经过几年的砍伐，以致周边山上临城一边的"茅柴"都被斫光了，光秃秃的山上像被剃过的头，只有几株马尾松在风中摇摆树干，树枝也被削掉了。这样一来，水土保持无从谈起，碰到雨季，山洪暴发，四面八方的山水都汇入灵江，就淹没了临海城西、城南的大片农田，有时一年要发几次"大水"，造成颗粒无收。这就是大自然对过度索取的人们的惩罚。当时的国力和财力根本顾不上"封山育林"和"水土保持",人的生存毕竟是第一位的,现在回头看当年,我们有无数次这样的教训!当我们要翻过山岗到山那边才能有柴斫时,劳动的强度就陡然增加了一倍,本来一个上午或一个下午就可以往返,后来干脆要翻几个山头,还要带上中饭,要一天才能斫一担柴。那时的我也就十四五岁,要挑100斤左右的一担柴,从山岗另一边翻山越岭时,大汗淋淋,气喘不已,活活的像现在泰山上的挑夫;挑担下山时因重担在肩双腿发抖,特别要看准山路下脚,一不小心便会跌倒,整担柴就会压在你的身上。挑不动了,看见路边有适合放担、便于起身的地方我们就歇歇,渴了喝点山泉水,采点"山乌珠"和"山乌饭"充饥。记得有一次和哥哥张兆勇及邻居一起到临海的茅山水库上面的云峰山上斫柴,我挑着柴担走在最后,中间歇了一次,哥哥和邻居们就走远了,怎么追也赶不上,直到下午三四点钟我还在山上。母亲知道后便托一个下午上山的邻居给我带了饭,也是冥冥中有神助一般,他一上山就碰见了我,吃了他带来的中饭,我什么感觉都没有,下山后父亲又来到西门外接我,总算回到了家中。父亲说,人在饿过头的时候,吃多少东西都不会有"饱"的感觉。记得还有一次是和177号院的项家大姐项春秀一起去临海城北"七里"山斫柴,她长我5岁左右,下山时"倒担"了,她帮我重捆;没有走几步,又"倒担"了,她又帮我……一连三次,眼看着太阳从西天落下,我们又冷又饿,真想扔下扁担不要了,春秀大姐却鼓励我说,没关系,倒多少次我都陪你!她的大姐作风一直是我学习的榜样。渐渐地,我们都很熟练地会捆柴穿担了,扁担弯弯,挑在肩上的两捆柴上下颠簸着,在蜿蜒的山路上小碎步走着,换肩时,双手顺扁担轮换,重担就从右肩到左肩、又从左肩到右肩,虽然不轻松,但想到这担柴可以贴补家用,可以省下柴火钱交上学费继续求学,心里还是充满了希望,脚步也就轻快起来。人在苦难中,只要梦想在,希望就在!这段经历,比之当下留守儿童的物质生活还要不如,但是,当时的我们并未感到自卑,更没有埋怨,而是十分自愿地去做这种超越我们体力的劳动,宁可多挑一些、以能为父母分忧而快乐。

岁月流逝,青春不再。2012年我们再次在临海城关的双鸽饭店项春秀大姐家的家宴上聚首时,她已经是一位白发苍苍的老人了,我很是后悔,这么多年以来,我回家探亲时竟没有专程去探望她。

初中生的"发明"

临海传统的炉灶是高一米、宽一米、长二米、占地两平方米左右，费柴费时费能源。"文革"开始后，我们所斫的柴堆在家中都烧不完，但一想起斫柴时的辛苦，我就想方设法要改革这个炉灶，让它低耗、节能、高效。这时我在报纸上看到一篇怎样建造"省柴灶"的介绍，我就拿给父亲看，父亲马上就同意扒掉老灶建新灶。新灶很灵巧，灶膛里上有盘旋烟道，中有炉条、炉条底下是砖垒的风道，关上铁皮炉门，风道的自然风向上、火苗便直接作用于锅底，可以节省一半的柴薪。1969年6月以后，我和哥哥都报名参加了内蒙古生产建设兵团一师六团三连，家中只剩弟弟张仁勇、大妹、二妹和小妹，他们都不愿再上山斫柴了，我又建议父亲将这个省柴灶改造成用风箱带动的烧煤渣的新式灶。我们请了住在九曲巷口的一位木匠请他加工风箱，他虽会做家具但从未做过风箱，我根据活塞来回压缩空气的道理，给他找来鸡毛缝在作为活塞板的四周再置于箱内、出风口就有风鼓出了。煤渣则由几个妹妹从离家不远的临海酿造厂倒出的煤渣中捡来，煤渣是脱了硫的小煤炭块，比烧柴要环保，应该算是废物利用。艰苦的生活教会了我们要想活下去、活得好一些，就是要不停地改变环境，改变自己。人的正确思想是从哪里来的？就是从生活实践中来的。苦中求生，生中求变，变中发展。

少年壮志又言愁

1966年春夏之交，临海一中校园里有一株被"五四"以来的著名文学家朱自清赞美过的紫藤花开得十分灿烂，校园里的"花草遍地，绿树成荫"，美好的教学环境让我们充满了自信。我们也进入了初中阶段的最后学习，大家都在准备中考，盘算怎样填写志愿。我从来都是越到考试的时候，就越有时间读课外书、越有时间在美丽的校园里阅览。我还经常在班里提倡自修课要不拘教室和地点，任由学生自己选择。我多么想继续读高中考大学学习历史！但家中能否有条件供养我？实在没有把握。

同学中的韩一凡，她是我们班的学习尖子，每次考试成绩不是第一就是第二；另有一位叫王晓星的男生，数学的天分很高，每次的数学和平面几何的考试，他都是第一、很少考第二名的。但他的语文不及韩一凡，韩是文理两科全面发展的学生。韩一凡是浙江嘉兴人，父亲早逝，大姐韩于一嫁给了从山东南下土改工作队的干部陶振民，陶后来成为台州地委的副书记、副专员，她和她的母亲就都随迁临海。不久她的母亲也去世了，她便随她的姐姐一起生活。她还有一个二姐在杭州工作，二姐夫也是一个地市级的干部，"文革"后是浙江长兴煤矿的负责人。韩的大姐韩于一是地区教育局的干部。由于这样的经历，韩一凡从小心无旁骛，凡事从不多想、多看、更不多说，整天只是学习和考试，考第一、第二应在情理之中。如果她按照考试、升学的道路走下去，前途宽广，但考试之外的知识和人情世故，她却一窍不通不懂，这一点，在毕业以后、到了内蒙古生产建设兵团以后就显现出来了。在她的身上，教育制度和教育方法的反思，有许多值得总结的地方。她和我是一起到内蒙古生产建设兵团同在一师六团的战友。她和她的外甥陶加生、外甥女陶加平都在一个连，我们都是一个连队的战友。

同班同学在临海一中校门口合影，前排从左到右金从来、翟映秋、金美娟，后排从左到右汤先珍、沈宁芳、叶玞玞

孙鉴钊也是我们班学习名列前茅的同学之一。她的母亲姓周，是小学老师，来自临海东乡的东塍，是国民政府空军司令周至柔的同村或是远亲？就因为这个身份，稍有风吹草动，他们家就要受到管制牵连，她一直郁郁不乐，处处小心谨慎。因此性格外柔内刚，凡事会设身处地为他人着想，1966年初中毕业后直至70年代前，临海中学的英语教师相当贫乏，她就在我们班的英语老师任增松先生的推荐下当了英语代课老师若干年。恢复高考后的第一年，就考上够

1969年与李洪珍在临海一中校园教学主楼前

1967年与同班同学：前排从左到右孙淦钊、韩一凡；后排从左到右陈美玲、张秀平、金婷婷

录取的分数线，却因为政审未过不得录取，但她坚韧不拔，第二年再考，终于被杭州大学英语系录取，毕业后留校任教，后又到美国留学获得博士学位，以后再在美国从事特殊教育，她应该具有光辉的未来。

金婷婷同学是一中教导主任金芝山先生的女儿。她出身教育世家。父母和堂兄都是教师，她的堂兄陈立叶老师还是我小学四年级的数学老师。金先生风度翩翩，为人谦恭，是浙江大学前身之江大学的高才生，令我们尊敬而仰慕。他曾在任老师有事不在外出时代课我们英语，标准的美国韦伯氏发音，与任老师的发音不同。金婷婷虽是书香门第，但是初中毕业以后，经过"文革"，她很早就走上了经商之路，靠着敏锐的市场观察力和深厚的人脉关系，较早地成为临海比较有钱的成功的商人之一。她的道路，令我们同学都大吃一惊。她是我们同学中最富有的，在"上有天堂、下有苏杭"的杭州西子湖畔，拥有装潢极其富丽的独栋别墅。她的选择，应该是奇葩式的成功。

周美芳是女同学中的非居民户口同学。前此说过农村同学上学的艰难，她也不例外。但她是临海城关的农民，相对说来比较富裕。他的哥哥是临海县的手工业局的局长，这样他们家就成了工、农并存的二元家庭，家境好于一般的农村农民。周很聪明，我们给她的外号是"尖端"。可惜的是"文革"中断了她的学业，她很早就被安排做供销社售货的工作，在物质极其贫乏的短缺时代，这个工作在当时说来是个相对的"肥缺"，但随着改革开放和社会生产力的发展，供销系统的改革首当其冲。她很快结婚生子。但不知为何？恢复高考后，她不知为何并没有勇气参加？如果勇敢一些拼一拼，应该有更加光辉的前途。人的命运是注定的，但人的运气却是可以把握的。失去了便再也没有机会了。

陈美玲是以总分第二名的成绩入学的（187分），是我们班的数学课代表，她有两个妹妹，一个比一个漂亮。以上同学中，我们接触最多、在一起的时间最长。她后来也参加了内蒙古生产建设兵团,她在一师五团七连,我在一师六团三连,又成了兵团战友。她的母亲待人和蔼,不摆架子,我们可以随便交谈,寒暑假时,我们都愿意到她家玩玩,谈谈。记得有一次陈美玲不知从哪里借了一本《踏平东海万顷浪》,就是电影《战火中的青春》小说版。我被书中的情节吸引,从她手中抢过来后,为了先读为快,拔腿就跑,跑到家、又觉不妥,又跑到西墅下城根边苎麻地里躲起来看。城根边苎麻地当时十分荒凉,经常能看到有人在此埋葬夭折的孩子,如果埋得不深,则有被野狗刨出者,历来被我们视为恐怖之地。我却不知恐惧躲在此处看书?看得差不多的时候才回家,刚进家门她就来了,只得把书还她。我和她在1969年到内蒙古生产建设兵团以后,在远离家乡、艰难困苦的边疆,经常像"亲戚"似的往来,是亲密的战友。我们每次相聚都是竭尽自己的所有相互招待,现在回想起来都是心里暖暖的。

1984年10月临海召开在外乡友科技工作者座谈会,我和华天惠都被邀请。会后返校参观并与老师合影。前排左一是班主任宣铁山先生、左十是教导主任金芝山先生、左十二是校长王植安、左十五是江载清先生,第二排左七是方佛增先生、左十一是张秀平、左十二是华天惠

冯俊清也是班里的学习尖子。她也具有个性，聪明极了。记得初三的上个学期，我们在课间休息时看见一个工人正在刷油漆，出于好奇，我们都围过去过去看着工人一遍又一遍地刷漆，有同学忍不住问工人：为什么要刷这么多遍呢？工人说：你为什么要穿这么多件衣裳？冯同学马上反唇道：那我哪件衣服都可以穿在外面啊！可见她十分雄辩。她也在 1969 年参加了内蒙古生产建设兵团，与陈美玲同在一个连队。她也是我的同学加战友。

赵心星在班里的考试成绩虽不突出，但为人热情，直爽，提问执着。她的父亲赵冶民是台州医院的五官科大夫，医术高明，据说曾经是新中国成立前国民政府的军医。他们家有收音机。我到心星家，她有时会让我听听，有时一拨一拨，就拨到了台湾"敌台"。心星后来去了黑龙江插队、后来上了黑医大、学了医药专业，毕业后回到家乡的县医院成了药剂师。2016 年年底，我的母亲脑中风后经抢救暂时脱离了危险，但已卧床不起、需要 24 小时陪护。我们兄妹 4 人、轮流排班。后经心星介绍去了临海的医养结合的现代医院直至一年后在该院去世。迄今我们都心存感激。

……

毕业风云

1965 年 11 月 10 日，上海《文汇报》发表了姚文元的文章《评新编历史剧〈海瑞罢官〉》，文章的发表及继之而来的文学艺术领域的批判运动，直接成为"文化大革命"的序幕。常相申老师从 1963 年就从高中部下到我们班任语文老师，他当时还是语文、史地教研组长。他主张的中学语文教学方法"讲、读、练、改、评"五字经验，得到省、地、县有关部门肯定，并在地、市中学介绍推广。他讲课很生动，富有文采，尤其是作文的练习和讲评深受学生的欢迎，我很愿意听他的课。他的讲评，不管是表扬或者批评，都会令人耳目一新，让人得到智慧与启迪。他给我们推荐的《中国历史常识》和《中国历史小丛书》成了我学习中国历史的入门书，为以后学习历史、研究历史、编辑历史著作奠定了基础。他的夫人江载清先生教我们班平面几何，也是深入浅出，注重训练，特别是关于证明题的逻辑和辅助线的运用，迄今难忘。

他们夫妻两人有时夫唱妇随,有时妇唱夫随,经常同时出现在我们自修课时间,为我们班的每个学生的成长倾注了心血,师恩绵长,无以为报。

"文革"初期,常先生还在一中主楼的东大教室作了关于吴晗和《海瑞罢官》的学术报告。记得听这场学术报告的老师和学生将东大教室挤得满满的,可以"空前热烈"形容。但1966年的5月以后,情况就变了,他立即被工作组定为了"反动学术权威""牛鬼蛇神",成了批判大会挨斗的对象。我借阅历史小丛书的事就成了许多老师、同学发言的炮弹和子弹。工作组有一个组长姓张,名字记不清了,是县教育局的一名工作人员,他曾找我谈话,希望我站出来揭发常先生如何引导学生吸收"毒草",痴迷"毒草"的经过,我借口正在肚子痛、拉稀而逃避了。不久,我还和金婷婷同学、冯俊清同学写了"常相申先生在前进"的大字报贴了出去,简要地回顾了从初一到初三各位

临海一中66届初三(1)班毕业照,1966年5月摄于一中教学主楼前。第一排从左到右:陈美玲、汤仙珍、陈素芳、翟映秋、赵林珍、冯俊清、张银娥、彭和顺、郑冬香、金美娟;第二排从左到右:花力志、孙淦钊、赵心星、韩一凡、嵇美玲、叶玳玳、沈宁芳、马利娃、金从来、陈亚林、李洪珍、周美芳、张秀平、张美云;第三排从左到右:黄雅芳、金婷婷、王华玉、许桂英、郎诚信老师、王清尧书记、王植安校长、朱金甫副校长、宣铁山班主任、教育局张老师、张贤满、罗秉常、李宝川;第四排从左到右:胡士炉、孙迪法、王晓星、王六兵、王学苏、沈良绍、李新华、李光军、陈振亚、商云鄂、郑德燊、卢良宇、屈道法、朱汝耀、杜信杰

任课老师的讲课情况和讲课特点，特别提到了常相申先生对我们学生态度的变化，认为他作为一名名师，追求教学相长，追求教学质量无可厚非。不久以后，运动的矛头指向了走资本主义道路的当权派，对"牛鬼蛇神"的批斗就顾不上了。我们在一中的第一张大字报从贴出到覆盖，前后不到半天、也没有什么特别大的影响。但我们班对班主任宣铁山的大字报却是铺天盖地，全部由乒乓班的同学将球桌竖立起贴在桌面上，整整一个教室、有36张，题目是《推倒"铁山"闹革命》。事隔半个世纪，这篇大字报的总体框架出自谁之手我已不记得了，但其中的一些主要内容我还记得，无非是将他的认真说成了刻板，推广学生自治管理变成了培养耳目的特务政治，自修点名是加重负担、摧残学生等等，给他的至今看起来都还比较敬业的教学管理经验扣了许多帽子，但我们班也只是贴了大字报而已、并没有其他的过激的批斗行为。据说宣先生看了后，将自己关在宿舍里三天三夜不吃不喝，差点出了人命。都说人言可畏，被自己付出心血培养的学生冤枉、错误指摘，是一件多么悲哀的事！亲爱的宣铁山先生，原谅那个时代的疯狂，原谅我们当年的年青。20多年后宣先生的夫人杨老师病逝，他续娶了我们班的彭和顺同学为妻，演绎了一场师生婚姻，他应该是原谅了我们当年的恩恩怨怨？

最后一次下乡劳动

我在一中的初中学习整整3年，那时学校贯彻的教育方针是：教育与生产劳动相结合，培养有社会主义觉悟的劳动者。因此，学校十分注意劳动技能的培养，除了全日制学校的正规的课程外，我们每年都要到农村参加春夏、夏秋之交的"抢收抢种"或"秋收秋种"。初一到洛河桥大队秋收割稻子10天，初二在城东的国庆大队帮助收麦子7天，初三大约在1966年的七、八月左右，我们还被派往临海尤溪双坑公社的双坑大队帮助秋收。出发前被告知双坑是个峡谷，每天的太阳只有8个小时，早晚凉，中午热，条件艰苦，要我们带上棉袄等等。这个时候学校的老师们都已靠边站了，此次的下乡劳动都是靠我们自己组织安排。

50年前的尤溪双坑及以上的栅下和以下的连坑一带，是临海和黄岩交界处，当年还不通公路，是自然风貌的原生态。两山的夹峙中，清澈的山溪水流淌不息，成片的毛竹林到处点缀，沿着当年极其简陋的手推车路，我们背着被褥步行了30里才到了双坑，分到了双坑的踏地坪小队。该小队一共有六七户人家，分三处居住，一个有大门的院子住了4户，另外几户则要顺着门前的山路再往上走，要翻过一座山。这里山清水秀，土地贫瘠，种稻子少、种番薯多，农民常年以番薯做主食；种的稻子农民称"八月稻"，碾成米后叫"红京仁"，一年一季，产量很少，但口感很好，现在已经很少见到这种米了。我们集体住在一户农民的"堂前"的楼上，"堂前"是江南农村民居中堂的俗称，轮流到各家吃饭，这是我生平第一次见到深山区里的农民的真正的生活。他们每天都以番薯为主食，只有早晨是稀饭就萝卜缨咸菜，那是真正的稀饭，稀得能照得见人影。干粮还是番薯，但番薯都是将皮削掉后的心蒸煮的，十分甜。白米饭和面条对他们来说，一年也吃不了几次，那还是要挑着番薯下下山和平原的农民兑换，一般是5斤番薯晒1斤番薯干、2斤番薯干换一斤稻谷，换来的稻谷还要碾成大米，100斤稻谷出90多斤米，谷糠则用来喂猪。炒菜都是用的头年腌好的咸肉，如果头年没有杀过年猪，那么他们一年的油水就没有着落了。一年养一头猪，对农民的一家来说是一件多么重要的事情。我们在该村做的最主要的事就是宣传毛泽东思想，努力实现"红海洋"，将院子的大门两边、"堂前"、门板及墙上、崖壁甚至锄把上都用毛笔蘸上红漆写上"下定决心，不怕牺牲，排除万难，去争取胜利"等毛主席语录，或者是林彪的"大海航行靠舵手……"和"读毛主席的书，听毛主席的话，照毛主席的指示办事，做毛主席的好战士"。我最擅长临摹林的手写体，遇有大的、适合填写这段语录的板壁和山崖一般都留给我，让我书写。我也很得意，临摹更加认真。40年后的2006年左右，我趁回家探亲之际，再一次开车来到双坑，虽然踏地坪的村子的农民都已下山集中在双坑或尤溪乡建房居住了，但那个院子和我们住过的那个"堂前"都还在，我还意外地发现我涂鸦的语录还在板壁上，只是写在崖壁上的那些临摹的"林体"在风吹雨淋中不复存在了。我们在双坑待了10天左右，只是有一天到栅下大队联欢时才吃了一顿"红京仁"米的饭，虽然只有就萝卜缨咸菜，但红米饭的清香就是没有任何下饭菜我们也觉得美味无比。这是我迄今都忘不掉的一顿饭！现在的双坑，已经是著名的民俗旅游村"下涨"。

我们在双坑的深山老林中劳动时，不断地从农村的有线广播中的"新闻联播报纸摘要"节目中听到"大串联"和毛泽东主席接见红卫兵的消息，我们便再也不能平静了，不待通知，我们便自动结伴返回了县城。

第一次来到杭州

回到学校以后，马上就有人联络我们到杭州串联，免费乘车去杭州看大字报。我想都没想就跟着上车了，身上没带一分钱。同车的还有我的初中同学马利娃的堂妹袁嗣中，这是我生平第一次出远门，也是我第一次坐长途车。袁的姐姐当时是浙江医科大学的学生。到了杭州以后，我们先到了设在城站的接待站临时住了一夜，第二天到了浙江医科大学看大字报，见到了袁的姐姐，借给了我5元钱，接着我们又被安排住在灵隐寺上面的上天竺市委党校，从灵隐寺上山是石板铺就的官路，路的两旁都是成片的竹林，当年是否通车？怎么到的上天竺？我都记不清了，只是我到了上天竺以后，因在双坑劳动时不慎被柴刀割破的手指发炎了，发烧39度，人也昏昏沉沉，只记得住的地方是个有"道地"的大院子，和我的老家"三台坊"差不多，但这儿的房子质量要比"三台坊"强一些。有伤口还发热？上生理卫生课时学的知识告诉我，这是一件危险的事。现在离家有500多里，要消炎就得打针，我挣扎着上了公社的卫生院，有一个女医生马上做皮试给我打了青霉素，连打3天，每天2针，每天0.5元。药到病除，我借的5元钱已所剩不多了，赶紧回到城站的接待站要求回家。此次来杭州，虽然是走马观花，来回只有7天，但印象颇深。从城站到灵隐寺再到上天竺，途经水漾桥、官巷口、湖滨、少年宫、断桥、湖心亭、平湖秋月、孤山、岳坟、玉泉、植物园、九里松等杭州的风景名胜的精髓，美不胜收。在浙江医科大学大字报上看到了当时的浙江省委的领导，浙江省军区的领导都被点名画上了大大的×；城站周边都是串联的学生，我们在城站边上的面馆吃一碗阳春面，要2.5两粮票、一角钱，飘着葱油花满满的一大碗，足以填饱肚子。杭州的竹篮有方的、也有圆的，是用杭州周边出产的金竹的篾青编成的，我们称之为"杭州篮"，只要五毛钱一个。我借得的5元钱，打针保命花了1.5元，靠吃阳春面混了3天，还剩1元不到的时候，我买了一个"杭州篮"，在接待站安排下回临海了。当年临海到杭州的公路就是现在的104国道，单程280公里，要七八个小时，中间还要翻越摩利岭、卫士岭。临海出发过了大田就是两头门、大道地，翻过摩利岭就是高枧，就到了临海、三门、天台的交界，过了天台的白鹤就要翻越卫士岭，卫士岭山高路弯险峻，电影《奇袭》中的志愿军炸康平桥的一段和美军在盘山路上的追踪的镜头就是卫士岭上的实景。从卫士岭下来就到了新昌县的拔茅，再过嵊县、三界、曹娥、绍兴、萧山、钱塘江大桥才到杭州。过绍兴的时候，河多桥多，汽车上下颠簸，心脏被揪得紧紧的。回家路过嵊县中途吃饭休息时，我将剩下的零钱买了2根甘蔗削好了装在"杭州篮"中带回家。嵊县是著名的越剧之乡，大米年糕、青皮甘蔗都是它的特产，在我们浙南一带享有盛名。

走出家乡

回到临海后，为了能有组织介绍我们外出串联，我们马上发起成立了"毛泽东主义红卫兵"，开始了步行"大串联"的准备，当时我们只要在"毛泽东主义红卫兵"总部开一封介绍信，就可以到设在县招待所的接待站领取麻绳编就的草鞋和每天2毛钱的伙食补助。我自报了3个月的外出串联计划，领了18元钱的补助，还了上次去杭州时借的5元钱就又出发了。此次计划是南下温州、福鼎、返回江西赣州、井冈山、南昌、回到浙江金华、临海。一共只有10多元钱，要走这么多的地方根本就不可能。好在那时到处都有接待站，只要提出要求，都会有人帮助你。此次和我一起出发的有初三（1）同班同学赵林珍、汤仙珍，还有临海一中总务处长徐光成的女儿徐秀华，她是和我们同届初三（3）班的。第一天行程50里到了黄岩，住在县城里用罐头箱子搭起来挡风的临时接待站，黄岩是蜜橘故乡，盛产蜜橘和橘子罐头。当年的黄岩县城还是逢三六九集市。在充满浓郁的橘饼味道的接待站住了一晚起来后，我发现头天晚上当作围巾搭在被头上的一条新毛巾不见了，出门就丢了我认为比较重要的东西，当然十分懊恼。我马上和同学到接待站说明并要求查找，但怎么也找不到。接待站的一位阿姨不忍心我们的失望遂让我们签字赔了我1

元钱。我的心里很感激这位阿姨的这种人情化的处理。多少年后，我也学会了别人有难处时，总要设身处地从对方的处境去思考，从而赢得了学术界的一致的具有"古道心肠"的口碑。

第二天我们经黄岩院桥、路桥、温岭的泽国后晚住大溪。大溪是著名的石板之乡，该地有许多"石板仓"，就是适合凿成一块块石板开采的岩石矿。这里也是赵林珍同学的老家。当晚在接待站脱衣睡觉时，我竟发现那条毛巾竟搭在我的右肩上，原来是在黄岩接待站早起时没有顾到肩膀上有何物就穿上了毛衣！我很不安也很惭愧，想想在黄岩接待站的折腾，真是难为情。这也给了我一个人生的经验和教训，凡事要多从自身上去寻找原因！

步行串联的最大好处是可以亲临亲阅亲历沿路的风景名胜和风俗人情。一路走来，我迄今不忘。从大溪到雁荡山，我们在赵林珍同学的亲戚指引下凭着地图走的是山路小路，一路上看到山谷中有许多正在开采的石板仓，看到石匠师傅在岩石上用錾子錾了许多孔，再轻轻一撬，一块石板就出来了，再经过平錾便光滑了。我从此知道了古代建筑的一条条石板是从哪里来的、是怎么来的。在弯弯曲曲、上上下下的山路上走了将近一天，我们就到了浙南名山雁荡山。我们是从北侧的山路进入景区的，第一入眼帘就是双笋峰，再往前就是观音洞。晚住雁荡中学接待站。第二天游览了大小龙湫、灵岩。雁荡山史称"东海第一山"，以"山水奇秀"著称于中国十大名山之中，素有"海上名山""寰中绝胜"之誉，雁荡山奇峰怪石，飞瀑流泉，充满天然韵味；灵峰夜景，移步换形，惟妙惟肖，为国内所独有；灵岩古洞石室，悬崖叠嶂，奇峰秀石，卓尔不群；大龙湫气势磅礴，变幻莫测。据说灵峰、灵岩、大龙湫三大景区荟萃了雁荡的精华，被称为"雁荡三绝"。

第四天的清晨我们才离开雁荡中学，出发时，已近深冬的山区飘起了雪花，我的那条既做围巾又做被头的毛巾发挥了很大的作用。从雁荡山的公路出来就是白溪，再往前就到了清江渡，当年还真是渡口，要坐过渡船。当天过虹桥晚住乐清。过雁荡山以后就到了温州地区了，但是雁荡、乐清等地仍是讲的台州地区的太平话、也就是温岭话，温岭县旧称太平县，就是我们一个地区的乡音。过了乐清就是极其难听懂的温州话了。乐清山水形胜，有清澈的山溪水穿城而过，我买了3分钱一斤的荸荠，将近一两一个，一斤也就十来个，曾在城中的溪水中清洗，其中的清爽和荸荠的甘甜至今都值得回味。

第一次到了温州

第六天沿着瓯江向西南我们搭了一段便车,过了柳市、白象、乌牛就到了瓯北客运总站,当年瓯江上没有一座过江的大桥,全靠轮渡。坐在渡轮上我们可以远眺江心岛、江心寺也近在眼前。从轮渡上岸,就是温州港的码头,江边的建筑依山而建,十分繁华。我们透过一些建筑的大门,就可以看见建筑内有坚固的石头垒成的台阶,很窄、很深,有点像60年代电影《秘密图纸》中的一个镜头,令人难忘。

温州市地处浙江东南沿海南端,东濒东海,南毗福建,是一座有着一千八百多年历史的文化名城。相传建成时有白鹿衔花而过,故又称"白鹿城",简称鹿城。温州山清水秀,气候温和,冬无严寒,夏无酷暑,故称温州。"一片繁荣海上头,从来唤作小杭州"的温州,人杰地灵,代有名家。像南宋名臣王十朋、南宋的哲学家叶适(水心先生)、明代政治家刘伯温等都是温州人。我们住在城内瓦市殿巷的一个居民委员会的接待站,那是一个民居,也有"道地"和石板铺就的阶沿。江南民居的特点都是大道地和高台石板阶沿。温州当年的皮革制品和食品工业极其发达,到处都是香飘四溢的小吃和饭店,我出发时带的13元钱仅剩不到10元钱了,只能买最便宜的、能填饱肚子的盖浇饭和面条,偶尔吃了一次松糕,肉馅和白萝卜丝、鸡蛋制作的名小吃"灯盏糕",觉得真是名不虚传。在温州住了3天,参观了温州医学院、逛了最热闹的解放路和五马街,我就已经没有钱了,再往南过苍南泰顺就到福建的福鼎。前面都是崇山峻岭,其中的栖霞山,又称南雁荡山,山高林密,地势险峻,再怎么走?好像也到不了江西的井冈山?于是我决定结束步行串联回临海。只要决定返回,我就又用了老办法,跑到接待站要求回家,要求免费乘车。第二天就回到家中了。温州到临海,实际是180公里,我们一般在临海到温州的公路上(104国道)步行,但有时也会撇开了大路拐上了小路或者山路,大方向都是靠的地图,每遇路口或者有疑问时,必定上前向老乡问路,从未走错过一次。看图和识图都受到了检验,"路从嘴边生"也是一条经验。30多年后,我再次来到温州市参加刘基(刘伯温)的学术讨论会,还都能清楚地记得雁荡山深山里的景区小路和从水家洋到黄岩的小路是从哪里上山的。令当地人吃惊！注重历史、文化和地理，冥冥中为我今后的职业生涯打下了基础。

1966年年底，中央宣布停止红卫兵"大串联"，各地的接待站也相继撤销了，如不及时返家，吃住都是问题，我本来就没有从家中要来钱，靠领的补贴当然不能维持太长时间。浅尝辄止是当然的必然的选择。经济是基础，政治是经济的集中表现。这是政治经济学的最主要的观点之一。此次步行串联，在黄岩、大溪、乐清住了一夜，在雁荡住了两夜，在温州住了3夜，都是免费的。虽然只有10天，但走路、住宿、吃饭等等都是我们自己安排，路不长，但却充满挑战，积累了许多在外独立生存的经验。杭州之行和步行"大串联"给予我的最主要的启迪就是中国之大，天下有别，外面的世界真精彩！

学习谋生

1967年后，全国仍处于大动荡、大混乱的局面，各地中学已失去管理和教学能力，在校的中学生在校园内无课可上，终日无所事事。我们是毕业班，是初中部的大哥哥和大姐姐，既不能升学，也不能就业，苦闷和空虚蕴藏在我们胸中。不久以后，临海还爆发了大规模的群众组织的派性斗争甚至武斗。临海城中经常能听到枪声。为了躲避这种混乱局面，我除了每天上街看看大字报及设在大寨路口临海邮电局门前的报刊的橱窗之外，就是跟我的父亲学习裁缝，准备以后也要从事这个"发不了财但也饿不死人"的手艺。

父亲1962年从临海染织厂退职以后，先是在临海城关江下街他的师父家门口临街摆了个裁缝摊，一方面为人缝衣，一方面做一些拆旧还新的生意，就是前面提到的将旧的洋布蚊帐拆开、染色、做成短裤、下乡卖给或者换给缺衣少穿的农民。1966年以后，饥荒的年代过去了，经济开始好转，农民也有了余粮余钱添置"衣裳头着"了，但"文革"的政治风云却席卷了中国城乡的每一个角落，父亲也看到了这种变化，他就决定将他的唯一的生产工具——一架缝纫机搬到乡下去，利用他下乡卖短裤时建立的人脉关系，走村入户为农民兄弟裁衣缝衣。

20 世纪 80 年代以前，中国还是计划经济时代，农民缺医少药、农村缺商店缺物流。因此，有一大批的木匠、瓦匠、裁缝、泥水匠、小炉匠活跃在农村，他们凭着自己的手艺为农民盖房、缝衣、做家具赚取工钱养家糊口。农民兄弟也以他们的热情接待这些活跃在他们中间的能工巧匠，一般是入户包吃包住，一天工钱 1 元到 1.5 元左右，一日 3 餐，3 餐中间加一次点心，都是当地最好的加了佐料的面食。父亲从不与人计较工钱多少，他第一次入户按每天 1.3 元收费，以后就每家每户都按 1.3 元给了。如果哪家临时有难，付不出工钱，他就让先欠着；做完一天的工以后，按理没有做完的活就应单算工钱，父亲也不计较，晚上再加班完成。父亲在临海城东国庆大队的张岙、洋姆坦、六角井及大洋等几个自然村整整做了 2 年左右，家家户户都请他入户量身做衣，因为价格公道，态度和蔼，服务周到，深受农民的欢迎。甚至在逢年过节、有喜事发生的农户之间还发生了争抢父亲入户缝衣的事。实在是叫他做活的农户太多了，他也应付不过来；也因为了多赚些钱，于是他就萌生了在这几个村子的边上开个裁缝铺的念头，计件收付，先来先做，急事先办，喜事特办，老少无欺。他看中了城东闸头供销社对面一户农民的灰棚，大约有 6 平方米，他安上了门窗之后，将缝纫机搬入，从我们家里卸了一扇不怎么开关的房间门的门板作为裁衣的"作场"后就开张了。既没有店名，也没有仪式，顾客都是他入户时联系的农户，加上闸头离城关 3.5 公里，是临杭公路出城后的首站，城东张岙、洋姆坦、六角井、三峰寺、泾头汪、三溪岗的交叉地，南面毗邻东大河，是临海最大的国有农场大田农场，农场有大批的单身职工。闸头供销社又是城东农民的最主要的物资供应站，农民兄弟卖了土特产、买回油盐酱醋和针头线脑、布头棉花都要在此消费或者由此经过。父亲在这里开个裁缝店，占尽了天时地利人和。生意兴隆，每天应接不暇，只觉得人手紧张，接下的活计堆积成山，每天只觉时间不够用。

我们因为既无书读、也无工做，实在无聊，就开始帮助父亲打打下手，和大妹秀君、弟弟仁勇帮父亲锁锁扣眼、钉钉扣子，但不久以后，我们对使用缝纫机就熟练了，像缝裤子、做衬衣这样比较简单的活都可以像流水线上的工人一样地操作了。父亲就又买了一台缝纫机放在家里，让我们每天将他接下、裁好后的活带回城里的家中缝好后再送回店里，由父亲验收，合格了交付顾客，不合格便要返工。为了往来方便，他又买来了一辆旧的自行车作为每天往返闸头的交通工具。当时缝一条裤子0.45元,做一件衬衣0.5元,一件布的军上衣、中山装也就2元。父亲很耐心地教我们怎么匝裤子的中缝、盘扣、抄边,男式衬衣的后肩和袖口的褶子要怎么打,怎么做中山装、军便衣的兜,中式女装的盘扣和男装的盘扣有什么不同等等。他说完我们就练,不对的话就用针挑开重新再来。实践出真知,苦练出手艺,没过多久,我们便都学会了缝衣的技巧。我最快时,一天竟能缝8件衬衣、10条裤子,而且速度和质量都超过了父亲。至于裁衣,弟妹们都不肯钻研,我却除了父亲教我的手艺以外,每天还趁着在大寨路口临海邮电局门前的报刊的橱窗阅报栏看报纸的时候,抽空到阅报栏后面的一家服装店里看师傅们的量体裁衣,有时一看就是一上午。他们的裁衣技术和缝衣技术有值得借鉴学习的。我回来后就与父亲切磋,有时还会大声争辩,父亲不但不责备,而且逢人就说,秀平做什么都会有出息。可是在那个年代,我能做些什么呢?但出人意料的是我的原以为糊口的裁衣技术和缝衣技术,在以后的生活中,竟然成了改变我人生的敲门砖。都说是知识改变命运,我的一生,却是手艺改变了我的人生!

再次来到杭州

　　1966年到1969年的那几年,我的哥哥张兆勇参加了临海二中的毛泽东思想宣传队。他从小喜欢音乐,对管弦类的乐器无师自通,我们家也没有给他置办过任何乐器,他就是通过参加宣传队或者表演节目的排练才接触了板胡、二胡、唢呐、笛子这些乐器,因为喜欢,加上勤奋,他的演奏,竟能成为宣传队里独奏或者合奏的保留节目。他还成为宣传队的队长,整天都在临海的城乡的各个公社和大队演出,很少在家。弟弟张仁勇也在父亲的裁缝店里自学手艺。1967年左右,临海各派的群众组织武斗不已。1967年的春夏之交的一天,他路过临海的东湖附近时,不知从哪里射过来的一颗小口径步枪的子弹击中了他的左眼的眉毛处,子弹嵌在左眼的眉骨中,一时间脑袋肿得像水桶一般大,父母悲痛欲绝,都以为他必死无疑。无辜的学生受到枪击,此事无论在何时何地也是一件大事,但当时的临海正在混乱之中,谁也顾不上追究责任,只是有人出面让台州医院尽力救治而已。好在子弹虽在眉骨处，但并没有击穿和伤着脑部神经，通过伤口处理和十多天的治疗后，他基本上脱离了危险期。台州医院的医生建议到杭州的浙江省第二医院的脑外科手术并取出弹头。经过商量，全家决定母亲和我一起护送并照顾他在杭州的手术和治疗。当时因为台州运输公司的群众组织和临海的工农兵联合指挥部分成了势不两立的两派。"联指"控制了临海城关，台州运输公司的群众组织控制了大田以东地区，临海和杭州的公路运输都被切断了。我记得我们是乘邮电局的线务队的工程车到杭州的。邮电系统的车，按照国家规定是特种车，任何人不得阻拦，但车到大田时，还是有荷枪的工人上车检查，搞得我们很紧张，如果此时有人认为我们是"联指"的人，发生什么事真是难以预料。

到了杭州以后，我们借住在185号院的邻居倪桂生的女儿倪晓云家。倪家是185号院与我们家走动过往比较密切的邻居。他们的父亲倪桂生是临海饭店的掌勺大厨，前面已经说过，他在我母亲也要从临海染织厂退职时曾经说过有价值的参考意见，我到现在都记得。他的夫人也是家庭妇女，但她很会持家。他们家也有3儿3女，大哥倪朋旦复员转业在县防疫站工作；大女儿倪香云在临海丝厂工作；二女儿倪晓云从小能歌善舞，考入了杭州歌舞团；老四倪小芳比我大一岁，也是临海二中的68届高中生；有一个女儿也过继给了一个农民；家中只有一个小弟成为"老六"，比我小4岁左右。他们听说我们要到杭州住院做手术，就主动让他在杭州的女儿安排接待。晓云姐姐的家在杭州城站附近的宝善巷12号，是杭州市歌舞团的宿舍，3间一套的房子住了3家，厨房公用，分给他们家的只有一间房，另一家也是拖儿带口有4口人，两口子和两个未上小学的大约五六岁左右的女儿。另一间空房正好是她们团里的一个单身的同事外出了，被晓云姐姐借来一用。晓云的爱人叫文成河，是湖南浏阳人，是个复员军人，在歌舞团主管行政和后勤，他待人很和蔼，晓云姐姐经常随团在外演出，文叔叔也经常出差在外，我们在杭州做手术的前后一个月中，都是我们自己买菜做饭，和她们的邻居共用一个厨房。我们将临海的小吃和特色菜做给他们家品尝，也将临海带来的土特产品分给他们，很快就得到了他们家的认可和真诚的帮助。

浙二医院位于杭州的官巷口，从宝善巷出去就是水漾桥，再往东经过浙江省军区杭州警备司令部门前的胡同就到了。我带着台州医院的病历和医生的介绍先到浙二医院门诊，他们说现在没有床位，也没有主刀的医生，要我们等一周。我一听就着急。但天无绝人之路，上帝要人死，人就不得不死；上帝要帮你，总有贵人来相助。我在浙二医院的挂号处听到有人在说临海话，马上就过去搭讪，谁想到他就是浙二医院著名的五官科大夫章大夫（名字不记得了），他听了我的介绍后马上说：老家已有来信说王教师的外甥被误伤了，很值得同情，让我尽力帮助，你不要着急。不久，弟弟就住进了浙二医院的五官科病房。他的手术就由章大夫主刀，因为伤在眉毛处，弹头嵌在眉骨后面，也不宜在面部开刀，章大夫说要用"柯氏"手术取出弹头。当时我仅仅是一个初中毕业生，没有任何医学知识，虽然不懂什么叫"柯氏"手术，但知道这是一个比较完善的方案。手术之前，我又携病历和弹头位置的平片去了位于杭州九里松的解放军117医院，那里有我初中毕业以后临海唯一一次招女兵时被录取的金美娟同学，请她找该院的专家看看。金美娟同学从护理兵入伍，在117医院数十年，勤奋钻研，刻苦耐劳，最后成长为师职护理部主任。当年我也不懂这就叫会诊，我只是想多一个人看看，就会多了一双眼睛，多了一分把握。

　　盛夏的杭州，骄阳似火，我从水漾桥坐7路车到了位于灵隐附近九里松的解放军117医院，听他们的专家解释和要注意的几点意见以后，已经是晚上7点左右了，我走在回城的路上，想着明天的手术，不知不觉走了一站又一站，很快就走到了西湖边上的白堤，心想坐7路车还要花一毛钱，干脆就走回去吧。走过了孤山、湖心亭、平湖秋月、少年宫广场、六公园、湖滨、杭州解百、中山路口，回到住的地方已经是10点多了，母亲很是心痛，为了省下一毛钱的车钱，竟然在这个坐着都出汗的夏日晚上足足走了3个小时！那时的我，也刚刚17岁。我也由此懂得了人生，懂得了什么叫"每有大事知艰难"。

　　第二天的手术，出人意料的顺利，弹头取出后，伤口很快就愈合了，我们又等待临海邮电局线务队的车回了临海。回到临海以后，父亲见了我们说：仁勇虽然做了手术，但养得白白胖胖；秀平倒是又黑又瘦，看来操心受累了。现在回想起来，我要特别感谢邻居倪伯伯一家真诚无私的帮助，但可怜的晓云姐姐竟然"红颜薄命"，好人不长命，5年以后就因青霉素过敏的医疗事故去世了，我们从此也失去了与文叔叔的联系。1981年我到杭州参加首届国际宋史学术讨论会时,曾经去宝善巷12号看望他,邻居们说,他已再婚,不知搬到哪里了?近半个世纪过去了,我想起这件事,总会想起帮助过我们的那些人:台州邮电局线务队的陈队长和他的夫人、浙二医院的五官科章大夫、杭州歌舞团的文成河一家和他们的邻居,你们现在哪里,过得好吗?我想念你们哪。

家乡的湖光山色(临海市园林管理处提供)

我的兵团

"内蒙兵团"来招兵了

1969年的年初,由于"文革"对当时的经济造成了极大的破坏,很多工厂生产处于停顿状态,城市已经根本无法安置连续三届的数千万毕业生就业,更无法让这么多的学生继续学业。我们在家待业已经3年了。

1968年12月,毛泽东下达了"知识青年到农村去,接受贫下中农的再教育,很有必要"的指示,"上山下乡"运动大规模展开。1968年开始,当年在校的初中生和高中生(1966年、1967年、1968年三届学生,后来被称为"老三届"),大部分要前往农村。各地都成立了安置知识青年的"上山下乡办公室"。据记载"文革"中"上山下乡"的知识青年总人数达到1600多万人,十分之一的城市人口来到了乡村,这是人类现代历史上罕见的从城市到乡村的人口大迁移。全国城市居民家庭中,几乎没有一家不和"知青"下乡联系在一起。我们家也不例外。

"上山下乡"的"知青"当中,大部分是到农村插队落户,但还有一部分虽然也是务农,过的却是"生产建设兵团"的准军事化生活,他们的状况与"插队知青"有很大不同。"上山下乡"运动前期,全国各地组建了许多"生产建设兵团",有一大批"知青"到这些"生产建设兵团"参加"屯垦"。"生产建设兵团"虽有"屯垦"的功能，但却非正规军队，它同时兼具安排城市失业青年就业和备战的目的。我的家乡浙江省临海县虽不是大城市，但也有数万的老三届毕业生需要安排，而临海又是个没有什么大工业的县城，工矿企业中像我的父母辈等的熟练工人还在精简下放之中，哪有岗位提供给学生就业？我们终于等到了内蒙古生产建设兵团来临海招兵的机会。不用动员，哥哥张兆勇首先报名并被录取。我想报名，但父母亲不同意，尤其是父亲坚决反对，他认为我要走了，他的裁缝店就要关了。

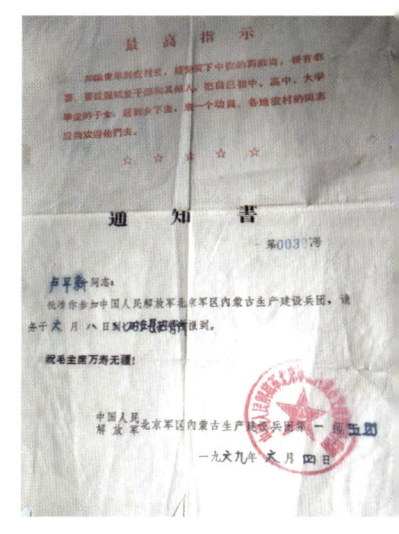

浙江战友卢平新保留至今的兵团入伍"通知书"

我1966年在浙江临海一中初中毕业后，除了1966年的6月和下半年参加过到杭州的串联和步行到温州的串联外，绝大部分时间都是在家为弟妹做饭、跟着父亲学裁缝手艺、每天到邮电局门口的阅报栏看报纸、地区革委会门口看大字报；或者到临海一中的图书馆里找书看。前面已经说到，在"文革"期间能到一中的图书馆找书看，那是得到了该馆当年唯一的图书管理员章琴鸾先生的特别关照。我迄今都特别感谢她，不知她现在过得可好？该馆的书，我几乎全部读过。最后实在没有书读、就借了《怎样修理自行车》《怎样组装矿石收音机》等等，读这些书，必须要借助实物摆弄才能看个大概。比如关于组装矿石收音机、实际是个很简单的物理原理，但必须要有漆包线做一个线圈、但我又没有条件买这些、只得放弃。《怎样修理自行车》读了以后，很快就在实践中发挥了作用。就在1967年、1968年、1969年上半年的两年半时间里，我们不上学、也没有书读，我不愿整天逍遥，除了家务以外就是跟随父亲学习裁缝，渐渐又觉得父亲的老式的手艺不太高明、于是就到临海邮电局阅报栏后面的一个公私合营的大型服装店看裁缝师傅裁衣、缝衣，将他们的技术又带回父亲店里和父亲切磋。父亲认为这样太有效益了，既有他教的基本功，又有从这些大店偷学来的一流手艺，我的前途无量。父亲的裁缝铺位于临海城东的闸头"城东供销社"门口。城东5公里以内，以现在东方大道为界，北面的国庆大队有张岙、洋姆坦、六角井3个自然村，南面是谢鲁王村、大洋、高坎头及大田农场，父亲在此走村串户做裁缝手艺多年，与这个大队的上至领导下至农户的大多数人都熟悉,这些村子的许多人都是穿着父亲为他们做的新衣裳走进了学校、嫁人娶媳妇做了新郎和新娘。父亲开了裁缝店之后,他们仍是父亲的顾客,而且对他十分信任,往往都是在供销社买了棉布等材料以后就直接放在父亲的店里,再叫家里人来量尺寸。服务业是个窗口行业,面对众人、百口难调,历来如此。父亲处处为顾客着想、价格公道、服务热情。几年下来,好像从没有什么纠纷,这是很难得的。生意很忙、铺子很小,几乎不能起火做饭,因此需要从家里送饭,多的活计要我拿回家中在家里的缝纫机上完成。而城里的家离店有 3.5 公里路远,为了往来方便,父亲买了一辆旧自行车,以便让我们往来父亲的店里方便些。这辆旧自行车是父亲从临海机械厂的一个姓梁的工人手中购买的,那个工人是一位钳工,将一辆破得不能再破的自行车拾掇得能骑。我和哥哥张兆勇、弟弟张仁勇此时都是十七八九岁,谁都想有一辆自行车、买不起新的,有一辆旧的也是兴奋不已。于是兄妹 3 人每天都抢着骑。不久这部旧车马上就罢工了。先是轮胎爆了(买的时候轮胎就打泡)、接着是飞轮带动不了后轮、要空转几圈以后才能转起来。看到这样,哥哥和弟弟就不抢了。我此时正好看了《怎样修理自行车》,知道了飞轮的内部结构,鼓捣了几下就又能骑了。我每天都往来父亲的店里,此时我已承担了他店里的绝大多数的活计,而且我每天还骑着他买来的那辆破旧的自行车往返于闸头和县城之间,风雨无阻,是他最好的帮手。当时做的最多的活是男式衬衣、男女单裤、男女军便罩衣。最快时我一天缝过 8 件衬衣、12 条裤子。每条裤子的加工费是 4 毛钱、衬衣 5 毛钱。虽然微薄,但当时的一斤鲜猪肉是 0.56 元。这些加工费的收入足够改善我们的生活。父亲多么希望我能长期地在他身边帮他啊。我也知道他的心思、开始时不作声,待到名单要公布时,我突然去报了名,等到招兵的兵团干部去母亲的单位送通知时,他们才知道我也要去内蒙古了。这时生米也做成熟饭了。他们俩也没有更好的办法,因为在临海实在也没有更好的出路,何况知青办还答应我们家要是老

1969 年 6 月 4 日,临海县"革委会"举行欢送知识青年到"内蒙兵团"大会(临海档案馆藏、注明王汀洲摄)

大老二两个都去了内蒙古,接下来可以安排下面的子女参加工作,特别是他们宠爱的儿子张仁勇可以安排在他们的身边工作,他们在心里还是高兴的。

登上兵团的专列

  1969年6月9日清晨,临海城里的台州电影院门口人山人海,第一批参加"内蒙兵团"的300名左右的知青在这里出发了,我们66届的初三(1)班有7名同学去了兵团,他们是内蒙古生产建设兵团一师五团一连的张美云(参加兵团时改名张军阳);五团七连的陈美玲(参加兵团时改名陈海凌)、冯俊清;五团二连的陈振亚;五团十连的黄雅芳(后来的六团一连)、五团十一连的韩一凡和我(后来的六团三连)。临出发时,我看见父亲的眼里噙满了泪水,我虽然开始上车时没有流泪,但车子启动后,全车的知青就都哇的齐声哭了起来,哭声几乎要掀开车顶,车上车下的哭声连成了一片。这个场面我迄今都难忘。我就是在知青们的惊天动地的哭声中离开了家乡……

  我们的车队到了宁波以后,会合了黄岩、温岭的知青,在一个学校的教室里稍作休息就登上了赴内蒙古的专列,记得是下午5点左右上的专列,大约晚上七八点钟的时候到了杭州站,站台上有人敲锣打鼓,当时杭州市的市长王子达还到站台上欢送我们并和我们知青握手,场面空前热烈。所谓专列,就是不用根据铁路的上下行编程制度而需要转车的绿皮车。三天三夜的吃喝拉睡都在车里,狭小的车厢空间,长长的旅途,令人疲劳不堪,实在困得不行时,我们就打开背包睡在车厢的过道和座位下的地板上,有的则爬到高高的行李架上躺一会儿。三天三夜的行程,因为空间换时间,我们觉得过了很久很久……我们的专列过北京时,走的是不经过北京站的丰沙线,此时已经是6月11日的早晨了,专列临时停靠在门头沟雁翅镇的一个山洞前。初夏的门头沟一片葱绿,雨后的永定河上有一个吊桥,桥下清澈的河水流淌,已经坐了两夜一天火车的我们,面色苍白,纷纷下车呼

1969年6月9日,临海人民欢送第一批知识青年出发到"内蒙兵团"(临海档案馆藏、注明王汀洲摄)

吸着清新的空气，直到专列鸣笛时都迟迟不愿上车，后来我们实际上都是被兵团的干部驱赶着回到车厢的。新鲜的空气、自由的呼吸，对于我们是多么的重要啊。这个吊桥给我的印象颇深，40多年后，我就是凭着这个吊桥找到了当年专列是从这里奔向内蒙古的。专列到张家口、呼和浩特时，都发生了下车的学生在站台周边迟迟不愿再上车的事情。带队干部大概觉得事情太糟糕了，过了呼市以后，专列即使停靠时也不让我们下车了。12日凌晨2点钟左右，我们的专列终于到了内蒙古生产建设兵团一师的所在地巴彦高勒，也就是磴口。夜半下车，我也不知东南西北，除了站台有点灯光外，四周一片漆黑，站台下的铁轨黑乎乎地伸向远方看不到尽头。我们背着背包等待转乘汽车时，突然传来了命令要组建新的一师六团，将我们五团十一连划归了六团建制称一师六团三连。迷迷糊糊中我们上了六团的解放大卡车。走了一阵以后，天就蒙蒙亮了，我睁开眼一看四周，顿觉跌入了冰窖，只见车两边都是沙漠，一个沙包连着一个沙包，远处还有一片连绵不断的山，显得阴森森的，后来才知道这就是阴山山脉。我坐在军用卡车车厢里的背包上，通过车槽帮不停地向外张望，还在心里念叨，希望这是我们路过的地方，不是我们要去的六团的所在地……不到两个小时，卡车就停在一排土坯房子前，有人敲着锣鼓，还有人大声招呼我们下车。天哪，这就是六团三连？我们的营房在哪里？

第一次点名

我们是六团三连第一批的兵团战士，除两名仙居兵外，全部来自临海。三连的所有战士都是来自地区大院和地区所属事业单位的干部和职工的子女。我是从母亲单位台州疗养院报名走的，疗养院是地区的直属事业单位，我和哥哥张兆勇都被分在了三连，这样我们就和原台州地委和台州专员公署的干部职工的子女编在一个连队里了。当时是"文革"时期，他们的父母大部分都仍在关押和监督劳动中，有的是写了对父母的揭发材料作为"可教育好的子女"才来的；有的则是写了血书表了忠心才被批准的……低头细思量，各人都有难忘的经历。

六团三连的指导员叫李连进，是个现役军人，是原北京军区某军的一位连职现役军人。副连长王瑞康、军医杜凤岗也是该军的现役副连职军人，另外还有白成奎、李明、于振德、王挺进、刘国泰、董绍平、姜月明等18名该军刚刚复员退伍的老兵，他们加上从临海接来的50多名新兵，算是三连的所有人马了。三连所在地位于内蒙古乌兰布和沙漠的深处、一个叫巴音毛道的牧民点附近。整个牧民点也就只有三四栋土坯房、大约四五户人家。他们给我们腾出了一栋4间土坯房，一间挂着"连部"的牌子、一间是"伙房"，还有2间是我们女兵的宿舍。记得当年六团三连第一批浙江兵共有男女兵55人。男兵30多人、分为3个班；女兵有20个、分成两个班。我的哥哥张兆勇是一班长；二班长是卢平新；三班长是胡才正；我在四班，四班长是赵晓薇；五班长是王乃云。男兵没有房住，只好在挨着房子的水渠边搭了人字形的荆笆棚作为临时的居住地。我们到的第一天正好是礼拜天，我迄今都记得在"内蒙兵团"吃的第一顿大锅饭，那是海带汤和糜子面发糕，发糕有点酸，加上三天三夜的汽车、火车旅程，我们没有吃多少就睡了。也是连日来没有正经的吃饱一顿饭了，我们睡了两三个小时后，便都起床了，我们以为有一顿正餐，可以补补多日肠胃的亏欠，但我们发现伙房没有动静，也没有人催促我们起床。毕竟是年轻，大家见没有开饭，腹中又饿，便敲起了碗筷。指导员李连进从连部出来，马上命令紧急集合，老兵排长向他报告列队后，他十分严肃地说：现在点名！……不用说，第一次的部队式的集合点名是被李指导员狠狠地批评。他宣布说部队在周日或节假日是改善伙食的日子，一般是吃两顿饭！天哪！第一次听说周日吃两顿饭？我们哪知道这些规定呢？好在我们在临海出发时，家里和亲朋好友给我们的行李中都塞了罐头和饼干之类，这些就成了我们临时的、无比的美味。此时，思乡想家想亲人，想眼前的荒漠和临行时兵团宣传材料上的"绵绵的大草原，肥美的黄河大鲤鱼"，环境的落差，失望的心情油然而生，有几位年纪比较小的战士就哭了起来……

兵团春秋

1969年中共中央、国务院、中央军委批准成立的中国人民解放军北京军区内蒙古生产建设兵团,是原内蒙古(军区)生产建设兵团全部、华北农垦兵团大部一同并入新组建的。北京军区从下属各部队抽调现役军人组成各级领导班子,他们率领数千名复员、转业军人前往内蒙古自治区巴彦淖尔盟、乌兰察布盟和锡林郭勒盟等地接管国营农场,在农场的基础上组建兵团。兵团规划为6个师的建制,每个师辖10个团,每个团辖10个连队。

1969年当年,"内蒙兵团"组建了4个师,24个团,246个连队,接收北京、天津、上海、浙江、呼和浩特、包头等城市"上山下乡"知识青年5万余人,全兵团在职人员达7万余人。1970年,又组建了2个师,15个团。1971年,内蒙古兵团已有41个团(包括2个工业团和4个相当于团级的工矿企业)职工为10.1万人,其中有知识青年7.55万人,复员转业军人和留厂职工2.57万人,现役军人近6千人,另有家属3.8万人,共计14.5万人。1972年,"内蒙兵团"总人数为17万人,职工(包括知识青年)13万人。这是"内蒙兵团"的最光辉的岁月。

一师原先设6个团,1971年又组建了七团。一师的1至5团,都是在原来的农场发展而来,如一团就是原乌兰布和农场;二团是原巴彦套海农场;三团是原哈腾套海农场;四团是原太阳庙林场;五团是原包尔托勒盖农场。连后来组建的七团,也是在一师师部的所在地原纳林套海农场原址上建立的。只有六团是新建团,位于磴口县反修镇、五团的包尔托勒盖农场以西。

乌兰布和沙漠在磴口县境内,位于内蒙古西部,地处我国西北荒漠和半荒漠的前沿地带,东北部以河套绿洲为界,西部以阿拉善左旗的吉兰泰—图库木公路为界,西北部以狼山为界,东至黄河,南至贺兰山,总面积约1万平方公里,是我国的主要沙漠之一。黄河自南向北流经磴口县的东南端,磴口绿洲的地势自东南向西北倾斜,而乌兰布和沙漠整个地势都低于黄河水面,有引黄灌溉的条件。1959年国家投资5000多万元在河套灌区上游的巴彦淖尔盟(今巴彦淖尔市)磴口县境内兴建三盛公水利枢纽工程,是治理黄河水害和综合开发黄河水利第一期工程的主要项目之一。这项工程以保证灌溉为主,还兼有保证下游工业用水、防洪、防凌、沟通包头至银川公路交通等作用,1961年5月13日,中国在黄河上自己设计和施工的内蒙古磴口(三盛公)水利枢纽截流成功。这是河套水利建设史上的一个里程碑。

为了能够保证河套灌区和伊克昭盟(今鄂尔多斯市)30万亩引黄灌区适

时适量地自流引水灌溉，在截流成功以后又开挖了一条总长 180 公里的总干渠，使河套灌区灌溉面积由过去的 290 万亩增加到 770 万亩，控制灌溉面积达 1700 万亩，从而弥补了沙漠降雨少，蒸发大，干旱缺水的不利因素，将沙漠变成了绿洲。组建兵团，主观愿望一是通过接收整合，将大大小小的农场改造成建设边疆的主要力量，他们主要任务一是屯垦戍边，寓兵于农，稳定边疆，保卫边疆；二是对苏联可能发动战争防御的需要。那一时期中苏关系十分紧张，苏联在中蒙边境地区屯兵 100 多万。战争虽有一触即发之势，但组建兵团，最主要是为了"安排城市失业青年就业"。后来我当了六团计划股的统计员以后，经常来往于磴口的师部送报表时，曾经来到该水利枢纽的大坝参观，只见大坝上镌有苍劲题字：一定要驯服黄河。因为落差，坝的两边，一边河水平静如毯；一边咆哮奔腾。令人惊叹！一师的 7 个团都是沿着磴口水利枢纽工程的总长 180 公里的总干渠设点建置的。干渠之下是支渠，支渠之下是农渠，农渠之下是毛渠。通往各连的农渠和通往每块地的毛渠都是要人工挖成的。水利是农业的命脉，更是散布在沙漠之中的兵团农业师的命脉，没有这个水利枢纽工程引黄灌溉，磴口周边恐怕现在还是一片不毛之地。"黄河百害，唯富一套"就是说的这里。

白手起家

六团没有农场的基础，又是个新建团，条件十分艰苦。三连更是艰苦。我们到了以后，除了女兵有一间土坯房可住外，男兵住在荆笆搭的棚子里既不挡风也不避雨，晚上躺在铺上，数着星星，看着月亮入睡。好在那时正值 6 月中旬，是沙漠里难得的干旱少风无雨之时。

到巴音毛道的第二天我们就拿上铁锹等工具去村后的工地建工棚。建工棚实际上是一个比较简单的活，只要将备好的桦木椽子在地上的四角挖桩固定，根据工棚的大小在中间再加椽子，多宽多长可以自己掌握。搭好架子后，在上面盖上荆笆，荆笆上覆盖芦席，再在边上挖坑就地取泥、和泥，将和好的泥糊在四周和棚顶就可以了。这些工序，以和泥上墙和抹棚顶为最重最累。我们按照一个班一个工棚、挖桩搭架，四班的工棚当然是我们自己盖！班长赵晓薇是临海二中的老高一学生，比我大1岁，是这次浙江兵中的大姐姐，他的父亲是地委办公室一个工作人员，另一个副班长叫隋桂英，父亲是台州地委副书记隋荣庆；还有蔡贞军，她是台州专员公署专员蔡康春的女儿，她的哥哥蔡正保也同在三连，是哥哥张兆勇的一班副。像这样一家两个一起来兵团又都在一个连队除了前述的我和我的哥哥、蔡贞军和蔡正保兄妹外，还有：胡才正和胡才林兄弟，父母是台州市中西药公司的职工；赵莒林和赵莒宾兄妹，父亲是台州专员公署副专员赵进步；王红英和王乃云姐妹，父亲是台州专员公署副专员王茂松，母亲孙月娥还是当时的临海县委书记；陶加生和陶加平兄妹及他们的小娘姨韩一凡，父亲是台州地委副书记陶振民，韩也是我的初三（1）班的同学；吴群伟和吴建伟兄妹，父亲是台州地委副书记吴书福；杨丽萍和杨念红，父亲是台州地委书记杨俊达；李春生和李春声兄妹，父亲是地区公安局干部；赵妩和赵嫚姐妹，父亲是地委农办主任。

来到六团三连的原台州地委大院机关的子弟中，不乏吃苦、耐劳、肯于学习，敢于挑战者。如前面提到的陶加平、吴群伟、吴建伟、蔡正保等；还有茅幼霞（她的母亲是台州疗养院的护士长、与我的母亲是同一个单位）、梅杭强、董咏梅、徐起初等。特别值得一提的是陶加平，她和哥哥陶加生、小娘姨韩一凡3人都在我们连。韩一凡是我的同班同学。韩一凡只比陶加生大3岁、陶加生只比陶加平大一岁。他们的父亲陶振民是台州地委副书记、专员公署的副专员、母亲韩于一是地区教育局的干部，经常来我们一中听课、观摩，她来我们初三（1）班听过常相申老师的课。我和她的小妹韩一凡同班，韩一凡的父母亲去世后，她一直随姐姐生活。在一中读初中时的寒暑假，我们应邀在韩一凡家、也就是她的姐姐家过兴趣小组活动，我因此认得她。陶加平也是1969届的小学毕业生、当时也就16岁。她年纪虽小，但活泼可爱。在最初的住老乡的土坯房和搭建工棚的艰苦的头三个月里，她经常是赤脚和泥，弄得脸上、身上全是泥巴；她干活虽然狼狈，但精神乐观。光着脚，拿个铁铲，头上裹个白毛巾，可以在休息的时候跳《白毛女》里的大春：老乡们、老乡们快快参加八路军……引得我们哈哈大笑。不久，她又报名养猪，做饲养员。每天穿着白大褂、唱着歌，罗罗罗地喊着喂猪，从而获得了上至指导员、下至复员老兵及所有兵团战士的称赞。几年以后，她是病退回临的六团三连中第一个参加高考上大学的战士。据说她学的是中医，因为原来的文化底子薄，学得很辛苦，但以她的人生观和世界观，在哪里都会发热闪光，我很希望她有一个光辉灿烂的学术前程。对付艰难困苦的环境，实际上就是两条，要么既来之、则安之，适应以后再徐图改变。要么叫苦、消极、逃避，永无出头之日。陶加平等小女生采取的就是前者，她们很快就改变了自己的命运。

"第八个是铜像"

我们每天扛着铁锹，唱着歌上工地，又唱着歌收工，官兵同吃同住同劳动；干活的时候，有人唱歌，有人跳舞，嘻嘻哈哈。开始的几天，我们对这种供给制的准部队生活都感到新鲜，很快就忘记了烦恼。

从江南水乡来到六千里之外的沙漠，日夜温差大，当地谚语"早穿棉袄午穿纱，抱着火炉吃西瓜"，就是形容这种气候特征的。来的时候正是初夏，骄阳似火。我们首先的感觉是干渴，白天的热气灼人，急促呼吸时、吸进的空气都是热的，只是觉得鼻子不够用一样；其次是改吃面食以后的消化不良，整天都觉得肚子胀胀的，老有排气的感觉。20世纪60年代末，国家处在十年内乱之中，我们当年既没有防晒护肤品，也不懂得怎样保护防护，我们的脸先是晒得红红的，后来就脱皮；再晒、再脱皮，后来就变成古铜色的了。此时正在热播阿尔巴尼亚反法西斯电影《第八个是铜像》，我们就都互相以此戏称，尽管如此，但眼睛很亮，体重都增加了。

在兵团的头三个月，我们还被要求每天要"天天读"《毛主席语录》，进行"屯垦戍边，扎根边疆"的教育；每天要出操，走队列，老兵排长就是教官；有时还要外出修水渠。我从小除了喜欢读书、读历史书之外，就是羡慕军人、向往军营的生活了。兵团虽然不是现役部队，但发给我们的草绿色军便服、解放鞋、军用水壶和军用挎包，穿戴上以后，却也有点像一个标准的"军人"了，对于走队列、练习瞄准、实弹射击等等，我们年轻人都是喜而不厌的。特别是对于当时拆卸部队淘汰下来的56式步骑枪，我更是入迷，排长教过后，自己还接着练，一直到可以在三五分钟内完成，这和我当年阅读了临海一中图书馆的一些实用性的图书有关。学到用时方恨少，有书赶快读，就是因为没有钱买书才促成、养成的习惯。这个习惯带给了我人生的许多值得回味的思考。

我的四班

我们四班搭的工棚是长方形的,内设的地铺呈倒"L"形,也是以桦木做架,离地面 10 公分左右,铺上荆笆就是简易的"床"了。按照部队的规定,班长赵晓薇住在左手第一个铺,王红英和班长要好,她也是我的一中同届校友,是临海一中初三(2)班的,她挨着班长。第三、第四是来自师部、不久刚来的两个本地干部的子女,一个姓杨,名字叫什么已经不记得了;另一个姓和名都不记得了。接下来就是吴江、林丽雅、万细娜,我和许建华、蔡贞军、隋桂英在拐弯后的另一边。每个班的工棚搭好后,我们又搭建了连部、伙房的工棚。

我的班长赵晓薇是临海二中的 68 届高中生,我和王红英都是临海一中老初三的。万细娜是老高二的,来自浙江省仙居县,她和本连另一名男生叫毛坚平的是仙居籍。怎么有两名仙居兵和我们在一起?怎么就两个人来的我们连?我迄今都没有搞清楚。万细娜 1948 年生,年龄、学历都在我之上,但为人做事很天真、很搞笑,每天给我们带来一些由她搞出"洋相"的快乐、是我们的开心果,现在想起来都是欢乐的记忆。四班的其他战士大都是 1953 年前后生的,都是 1969 届的初中毕业生、实际上是 1966 年的小学毕业生。尤其是林丽雅,还是 1954 年生人,当时刚满 15 岁。林丽雅、吴江,父亲都是

六团三连第一批浙江兵亲手搭建的工棚。左图中间是四班的工棚,右图是炊事班工棚

台州地委干部。许建华的父亲许子明是台州地委办公室主任。她的哥哥叫许力生，因为不愿写父亲的"反戈一击"的材料，没有被批准参加兵团，而是不久以后到了东北的黑龙江绥芬河插队，兄妹从此天各一方、人各一地，有10年时间的"八月十五"不得团圆。他们兄妹两人都是临海一中67届初中生，是我的校友。副班长隋桂英虽然是当时被"打倒的"地委副书记隋荣庆的女儿，聪明、漂亮，但她不以曾经的"高干"子女自居，经常和我们谈聊地委机关大院的那些人和事，我又是经常读报和当时地委门前大字报的阅读者，对他们机关大院的过去、现状当然也了如指掌。我发表的一些观点，无论从历史和现实的角度看，都是令人耳目一新，她听得认真，这对一个小学毕业生说来，觉得是给她带来了知识与启迪，我们就成了无话不谈的好朋友，她也乐意听我摆乎。隋桂英虽不娇气也不骄傲，但很贪玩，不愿吃苦，凡事以舒服为原则。但是她也是一个做人做事很有底线的人，我很愿意与她交道。她每次到团部，都是在我处歇歇，晚了住一宿、吃口食堂打来的白菜馒头，这在当时虽不是美味，但相对于其他到团部办事又要急着要赶回连队的战士说来，还是令人羡慕的。在我临去兰州大学报到前，还协助她从六团三连调到了团部的军人服务社当售货员，后来她病退回临海被安排在一家茶厂当临时工，恰逢我在兰大学习时放假在家，她的母亲还托我送她去报到。她的丈夫郑振扬也是兵团战友，当年是六团保管班战士，英俊潇洒。晚年的她定居浙江嘉兴，幸福美满。现在到处游山玩水，热心三连战友群和浙江三连战友群的大事小事，颇有老来夕阳红之成就感。改革开放的确改变了许多人的命运，但机会只是属于一小部分有准备的人，或者是比别人多付出的另一小部分人。六团三连的50多位浙江籍战友，回城后虽然在不同的城市、不同的工作岗位上工作，但都个个

六团三连第一批浙江兵在新建的营房前合影

勤奋，人人都爱家爱丈夫爱妻子爱儿女。人的幸福感，确实与拥有多少无关，只是与个人的心态息息相连。祝愿我的战友们，难忘当年兵团"漫漫人生路，上下求索；心中渴望真诚的生活；谁能告诉我，是对还是错；问询南来北往的客，恩怨忘却，留下真情从头说"。

受命写材料

20世纪六七十年代，中国人民解放军的基层连队都在开展创建"四好连队，五好战士"的活动，基层连队的"四好"是政治思想好、二八作风好、军事训练好、生活管理好；"五好战士"是政治思想好，军事技术好，三八作风好，完成任务好，锻炼身体好。李连进指导员是个政工干部，当然要抓连队的政治思想建设，创"四好"、争"五好"当然是他主抓的工作，我们虽然是新建的连队，但当年的创"四好"连队的材料也要上报团里，连里当时没有文书，李连进指导员就从我们四班抽调了我和五班的韩一凡到连部撰写"四好连队的材料"。写材料可以在工棚里不出操、又有通讯员帮助我们打饭，第一次得到有人为我服务的享受，顿觉惬意无比，也是第一次觉得能写材料（文章），或许会改变人生？

与同班同学同连队战友韩一凡（右）在"内蒙兵团"一师六团巴音毛道水渠边

韩一凡是我的同班同学。我仅仅是临海一中初三（1）班学习尖子集体中的一员（每门课90分以上），但她却是我们班学习尖子集体中的尖子。她对考试、写作文等等很是内行，每次考试不是第一就是第二，但对写创建"四好"连队的材料，却是一脸茫然。我虽然也没有写过这些材料，但因为天天看报，对报纸上的那种报道某单位的所谓"大气磅礴"的文章是见过、读过，现在有了机会写这种文章，当然是跃跃欲试。我们做了分工，我写前两好"政治思想好、三八作风好";她写后两好"军事训练好、生活管理好"。我根据以前积累的报纸上表述"政治思想好"的一些套话并结合我们的实际思想,很快就写出了初稿,我至今都记得其中有一段关于要将高尚的精神"贯注"到兵团战士的思想中的提法得到了李连进指导员的赞赏,他认为这份材料的亮点就在这句话的表述里。万事开头难,我们浙江兵来了以后的变化都可以作为具体的事例说明人的正确思想是从哪里来的,高尚的精神"贯注"是多么重要的一个方面!写材料的日子是短暂的,但我却第一次感觉到天下文章万万千,就看你对观点和材料会编不会编。

探望战友

艰苦的兵团生活的头三个月里,与以前老家的不同的家庭和学校的生活新鲜劲过去以后,我们就陷入了对家庭和亲人的无比思念之中,想家思乡成了我们的话题,每天晚上躺在床上,你一句我一句的回想家乡的美食,被大家称之为"精神会餐"。一觉醒来,美梦黄粱无影无踪。举目四望,沙漠广阔无垠,虽有沙包和沙丘阻挡,但翻过沙包和沙丘,还是沙包和沙丘……我们都很想离开连队往外走走,哪怕是到别的团、别的连队走走、看看。

大约是7月中旬左右,我收到了我的同班同学陈美玲(来兵团时改名陈海凌)的来信,说她在五团七连,让我和韩一凡去她那儿过周末。见不到亲人,见见同学、战友也是一种情感的宣泄。对于这一点,我是许多年后才理解为什么当年这么注重同学、战友之间的像亲人那样的来往,只要是同学或者是战

2010年9月重回内蒙在六团三连营房旧址

同班同学加同连队战友：左陈海凌，右冯俊清在"内蒙兵团"五团七连营房前

友来连队，接待者都是倾其所有招待，有的还不惜违背连队纪律，破格破例地让同学和战友们饱餐并带上连队自产的瓜果蔬菜。

我拿着陈海凌的来信和隋桂英商量，她也有一个同学在五团七连。我们很快就决定结伴一起向李连进指导员请假，获得批准后我们便一起外出了。说实在的，第一次从沙漠里往外走，我们连东南西北也辨不清，更不知道五团七连在哪里、能不能找到，这都是未知的。只是觉得下火车的那天凌晨，五团是先于我们六团到的，她们肯定是在我们来的路上的东边，往大卡车送我们进沙漠的路上走，想必就能见到她们。我们出发时，连队给我们是一天半的假，第二天的中午12时前必须归队销假。

第一次离开连队外出，心底里有一种异样的得意，觉得时间越长越好、走得越远越好，早已将销假、按时归队等等抛到脑后了。我们沿着来时的公路走着，沿途都是沙包和沙丘，偶尔能看见一片沙枣林。7月的骄阳，火热无比；整个路上，就我们两个人，很是惹人注目。大约走了两个小时左右，已经又累又渴，体力消耗尽了……绝望中，听到有人喊我们，不禁大喜，原来正是我的同班同学陈海凌！当时的感觉，正像是初中课文中的陆定一回忆红军长征时翻越五岭《老山界》中描述的："翻越夹金山，意外会亲人。"茫茫的沙漠中，见到了连队以外的同班同学加战友，而且是在与外界隔绝、无比思乡想家的日子里，高兴的心情真是难以形容。七连除了陈海凌外，还有我的另一同班同学冯俊清，曾在"文革"初起时和我一起写"常相申老师在前进"的大字报。她到连队以后，很快就被该连的军医挑选成了连队的卫生员。她也是我们班的学习尖子团体中的一员，漂亮聪明，很快就在各个连队的众多卫生员中脱颖而出，以同类、同龄中的医术精湛而闻名全团，如果能上医学院深造，她肯定能成长为一个名医。可惜的是她曾经也被推荐上医学院，但因为父母的函调没有及时寄回而耽误了……她是最后大返城时才离开兵团。不过她回到浙江临海以后，经过努力，凭着聪明，又成长为一名出色的小学语文教师，"得天下英才而教之"，颇受尊敬。

超假挨批

陈海凌和冯俊清再加上隋桂英的同学黄××招待我们,她们几乎竭尽了所有,将家中带来的罐头、香肠、冻米都拿出来了,加上七连是个老连队,他们有蔬菜地,新鲜的茄子不怎么熟,也被他们偷偷从地里摘来了。离开浙江临海两个月后,我终于第一次吃上家乡的冻米饭、蒸香肠、烧茄子,真是惬意。做客的日子最容易忘掉时间。第二天她们又带我们在她们的地里摘了半生不熟的几个香瓜(露地的瓜要在 7 月底才成熟)。就是生瓜,我也珍贵无比,装在挎包里、紧紧地抱在胸前。这样折腾了一早上,发觉时间不够用了,12 点前肯定回不了连队了。我们毕竟不是军人,对不能按时归队的后果等当时也没有觉得多么严重。依依不舍地和老同学告别后就归队了,此时已是近中午了。

六团三连第一批浙江籍男兵在新营房前合影。第一排从左到右:毛建平、卢平新、梅杭强、吴建伟、徐起初、周伯来;第二排从左到右:张作和、徐鲁哲、郭坚、蔡正保、张兆勇、赵莒临;第三排从左到右:袁世民、胡才林、胡才正、李春生、牛培东、秦建国

为了早点赶回连队销假,加上我也历来不主张走老路,我和隋桂英决定抄近路、离开大路向三连的大方向直线走,只有这样才有可能在中午前赶回连队。直线方向要翻一个又一个的沙包和一个海子。一师六团地处乌兰布和沙漠腹地,沙漠里生有甘草、苁蓉、麻黄、锁阳、沙棘、梭梭草等多种名贵药材和稀有植物,当时我们还不完全认得这些,更不懂得采集。只是觉得有苁蓉的地方,其根部的沙土肯定是湿的。沙棘丛在沙包上覆盖,绿绿的像一个刷了绿颜色的蒙古包,红红的沙棘酸酸的,剥开后可以发现每个果实里都有一条"小虫"(实际是一种微生物)。开始时我们每天都吃上一二把这种免费的天然野果。我们边走边玩,也许是第一次在休闲的时候走进沙漠、从来也没有注意和欣赏过这样的景色的缘故,我们竟忘记了时间,也忘记了 12 点前要归队的纪律。尽情地陶醉在沙漠的原始的美景之中。也许这条路从未有

人走过，沿途我们摘了许多又大又红的沙棘果，还用双手在一个沙包边上掏挖了一个苁蓉。不知不觉中时间已到夕阳西下了。内蒙古的西部地区，夏日很长，如果太阳下山，那就是晚上9点左右了。啊！快点回连队吧，等待我们的肯定是……

果然，连队正在晚点名。李连进指导员正在给全连通报：今天有两名战士外出未归，事情很严重。……他正说着时，我们两人翻越了和三连相隔的最后一个沙包，从不远处的沙包上戏剧性地探出了头。眼尖的战友看见我们回来了，指导员又正在说这件事，他们只得在队列里说：喏！她们回来了！……指导员让我们去连部销假，批评我们没有按时归队，要我们在班务会上检查。

班长赵晓薇当然是碍着同乡同学的面子，批评留有情面。副排长李明是个复员老兵，个子高高的、脸庞黑黑的，他拿着《语录》本来到我们班参加了我们的班务会。他说：在部队如果超假不归，视为叛逃、是要被处分的。今天她们超假半天，如不深刻检讨，后果严重。我们觉得很委屈，为了赶回连队销假，我们冒了风险，主观上并未故意。我是天生一副倔脾气，马上就对他说，既然超假了要处分，那就处分我吧，与隋桂英没有关系，是我带的路错了，所以回来晚了，请大家原谅。我们本来来兵团才两个月，正处在地方老百姓和兵团战士的转换时期，这中间虽不是万里长城，但也不是一夜之间就会完成？这件事的最后是我们在班务会上的检讨结束了。我和隋桂英之间友谊也就开始于此时一直到迄今已五十多年了。

六团三连第一批浙江籍女兵在新营房前合影。第一排从左到右：万细娜、陶加平、纪荣伟、吴江、赵晓薇、王红英、林丽雅、王乃云；第二排从左到右：韩一凡、张秀平、隋桂英、杨丽萍、蔡贞军、茅幼霞、赵莒滨、杨念红；第三排从左到右：吴群伟、赵妣、赵嫒、张绮园、娄建芬、王树梅、陈杭景、王英先

重新分班

大约 9 月初的时候，我们的新营房全部完工了。新营房就在第一次落脚的巴音毛道的东北面、与我们搭建工棚的地方正好是个等边三角形的三个角。新营房是请河北一带来的民工按照统一的图纸建造的，一水的坐北朝南、一面墙缓坡顶、四角是砖柱、中间夹土坯，一幢八间房，都是套间，里间是南北两对的炕，外间进门是放置洗刷用具的活动空间，靠北墙一铺炕。每个班 12 个人左右，每个炕要睡四五个人，每人也就一米宽。我们连也迎来了三批新战士。一批来自北京、另一批来自天津和河北保定。北京兵最多，大约有一百多人；天津兵和保定兵加起来和浙江兵的人数差不多。这样我们连的正式人员编制就基本齐全了，一共 6 个排，每排三个班，一至三排是武装排，排长由复员老兵担任。副排长、班长、副班长都是知青，发给他们的是冲锋枪，发给战士的都是部队淘汰的"56 式"步骑枪。我被分在了四排十三班，是个非武装排，是不配备武器的农业排。原来四班长赵晓薇当了武装三排的副排长，王红英当了新七班的副班长，许建华、万细娜调到炊事班当了炊事员，蔡贞军、林丽雅、隋桂英、韩一凡都在非武装排，为什么这么分？有什么标准，我们谁都不明白。从小对"武装"等等感兴趣的我，对这样的分排和分班当然不满，但也没有办法，三大纪律的第一条讲的是"一切行动听指挥""下级服从上级"。我如果公开反对，肯定没有好果子吃，但消极的抵抗情绪却在暗暗地酝酿。首先是李连进指导员让我和韩一凡帮助他整理撰写的当年的"四好"连队的材料，我们俩借故来了好多新战士，而且有几位北京兵是 66 届的老高三，他们更有能力和实力写好材料而推掉了；其次，当时连队正在开展"一帮一、一对红"活动，我就暗暗地联络与我们结对的另外班排的北京兵一起和武装排的战友叫板，请他们和我们比赛，比如排际的篮球赛。企图在球场上宣泄我们的不满。但当时的连队只有篮球还没有球场、球架，这件事就只是嘴上说说而已。但年轻的冲动和好胜的愿望总在胸中徘徊、久久不能消泄。

战备背包

从 20 世纪 60 年代初开始，中国发表了九评苏共中央关于国际共产主义运动总路线的文章，和苏联展开了意识形态论战。从 1967 年到 1969 年年初，双方又在边界上的若干地方，比如在东北的乌苏里江上的七里沁岛和珍宝岛，不断发生巡逻队冲突，从对骂到推搡、棍棒武斗等。1969 年 3 月中国被迫在珍宝岛进行"自卫反击战"。此事件之后，中苏双方试图恢复 1964 年的边境谈判，但双方积怨太深谈判难有进展。苏联在报纸上发布准备对中国的核设施进行打击的威胁，同年 8 月，苏军在中苏西部边界铁列克提（今中国—哈萨克斯坦边境）对中方实行报复性打击，双方再次发生武装冲突。这一系列事件史称"中苏边界冲突"。1969 年年底左右，苏联在中蒙边境大约陈兵百万。我们到"内蒙兵团"后，晚上在驻地轮流站岗时，经常可以看见沙漠深处有人打信号弹。团里、连里借此不断地进行战备教育，经常要安排夜间的紧急集合。这对我们刚到的新兵来说，难免不能适应。第一次紧急集合时，个个狼狈不堪：裤子穿反了、背包在跑步的时候散了、鞋带开了被绊了跟斗等等屡见不鲜。连里派老兵训练我们打背包、学习"内务条例"。有文化的知识青年学习这些并不困难，没有过多长时间，我们很快就能熟练地在 3 分钟内打好背包、穿好衣服带好装备站好队了。听着口令跑步走或者急行军半小时，或者一小时后回到驻地，我们在队伍里都是迷迷糊糊的，根本不知道东南西北，如果真的有人袭击，那时的我们非"牺牲"不可！跑了几圈回来后，掸掸土，解开背包又呼呼睡了。这样的紧急集合，多的时候，一晚上要安排二次、最多的是三次，折腾得我们不得不想办法来对付。后来为了应付晚间的紧急集合，我干脆建议全班用平常不怎么用的棉大衣或者是褥子打好一个小背包放在炕边，一听哨响，背起这个小小的"战备背包"马上出去，跑回来后，也不用解背包，原先的被窝有时还是热乎的。这个秘密被连里知道后，马上被点名批评，好在我们全班是统一行动，"法不责众"，只是将我们的军大衣等等集中到所谓的"战备仓库"中，不让我们接触了。在三连，最大的、时间最长的一次紧急集合是八月一日建军节时搞的那一次。

1969年的"八一"建军节,是我们到兵团后迎来的第一个作为中国人民解放军序列的兵团战士的第一个节日,按照传统,炊事班要逢节加餐加菜,连里还杀了一只骆驼,我们第一次吃了骆驼肉的饺子。对我们浙江兵说来,这些骆驼肉饺子有膻味,根本就不是美味,还难以下咽,但又没有办法,我们只得就着大蒜、蘸着醋勉强吃了几个。第二天凌晨,紧急集合的哨声突然响了,说有敌情,让我们搜索从驻地到阴山的一大片范围。简单的动员以后,让我们五人一排、一字排开向北边的阴山方向推进,碰到可疑的人立即吹哨报告。开始时不觉得与平时的紧急集合没有什么两样,但走着走着,我们就走散了。看着阴山就在眼前,但始终走不到边,这就是俗话说的:看山走路累死驴。大约两三个小时之后,我们终于到了阴山脚下。这是我生平第一次到了在百万分之一的《中华人民共和国地图》能够标注的阴山山脉。该山的向南一面富含铁矿,呈赭红色,在阳光下就显得阴沉恐怖。因为干旱少雨,这座山表面没有任何植被,山上风化的赭红色的小石头踩上去像滑沙,很难攀爬。我们在一个沟口,发现了一头干枯的死驴的骨架……此时离出发已经四五个小时了,饥肠辘辘,再加上缺水,体力实在不支了。幸好返回时,我们发现了一个牧民点,进去后喝了他们用铁锅烧的水,但铁锅可能煮过羊肉、烧的水当然也有膻味,只好捏着鼻子喝了几口。此次紧急集合,我们经受了人的体力的极限挑战的考验,有5名战士在回来时虚脱、被注射了葡萄糖……

深挖排干渠

为了备战,每逢重大节日,我们连队必定是战备值班连,有时通知还是一级战备,今夜睡觉不脱衣服。北京军区还根据中央要加固北线的部署,要我们兵团规划一条横亘在中蒙边境的一条人工排干渠,规划此渠是要宽40米、深10米,既可成为防止苏联的坦克等装甲部队的进攻的天然屏障,还可以大大降低地下水位、排除盐碱,改善土壤,设想和规划听起来都很战略、前瞻。从1969年的十一国庆节以后,我们就接到任务要先行开挖一段。这条渠在我们连队的北边、阴山山脉的南边,是沿着从团部过来的一条支渠的尽头。我们连队组建以后,除了浙江兵外,以后又来了北京兵、天津兵、保定兵,1970

阴山山脉。山上没有植被，向南的这一面都是风化的细石

年以后，又来了上海兵。大家都是20岁左右的青年学生，有的还是"半大小子吃过老子"的长身体时期，虽然兵团战士实行供给制，每月定量有45斤，但因为沙漠深处没有多少副食蔬菜，不到半年，我们的口粮就有了亏空，此时连队就要求我们按班按定量打饭。我记得当年挖排干渠时，连里给我们规定早上出发到工地后，"天天读"一小时，挖渠两小时休息半小时，中间派人去海子里刨两筐冰给大家解渴。中午由炊事班送一顿干粮，每人两个馒头就咸菜。遇到刮风的时候，咸菜和馒头都难免沾上沙子，我们咬的时候都牙碜、实在难以下咽；没有水喝，冰块嚼多了，就会觉得肚子也像个冰坨子。下午是3点钟左右收工，回来的路上还要每人打上一捆梭梭柴交到炊事班。晚上的伙食是每班一盆疙瘩汤、每人两个棒子面窝窝头。当年的"天天读"是雷打不动的制度，在北风呼号的工地，一群穿着臃肿的棉裤棉袄的兵团战士，戴有花色斑块的狗皮帽子，用哈气呵着双手，蜷缩在渠里的背风处念着：下定决心，不怕牺牲，排除万难去争取胜利……这是一幅多么令人难以置信的画面啊！但这却是我们的亲历亲为。好在内蒙古的冬天很快就封冻了，冻土坚硬无比，我们只好停工了，这段排干渠，经过一个冬天的风沙淹没，几乎又夷为平地了。我当时就认为没有大型的机械化的设备，要完成这样的干渠几乎是不可能的。这种艰苦的无效劳动，让我实在恼火，尽快摆脱在连队的这些不由自主的折腾，成了我日夜的梦想。在三连的这段挖排干渠经历，也是我来兵团以后碰遇的最艰难困苦的一段日子。

战备仓库趣事

当时的三连因为是六团的战备值班连，为了备战，除了不定时的紧急集合、拉练训练、挖排干渠阻止苏联的装甲车进攻外，连里还要求我们把多余的日常用品全部放到箱子或旅行袋里，写好父母姓名家庭地址贴在上面，送到每排一间的空营房里，称为"战备仓库"。如果碰到因公意外死亡或者牺牲，这里的东西就是我们的遗物转送家乡，因此这里是我们生命的阴阳交界之地。每到周末或者特别疲劳的时候，我们都要到此处看看，打开自己的箱子或者旅行袋，顺便拿些日常用品，有时也躲在里面看家书、写家信，看到家

2010年9月与华天惠等重回"内蒙兵团"一师六团

中有好事时兴奋不已，有难事、想父母家乡时就在此独自默默流泪……我从临海出发时，带的一木箱书也放在里面，箱子里装的是我初中学过的课本和从母亲单位、台州地区疗养院职工图书室借来的几本《星火燎原》回忆录、《志愿军一日》，还有一本英国哈代的《德伯家的苔丝》。兵团的生活，有训练有农活，就是没有文化学习，除了通信员每天从团部取回的报纸和家信，几乎没有书刊可读，真正的是人在沙漠里，心灵更加是文化沙漠。一封家信，我们都是反复看，认真地体会"关山阻征程，家书抵万金"的个中滋味。我为了在无聊和疲劳时排解苦闷，经常光顾战备仓库，躲在里面看看初中时的课本、特别是英语课本，背背单词（以后真的有用），读读那几本回忆录。《星火燎原》书中述写的都是革命前辈的亲历亲见亲闻，是历史，又是文学而且是极好的文学作品；是用革命烈士鲜血、革命群众鲜血构成的一部书，读后可以令人激情澎湃。《志愿军一日》也是一部军事纪实散文集，作者就是全体志愿军官兵，他们以自己的真实经历，记录了那场伟大的战争，记录了许许多多可歌可泣的英雄。《志愿军一日》成书于朝鲜战争刚刚停战后的第一个冬天，即1953年12月，中国人民志愿军政治部就向全军发出号召，征集抗美援朝稿件。广大官兵热烈响应，积极撰稿，掀起了一场大规模的写作运动，最后从这些全军送交编委会的13615篇稿件、两千多万字中，最后精挑细选编辑成书的仅426篇、一百多万字，于1956年正式出版。可见，这本书多么珍贵。《上甘岭》《英雄儿女》《奇袭》《奇袭白虎团》等都可以在里面找到故事原型。

我读了这两套书，像经历了心灵洗礼一般，顿时对中国革命的历史、对中国共产党的光荣与伟大充满了由衷的钦佩之情。这对于我大学毕业以后执着地从事历史图书的编辑和策划出版党史人物传记和回忆录、增加对历史的复杂性的认识，无疑是不自觉的启蒙。而哈代的那本《德伯家的苔丝》，我看了无数遍，也许是我的想象力不丰富，始终不能从事文学创作一样，我一直不懂那个哈代笔下的德伯家的苔丝给那个英俊的克莱的那封重要的忏悔信，为什么会从门缝下塞进了铺在屋里的地毯下面？……在战备仓库看这些书，被人看见是很"小资"的事，是要被批判的。好在我从不声张，也不炫耀，三连的战友都知道我有一箱书，但都是些什么书，他们一概不知。大家都没有书读，我却有这几本可读的书，正像拥有了荒漠甘泉一般，享用不尽。

在兵团，我们实行供给制，吃的是大锅饭，遇到节假日，家里寄的包裹，一般人都是贡献大部分让大家分享，但也有的不愿分享而独自慢慢享用者，这本来无可厚非，但那时我们都年轻，都不懂人之常情，总觉得"独享"是自私的表现。在战备仓库里，有时也会碰到别的战友来偷偷存取这些东西，趣事不断。记得有一次我和隋桂英都在仓库里，发现一个箱子上面放了两只酱鸡腿，这个箱子是我们的浙江老乡赵莒宾的，赵莒宾很漂亮，头发自来卷，眉毛和眼睛很近，我们送她外号"洋娃娃"。她和她的哥哥赵莒临都在三连。他们的父亲是副专员兼地区商业局长，是主管地区商业的最高领导。啊！此时我们已经好长时间不知"鸡滋味"了，来不及细看、也不知鸡腿是生是熟就一人一只啃着吃了。50年过去了，迄今她都可能不知道她的两只酱鸡腿到哪里去了？亲爱的赵莒宾，亲爱的战友，原谅我们当年不请便自作主张分享了你的美味！

收到加急电报

1970年的年初，临近春节前5天，我突然接到了家中加急电报：父病危，速回。在塞外内蒙古过的第一个冬天，格外寒冷。接到电报的感觉，更冷！就像掉到了冰水里。父亲的身体一直不好，长期胃痛，在家时我就看见他经常要捂住肚角，还要经常吃一种含有"氧化铝"的白色药粉。现在想起来，父亲可能就是胃酸过多，吃了这些含碱性的如苏打类的药后，胃痛就会减轻。我和哥哥来内蒙古后，家中的大弟张仁勇被安排在临海染织厂做了保全工。这是我们两个到内蒙古以后给他换来的就业机会。临海染织厂就是父母曾经工作的地方，他们是一个调离、一个是因为不堪忍受调来调去而伤心退职的地方。弟弟在这个厂的处境是不言而喻的。好在大弟学习技术的劲头大，人也不笨。时间不长他就成了该厂中技术拔尖、又受工人喜欢的保全工。但父母对他的影响是挥之不去的。不久他就自己联系调到了临海化肥厂的机修车间工作，这是后话。家中除了大弟以外，还有三个妹妹。大妹不识字，只能做做家务。两个小妹还在读初中。他们对父亲的病、对突如其来的"病危"，真的会是束手无策？我和哥哥都在内蒙古，为什么给我来了电报？我拿着电报和哥哥商量，他不知怎么想的就说你马上请假回去。这是六团三连自组建以来的第一个因家事收到的第一封加急电报，也是一个战士，准确地说是一个新战士来队半年以后就要求探亲的个例，按照连队管理条例规定：新战士要满一年后才能探亲。连里、团里都很重视。据说是团长亲自批准了我的探家。假期是 20 天再加路途往返 6 天。

　　从 1969 年 6 月 9 日离开家乡到此时也就半年多（准确地说是 7 个月），因为空间的变化大，我觉得仿佛已过了十多年。这种感觉，好比现在我们外出时，一天或者数天内去了三四个甚至更多的地方，就会有出来很多天的感觉是一样的，这就是空间换时间的道理。我们来的时候，从宁波上火车后就直接到了磴口也就是巴彦高勒，没有经过中转。现在我独自探家，怎么走？坐哪次车？怎么中转？都要我事先查找。好在我的中国历史地理知识应付这些事是绰绰有余的。20 世纪 60 年代末，物质贫乏，交通落后。从磴口回浙江，就只有北京到兰州的 43/44 次一趟车经过，按照列车时刻表的显示，这趟车仅仅在磴口停留 2 分钟。如果往南坐 43 次车可以到兰州中转再到上海、杭州、转公路——临海；相反如果北上坐 44 次则可以到北京、杭州、转公路——临海。相比之下，应该选择走北线。凡事都贵在第一。连里的浙江兵得知我的探家报告得到了批准，个个欣喜不已，每个人都好像是他们自己要回家一样，人人都写了家信让我带回，个个都跑到我面前嘱咐：一定要到我家看看啊！兴奋和激动的情景，实在是难以形容。

第一次探家

出发时，连里让哥哥送我到磴口。我们先是搭乘六团机运连的大卡车到了磴口，买了车票后，哥哥就要返回团里了。在磴口火车站分别时，我顿觉心里空落落的，这是我人生第一次单独地踏上旅程。是否平安？是否顺利？相比初中毕业时的外出串联、到杭州和母亲一起陪弟弟做手术，那都不是一个人的单独行动。现如今只剩下我一个人在候车了，四周举目无亲也无认识的人，孤独和无奈涌上了心头，泪水立即模糊了眼睛。……我迄今都记得当日44次晚点了12个小时左右，正点应该是中午到的，一直到晚上12点左右才到。这中间我因不停地到售票窗口询问，引起了卖票的一位阿姨的注意，她看我穿着兵团服，一看就是知青。或许是她的家人也有当知青的？不禁有了同情。她问了问情况后告诉我，这趟车晚点太多了，到北京要21个小时，你还要转车，从北京到杭州的119次还要27个小时，很辛苦啊。你先在座位上安心休息，车到了我会叫你的。人在难处时，一句话、一个眼神、甚至是一把能充饥的炒黄豆、一个烙饼，都是救命的稻草。听了这位售票阿姨的话，我的心头顿觉温暖无比。候车的12个小时终于挨过去了，44次车到站了，上车的人很多、也很乱。售票阿姨过来和我说：你中途上车、很难有座位。我领你从卧铺车厢上去吧，因为临近春节前3天，为了提高运力，这趟车从今晚12点起就取消卧铺了。你上车后，如果有人下车就有空的铺位，你可以休息下，以积攒体力顺利转车。多么好的阿姨啊！我永远都不会忘记这位磴口站的售票阿姨。我与她素不相识，她却尽力做了她的分内之外的事。尽自己的能力去帮助别人，应该是人的第一本能。受她的影响，多少年后，不管在编辑工作岗位上还是在和人相处时，一想起这位阿姨，我都会尽自己最大的努力去帮助别人。

上了火车以后，果然如同这位售票阿姨所说，卧铺车厢里只有下的没有上的。而且一般人也不从卧铺车厢上下车，的确比较宽松。因为从收到电报以来，我就没有好好地睡过觉，人的精力也是有限的，超过48小时候以后的困劲是任何地方、任何措施都不能让人再保持清醒的。我看了看四周，随便问了问他们到哪下车？得知卧铺车厢里周围的旅客大部分都是去北京的，都还比较实在。我终于在车上睡着了，而且睡得特别死。一觉醒来，呼啸的列车已经过了张家口了。好在吉人天相，一切平安。到北京后，我没有出北京站就换了开往杭州的119次车。此后的路程我就越走越熟悉了。经过三天三夜的旅途，我终于赶在大年三十的下午回到了离开7个月的家乡。

难忘的托运

到家以后，我马上看见父亲和我们临走时并无变化。询问后得知是他们思念我们，想要我们回去过年而发的电报。可怜的父母亲啊，这种办法可将我们骗得哭得死去活来。如果路上出点啥情况，岂不是悲剧？回到临海的第一件大事就是给我的三连的战友送家书。

待到我送完家书之后，令人意想不到的场面发生了。前面已经提到，我是数百个临海赴"内蒙兵团"的子弟兵中第一个回家探亲的，他们的家长收读家信后，一传十、十传百，不但我们连、就连六团的临海籍战士和五团的临海籍战士的家长都知道有人从兵团回来了，他们都把我当成了他们的子女，每家每户都要我去他们家坐坐、吃顿团圆饭。而我只有一个又不能分身？怎么办呢？他们就采取堵门的办法，一天中竟有几拨家长在等候。更多的家长则买了水果、点心来我家看望。看看我穿的兵团服、摸摸头戴的狗皮帽子、听着我讲述兵团的生活及内蒙古的气候环境、风土人情，多问多听，又喜又悲，好像就看见了他们的子女在遥远的"内蒙兵团"的生活的情景。这样一来，我的探家就成了一次公务活动，每天都有战友的家长来访，有认识、更多的是不认识。我都尽可能地实事求是叙述了兵团的生活，回答他们的问题，尽可能地让家长们满意。20天的假期马上就要结束了，家长想念出门在外的子女，想想他们在内蒙古的艰难，每家每户总想带点什么。尽管我反复强调我只身一人，实在带不了多少，但他们最后托带的包裹竟足足有两个麻袋。怎么办呢？还是三连战士的家长们想出了办法。他们让三连战友牛培东的父亲牛梦松叔叔（时任台州养路段的局长）留心有无便车（就是空车到杭州拉物资的货车）送我到杭州，到杭州后，又请在杭州机务段工作的牛培东的大哥帮助，请他协助将这些包裹送到杭州的铁路南星桥站作为"零担"托运。"受人之托，忠人之事"，为了报答这些家长对我的深情厚意的招待，我们家决定父亲和大弟张仁勇一起送我到杭州。这些包裹到杭州后，在南星桥货运站托运时又要拆包、检查，有些如猪油等是不能作为零担货物托运的，而我们的包裹中就有小铁盒包装的猪油被挑出来放在了一边，怎么办呢？好在托运站里有一位姓陈的年长者，瘦瘦的，穿着蓝色棉大衣，是个负责人，他仔细听我说了兵团有时会断粮缺油以后，又默默地同意我们将这些不能托运的包裹放回了，人世间的脉脉温情，总在艰难时滋养着我们，使我迄今都心存感激……几经折腾，经过我们父子三人和牛培东的大哥的近两天的折腾，最后才办妥了"零担"托运的手续。到了内蒙古以后，我又一一将这些包裹交了了战友。做完这些事后，我却超假3天了。连里的李连进指导员联想到前次的超假，这次又准备要批评我，好在我临离开临海时，牛培东的父亲牛梦松叔叔给我带了一张盖有台州养路局大印的："因大雪封山，交通不便"的证明。当年从临海往杭州，必须要翻越摩利岭和卫士岭。前者是临海和三门天台的交界，后者是天台和新昌的交界。两山的盘山路弯多路险，电影《奇袭》的那段惊险的令追袭的敌人的汽车掉下悬崖的镜头就是在卫士岭拍的。每年的春节前后，只要下大雪，这条路就被封了。最后，我的超假，也就是在晚点名时被李指导员"队前批评"了一次而结束。此次探家，得到了地委大院的许多父母特别是牛培东的父母、大哥、妹妹牛建平的真诚无私的帮助，深情难忘！可惜天不假年，牛梦松叔叔和他的夫人，此别以后直到他们逝世再也未曾见面，牛培东也在2017年因患肺纤维化去世了，他是我们兵团临海籍战友中第一个离世的，虽然我们以后也会一个接一个离开，但那天得知噩耗以后，我还是震惊不已，马上写下了以下文字：

  惊悉牛培东逝世，心中悲痛不已。前几天看到微信上传他插满了抢救管子的图片，我就已经有了不祥的预感，人的生与死，天堂和地狱，既遥远又临近。他与他的家人都经历了人生的最最痛苦的折磨，医学在这里终于败于病魔。他先是肺的纤维化、实际是和非典病人的普遍的最后的结果是一样。2003年的北京城的恐怖的一幕，我们都历历在目：我们每天都是听着电视广播的死亡播报过的日子，北京人走到哪儿都是被人们视为传染源，我们都是那次大难的幸存者。纤维化的肺，带给人的痛苦比脑梗痛苦十倍：前者头脑清醒但喘不上气活活憋死，后者脑子昏迷影响肢体慢慢死亡。幸运的是，后来他又经历了肺的活体移植，情况有了好转，但医学成就的凯歌正要唱响之时，他不幸又感染了致命的病菌……最后几天重症病房的抢救，让我们又一次感受了生命在疾病面前的渺小，科学在病痛面前的无奈。活着的战友们，一定要钟爱自己、珍惜生命。牛培东的离世，我们都会想起50年多年前1969年6月12日的内蒙古阿左旗巴音毛道，那天清晨，经过三天三夜专列颠簸辛苦的六团三连50多名来自浙江临海的战友在解放大卡车上，被几声锣鼓敲醒了，有几名现役军人和老兵上来帮我们拿行李、告诉我们到了营地了。此后我们在巴音毛道这个只有5万分之一的地图上才能找到的、只有3户人家的牧民点上共同住了将近4个月，女生住在牧民腾出来的土坯房里，男生住在荆笆搭的马架里，晚上可以躺着数星星、望月亮。此时的牛培东，近1米90的大个子，挺拔的身材、白净的面庞，是三连一班永远的排头兵。

生命属于我们只有一次。我们永远都会记得六团三连一班战士牛培东。牛培东活在我们心中。

张秀平
2017年3月23日上午6时

10天以后，我们4排13班便接到命令，成建制的调到团部作为直属团司令部生产股的"农业实验班"。我在六团三连实际上的时间就是8个月左右。

奉命调到团部

到了团部以后，因为六团是个新建团，我们又没有营房住了。在3连时新分班后的13班班长是李平，她的父亲是台州地委干部，母亲在银行工作。"文革"开始时，她当时小学毕业，以后的三年初中，都是在"文革"中学学停

1971年调到六团团部后的实验班合影：前排从左到右为刘清兰、张明、王力成、张凤珍、李平，后排从左到右为杨翠兰、张秀平、杨念红、玉丽荣、李燕云

停中度过的。整个中国的1966届到1969届的小学毕业生都像她那样没有正规地受过学校的教育便被抛向社会或者是农村的广阔天地。他们中的一部分人，如果坚持自学或者在实践中学习，那就在以后的岁月里永远地立于了不败之地；但是他们中的绝大部分人离开学校之后大都告别了书本，以为当一个工人农民足可以让他们温饱、再也不用回到学校读书学文化，终日上班下班，家务事、儿女事。这一批人的一部分最后成了"4050"下岗人员（即男50岁、女40岁就下岗在家变相失业）的群体，这是社会的悲剧，但又与个人遭遇密切相关。李平班长人很老实，吃苦耐劳，对人诚恳。回城之后，成了效益与收入较好的台州中西药公司的职工，应该有比较稳定、可靠的收入。副班长叫赵妩，说话不多，办事利索，富有才气。父亲是台州地委的农办主任，母亲也是公安局的干部。她的妹妹赵嫒也在三连。我们班还有一个叫杨念红，也都是我们老三连的50多名浙江兵之一。杨的父亲是台州地委书记杨俊达、母亲是个南下的山东老根据地革命干部。杨念红的姐姐杨丽萍也在三连，她有一副很亮的嗓子，善于独唱，音色甜美，来连队不久，就被团政治处的直属团宣传队调走了。杨念红与隋桂英、李平、赵妩、赵嫒等等都是来自台州地委机关大院，她们除了赵妩是68届初中外，都是1969届的初中毕业生。杨念红身体单薄，秀外慧中，看上去心事重重。实验班的浙江兵就我们4个。保定兵一个，叫刘清兰，和我一样也是1966届的初中生。她从小在叔叔家长大，有着别样的性格，终日默默寡言，和她在一个班直到我调离的2年里，我听她主动说话总共也不会超过20句左右。她的内心到底有多少秘密？谁也不知。其他的就都是北京兵了，她们是王力成、玉丽荣、张明、杨翠兰、李燕云、史桂花。王力成、张明是北京市13中的；玉丽荣、杨翠兰、李燕云是北京77中的；史桂花则是北京44中的。她们都是1969届的初中毕业生，都是1953年生人。北京兵中的王力成、张明出身知识分子家庭，我见过王力成的全家照，父母弟弟都穿戴不俗，她从小还受过美声唱法训练，对发音吐字十分讲究，她显

然没有艰苦生活的经历，我亲眼见到她好不容易向老乡买了几个鸡蛋，但因规定不能在班里起火无法煮熟，直至鸡蛋变质变臭而埋到沙包里……

"实验班"直属团司令部的生产股，生产股有一个姓解的参谋叫解金池直接管我们，他是个现役军人，大高个子，是天津人。到团里的第一件事就是要我们自己再搭一间够我们班 11 个人住的工棚。

繁重的脱坯

解金池参谋给我们布置了作业，让我们每天早晨坚持要像在连队那样出操，出操后早饭前要每人脱土坯 50 块。脱土坯的场地就在团机关的后面，就地取土，就地引水和泥。脱土坯是所有农活中劳动强度最大的。我们必须要在头天下午将要用于脱坯的土挖好，围成中间低、能蓄水的圈，再用适当的水洇上。第二天早上先将头天洇上的土来回倒一遍，干了加水、湿了加土，直到软硬适中。土坯模是一溜 3 格，我们先将模子沾湿，再用细沙抹在模子上作为干面，以便土坯能从模子里顺利扣出。脱坯时，要将模子一头高一头低地放在身边，五指并拢，双手插入和好的泥堆里，像刨宝似的往怀中方向抠出一团泥往模子里使劲摔，3 个格子都装满后，再用手抹掉多余的，我们就要端着模子、用肚子顶着去场子上扣出在模子里的土坯。扣得顺利时，双手端着模子两端轻轻往上提起，3 块土坯方方正正，有棱有角就躺在场上了；扣得不顺利时，土坯黏在模子上扣不出不来了，或者是摔的力量不匀，缺角少棱，这就算不合格，需要重新脱一遍。50 块土坯，需要蹲起、站立、端着 30 斤左右的模子在场子和泥堆之间（相隔 20 米左右）往返将近 20 次，而且这些工作是要求我们在早饭前完成。可以想象，就是现在最辛苦的、在建筑工地上的农民工，他们也没有我们当年的劳动强度！当代的建筑材料，砖头都已经少见了，土坯几乎绝迹！有时与我的儿子聊起当年的兵团生活的艰苦，他很吃惊也不相信：真的假的？

1979 年知青大返城后，只要脱过土坯、背过砖窑、挖过排干渠的兵团战士都会说，有兵团这碗酒垫底，啥事啥苦都能应付。这绝不是夸口。

当时的六团团部仅有六七排平房，司、政、后机关各占一排；招待所一

2010年9月在六团团部礼堂旧址

排,食堂一排;单身军人干部宿舍一排;军人服务部一排;其他的如机关的警卫通讯排、后勤的仓库保管班、木工班、学校、医务所、机运连、干部军人家属等等的住房都在建设中,他们中的大部分人都住在临时的工棚里。我们挨着司令部机关的单身军人干部宿舍搭了一间四四方方的工棚,团部的机关的保管班露天库房里有的是木料,我们在工棚里用木桩搭了架子、铺上从保管班领来的木板就是木床,终于不用睡土炕了。来到"内蒙兵团"以后,我对睡土炕实在不习惯,总觉得有一股土腥味。我还在木床上做了架子,挂上从家里带去的蚊帐,像个小亭子,躲在里面看书,被人认为"搞特殊"。那个时代,大家都穿一样的衣服、吃一个锅里的饭,自己若要吃点家里带来的食品,便被称为"吃小灶";只要与人不同,更会被人目为"另类"。

野营拉练遇险

1971年年底,中共中央毛泽东主席又作出了全军和大中及小学高年级学生"实行野营训练一个月"的指示。兵团当时处于中蒙边界的北部边疆,为了备战当然要进行野营拉练训练。团部的野营拉练安排在最寒冷的1971年12月左右,由团司令部王荣副参谋长统一指挥司政后机关的单身干部和战士往乌兰布和沙漠的西部、阿拉善左旗的方向行军一天约50里左右,从团部出发后经过一连,沿途便没有了农田,那就是真正的牧区了。因为是雪后初晴,白雪也没有全部覆盖沙包,只是在背阴处才能看见积雪而已,在内蒙古,雪和雨都是"贵如油"。阿拉善左旗地处内蒙古自治区西部,东接巴盟磴口县、乌拉特后旗、乌海市;东南与宁夏石嘴山市、银川市、青铜峡市、平罗县相望;南交甘肃景泰县、古浪县,宁夏中卫市、中宁县;西连甘肃武威市、民勤县、阿拉善右旗;北与蒙古国接壤,国境线长188.28公里。全旗总面积80412平方公里,是腾格里、乌兰布和两大沙漠交界处,阿拉善左旗近年又划归了宁夏。当天行军之后因为冰天雪地，实在无法野营，我们就分散借住在牧民点的牧民家里。实验班大多数战士都挤在牧民点的一间有大炕的房子里，我和李平班长、司令部机关水利股的会计谢建芬则住在一间类似临时搭建的小房里，房子里有一个小炕，勉强能住3个人。分配了休息的落脚之处后，我们就外出打了一捆梭梭柴，准备将炕烧得暖暖的。梭梭柴就是沙漠中的骆驼刺，春天时抽出的嫩叶是骆驼的草料，到了冬天，干枯的枝条和树根便都是我们烤火烧炕的薪柴。因为

2010年9月在六团团部司令部旧址上新建的宁夏阿拉善左旗巴音毛道农场场部

天太冷，温度实在太低了，临睡之前，谢建芬建议将灶坑里已经烧得红艳艳的粗大的炭火扒拉到炉膛外面，这样即使在晚上没有人添柴续火，屋里也不会降温。殊不知这一举动差一点让我们3人送了命。

牧民点的夜晚，十分寂静。我们当天走了50多里路也累了困了，简单的晚饭后便入睡了。不知什么时候，我突然觉得天旋地转，浑身发软，手脚已不听使唤，但脑子还清醒。炕左手边靠墙睡的李平班长没有一点声音，右手边靠土灶的小谢却在呻吟不已……我当晚睡在炕的中间。事发突然，我也没有想到这是"碳中毒"——就是一氧化碳中毒。临睡前扒拉到土灶外面的红红炭火，会在慢慢熄灭时产生一氧化碳。许多初到北方不会烧炕，或者北方未供暖气、刚刚停暖气时，都会有人将取暖炉临时搬到屋内取暖而忽略了通风、中了一氧化碳丢了性命。我虽然还清醒，但四肢实在无力，浑身软绵绵的。朦朦胧胧之中，还是睡在我右手边的小谢跌跌撞撞起身将小屋的门打开了，一股冷气吹进来，顿觉身心为之又有了力量，头脑慢慢在冷风中醒了，左手边炕头的李平也慢慢醒了。有人告诉我，一氧化碳比空气轻，一般是顺着墙往上走，我们3人中毒的程度，李平最重、小谢最轻。那个晚上发生的事，真正是一次生死的考验，可爱的小谢最后的挣扎救了我们。

第二天的野营实弹射击，司政后机关各有一个靶台同时开始，我是司令部机关第一个上靶台的，三发子弹竟打了10、9、9共28环，是三个靶台命中环数最高的，听到报靶后，绝处逢生后的激动和兴奋实在难以抑制，我摘下皮帽抛向空中……

很多年以后，我想起此次野营拉练，想起可怕的炭火会产生无色无味的一氧化碳令人死亡还是会不寒而栗，实在有些后怕。

实验班的成果

安顿好了以后，司令部生产股的参谋们便都来给我们安排所谓实验的"农活"。有一位来自湖南武冈姓夏的现役军人是林业参谋，他就经常到我们班让我们跟着他去种树，他在团部机关的四周种了几片白杨树，种的时候树苗就很高了，只要成活就是一片树林，这就是当年的"高秆林"。他每天就是伺候这几片树林，团部机关也因为这几片的白杨林而增添了无比的生气，有了点沙漠绿洲的气象，比之我们刚刚到巴音毛道时的"房无一间""连上吊的树都没有"的情况大不相同了。

农业股还有两位属于原来包尔套勒盖农场的农业技术员，一位叫赵宏光，个子不高，是个农业技术学校毕业的中专生；另一位叫胡东瑞，个子很高，是个农业大学的毕业生。胡技术员穿着对襟的白绸衫，戴金丝眼镜，风度翩翩，在当年军人成堆的团机关，相当引人注目。他们两人被指定是我们班的科技指导。胡技术员和我们班的接触不多，只是团部要普查全团的机耕地的面积时，任命他作为总调度。他从我们班抽调了我，让我跟着他一起下连队，深入各连的地头直接测量，他知识渊博，教我在沙包的潮湿处挖苁蓉、用平方米直接换亩的简易公式计算。我跟着他跑了两个月，每天风吹日晒，最后完成了初步普查。

赵技术员很有干劲，他领着我们做了两件事。一是马铃薯的育种试验，二是在沙漠里栽种葡萄。马铃薯是我国的五大粮食作物之一。在马铃薯生产中，一个优良品种往往在开始种植时表现生长健壮、产量高、品质好，但种过几年后，薯块变小、品质变劣，产量逐年下降、品种种性出现退化。从 20 世纪 50 年代开始，我国就开始了马铃薯的品种间和种籽间的杂交、

实验班收获的白兰瓜：从左到右，同班战友杨翠兰、玉丽荣、李燕云

生物育种试验。20世纪70年代，又开始了实生种籽利用试验，从杂交实生籽中选育出抗性强、产质量高的马铃薯新品种，这是防止马铃薯退化的重要手段之一，关系到马铃薯产量的进一步发展。据说从实生籽种的马铃薯，改变了种质资源状况、存在的问题等，解决了马铃薯的遗传和育种问题。赵技术员本人也不是这项技术的发明者，他就是按照他所学的知识让我们班如此实践了一次，好在实践的面积不大，我们就搞了大约两张乒乓球桌大小的一块地，分成两畦种下种薯，待到开花时再授粉杂交，结出的实生籽再种植、再用结出的种薯种植，如此要三年才能培育出一个优良的品种。农业"八字宪法"是"土、肥、水、种、密、保、管、工"，将"种子"列于第四位，可见其重要。赵技术员还从河北的宣化定购了大批的葡萄苗，让我们班按照他的要求整理了大约5亩地种上了。葡萄十分喜水，若遇干旱或者浇灌不及时，马上就枯萎了。我们的葡萄园就碰到了临时的断水，还没有成活就全部干死了。他还主持六团的玉米育种工作，该项工作需要到海南岛租地并要常年居住在该地。他从我们班挑选了杨翠兰和生产股的另一个刚刚分来的中专毕业生叫何平顺跟着他去海南岛育种。我们种的西瓜和白兰瓜虽然不多，但也有了收获。

沙漠里种水稻

生产股的农业参谋高连喜，是原北京军区后勤部柏各庄农场的协理员，他曾经在河北的柏各庄种过水稻，他也向团里建议在团部四周种一片稻子。团里同意了。他就率领我们班又在六团团部的最南端靠近水闸的地方开辟了近20亩的稻田，准备在来年的春种时直接播撒稻种。

高参谋要种植的大片水稻田，我分析后觉得不靠谱。一是选址虽然靠近水闸，但居其下游，水闸已无节制作用；二是试种面积太大，万一干渠来水不足，灌溉就会成为大问题，但又不能反对。我来自浙江的县城，虽然不是农民出身、从小也没有种过水稻，但自小学四年级以后，我们每年的夏收夏种或者秋收冬种时，都要放农忙假，农村的学生就回家帮助家长收获，城市的学生就被老师组织起来下乡劳动一二天或者一周。我看见过农民在布谷鸟叫时在明镜似的秧田里撒谷种时的艰难，也见过农民夏收夏种时"脸朝黄土背朝天"插秧时的辛苦，更领略了农民秋收冬种后享受农闲、收获以后的喜悦。对于种稻子的全过程，根据实践和初中学过的植物学知识，我认为是足够的。于是我就和班长商量，不再参加班里的大田的劳动，我独自搞一块试验田，采取育秧、再插秧、种植水稻，以便和高参谋的直播水稻相比较。团生产股的股长和副参谋长王荣都给予了支持。我挑选了团部北边我们原先挖土脱土坯的一块空地，该地被取土后正好有下凹处，可以用来蓄水种稻子。我按照在老家时看见的农民种稻子的样子先将场地平整、推来了比较肥沃的表土、修了小毛渠，安上皮管，接通了支渠，在支渠的内外侧修了涵洞，安上了请木工班的老乡做的闸门。一切都搞好后，我就按照植物学课本上关于稻种育秧的介绍，先将稻种用稀释福尔马林液浸泡洗净，待到稻种发芽以后就将稻种撒到平整后的秧田里，秧田的软硬，一定以撒下的稻种的半陷入为最妥。秧田只有5平方米大小，秧田的边上有一块足球场大小的是以后供插秧的大田。

撒种以后，为了防止小鸟啄走稻种，我又在秧田中间立了个稻草人，草人头上顶个纸叠的风车，风吹过，草人手臂转动、风车旋转。为了保险，防止小鸟和不懂试验的人的捣乱，我每天又拿着本书在边上坐着，边看书边看护，有鸟落下就用棍子轰轰。如果有人有意无意地开启闸门，我的秧田就会被淹；如果有人将牲口放进秧田乱踩，我的试验也会前功尽弃……好在神助一般，这些意外都没有发生。

1971年在六团团部支渠水闸

不到10天，发芽的稻种马上变成了一片嫩绿，在青黄不接的沙漠里特别的养眼。与此同时，高参谋的大片稻田虽然种子下地了，但因为缺水灌溉竟没有发芽，更不会出苗了。他很沮丧地对我说，还是你行，直播不如育秧！30天后，秧苗有10厘米高了，我就将它们移植到大田中。插秧时，副参谋长王荣和高参谋、解参谋及赵技术员和我们实验班的全体都参加了。这两小块稻田在团部机关的所有干部战士的呵护下长得绿油油的，在它们经过返青、拔节、孕穗、扬花的各个环节后，长得郁郁葱葱。这里还都成了我们拍照留念的地方。真的可以收割了。

收割时，我正好被团里的篮球队挑去集训了，稻子是由李平班长和玉丽荣、张明、李燕云他们收的。据说足足有两麻袋。一个兵团战士，能用学过的书本上的知识，结合实践，在沙漠里试验成功种出了这样一小片水稻，不算是奇迹，也的确令人钦佩。再加上我为团里的干部战士的无偿服务，这些才艺，也使我的声名鹊起，从团篮球队集训回来后，我就被团后勤处调去当了缝纫员。我们班则又归属到了团直属的工副业连。

军人服务社里的缝纫员

来团部一年左右以后，我们对团部司政后机关的各个部门都已相当的熟悉。此时我意外地发现在"文革"开始时趁着在街上看大字报或在邮局门口阅报栏读报的空隙而在街边服装店学习及在父亲的裁缝店里练就的缝纫技术，在这个既不着村也不着店居于沙漠深处的偏僻的团部竟有了用武之地。

兵团组建之后，为了让从各地抽调来此的现役军人能扎根边疆、建设边疆，当时要求他们的家属都要随军，而这些军人的家属大都是农村户口，如果随军，他们都成了吃商品粮的居民，谁不愿意呢？因此，随着家属宿舍的竣工，团部机关的参谋干事和后勤协理员的家属都来了，团部的人口数量大增，但百事待兴，学校、商店、服务设施都是空白，都需要从我们知识青年中寻找能人、有培养前途的人去学习、培训。此时在团部后勤处机运股当统计员的胡爱莲是我的一中同届校友，她是初三（3）班的，来自六团八连。团部机关的话务员、保管员、放映员、统计员、售货员、卫生员等等，都是当时我们兵团战士向往的岗位，我们班是建制班调到团里的，虽然直属了团部司令部机关，但仍然是要从事农业生产。我很希望在司政后机关里谋得岗位，但一时不知怎么办。遇到胡爱莲后，她也想帮我并且向后勤处处长推荐我，但一时没有岗位。此时团部的现役军人家属来多了，我的机会也来了。我先小试身手利用团后勤仓库保管班的缝纫机替团后勤主管军人服务社的协理员张文俊做了几件小孩的罩衣。他的爱人是河北献县人，来自最穷的"献县48村"

1971年在六团团部后勤处门前留影

之张村。她性格开朗，对人热情，是随军家属中的媒介式人物。她的两个小女孩穿着我替她们缝制的罩衣，就是当年那种反穿、袖口有松紧的蛤蟆衣到处炫耀。于是就有许多的军人家属来找我帮忙，就连参谋长葛连贵也请我到他家为他的 3 个儿子缝制了衣服。尽管是义务劳动，但我很尽力，几乎将全部的业余时间都用在为他们服务上。因此各方面都很讨好。团后勤处的张处长在张协理员的推荐下，同意将我从实验班调到后勤处，暂属军人服务社编制。我从此告别了连队，先是在后勤处当缝纫员，后来又回到司令部代理了出纳员，最后是计划股的统计员。

所谓缝纫员，实际就是为机关的干部战士补衣服。当年我们在兵团的前 4 年是供给制，每人每月第一年是 5 元津贴，以后每年加一元，到第四年 8 元时改为了供给制的薪给形式，每人每月 32 元；供给制时发的衣服则是每年一套半，即一件上衣、两条裤子、两双袜子、两条裤头、一件衬衣、一双胶鞋。其他如被子、褥子、大衣、背包带、挎包、水壶等都是一次发齐。外衣和胶鞋等换发时要以旧换新。从事农业劳动的战士，衣服裤子都很费，特别是肩膀和裤子的屁股及膝盖处，很容易破损。我这个缝纫员就是为他们补这些衣服。补丁的材料就是换发时交上来的旧衣服，由我从后勤处的被服仓库中领出后，剪取与衣服颜色相近、比较结实的作为补丁。都说是胳肢窝的饭好吃，肩膀上的破洞难缝，膝盖和屁股上的补丁更不好缝，稍不注意，便会让补丁起折不平、很不美观。如果没有裁缝的手艺在身，也确实做不好这个补衣服的活。因为有裁缝的手艺和缝纫的基础，我补的衣服既大方又结实耐穿。比如膝盖上的两个补丁，我是将裤腿拆开后、缝上补丁再缝回裤腿，这样就保证补丁不打褶，而且从外往里一圈一圈地转圈轧线，两边对称。屁股上的补丁更要讲究人体曲线，先做成一个椭圆的补丁，按照曲线边沿方向从外向里一圈圈轧线，最后形成一个像望远镜左右镜头似的"瓣形"。肩膀上补丁，则根据磨损情况，我将它们补成了像垫肩一样的形状，弥补了衣服破损的缺陷，穿在身上，真像是加了一个垫肩。有人说，你要改变自己，一定要做得比别人多那么一点点，实际的确如此。当年团部机关的绝大部分战士都穿过我缝补的衣裤。当时六团机关军人服务社除了我是个补衣服的缝纫员外，还有一个补鞋的"鞋匠"，是个天津兵，记不得他的名字了，他身材高大，但修起鞋来不怕脏累、认真细心，技术与 20 世纪七八十年代、活跃在北京的大街小巷的鞋匠的手艺不相上下。

急人所急

在缝纫员的岗位上干了不到10个月，因为技术精湛，态度认真、全心全意地为战士服务，在兵团由供给制转为薪给制后，军人服务社的免费项目取消了，我又直接调到了团司令部机关，先是代理出纳、后又兼管了机关大灶的饭票管理员。凡是在团部机关大灶入伙的所有兵团战士都要从我这里兑换饭菜票。管财管物，不是什么高科技，但要有责任心、还要随时坚守岗位。特别是吃饭前后，总有人临时敲门要急事急办。知道这些要点以后，我就想了许多办法满足大家的需要。比如外出时，我就在门上贴上纸条，写明去哪了，多会回来；如果外出久了，我就征得领导同意将饭票的箱子委托他人，写明到××房间找××人，回来后再与他结清。在我管理大灶饭菜票期间，和大灶的炊事班长、管理员之间的账目都井井有条，流水账目分文不差。我调到团计划股当统计员以后，这项工作交给了团部招待所的招待员郑晓红。她也是来自临海的子弟兵，我们是亲密的战友、关系很好。

此时团部的宣传队决定要排演革命现代京剧《红灯记》，他们有一个嗓音和扮相都擅演李铁梅的北京兵叫秦秀梅，还有一个演李奶奶的郭燕，演李玉和的则是来自团部电影放映员郭效忠，这样三个主角定了以后，其他的配角如鸠山、王连举等等就由团宣传队的队员担任。那时也无磁带录音，全靠观摩电影模仿，乐队也是宣传队的队员担任，我的哥哥此时也在团宣传队，他就是在此时由拉二胡改为拉京胡。我们发的兵团服也是草绿色的，系上绑腿，扮个日本兵尚可，但剧中鸠山的军服是胸口左右两个兜，李铁梅、李奶奶、李玉和受刑时穿的衣服都是中式，需要盘布纽扣。团部机关和连队里除了现役军人就是清一色的知识青年，没有人备有这种中式衣服，也没有任何人能做这几套衣服。向北京订购？因为当时所有的物资都是"计划供应"，向何处订购？谁都不知，而且时间长，远水解不了近渴啊！他们的队长找到我，请我设法帮助解决他们的这几套演出服。

我先是让他们从军人服务社买来了白布，做了李玉和受刑后穿的白布对襟褂，做好后，再在袖口处剪开缀上布条，在胸口等处洒上红墨水当血迹，李玉和穿上后惟妙惟肖了。此后，李铁梅、李奶奶的大襟中式戏服也做好了，李铁梅、李奶奶她们也很满意……兵团还真是各路人才的渊薮，团部宣传队的队员，个个都是连队挑出来的尖子，聪明、漂亮、富有朝气，他们在舞台上的表演几乎到了专业队的水平，六团宣传队排演的这台样板戏《红灯记》，后来得了兵团会演的优胜奖奖励，我为该剧的成功演出付出了心血，也获得司政后机关干部战士的一致认可。

计划股统计员

团部司令部机关的葛连贵参谋长，是原北京军区后勤部的某部的副团级现役军人，他的家属也随军来到兵团安家。他有三个儿子，老大叫葛建军，大概比我们小七八岁左右，十分勤奋好学，当时六团的小学校还没有正式上课，他就经常拿着书本向我们请教，我们也就尽可能地满足他的要求。他们兄弟3人，都穿过我为他们缝制的衣服，就因为这些，葛参谋长就会经常"犒赏"我们知青。他喜欢打猎、捕鱼，有一杆自制的猎枪，但质量一般，据说在一连的场院打鸟时差点炸了他的眼睛；有一年隆冬时节，他竟搞了两大桶鱼。葛参谋长告诉我，这些鱼，其实是"刨"的。内蒙古的冬天特别的冷，碰上刮"白毛风"的时候，脸就像是被刀割一样。记得刚到团部的第一年冬天，我们在井边用帆布水兜打水，井里的水很小，帆布兜是软的，放下后，勉强能打上一点水，一挑水往往要反复十多次才能打满，沙漠的水真是贵如油啊！因为天冷，打水的人多，井边结了一层厚厚的冰，井口也越来越小，我不懂结冰后的井绳、与带着体温的双手接触后会沾手，在往井里放绳子时，两手仿佛被抓住一般，我当时还以为是碰到神灵了，不禁大喊：啊，有神仙抓我的手了！边上的老乡喊道：松手啊！要不然你的手上的皮就会被刮掉了。事后想想，不禁后怕。葛参谋长说，这么冷的天，我们兵团的干渠、农渠、毛渠都结冰了。凡是结冰的渠里，只要用铁镐刨开冰面，伸头探望，如果冰下尚有少量存水的地方，那收缩的水里都是鱼。这两大桶鱼就是在大闸附近的渠里刨的，冰下的空间就是鱼的天然冰箱。肥美的鲜鱼，在冰雪的荒漠中竟这样容易得到，真是令人称奇。

司令部机关有农业股、劳资股、基建股、计划股、财务股、警通排等等，每个股都有现役军人股长、参谋若干人。统计股股长刘志昕，是内蒙古伊克昭盟人，伊盟当年是个穷地方，改革开放以后，扬（羊）眉（煤）吐（稀土）气（天然气），以资源富市，名扬天下，现在是鄂尔多斯市。刘股长当兵出来提干后，家里经济才有了改善。刘股长是个正直、善良而又聪明并具有大哥作风的人，他爱人才，也培养人才，经他的协调，我在1973年的年初就调到了团计划股当统计员，负责全团的统计报表工作，刘股长的夫人叫田佩霞，热情、直爽，我们也很投缘，逢年过节，或是他家改善生活，她都会让我们战士到他家一起包饺子等等。记得有一次他家做了腌过的凉拌猪头肉，就是那种白煮的、将肉切成薄片，用香菜、蒜泥凉拌的，既不肥、又不腻，我们吃了一盘又一盘，真是过瘾。迄今我都能回味当年这顿凉拌猪头肉，仍能感到齿间的余香。数十年过去了，我再也没有吃到这样香的凉拌猪头肉。他有三个子女，都是来兵团落户后一个接一个生的，老大是男孩叫刘锋，老二是女孩叫刘凤，老三叫刘睿又是男孩。他们都应该是1970年后生人，现在也应该是50岁左右了。刘睿以后他的夫人做了结扎，不再生育了。他们两口子非常宠爱老三刘睿。

团部八大员

兵团机关的"八大员"（炊事员、驾驶员、通讯员、报道员、总机守机员、卫生员、招待员、售货员、会计、出纳等的统称）是当时最热门的岗位，他们都是各个连队里挑了又挑的尖子兵。六团司令部计划股的第一任统计员是张静娅，她的父亲是内蒙古伊盟军分区的司令员，她加入兵团先在一连，不久后就在团部招待所当招待员，以后又担任了计划股的统计员。张静娅个子不高、椭圆脸，面白，很是文静漂亮，她很聪明，虽然是1969届初中毕业，但写得一手好字，这是统计员的基本功。她被首先挑中当统计员，一半是个人能力，一半是家庭背景。1971年，北京的外交部机要处（对外称336信箱）来"内蒙兵团"挑选机要员，她又首先被推荐，不久就上外交部工作了。我

1973年，探亲路过北京和战友鹿一平（右一）、陈明珍（右二）在天安门广场

们团一共去了两个，还有一个是在团宣传队的叫尹大建的男兵，他是北京人，据说他是一个老红军的后代。这是我们团自组建以来第一次向中央各部委推荐战士，当年他们真是千人挑一啊！真是令我们羡慕，不知这样的馅儿饼啥时能落到我辈的头上？张静娅后来随着她的爱人、外交部信使队的吕新华历经磨练，成长为外交部礼宾司的司长；吕新华则成长为中华人民共和国驻港办事处的主任、外交部副部长，卸任后又历任全国政协委员、全国政协的新闻发言人。他当"发言人"时，还创造性的发明了一句"你懂的"，此句"你懂的"后来成了全国网络热烈传播的名词……张静娅走后，团里先从五连调来一个叫齐艳丽的班长当统计员，她是天津兵，父亲是天津一家无缝钢管厂的厂长，是个军工大企业。天津兵的特点是亲和、能说。齐艳丽也是如此。她是先我到的计划股，又是党员，因此处处在我上峰，凡有好事发生，好像都应该先她再轮到我。

团部机关的会计是许建华，她是我们三连四班的老战友，来兵团2个月就当了连里的炊事员、又先我调到团部机关大灶当炊事员，后来又当了团部机关的出纳员、会计。她的父亲是我们台州地区地委办公室主任，当年就是行政12级的高干。许建华兄妹4人，哥哥许力生因为不愿写父亲的揭发材料，竟不被批准上兵团，硬让他去了黑龙江的绥芬河地区插队，兄妹不得团圆，父母东西惦记。她还有一个弟弟许力文安排在地区的气象局工作，后来也被推荐上了南京气象学院；妹妹则在当地插队。许建华聪明好学，为人正直，生活浪漫，喜欢在办公室里大唱当时流行的《战地新歌》里的那么几首抒情歌："蓝蓝的天上白云飘，白云下面马儿跑……"等，歌声嘹亮、甜美，机关的干部战士都很喜欢。我们的好朋友张静娅被外交部招走以后，她就特别喜欢外语，每天都想着要上外语学院。1973年，她终于遂愿上了重庆沙坪坝四川外国语大学英语系。毕业后分到广东湛江港务局，后来又调回了浙江省外运公司工作，一辈子做外贸生意，历经风雨以后，成长为独当一面的商家。她的爱人范洪毕业于南京邮电学院，后来是浙江省交通厅厅长。我们每次回浙江临海探亲在杭州中转，免不了要麻烦他们两口子，他们每次都是有求必应，从不拒绝，我们现在都仍心存感激。

团部机关军人服务社有一个售货员叫鹿一平，也是我的好朋友之一。她是北京兵，但母亲是湖南人，父亲在北京邮电系统工作，家住北京白纸坊街。20世纪的60年代末70年代初，是经济的短缺时代，六团地处偏僻的沙漠深处，物质的贫乏是难以想象的。有些连队甚至还碰上因连日大雨，道路泥泞，汽车、大车都进不去，蔬菜、粮食就断顿了，他们只好靠人拉肩扛背些粮食，勉强一日两餐就酱油糕泡的酱油汤，生活十分艰苦。当年的兵团战士，对北京酱油厂生产的"固体酱油"都十分熟悉：方方正正、1.26元一包、右上角印有"固体酱油"印刷字，北京籍的战士家长大多邮寄过，战友探家，也往往带回数包作为礼物赠送。军人服务社是六团唯一的供应干部战士日用品的商店，而且方圆百里之内也无分店，垄断供应，地位重要，售货员也就成了兵团"八大员"之一，她们也都是连队里挑了又挑的尖子兵。鹿一平就是当年从一连挑上来的骨干兵。她还曾是一师师部筹办的"屯垦戍边成果展览"的讲解员，她的讲解，口齿清楚，字正腔圆，深得干部战士的好评，有六团"第一讲解"之誉。她梳着短发、额头方正发亮，很有思想，善于学习，对人热情，外号"儿童团长"。她也是深知连队供应困难的，也会急人所急。比如连队的战士来团部买点日用品，因事或因为路远，赶到团部时服务社关门了，她和她的同事都会特别照顾，临时为他们再开一次"后门"，这是真正的后门！为了感谢，连队的战士给她们送的自己在海子里捕的鱼，她都叫我去分享并由我来给她们做江浙风味的清炖或者红烧鱼。我的三连的战士朋友来到团部，她也都热情接待，让我们感到温暖。她不知为何没有被推荐上大学、招工，最后是病退回的北京。后来又经过自己多年的努力，她成长为北京市宣武区劳动局的一名处级干部，爱人是二机部的高级工程师，有着幸福美满的晚年。我们在六团团部相处的日子，值得永远怀念。军人服务社另一个售货员是李惠玲，我在该社当缝纫员时与她同住。李惠玲与我同龄，是北京某中学的1966届初中毕业生，家住北京前门外鲜鱼口的北京桥梁构件厂的简易楼宿舍，父亲在陕西宝鸡蔡家坡三线汽车制造厂。她精明、漂亮，很会捯饬，每天都干净、利索地站柜台，很是引人注目，干部战士都有

1972年，和战友李惠玲在六团团部小树林

追求她的。司令部机关的军务股有一位姓颜的参谋，他是陕西岐山人，不知什么缘故离婚了，开始听说李惠玲要嫁给颜参谋，我们都似信不信，颜毕竟结过婚、大她十多岁。但大约在1973年左右，她和颜参谋真的一起离开兵团到陕西了……不知她现在哪里？过得可好。

还有一个售货员叫马秀兰，是呼市兵，她后来也被推荐上了中专，现在应该在呼市工作。团部机关还有总机班话务员赵苏娜、苗淑英、董淑霞（北京兵）；摄影员赵淑芳、孙淑华（北京兵）；理发员李开瑜、王英（北京兵）；基建股会计李秀云、水利股会计谢建芬、统计员丰爱平（浙江兵）；司令部会计谢东、出纳员宋英（北京兵）、公务班班长钟云龙、水利股施工员吴建新（都是浙江兵）；粮站王平（保定兵）、保管班刘建新（北京兵）、郑振扬、陈妙根（浙江兵）、机关大灶炊事班长顾永清（浙江兵）、炊事员陈明珍（上海兵）；小灶炊事员高水莹（浙江兵）、上士邱建清（浙江兵）；司令部农业股林菜排排长林金荣（济南兵）、招待所招待员郑晓红（浙江兵）、计红妹（上海兵）……她们当年都是从全团挑选的青春漂亮、豆蔻年华的男兵女兵。50年过去了，真的特别想念他们。

参加大学招生文化考试

统计员的最主要的工作是报表。月报、半年报、年报是最繁重的工作。而且时间紧、任务重。我刚刚接手时，有点手忙脚乱，填起表来经常出错，而一个数字有错，整张表格都得重新填了。特别是关于各个连队大小牲畜统计，有期初存栏数、期中存栏数、期末存栏数的变化，每个时间段都有小计和合计，最后要有总计。每个栏数字横竖相加都要相等。计划股里还有一个现役军人参谋叫张晋忠，他是山西离石人，也是来自北京军区某部，打得一手好算盘，凡是涉及上述的报表，需要小计、合计、总计的，都是我们将连队及各个单位的报表汇总后由他来总计，从未出过差错。经过几次报表以后，我们也能达到他的水平了。张参谋也落得在家养鸡饲啄。

自1971年外交部来"内蒙兵团"招人以后，就不断地有许多中央在京机关和驻蒙大企业来兵团招工。如包头的包钢、第一机械制造厂（一机厂）、第二机械制造厂（二机厂）等等。1969年，中共中央毛泽东主席发出了"大学还是要办的"指示，中断了近3年之久的大学又开始少量地招生了。对怎么办大学、怎么选拔学生，毛泽东主席都作了具体的指示："学制要缩短，教育要革命，要无产阶级政治挂帅，要从有实践经验的工人农民中间选拔学生，到学校学几年以后，又回到生产实践中去。走上海机床厂从工人中培养技术人员的道路。"兵团战士从理论上都符合毛泽东主席提出的这些招生的条件。从1971年开始，兵团也就将推荐战士上工厂、上大学作为了一项日常的经常性的工作，团政治处的组织股还成立了招生办公室，由一个叫王尚才的干事专门负责这项工作。王干事原来是团部机关大灶的管理员，我们彼此熟悉，他是个复员老兵，也是来自伊盟。他为人正直，说话办事干脆利索，和我们股长刘志昕彼此也是惺惺相惜，英雄所见略同。

全团有12个连队，加上机运连、团卫生所、工副业连、招待所、小学校、机关大灶及司政后机关的各个股室共有20多个连级单位，总人数是2500人左右，每年上大学的名额开始时的1970年、1971年、1972年，人数很少，全团也就十多名，包括大学、师范、中专。每个连分不到1个。开始两年是纯粹的推荐，我们都不知怎么操作的，就传出有人上了大学了。但这种情况在1973年开始发生了变化，名额增加到每年50名左右，而且可以自己报名、群众推荐、文化考试、学校录取。听到这样的消息，我们的心里都开始活动了，我也在六团的司令部机关报了名，准备参加文化考试。另一名统计员齐艳丽虽没有报名，但她很会说话，对我们股长说，先保证让我上，她年纪比我小，还有机会。经过简单的文化考试，我的总分是全机关第二，第一名是叫王如烨的北京兵，他是北京某中学的1967届高中生，是政治处的一名报道员。他考第一是在意料之中。此时的我，在六团团部也开始有了点名气。首先是我在团部缝纫的技术是第一流的，其次在沙漠里试种成功了一小片水稻，是独立创新之举、令人刮目相看，再次是1971年的批林批陈批"天才论"时，我写了一篇发言稿，大气磅礴，很得团首长的称赞。我考第二也应是水到渠成。

两次落选

接下来的事情就有点不妙了。王如烨很顺利地上了长沙工学院，机运股的统计员胡爱莲也上了陕西咸阳的轻工业学院，我却因为家里的政审材料即所谓的"函调"没有寄回而落选了。那个时代的政审比什么都重要，没有政审的"函调"，就没有政治生命，入团、入党、上大学、当工人等等都会成为泡影。我十分懊恼，与家里几次通讯联络后，我终于要来了合格的政审材料，并马上申请入团。但不幸的是1973年的招生已经结束了。招生结束以后，包头的二机厂又来我们师招收老师，出于安慰，司令部机关的一位姓倪的协理员问我愿不愿意到包头当老师，我想了想，还是觉得要首选上大学而谢绝了。经历了这次挫折以后，我憋足了劲准备明年再考。因为1973年的文化考试成绩名列前茅，也从此奠定了我以后上大学的基础。有一批干部战士都觉得我应该上大学，群众的呼声有时也有点作用呢。

1974年的大学招生又开始了。开始时一切都还顺利，本以为还是按去年的程序一步一步走。不料"张铁生的白卷事件"以后，情况又变了。文化考核让位了"群众推荐"。要按群众推荐的票数来决定！而该年投票之时，团部机关的一位姓祁的协理员是机关的党支部书记，他告诉我：党支部正在考虑你的入党申请，你要努力工作，我要下一连蹲点，你也一起去锻炼，接受考验，以便回到机关后讨论你的入党申请。盛情难却，我就跟他下一连了。一去3个月，等我返回机关时，群众投票结束了，我少了2票而不得推荐。这一年年底，被苦闷、彷徨弥漫的我，一气之下再次申请探家。此次回家，我决定走南线，从兰州经陇海线到西安、南京再到杭州、临海。选择这样的线路，一是散散心排解不得志的苦闷，二是一路上可以游览早已向往的魏晋汉唐文明古城西安和南京。在西安，我们住在位于李家村的西安建筑冶金学院的兵团战友的宿舍，游览了举世闻名的大雁塔和临潼的华清池；在南京，我们瞻仰了中山陵，都是匆匆忙忙，走马观花。不知怎么的、冥冥之中，在我的心底里总觉得这些地方，我以后还会再来。果然在以后的岁月里，我至今已到西安开会、参观不下5次，到南京也超过了3次。1977年的春夏之交时，我所在的兰州大学还到陕北、西安毕业实践，在延安大学、西北大学住了1个月。这是后话。此次探亲回临海，再也没有第一次探家时的新鲜和那么多的家长来看望了。因为所有的临海的子弟兵都可以享受探亲假回来了。我也乐得和我的初中同学相聚。其中孙淦钊同学此时正在临海一中代课，她是我们回临海时经常要聚会的同学之一，记得当年她问我以后有什么打算时，我还是毫不犹豫地说：忍耐、等待！直到上大学！她似信未信。孙淦钊是我们临海一中66届初三一班唯一在恢复高考后考上杭州大学外语系的同班女同学，后来又赴美国深造获得了博士学位，此后一直在美国长期从事特殊教育。她也是历经了风风雨雨，最后迎来了学术的春天。

终于上了大学

在紧张的兴奋等待之后，终于盼来了1975年的招生。这一年的兵团形势又发生了根本性的变化。大约在年初的时候，中央就决定要解散"内蒙兵团"，现役军人全部返回原部队，知识青年和原地方干部则重归地方农场。这无疑是一颗重磅炸弹，将我们在"内蒙兵团"的梦想打得粉碎。刚来到兵团时，无论是宣传动员还是来到兵团以后的政治思想教育，都是将知识青年的"屯垦戍边，寓兵于农，稳定边疆，保卫边疆"作为我们的座右铭，不到5年，我们又将全部成为农场的一名农工，这是怎么也想不到的变化。这5年之中，虽然物质生活比之全国贫困地区的农村农民和插队落户的知识青年，是比上不足比下有余；供给制形式的准部队生活也有新鲜感；文化生活虽然单调，但我们有的是自娱自乐的节目。比如团部放映队一个月左右就要在司令部机关和大灶之间的空地上放一场电影。虽然当时就那么几部片子，但我们都是从头看到尾。而且放电影时，各个连队都要提前吃饭、整队来到团部，战士们要背着背包，到了团部以后，按照连队队形坐在背包上。放映前各个连队还要开展拉歌比赛，表面上的精神面貌似乎朝气蓬勃，但是战士们内心的苦闷却是无法表达的，我们的心底仍时时萦回着明年如何？今后怎么办？前途到底在哪里？我们都在思考我们的未来。招工、参军、上大学、当工人都是我们的首选之路。但这些毕竟都是少数人。因此招生的名额还没有下来时，团部机关的各个部门就开始了竞争。

我们计划股的刘志昕股长为了我们股的两个统计员都能顺利地被推荐并能上大学，他费尽了心血。首先是替我们分析了司政后机关的每个符合上大学的战士的政治面貌、家庭出身、本人的文化水平和在机关的表现，他认为在正常情况之下，我们股两个统计员，今年走一个的可能性是有的，要两个都能上大学，难度很大。全团总的名额毕竟有限，今年的情况十分特殊，兵团又要解散了，大家都将今年的推荐视作最后一次了，竞争势必激烈。其次他向司令部机关的葛连贵参谋长作了汇报，请他考虑我去年因为下连队影响了推荐，希望给予公平的待遇。因为刘股长的力争和事先准备工作的充分，也因为我们的突出表现，最后，我们两个统计员都获得了推荐。又经过政治处招生办公室主任王干事的协调，我最后终于被兰州大学历史系录取了，齐艳丽则上了天津大学。

具有人才思想的王干事

这里特别要说一下当年的六团招生办公室的主任王尚才干事，他原来是机关大灶的管理员，当时的团部机关全部仿照部队建制，设司政后机关，司令部设生产股、计划股、劳资股、军务股、基建股；政治处设组织股、宣传股、保密股；后勤处设财务股、机运股、供应股。招生的工作由政治处组织股负责。团部机关的伙房有战士的大灶和干部的小灶，王先是大灶管理员，以后又调政治处的组织股当干事，有招生任务时，又成了临时的招生办主任。他管招生、招工，团里的招工招生都是由他负责联系、调档以及函调（政审时还需要征求父母单位的"革委会"的意见，称为"函调"），1973年的招生直到最后我的父母的单位都没有回复函调，虽然当年一直有新的招生名额下到团部，我的考试成绩也在前两名，就是因为没有当地政府部门"革委会"或父母单位的函调，始终不能上学。当年能上大学，除了个人表现、政治面貌、群众关系（获得推荐）等基本条件之外，还要有父母单位的证明材料，而当年的父母单位，正在动乱和调整之中，有的撤销了、有的合并了、有的正在被造反派控制着，能不能按时回复、是不是正确的回复，都存在着变数。

因此当年在兵团能上大学者，也就十之一二而已。我之所以能上成大学，而且是上了兰州大学历史系、学习从小喜欢的历史学，也确实是多亏了王尚才干事。一师六团的1975年招生名额与历年相仿，也就60名左右，其中的大学名额是40名占三分之二，还有大专、中专的20名约占三分之一。我获得司令部的推荐后，就要报到团的招生办，再按照指标一个一个地对应到各个招生的学校，这个工作就要王尚才干事来完成。团里的指标、对应的名单完成以后，经过团党委的同意，六团的上学名单就最后决定了。以后就由王干事带着名单、指标到师部招生办，和各个来招生的院校的老师见面、看档案，最后确定是否录取。按照原来团里给各个连队的招生名额和指标，大学的名额在照顾基层连队的口号下，大部分都下给连队了，留在团部的几个名额又由司政后机关的几位佼佼者瓜分。当年机关的几位被推荐的知青战士，都是各个股的骨干，他们的股长都会出面为他们股的战士努力、让他们分到他们心仪的大学。我当时是个刚刚入团的新团员，而机关推荐的上大学者都是党员，从政治面貌上说来，我就输给他们了。因此，我在团里定的院校的名额是包头师专。对于这一点，我是觉得我们的股长以及司令部的最高首长葛连贵参谋长等都已经尽力了。上学的名额毕竟有限，能被推荐、能有机会上学就是幸运了。但是，天下的事，总有变数。团里的招生名额虽然已经一个萝卜一个坑，最后落停了，但王干事带着名单到师部以后，情况又有了新的变化。原来是杭州大学来招生的老师提出意见，六团定的杭州大学的化学系的两名学生，文化程度普遍偏低、怕他们到学校后学习会有困难，希望调整。他们要先去二师招生了。王干事看到这个情况后，为了保证六团的大学招生名额不被其他师挪用，他马上与师部招生办商量，将六团的大学的招生名额作了调整，另外调进了兰州大学历史系历史专业和地理系的地理专业的两个名额、调出了杭州大学的名额。而且他还协调将我从包头师专调到了兰州大学历史系，他还认为我到包头师专当老师都有资格，应该上大学，应该有更加广阔的平台！他爱才惜才，经他手选拔送进大学的兵团战士，不下数百名，都是个个优秀，大都成才。如国家地震局副局长刘玉成、外交部礼宾司司长张静娅等等。当年上大学的名额和连队推荐的名单及招生办按照顺序决定的院校专业等等，都是属于背靠背的，除了本人和招生部门的领导之外，别人是无从知晓的，但王干事从师部协调回到六团以后，团部就有人传说我是挤掉了原先拟定杭州大学化学系名额而调换的。我听说后十分不安，只得战战兢兢地到王干事家去询问，王干事此时也有压力，但他顶住了压力。他将上述的协调经过简单地说明后，还特别对我说，此次名额调整和你本人没有关系！文科历史系对于你太重要了，你有基础，学习可以轻车熟路，我为国家选材，就要有担当！那是 20 世纪 70 年代，就有这么一位有着如此高尚人才思想的团政治处组织干事，这是多么了不起！

走出沙漠

多年的梦想一旦成真，喜悦的心情真是难以言表。怎么感谢、怎么告别帮助我圆了我的上大学梦想的司令部机关的各位首长和我们的刘志昕股长及共过 6 年艰苦岁月的战友呢？那个年代，物资十分匮乏，我们的手中最多也就十几元钱，团部当年只有一个军人服务社，也没有一家饭店，怎么办呢？这个时候，正是内蒙古河套蜜瓜成熟的时候，为了表达心意、表示感谢，我决定去采买一些河套蜜瓜聊作为答谢，但我们团并不出产河套蜜瓜，要去五团的一些老连队购买。

我和团部招待所的招待员郑晓红一起赶着一辆从六团一连借来的毛驴车就上路了。我们先到了五团七连，老同学陈海凌让我们到五团九连去，今年九连的瓜种得多、质量好。到九连后，碰到了在九连担任副政治指导员的谢玉仙，她也是来自我们临海的子弟兵，是为数不多的几个在兵团提干、担任连以上干部的知青战士之一，她马上为我们选好几麻袋的河套蜜瓜及新鲜的蔬菜，招待我们吃了中午饭后我们就准备回来了。她还告诉我们，从五团九连到六团团部虽然只有 20 里路左右，如果从原路返回 7 连再回到团部是 25 里左右；从九连直接向南顺着公路到团部是 15 里左右。但中间要有一段小路。不愿走回头路是我的一贯做派，我们选择了近道。不料毛驴车刚刚走了三四里路的时候，就碰遇了略有坡度的沙包，毛驴车的车轮就陷进去了，无论我们怎么推也纹丝不动。实在没有办法，我们只好卸车，将驴车赶过沙包后再将几麻袋瓜果抬过来装上；不料过不了一会又有沙包，我们只得再次卸车、装车，这样折腾了一个下午之后，具有灵性的毛驴也摸清了我们的规律，后来它就干脆不走了，任凭我们怎么"的去、的去"地吆喝、驱赶，它就是死活不走，赶得急了，它的眼中还流出了眼泪……我们陷入了进退两难的境地。我对赶车没有经验，面对这样的情景，恻隐之心油然而生。这时天已经慢慢黑了，夏日的内蒙古西部地区，天黑了就快近午夜了，不远处的九连的灯光在闪烁，我只得决定先卸下瓜果，请郑晓红赶着空车回到九连打电话回六团团部，请刘股长和机运连的连长商量派车帮助。我则独自在原地等候。夏末的沙漠夜晚，没有蛙鸣鸟叫，但有成群的"小咬"围着我，我扯了些蒿草挥着，一面驱赶"小咬"，一面提防着狼群的袭击。独自在荒野中的这个夜晚，虽然刻骨铭心令人难忘，但说实在的，我当时并不觉得害怕，想到不久以后我就能远赴兰州大学求学，而且将学习我喜欢的历史学，勇气倍增，兴奋顿时多于恐惧。有人说，克服了自己内心的恐惧以后，便会变得勇敢。我认为，只要希望和梦想存在，人也可以无所畏惧。但事后想想，要是碰到了不测的事怎么办？要是狼群真的来了怎么办？大约凌晨1点多钟的时候，我终于盼来了刘股长和机运连连长来接我的小车。再次装车回到六团团部已经是天亮了。郑晓红则夜宿五团九连，第二天中午才赶着空车独自返回。

经这么一折腾，我们买的一车瓜果，都作为答谢分送掉了，我和郑晓红两人虽然一口瓜都没有尝到，但心里还是甜蜜无比，毕竟我们用最通俗、最原始、最简单的方式表达了我们的心意。那个时候的人们是多么的善良和淳朴。我永远都铭记当时六团团部机关帮助过我的人和经历的事。除了以上提到的刘志昕股长、葛连贵参谋长、王荣副参谋长、王尚才干事、祁协理员外，还有劳资股股长刘芳参谋、庄大聪参谋，机运股的股长孙参谋，财务股的股长史参谋，农业股的夏参谋……42年后的2010年，我经过多方打听寻找，终于得知刘志昕股长转业后在伊盟气象局工作（现在的鄂尔多斯市），但早已经退休多年。夫人田佩霞已经去世了。而最具有人才思想的王尚才干事在兵团解散后不久的80年代初期便因病去世了。战友郑晓红，先调包钢后回浙江在临海税务所工作并退休。2020年，因患胃癌病逝，令人心痛不已！

人事沧桑，往事悠悠。我们只有在本职岗位上做出最好的成绩来回报当年的知遇之恩情了。

6年的兵团生活，是我踏上人生社会的第一站。重复、枯燥的简单劳动，使我懂得不管做什么，都要尽自己最大的努力去做好，更要创造性地去做好。

在艰难中改变，在改变中寻找希望，在希望中实现梦想。

走出沙漠以后，新的、陌生的大学生活正在前面，还有一段艰难、复杂的求知路程……

内蒙古磴口（三盛公）水利枢纽（图片采自磴口县融媒体中心）

2010年9月再回六团在三连旧址

当年的营房已成民房……

岁月人生（一）

小学毕业（1963） 　　初中毕业（1966） 　　大学毕业（1977） 　　分到人民出版社（1977）

（1985年） 　　（2005年） 　　（2012年）

2000年访问越南在河内巴亭广场 　　2005年参加法兰克福书展

岁月人生（二）

1979年与华天惠结婚照

2012年结婚33年

附录二 主要论文、综述、书评

关于石勒的再评价问题

石勒(公元273年—333年)，字世龙，上党武乡羯族人。[1] 公元319年—351年，建立了中国历史上的后赵政权。对石勒其人，史家历来贬黜极甚。《晋书》称勒"出自羌渠，见其丑类"。[2]《魏书》说他在中原的立国是"夷狄不恭，作害中国"。[3] 就是在今人的著作里，也有的认为石勒是"戎狄之患"。[4] 或以石勒为"十六国时期最著名的暴君"。[5] 究竟应该怎样认识十六国时代少数民族豪酋在中原的立国活动，如何评价石勒的历史地位及其作用，这是关系到如何正确处理历史上民族关系的问题。本文拟从石勒在中原的立国经过及在其统治时期所采取的各项封建性政策的历史实际出发，试述石勒的历史地位及作用，推翻强加在他头上的不公正评论，并就教于同志们。

---

[1] 羯族是匈奴部族十几种之一，《晋书》卷104《石勒载记》上载：勒"上党武乡羯人也，其先匈奴别部羌渠之胄"。《魏书》卷95《羯胡石勒传》："其先匈奴别部，分散居于上党武乡羯室，因号羯胡。"
[2]《晋书》卷107。
[3]《魏书》卷93。
[4] 吕思勉：《两晋南北朝史》上册，第2章，第2节。
[5]《中国通史》第2册，第441页。

一

西晋末年，绵延了 16 年之久的"八王之乱"（公元 291 年—306 年），给北方各族人民带来了深重的灾难。从汉末以来就入居内地的匈奴、羯、氐、羌、鲜卑等族人民（内迁原因很复杂，容另文详述），在西晋统治者"非我族类，其心必异"的民族压迫政策奴役下，或"披发左衽……数为小吏黠人所见侵夺"，[1] 或"服事供职，同于编户"，[2] 他们在西晋社会时所受的剥削和压迫，是极其深重的。《晋书》卷 101《刘元海载记》在叙述刘渊起兵前，右贤王刘宣就说过："晋为无道，奴隶御我"，"自汉亡以来，魏晋代兴，我单于虽有虚号，无复尺土之业，自诸王侯，降同编户……"。匈奴王侯贵族已降同编户，百姓的境遇更不难想见，被西晋官吏掠卖为奴者比比皆是。因此，在晋末社会的大乱中，各族人民掀起了反晋大起义。

公元 305 年（晋惠帝永兴二年），石勒与河北牧马人汲桑起兵反晋，活动于赵魏间（今河北地区）。王阳、郭傲等十八骑为其骨干，一些无业游民投奔到这支起义队伍，他们攻占郡县，释放"系囚"，杀晋"二千石、长吏"。[3] 永嘉元年（307 年），汲桑自号大将军，以石勒"为前驱，所向辄克"，封勒为"扫虏将军"，这时，石勒是汲桑领导的各族人民起义军中的一个重要将领。这是石勒起兵立国的第一阶段。

汲桑军攻下河北邺城后，遭西晋东海王司马越等几路军队的围攻，又遇晋冀州刺史丁绍之埋伏，[4] 起义军寡不敌众，汲桑战死于平原，石勒奔乐平（今山西昔阳西南）。公元 307 年，石勒率起义军残部，收纳乌桓张伏利度、胡部大张䶖督、冯莫突等投附依据山西离石称"汉"国的刘渊。

石勒投奔刘渊，一方面是反晋的客观形势使然；另一方面，也反映了西晋社会深刻的阶级矛盾和社会矛盾。长期的奴隶命运和悲惨遭遇，[5] 使石勒对西晋

---

[1] 《后汉书·西羌传》。
[2] 《三国志·魏书》卷 15,《梁习传》。
[3] 《资治通鉴·晋纪八》。
[4] 《晋书》卷 104,《石勒载记》上。
[5] 《晋书》卷 104,《石勒载记》上：勒"年十四，随邑人行贩洛阳"，可见其幼年就当过小贩。太安年间，并州饥乱，勒为"北泽都尉刘监缚卖"。勒年二十余岁时，又被晋并州刺史司马腾掠卖，"两胡一枷"，卖往山东充军实，数为押解军士之殴辱。石勒受西晋统治者的阶级压迫和民族压迫，是十分沉重的。

统治者充满了仇恨，这是阶级矛盾和民族矛盾的强烈表现。他起兵反晋具有鲜明的反抗阶级压迫的性质，兵败投附刘渊，却纯然是统治者长期以来"内中华而外夷狄"以及"华夷之别"的猜疑、防范等民族统治政策所造成的民族隔阂的影响。

石勒投附刘渊以后，特别是收伏了乌桓张伏利度，胡部大张㔨督，冯莫突等诸部以后，起义军的基本队伍成分已发生了变化，少数民族的部落游民已占了绝大多数。石勒利用刘渊的旗号，以少数民族豪酋身份为号召，派部将张斯到并州各地"说诸胡羯，晓以安危"，集结各族部民于自己周围，积极扩大自己的军事力量。同时，又因为他是在刘渊的"复汉"旗帜下，这对消除汉族人民中存在的"华夷之分"的影响，也收到了一定的效果。加之他自己长期受西晋统治者和汉族地主的剥削和压迫，使他能和汉族人民连成一气，在他的队伍中容纳各族人民，共同反抗西晋腐朽统治。这是石勒起兵后的第二阶段，石勒开始以少数民族豪酋身份号召反晋。

由于石勒曾是雇农出身的农民起义军将领，又兼有少数民族的豪酋身份，在西晋末年错综复杂的阶级斗争和民族斗争中，开始具有优势。公元309年，石勒接连攻灭晋冀州刺史王斌、车骑将军王谌、北中郎将裴宪等，俘虏九万余口。[1] 很快将军队发展到十万余人。

公元311年，东海王司马越率西晋主力二十万围攻石勒。司马越死于军中，大名士王衍被推为统帅继续东进。石勒以轻骑追击，分割包围王衍军，"无一免者"。接着，石勒又与刘曜、王弥攻陷洛阳。不久，石勒又设计诱杀了王弥，兼并其部众，遂南下许昌，有"雄踞江汉之志"。[2] 但因"军粮不接，死疫大半"，失败而还。石勒这时的军事行动，完全暴露了内迁少数民族豪酋落后、杀掠的特点，军事上是"攻城不有其人，略地不有其土，禽而云合，忽复星散"，[3] 既不据形胜之地，更不守山川之势，而是飘忽剽劫，掠夺屠戮。在军粮的补充上，石勒也是采取向堡坞壁帅"税其义谷，以供军士"，有时"分遣诸将收掠野谷"，[4] 用变相掠夺和直接掠夺的方式满足军粮的需要。

---

[1] 《晋书》卷104，《石勒载记》上。
[2] 《晋书》卷104，《石勒载记》上。
[3] 《晋书》卷104，《石勒载记》上。
[4] 《晋书》卷104，《石勒载记》上。

公元 312 年，石勒用谋士张宾之计（制天下也，得地者昌，失地者亡），占据了襄国（今河北邢台）为根据地，开始"命将四出，授以奇略，推亡固存，兼弱攻昧，以图王业"。[1]

石勒在逐鹿中原的统一战争中，表现了非凡的军事才能和政治才能，发挥了他自己的智慧和战略战术。石勒据以为依靠的襄国，地处中州，也处于各种军事、政治势力的包围之中。当时，北有晋幽州刺史王浚，有乌桓为其羽翼；东有王弥部将曹嶷占据齐鲁，"踞有全齐之志"；西有石勒称臣的汉国和晋并州刺史刘琨；南是偏安一隅的东晋王朝，祖逖亦正"屯居京口，纠合骁健"，日夜思念北伐。石勒遵循张宾制定的战略方针，始终以襄国为根据地，对北方各方面力量予以各个击破，统一了北方。

公元 314 年，石勒设计袭取幽州前夕，因是"千里悬军奔袭"，十分惧怕并州的刘琨及鲜卑、乌桓为后患，为了稳定后方，麻痹刘琨，石勒"遣使奉笺送质刘琨，自陈罪恶，请讨浚以自效"，借以迷惑刘琨，刘琨堕其术中。[2] 石勒袭取幽州后，刘琨已难于自保，深感"东北八州，勒灭其七……勒据襄国，与臣隔山，朝发夕至，城坞骇惧，虽怀忠愤，力不从心耳"。[3] 公元 316 年，石勒又击败了刘琨。

公元 323 年，石勒破曹嶷，取青州。公元 328 年，灭刘曜（前赵），并有关陇。

石勒在统一中原的鏖战中，除了运用强悍的武装力量之外，还施行了政治和外交上的手腕。公元 312 年，王浚曾勾结鲜卑段疾六眷部攻石勒于襄国，襄国处于危急之中。石勒部众因为城堑未固，粮储不多，且又"外无内援"，人心混乱。石勒在紧急关头，与诸将讨论了双方的形势，认为"鲜卑之众，段氏最为勇悍，而末柸尤甚，其锐皆在末柸所，宜出其不意，直冲末柸帐……则其军不攻自破矣"。[4] 于是擒获了段末柸，遂解襄国之困。石勒敢于"击其精锐，瓦解全军"，这是需要相当的智勇的。

石勒擒获段末柸后，因为当时军事斗争的需要，石勒的力量还不足以与

---

[1] 《晋书》卷 104，《石勒载记》上。
[2] 《资治通鉴·晋纪十一》。
[3] 《晋书》卷 104，《石勒载记》上。
[4] 《资治通鉴·晋纪十》。

多方面对抗,于是力排众将坚主杀段之议,释放了段末杯。认为:"辽西鲜卑,健国也,与我素无仇雠,为王浚所使耳,"并遣使与疾六眷讲和,以孤立瓦解统一北方的主要障碍王浚。从此以后,段末杯等"专心附勒","王浚之势"遂衰。[1] 公元317年,刘琨又纠集段部叔侄会于固安(今河北固安)将谋讨石勒,因为石勒的影响,段末杯说疾六眷等还军,刘琨、段匹磾亦只得退军。石勒的分化瓦解政策获得了完全的成功。石勒在长期的反晋斗争中积累起来的军事才能和政治才能,使他成为中原的一支强大军事力量。公元319年(晋太兴二年),石勒夺取了平阳,与刘曜最后断绝了君臣关系,声称:"帝王之起,复何常邪!赵王、赵帝,孤自取之。"于是以河内(今河南沁阳县)等二十四郡、民户二十九万为赵国(后赵),勒称赵王。[2]

公元328年,石勒与刘曜军决战于洛阳。石勒克服了高侯失败、士气不振的困难,亲自提军至洛阳,指挥部将俘获了刘曜,消灭了前赵的主力。后赵之地,"南逾淮海,东滨于海,西至河西,北尽燕代"。[3] 于是"邻敌惧威而献款,绝域承风而纳贡",[4] 石勒的统治,达到了他的全盛时期。当时的凉州牧张骏,曾"遣使称藩,贡方物于勒","高句丽、肃慎致其楛矢;宇文屋孤并献名马于勒",[5] 连不与"刘、石通使"的东晋王朝,荆州牧陶侃亦不得不遣长史"王敷聘于勒,致江南之珍宝奇兽"。[6] 后赵的政治影响,在北方是大大超过了偏安于江左的东晋朝。这是石勒起兵后的第三阶段,俨然以中原帝王而自居了。

二

石勒虽是以"马上取天下",以强悍的军事武装力量摧毁了西晋在北方的主要力量及刘曜的割据势力,但随着政权的建立,石勒便开始为重建封建统治秩序而采取一系列措施,这些措施的颁布和实行,对石勒统一中原的军事行动起了决定性的作用。

---

1 《资治通鉴·晋纪十》。
2 《晋书》卷104,《石勒载记》上。
3 《读史方舆纪要》。
4 《晋书》卷107。
5 《晋书》卷104,《石勒载记》下。
6 《晋书》卷104,《石勒载记》下。

石勒建立政权伊始，就十分注重法治。占领幽冀后，即下令："今大乱以后，律令滋烦，其采集律令之要，为施行条例。"¹ 命令"法曹令史"贯志造《辛亥制度》五千文，此制度在石勒的统治下，曾施行了十余年。在他的政府机构中，以谋士"张宾为大执法，专总朝政，位冠僚首"。² 表示在政府官僚诸职中，执法者为第一和重于法治的观点。另外，又以"从事中郎裴宪、参军傅畅、杜嘏并领经学祭酒，参军续咸、庾景为律学祭酒"（专管汉人诉讼），以"中垒支雄、游击王阳并领门臣祭酒，专明胡人辞讼"。³ 且设有"法曹令史"，专门管理司法。在石勒的法治精神治理下，他的军纪也是比较好的，如史书记载石勒攻下魏郡、顿丘诸堡后，曾"假垒主将军、都尉、简强壮士五万为军士，老弱安堵如故，军无私掠，百姓怀之"。⁴

石勒还采取"胡汉分治"的政策。初称赵王时，自兼大单于以"镇抚百蛮"，加强对各族人民的控制和统治。石勒"制法令甚严"，"讳胡之律"十分严峻，但其主要目的是抬高少数民族贵族的尊荣，⁵ 使少数民族下级士兵和汉人百姓更多地受到法律的约束。石勒任用一批汉人官吏"司典胡人出内，重其禁法"。主张"夫人君为令，尚望威行天下"。⁶ 在石勒看来，法律对本族也是适用的。这就使少数民族贵族与一般少数民族人民的界限更加鲜明，证明石赵的统治是阶级的统治，统治的对象当然是汉族人民和各少数民族的百姓。投降石勒的汉族士大夫，特别是西晋失意的知识分子，不仅得到石勒的优容，而且还成为石勒政权蓝图的主要设计者。

石勒的"机不虚发，算无遗策"的谋士张宾，就是一个自比张子房"但不遇高祖耳"的失意知识分子，得石勒重用后，"成勒之基业"，皆张宾之功绩也。⁷ 汉族知识分子为石勒建立中原地区的统治起了重大作用，石勒优容和重视他们，吸收他们参加统治机构，对于这一点，史书上记载很多。公元309

---

1 《晋书》卷104，《石勒载记》上。
2 《晋书》卷105，《石勒载记》下。
3 《晋书》卷104，《石勒载记》上。
4 《晋书》卷104，《石勒载记》上。
5 石勒和他的亲信"十八骑"，虽不是贵族，但建立政权后，走的是封建统治的老路，石勒等在晋末大乱的财产再分配中，显然已成为少数民族贵族利益的代表，故本文称他的一系列措施是代表"贵族利益"。
6 《晋书》卷104，《石勒载记》上。
7 《晋书·石勒载记·附张宾传》。

年，还在石勒转战河北的时候，即集当地"衣冠人物"为"君子营"而加以保护。[1] 称赵王后，令"张离、张良、刘群、刘谟等（均为汉人）为门生主书，司典胡人出内，重其禁法，不得侮易衣冠华族"。[2] 接着，石勒又"徙朝臣掾属已上士族者三百户于襄国崇仁里，置公族大夫以领之。"[3] 石勒还修改魏晋以来的九品官人法，令郡臣及州郡每年保荐秀才、至孝、廉清、贤良、直言、武勇之士各一人，命张班、孟卓为左、右执法郎，"典定士族，副选举之任"，[4] 品定这些被推荐的人，给他们官做，使汉族地主阶级知识分子感到铨选有望，死心塌地为石赵政权服务。

石勒自己不识字，但对汉族发达的文化，却采取尊重、学习的态度。公元312年，石勒占领河北后，在襄国"立太学，简明经善书吏署为文学掾，选将佐子弟二百人教之"。[5] 不久，又"增置宣文、宣教、崇儒、崇训十余小学于襄国四门，简将佐豪右子弟百余人以教之，且备击柝之卫（禁卫工作）"。[6] 石勒重视汉文化教育，一方面为提高少数民族贵族地主为首的石赵政权在汉族人民中的地位，另一方面，也藉以培养自己的统治人才。公元333年，也就是石勒临死的那一年，还下令"各郡国立学官"，"每郡置博士祭酒二人，弟子百五十人，三考修成，显升台府"。[7] 各地地主阶级子弟入学后经过一年三次的考核，如果成绩优异，就由郡国推荐到中央或地方政府，破格录用。石勒还亲临大小学，"考诸生经义，尤高者赏帛有差"。由于石勒对汉族知识分子和汉文化采取了较好的政策和态度，汉族士大夫便云集在石赵政权之下，"神旗所经，衣冠之士靡不变节"。[8] 中原的世家大族如范阳卢谌，渤海石璞，北地傅畅，颍川简缛，清河崔悦、崔迈，荥阳郑略等，[9] 均出仕做官，出谋划策，成为石赵政权的统治力量。这就说明，石赵虽然实行"胡汉分治"，"讳胡之律"甚严，具有鲜明的民族统治的色彩，但实质仍然是阶级统治。石勒作为少数

---

1 《资治通鉴·晋纪九》。
2 《晋书》卷105，《石勒载记》下。
3 《晋书》卷104，《石勒载记》上。
4 《晋书》卷104，《石勒载记》上。
5 《晋书》卷104，《石勒载记》上。
6 《晋书》卷104，《石勒载记》上。
7 《晋书》卷105，《石勒载记》下。
8 《晋书》卷104，《石勒载记》上。
9 《晋书》卷62，《刘琨附子群传》。

民族的豪酋统帅，采取优容士族、尊重汉文化的政策，是颇有胆识的措施。

公元 312 年，石勒攻占襄国为根据地后，即以"司冀渐宁，人始租赋"，[1] 在其统治区内实行租税制，停止以前的"收掠野谷"的掠夺做法。消灭王浚、控制幽冀后，又"始下州郡阅实人户，户赀二匹，租二斛"。[2] 这些具体规定，表明石赵政权已视掠夺为非法。从掠夺到征租是一极大的进步，是恢复封建统治秩序的重要环节。石勒十分重视"农耕"，重视发展大乱以后的社会生产，即使在战争中，他攻占一些地方后，马上就"分遣流人，各还桑梓"。[3] "公元 321 年，石勒攻灭段匹磾，立即散诸流人三万余户，复其本业，置守宰以抚之"。[4] 为了尽快地恢复战争以后的农业生产，石勒称赵王后，"遣使循行州郡，劝课农桑"。[5] 特任右常侍霍皓为"劝课大夫"，协同典农使者朱表、典农都尉陆充等巡行各州郡，"典定户籍，劝课农桑"，"农桑最修者赐爵五大夫"。[6] 这些措施的颁布，说明石勒已成为君临北方"二十四州郡"的封建统治者，在客观上对农业生产的恢复和发展起了很好的组织作用。

三

中原地区，存在着广阔的汉族封建经济，在此基础上建立起来的政权，只能是地主阶级进行封建统治的政权。石勒统一中原后，在汉族知识分子帮助下，政治、经济、文化上采取的一系列封建性措施，使石赵政权成为少数民族贵族地主和汉族地主的联合专政，石勒即是这个政权的最高统治者。他在西晋大乱后，首先建立起政治比较清廉、社会较有秩序、人民生活比较安定的后赵国家。石勒是十六国时代较有作为的皇帝。

石勒统治时期，政治比较清廉。他十分推崇汉高祖刘邦，并有意效法。石勒对自己也多少能正确估计。有一次，他问大臣徐光："朕方（比）自古何等主也？"徐光说他"神武筹略迈于高祖，雄艺卓荦超绝魏祖……"把他大

---

1 《晋书》卷 104，《石勒载记》上。
2 《晋书》卷 104，《石勒载记》上。
3 《晋书》卷 104，《石勒载记》上。
4 《资治通鉴·晋纪十三》。
5 《晋书》卷 105，《石勒载记》下。
6 《晋书》卷 105，《石勒载记》下。

大恭维了一番。不料石勒却说："人岂不自知，卿言亦太过。朕若逢高皇，当北面而事之，与韩（信）、彭（越）竞鞭而争先耳。若遇光武，当并驱中原，未知鹿死谁手。大丈夫行事当磊磊落落，如日月皎然，终不能如曹孟德、司马仲达父子，欺他孤儿寡妇，狐媚以取天下也。朕当在二刘（刘邦、刘秀）之间耳"。观其言，察其行，石勒马上征战二十余年，这样的自我评判，应该说他是比较有自知之明的。

石勒晚年，骄奢之心增长，准备在邺城营建新宫，廷尉续咸上书切谏，石勒心里很不舒服，认为"人家有百匹资，尚欲市别宅，况有天下之富，万乘之尊乎"！[1] 但为了鼓励直谏，"成吾直臣臣气"，石勒认为"为人君不得自专如是"，于是"且敕停作"，并奖励了续咸。又有一次，石勒夜里检查门卫，故意用金银贿赂守门人求出永昌门，守门人王假拒绝并要逮捕石勒。第二天，石勒即提升王假为"振忠都尉，赐爵关内侯"。[2] 石勒十分鄙视阵前投降，奴颜婢膝的懦夫，西晋号为"一世龙门"的大名士王衍，被石勒俘虏后，曾劝勒称皇帝以求活命，石勒毅然令部下"排墙填之"。

石勒出身雇农，早年曾有过"两胡一枷"被掠卖的痛苦经历。因此，他对人民的艰苦生活，是有较深的感受的。在他统治时期规定的百姓"每户出资二匹、租二斛"，这个剥削量，比起西晋实施占田法后"民丁课田，夫五十亩，收税四斛（亩八升）、绢三匹、绵三斤"要轻得多。[3] 在整个魏晋南北朝时代，也是比较轻的。建安九年（204 年），曹操攻下河北后，曾颁发《收田租令》，规定"其收田租亩四升，户绸绢二匹，绵二斤而已，他不得擅兴发"。[4] 曹操的规定，和石勒的收税也仅仅基本相近。公元 321 年，石勒又因为"百姓始复业，资储未丰，于是重制禁酿，郊祀宗庙皆以醴酒，行之数年，无复酿者"。[5] 少数民族的豪酋首领，一般酗酒成性，石勒却"重制禁酿"以节约粮食，这是难能可贵的。因此，虽然当时战争频仍，但在石勒统治区内居住的人民，生活还是比较安定的。所谓"司冀渐宁，兖豫乂安，人得休息矣"，[6] 都

---

1 《晋书》卷 105，《石勒载记》下。
2 《十六国春秋辑补·后赵》。
3 《初学记·晋故事》。
4 《三国志·武帝纪》注引《魏书》。
5 《晋书》卷 105，《石勒载记》下。
6 《晋书》卷 105，《石勒载记》下。

在一定程度上反映了石勒统治区的情况。相反，在与石勒相对立的地区，如王浚的幽州、刘曜的关中、刘聪的并州却完全是另一种情况。

王浚在幽州，表面上为"晋藩"，"实怀潜逆之志"，并"署置百官，奢淫虐"。[1] 公元317年，幽州发大水，"人不粒食"，王浚却"积粟百万，不能赡恤，刑政苛酷，赋役殷烦"，不顾死活地压榨各族人民。终于"下不堪命，流叛略尽"，石勒乘机袭幽州，竟不攻自破，这绝不是偶然的。王浚的灭亡，是他"为政苛暴"的结果。[2]

据关中立国的刘曜，因为"不抚士众"，大兴土木，致使"役夫呼嗟，乞容天地，暴骸原野，哭声盈衢"，[3] 人民不堪忍受刘曜的统治，纷纷逃出关中，投奔石勒。

又如在刘聪控制下的并州，公元316年，平阳（聪国都）发生大饥荒，人民流叛死亡十有五六，石勒派部将石越屯于并州，"以怀叛者"，于是"司隶部人奔于冀州者二十万户"。[4]

刘聪、刘曜和石勒，同样是少数民族豪酋立国建政，但二刘统治人民却投奔石勒，可见人民有人民自己的选择，这里反映了人心向背的问题。经过多年丧乱之后，人民希求最甚者，莫过于休养生息、安居乐业。石勒统治暂时稳定的冀州，便成了大乱后人们向往的地方。

四

"判断历史功绩，不是根据历史活动家没有提供现代所要求的东西，而是根据他们比他们的前辈提供了新的东西。"[5] 我们认为，在西晋末年大乱以后，在社会生产遭到极大破坏、人民颠沛流离、国家分裂的情况下，石勒始而参加各族人民大起义，终于用战争统一了北方，恢复和重建了封建统治秩序。在重建封建政权的过程中，石勒笼络、重用汉族知识分子，推行封建法治，

---

1 《晋书》卷104，《石勒载记》上。
2 《晋书》卷104，《石勒载记》上。
3 《晋书》卷103，《刘曜载记》。
4 《晋书》卷102，《刘聪载记》。
5 《列宁全集》第2卷，第150页。

重视农耕，短期内使北方的农业生产得到恢复，人民得到了暂时的休息，因而他的历史地位是应该予以肯定的。而石勒本人也不愧为具有相当军事和政治才能的历史人物。

"在分析任何一个社会问题时，马克思理论的绝对要求，就是要把问题提到一定的历史范围之内。"[1] 西晋末年，到处是阶级和民族压迫的渊薮，各族人民起义反抗西晋的腐朽统治，是天经地义的正义行动。问题在于对兄弟民族的杰出人物在汉族统治区立国应该怎么认识？我国自古以来就是一个多民族的国家，各民族长期交错杂居是我国民族关系方面的一个突出特点。汉族以自己较高的物质文明和文化，首先建立了以自己为主体的中央集权的统一国家，成了融合杂居附近各落后民族的大熔炉。在民族融合过程中（往往在激烈的民族冲突中进行），由于各民族的发展有着极其复杂的不平衡状况，在某些汉族统治者腐朽和无能、社会生产陷于停顿、国家处于分裂的时候，一些少数民族中的杰出人物却表现了惊人的才能。他们在激烈的民族冲突中，重建了封建统治秩序，成了汉族和各少数部族的统治者，这是中国封建社会发展过程中，几次大的民族冲突后出现的普遍现象。这种历史现象，今天看来，"应该犹如兄弟阋墙，家里打架，一个小兄弟用武力打倒了老朽残虐的大哥，替大哥管理家务，管得好坏，应作别论，打倒老朽，代管家务本身是一件好事"[2]。不应该从汉族的立场、封建的正统观念出发，去否定这些杰出人物的立国活动。更不应该唯民族论，否定这些杰出人物的历史作用。这是我们评价石勒这样的历史人物的基本出发点。史学工作者应该从十六国的历史实际出发，详细地研究少数民族豪酋在中原地区的立国经过和采取的多种统治政策，对其中确实有成绩者，就应肯定其历史地位和作用。石勒从各族人民的起义将领到封建皇帝，这是受到历史局限的必然结果。应该看到，他的统一中原的战争，虽然带有民族斗争、驱使各族人民相互残杀的一面，但是，在阶级社会中，"民族斗争，说到底，是阶级斗争问题"。石勒的反晋斗争，是当时国内各族人民反晋斗争的一个重要组成部分，他所进行的统一战争（虽然是短暂的统一），是符合历史发展的要求和人民意愿的。他走完了从雇农到皇帝

---

1 《列宁全集》第 2 卷，第 512 页。
2 范文澜：《中国历史上的民族斗争和融合》，《历史研究》1980 年第 1 期。

的历史过程,他是中国历史上刘邦、朱元璋式的人物,所不同的只是他们所建立的皇朝统辖区域的大小和立国时间长短不一而已。但国祚的长短,绝不是衡量统治好坏的唯一标准。

但是,石勒毕竟是一个封建皇帝,他的统治也明显地打上了阶级压迫和民族压迫的烙印。他实行的"胡汉分治"政策,是建立在对汉族人民的压迫基础上的政策,是阻碍各民族融合的反动力量,执行这种政策的严重后果,就是大大激化了各族人民和石赵统治者的矛盾,动摇了少数民族贵族地主和汉族地主联合专政的基础。石勒死后,"后继之者无复雄材",石虎就吞食了这个恶果,石赵政权很快就被各族人民的大起义推翻了。这是石勒统治时期黑暗的一面。对此,我们也必须有充分的认识。

(原载《民族研究》1981 年第 1 期;《光明日报》1981 年 7 月 21 日摘登;当年《人大书报资料》转载)

石勒军事战略述评

石勒（273年—333年），字世龙，上党武乡羯族人。他是十六国时期"马上取天下"的英雄。近年来，对他的历史地位及反晋斗争的正义性已有论文涉及，[1]但对他在十六国时期的立国过程中的军事战略却鲜有论述，本文拟从后赵统一中原的历史过程出发，对石勒的军事战略略作述评，并就教于同志们。

一

西晋末年，绵延了十六年之久的"八王之乱"（291年—306年），给北方各族人民带来了深重的灾难，司马氏集团也在战乱中消耗殆尽。入居中原的各少数民族酋豪分子，因不同程度地受西晋封建统治者的歧视和压迫，其出类拔萃者便乘机起兵，纷纷割据一方。这些少数民族酋豪分子，由于各自的经历不同、政见不同，因此，在逐鹿中原的立国建政过程中用兵方略也不尽相同。石勒的军事战略，经历了曲折的变化及至成功的过程。

公元305年（晋惠帝永兴二年），石勒投入河北农民起义军汲桑的队伍中，公元306年，石勒和汲桑又率众参加了起兵反晋的公师藩的队伍。公师藩是成都王司马颖的部将，他打着为司马颖报仇的旗号"起兵赵魏"（今河北地区）。[2]石勒和汲桑加入其伍，卷入司马氏集团的相互攻杀之中。这是他难以预料的，其失败也是必然的。

石勒在这次起兵的军事行动中，被派为"前队都督，从攻平昌公模于邺"。[3]司马模十分惧怕，派将军冯嵩迎战公师藩，公师藩大败，随即在白马渡过黄河，又遭晋濮阳太守苟晞的截击，公师藩被杀。这次攻邺的军事行动，虽然

---

1 见拙作《关于石勒的再评价问题》，《民族研究》1981年第3期。
2 《十六国春秋辑补》卷十一，《后赵录》一。
3 《十六国春秋辑补》卷十一，《后赵录》一。

很神速，但失败得也快。石勒和汲桑只得潜回山东茌平牧宛中，再次举起农民反晋的义旗。于是"郡县系囚"、"山泽亡命，多附勒"。[1] 石勒的队伍又粗具规模。

公元 307 年（永嘉元年），汲桑自号大将军，以勒为"扫虏将军、忠明亭侯"，再次进攻邺城。这次攻邺，石勒虽仍为"前锋都督"，但与第一次攻邺时相比，显然已成熟多了。此时邺城的西晋守将司马腾，依靠大肆搜刮，囤积起大量财物，"资用甚丰"。腾生性吝啬，是一贫鄙之辈。平时"无所振惠"，"临危时才赐将士米各数升、帛各丈尺"。[2] 这样的用兵之道、驭将之策，其将士如何能乐于效命？石勒看出了这一点，率领将士勇猛冲杀，"大败腾将冯嵩，因长驱入邺"，杀腾及以下万余人。[3]

攻邺以后，石勒军东向，在延津渡过黄河，南击兖州。西晋东海王司马越急急忙忙调集了兖州刺史苟晞、将军王瓒讨伐石勒。石勒怵于公师藩被杀的教训，只得引军且战且北，退回山东与河北交界的清河一带。苟晞、王瓒尾于石勒之后，穷追不舍。经过五个月的角逐，终于在清河一带追上了汲桑、石勒；司马越又率大军屯于官渡，声援苟晞，以断石勒等南下之路。石勒与苟晞等相持于平原、阳平间数月，"大小三十余战，互有胜负"。[4] 八月，汲桑与石勒各领一军，汲桑屯军武阳（今山东莘县），石勒大概屯军汲桑的北面。苟晞首先进攻汲桑屯军所在，"大破之"。桑退保清渊（今山东临清），筑垒自卫。苟晞"破其八垒"、"死者万余人，桑与勒收余众，将奔汉（刘渊），不料又遭晋冀州刺史丁绍的埋伏，汲桑战死于平原，石勒奔乐平（今山西昔阳）"。[5] 一路上，石勒收纳乌桓张伏利度、胡部大张訇督、冯莫突等，投奔依据山西离石称汉的刘渊。从公元 305 年起兵至奔乐平的两年的经历，石勒始而举义旗，继而加入公师藩的反晋队伍，参与司马氏集团的相互仇杀；既而又重举义旗，最后兵败投附刘渊。这一方面是反晋的客观形势使然；另一方面，也反映了他的军事战略的相应改变。长期的奴隶命运和悲惨遭遇，使石勒对西晋统治者

---

[1] 《十六国春秋辑补》卷十一，《后赵录》一。
[2] 《资治通鉴》卷八十六，《晋纪》八。
[3] 《十六国春秋辑补》卷十一，《后赵录》一。
[4] 《晋书》卷一〇四，《石勒载记》上。
[5] 《十六国春秋辑补》卷十一，《后赵录》一。

充满了仇恨,这是阶级矛盾和民族矛盾的强烈表现。他的起兵反晋,具有鲜明的反阶级压迫的性质。第一次起义后依附公师藩的失败及第二次跟随汲桑攻邺后的遭西晋各派主力的围追堵截的教训,使他认清了晋末社会的政治大势:参加司马氏集团的互相攻杀,旋起旋灭;独自举起义旗,也难以在西晋的残余势力包围中生存。而刘渊在并州的成功,使他看到了少数民族酋豪如何与中原汉族政权抗衡的力量,他曾对活动于上党地区的诸胡曰:"刘单于举兵诛晋,部大拒而不从,岂能独立乎?"曰:"不能"。勒曰:"如其不能,兵马当有所属。今部落皆已被单于赏募,往往聚议,欲叛部大而归单于矣,宜早为之计。"[1] 石勒在挫折之中,认识到"兵马当有所属"这一真知灼见,证明他的政治与军事谋略是高人一筹的。这是石勒在错综复杂的晋末社会大乱中实现的第一次军事战略的转变。

二

石勒投附刘渊之后,特别是收纳乌桓张伏利度、胡部大张匐督、冯莫突等诸部后,起义队伍的成分已发生了变化,少数民族的部落游民已占了绝大多数。石勒利用刘渊的"复汉"旗号,以少数民族酋豪身份为号召,一方面,集各部族部民在自己的周围,积极扩大自己的军事力量;另一方面,又因为他是在刘渊的"复汉"旗帜下,这对消除汉族人民中存在的"华夷之分"的影响,收到了一定的效果。在他的队伍中,渐渐容纳了各族人民,共同反抗西晋的腐朽统治,这在西晋末年的阶级斗争和民族斗争中,实在是难得的优势。石勒的军事战略遂转入了统一中原战争的阶段。石勒逐鹿中原的战争,大致可以分为两个阶段。永嘉元年(307年)至葛坡之战,是战争的第一阶段;永嘉六年(312年)建立襄国为根据地至公元328年的洛阳大战,是战争的第二阶段。

公元308年春正月,石勒与刘零、阎罴等七将率众三万出壶关,下赵魏进攻顿邱。"诸垒壁多陷之"。[2] 公元309年,石勒引军攻"巨鹿、常山……众

---

[1]《晋书》卷一〇四,《石勒载记》上。
[2]《十六国春秋辑补》卷十一,《后赵录》一。

至十余万"。[1] 这时，他采取了一项十分重要的政治措施，开始集衣冠人物，别为"君子营"，"以张宾为谋主。始署功曹，以刁膺、张敬为股肱，夔安、孔苌为爪牙，支雄、呼延莫、王阳、桃豹、逯明、吴豫等为将率"，[2] 使其队伍具有了初步的军事建制。该年十一月，"石勒引军北攻信都（今河北冀县），杀晋冀州刺史王斌"。怀帝命"车骑将军王谌、北中郎将裴宪自洛阳率众讨勒"。[3] 石勒在信都得知此讯，立即"烧营并粮，回军拒之"[4]，"军至黄牛垒，晋魏郡太守刘矩以郡附勒"。[5] 使得石勒的实力大增，石勒军至黎阳。裴宪不战而弃军奔于淮南，王堪只得退保仓垣（今开封西北）。石勒从石桥悄悄渡过黄河，拔白马，二月，又东袭鄄城，杀兖州刺史袁孚；接着，又神速地调头南下，攻陷仓垣，杀王堪，再次渡过黄河北向，攻广宗、清河、平原、阳平诸县，得降者几万余人。七月，汉楚王刘聪攻河内，石勒率军与刘聪会合，攻晋冠军将军梁巨于武德。石勒留诸将守武德，亲自与王桑率军迎战梁巨于长陵。晋军慑于石勒的骁战，随即大败。梁巨被执，迫使"河北诸堡壁大震，皆请降送任于勒"。[6] 十月，汉刘粲率众四万攻洛阳，石勒乘机率骑兵二万会合刘粲于大阳（今山西平陆），攻取了渑池。接着，又乘胜出成皋，围陈留太守王瓒于仓垣，为瓒所败，即退保文石津。后又南下攻宛（今南阳）、襄城，兵逼襄阳。连下樊城、襄城，攻陷"垒壁三十余所"。[7] 连续的胜利，加之襄阳的地理位置，石勒开始萌发了"雄踞江汉"之志。但因"军粮不接，死疫大半"[8]，遂纳张宾之策，"焚辎重，裹粮卷甲"，过沔江，经江夏（今湖北云梦）回到了新蔡，进而攻陷了许昌。

公元 311 年（永嘉五年），东海王司马越率西晋主力二十万围攻石勒。不久，越死军中，大名士王衍被推为统帅继续东进。石勒侦知此情，立即"以轻骑追及之"，分割包围王衍军，使其"无一免者"。接着，石勒又与刘曜、

---

1 《十六国春秋辑补》卷十一，《后赵录》一。
2 《十六国春秋辑补》卷十一，《后赵录》一。
3 《晋书》卷一〇四，《石勒载记》上。
4 《晋书》卷一〇四，《石勒载记》上。
5 《晋书》卷一〇四，《石勒载记》上。
6 《晋书》卷一〇四，《石勒载记》上。
7 《十六国春秋辑补》卷十一，《后赵录》一。
8 《十六国春秋辑补》卷十一，《后赵录》一。

王弥攻陷洛阳。石勒对此并不陶醉，"归功弥、曜"，[1]乘浩荡之势，回军许昌，先后克阳夏（今河南太康）、擒王瓒、袭蒙城（今安徽涡阳），执苟晞。不久，石勒又设计杀了王弥，并其部众。以后挥师南下，攻克了豫州各郡，很快将部队再次推至长江沿岸。

公元312年春，石勒攻占长江沿岸诸郡，全军屯于葛坡（今河南新蔡县西北），再次谋袭建业（今南京）。值"霖雨不止，军中饥疫者大半"。晋元帝又调集三万大军，以纪瞻为统帅，率诸将集于寿春（今安徽寿县）。石勒面临的局势再次严重，迫使他再一次从战略上考虑今后的军事行动计划。石勒征集诸将之计，但却众说不一。最后张宾提出了回军北上，攻下邺城为根据地以经营河北的战略主张。他认为"河北既定，天下无处将军之右者矣"。[2]他又具体地安排了从葛坡撤退的办法，事态的发展，正如张宾所言。石勒安然退军回到了东燕城（今河南延津东北），准备在棘津渡过黄河。时值黄河汛期，晋的汲郡太守向冰聚众数千控制了枋头与黄河上的渡船，石勒既无船可渡，又怕在渡河时受到向冰的袭击犹疑不前。张宾这时又起了很大的作用，他告诉石勒："闻冰船尽在渎中未上，宜遣轻兵间道袭取，以济大军，大军既济，冰必擒也。"[3]七月，"石勒派支雄、孔苌自文石津缚筏潜渡，取其船，勒引兵自棘津济河，击冰，大破之。"[4]石勒尽得向冰的资储武装自己，军势复振。这时的石勒，完全接受了张宾提出的计策："制天下也，得地者昌，失地者亡，邯郸襄国，形胜之地，请择一都之"[5]的战略计划，终于占据了襄国，并以此为根据地，"分命诸将攻冀州，郡县堡壁多降附，运其谷以输襄国"。[6]开始了有计划的战略经营。为了避免与刘汉的过早冲突，石勒又"遣使至平阳，陈宜镇此之意"，以取得刘聪的表面支持，从而实现了他起兵以来的第二次重要的战略转变。这次战略转变，促使他统一中原的战争进入了第二阶段。

---

1 《资治通鉴》卷八十八，《晋纪》十。
2 《通鉴》卷八十八，《晋纪》十。
3 《通鉴》卷八十八，《晋纪》十。
4 《通鉴》卷八十八，《晋纪》十。
5 《通鉴》卷八十八，《晋纪》十。
6 《十六国春秋辑补》卷十一，《后赵录》一。

三

石勒占据襄国之后，开始与并州的刘琨、幽州的王浚鼎足而立，成为北方三大主要武装力量之一。刘琨与王浚虽为晋臣，但并州地连刘汉，刘琨在晋阳屡遭刘粲、刘曜的围攻，公元312年八月，刘琨被迫徙居阳曲，招集亡散，已无力东顾。盘踞幽州（今北京市南）的王浚，依靠辽西鲜卑、乌桓等少数民族酋豪的支持，经常向石勒发动攻击，石勒"分遣诸将连出挑战，频为疾六眷所败"。[1]因此，王浚是石勒在河北地区的主要对手。石勒统一中原第二阶段的战争，主要有襄国保卫战、突袭幽州、西取并州及洛阳决战。经此四大战役，石勒的军事谋略及军事指挥艺术达到了他的顶点。

公元312年12月，王浚"遣督护王昌帅诸军及辽西公段疾六眷、疾六眷弟匹磾、文鸯、从弟末柸部众五万攻勒于襄国"。[2]面对段氏兄弟兵临襄国城下，"城堑未固，粮储不丰，彼众我寡，外无救援"的形势，诸将主张"回守以疲寇，彼师老启退，追而击之，蔑不克矣"。[3]石勒则主张"简练将士，大阵于野而决之"。[4]张宾同意出战，但认为敌"大众远来，战守连日，以我军势弱，谓不敢出战，意必懈怠。今段氏种众之悍，末柸尤最，其卒之精勇，悉在末柸所，可勿复出战，示之以弱。连凿北垒为突门二十余道，候贼列守未定，出其不意，直冲末柸帐，敌必震惶，计不及设，所谓迅雷不及掩耳，末柸之众既奔，余自摧散"。[5]石勒采取了张宾的战术，果然退敌。"末柸为勒众所获，疾六眷等军皆退走，勒将孔苌乘胜追击"，"枕尸三十余里"。[6]这一仗，石勒获战马就有五千匹，打赢了襄国保卫战这第一仗。

公元313年四月（永嘉七年）石勒派石虎南下攻邺，三坛流民尽降于勒，勒以桃豹为魏郡太守以抚之；接着石勒又东向青州，攻李恽于上白；五月，"石勒使孔苌击定陵，杀田徽；薄盛率所部降勒"。[7]山东郡县，相继为勒所并；辽

---

1 《十六国春秋辑补》卷十一，《后赵录》一。
2 《晋书》卷一〇四，《石勒载记》上。
3 《晋书》卷一〇四，《石勒载记》上。
4 《晋书》卷一〇四，《石勒载记》上。
5 《晋书》卷一〇四，《石勒载记》上。
6 《晋书》卷一〇四，《石勒载记》上。
7 《十六国春秋辑补》卷十一，《后赵录》一。

西乌桓亦叛王浚,潜附于勒。襄国周围的异己全已被勒剪灭。消灭王浚,统一河北的条件成熟了。石勒遂运筹帷幄,部署突袭幽州的军事行动。他先是遣舍人王子春、董肇多赍珍宝,奉表于浚,称自己"本小胡,出于戎裔,值晋纲弛御,海内饥乱,流离屯厄,窜命冀州,共相帅合,以救性命。今晋祚沦夷,远播吴会,中原无主,苍生无系。伏惟明公殿下。州乡贵重,四海所宗,为帝王者,非公复谁? 勒所以损躯命,与义兵诛暴乱者,正为明公驱除尔。伏惟殿下应天顺时,践登皇阼。勒奉戴明公,如天地父母,明公当察勒微心,慈眄如子也"。[1]王俊得石勒书,大喜过望,随即"封王子春等为列侯,遣使报勒,答以方物"。[2]时王浚的范阳守将游统遣使来降,为进一步麻痹王浚,石勒"斩其使,送于浚,以表诚实。浚虽不罪统。弥信勒之诚,无复疑矣"。[3]经过双方多次使者的往返磋商,石勒终于赢得了合法进攻幽州的日期。314年3月,石勒"轻骑袭幽州,以火宵行……晨至蓟,叱门者开门,疑有伏兵,先驱牛羊数千头,声言上礼,实欲填堵街巷,使兵不得发"。[4]王浚此时方坐立不安,但为时已晚,昏愦的王浚终为石勒数其罪后杀死。

幽州一战,奠定了石勒统一中原的军事基础。其后二年,石勒并未西向并州,直至公元316年,石勒方乘刘聪攻下长安之势,西越太行,兵围"乐平太守韩据于坫城"(今山西和顺西北),刘琨不听诸将"闭关守险"的建议,"悉发其众",以姬澹为前驱向勒扑来,他自己则督所部十余万人,进屯广牧(今山西寿阳西北)一带,为姬澹声援。石勒闻刘琨率全军阻截,决意迎头进击,但有的将领谏阻,为了安定军心,他下令"立斩谏者,以孔苌为前锋都督,三军后出者斩"。[5]与此同时,"石勒设疑兵于山上,分为二伏,并亲自率轻骑与澹战,伪收众而北。澹坠其谷中,勒前后伏兵发,夹击澹军,澹大败。石勒获马万匹,澹奔代郡,据奔刘琨"。这时刘琨的长史李弘以并州降勒,刘琨从广牧退阳曲途中闻此讯,进退,失据,不知所为,遂逃往辽西依段匹磾,姬澹亦被勒将孔苌追杀。勒迁"阳曲、乐平户于襄国,置守宰而还"。[6]西取并

---

[1]《晋书》卷一〇四,《石勒载记》上。
[2]《晋书》卷一〇四,《石勒载记》上。
[3]《晋书》卷一〇四,《石勒载记》上。
[4]《十六国春秋辑补》卷十一,《后赵录》二。
[5]《晋书》卷一〇四,《石勒载记》上。
[6]《晋书》卷一〇四,《石勒载记》上。

州完全成功。

公元 323 年，石勒破曹嶷，取青州，威名大震。北方地区，与石勒抗衡的，唯有刘汉政权了，但这时的汉王刘粲却"骄奢专恣，远贤亲佞，严刻愎谏"。[1] 随即为大将勒准所杀，镇守关中的刘曜遂即建立前赵，移都长安。公元 328 年，刘、石双方终于爆发了洛阳决战。

石勒在寻找机会灭刘曜前，曾陆续派石聪等将南攻东晋；派石虎率大军西向攻刘曜，以便进而统一全国。公元 325 年，南下诸将率众渡过淮河，攻陷寿春。但石虎所部，却在高候被刘曜打得大败，刘曜乘此"围洛阳，攻石生于金镛"，并北渡黄河，进攻河内、汲郡，"襄国大震"。[2] 石勒决定冒险亲征，但左右长史，司马郭敖、程遐切谏。石勒认为，如果坐失战机，"洛阳不守，曜必送死冀州，自河以北，席卷南向，吾事去矣"。[3] 只有决战，消灭刘曜主力，方能统一北方。石勒遂下令"内外戒严，有谏者斩"。[4] 命石堪、石聪及豫州刺史桃豹等"各统见众会于荥阳，使石季龙进据龙门，以左卫石遂都督中军事"。[5] 石勒自己统率步骑四万浩浩荡荡赶赴金镛。石勒一路上分析刘曜的军事部署，认为"曜盛兵成皋关，上计也；阻洛水，其次也；坐守洛阳者成擒也"。[6] 石勒大军至成皋关，见"曜无守军，大悦，……"。[7] 又"知曜陈其军十余万于洛阳城西，弥悦，谓左右曰：'可以贺我矣。'"[8] 石勒率军从三路夹击刘曜，曜军大溃，刘曜被擒。石勒遂并有关陇，打赢了统一北方的最后一战。

公元 330 年，石勒即皇帝位，大赦境内，改元曰建平。后赵之地"南逾淮海，东滨于海，西至河西，北尽燕代"。[9] 于是"邻敌惧威而献款，绝域承风而纳贡"，[10] 石勒的统治也达到了他的全盛时期。

---

1 《晋书》卷一〇四，《石勒载记》上。
2 《晋书》卷一〇四，《石勒载记》上。
3 《晋书》卷一〇五，《石勒载记》下。
4 《晋书》卷一〇五，《石勒载记》下。
5 《晋书》卷一〇五，《石勒载记》下。
6 《晋书》卷一〇五，《石勒载记》下。
7 《晋书》卷一〇五，《石勒载记》下。
8 《晋书》卷一〇五，《石勒载记》下。
9 《读史方舆纪要》第一册卷三。
10 《晋书》卷一〇五，《石勒载记》下。

四

综上，石勒的军事战略，大致有两个特点：

第一，善于在挫折中，及时地调整自己的军事部署，并坚持"马上取天下"，不轻易称尊号。这首先表现在石勒通过两次起兵失败的血的教训，认识到"兵马当有所属"，并在刘渊的"复汉"旗帜下谋图发展，从而实现了他第一次的军事战略的转变。其次，表现在二下江淮的葛坡战后。石勒在晋末社会大乱中，他曾目睹西晋统治者的覆亡，面对中原无主、战无宁日的景象，头脑中也随时萦绕着独树一帜、称王称帝的念头。但在中原地区的力量角逐中，他深知自己与其他诸方尚有苦斗，"自古诚胡人而为名臣者实有之，帝王则未之有也"[1]的卑怯心理，也使他不敢早称尊号。永嘉四年与六年南下襄阳的胜利及二下江淮的顺利进展，又曾使他二度萌发"雄踞江汉"之志。襄阳一带，晋的统治力量虽然比较薄弱，但石勒不占天时、地利，均无功而返。最后，他听从谋士张宾的建议，北上攻占襄国并以此为根据地，结束了以往"攻城不有其人，略地不有其土，翕而云合，忽复星散，既不据形胜之地，更不守山川之势"[2]的游击作风。开始"命将四出，授以奇略，推亡固存，兼弱攻昧，以图王业"。实现了第二次有成功意义的战略转变。这是他能在晋末割据势力中，始终能在逆境中成长壮大的原因之所在。王夫之称勒此举是虽"知纪瞻可胜，而江淮终不可久据以为安，勒之智也"。[3] 即使在这以后，石勒也未轻易称尊号，这一点，在石勒统一中原第二阶段的战争中表现得尤其明显。如公元311年，石勒与刘曜、王弥攻陷洛阳，王弥与刘曜因争功而交恶，"曜以王弥不待己至，先至洛阳，怨之"。[4] 王弥与刘曜的相失，加速了弥的灭亡，石勒看出了这一点，陷洛阳后，即引军东向，另图发展，后石勒设计诱并王弥，刘汉政权听之任之。又如公元314年，石勒突袭幽州后，实力大增，此时，完全可以和刘汉分庭抗礼，但他仍"封王浚首，献捷于刘聪"。[5] 直至公元318

---

1 《通鉴》卷八十八。《晋纪》十。
2 《读通鉴论》卷十二。
3 《读通鉴论》卷十二。
4 《晋书》卷一〇四，《石勒载记》上。
5 《晋书》卷一〇四，《石勒载记》上。

年，刘曜夺刘粲位后，为笼络石勒，"遣其使人郭汜等持节署勒太宰，领大将军，进爵赵王"。[1] 但不久即变卦，"停太宰之授"。石勒闻之大怒，下令曰："孤兄弟之奉刘家，人臣之道过矣，若微孤兄弟，岂能南面称朕哉！根基既立，便欲相图。天不助恶，使假手勒准。孤惟事君之体当资舜求瞽瞍之义。故复推崇令主，齐好如初，何图长恶不悛，杀奉诚之使。帝王之起，复何常邪！赵王、赵帝，孤自取之，名号大小，岂共所节邪。"[2] 即使如此，石勒仍只称赵王，以河内等二十四郡、户二十九万为赵国，未超过刘曜对他的封授。他不愿在刘曜的主力未灭之前，使其"攀附之徒，蒙尺寸之润"，[3] 石虎等劝勒称尊号，石勒认为自己："猥以寡德忝荷荣宠，夙夜战惶，如临深薄，岂可假尊窃号，取讥四方！昔周文以三分之重，犹服事殷朝，小白居一匡之盛，而尊周室。况国家道隆殷周，孤德卑二伯哉，其亟止斯议，勿复纷纭。自今敢言，刑兹无赦。"[4] 不管是否出于真心，但军事形势确迫使他不敢早称尊号却是事实。

第二，善于以政治和外交手段佐攻战。石勒在统一中原的鏖战中，除了运用强悍的军事力量之外，还施行政治和外交手腕。公元 312 年的对瓦解段氏鲜卑的进攻及对段末柸的处理，即是最成功的以弱取胜、击其精锐、瓦解敌军的典型战例。公元 314 年的奇袭王浚，更是石勒长于政治手段，工于心计的最好说明。再如公元 312 年，东晋征北将军祖逖据谯郡（今安徽亳县），将北伐中原。"逖善抚纳，自河以南，多背勒归顺"。石勒知祖逖是北方士民之望，一时很懊恼，但又不敢兴师南下，于是下令为"祖氏修坟墓，为置守冢二家"，[5] 使祖逖感其恩，停止北伐，果然不战收效。"自是兖豫乂安，人得休息矣"。[6] 又有一次，祖逖牙门童建曾杀新蔡内史周密降勒，勒斩之，送首于祖逖，曰："天下之恶一也。叛逆逃吏，吾之深仇，将军之恶，犹吾恶也。"祖逖对此很感激。"自是兖豫间坞壁叛者，逖皆不纳，二州之人率多两属矣"。[7] 除此，石勒亦赏罚严明。称赵王后，群臣议请论功行赏，石勒认为："自孤起兵，

---

[1] 《晋书》卷一〇四，《石勒载记》上。
[2] 《晋书》卷一〇四，《石勒载记》上。
[3] 《十六国春秋辑补》卷十一，《后赵录》三。
[4] 《晋书》卷一〇四，《石勒载记》上。
[5] 卷《晋书》卷一〇五，《石勒载记》下。
[6] 卷《晋书》卷一〇五，《石勒载记》下。
[7] 卷《晋书》卷一〇五，《石勒载记》下。

十六年于兹矣，文武将士，从孤征战者，莫不蒙犯矢石，备尝艰阻。其在葛坡之役，厥功尤著，宜为赏之先也。若身见存，爵封轻重，随功位为差。死事之孤，募加一等，庶是以慰答存亡，申孤之心也。""赏罚，国之利器，帝王之所柄也"。这也是石勒以政治手段佐攻战的例证之一。

石勒南北征战，作为少数民族杰出的军事家和政治家，他的军事谋略和指挥艺术，是值得借鉴的珍贵历史遗产。

（原载《民族研究》1987年第6期；当年《人大书报资料》转载）

试论十六国时期汉族士族的历史作用

自秦汉以来，各民族交错杂居，各族人民长期相处、共同提高，一直是中国民族关系史上的主流。各族间的融合与发展，是中华民族不断兴旺发达的显著标志之一。但是，这种融合，往往历经痛苦的民族间的歧视和压迫甚至斗争。在融合过程中，事实证明汉族高度发展的文明和文化起着强有力的纽带作用，士族的进退态度、人心的向背与否，则是大乱以后，社会重新建立起王权权威的主要因素。马克思认为："野蛮的征服者总是被那些他们所征服的民族的较高文明所征服。这是一条永恒的历史规律。"[1]中国的历史，也曾沿着这条道路走过了漫长的十六国时期。本文就十六国时期的一些主要政权的立国概况，从少数民族豪酋执行的知识分子政策及和汉族共建联合统治的实践出发，试述汉族士族在十六国时期的历史作用。

一、少数民族豪酋实行的笼络士族的策略

十六国时期，正确地实行与汉族士族合作，首先进行共建联合专政政权尝试的是石勒。

后赵的立国者石勒，公元305年起兵时，是晋末农民起义军汲桑队伍中的一员将领，活动于赵、魏间（今河北地区）。公元307年，汲桑军受西晋东海王司马越几路军队的围攻，寡不敌众，汲桑战死于平原，石勒率残部投附刘渊，开始在刘渊的"复汉"旗帜下，号召各少数民族人民起义反晋。队伍渐又强大起来，石勒本人亦从这种挫折中，初步认识了汉族与汉族的物质文明在政治斗争中的作用。

公元311年，石勒消灭了东海王司马越率领的西晋主力二十万，诱并了

---

1 《马克思恩格斯选集》第2卷第70页。

晋将王弥的部众，"有雄踞江汉之志"。军事上的攻势，似乎是无可阻挡。但"攻城不有其人、略地不有其土、翕而云合，忽复星散"，既不踞形胜之地，更不守山川之势，而是飘忽剽劫、掠夺屠戮。在军粮的补充上，也是"向堡坞壁帅税其义谷，以供军士"[1]，有时"分遣诸将收掠野谷"，用掠夺和变相掠夺的方式获取。这充分地暴露了少数民族豪酋野蛮、落后、杀掠的特点。这也是石勒虽长期战斗，却难以最后取胜的根本原因。张宾等汉族知识分子投奔石勒，并在石勒的队伍中发挥其作用后，形势便为之大振。张宾等投奔石勒，为石勒建立起对中原地区的封建统治的行动，这固然是剥削阶级的共同利益而使然，但也与石勒采取的许多优容汉族士族的政策性措施有关。对此，史书上记载很多，这里略举几例。石勒的笼络士族策略，归纳起来，不外乎政治上的怀柔、拉拢；经济上的推行封建剥削、巩固大乱之后新的贵族和地主的既得利益；文化教育上的奖掖与尊重汉文化、加紧培养自己的统治人才。公元309年，还在石勒转战河北的时候，即"集当地衣冠人物为君子营"而加以保护。称赵王后，令"张离、张良、刘群、刘谟（均为汉人）为门生主书，司典胡人出内，重其禁法，不得侮易衣冠华族"[2]。接着，石勒又"徙朝臣掾属已上士族者三百户于襄国崇仁里"，"置公族大夫以领之"。石勒还修改了魏晋以来的九品官人法，令"郡臣及州郡每年保荐秀才、至孝、廉清、贤良、直言、武勇之士各一人，命张班、孟卓为左、右执法郎"，"典定士族、副选举之任"。品定这些被推荐的人，给以官位，借以安定与笼络汉族知识分子的情绪与感情，使这些地主阶级知识分子感到铨选有望，执法有权。

经济上，能否恢复和推行封建剥削，建立封建的生产关系，是少数民族豪酋是否摆脱落后的部落生产的标志，也是他们笼络汉族地主阶级共同分享剥削利益的主要手段。石勒攻占襄国为根据地后，即以"司冀渐宁人始租赋"，在其统治区内实行了租税制，停止了以前的"收掠野谷"的掠夺和变相掠夺的做法。消灭王浚控制幽冀之后，又"始下州郡，阅实人户，户赀二匹、租二斛"。从掠夺到征租是一大进步，是恢复封建统治的重要的一环。这不但有助于巩固新的统治者的既得利益，对饱受战乱和兵燹之灾的中原人民来说，

---

1 《晋书·石勒载记》。
2 《晋书·石勒载记》。

也未尝不是一种解放。这也表明石赵政权在汉族知识分子的筹划下，其法制已"形同上国"（指西晋），政权建设粗具了封建统治的规模。这种封建统治政权的重建，对恢复发展当时的农业生产是有利的。汉族知识分子为他服务，也是必然的，无可非议。说他们"腼颜臣事"、"咸怀去就之计"，我认为未必尽然[1]。

石勒还十分重视"农耕"，重视大乱之后的生产发展。即使在战争中，他攻占一些地方后，马上就分遣"流人各还桑梓"[2]。如公元321年，石勒攻灭段匹䃅，立即"散诸流人三万户，复其本业，置守宰以抚之"[3]。石勒称赵王后即"遣使循行州郡，劝课农桑"。并任右常侍霍皓为"劝课大夫"，协同"朱表、典农都尉陆充等巡行州郡"，"典定户籍、劝课农桑"，并规定："农桑最修者赐爵五大夫"[4]。农业生产，是封建统治的基础，是士大夫们历来鼓吹的巩固政权的"致治之本"，石勒能采取这些措施，迅速摆脱羯族原来比较落后的部落生产制，发展生产，实行封建剥削，一方面是藉以向汉族士大夫表明，自己俨然是中原之主；另一方面也在经济上给予汉族士族地主以封建剥削的权利，巩固他们在晋末社会大乱（实际上是财产再分配）中的既得利益，以便笼络他们。

石勒自己不识字，但对汉族发达的文化，却采取了尊重、学习的态度，并十分重视文化教育。公元312年，石勒占领河北后，在襄国"立太学，简明经善书吏为文学掾，选将佐子弟二百人教之"。不久，又"增置宣文、宣教、崇儒、崇训十余小学于襄国四门，简将佐豪右子弟百余人以教之，且备击柝之卫"（禁卫工作，以保证学习的正常秩序），藉以培养有文化的统治人才。在当时的战争环境中，石勒尊重汉文化的教育和为优容汉族士族地主所采取的一系列措施和策略，是颇具胆识和远见的。他的笼络政策，在政治上获得了顺应民心的作用，在决定士族的进退上则取得了汉族士大夫云集在石赵政权之下的成功。史称石勒的"神旗所经，衣冠之士靡不变节"，很形象地反映了汉族士族进入石赵政权共同立国建政的盛况。中原的世家大族如"范阳卢谌，渤海石璞，北地傅畅，颍川简绰，清河崔悦、崔迁，荥阳郑略"等均出仕做官[5]，

---

1 参看蒋福亚：《十六国时期民族斗争及其实质》，《民族研究》1980年第5期。
2 《晋书·石勒载记》。
3 《晋书·石勒载记》。
4 《晋书·刘琨附子群传》。
5 《晋书·刘琨附子群传》。

为石赵政权出谋划策。张宾在政府机构中"为大执法,专总朝政,位冠僚首"。表明在石赵政权官僚诸职中,重于汉族士族和重于法治的观点[1]。

十六国时期,囿于历代汉族统治者的"非我族类,其心必异"的民族压迫政策的影响及对内迁的少数民族人民的残酷剥削与压迫,在这些少数民族的豪酋起兵后一般都将阶级斗争的目标,转向疯狂的民族间的仇视和屠杀,造成民族的隔阂和偏见,严重地阻碍了各族间相互促进与了解,也给少数民族豪酋使用汉族士族增加了困难。能否排除少数民族中的狭隘的民族歧视和偏见,大胆起用汉族士族,是十六国时期有作为的少数民族豪酋的首要问题。在当时特定的历史环境和历史条件下,汉族士族能否肩负起自己临乱致治的历史使命,也完全取决于豪酋们对士族的态度与采取的策略。如前秦政治家王猛,公元354年东晋大将桓温率军进入关中,王猛披着破旧的短衣去见他,一边捉虱子,一边高谈天下大事。桓温认为他是天下奇才,退兵时,要他同行回江东,被王猛拒绝。他认为腐朽的东晋王朝,不是他的政治抱负和才能得以实现的依靠。不久,他得到了苻坚的信任,成为苻坚最亲信的人,随即得到了发挥其政治家才能的机会。

前秦是氐族豪酋苻健建立的政权。公元315年苻健称帝时,局限于关中之地。其继承者苻生是个暴戾之人,喜怒无常之辈,当然不能久在其位。公元357年,苻坚发动了宫廷政变,夺得了帝位,随即排除了氐族贵族地主的偏见,大胆地起用了汉族士族王猛等王佐之才。如果说,石勒是采取封建性的政治措施以拉拢汉族士族替他服务为策略的话,那么,苻坚则更多地依靠信任为笼络的手段。

苻坚在当时的氐族豪酋的反对声中,起用王猛治理秦国,曾遇到极强大的氐族贵族势力的抵抗。当时有一个将领樊世,"氐豪也,有大勋于苻氏,负气倨傲"[3]。对苻坚的信用汉族士族和对王猛"亲宠愈密、朝政莫不与之"的作法,竭尽反对、诬蔑之能事。他当众侮辱王猛:"吾辈与先帝共兴帝业,而不与时权,君无汗马之劳,何敢专管大任,是为我耕嫁君食之乎?"[4] 王猛亦当仁不让,回敬他道:"方当使君为宰夫,安置耕嫁而已!"樊世听后勃然大怒,

---

1 参看拙作《关于石勒的再评价问题》,《民族研究》1981年第3期。
3 《晋书·苻坚载记》。
4 《晋书·苻坚载记》。

愤愤然要杀王猛，"当悬汝头于长安城门，不尔者终不处世也"。可见，与氐族中保守派的矛盾，是相当激烈的。是把联合汉族的封建统治政策贯彻到底，还是屈服于本族豪强的压力而倒退？苻坚是面临着抉择的。他正确地选择了后者，全力支持王猛。下决心"杀此老氐，然后百僚可整"。于是藉口杀了樊世。但"诸氐纷纷竞陈猛短"，苻坚坚决予以镇压。对这些人"恚甚、慢骂、或鞭挞于殿廷者……"[1]。"自是公卿以下，无不惮猛焉"。彻底消除了保守派的阻力。苻坚之用王猛，出于巩固和加强自己的权力、建立起氐、汉地主的联合专政的阶级统治，当然客观上也有利于当时社会的安定。这中间，他没有丝毫的民族偏见，是值得大大称道的。

王猛在苻坚即位之初，为"中书侍郎"[2]，后"岁中五迁"，平北燕后，"加都督中外诸军事"而"权倾内外"。氐族权贵、宗戚旧臣嫉恨反对，苻坚信贤不疑。对谮毁者则加以贬黜。"尚书仇腾、丞相长史席宝数谮毁之……坚黜腾为甘松护军、宝白衣领长史"。"军国内外万机之务、事无巨细，莫不归之（王猛）"；任用王猛，这在苻坚，固然是"英雄识英雄"，为其封建统治找到了"第一流"的辅佐将相；在王猛，也确是"明珠并非暗投"。

公元 370 年，苻坚派遣王猛率扬安、张蚝、邓羌等十将、步骑六万伐前燕慕容晞。苻坚亲自送王猛于霸东，谓曰："今授卿精兵，委以重托，便可从壶关、上党出潞川。此捷济之机，所谓迅雷不及掩耳。吾当躬自率众，以继卿后，于邺相见。已敕运漕相继，但忧贼，不烦后虑也。"[3] 付汉族士族以精兵猛将，面授机宜、心心相印、信任不已。这与西晋统治者的"内诸复而外夷狄"的狭隘、反动的心理相对照，苻坚的这种打破民族界限、知人善任的作风，是难能可贵的。

王猛怀着"残胡不足平也"的雄心壮志，率军出壶关，攻晋阳，灭前燕，迫使燕郡"诸州郡牧守及六夷渠帅尽降于坚"。王猛为前秦在中原的统治立下了汗马功劳。

军事上的成功使王猛赢得了更大的信任，苻坚常将王猛"拟之于孔明"。王猛的政绩也使得苻坚的统治达到了顶峰。

---

1 《晋书·苻坚载记》。
2 《晋书·苻坚载记·附王猛传》。
3 《晋书·苻坚载记》。

二、汉族士族帮助少数民族豪酋立国的实践

对汉族士族实行正确的安抚政策，在政治上拉拢和重用他们，使他们能死心塌地地为自己的政权出谋划策，共建封建统治的新秩序，是汉族士族发挥其作用的首要历史条件，也是汉族士族为什么要服务于这些政权的最主要的客观原因。而这些被结合的汉士族，或是西晋失意知识分子，或是当时的世家大族之后，有比较雄厚的传统文化基础，本身具备的极娴熟的封建统治经验和才能，则是这些汉族士族帮助少数民族豪酋分子立国活动付诸实现的资本。

在立国过程中，汉族士族大都找到了发挥自己智慧与才能的用武之地，帮助少数民族豪酋建立了短暂安定的朝代，在局部地区稳定了人民群众的生活，为历史、为社会物质文明和精神文明的发展作出了自己应有的贡献。如张宾之于后赵政权、王猛之于前秦政权，都是十六国时期汉族士族帮助少数民族豪酋立国取得完全成功的典型。

张宾，字孟孙，汉族，赵郡中丘人。"少好学，博涉经史，不为章句，阔达有大节"。[1] 可见，张宾是一个胸有大志的人。在晋末社会大乱中，他以张子房自居。石勒投靠刘渊为"辅汉将军"、与诸将下山东时，中原群雄角逐。张宾观察了许久，谓余亲曰："吾历观诸将久矣，独胡将军可与共成大事"，遂提剑谒军门，"大呼请见"。石勒用其为"参军都尉、领记室、位次司马、专居中主事"。[2] 这可以看出，张宾投奔石勒，是经过一番深思熟虑和正确分析了当时的客观形势之后作出的政治选择。他自比张子房，视石勒为"马上取天下的汉高祖"，准备为重建封建统治政权而尽力，充分体现了人民要求安定的强烈愿望及汉族士族临乱而欲治的品质。

公元312年，石勒开始用张宾之计，"制天下也，得地者昌，失地者亡"[3]，占据了襄国（今河北邢台）为根据地，"命将四出，授以奇略，推亡固存，兼弱攻昧，以图王业。"[4] 在计并王弥、建立襄国为根据地的战略方针的制定中，张宾起了十分重要的作用。石勒在张宾的辅佐下，从此结束了飘忽剽劫、掠

---

1 《晋书·石勒载记·附张宾传》。
2 《晋书·石勒载记·附张宾传》。
3 《晋书·石勒载记》。
4 《晋书·石勒载记》。

夺屠戮的流寇式作风。公元 319 年，石勒就以河内（今河南沁阳）等二十四郡、民户二十九万为赵国（后赵），勒称赵王。石勒的重用汉族士族策略的直接结果，果然是立国建政，从中得到好处。史称："成勒之基业，皆张宾之功绩也"[1] 看起来也绝非誉语。

同样，王猛治秦的历史功绩，也是彪炳史册的。"王猛，字景略，北海剧人"（今山东寿光县）。"少贫贱，以鬻畚为业……博学好兵书，谨重严毅，气度雄远"。[2] 得前秦苻坚信任上台执政后，即开始整顿纪纲、惩罚豪强、推崇儒教、平外患息内乱，与人民休养生息的一系列治秦的政治活动。公元 373 年，前秦攻取了东晋的蜀地；公元 376 年灭前凉；公元 378 年又攻下了晋之长江上游重镇襄阳。前秦国内的政治，亦出现了汉魏以来少有的清明景象。文治与武功，数年之内，秦国竟达到了大治，一跃而为关中强国，这主要是王猛等汉族士族努力实践的结果。

王猛执政伊始，就首先进行了惩治豪强、建立朝廷权威的政治行动。打击的矛头，首先指向了苻坚的妻弟强德。强德自恃是豪族贵戚，一贯"昏酒豪横，为百姓之患"。王猛"捕而杀之，并陈尸于市"。[3] 王猛还在当时的中丞邓羌的协助下，数旬之间，"贵戚豪强诛死者二十有余人，于是百僚震肃，豪右屏气，路不拾遗，风化大行"。[4] 苻坚对此大为赞赏，兴奋地说："吾今始知天下之有法也，天子之为尊也。"[5]

王猛还"整齐风俗"，兴办学校。史载："自永嘉之乱，庠序无闻"。[6] 恢复汉族士大夫的地位和文化教育，是加强氐汉和各民族间相互交流的唯一道路，是从思想意识上加强融合的手段，苻坚和王猛也都深刻地认识到这一点。即位不久，就"复魏晋七籍，使役有常闻，诸正道典学一皆禁之"。[7] 并"广修学宫，召郡国学生通一经以上充之，公卿已下子孙并遣复业。其有学为通儒，才堪干事，清脩廉直，孝弟力田者，皆旌表之。于是人思勤励，

---

[1] 《晋书·石勒载记·附张宾传》。
[2] 《晋书·苻坚载记·附王猛传》。
[3] 《晋书·苻坚载记》。
[4] 《晋书·苻坚载记·附王猛传》。
[5] 《晋书·苻坚载记》。
[6] 《晋书·苻坚载记》。
[7] 《晋书·苻坚载记》。

号称多士"。[1] 并亲自擢拔了其中比较好的"八十三人"。苻坚自己八岁时就"请师就家学"学习汉文化，他"临太学，考学生经义"，"问难五经，博士多不能对"，全得力于他自幼刻苦学习传统的汉文化的基础。

接着，王猛又劝苻坚："减膳撤悬，金玉绮绣皆散之戎士，后宫悉去罗纨，衣不曳地。开山泽之利，公私共之，偃甲息兵，与境内休息。"发展生产、与人民休养生息，是社会安定的根本因素。王猛的这些措施，对发展当时的农业生产是有好处的。前秦疆域地处西北，是干旱之地。苻坚、王猛还根据实际情况，"课百姓区种"。"区种法"[2] 是因地制宜的耕作技术，很适于在干旱地区推广。苻坚又因"关中水旱不时，议依郑白故事，发其王侯已下及豪望富室僮隶三万人，开径水上源，凿山起堤，通渠引渎，以溉冈卤之田。及春而成，百姓赖其利"[3]。这样的全国上下总动员而兴修水利，历史上是空前罕见的。颁布升赏时也特别强调"力田者"，这都反映了苻坚对农田、水利的重视，也奠定了前秦封建统治的经济基础。

在王猛等汉族士族的帮助下，前秦在很短的时间里，即达到了大治。据载当时的"关陇清晏、百姓丰乐。自长安至于诸州，皆夹路树槐柳，二十里一亭，四十里一驿，旅行者取给于途，工商贾贩于道。百姓歌之曰：'长安大街，夹树杨槐，下走朱轮，上有鸾栖，英彦云集，诲我萌黎。'"[4] 太平盛世俨然。苻坚的历史地位，即使在封建正统观念极深的旧史家眼里，也认为他"遵明王之德教，阐先圣之儒风，抚育黎元，忧勤庶政。王猛以宏材纬军国，苻融以懿戚赞经论……文武兼施、德刑具举。乃平燕定蜀，擒代吞凉，跨三分之二，居九州之七……虽五胡之盛，莫与比也"。[5] 王猛亦因"宰政公平，流放尸素，拔幽滞、显贤才。外修兵革、内崇儒学。劝课农桑、教以廉耻。无罪而不刑，无才而不任，庶绩咸熙，百揆时叙。于是兵强国富，垂及升平，猛之力也"[6]。获得了历史的公允的评价。

---

1 《晋书·苻坚载记》。
2 "区种法"是汉人氾胜之总结前人农业生产经验提出的耕作方法，宜于在干旱高地施行，东汉初曾在西北边境地区推广。
3 《晋书·苻坚载记》。
4 《晋书·苻坚载记》。
5 《晋书·苻坚载记·史臣曰》。
6 《晋书·苻坚载记·附王猛传》。

王猛死后，苻坚被前秦贵族和前燕的降将所包围，走上了穷兵黩武的道路。公元383年，倾国伐晋。又以"轻骑八千"冒进寿春淝水之滨，犯了战略错误（化优势为劣势）[1]，结果大败而还，导致了前秦的分裂与他本人的悲剧。这其中，有着比较复杂的主观原因和客观原因（容另文详述），我们不能以淝水之战的胜者和败者来论是非，从而否定苻坚、王猛治秦的历史功绩；更不能唯民族论，因王猛等汉族士族是帮助少数民族豪酋分子立国建政，而全盘否定他在立国中的成功的实践活动及卓越的历史贡献。

三、十六国兴亡的历史教训

淝水败后，前秦国内各种矛盾急剧爆发，苻坚不能约束，前秦遂分裂为诸小国。前秦的龙骧将军、督益梁州诸军事的姚苌奔渭北北地（今陕西富平），在关西豪族（汉族）尹纬等的拥戴下，自称大将军、大单于、万年秦王，史称后秦[2]。

后秦的继任者姚兴，是个有作为的皇帝。他信任顾命大臣尹纬，"抚骨肉以仁，接大臣以礼、待物以信，遇黔首以恩"。[3] 姚兴统治后秦二十余年，亦成为西北大国，尹纬等汉族士族起了很大作用。

"尹纬，字景亮，天水人也。少有大志，不营产业……每览书传至宰相立勋之际，常缀书而叹"。[4] 苻坚因为其族人尹赤曾降姚苌，故不用纬。苻坚败后，也正是这个尹纬"扇动群豪，即推姚苌为主盟，遂为佐命之功"[5]。士族的进退，成了立国的关键，在这里表现得尤其突出。

尹纬的主要功绩是帮助姚兴"立律学于长安，召郡县散吏以授之，其通明者还之州郡，论决刑狱。若州县所不能决者，谳之廷尉"。姚兴自己也"常临咨议堂耳听决疑狱，于时号无冤滞"[6]。推行了封建法治。

1　淝水战时，苻融俘获了东晋硖石守将胡彬给谢石的告急信，致使苻坚"舍大军于项城，以轻骑八千兼道赴之（寿春）。"（《晋书·苻坚载记》）的战略错误。
2　《晋书·姚苌载记》。
3　《晋书·姚苌载记》。
4　《晋书·姚苌载记·附尹纬传》。
5　《晋书·姚苌载记·附尹纬传》。
6　《晋书·姚兴载记》。

解放奴婢，增加农业生产之劳动力。尹纬执政时，"令百姓自卖为奴婢者，悉免为良人"[1]。并从富国强民的主观愿望出发，认为"能输关梁通利于山水者，皆富豪之家。吾损有余以裨不足，有何不可"？遂增"关津之税"，打击了豪强地主。

兴教育于长安。姚兴时，天水姜龛、东平淳于岐、冯翊、郭高等皆为"耆儒硕德"，"各有徒数百人在长安教授，诸生自远而至者万数千人"。可见当时的学校规模之大、学生人数之多。姚兴自己于"听政之暇，引龛等于明堂，讲论道艺"[2]。河西大儒胡辩，苻坚末年迁居洛阳，"讲授弟子千有余人，关中后进多赴之请业"从师。姚兴为此特地关照守关官吏："诸生咨访道艺、修己励身，往来出入，勿拘常限。"由于姚兴、尹纬等的提倡，后秦"学者咸劝，儒风盛焉"[3]。

姚兴死后，后秦统治阶级内讧，无以继任姚兴与汉族士族结合的既定策略，刘裕乘机用兵关中，灭后秦。

前秦的分裂及后秦的兴亡，反映了十六国历史的一个侧面。我们可以清楚地看到，对待汉文化和汉族士族的态度，是一个内迁少数民族豪酋能否在中原地区建立起封建统治的关键，也是区别各内迁少数民族文明化程度和野蛮与落后的标志。一个不懂得汉族文化和汉族士族作用的少数民族豪酋，无论其军事力量多么强大，仍是愚昧的，是不能在有着广阔的封建经济基础的中原地区立国建政的，即使偶然的机会，建立了统治，也终将是"不巩固的军事、行政的联合"，或者被"被征服者"的较高文明和文化所征服，或者很快地陷于瓦解，这是"一条永恒的历史规律"。十六国时期立国者的陆续更替与频繁的朝代兴亡的历史事实，充分地证明了这一点。

我们还可以清楚地看到，西晋末年，八王之乱起，司马氏集团互相攻杀，统治力量已在内乱中消耗殆尽。腐朽透顶的西晋政权，很快在内迁的各族人民的大起义中覆亡了。北方社会陷入了极度的混乱之中。入居中原、大部已完成封建化和正在封建化的各少数民族的豪酋分子，因不同程度地受西晋统治者的歧视和压迫，其优秀者便乘机起兵，纷纷割据，先后进行了重建封建

---

[1] 《晋书·姚兴载记》。
[2] 《晋书·姚兴载记》。
[3] 《晋书·姚兴载记》。

统治政权的尝试。但因为本族文化落后，人口稀少，要统治文化发达、汉族人口众多的中原地区，就必须团结和依靠有着共同的阶级利益的汉族士族，这样，就给少数民族豪酋和汉族士族的结合创造了特定的历史条件，这种结合而产生的联合专政的统治，充分地反映了十六国时期民族斗争的阶级内容之实质，这也是民族融合的必然结果。张宾等人就是看清了这种形势，打破了民族的界限和门阀观念的限制，服务于少数民族豪酋建立的政权之中，发挥自己的应有历史作用。这种行动，一方面，固然是少数民族豪酋实行正确的笼络策略的结果；另一方面，也反映了汉族士族本身具备的临乱致治的品质。在中华民族发展的整个历史进程中，这种行动是顺应历史发展的潮流的，这也是十六国时期整个中国文明和文化发展的归宿。至于他们的立国时间短促的问题，应该归结于当时的历史条件的限制。按照中国历史发展的进程，经过十六国、两宋时期几次大的、痛苦的、激烈的民族斗争和融合之后，中国才具备了少数民族豪酋建立起强大的、统一中央王朝的条件，如蒙元、清帝国等等。十六国时代的少数民族豪酋，当然也不能超越这种历史规律。加之当时与汉族士族的结合而建立联合专政，尚是一种尝试，结合的成功与否，完全取决于豪酋分子对汉文化和汉族士族的态度。如后赵的石勒死后，因为"后继之者无复雄才"，石虎倒行逆施，石勒的政策无以贯彻到底，后赵便很快陷于土崩瓦解，民族间的仇杀又复重演。因此，执政者和政策的稳定性与连续性，也是能否使立国时间延长的主要原因之一，对此，我们必须有正确的认识。

综上所述，十六国时期汉族士族在汉族统治阶级极端腐朽透顶的特定历史环境中，肩负起自己的使命，与入居内地的少数民族豪酋的出类拔萃分子密切合作，共建了封建统治的新秩序，有力地推动了各族人民间的大融合，为隋唐时代封建经济、文化的高度发展奠定了基础，这种行为的本身，是民族融合的象征。意味着作为精神文明的结晶的传统的汉文化，在人类社会和中国历史发展的长河中，起着多么重要的作用；知识分子在加速十六国历史发展的过程中，其发挥的历史作用又是多么值得重视和借鉴！

（原载《浙江师范学院学报》（哲学社会科学）1984年第1期；当年《人大书报资料·三国两晋隋唐史》转载）

宋代榷盐制度述论

宋初，沿五代以来的旧习，盐的专卖仅为地方政府所主持。《宋史》卷181《志·盐》上曰："宋自削平诸国，天下盐利皆归县官，官鬻通商，随州郡所宜……尤重私贩之禁。"可见，盐利是地方财政之主要收入。宋太祖用武力统一了中国，对"自天宝以后……方镇握重兵，皆留财自赡，其上供殊鲜"[1]的情况，当然是不能容忍的。宋初削弱藩镇的基本政策是"稍夺其权，制其钱谷，收其精兵"。三者之中，"制其钱谷"是诸政策的经济基础。因此，在"杯酒释兵权"以后，即被提到了国家的议事日程上。"太祖及受命，务恢远略，修建法程，示之以渐。"[2]乾德三年（965年），太祖就下令："诏诸州节度经费外，凡金帛悉送阙下，毋或占留。时藩郡有阙，稍命文臣权知所在场务，或遣京朝官廷臣监临，于是外权始削而利归公上，条禁文簿渐为精密。诸州通判官到任，皆须躬阅帐籍所列官物，吏不得以售其奸。"[3]这样，原为地方财政主要收入的专卖利益，转归了中央政府的直接控制之中。办法是："只听州县给卖，岁以所入课利申省，而转运司操其赢，以佐一路之费。"[4]宋太宗时，设三司使掌财政，称为"计相"，三司使下辖盐铁、度支和户部三使，分管全国财政支出，权任甚重。又分全国为十五路，陆续于各路设一转运司，除总领本路财赋外，并得考核官吏、纠察刑狱、兴利除弊等[5]，加强并完善了转运使制度。这是宋太祖统一以后财政制度的重要改革，是宋初中央集权专制主义国家得到加强的重要表现。

国家的统一，为全国统一的贸易奠定了基础，也为中央政府垄断财政开

---

1 《宋史》卷179，《志·会计》。
2 《宋史》卷179，《志·会计》。
3 《宋史》卷179，《志·会计》。
4 《文献通考》15，《征榷》2引陈止斋语。
5 《宋史》卷162，《志·三司使》。

辟了道路。专卖权的分散和趋向统一，充分证明了专卖制不仅是剥夺地方财政利益和抑商的手段，也是加强专制主义中央集权的重要措施。而宋代榷盐制度从统一到走向开放，则反映了中央政府和地方的矛盾、中央政府和从事盐专卖的官吏、商人在瓜分专卖利益上的矛盾以及盐民反压迫与反剥削的矛盾。因此，研究宋代的榷盐制度及其与当时社会的关系，对了解宋代的社会经济是很重要的，对分析中央集权的专制主义国家的官僚政治，也有一定的意义。本文试就宋代榷盐制度下盐的生产、运销及与当时社会的关系，略作述论。

一、宋盐的生产、运输和销售

宋代盐产，主要是解盐和海盐。分布在解州（今山西运城附近）和沿海各省。生产的体制，有政府经营和盐民个体生产两种。

政府直接经营解盐，从招募工人、生产定额及运销等，俱由政府派员主持。解盐的年产量，大概在八千万斤左右[1]。

海盐的生产，因为分布地区广，范围大，政府无法在生产上实行垄断，遂采取"官给本钱，计丁输课"的办法：规定额盐，发放盐本，让盐民个体生产。但加强了定额的限制和管理。规定生产的额盐，必须完成交纳，由政府统一收购，若超产剩余，政府亦以略高于额盐的价格收买。海盐的年产量，起伏波动很大，很难精确统计，每年约为一亿斤左右[2]。

为使盐产达到统一收购而获利的目的，政府依靠国家权威，严刑峻法，严禁私自煮盐和私盐涌入市场。规定："私炼盐者三斤死。擅货官盐入禁法地分者十斤死。以蚕盐贸易及入城市者二十斤已上杖脊二十，配役一年已。"[3]"有买卖私盐，听人告讦，重给赏钱，以犯人家财充赏……"[4] 由此可以看出，榷盐的首要条件是要垄断盐业的生产与收购，使盐成为政府独家经营的专卖品，才能实现榷卖营利的目的。宋代中央集权政权的重建，给专卖制度的实行创造了首要的条件。政府通过垄断盐产、颁布盐法、派员主持榷卖等措施，建

---

1 《宋会要辑稿·食货》23 之 56，天圣九年九月二十四日条，产量计为 76321480 斤。
2 据《宋史》卷 182 中提及的产量约并为 10770 万斤左右。
3 《宋会要辑稿·食货》23 之 18，《盐法杂录》。
4 《续资治通鉴长编》（以下简称《长编》）卷 263。

立了一整套比较严密的专卖制度。

政府在各产盐区设官管理，大为监、中为场、小为务。由政府直接委派官吏或由地方官兼任，负责监督盐之生产、收购、运销等工作。如解州以解州刺史周训兼解池榷盐制置使。其他还有知池官、监察煮盐，买纳官等名目繁多的专职官吏，负责缉私的还有巡尉等等[1]。为加强盐产的运输，又设发运使一职，专事调拨各地盐产事宜，"掌经度山泽财货之源，漕淮、浙、江、湖六路储廪以输中都，而兼制茶、盐、泉货之政"[2]。至于临时为加强榷卖而加派的专职官员，如"制置茶盐事"等，不可胜数，可见政府对榷卖的重视。

盐产收购以后，由产地运往销地，以江南、淮南、荆湖、两浙等路为例，主要依靠漕运。另又有所谓"帖头者"（运货人夫），由"官役乡户衙前"充任，从事陆路运输。政府在从江南至汴京沿途，设立若干盐仓，贮存盐产，待漕运粟米至京师的船只回返之际，转搬沿途各仓之盐。如著名的淮盐，分运六路，曾"置仓……通、楚州各一，泰州三。又置转搬仓二，一于真州，以受通、泰、楚五仓盐；一于涟水军，以受海州、涟水盐。江南荆湖岁漕米至淮南，受盐以归"。《宋史》卷175《漕运》又载："江湖上供米，旧转运使以本路纲输真、楚、泗州转搬仓，载盐以归，舟还其郡，卒还其家，汴舟诣转搬仓运米输京师，岁折运者四。"穿梭似的船只，往来于运河之上，足见宋代漕运事业之发达。宋代繁荣的封建商业，亦可从中窥见一二。

盐纲（三十或二十五船为一纲）运到州县以后，置仓受之，设盐官管理。一部分设卖盐场榷卖，一部分由商人请买另卖。二者均受政府统一标价之限制。

二、宋盐的榷卖与社会阶级斗争的关系

宋政府视盐利为重要的财赋收入，故紧紧地控制了盐的生产和销售两个环节，通过贱买贵卖，获取盐利以为国计。而盐又关系民生，百姓一日不可以无也。因此，从价格和销售方法上分析当时政府对食盐的榷卖取利情况，是我们了解宋代榷盐制度实质的关键。

---

1 《宋会要辑稿·食货》27之14。
2 《宋史》卷167，《志·职官》；卷182，《志·盐》中。
3 《宋史》卷167，《志·职官》；卷182，《志·盐》中。

宋时盐的收购价，随各产区产盐成本而有高低，然而政府在收购时，往往压低价格，另外又强迫盐户交纳所谓耗盐。真宗时规定：盐户交纳额盐时，每交正盐一石，纳耗盐一斗，仅给钱五百文，合每斤三文多。后来虽代有增加，如仁宗天圣初（1023年）："正盐三石，原定价五百文省，上依海州、涟水军例添钱一百文省。"[1] 景祐时（1034年—1037年），广南盐每斤六文，后又增为七文；绍兴年间（1131年—1162年）又增为十二文。隆兴间（1163年—1164年）盐的收购价为"每斤十八文足"，淮盐"额盐为十六文，浮盐则为十九文"[2]。收购价虽略有提高，而当时的柴米价格，亦随之提高，故生产成本大大提高，盐民实际所得，仍无增加。而当时政府食盐之卖价规定："颗盐卖价，每斤自四十四至三十四钱，有三等。末盐卖价每斤自四十七至八钱有三十一等。"[3] 至熙宁前（1068年）盐价已增加为斤"钱六、七十。"[4] 压低收购价，主要为加重对盐民的剥削。提高食盐的卖价，目的是为了增加消费者的负担，从更大的范围内剥削人民，以攫取更多的榷盐利益。当时宋政府给亭户的盐本钱，每担不过二十文左右，贱买贵卖，一进一出，"视去盐道远近，而上下其估利，至十倍者。"[5] 至于蜀盐，价格更昂。如剑南诸州，"宋初官粜于民每斤钱七十，豪民黠吏，相与为奸，贱市于官，贵粜于民，至有斤获钱数百"。[6] 熙宁九年（1076年）成都府路盐斤为钱二百五十[7]。买价和卖价之比，为十倍与数十倍之间，如此厚利盘剥，人民的痛苦可以想见。

大量的食盐是由政府标卖的，私贩想要冲击其售价，是万万不可能的。因此，专卖制一开始，就遭到了人民的激烈反抗。宋代的四川，因为贱买贵卖，加之产量不足，经常发生食盐危机，引起阶级矛盾的激化，最后终于爆发了王小波、李顺领导的人民反专卖大起义。《宋史纪事本末》卷16载："初，蜀亡，其府库之积悉输汴京，后任事竞喜功利，于常赋外更置博买务，禁商贾不得私市布帛。蜀地狭民稠，耕稼不足以给，由是小民贫困。兼并者益籴

---

1 《宋会要辑稿·食货》23之32；27之15、28之33。
2 《宋会要辑稿·食货》23之32；27之15、28之33。
3 《宋史》卷181、182、181、183，《志·盐》。
4 《宋史》卷181、182、181、183，《志·盐》。
5 《宋史》卷181、182、181、183，《志·盐》。
6 《宋史》卷181、182、181、183，《志·盐》。
7 《长编》卷279。

贱贩贵以规利。小波因聚众为乱。"统治者不得不承认：起义的直接原因是兼并者的"籴贱贩贵以规利"的倒行逆施。

贱买贵卖的榷盐政策引起人民激烈反对的直接结果，又造成了官盐的大量积压，而政府务求其售以获利，于是又出现了运用行政手段的"抑配"和"计口敷盐"。即"强以配民，食用不尽，迫以严威，破产输钱"。[1] 按人户"资产列为等第"，再按等第"计口敷盐"。如"知琼州刘威相度琼州、昌化、万安、朱崖军民户、乡村坊郭，第一至第三等，每丁逐月买盐一斤，第四等、第五等及客户、僧道、童行，每丁逐月半斤，不以月、日为限，岁终买足，遇有死亡开落、进丁状收上"。[2] 两浙方面，则有所谓"丁盐钱"："宋制：两浙岁计丁口，官散食盐，每丁给盐一斗，使输钱百六十有六，谓之丁盐钱。"[3] 按户等配卖和"计口敷盐"，若无严格的管理和户籍制度，注定漏洞百出。宋时，有些客户往往被迫逃徙而无常住，而配卖的食盐仍是原数，这样，配卖的数额就落到了其他坊郭人户身上，又加重了这些民户的负担，致使民怨大起。《韩魏公集》卷13《家传》载："河北诸州，当榷盐之初，以官盐散坊郭主、客户，令纳见钱，及盐法通行，其盐钱遂为半额而不除，主户尚能随屋税纳官，客户逃移莫知其处，但名挂簿书而已。遂差坊正五、七人，直令认纳，谓之客户'乾食盐钱'。"客户为抵制无名之暴敛，举家逃走，盐钱仍要摊派在小康人家身上，丝毫未见减少。仁宗景祐三年（1036年）十月，经韩琦奏请，始将此种"赔纳钱蠲免"。[4]

除直接和强迫售卖食盐外，另有"蚕盐制"。《宋会要辑稿·食货》元祐元年（1086年）六月八日条："百姓昔年请盐，谓之蚕盐，及至丝蚕之时，大有所济，然后随税纳钱入官。"办法是："每岁将官盐散于人户，……令民折纳绢帛。"[5] 可见，"蚕盐制"就是以"绢帛代盐钱"，将盐先贷于民，待民户有丝帛产出，折价纳官充盐钱。此盐由政府统一发放，即所谓"民间食盐、州县吏量口赋之，蚕盐以版籍度而授之"。[6] 远离产盐区的偏僻乡村，民户无现钱买

---

1 《司马文正公家集》卷49，《请革弊札子》。
2 《宋会要辑稿·食货》24之23。
3 雍正《浙江通志》83，《盐法》上，《吴兴掌故》。
4 《宋史·仁宗本纪》；《宋史》卷312《韩琦传》。
5 《宋史·仁宗本纪》；《宋史》卷312《韩琦传》。
6 《长编》卷18。

盐，行蚕盐制，虽明知政府从中获利，但可免暂时的淡食之虑，从客观上讲，对局部地区的人民未尝不是有利的。但此法行不久，因入中和盐钞制的实行，"蚕盐制"便又成了一条套在人民脖子上的绞索。"庆历初，淄、淮、青、齐、沂、密、徐、淮扬八州军既弛盐禁，兖、郓亦相继许通海盐，自是诸州官不贮盐，而岁应授百姓蚕盐皆罢给，然百姓输盐钱如故"。[1] 政府已无盐充蚕盐，而百姓仍需输钱，苛敛之重，可见一斑！仁宗曾下令："诏百姓输蚕盐钱以十分为率，听减三分。"[2] 哲宗时，又申令要俵蚕盐方能输钱："昨因言者罢所俵蚕盐，只令百姓虚纳盐钱，于义未安。请依旧俵蚕盐。"[3] 但"天高皇帝远"，诏令归诏令，事实还是事实，俵与不俵者，仍无一定。尚书宇文粹中曾一针见血地指出："陛下勤恤民隐，诏令屡下，悉为虚文。民不聊生，不惟寇盗繁滋，窃恐灾异数起。"[4] 社会阶级矛盾随着剥削的加重而日益尖锐起来了。因抑配、蚕盐等剥削而引起的农民起义，屡见不鲜。如蚕盐的折变问题，陈州的办法是："客户等蚕盐，一斤一例折现钱一百文，又将此一百文，纽做小麦二斗五升，每斗亦令纳钱一百四十文，计每斤土盐却纳三百五十文。"[5] 民户赊买一斤盐，由盐折钱，又由钱折粮，复又令纳钱，官吏任意改变品种，折纳加耗，一百文一斤的土盐，翻来覆去，最后竟要交三百五十文。又如海盐的生产成本的发放，本来政府支给盐户的盐本，分为两次发放，第一次发一半供盐户整理盐场，用于生产；第二次到交足额盐实数时，即照数付清。但主持此事的官吏从来不按时支给盐户本钱，盐场官坐镇盐场，往往"买纳到盐出卖，获利称息数倍，乃犹占吝，不肯给还原价，纵或支偿，十不一二，几于白纳而已"。[6] 致使"亭户输盐，应得本钱，或无以给，故亭户贫困，往往起为盗贼。其害如此"。[7] 贫民下户，本小力微，不堪忍受各种剥削和苛捐，或潜逃，或铤而走险沦为"盗贼"。两宋时期农民起义频繁的历史特点的形成，与宋政府实行的专卖政策有着一定的因果关系，前述王小波等反专卖大起义就是一个明证。

---

1 《长编》卷 18。
2 《长编》卷 18。
3 《宋会要辑稿·食货》24 之 27。
4 《宋史》卷 179，《志·会计》。
5 《孝肃包公奏议》卷 7，《请免陈州添折见钱》。
6 《宋会要辑稿·食货》28 之 57。
7 《文献通考》16，《征榷》3。

据记载，自真宗以后，农民起义"一年多如一年，一伙强如一伙"。福建路汀州和江西路赣州，因为官府用各种名义抑配质量粗恶的食盐，高价派售，强迫农民购买，当地人民揭竿而起，成为南宋时农民起义发生次数最多的地区。[1]

三、从专卖到开放

生产上的垄断与统购政策及销售上的抑配与科卖，是宋代榷盐制度的主要内容，也是中央和地方政府剥削人民的重要手段。食盐榷卖虽然给政府带来了财赋收入，但此制的实行，主要是靠政府的权威和设置的各级衙署官吏实现的。在榷盐中，庞大的行政费用的支出和贪官污吏的舞弊，又人为地造成了盐价的飞涨，引起人民的激烈反抗，造成社会的动荡不安。由于榷盐制是一种抑商政策，损害了商人的利益，由此也引起了统治者内部在瓜分盐利上的矛盾。随着大商人势力的发展，形成了日益冲击专卖利益的趋势。政府不得已在完全的官卖外，于局部地区实行了"朴买制""分销制"和"自由贸易制"等，称为"商卖制"。"所谓朴买者，通计坊务该得税钱总钱，与官买之，然后听其自行取税以为偿"。[2]包收税钱，非一般商人能为。这是大商人垄断的包买包卖制，政府净收利润，实际上是政府控制的商卖制，只是部分利益已转让给大商人了。此制虽开始于太祖开宝三年，然而仅在局部地区实行而已。[3]分销制据《宋史》卷183《志·盐》下载："募上户为铺户，官给券，定月所卖，从官场买之。"这又是间接的专卖，食盐由政府配给，其性质类似现代的代销。"自由贸易制"仅限于河北与京东两路，办法是：商人卖盐，"并许通行，量收税钱，每斤过税一文，住卖二文"，"河北盐听人贸易，官收其算……令户输租钱"。[4]此制的盐课已在两税中征收，政府又收住税和过税，实为一种商品税。可谓"雁过拔毛"之苛敛！以上三种办法，虽受政府各种规定限制，但总是打开了榷盐制度的缺口，为实行通商的先声。

真宗以后（998年），由于"户口岁增，兵籍益广，吏员益众，佛老外国

---

1 《宋史》卷182，《志·盐》中。
2 丘浚：《大学衍义补》32。
3 丘浚：《大学衍义补》32。
4 《宋会要辑稿·食货》23之18。

耗蠹中土……上下始困于财矣"。[1] 内忧与外患，使宋政府的财政面临危机，政府与大商人之间，在盐利上展开了激烈的争夺，政府的专卖制受到了大商人和大臣们的抵制与反对。天圣初年（1023年），仁宗命"三司节浮费，令计置司讨论茶盐利害"，发现"两池旧募商人售南盐者……岁入才二十三万缗，视天禧三年（1019年）数损十四万，请罢之……"。[2] 政府损失了十四万，商人从中获利是可想而知的。政府不甘失利，天圣三年（1025年）十一月，即变"盐法"，复"榷茶盐"[3]。但"既行而商人失厚利，怨谤蜂起"[4]，朝廷内部也争论不休：三司使李谘力主通商，"具言新法便"，而翰林侍讲学士孙奭等"论其烦扰"，双方争论不下。仁宗也怀疑新法之弊，遂派员调查新旧法利害。天圣八年（1030年）八月，仁宗又令翰林学士盛度、御史中丞王随讨论盐法，大臣们纷纷上书言通商之利。"方禁商时代，伐木造船辇运，兵民不胜疲劳，今去其弊，一利也。陆运既差帖头，又役车户，贫人惧役，连岁逋逃，今悉罢之，二利也。船运有沉溺之患，纲吏侵盗，杂以泥沙硝石，其味苦恶，疾生重膇，今皆得食真盐，三利也。钱币，国之货泉，欲使通流，富家多藏镪不出，民用益蹙，今岁得商人出六十万助经费，四利也。岁减盐官、兵卒、畦夫、佣作之给，五利也"。[5] 这段文字，相当概括地道出了榷盐制度的"五大弊端"，也反映了商人们勾结官僚要求实行通商法，从法律上保护他们既得利益的迫切愿望。因此，盐法的变更，从根本上讲，乃是政府和官吏、商人在瓜分专卖利益上的矛盾的反映。

另一方面，宋在太平兴国四年（979年）灭北汉以后，宋太宗就想收复幽燕失地，与辽国发生了长期的战争。这一战争持续了二十多年。真宗景德二年（1005年），"澶渊之盟"缔结后，宋辽之间方罢兵。但不久，西夏兴起，西边又开始多事，于是又爆发了一连串的宋夏战争（1039年—1044年），宋政府在边境集结了大量军队以应急。为解决庞大军队的后勤供应问题，曾募商人沿边入中粮草。"入中"，即由"商人输刍粟于边，以要券取盐及缗钱、

---

[1] 《宋史》卷179，《志·会计》。
[2] 同上书卷181，《志·盐》上9。
[3] 《宋史》卷179，《志·会计》。
[4] 《宋史》卷179，《志·会计》。
[5] 《宋史》卷175，《志·和籴》。

香药、宝货于京师或东南州军，陕西则受盐于两池"。[1]"入中"制度的另一面，因为是以物易物，所以又谓"折中"。《长编》卷 30 太宗端拱二年九月条云："自河北用兵（对辽战争）切于馈饷，始令商人输刍粟塞下，酌地之远近而优为其值，执文券至京师，偿以缗钱，或移文江淮，谓之折中。"在这种物物交换中，产生了凭证之要卷——交引。用于盐的贸易方面，即称为"盐交引"，"盐引亦称盐钞，随时命名不同耳"。[2]交引制度实行以后，宋盐成了边防经费的储备，榷盐收入和边防形势发生了密切的联系，盐法的变更又纳入了应付边警的财政经费的轨道。《宋史》卷 181《志·盐》上载："自元昊反，聚兵西鄙，并边入中刍粟者寡。县官急于兵食，调发不足，因听人入中刍粟，予券趋京师榷货务受钱若金银。入中他货，予券偿以池盐……猾商贪吏，表里为奸，至入橡木二，估钱千，给盐一大席，为盐二百二十斤，虚费池盐，不可胜计。""商人入粟于边，率高其值而售以盐，商利益博，国用日耗"。[3]政府明知商人从中瓜分盐利，但为解决边境军队的"刍粟"问题，不得已而为之实行了"入中"之制。这表明商人参与瓜分专卖利益之势，已无可阻挡，榷盐制度遂为盐钞制所代替。

四、盐钞制度的实行与边防形势的关系

庆历八年（1048 年），宋政府以范祥为陕西"提点刑狱兼制置解盐事"，全面地推行了"盐钞制"。

范祥，"关中人也，熟其（盐法）利害，常谓两池之利甚博，而不能少助边计者，公私侵渔之害也，倘一变法，岁可省度支缗钱数十百万，乃划策以献"[4]，创"盐钞制"。办法是：政府设管理机关曰太府寺，凡关于钱粮受纳支配之事及边塞入中、茶盐折博等，俱归太府寺掌管。盐钞由交引库统一印刷。印造与发行均有官员押送监督。京师设榷货务，为盐钞售卖总机关。地方亦

---

1 章如愚：《山堂群书考索·后集》57,《茶盐类》。
2 章如愚：《山堂群书考索·后集》57,《茶盐类》。
3 《宋史》卷 299,《李仕衡传》，卷 181,《志·盐》上。
4 《宋史》卷 299,《李仕衡传》，卷 181,《志·盐》上。

有折博场务。是京师榷货务之下的分务[1]。商人可入中金银钱帛在京师榷货务，持交引到解州提盐，再在指定地点货卖，如果商人在沿边入中粮草，持当地发给的交引赴榷货务，再由榷货务换盐引（即盐钞）赴解州提盐。若遇紧急情况，商人入中粮草给沿边州军，政府亦直接发盐引赴解州提盐。商人专卖地区，各依地分，不得擅越。

范祥整顿入中折博制度，创立"盐钞制"，目的在于"积盐于解池（产地），积钱于京师榷货务，积钞于陕西沿边，诸郡商贾以物解至边入中，请钞以归"。[2] 用盐钞来代替因边警而引起的"入中折博"之现金支出，这对于缓和政府的财政危机，无疑有救急作用。而商人运物至沿边，有数倍之息，入中后，政府又给予优惠之待遇（率高其值而估），只怕返回时无货带回，今可"请盐于解池"，得以再用本钱赚一次钱，唯利是图的商人当然竞相为之。此法行之数年，居然被认为"公私便之"。

封建时代，建立在剥削和压迫人民的基础上的经济制度（如盐法等），是随着主观与客观条件的变化而改变其实质内容的。建立在应付边防危机的经费基础上的盐钞制，其结果也是可想而知的。庆历五年（1045年）元昊接受宋之册封后，宋夏战争告一段落，至英宗治平二年（1065年），二十年间陕西边境基本无事，仰仗天时人事（范祥主持钞法），盐钞制度尚能推行。但在神宗继位后，宋夏之间大规模的冲突又起，熙宁年间，更趋激烈。作为边防经费储备的盐钞，其发行量就大大增加，在范祥去位以后，盐钞制就面临着崩溃的危机。

盐钞本是有价之证券，发行量的多少，应以盐的数量为根据，并且要参考市场消费的一般情况（即一年间，民间食盐之数量），还必须以额定每年的发钞量为前提[3]，失此，便会寸步难行而引起盐钞贬值。熙宁年间（1068年—1077年），因为宋夏战争，边境急需粮草，政府滥发"盐钞"以应急，发行的钞数多于销盐数，形成了所谓"虚数"，政府虽采取了一些措施，如出内府库钱收买盐钞等，但因政府买钞之本有限，不能尽数收回已卖出的盐钞。流通的钞愈多，商人手中的钞值就相对下降，买钞者就少，入中之粮食也就相应

1　详见《宋会要辑稿·榷货务总叙》。
2　《文献通考》16，《征榷》。
3　《宋会要辑稿·食货》24之28、39之24。

减少。这样，为应急而采取的"虚抬迫籴"之风盛行，导致盐钞发行量更多地增加，如此恶性循环，流弊横生，失去了钞、盐之间的平衡。《长编》卷254 熙宁七年六月壬辰条中书言："陕西沿边熙宁六年入纳钱五百二十三万缗，给盐钞九十万二千七百一十六席。而民间实用四十二万八千六百零一席，余皆虚钞。虽有条约须纳钱方给钞，以钱市籴粮草。缘官中缺钱，盐籴之官，务办年计，不免止以钞折兑粮。"由此引起"钞贱而刍粮贵"，陷入了不能自拔的地步。政府虽曾规定陕西沿边的盐钞发行量："当定买两路实卖盐二百二十万缗，以当用钞数立额。永兴路八十一万五千，秦凤路一百三十八万五千，内熙河路五十三万七千。"[1] 但遇边境告急，"有司给钞溢额，犹视如故"。[2] 政府根本不能自主。

上述情况的发生，如果说宋政府的腐朽无能滥发盐钞是使钞、盐失去平衡的主观原因的话，那么，边防形势的紧张，不能不是其客观原因。以熙宁年间的几次宋夏战争为例，我们就足以看出盐钞和边境形势间的密切关系。

熙宁六年（1073年）二月，夏人入寇秦州（今天水），被都巡检刘惟吉打退。该年十一月，神宗命"三司于永兴、秦凤等两路每年封桩解盐钱内，借钞计百万缗付秦凤等路转运司计置熙河粮草，仍许详酌边储随缓急处增损三司所定钞价钱"。[3] 接着又令："泾原路年例外，益以盐钞钱二十万缗，付经略司市粮草封桩。"[4] 熙宁八年（1075年），"解盐钞岁额为二百二十万缗"。[4]

熙宁九年（1076年），鬼章军寇岷州，被宋知州种缪等打败[5]。第二年元丰元年八月，"三司借明年解盐钞五十万缗付陕西路都转运司市粮草"，九月又令"三司支解盐钞五十万缗付陕西路转运司市粮草"。[6] 该年"解盐钞岁额为二百三十万缗"。[7]

元丰二年（1079年），夏人又入寇绥德，钞岁额又增至二百四十二万缗，比元丰元年又增十二万缗。以后，这种"边事稍勤，用钞日增"的情况，有

---

1 《宋史》卷181，《志·盐》上；卷15，《神宗本纪》。
2 《宋史》卷181，《志·盐》上；卷15，《神宗本纪》。
3 《宋会要辑稿·食货》24之28、39之24。
4 《宋史》卷181，《志·盐》上；卷15，《神宗本纪》。
5 《宋会要辑稿·食货》39之30、23之9。
6 《宋会要辑稿·食货》39之30、23之9。
7 《宋会要辑稿·食货》39之30、23之9。

增无已。元丰元年，甚至"赈饥亦用（盐钞）"，"自尔军需国计，无所不知，商贾之京折价……见钱不继……原天时人事，符会如此，良可叹息"！[1]

连续的战争和不安定的边防，致使宋"天下大困，生民之膏泽竭尽，国家之仓库益虚，三边赋税支赡不足"。盐钞的发行，虽暂时地解决了边境的粮草供应问题，但带来的"虚抬迫籴"之风，却使大商人更加跻身于盐利的瓜分之中，更多地分享专卖利益。政府不甘失利，唯仰赖国家之权威变更盐法，与大商人竞争。

五、盐钞制的变化与盐法的变更

徽宗崇宁二年（1103年），"更盐钞法"，"俾商人先输钱于榷货务请钞，赴产盐州郡支盐，而旧钞悉不用。商人凡三输钱，始获一值之货。因无资更钞，已输钱悉乾没，于是有赍数十万券一旦废弃者，朝为豪商，夕侪流丐，有赴水投环而死者"[2]，这就是北宋末年，蔡京入相后推行的"对带""循环法"[3]。范祥之"盐钞制"至此已"名存实亡"。大商人的利益因"更盐钞法"受到了一次沉重的打击。但问题并没有解决，因盐法屡更，"人不敢信"。"京师无现钱之积，而给钞数倍于昔年，钞至京师，无钱可给，遂至钞值十不得一，边郡无人入中……致使……盐本已暗有所损矣"。[4]为使"更盐钞法"推行，政府又设"提举茶盐司"，加强盐的生产、销售和官吏的考核等。提举茶盐的增亏，务使"增者有赏，亏者有罚"。[5]迫使地方官吏一面希图厚赏，一面又害怕重罚，更加拼命地推行抑配与迫勒商户。这种"变法易度，……严比较之利、厚赏重罚、催利督责"的做法，引起"民力因以扰匮，而盗贼滋焉"，使社会陷入了极度混乱之中。宋政府只得被迫下令："昨改盐法，立赏至重，抑配者多，计口敷及婴孩，广数下逮驼畜，使良民受弊，比屋愁叹。悉从初令，以利百姓。"[6]靖康元年（1126年）又下令："未降新钞前已给现钱据文钞，并给还

---

[1] 《画墁录》卷1。
[2] 《宋史纪事本末》卷27。
[3] 《宋史》卷182，《志·盐》中。
[4] 《宋史》卷182，《志·盐》中。
[5] 《宋会要辑稿·食货》24之24。
[6] 《宋史》卷181，《志·盐》下。

商贾，以示大信。"[1] 矛盾方有所缓和。

　　南宋以后，宋政府偏安于东南一隅，解盐产地，已随半壁河山沦于金人之手，东南盐利，更被视为军国之需。庞大的军费支出和"宋金和约"后的岁币负担，使宋政府更加仰赖于茶、盐等专卖利益。"天下财赋，鬻海之利居半"，盐利已处于与田赋对等的地位了。自蔡京在东南推广"盐钞"后，榷盐制已为改头换面的"盐钞制"所代替，盐钞成了宋政府解决财政经费的法宝，"今国用仰给煎海者十之八、九，其可损以与人？散利虽王者之政，然使人专利，亦非政之善也"。[2] "方令时尚艰危，兵未可戢，理财之政，必以经常所入为先……朝廷比来措置榷货务盐钞，公私虽已尽利，然官兵赡给、籴买、犒赏、赐予之类，悉取于此"。[3] 种种文出，悉赖于盐钞付给。因此，南宋的盐钞制虽屡有变更，但基本上仍行北宋末年的贴纳、对带、循环之法。宋高宗赵构不得不哀叹："茶盐禁榷，本为国用之需，若财赋有，则摘山煮海之利，朕当与百姓共之，姑遵旧制也。"[4] 虽被迫如此，但在盐法的执行上加强了中央政府的控制与剥削，增加了对商人的限制。而在步骤上，却有缓急之分，不像崇宁年间蔡京为"聚钱于京师、跨富于海内而固宠"的花样翻新、屡变盐法而造成社会的动乱。但在本质上，都是为了搜刮民脂民膏，维持南宋小朝廷。如绍兴元年四月二十一日降诏："仰榷货务遵守茶盐见行成法，更不得毫发改更，务要上下孚信，入纳增广。"[5] 但事实上，"国计所赖者为盐，每因缺用，辄更新钞，以幸入纳之广"。[6]

　　宋代的榷盐制度从中央政府垄断专卖到盐钞制的实行与变化，反映了宋代社会的一个侧面。为确保榷盐制度的实行而带来的众多的官僚衙署与庞大的行政费用的支出，是宋代冗官、冗吏、冗费的官僚政治的突出表现，也是宋代长期积贫积弱的根源之一；对盐民的剥削和压迫及对广大消费者的抑配、科卖政策，则一直是宋代社会阶级矛盾激化的导火线，同时也反映了随着大官僚、大地主、大商人势力的发展，中央政府要完全垄断专卖利益，已在事

---

[1] 《宋史》卷181，《志·盐》下。
[2] 《建炎以来系年要录》卷145。
[3] 《建炎以来系年要录》卷60、卷177。
[4] 《建炎以来系年要录》卷60、卷177。
[5] 《宋会要辑稿·食货》26之1。
[6] 《中兴小纪》19，引赵鼎事实语。

实上存在着困难。随着宋代社会边防危机的加深和统治者的日益腐朽，政府不得不"仰巨商"，与大商人集团共同瓜分专卖利益。盐法的变更，则集中反映了他们之间在盐利分配上的又依赖又限制的矛盾。当时的一些有识之士曾认清了这种形势，如欧阳修曾在康定元年（1040年）上书曰："为国兴利者日繁，兼并者趋利日巧，至其甚也，商贾坐而权国利，其故非他，由兴利广也。兴利广则上难专，必于下共之，然后流通而不滞。然为之今议者，方欲夺商之利，归于公上而专之，故夺商之谋益深，而为国之利益损。"[1] 这是封建专制主义统治带来的不可克服的矛盾。从这一点上分析，中央集权的专制主义国家的专卖制，是阻碍商品流通的桎梏。对大商人，既依赖他，又运用行政手段去限制他过分的贪欲，这是封建统治者惯用的解决日益尖锐的矛盾的手段，但此法毕竟不能最后解决矛盾，只能在一定范围内调节一下利益的分配而已。旧的矛盾解决了，新的冲突又出现了，如若双方在利益分配上互不让步，那就只有向人民无止境地苛敛。苛敛的结果，便是"盐寇造反"，从而沉重地打击了封建专制统治，暂时调节了生产关系中产品分配上的矛盾。这是封建时代阶级斗争的规律，也是人民争取减轻剥削和压迫的唯一武器。如王小波、李顺起义后，迫使太宗下"罪己诏"："朕委任不当，浊理不明，致彼亲民之官不以惠和为政，管榷之吏唯用刻剥为功，挠我蒸民，起为狂寇……念兹失德，是务责躬。改为更张，永鉴前弊，而今而后，庶或警余。"[2] "罪己"是欺人之谈，减轻苛捐以维护统治才是真正的目的。

到了明清时代，随着资本主义萌芽的出现和商人资本的发展，榷盐制度已形同具文。明万历四十五年，两淮盐法疏理道袁世振创"纲法"，开拓了商人专卖的经营事业。大商人已与封建专制主义的国家联为一体，成为皇商了，由皇商经营的专卖，当然得到朝廷的认可和允许，故商人专卖，实际上是官商合卖，与明清两代相始终，盐商大都成为与政府在政治上、经济上有着千丝万缕联系的商业资本集团。

（原载《西北大学学报》1983年第1期；《人大书报资料·中国古代史》1983年第4期转载）

---

1 《欧阳文忠公全集》卷45，《通进司上书》。
2 《宋史》卷5，《太宗本纪》2。

略论宋代的榷盐与边防

北宋一代,北方和西北的契丹与西夏方兴未艾,这些少数民族政权,凭藉强悍的军事武装力量,屡屡南下,对宋王朝构成了最大的威胁,使得宋的河北和陕西、河东地区,一直是刁斗相闻、烽火常举的边廷,与契丹、西夏的军事冲突,从总的战略方面讲,均以宋的卑词厚币而结束。频繁的军事冲突而引起的军费支出,虽倾国倾库也难填补,故北宋一代的各项财政收入,都纳入了应付边防经费的轨道,宋代的榷盐收入,也不例外。本文对宋代榷盐的一般情况和对外政策的变化稍作回顾、并就北宋的榷盐与边防形势的关系问题略作述论,以就教于同志们。

一

宋代的榷盐,经历了从专卖到开放与实行盐钞制的过程。宋太祖用武力统一了中国,对"自天宝以后……方镇握重兵,皆留财自赡,其上供殊鲜"[1]的情况,当然是不能容忍的。宋初削弱藩镇的基本政策是"稍夺其权,制其钱谷,收其兵权"。三者之中,"制其钱谷"是诸政策的经济基础。因此,在"杯酒释兵权"以后即被提到了国家的议事日程上。据《宋史》卷179《食货志·会计》的记载:"太祖及受命,务恢远略,修建法程,示之以渐。"宋太祖在乾德三年就下令:"诏诸州节度经费外,凡金帛悉送阙下,毋或占留。时藩郡有阙,稍命文臣权知所在场务,或遣京朝官廷臣监临,于是外权始削而利归公上,条禁文簿渐为精密。诸州通判官到任,皆须躬阅帐籍所列文物,吏不得以售其奸。"[2]可见,原为地方财政主要收入的专卖利益与财赋,此时已引起了中央

---

1 《宋史》卷179,《食货志·会计》。
2 《宋史》卷179,《食货志·会计》。

政府的高度重视，但办法仍是："只听州县给卖，岁以课利申省，而转运司操其赢，以佐一路之费。"[1] 对五代以来"天下盐利皆归县官"的情况进行了限制。

但是，宋初的榷盐，是靠生产的垄断和销售上的抑配与科卖等手段来实现的，这使得榷盐制度的本身，具有双重的性质，一方面它是中央和地方政府剥削人民的重要手段；而另一方面是一种抑商政策，损害了盐商的利益。因此，除了在榷盐中，由于贪官污吏的营私舞弊，人为地造成盐价的飞涨、引起人民的反专卖起义外，也引起了统治者内部在瓜分盐利上的矛盾。宋代榷盐内容的变化，则是这种矛盾在盐法变化上的反映。随着宋代大商人势力的发展，形成了日益冲击专卖利益的趋势。政府不得已在完全的官卖外，于局部地区实行了"朴买制""分销制"和"自由贸易制"等，称为商卖制。所谓朴买者，"通计坊务该得税钱总钱，与官买之，然后听其自行取税以为偿"[2]。包收税钱总钱，非一般商人所能为。这是大商人垄断的包卖制。政府净收利润，实际上仍是政府控制的商卖制，只是部分利益已转让给大商人了。此制虽开始于太祖开宝三年（970年），然而仅在局部地区实行而已。"分销制"据《宋史》卷183《食货志·盐》下载："募上户为铺户，官给券，定月所卖，从官场买之"。这又是间接的专卖，食盐由政府配给，其性质类似现代的代销制。"自由贸易制"仅限于河北与京东两路，办法是：商人卖盐"并许通行，量收税钱，每斤过税一文，住卖二文"，"河北盐听人贸易，官收其算……令户输租钱"。[3] "岁额为钱十五万缗"。[4] 此盐制的盐课已在两税中征收，故能得以"听人贸易"，但又收过税与住税，实为一种商品税。可谓聚敛之至！庆历六年（1046年），当时的三司使王拱辰连这一点自由都不允许，一再"议榷河北盐"，企图恢复统一的专卖制"以专其利"。得张方平的谏阻方罢休。[5] "朴买制""分销制"与"自由贸易制"的实行，虽然仍受政府各种规定的限制，但总是打开了榷盐制度的缺口，为实行通商的先声。[6] 随着宋代边患的日渐严重与财政的危机，政府更仰赖于茶、盐的专卖收入了。"天下财赋，鬻海之利居

---

[1] 《文献通考》卷15，《征榷》引陈止斋语。
[2] 《大学衍义补》卷32。
[3] 《大学衍义补》卷32。
[4] 《宋史》卷181，《食货志·盐》。
[5] 《宋史》卷318，《张方平传》。
[6] 以上内容参见拙作：《宋代榷盐制度述论》，《西北大学学报》1983年第1期。

半"，盐利已处于与田赋对等的地位。据《宋史·食货志·会计》的记载："至道末（995年），天下总入钱二千二百二十四万五千八百。……天禧末（1021年），天下总入一万五千八十五万一百。"这些经两税、征榷、开山泽之利搜刮而来的民脂民膏，除了满足皇室的奢侈享用、文武百官的俸禄外，"三分二在军旅"。[1] 仁宗时的重臣富弼也认为"自来天下财货所入，十中八、九赡军"。[2] 据三司使王尧臣的统计，宝元元年（1038年）未用兵，陕西、河北、河东诸路各出入钱帛情况如下[3]：

	收入（缗）	支出（缗）
陕西	19,780,000	11,510,000
河北	20,140,000	18,230,000
河东	10,380,000	8,590,000

基本上是量入为出。宝元二年（1039年）宋夏战争爆发后，陕西入钱帛3390万缗，支出3363万缗，收入增加了17%，支出却增加了29%。收入增加的主要部分显然已全部作了军费。而财政收入的增长，也远远赶不上因战争而引起的军费的增长，张方平认为："陕西用兵以来，内外增置禁军八百六十余指挥，约四十余万人通。人员长，行用中等例，每入约料钱五百、月粮两石五斗、春冬油绢六匹、绵一十二两、随衣钱三千计，每年共支料钱二百四十万缗、粮一千二百万石。"[4] 即使六折计算也得"粮七百二十万石、油绢二百四十万匹、绵四百八十万两、随衣钱一百二十万缗"。[5] 急剧增加的军队与军需，使得"本道赋税支赡不足"，[6] 宋廷必须另觅解决边境冲突的军队驻屯与供应问题的办法。

---

1 《宋史》卷179，《食货志·会计》。
2 《宋史》卷179，《食货志·会计》。
3 《宋史》卷179，《食货志·会计》。
4 《乐全集》卷23，《论国计出纳事》。
5 《乐全集》卷23，《论国计出纳事》。
6 《乐全集》卷23，《论国计出纳事》。

二

北宋在太平兴国四年（979年）灭北汉以后，宋太宗就想收复幽燕之地，与辽国发生了长期的战争。真宗景德二年（1005年），"澶渊之盟"缔结后，宋辽之间方罢兵。但不久，西夏兴起，西边又开始多事，于是又爆发了一连串的宋夏战争（1039—1044年）。宋政府只得在边境集结了大量的军队以应急。为解决庞大军队的后勤供应问题，宋廷颇费踌躇。

陕西沿边，地处边远偏僻，从江淮、京师等地运粮至此，道路遥远，得不偿失。经权衡利弊之后，决定就地筹划，采取措施是：一、在丰稔之年，广为和籴，从关中一带运粮至沿边，使沿边的积谷，须足支三年之用；二、以自由贸易茶盐为条件，募当地的商人入中，使他们有利可图，临时解决军队刍粮缺用。真宗咸平六年（1003年），度支使梁鼎对驻陕西军队粮食供应问题作了一些规划。他建议从严、信、咸阳、渭桥一带的粮食中，调配七十九万余石，"请以春初农隙，并力辇送沿边。其沿边州郡计所屯兵，有一年以上储备则止，以将来二税转换支填；如不及一年处则以上件粮斛增备年计才足，即住折博。然后盐则仍旧官卖，草则止令沿边于夏秋缘科钱内折纳取，年支足用。况今来支用比旧已增一倍，倘不速为此计，异日匮乏，必须从京辇运供储"。[1] 长途转运，耗费人力物力，这是宋廷所不愿意的，也是当时交通运输条件所不允许。于是又"陕西沿边，除镇戎、保安军各近蕃界不可大量储积，所需粮草止逐时辇运常及半年已上外，其渭、原、泾三州即西路屯兵之处请令凤、翔、华、仪、陇五州人户辇运粮草，仍支此五州二税于上件三州输送，其三州二税即令辇运镇戎军粮草。环、庆二州即中路屯兵之处。请令同、耀、乾、邠、宁五州人户辇运粮草，仍支此五州二税于上件输送，其二州二税并于沿路镇寨输送。延州即东路屯兵之处，请令解、河中、丹、坊、鄜五州人户辇运粮草，仍支此五州二税于延州输送，其延州二税即令辇运保安军粮草"。[2] 在这种情况下，开始募商人沿边入中粮草。"入中"，即由"商人输刍粟于沿边，以要券取盐及缗钱、香药、宝货于京师或东南州军，陕西则受盐于两池"。[3] 因

---

1 《宋会要辑稿·食货》39之3。
2 《宋会要辑稿·食货》39之3。
3 《宋会要辑稿·食货》39之3。

为是以物易物,所以"入中"又谓"折中"或"折博",在这种物物交换中,又产生了凭证之要券——交引。用于盐的贸易方面,即称为"盐交引"。"盐引"亦称"盐钞","随时命名不同耳"。[1]"入中贸易"是边防形势紧张、朝廷筹措粮草无计时不得已而实行的办法。《宋史》卷181《食货志·盐》上载:"自元昊反,聚兵西鄙,并边入中刍粟者寡,县官急于兵食,调发不足,因听人入中刍粟,予券趋京师榷货务受钱若金银。入中他货,予券偿以池盐,猾商贪吏,表里为奸,至入橡木二,估钱千,给盐一大席,为盐二百二十斤,虚费池盐不可胜计。"当时陕西的镇戎军,"米一斗计虚实钱七百十四,而茶一斤止易一斗五升五合五勺;颗盐十八斤十一两止易一斗五升一合七勺;颗盐十三斤二两止易一斗、草一束,计虚实钱四百八十五;而茶一斤止易一束五分;颗盐十二斤十一两止易一束"。[2]虚估带来的"谷贵盐贱"的弊端已十分明显。从这里我们可以清楚地看到,这时的榷盐制度已为盐钞制所代替,原为宋政府取财之道的榷盐收入,已经纳入了应付边警的财政经费的轨道,山西两池的盐产,几乎成了宋对夏战争军需物资的重要偿还品。兵马未动,粮草先行,只要夏人在边境上攻一攻、动一动,宋政府就必须诏募商人入中刍粟,而"商人入粟于边",必"率高其值而售以盐",[3]否则,"入中刍粟者寡",就会造成军粮的"调发不足"。从事"入中刍粟"的商人,大多是沿边州郡的土著地主或商人,赴指定地带货卖后,又得以再用本钱赚一次钱,这样就形成了"商利益博国用日耗"的情况。政府虽明知商人从中瓜分盐利,但为解决边境军队的"刍粟"问题,亦只得"姑遵旧制"。仁宗天圣年间(1023年—1031年)曾有过一次关于茶盐利害的讨论,当时的计置司发现:"两池旧募商人售池盐者,入钱京师榷货务。乾兴元年,岁入才二十三万缗,视天禧三年数损十四万,请一切罢之……"[4]政府损失了十四万,商人从中获利是可想而知的。政府不甘失利,即变盐法,复榷茶盐,但"既行而商人失厚利,怨谤蜂起"。[5]朝廷内部也争论不休:三司使李谘力主通商,"具言新法便";而翰林侍讲学士孙奭等"论

---

1 《山堂群书考索·后集》卷57,《茶盐类》。
2 《宋会要辑稿·食货》39之2。
3 《宋史》卷299,《李仕衡传》。
4 《宋史》卷179,《食货志·会计》。
5 《宋史》卷179,《食货志·会计》。

其烦扰",双方争论不下。仁宗也怀疑新法之弊,遂派员调查新旧盐法利害。天圣八年(1030年)八月,仁宗又令翰林学士盛度、御史中丞王随讨论盐法,大臣们于是纷纷上书言通商之利。"方禁商时代,伐木造船辇运,兵民不胜疲劳,今去其弊,一利也;陆运既差帖头,又役车户,贫人惧役,连岁逋逃,今悉罢之,二利也;船运有沉溺之患,纲吏侵盗,杂以泥沙硝石,其味苦恶,疾生重胑,今皆得食真盐,三利也;钱币,国之货泉,欲使通流,富家多藏镪不出,民用益蹙,今岁得商人出见钱六十余万助经费,四利也;岁减监官、兵卒、畦夫庸作之给,五利也"。[1] 这段史料,相当概括地道出了榷盐的"五大弊端",也反映了商人们勾结官僚要求实行通商法,从法律上保护他们既得利益的迫切愿望。加上这时候的西夏,元昊正式称帝,他在对内加强镇压的同时,不断掀起对宋的战争,企图在战胜宋军的战争中,提高自己的威望,掠取土地、财物与生口以缓和国内各种矛盾的爆发。从1040年的三川口战役起,三年内,宋夏之间三大战,宋军一败再败,好水川战役以后,宋政府便对西夏采取守势,从此不敢轻易向西夏发动进攻了。仁宗曾下令"陕西诸路总管司严边备,毋辄入贼界,至则御之"。[2] 定川寨战役后,宋在陕西沿边的屯兵数目是:鄜延路六万八千、环庆路五万,泾原路七万,秦凤路二万七千,共二十余万。[3] 这二十余万大军"……分守城寨,……坐食刍粮,不敢轻动,盖不知贼入果犯何路?其备常如寇至"。[4] 宋廷既无力统一西北,只得"严边备"。战时的粮草供应耗费无算,平时大军云集备御的粮草又何曾减少?作为"入中"贸易储备的茶盐,这时已成了解决军队刍粮供应的法宝。这种示弱局面的形成,却又是宋代长期执行守内虚外的传统国策所酿成的苦果。

三

茶盐之成为解决军队刍粮供应的储备、与边防形势发生如此密切的联系,究其根源,除了上述的宋夏战争的大规模爆发的客观原因外,其历史根源不

---

[1] 《宋史》卷175,《食货志·和籴》。
[2] 宋史》卷11,《仁宗本纪》。
[3] 《续治通鉴长编》卷149。
[4] 《续治通鉴长编》卷149。

能不追溯到北宋一代的"守内虚外"的传统国策上。而这一国策的制定，是经历了太祖和太宗两代对辽、对西夏基本政策的变化之后才形成的。

五代以来骄兵悍将自行废立、恣意割据的动乱现象，宋太祖赵匡胤是目睹的。在他即位后，首先便和大臣们商定了削弱藩镇、强干弱枝的基本方针，把心思用在对国内将领们的防范上。巩固自己的帝位，结束五代以来武夫们拥立的闹剧，这是顺乎潮流并合乎情理的。但他对当时辽统治下的幽燕之地，也一直是要锐意进取的。他统一全国的策略是"先南后北"，从公元962年开始，便以摧枯拉朽之势，"尽力东南"，次第并南平、平湖南、攻后蜀；讨伐南唐；太宗时迫使漳、泉一带的陈洪进"纳土"；吴越王钱俶"归地"投献。讨平江南后，赵匡胤开始为收复幽燕作准备，不久，他又建立封桩库，打算用金帛赎回幽燕之地。据《渑水燕谈录》的记载"太祖讨平诸国，收其府藏贮之路府，曰封桩库，每岁国用之余，皆入焉"。他曾对人说："石晋割幽燕诸郡以归契丹，朕悯八州之民久陷夷虏，俟取蓄满五百万缗，遣使北虏，以赎山后诸郡；如不我从，即散府财募战士以图攻取。"[1] 开宝九年（976年），群臣曾劝上尊号曰"应天广运一统太平"，赵匡胤认为"今汾晋未平，幽燕未复，谓之一统，无乃过谈"[2] 而不予同意。但正当他下令北伐收复燕晋时，不幸死去，这次军事行动也就停止了。终太祖一世，虽然对内专意防范武将的专横跋扈，但对辽夏的政策方面，尚未出现议和妥协的意图。

太平兴国四年（979年），宋太宗亲自领军进攻北汉，准备在灭北汉后，乘胜收复被辽攻占的幽州。无奈宋军一败于高梁河、再败于朔州，宋太宗的锐气丧尽，从此不敢"言兵向北"，统治集团中的一部分人的恐辽情绪滋长起来。同时，由于李继迁的叛服无常，一连串对西夏的战争，也以宋的大败而告终，迫使宋放弃了统一西北的战略计划。端拱二年（989年），宋太宗重新调整了对辽夏的政策，采纳了官僚田锡的："欲理外，先理内，内既理则外自安"的建议。太宗自己也认为："国家若无外忧，必有内患。"又认为"外忧不过边事，皆可预防。惟奸邪无状，若为内患，深可惧也。帝王用心，常须谨此"。[3] 宋太宗的这一番"外患"与"内忧"的议论，成了赵宋统治者的"祖宗

---

1 《渑水燕谈录》卷1，《帝德》。
2 《宋大诏令集》卷3。
3 《续资治通鉴长编》卷32，淳化二年八月丁亥。

家法",为以后的历代皇帝所继承。"守内虚外"的传统国策的结果,便是卑词厚币的"澶渊之盟"的签订。宋真宗在订立"澶渊之盟"的过程中,曾对宋使曹利用说,只要辽许和,可给辽岁币"虽百万犹可",而当曹以三十万达成交易回复时,真宗误听三百万,虽失声曰:太多!既而曰:"姑了事,亦可耳。"可见此时的卑词厚币已成了虚外政策的唯一内容了。仁宗即位以后,虽承祖宗大业,但积贫形势已然。"澶渊之盟"的签订,宋的北部边境虽赢得了几近百年的安定,但宋王朝的兵备却不曾一日放松,对西夏的叛服无常,使得养兵之费仍是一年多似一年。据张方平的统计:"太祖皇帝取荆潭、收蜀、广南、江南,备晋寇、御西北二敌,计所蓄兵不及十五万;太宗皇帝平太原,备西边,御北塞,料简军旅,增修戒备,志在收取燕蓟,然蓄兵不过四十余万人;先皇咸平中备西边,御北塞,蒐募战士至五十余万人。"[1] "澶渊之盟"后至宝元年间(1005年—1039年)近四十年,兵员虽曾"稍稍消汰",但宋夏战争一爆发,朝廷就命"民兵以补军籍,于陕西、河北、京东西增置保捷、武卫等军,继置宣毅于江淮、荆湖、福建等路,凡内外增置禁军约四十二万人通,三朝旧兵且百万"。[2] 这百万大军,尚不包括乡军义勇与各州郡的厢军等地方部队。"军人日多,农民日少"。[3] 景祐以前"兵不及四十万人,三司岁计不闻有余,今而入百万人,则何以得足"?[4] "比岁以来三路入中粮草,度支给还价钱常至一千万贯上下,边费如此,何以枝梧"。[5] 大量的输币负担与军费支出,加深了宋代的财政危机,除了加重人民的赋税负担外,政府加紧了对盐利的控制与掠夺。前述的依靠茶盐为入中折博的储备,尤以两池盐产来解决陕西沿边的刍粮供应,正是这种积贫的形势和"守内虚外"的政策引起的"天下大困,生民之膏泽竭尽,国家之仓库益虚,三边税赋支赡不足"[6] 的结果。

---

1 《乐全集》卷23,《再上国计事》。
2 《乐全集》卷23,《再上国计事》。
3 《乐全集》卷18,《对诏策》。
4 《乐全集》卷18,《对诏策》。
5 《乐全集》卷23,《再上国计事》。
6 《乐全集》卷18,《对诏策》。

四

　　入中贸易施行以后，盐钞遍行，"诸郡商贾以物至边入中，请钞以归"。用盐钞来代替因边警而引起的"入中折博"之现金支出，这对缓和政府的财政危机，无疑有救急作用。戍边部队的军粮也暂时地得到了解决。我们知道，从庆历五年（1045年），元昊接受宋之册封后，宋夏战争曾告一段落，至英宗治平二年（1065年）二十年间陕西边境基本无事，作为边防经费储备偿还品的盐和发放的盐钞之间，基本上是平衡的，也就是说，在有计划发放盐钞时，盐钞制才能得以施行。宋夏之间再次爆发战争后，这种平衡的情况，就不能维持了。宋神宗熙宁年间（1068年—1077年）[1]，宋夏之间再次交战，宋为此调发了大批军队驻扎在陕西沿边，频繁的战争，耗费了大量的军饷，为支付入中折博而发放的盐钞也日益增多，最后竟形成了虚数，政府虽采取了一些措施，如出内府库钱买钞、"诏罢诸路卖度僧牒本以令商人并趋鄜延入钱以助边计"等等[2]。熙宁四年一年间，政府为陕西沿边的军费从榷货务、各地转运司封桩库中支取的费用，可考见的有：熙宁四年正月十三日："出榷货务五十万贯助籴陕西军粮，复以京东支与河北封桩纳绢三十万匹、钱十万还榷货务。"[3]熙宁四年五月，"令河北转运司于河东邻近州杂支封桩钱内支钱十万贯津置往太原以备军费"。[4]十五日又诏："给榷货务封桩银二十万七千两，绢一万七千匹赴陕西转运司籴军储。"[5]十六日"赐绢七十万匹为陕西常平籴本，仍许自京召人供抵挡赊买，于本路送纳现钱"。[6]以上是熙宁四年，政府为应付战争而筹备经费的情况，其捉襟见肘的样子已十分狼狈了。熙宁二年八月十三日权三司使吴充言："三路屯聚士马兵费不资河北，沿边岁于榷货务给见钱二三万以供便籴，非凡应付不在其数。陕西近年出左藏库及内帑银钱油绢数百万计，河东岁支上京交钞不少，当无事之时，常苦不足。"[7]建议从江淮调漕米二百万石，

1　《宋会要辑稿・食货》39之22。
2　《宋会要辑稿・食货》39之22。
3　《宋会要辑稿・食货》39之23。
4　《宋会要辑稿・食货》39之23。
5　《宋会要辑稿・食货》39之23。
6　《宋会要辑稿・食货》39之23。
7　《宋会要辑稿・食货》39之23。

在东南六路"变易轻货二百万……转至三路封桩"。[1] 财政枯竭到这种地步，宋政府就更仰赖于盐钞的发放，甚至因"环、庆地险土狭，财赋数号不充，方边事未息，防秋之时，可赐度牒千道送付经略司，令依鄜延召商人入钱封桩，以半籴边储备边费"。[2] 又"贱立鬻官之令，苟徇目前之急"。[3] "云千缗者与簿尉，万缗则殿直，诸监管场务官准课程以乞赏格，收赢至二三千缗即以次迁陟。不知卖官、迁官几何员数，可供三路一岁粮草之费"？[4] 有识之士均认为"是谓聚亩浍之微供尾闾之泄也"。聚财手段可谓挖空心思！

但是，流通的钞愈多，商人手中的钞值就下降，买钞者少，入中粮食也就相应减少。这样。为应急采取的"虚抬迫籴"之风又导致了盐钞的发行量更多地增加，如此恶性循环，流弊横生，失去了钞盐之间的平衡。《长编》卷254 熙宁七年六月壬辰条中书言："陕西沿边熙宁六年入纳钱五百二十三万，给盐钞九十万二千七百一十六席。而民间实用钞四十二万八千六百零一席，余皆虚钞。""虽有条约须纳钱方给钞，以钱市籴粮草。缘官中缺钱，盐籴之官，务办年计，不免止以钞折兑粮草"。政府虽曾规定陕西沿边的盐钞发行量，"当定买两路实卖盐二百二十万缗，以当用钞数立额。永兴路八十一万五千，秦凤路一百三十八万五千，内熙河路五十三万七千"。[5] 但遇边境告急，"有司给钞溢额，犹视如故"。[6] 政府根本不能自主。以熙宁年间的几次宋夏战争时，盐钞的增长情况为例，试以说明盐钞的发行与边防形势之间的关系：

熙宁六年（1073 年）二月，夏人入寇秦州（今天水）被宋都巡检刘惟吉打退。该年十一月，神宗命"三司于永兴、秦凤等两路每年封桩解盐钱内，借钞计百万缗付秦凤等路转运司计置熙河粮草，仍许酌边储随缓急处增损三司所定钞价钱"。[7] 接着又令"泾原路年例外，益以盐钞钱二十万缗，付经略司市粮草封桩"。[8] 熙宁八年（1075 年）"解盐钞岁额为二百二十万缗"。

---

1 《宋会要辑稿·食货》39 之 23。
2 《宋会要辑稿·食货》39 之 22。
3 《乐全集》卷 18，《对诏策》。
4 《乐全集》卷 23，《再上国计事》。
5 《宋史》卷 181，《食货志·盐》。
6 《宋史》卷 181，《食货志·盐》。
7 《宋会要辑稿·食货》39 之 24。
8 《宋会要辑稿·食货》39 之 24。

熙宁九年（1076年），夏鬼章军寇岷州，被宋知州种谔等打败。第二年元丰元年八月，"三司借明年解盐钞五十万缗付陕西路都转运司市粮草"。九月又令"三司支解盐钞五十万缗付陕西路转运司市粮草"。[1] 该年"解盐钞岁额为二百三十万缗"。[2]

元丰二年（1079年），夏人又入寇绥德与镇戎军，该岁额又增至二百四十二万缗，比元丰元年又增十二万缗。此后这种"边事稍勤，用钞日增"的情况，有增无已。元丰元年，甚至"赈饥亦用（盐钞）"。统治者面对着这种混乱的局面，发出了"自尔军需国计，无所不知，商贾至京折价……现钱不继……原天时人事，符会如此，良可叹息"的哀叹。[3]

南宋以后，宋政府偏安于东南一隅，东南盐利更被视为军国之需。"方时令尚危，兵未可戢，理财之政，必以经常所入为先……朝廷比来措置榷货务盐钞，公私虽已尽利，然官兵赡给、籴买、犒赏、赐予之类，悉取于此"。[4] 便是边防经费与榷盐收入始终捆在一起不可分离的情况的写照。

综观宋代对外政策和榷盐内容的变化及边防形势的关系，我们可以清楚地看到，作为封建时代抑商手段的榷盐制度，是中央和地方政府剥削人民的重要手段，生产上的垄断与统购政策及销售上的抑配与科卖，是宋代榷盐制度的重要内容，但随着大官僚、大地主、大商人势力的发展，中央政府要完全垄断专卖利益，已在事实上存在着困难，随着宋代边防危机的加深和对外政策的变化，政府不得不"仰巨商"，与大商人集团共同瓜分专卖利益。入中贸易与盐钞的实行，一方面是政府与商人集团瓜分盐利的反映；另一方面也是宋代统治长期积贫积弱与守内虚外的传统国策的结果。榷盐是取财之道，取财是因"兵未可戢"。榷盐与边防之间的关系，大致如此。

（原载《浙江师范大学学报》（哲学社会科学）1986年第2期；当年《人大书报资料》转载）

---

1 《宋会要辑稿·食货》39之30。
2 《宋会要辑稿·食货》23之9。
3 《画墁录》卷1。
4 《建炎以来系年要录》卷60。

岳家军群体人物研究

南宋初年,在宋金民族斗争的烽火烈焰之中,逐渐锻炼出几支抗金大军,其中最主要的有张俊的张家军、韩世忠的韩家军、岳飞的岳家军、杨沂中的杨家军、刘光世的刘家军等,尤其是岳飞所部岳家军,骁勇善战,纪律严明,控扼荆襄战略要地,成为南宋朝廷立国江南的屏障,在抗金斗争中起着举足轻重的作用。但在绍兴十一年(1141年)宋金议和后,南宋统治集团不惜自毁长城,打击岳家军,制造了中国历史上罕见的冤案。对这一冤案的始末,史学界大多仅就岳飞与宋高宗、秦桧之间的矛盾斗争展开论述,争论的重点是高宗与秦桧究竟谁是杀害岳飞的元凶。本文拟从岳家军群体的人物研究入手,分析南宋朝廷文人集团与岳家军群体的矛盾,揭示南宋统治者分化瓦解岳家军的实质。

一、岳家军群体人物的类别

岳飞统率的岳家军在发展壮大过程中,包容了形形色色的人物,组成了一个庞大的武装集团。研究岳家军全部人物,不但无法做到,而且也无此必要。我们只择选其中具有代表性的著名人物,加以考察。岳家军集团的人物,大致有以下几类:

(一)**原从将领**。岳飞从北宋徽宗宣和四年(1122年)投军到南宋高宗建炎四年(1130年)独立成军,大部分时间是在黄河以北抗金。因此组成岳家军的基础是河北人,"后护军者,本岳飞所将河北部曲"[1]。岳家军中的一些重要将领,也是同时与岳飞参加抗金斗争的,他们成为岳家军的原从将领。主要有:

---

1 《建炎以来系年要录》(以下简称《要录》)卷九六绍兴五年十二月庚子。

王贵，相州汤阴人，从岳飞起兵。建炎四年（1130年）战宜兴，败郭吉；绍兴元年（1131年）随岳飞平定虔州盗贼；绍兴二年（1132年）随岳飞进军郴州、桂阳监讨曹成；绍兴三年（1133年）在袁州击败高聚、张成，杀获甚众。绍兴四年（1134年）从岳飞战汉上，收复襄阳、邓州；绍兴六年（1136年）率兵收复伪齐卢氏县、唐州、直逼蔡州。绍兴十年（1140年）从岳飞北伐，克复郑州、西京洛阳，在顺昌大败金兀术。累官承宣使，提举岳家军一行事务，中军统制。绍兴十一年（1141年）岳家军归隶枢密院，任鄂州御前诸军都统制。绍兴十二年（1142年）引疾辞职，改侍卫步军副都指挥使，福建路副总管等闲职。

张宪，从微随岳飞征战，是岳飞最心爱和倚重的将领，任岳家军同提举一行事务，前军统制。绍兴二年（1132年）随岳飞在郴州破曹成，与王贵、徐庆招降曹成部卒2万，在沅州擒获曹成部将郝政。绍兴四年（1134年）岳家军收复襄阳六郡，张宪率本部攻克随州，又与董先、王万等收复邓州。绍兴十年（1140年）金人败盟，张宪与金兵战颍昌、陈州，克复其城；与兀术主力战临颍县，破其众6000，兀术夜遁，中原大震。绍兴十一年（1141年）被诬谋反，下狱遇害，后赠宁远军承宣使。

岳云，岳飞前妻刘氏之子，12岁从张宪征战，因体弱，军中呼为嬴官人。岳家军南征北伐，岳云每战必从，手握两柄铁椎，重80斤，往往先诸将登城，数立奇功，岳飞隐而不报。绍兴四年（1134年）随张宪攻随州、破邓州、平长河，功在第一，岳飞不上奏。后铨曹辨功，迁武翼郎。绍兴五年（1135年）平杨幺，功又第一，都督张浚得知其事，奏上迁资，岳飞又不受。绍兴十年（1140年）岳家军北伐，岳云率背嵬军战颍昌，身受百余创，甲裳尽赤，以功迁忠州防御使，带御器械。绍兴十一年（1141年）与张宪同时被诬遇害，年仅23岁，后赠安远军承宣使。

徐庆，相州汤阴人，从岳飞起兵，为岳家军重要将领。绍兴元年（1131年）平定白波寨叛兵姚达、饶青。绍兴二年（1132年）与张宪、王贵讨曹成，降其众2万。绍兴三年（1133年）从岳飞平虔、吉盗贼，率本部讨彭友，又赴袁州击高聚。绍兴四年（1134年）参加收复襄阳六郡战役，与牛皋等攻克随州，斩守将王嵩，又与牛皋战庐州，击败金伪联军。绍兴十年（1140年）随岳飞北伐，攻克淮宁府，与张宪取得临颍大捷。累官防御使、岳家军统制。

姚政，相州汤阴人，从岳飞起兵，建炎四年（1130年）与岳飞杀建康留守司叛逃统制刘经，并有其军。绍兴三年（1133年）任岳家军正将，屡战有功。绍兴九年（1139年）任岳家军游奕军统制。绍兴十年（1140年）岳家军北伐，与张宪赴顺昌援刘锜、战临颍获捷。绍兴十一年（1141年）任鄂州御前诸军统制。

寇成，岳家军马军统制。绍兴六年（1136年）与金人战虢州，抚定商、虢等京西属县。绍兴十年（1140年）金人南侵，攻占临颍县，寇成与李山、徐庆、傅选随张宪在临颍东北与金人交战，取得临颍大捷。十一月金人进犯铁岭关，寇成设伏于横涧，突然出击，大获全胜。后因违犯军律，被岳飞撤职。

王经，岳家军后军统制。绍兴二年（1132年）五月，岳飞与曹成战莫邪关，岳家军第五将韩顺夫与曹成将杨再兴作战失利，正值王经率本部军卒运粮到此，与前军统制张宪合击，大败曹成军，活擒杨再兴。绍兴三年（1133年）随岳家军赴饶阳与张俊会师，官至正任团练使。

（二）**招降将领**。南宋初年社会动荡，政局扰攘，溃兵盗匪遍野。朝廷无力控制各支军事武装，兵将骄悍难制，"诸军动则溃，溃则盗，盗则招，招则官，反复循环，无有穷已"[1]。各武装集团溃散、火并之事常有发生，分合无定势。岳飞素以治军纪律严明著称，他的军队一直比较稳定，许多溃散武装集团纷纷投靠岳家军，成为岳家军中的招降将领，使其队伍不断壮大。主要有：

傅庆，卫州窑户，原为杜充建康留守司统制戚方部属，建炎三年（1129年）戚方叛逃，岳飞招抚其部众，傅庆率军归降岳飞，授岳家军前军统制。建炎四年（1130年）与王贵战宜兴，大败郭吉；又随岳飞大败叛将戚方。傅庆勇敢善战，屡立功勋，但生性夸功自傲，屡次向岳飞勒索财物，不喜岳飞治军严格，曾谋投刘光世军，建炎四年（1130年）十一月为岳飞所杀。

庞荣，原隶建康留守司，为统领。建炎四年（1130年），叛将戚方杀留守司统制扈成，庞荣率众赴宜兴投岳飞，被岳飞任命为右军统制。绍兴三年（1133年）随岳飞平定虔州盗贼，庞荣带兵攻打贼寨。绍兴十年（1140年）

---

1 《皇宋中兴两朝圣政》卷六。

随岳飞北伐。岳家军从郾城班师，庞荣率所部屯驻德安府，防遏韩常、李成南侵。宣抚司罢，改任御前诸军统制。

杨再兴，原为曹成部将。绍兴二年（1132年）随曹成与岳飞战莫邪关，杀岳飞之弟岳翻和第五将将官韩顺夫，后为张宪所擒，归附岳飞。绍兴六年（1136年）随岳飞征战，率所部收复长水县及西京险要之地，直逼蔡州，中原响应。绍兴十年（1140年）郾城之战，单骑入阵擒兀术，兀术仅以身免。与金人战临颍县，率300骑开路军与金军主力猝遇，战于小商桥，杀敌2000余人，斩万户撒八孛堇及千户数人，因寡不敌众战死。

梁兴，原为河北太行山忠义社首领，屡次与金兵作战，杀敌头目300余人。绍兴六年（1136年）正月，梁兴率百余人渡河归岳飞，被任命为湖北、京西宣抚司忠义军统制。绍兴十年（1140年）七月，梁兴会同赵云、李进等渡河，破金兵于绛州垣曲县，又捷于沁水县，收复济源、翼城县；会合乔握坚克复赵州。岳飞班师后，梁兴仍留在河北抗金，收复怀、卫二州。绍兴十一年（1141年）返回南宋，官至亲卫大夫、忠州刺史，任鄂州御前选锋军同统制。

孟邦杰，原为刘豫政权辖下权河南府尹，绍兴八年（1138年）率众归降岳飞。绍兴十年（1140年）七月岳飞北伐，遣孟邦杰经略西京、汝、郑、陈、光、蔡诸州，以为应援。孟邦杰统制忠义军马收复南城军，杀金兵3000余人，夺得器械无数，又乘胜收复永安军，功劳显著。

胡清，原刘豫伪齐政权右武大夫、成州团练使、马军统制。绍兴八年（1138年），胡清率十余将归附南宋，宋廷诏胡清等隶岳家军，任选锋军副统制。绍兴十年（1140年）金兀术、韩常攻颍昌府，胡清与董先率所部守城，后与岳云里应外合，夹击金兵，杀其统军夏金吾、擒千户等70人，杀死金兵5000人，兀术遁走。

（三）**拨隶将领**。南宋四支大军中，刘光世怯弱无能，张俊避事跋扈，韩世忠虽坚决抗金，但军队数量最少，仅能自保，只有岳飞忠心报国，岳家军兵精将强，成为朝廷的一支王牌劲旅，只要边防军情紧急或内地寇盗充斥，必调岳家军应付战事，并拨隶一部分当地军队归岳飞指挥。高宗甚至有时心血来潮，诏岳飞"中兴之事，朕一以委卿，除张俊、韩世忠不受节制外，其余并受卿节制"[1]。有些将领战事结束仍回归本司，但有相当部分兵将则因之编隶岳家军中，成为岳家军中的拨隶将领，从而也壮大了岳家军。主要有：

傅选，原为江西制置大使司统制官，绍兴三年（1133年）拨隶岳飞，任岳家军统制。绍兴三年（1133年）正月，与徐庆往筠州平定叛兵李宗亮、张式部，歼其军。绍兴五年（1135年）从岳飞平杨幺，屡败杨幺水军。绍兴六年（1136年），金兀术联合伪齐刘麟大举南侵，傅选与王贵、董先将兵2万在唐州拒敌，夺马5000匹，降敌3000人，擒获敌将数人。绍兴十一年（1141年）荆湖宣抚司罢，改任鄂州御前背嵬军同统制。

牛皋，汝州鲁山人，先隶京西制置使翟兴为射士，后隶东京留守杜充，以功迁荣州刺史、留守司中军统领。累迁果州团练使、和州防御使、安州观察使，除蔡、唐州、信阳军镇抚使。绍兴三年（1133年）李成南侵，牛皋失镇，宋廷诏隶岳飞，任岳家军中部统领。绍兴四年（1134年）破随州，复襄阳，又与金人战庐州，皆获胜捷。绍兴五年（1135年）平杨幺，除武泰军承宣使，升湖北、京西宣抚司左军统制。绍兴十年（1140年）岳家军北伐，牛皋出兵汴许，以功最除捧日天武四厢都指挥使、成德军承宣使。绍兴十一年（1141年）宣抚司罢，改任枢密行府提举一行事务、鄂州御前左军统制。绍兴十七年（1147年），被鄂州御前诸军都统制田师中毒害。

李道，相州汤阴人，早年从宗泽抗金，泽死隶襄阳镇抚使桑仲，任副都统制、知随州。累官武义郎、谭门宣赞舍人、武义大夫，迁荣州团练使，授邓随镇抚使。绍兴三年（1133年）李成南侵，李道移军江州，诏隶岳家军，任选锋军统制。绍兴四年（1134年）随岳飞北复六郡，克唐州、襄阳诸郡，积官复州防御使、果州观察使。绍兴十一年（1141年）加中侍大夫、武胜军承宣使，鄂州御前诸军统制。绍兴三十二年（1162年）与金人战光化军，以外戚功拜庆远军节度使，卒赠太尉，进封楚王。

董先，河南洛阳人，建炎中从京西制置使翟兴抗金，权任商虢镇抚使，后伪降刘豫，旋归南宋。绍兴三年（1133年）因李成南侵失镇，诏隶岳飞军，任踏白军统制。绍兴四年（1134年）攻京西，克邓州；绍兴六年（1136年）与王贵取卢氏县，战唐州、蔡州，皆大捷。绍兴十年（1140年）随岳飞北伐，

---

[1]《金佗续编》卷二七《百氏昭忠录》。

从牛皋、傅选等战汉上，以功除正任承宣使；与王贵、岳云战颍昌，再克金兵。绍兴十一年（1141年）宣抚司罢，先后任鄂州御前诸军统制、侍卫亲军步军统制等职，绍兴二十六年（1156年）卒。

赵秉渊，原为江南西路兵马钤辖，屯兵洪州。绍兴元年（1131年）岳飞移军洪州平盗，乘醉殴击赵秉渊，几乎毙命。绍兴三年（1133年）岳飞奏乞为制置司属官，任胜捷军统制。绍兴五年（1135年）随岳飞平杨幺。绍兴十年（1140年）从岳飞北伐，闰六月张宪克陈州，命赵秉渊权知军州事。绍兴十一年（1141年）后任鄂州御前诸军统制。

李山，原为江西安抚大使司统制官，绍兴三年（1133年）岳飞除江西沿江制置使，奏乞李山军归隶，任为破敌军统制。李山等归岳飞后，岳家军始初具规模。绍兴十年（1140年）金人败盟，李山与张宪出兵临颍东北，破金兵60000。绍兴十一年（1141年）伪齐将李成侵庐州，李山与牛皋、徐庆救援，配合刘锜大败李成部将孔彦舟。宣抚司罢，任鄂州御前破敌军统制。

郝晸，原为湖南安抚司统制官，从荆南制置使王㬇讨湘寇，不禀号令。绍兴五年（1135年）岳飞赴湖湘平杨幺，诏令拨隶岳家军，任中军副统制。绍兴六年（1136年）与王贵、董先攻卢氏县，克之；又与伪齐西京留守司统制郭德等战邓州，生擒郭德，招降1000余人，获马500匹。绍兴十年（1140年）六月随岳飞北伐，率所部赴京西援李兴，收复西京。

王俊，原为东平府雄威将，以告讦补本营副都头。靖康元年（1126年）与金人战汴京，以功补成忠郎。绍兴五年（1135年）任湖南安抚司统制官，从捧日天武四厢都指挥使王㬇讨杨幺无功。岳飞平湖湘，宋廷诏王俊隶岳家军，任前军副统制。此后数年无功不迁官。绍兴十一年（1141年）希朝廷旨意，诬告主将张宪谋反，是制造岳飞冤案的主要帮凶，以此升正任观察使。

李兴，原为河南府兵马钤辖，知河南府。绍兴十年（1140年）伪齐将李成南侵，李兴率军抵抗，后撤至永宁白马山。岳飞奏乞李兴归隶岳家军，朝廷诏允，岳飞差李兴兼湖北、京西宣抚司左军统制。岳家军北伐，李兴率所部战河南府，又战永宁军，皆获胜捷。

（四）**军中幕僚**。岳家军攻必克，战必胜，除军队本身具有强大战斗力外，重要原因就是用谋致胜。岳飞不但以善于用谋著称，而且注重收罗人才，因此岳家军中猛将如云，谋臣如雨。绍兴六年（1136年），岳飞奏乞辟幕僚二十员："欲乞差参谋、参议各一员，主管机宜文字一员，书写机宜文字一员，干办公事六员，准备差使八员，点检医药饮食二员。"[1]因幕僚前后流动性较大，难以全部记述，兹举其要者叙之。

孙革，原为岳家军将领，绍兴四年（1134年）因岳飞奏请，以承信郎、神武后军准备差遣迁右承务郎、签书襄阳府判官厅公事。后换文资左朝散郎，任岳家军干办公事。绍兴十一年（1141年）宣抚司罢，奉祠居行在，后出为兴化军通判，被诬为岳飞书写咨目通书张宪谋反，除名勒停，送寻州编管。

黄纵，北宋末年进士，补从事郎。绍兴初上所著兵论，为岳飞所赏识。绍兴五年（1135年）岳飞讨杨幺，辟为宣抚司主管机宜文字，赴杨钦水寨抚谕，说降杨钦，以功授昌州文学。绍兴七年（1137年）提出北伐计划，联络河北，平定中原。岳飞被害后，黄纵受到牵连，屏归田里。

于鹏，原为岳家军将领。绍兴四年（1134年）从岳飞战汉上，以功迁武显大夫。绍兴六年（1136年）因岳飞奏请，权知邓州，迁武功大夫、辰州刺史兼阁门宣赞舍人。绍兴八年（1138年）用岳飞奏乞换文资右朝散大夫，任岳家军干办公事。绍兴十一年（1141年）以右朝议大夫、直秘阁除广西路安抚司参议官，被王俊诬告替岳飞通书张宪军中谋反，除名送万安军编管。

胡闳休，开封人，北宋宣和初年为太学生，著兵书二卷。靖康初应试兵科，中优等，补承信郎。金兵围攻汴京，胡闳休分地而守；二帝北迁，从辛道宗勤王。宋室南渡，胡闳休以忠义进二官。湖湘盗起，著《致寇》《御寇》二篇，主招讨并用，被岳飞辟为招讨司主管机宜文字，以平杨幺功进成忠郎。岳飞被诬，胡闳休杜门佯疾10年卒。

李若虚，湖北京西路宣抚司参议官。绍兴六年（1136年）因岳飞奏请，除提举京西南路常平、茶盐司公事，兼权转运、提刑司公事。绍兴七年（1137年）因台谏言罢监司，仍为岳飞宣抚司参议官。绍兴十年（1140年）岳家军北伐，高宗派李若虚赴岳飞军前议事，于德安府见岳飞，谕上旨班师，岳飞不从。李若虚甘愿独当矫诏之罪，支持岳飞北伐，取得了军事上的胜利。绍兴十一年（1141年）改任司农卿，随即出知宣州。岳飞死后受到牵连，绍兴十二年（1142年）落秘阁修撰，勒停官职，送徽州编管。

---

[1]《金佗续编》卷六《从申踏逐辟差官属省札》。

薛弼，温州永嘉人，北宋政和二年（1112年）进士，任杭州教授，监左藏东库。与李纲议守京城，迁光禄寺丞，改湖南转运判官。岳飞讨杨幺，薛弼建议造木筏断其水路，以草塞其上流，破杨幺水军之所长，湖湘底定，以功迁直秘阁。绍兴六年（1136年），由直徽猷阁、知荆南府除任湖北、京西宣抚司参议官。绍兴七年（1137年）岳飞离军，为安抚岳家军，赴庐山促岳飞复职。绍兴八年（1138年）三月除户部侍郎，离开岳家军。岳飞之狱即兴，薛弼因与秦桧有旧，未受株连。后经略福州，知广州，擢敷文阁待制卒。

朱芾，右文殿修撰，湖北京西路宣抚司参谋官。绍兴十一年（1141年）四月充敷文阁待制，出知镇江府。绍兴十二年（1142年），右谏议大夫罗汝楫论朱芾任参谋官而不能阻止主帅岳飞之异谋，落职罢郡，责授左朝奉郎，军器少监，邵武军居住。

张节夫，河朔安阳人，豪迈尚气节。绍兴元年（1131年）任湖东安抚司钱粮官，剧盗曹成侵扰湖东，安抚使向子諲遣张节夫去曹成营议事，节夫遁去。后为岳飞幕客，积功左宣教郎。绍兴九年（1139年）金朝归还南宋河南地，朝廷与金议和，岳飞命张节夫撰文，指陈议和不可恃，愿率军收复中原。绍兴十一年（1141年）宣抚司罢，奉祠居行在，以台谏论，出为南剑州通判。绍兴十二年（1142年）勒停官职，送邻州编管。

二、岳家军军人集团与赵宋文人集团的矛盾

南宋初年，宋金民族矛盾上升为社会主要矛盾。宋高宗为稳定风雨飘摇中的流亡政权，不得不任用将帅抗金，并给予他们各种事权，具体措施就是把北宋时期临时设置的宣抚使、招讨使、制置使等制度化，除沿用北宋传统任用文臣外，也由武将充任。如南宋初期宣抚使多用武臣，"武臣非执政而为宣抚使，实自[刘]光世始。……自是韩世忠、张俊、吴玠、岳飞、吴璘皆以武臣充使"[1]。宋金战争中宣抚使刘光世、韩世忠、张俊、岳飞、吴玠等不仅有自己的固定防地，而且逐渐掌握了重兵，还有便宜处置管内行政、财政较大权力。"军中急速事宜待报不及，许以便宜行事。差随军转运使一员，参议官

---

[1]《宋史》卷一六七《职官志》。

一员，干办官三员，随军干办官四员，书写机宜文字一员，并听奏辟"[1]，这样，南宋将帅专权、专地、专兵局面与赵宋以文制武国策和文臣集团右文抑武观念发生了冲突，朝廷中文人集团与武人集团的矛盾逐渐激化，"文武二途若冰炭之合"[2]。随着宋金战争相持局面的到来，宋廷逐渐收拢将帅兵权，恢复传统治军体制。岳家军是当时实力最大的军事集团，与赵宋政权中文臣集团的矛盾尤其显得突出，必然成为朝廷重点防范与裁制的对象。

（一）岳飞与文人集团的矛盾。宋朝文人集团治军政策的特点是政权对将权控制极其严密，防止将权过重，尤其不允许将帅私养亲兵，形成抗衡朝廷的势力。因此，北宋大多任用无能庸将管军，以此限制将帅权势。但在南宋初年特殊环境下，将帅都拥有自己的私人武装，渐异北宋之制。岳飞在两宋之交数次投军，都带有同籍亲随，如杜充弃建康，岳飞即"与平生三五辈"[3]抚定其众。建炎四年（1130年）岳飞升任通泰镇抚使兼知泰州，把泰州军队中的使臣、效用"分为四队，常置左右"[4]，作为自己的亲兵。绍兴三年（1133年）岳飞在江西平盗，朝廷诏令"量带亲兵并刘仅人马赴行在"[5]奏事。绍兴七年（1137年）岳飞起复湖北、京西宣抚副使，诏"以亲兵赴行在"[6]。绍兴十一年（1141年）岳飞除枢密副使，上奏朝廷："诸路军马已拨属御前，今来臣有将带到亲兵等，除量留当直人从，其余尽数欲乞发遣，却归本处。"[7]如果只从岳飞私置亲兵的角度看，尽管具备了受朝廷猜忌的客观事实，尚不至于与赵宋上层集团发生不可调和的矛盾，因为当时诸将有亲兵乃是普遍现象，而且朝廷也默许了这一现实。问题在于岳飞为人行事与其他将帅不同，招致了朝廷的猜疑。宋金战争中诸将趁战乱劫掠财物，广占土地，邀求赐赏是普遍现象，刘光世、张俊、韩世忠等"金帛充盈，所衣者锦衣，所食者玉食，奢豪无所不至"[8]，只有岳飞"平居洁廉，不殖货产"[9]，所得赏军钱物全部犒赏战士，对

---

1 《宋史》卷一六七《职官志》。
2 《要录》卷四二绍兴元年二月癸巳。
3 《金佗续编》卷二八《百氏昭忠录》。
4 《金佗粹编》卷五《经进鄂王行实编年》。
5 《宋会要辑稿》兵一三。
6 《要录》卷一〇九绍兴七年二月庚子。
7 《金佗粹编》卷一二《乞发回亲兵札子》。
8 《浮溪集》卷一《奏论诸将无功状》。
9 《金佗续编》卷一四《武穆谥议》。

朝廷赏赐的居第也仿效霍去病辞而不受。岳飞"每拜官，必力恳避"[1]，不仅自己极力辞官，而且对岳云、母妻封官也要再三辞让，以远权势。宋金战争中每当朝廷与金人议和，岳飞便"乞归田野，以养残躯"[2]，表达对朝廷向金朝妥协乞和的不满。所有这些，都使岳飞较其他将帅更容易受到文人集团的猜忌，隐伏着岳飞与朝廷之间的矛盾。因为廉洁而被猜忌，因为谦恭而招杀身之祸，这是历史的悲剧，这也是岳飞冤案受到人们刻骨铭心的怀念的历史原因。

岳飞与赵宋统治集团的直接冲突乃在于岳飞立志收复中原与南宋朝廷偏安江南的政策发生矛盾。岳飞历经南北宋政权鼎革，亲眼目睹金朝统治者入侵中原给人民带来的战乱之苦，自始至终坚持抗金斗争。"岳飞拔自偏裨，骤当方面"[3]。矢志不渝地力求实现自己恢复中原的抗金事业，信道直前，无所顾忌。由于岳飞锋芒毕露，和赵宋统治集团防范武人的政策发生冲突，于是矛盾公开激化。绍兴七年（1137年）春，都督张浚罢刘光世兵权，朝廷拟用岳飞节制其军，但张浚认为岳飞会因此兵权太重，从中阻止。朝廷中道变更，出尔反尔，引起岳飞不满，一怒之下弃军赴庐山守墓。岳飞此举，引起朝廷文臣集团不满。张浚累陈"岳飞积虑，专在并兵；奏牍求去，意在要君"[4]，要求朝廷外置。枢密使秦桧望见岳飞举止，"已有忿忿之意矣"[5]。后来，高宗虽然鉴于抗金需要，不得不重新起用岳飞，但在假意慰抚的背后却隐隐露出杀机："卿前日奏陈轻率，朕实不怒卿，若怒卿，则必有行遣，太祖所谓犯吾法者，惟有剑耳。"[6]岳飞重新管军后，准备乘金人废掉伪齐刘豫之际，部署大举北伐。岳飞上奏，应乘金人与伪齐内讧，"捣其不备，长驱以取中原。不报"[7]。岳飞在朝廷不允出师的情况下，只好放弃合兵计划，要求"不烦济师，止以本军进讨"[8]，结果朝廷仍然不允。同时，宋廷已开始限制岳飞事权。绍兴八年（1138年）二月，岳飞乞增兵，高宗却说"上流地分诚阔远，宁与减地分，不可添

---

1 《金佗续编》卷四《再辞免同前不允诏》。
2 《金佗续编》卷九《乞致仕不允仍令前来行在奏事省札》。
3 《金佗续编》卷一三《追复少保两镇告》。
4 《宋史》卷二八《高宗本纪》。
5 《三朝北盟会编》卷一七八炎兴下帙七十八。
6 《要录》卷一一二绍兴七年七月丁卯。
7 《金佗粹编》卷七《经进鄂王行实编年》。
8 《金佗续编》卷一九《百氏昭忠录》。

兵。今日诸将之兵，已患难于分合，末大必折，尾大不掉，古人所戒。今之事势，虽未至此，然与其添与大将，不若别置数项军马，庶几缓急之际易为分合也"。[1] 十二月岳飞奏辟胡邦用知靖州，高宗则说"郡守牧民之官，亦藩屏所寄，当自朝廷选差。若皆由将帅辟置，非臂指之势也"。[2] 但是，岳飞在与朝廷嫌隙日深的情况下，仍然屡陈抗金大计，要求出兵中原，"庶使飞平生之志得以少快"[3]。枢密副使王庶赴淮上措置战事，岳飞移书王庶，表示"今岁若不出师，当纳节请闲"[4]。王庶回朝谈及岳飞之语，适触高宗之忌。而对于金朝归还南宋三京河南之地，朝廷拟准备与金人议和，岳飞又公开反对，认为"夷狄不可信，和好不可恃，相臣谋国不臧，恐贻后世讥议"，结果"上默然，宰相秦桧闻而衔之"[5]。岳飞与朝廷矛盾日益激化，他自己也有预感，知道前景不妙，故而心情非常沉重，日夜不安。绍兴八年（公元1138年），辛次膺出任湖南提刑，途经鄂州，岳飞把他邀入密室，"尽出平生所被宸翰，凡数百纸，具言眷遇之渥，执辛手曰：'前夕梦为棘寺逮，对狱，狱吏曰辛中丞被旨推勘，惊寤，遍体流汗。方疑惧，不敢以告人，而津吏报公至。公自谏官补外，他日必为独坐，飞或不幸下狱，愿公救护之。'"[6] 辛次膺也察觉出"岳飞握重兵，昧保身之策，祸将及矣"[7]。

绍兴十年（1140年）金人败盟南侵，南宋军民同仇敌忾，奋起抵抗。岳飞亲率大军北伐，准备一举收复中原。岳飞先派梁兴等渡河，收复河东、河北大片土地，"中原大震"[8]。两河人民久罹沦陷之苦，热烈欢迎岳家军。"两河忠义百万，闻不日渡河，奔命如恐不及，各赍兵仗、粮食团结以俟。父老百姓争挽车牵牛，载糗粮，以馈义军，顶盆焚香，迎拜而候者，充满道路"[9]。由于得到人民的支持，岳家军进军顺利，连克陈州、颍昌、郾城，进至汴京附近的朱仙镇。然而，宋廷害怕岳飞收复两河会深得民心，坐成大势，急忙诏

---

[1]《要录》卷一一八绍兴八年二月壬戌。
[2]《要录》卷一二四绍兴八年十二月己巳。
[3]《金佗粹编》卷一七《乞淮东重难任使申省状》。
[4]《宋史》卷三七二《王庶传》。
[5]《金佗粹编》卷七《经进鄂王行实编年》。
[6]《夷坚甲志》卷一五《辛中丞》。
[7]《三朝北盟会编》卷二二一引《中兴遗史》。
[8]《金佗粹编》卷八《经进鄂王行实编年》。
[9]《金佗续编》卷二四《百氏昭忠录》。

令班师，丧失了收复中原的大好时机。

绍兴十一年（1141年）春，金兵又入侵江淮，高宗急忙诏岳飞赴江州救援，以确保其政权稳固。岳飞分析了战场形势，认为"虏既举国来寇，巢穴必虚，若长驱京洛，虏必奔命，可以坐制其弊"[1]。准备乘金人后方空虚，直捣中原。但是，南宋朝廷根本缺乏全局战略，"王师备御攻讨，皆无预于恢复之计"[2]，仅图自保。高宗得岳飞捣虚之奏，非常着急，数诏岳飞赴援江淮，岳飞不得已出兵蕲黄应援。由于岳飞捣虚取中原计划与朝廷保守江南政策发生矛盾，以致高宗数札诏岳飞出师，引致人言猜忌，埋下了岳飞后来被罪的祸根。

宋金绍兴和议签订后，朝廷立即着手解决岳飞兵权。秦桧、范同等以枢密使和副使官衔候张俊、韩世忠、岳飞赴行在就职，岳飞因路途遥远后至，秦桧非常紧张，害怕阴谋暴露招致岳飞起兵反抗。这足以证明朝廷怀疑岳飞有异志，更促使高宗、秦桧下定了除掉岳飞的决心。岳飞因文人集团的诬陷罢枢密副使后，屡次请求除外任宫观避祸，但朝廷却不放心，把他羁置行在加以控制，直至进一步打击陷害，于绍兴十一年（1141年）冬置诏狱杀害。

（二）岳家军将领与文人集团的矛盾。岳家军在抗金斗争中，先后使用神武右副军、神武副军、神武后军和行营后护军四个番号，队伍逐渐发展壮大。建炎四年（1130年）岳飞独立成军时，只有正兵万人。绍兴四年（1134年）收复襄鄂六郡后增至3万人，分为10将。绍兴五年（1135年）收编杨幺湖湘水军，又合并了某些地方军队，兵力大增。宋廷诏令岳家军"以三十将为额"[3]，总兵力增至10万，共有前、左、中、右、后、背嵬、游奕、踏白、选锋、胜捷、破敌、水军等12个军。形成步军、骑兵、水兵各兵种齐全的强大军事集团，居南宋初年诸军之冠。绍兴九年（1139年）岳家军增为84将，有统制官22人，而同一时期淮西张俊只有统制官10人，淮东韩世忠统制官11人，岳家军规模仍为诸军之首，占有重要地位。

随着岳家军势力不断壮大，与朝廷文臣集团的矛盾也逐渐暴露出来。绍兴六年（1136年）岳家军在襄鄂立足以后，积极向北发展，经营黄河以南地区。八月，岳家军将领王贵、董先攻克虢州寄治卢氏县，杨再兴攻克西京长

---

1 《金佗续编》卷二〇《百氏昭忠录》。
2 《金佗续编》卷二〇《百氏昭忠录》。
3 《金佗粹编》卷六《经进鄂王行实编年》。

水县,"西京险要之地尽复","中原响应",岳飞准备乘胜率诸将"窥取中原"[1]。宋朝统治者害怕岳家军势力坐大,不许出兵。绍兴七年(1137年)岳飞计划乘金人废刘豫之机,合诸将之兵北伐中原,与朝廷发生矛盾冲突。朝中文臣以为岳飞想吞并其他军队,增加岳家军兵力,逼使岳飞愤而辞职。岳飞离军后,都督张浚派都督府参谋官张宗元监其军,企图夺岳飞兵柄。朝廷此举,引起岳家军将领的不满,提举岳家军一行事务张宪称病不理军务,诸将如法炮制。"张宪因辞疾,下多效之"[2]。岳飞的亲信将领更担心失去兵权,"部曲汹汹,生异语"[3]。这件事更增加了文人集团对武将的疑虑,感到了收兵权的紧迫性。绍兴八年(1138年),高宗制订了提高偏将地位分主帅兵权的策略,枢密副使王庶负责实施,首先分张俊偏将张宗颜驻庐州,巨师古屯太平州,其次分韩世忠两支人马分屯泗州和天长军。王庶尚未来得及分岳家军,即因反对和议罢枢密副使。绍兴十一年(1141年),宋朝统治集团驾空张俊、韩世忠、岳飞兵权,把三宣抚司兵收隶枢密院。宋廷为进一步打击分化岳家军,首先拉拢张俊交出军队,控制了张家军,然后派张俊、岳飞到楚州措置韩世忠军,授意分解韩家军,最后孤立岳家军。"三省同奉圣旨,俊、飞以枢密职事前去,与宣抚使事体不同,令随间措置,专一任责"[4]。张俊把韩家军带到建康加以控制,解决了韩家军。南宋统治者完成上述部署以后,则集中力量对付岳家军。高宗、秦桧打击的对象重点集中在岳飞的原从将领身上,并以高官厚禄相引诱,"使其徒自相攻发"[5],从内部瓦解岳家军。岳家军高级将领中,张宪以忠义著称,最早从岳飞征战,深得岳飞信任,是岳家军的中坚,成为朝廷猜忌的主要对象。岳云为岳飞之子,曾任岳家军书写机宜文字,掌握军事机密,也成为朝廷打击对象。秦桧、张俊密诱因犯军律险些被岳飞斩首的主要将领王贵背叛岳家军,遭到王贵抵制,后张俊求得王贵隐私相威胁,王贵才对秦桧等打击岳家军保持沉默。面对朝廷的威逼利诱,岳家军中的广大原从将领"卒无应命"[6]。秦桧等诱逼原从将领失败后,便拉拢岳家军中招降、收编的与岳

---

1 《金佗粹编》卷七《经进鄂王行实编年》。
2 《水心文集》卷二二《故知广州敷文阁待制薛公墓志铭》。
3 《宋史》卷三八〇《薛弼传》。
4 《金佗续编》卷十二《令前去按阅专一任责省札》。
5 《金佗粹编》卷八《经进鄂王行实编年》。
6 《金佗粹编》卷八《经进鄂王行实编年》。

关系较疏远的将领，诱使以告讦著称的王俊诬陷张宪、岳云谋反，以傅选、董先、庞荣为证，刑讯逼供成狱，杀害张宪和岳云。此后进一步削弱岳家军，迫使王贵辞去军职，毒死岳家军中享有重望的牛皋，任命无能庸将田师中为鄂州御前诸军都统制。田师中不孚众望，"师中至武昌，军中初不伏，统制官傅选、李山、郭青辈往往乞罢去"[1]，岳家军更为涣散。绍兴三十一年（1161年）金人南侵，朝廷命汪澈以京西、湖北宣谕使赴鄂州抚军，"御史中丞汪澈宣谕荆襄，诸将与三军之士合辞言飞冤，澈谕以当奏知，诸军大恸，哭声雷震"[2]，足见岳家军在高宗、秦桧打击下受压抑的情形。

（三）岳家军幕僚与朝廷文人集团的矛盾。岳飞在南宋诸将中不仅骁勇善战，而且深沉有谋，非常注重收罗人才，发挥幕僚的作用。岳家军中"食客所至常满，一时名人才士皆萃幕府，商论古今，相究诘，切直无所违忤"[3]。宋朝统治者最害怕武将和文人交往，因此对将帅及其幕僚处处防范，甚至由朝廷派遣幕僚监视将帅。岳飞"在兵间，独以垂意文艺称，字尚苏体，室有邺架，故奸臣特忌之，不与他将比"[4]。这些，都增加了朝廷的猜忌。绍兴七年（1137年）岳飞复军后，到建康朝见高宗，面奏立储事宜，引起整个文臣集团的恐慌。高宗当面训斥岳飞："卿虽忠，然握重兵于外，此事非卿所当与也。"[5]据宋人薛季宣记载，当时高宗怀疑岳飞此举是受幕僚教唆，薛季宣伯父薛弼为岳飞参议官，与岳飞一同入奏，当岳飞声音颤抖地读建储奏疏时，"上示伯父色动"[6]。宰相赵鼎认为"大将总兵在外，岂可干预朝廷大事，宁不避嫌？飞武人，不知为此，殆幕中村秀才教之"[7]。这件事进一步加深了岳家军幕僚与朝廷之间的矛盾。绍兴九年（1139年）金朝以河南三京之地还宋，岳飞因和议成授开府仪同三司，上表谢恩，因言和议不可恃。幕僚张节夫撰《谢讲和赦表》说"愿定谋于全胜，期收地于两河。唾手燕云，终欲复仇而报国；誓心天地，当令稽首以称藩"。名为庆贺和议达成，实为请战的直言。结果引起文人集团的

---

1 《要录》卷一四四绍兴十二年三月丁未。
2 《金佗续编》卷二一《百氏昭忠录》。
3 《金佗粹编》卷九《经进鄂王行实编年》。
4 《宝真斋法书赞》卷一五《黄鲁直先玉赐帖》。
5 《中兴小纪》卷二一引张戒《默记》。
6 《浪语集》卷三三《先大夫行状》。
7 《忠正德文集》卷九《辩诬笔录》。

不满，宰相"秦桧读之切齿"[1]。绍兴十一年（1141年）岳飞罢枢密副使，幕僚沈作哲为岳飞作谢表，有"功状蔑闻，敢遂良田之请；谤书狎至，犹存息壤之盟"之语，又犯文臣之忌，"会之读不乐"[2]。

南宋统治集团打击岳家军是先从幕僚开始的。早在绍兴十一年（1141年）岳飞罢宣抚使之前，朝廷即出参谋官朱芾知镇江府，参议官李若虚知宣州，原因就是"二人皆飞幕客也，自军中随飞赴行在，上将罢飞兵柄，故先出之"[3]。宋廷认为幕僚出谋划策，更加危险，因此釜底抽薪，对他们处置最重。岳飞罢兵权后，朝中文臣又诬陷岳家军干办公事孙革、于鹏为岳飞通书张宪，谋还岳飞兵权。宋廷将孙革、于鹏、王处仁、蒋世雄等6人治罪编管，其余幕僚受岳案牵连被罪者有高颍、王良存、王敏求、朱芾、李若虚、党尚友、张节夫等15人。株连既广，处罚亦重，岳家军幕僚几乎无一幸免。

三、简短的结语

通过上述分析可以看出，南宋初年的特定历史条件使武人权力增重，与宋朝以文制武的传统国策发生了冲突。南宋朝廷中的文人集团，不论是主战派还是主和派，尽管在对金朝"和战"问题上纷争不已，相互倾轧排挤，但在限制武将事权和右文抑武问题上则是一致的。他们处处防止武人势力膨胀，只要有适当时机，便想方设法削弱武将事权，把他们纳入文人控制之下。这一政策从宋高宗、张浚、赵鼎、王庶到秦桧，一脉相承。文人集团和武将专权的矛盾，始终存在于南宋初年统治集团的上层权力斗争之中。这个矛盾随着抗金形势的变化而升降。宋廷为控制武将，不惜放弃收复失地，偏安江南，与金朝议和息兵，和议成，抗金形势随即缓和，武人与文人集团的矛盾即上升，岳飞建立的岳家军实力最强，立即成为心腹之患；加之岳飞深得军心民心，平生大志昭著，更成为朝廷疑忌的对象。尽管岳飞素以忠君著称，岳家军将领、幕僚为赵构在江南建国立下了汗马功劳，仍不免成为宋朝抑武政策的牺牲品。岳飞之死，并不仅仅是因为迎还钦宗与赵构发生矛盾，也不单纯

---

[1] 《三朝北盟会编》卷一九二引《中兴遗史》。
[2] 《寓简》卷八。
[3] 《要录》卷一四〇绍兴十一年四月庚寅。

是因为反对议和与秦桧发生矛盾，而是南宋文人集团要恢复宋朝传统的以文制武立国体制，打击岳家军的必然结果。

（本文与罗炳良合作，原载《中国史研究》1997年第1期，全文16000字；《新华文摘》1997年第5期转载8000字；罗炳良，当时为北京师范大学史学所教授，2016年因病逝世，享年53岁）

上图：中国宋史研究会1984年年会合影；下图前排从左到右：陶晋生（美）、邓广铭、陈乐素、程应镠、徐规、李涵、漆侠、关履权、王云海、陈振、汪槐龄、倪士毅、来可泓、张秀平、陈智超、戴静华、杨川、周梦江

主要论文、综述、书评目录辑览

（因篇幅有限，以下仅见目录）

邵晋涵与宋史研究

（原载《文史哲》1999年第2期，与罗炳良合作，原文12000字；《新华文摘》1999年第2期转载8000字）

金元以来历代中央政府治理北京的得与失

（原载《北京文史》2015年第1期，与张龙合作）

"千古一帝"唐太宗

（原载《中国历代名君》河南人民出版社1987年版）

汉、藏两族兄弟情谊的奠基者之一——松赞干布

（原载《中国历代一百名人小传》甘肃人民出版社1987年版）

献身汉藏民族团结友好的文成公主

（原载《中国历代一百名人小传》甘肃人民出版社1987年版）

文学大家——柳宗元

（原载《中国历代一百名人小传》甘肃人民出版社1987年版）

南宋民族英雄岳飞

（原载《中国历代一百名人小传》甘肃人民出版社1987年版）

清官海瑞

（原载《中国历代一百名人小传》甘肃人民出版社1987年版）

一九八五年宋史研究概况

（原载《中国史研究动态》1986年第10期）

一九八六年宋史研究概况

（原载《中国史研究动态》1987年第7期）

一九八七年宋史研究概况

（原载《中国史研究动态》1988年第10期）

魏晋南北朝史第二次学术讨论会综述

（原载《人民日报·理论版》1986年11月7日）

谁是"晋阳起兵"的首谋决策者？

（原载《历史知识》1985年第1期）

关于唐太宗与"贞观之治"的讨论

（原载《史学情报》1983年第2期）

岳飞研究的新进展

（原载《人民日报·理论版》1983年7月19日）

岳飞研究的现状

（原载《人民日报·海外版》1989年1月9日）

中国辽金及契丹女真史的研究动态

（原载《人民日报·理论版》1984年1月10日；《新华文摘》1984年第4期转载）

中国宋史研究会举行年会

（原载《人民日报·理论版》1985年1月4日）

中国宋史国际学术讨论会综述

（原载《人民日报·理论版》1985年7月5日；《文化交流》1986年第1期(中/英文版)）

中国宋史研究会第四次年会综述

（原载《人民日报·理论版》1987年11月9日）

中国宋史学会第八届年会暨西夏建都兴庆府960周年学术讨论会综述

（原载《人民日报》1998年10月15日；《新华文摘》1999年第1期转载）

石勒的自知之明和知人之明

（原载《历史知识》1985年第5期）

历史上的岳飞与传说中的岳飞

（原载《青年文摘》1983年第12期）

《满江红》词是否系岳飞所作？

（原载《人民日报·海外版》1988年1月15日）

杀害岳飞的元凶究竟是谁？

　　（原载《人民日报·海外版》1988年5月12日）

评《古代社会断代新论》

　　（原载《人民日报·理论版》1983年5月13日）

历史研究与爱国主义精神的结晶——增订本《岳飞传》评介

　　（原载《中州学刊》1984年第1期；《文汇报》1984年1月9日摘登）

拾遗补阙　贵在第一——《五代史略》评介

　　（原载《人民日报·理论版》1985年4月15日）

一部新水平的著作——《唐太宗传》

　　（原载《中国社会科学》1985年第4期）

介绍《祖国丛书》

　　（原载《人民日报·理论版》1986年5月2日）

《简明宋史》评介

　　（原载《光明日报·史学》1985年8月21日）

读《简明宋史》

　　（原载《人民日报·理论版》1986年1月24日）

中国的风俗人情画卷——介绍《中国的民间节日》

　　（原载《博览群书》1987年第4期）

民国历史风云的真实记录——读《中华民国国民政府军政职官人物志》

　　（原载《博览群书》1990年第1期）

超越自然科学真理的科学家——读《李四光传》

　　（原载《博览群书》1986年第7期）

科学家的光辉足迹——介绍《李四光传》

　　（原载《文汇报》1986年1月20日）

马植杰著《三国史》读后

　　（原载《历史研究》1995年第4期；《新华文摘》1995年第12期转载）

王观澜与《王观澜文集》

　　（原载《学习》1995年第6期；《新华文摘》1995年第8期转载）

文章奇处无机巧　人品极处只本然

——评介《毛泽东这样学习历史　这样评点历史》

（原载《民主》2005年第11期；《中国青年报》2005年10月17日，标题为《毛泽东是这样学习历史的》）

揽辔澄清，剥古酬今——《中国政治制度通史》（1—10）评介

（原载《求是》1997年第12期；《新华文摘》1997年第9期全文转载）

共和国艺术家从艺道路的缩影

——评介《舞台是我的天堂——李光羲艺术生活50年》

（原载《民主》2002年第5期）

我们为什么策划出版《东方文化书系·20世纪著名群体人物传记》

（原载《民主》2004年第4期）

另辟蹊径　再创辉煌

——《东方文化书系·20世纪著名群体人物传记》出版的前前后后

（原载《人物》2004年第3期）

评李清凌著《西北经济史》

（原载《中国史研究》1998年第4期）

断代史与民族史研究的双重成果——读《简明西夏史》

（原载《固原师专学报》（社会科学）1999年第4期）

关于《古今中外大疫启示录》

（原载《民主》2003年第7期；《中国新闻出版报》2003年6月25日，标题为《为了祖国山河永远灿烂》）

"鼓翼扬清音"——读《民进一段情——民进会员访谈录》

（原载《民主》2010年第11期）

构建"政党学"框架的尝试——评介《政党和政党制度比较研究》

（原载《政党和政党制度比较研究》编辑后记；《民主》2001年第8期）

新版《中国历史·三国史》编辑后记

（原载《中国历史·三国史》编辑后记，人民出版社2006年6月版）

新版《中国历史·五代史》编辑后记

（原载《中国历史·五代史》编辑后记；《民主》2010年第2期）

新版《中国历史·西夏史》编辑后记

（原载《中国历史·西夏史》编辑后记；《新华文摘》2009年第6期转载）

《上将张爱萍》编辑后记

（原载《上将张爱萍》编辑后记；《张爱萍传》人民出版社 2000 年版；2007 年第 2 版改为《上将张爱萍》）

留住那个"特殊年代"的真实史料——《叶圣陶叶至善干校家书》编辑后记

（原载《叶圣陶叶至善干校家书》编辑后记，人民出版社 2007 年版；《民主》2008 年第 1 期；《北京观察》2008 年第 1 期；《新华文摘》2008 年第 1 期转载）

宁可劳而不获，不可不劳而获——史念海先生的学术追求

（原载《北京日报》2013 年 6 月 24 日）

悠悠长水　舆地江山——谭其骧与《中国国家历史地理·谭其骧全集》简介

（原载《光明日报》2016 年 6 月 21 日，与张龙合作。张龙，三联书店编辑）

探古今江河之变　求天下水德之和——《陈桥驿全集》出版的重大意义

（原载《光明日报》2018 年 8 月 15 日；《新华文摘》2018 年第 21 期全文转载。与王守春合作。王守春，中国科学院地理科学与资源研究所研究员）

合理配置医卫资源

（原载《北京观察》2005 年第 7 期）

城镇家庭变化及对策

（原载《北京观察》2010 年第 3 期）

政协提案与委员职责

（原载《北京民进》2003 年第 6 期）

职责已付提案中——民进会员访谈纪要

（原载《民进一段情》，开明出版社 2010 年 9 月版）

谈谈编辑工作的甘苦

（原载《北京民进》1996 年第 1 期）

出版要有国际化的眼光——法兰克福书展归来话出版

（原载《民主》2005 年第 12 期）

出版界：走出去是硬道理

（原载《北京日报·理论周刊》2005 年 11 月 21 日）

后记

从1977年入职人民出版社迄今已经45年了，一辈子都在为他人做嫁衣，今天为自己做了一件"嫁衣"——《我的编辑生涯四十五年》。当编辑的甘苦都凝聚在这部书里了。

编辑是学者和读者之间的桥梁，是新著作、新知识的传播者，一辈子的坚守，数百位学者的数百部书稿经我手编辑出版了，他们的学术成果或填补空白、进入史册；或贡献智慧琼浆，值得记忆；与作者的交往，编辑书稿时碰到的大事、难事、趣事，更值得珍惜。本书里的绝大部分内容，除了我的少年时代和兵团生活、求学经历以外，便都是上述事件的回忆与思考，聊为"编辑叙事学"的实践与尝试吧。

"叙事学"理论诞生于20世纪60年代，由法国学者托多罗夫首先提出，叙事学就是关于叙事的理论和系统的研究的学科。在整个20世纪，它都以不同形式与我们相伴随，并以研究叙事形式和叙事结构的科学崭露头角，继而以研究叙事的方法独领风骚。在人民出版社当编辑整整45年，碰到了大大小小、林林总总数百部书稿，叙述这些图书的出版过程，又涉及怎样做编辑、怎样做个优秀编辑、怎样与作者交往、图书出版以后怎样推广宣传等，这些都需要借鉴"叙事学"的理论与方法。编辑的叙事，就是编辑的历史。以"编辑叙事学"的体裁去叙述书稿的出版过程及作者、背景、内容，本书也就不同于其他的编辑工作的回忆！

这本书，应该是我生平、特别是45年编辑人生和追求的真实记录，涉及的人和事，无一人不是真实，无一事不是亲历，如有出入，概由本人负责。我要特别感谢柳斌杰署长在百忙中为拙作撰写了序言，他主政国家新闻出版总署时，中国的出版开始实现了从大到强的跨越，历史会永远铭记！还要感谢我的老主任，编辑道路的指引者张作耀先生，他在90高龄、眼力不济时撰写的序言，句句真言，字字珠玑！感谢黄书元社长，在他当人民出版社社长的17年中，我策划出版的《20世纪著名人物群体传记》《现代稀见史料书系》

《战后国际关系稀见史料书系》《中国历史》（13卷）《南宋史研究丛书》《中国人口通史》《北京专史集成》《中国边疆研究丛书》《城市学研究丛书》《中国国家历史地理·史念海全集·谭其骧全集·陈桥驿全集》……无一不是得到他的全力支持才勠力完成的，人民出版社的改革发展也离不开黄社长近20年的宵旰沥胆；感谢人民出版社总编辑辛广伟，他从中国出版科学研究院履职人民出版社后，有理论有实践，为人民出版社策划优化选题倾注了心血，特别是对《回族史诗》出版的支持，让我铭记；感谢人民出版社副总编辑于青，她2009年从新闻出版总署图书司履职人民出版社后，对我的编辑工作，事事关心支持，她大智大慧，文采洋溢，令人钦佩；感谢人民东方书业出版社社长张德军、人民出版社大众分社社长娜拉，五洲传播出版传媒有限公司副总经理关宏，他们为本书的顺利出版付出了艰辛的努力！

更要感谢开明出版社社长陈滨滨、副社长李国娟、总编辑沈伟和责任编辑卓玥、张慧明对本书顺利出版给予的支持和帮助！

感谢《人民日报》《光明日报》《文汇报》《民族研究》《历史研究》《中国史研究》《文史哲》《博览群书》《民主》《新华文摘》《人大书报资料》……它们都为我的论文、综述、书评提供了发表和转载的阵地！感谢广西人民出版社和广西民族出版社，我主编的《中国100系列》《中国自然与文化100系列》《世界100系列》《世界自然和文化100系列》在两社出版后，获得了读者的喜爱并走向了海外。

感谢人民书局有限公司的支持和帮助。

本书的最后完成，应该归功于我的爱人华天惠，我们已经过了银婚。四十多年来，没有他的任劳任怨，没有他的责任担当、图片档案整理，我要独立完成这部书稿是不可能的。

还要感谢我的老领导、老同事、老朋友、老战友、老同学提供的真诚无私的帮助，他们是：任超、和龑、毛梦溪、宁永丽、朱蓉先、曲建文、寇晓丹、肖启明、常绍明、王京阳、张龙、周伟、邵永忠、胡喜云、曹春、徐晖、陈岩、欧薇薇、区向明、江淳、曹光哲、王大建、李苑、郭素霞、马学义、冯俊清、隋桂英、伍力澧、陈素月、陈立叶、王学苏、郑德燊、金婷婷、白建献、张秀华、张秀菊……

感谢一切帮助过我的人！

张秀平
2021年8月11日

图书在版编目（CIP）数据

我的编辑生涯四十五年 / 张秀平著 .
—北京：开明出版社，2021.9
ISBN 978-7-5131-7211-0

Ⅰ . ①我… Ⅱ . ①张… Ⅲ . ①张秀平—自传
Ⅳ . ① K825.42

中国版本图书馆 CIP 数据核字（2021）第 187501 号

我的编辑生涯四十五年
WODEBIANJISHENGYASISHIWUNIAN

作　　者：	张秀平
责任编辑：	卓玥　张慧明
装帧设计：	张志彬

开明出版社出版发行（北京市海淀区西三环北路 25 号　邮编 100089）

经　　销：	新华书店总店北京发行所经销
印　　刷：	天津中印联印务有限公司印刷
开　　本：	720mm×1000mm　1/16
印　　张：	34.75
字　　数：	560 千字
版　　次：	2021 年 10 月第 1 版
印　　次：	2021 年 10 月第 1 次印刷
书　　号：	ISBN 978-7-5131-7211-0
定　　价：	169.00 元

印刷、装订质量问题，出版社负责调换。联系电话：（010）88817647